11

世界で一番やさしい
建築構法

最新改訂版

大野隆司＝著
瀬川康秀＝監修

改訂について

２００９年に発行された本書の初版では、図版の監修をお手伝いさせて頂きました。それから10年以上が経過し、この度改訂版を出版することになりました。本来であれば、著者の大野先生と改訂の内容についてご一緒に検討したかったのですが、残念ながら大野先生は故人となり、私が改訂を担当することになりました。

本書は建築構法の基礎知識の解説が主旨ですから、初版時と内容に大きな変更はありません。今回の改訂では、関連法規の改正や新しい材料の追加など、アップデートに関する部分を見直しました。また、一部の図版を変更し、より分かりやすくしました。

この10年の間に、私たちは未曾有の自然災害に遭遇しました。大きな地震や台風の度に法規が見直され、人命を守るべく災害に強い建築が求められてきました。また、新しい材料や技術の出現によって構法も進化してきました。

建築を取り巻く環境の変化に応じて、建築構法も変遷します。本書の内容も状況の変化に応じて見直すべく、改訂を重ねることが今後も求められます。これまでと同様に、本書が少しでも読者の方々の一助となることを願っています。

令和2年8月吉日

瀬川　康秀

はじめに

構法とは建物のつくり、建物の各部が〝どのようになっているか〟を示すもので、日本建築学会が編集した建築学用語辞典では「床、壁、天井など建物の実体部分の構成方法」とあります。類似する用語にカタカナのエに似た〝工〟の字を用いる工法があり、同じ辞典で見ると「建築物の施工の方法」とあります。2つの言葉は音も同じで、構法を〝カマエこうほう〟、工法を〝エこうほう〟と呼んで区別することがあります。構法を〝ありよう〟、工法を〝やりよう〟と定義するのは明快です。建設業などでは、一体のものとして構工法とする場合もよくあります。

もう1つ類似する用語に構造があります。同様に建築学用語辞典によれば、構造は「自重や外力に抵抗する役割を担う建築物の構成要素をいう。梁、柱、壁などで形成される力学的な抵抗システム」とあります。ストラクチャなど、建物の支え方に注目した用語で、一般にいう〝社会構造〟などの〝構造〟とは意味が異なりますから、それに相当するものとして〝構法〟が用いられます。

構法について、ひと通り定義を解説しましたが、実際の世の中ではかなり混乱しています。本書もシリーズのほかのものと重複する部分があると思いますが、特に調整はしていません。

構法に関する著書は、内田祥哉先生ほかとの共著『建築構法』（市ヶ谷出版社）や、日本建築学会賞をいただいた『建築構法計画』（市ヶ谷出版社）などありますが、いつも図版は瀬川康秀さんにお願いしています。今回も時間のないなか、ご無理をお願いしてしまいました。そのためもあって、両書から多数の図版を参考にさせていただきました。記して感謝する次第です。

平成21年6月吉日

大野　隆司

世界で一番やさしい建築構法

目次

1

構法・工法とは何か

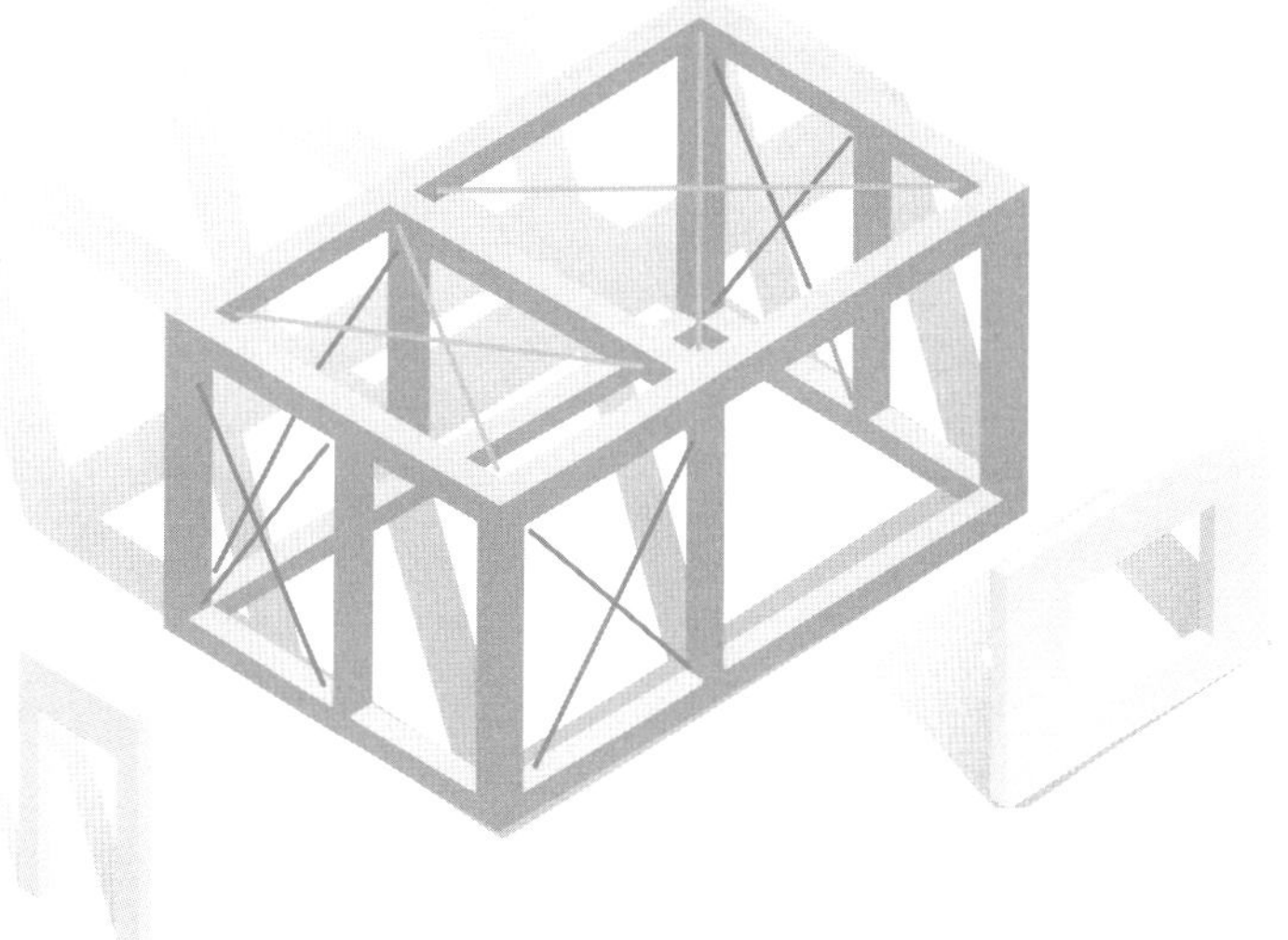

用語

構法を語ることば

Point

◆建物の場所（部位・部分）に名前をつける
◆仕上げ・下地・部位躯体からなる層構成を押さえる

場所の呼び名

構法の用語として、屋根や床、壁、天井などは一般にも使われるが、専門用語的に整理して示すと、図1のようになる。外壁、内壁という示し方は壁全体か一方だけか判然としないので、一方だけを示す場合は「外面壁《がいめんへき》」「内面壁《ないめんへき》」という。そのルールに従えば、一方が外面壁で他方が内面壁となる壁が外周壁《がいしゅうへき》、両側とも内面壁となる壁が間仕切壁《まじきりかべ》ということになる（両側が外面壁の壁は屋外壁）。

また、水平方向については、屋根や床、天井という示し方は一方だけで、屋根から直下の天井まで、あるいは床から直下の天井までを一括して示す用語はない。そこで前者を屋根天井、後者を床天井、として示し、これらは部位と総称される。

仕上げ・下地・部位躯体

構法は大きく「支えるもの」「表装《ひょうそう》を形成するもの」「両者をつなぐもの」の3つの要素に分けられる。表装を形成するものは「仕上げ」、両者をつないで仕上げの強度・剛性《ごうせい》を補完し、構法全体の断熱性、遮音性などの性能を補完するものは「下地」と呼ばれる。下地が複数からなる場合、支える側のものを支えられるものに対して、やはり下地という。

支えるものは一般に躯体《くたい》と呼ばれる。躯体は建物全体にかかわるものをいうが、各部位・各部分を支え、躯体と取り合う下地を部位躯体（あるいは各部躯体）と呼ぶことがある。

実際の建物を考えると、RC造（20頁参照）打放し壁のように仕上げから下地、躯体まで兼ねるもの、逆に多くの壁に見られるように複数の下地からなるものなど、その構成は多様である（図2）。

また、部位を構成するものについて広さ方向のマクロに均質なひとかたまりを層ととらえると、各部位は層の厚さ方向の集合としてとらえることができる。その層の集合を層構成という。図3は、RC造床スラブ、転ばし床組のフローリング仕上げの層構成である。

空間の仕切り ─ 図1

屋根、床、壁、天井は空間を仕切る部位の名称で、表面を示す場合と、断面と厚さがあるものを示す場合がある。屋根天井、床天井などは後者にあたる

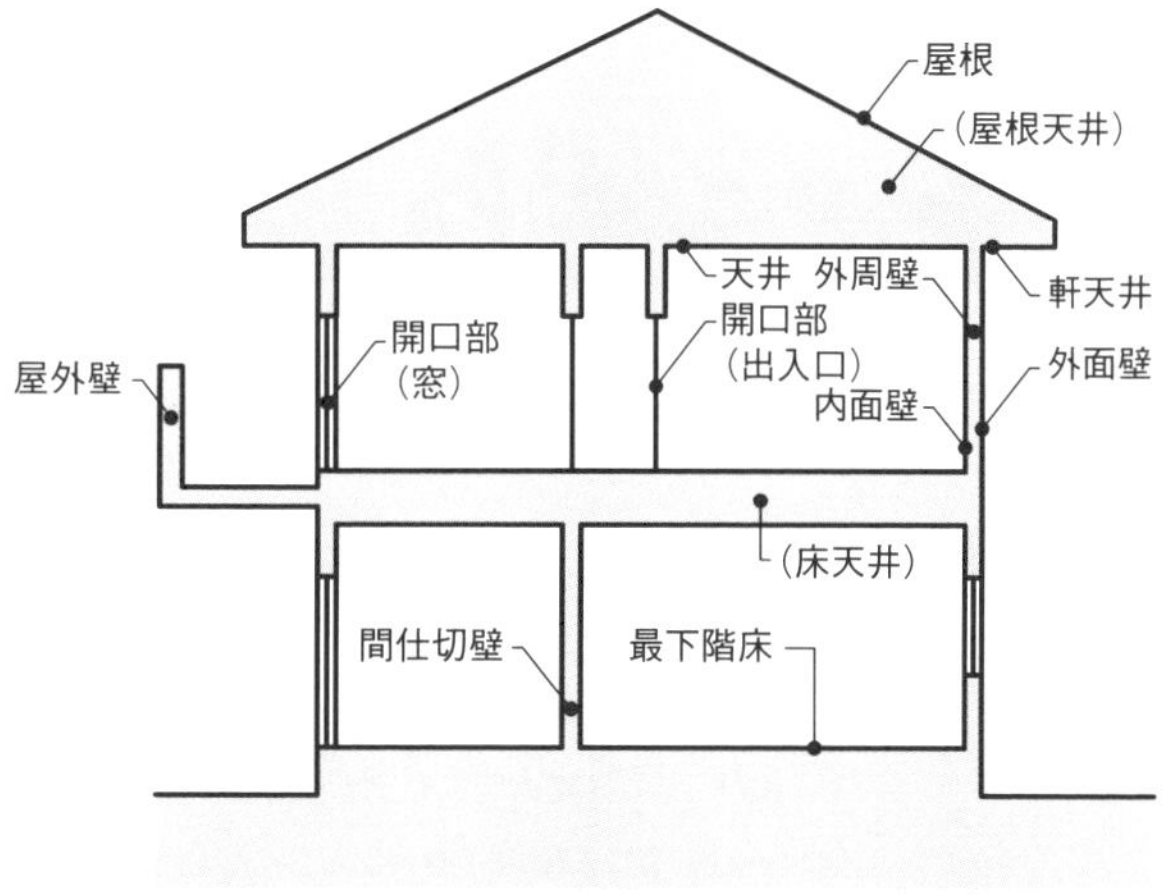

RC壁の構成 ─ 図2

①RC造打放し

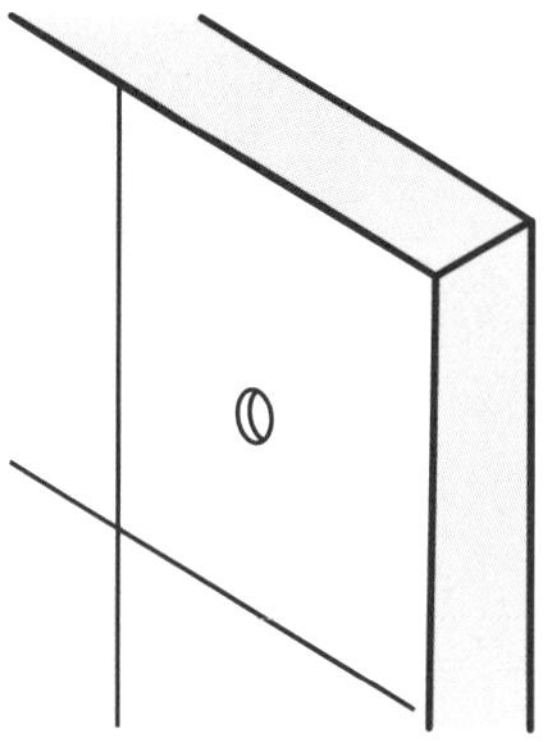

仕上げ、下地、躯体を兼ねる

②RC造タイル張り

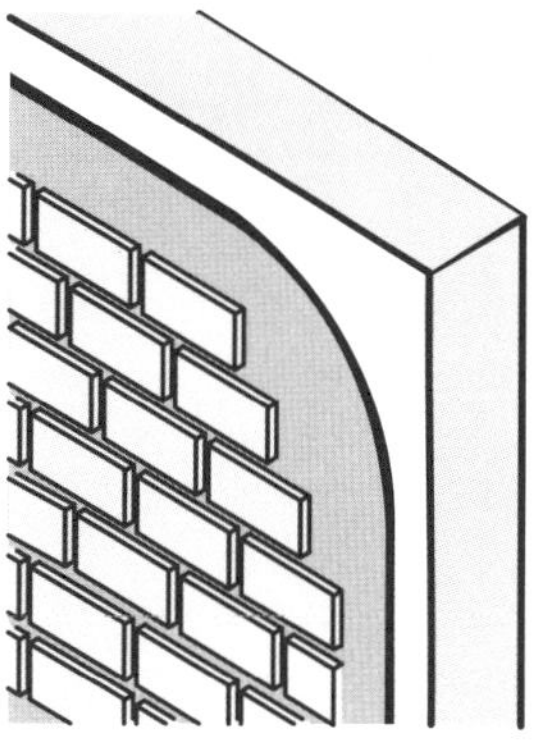

タイル仕上げは、RC躯体の上にモルタルを下地にしてタイルを張る

層構成 ─ 図3

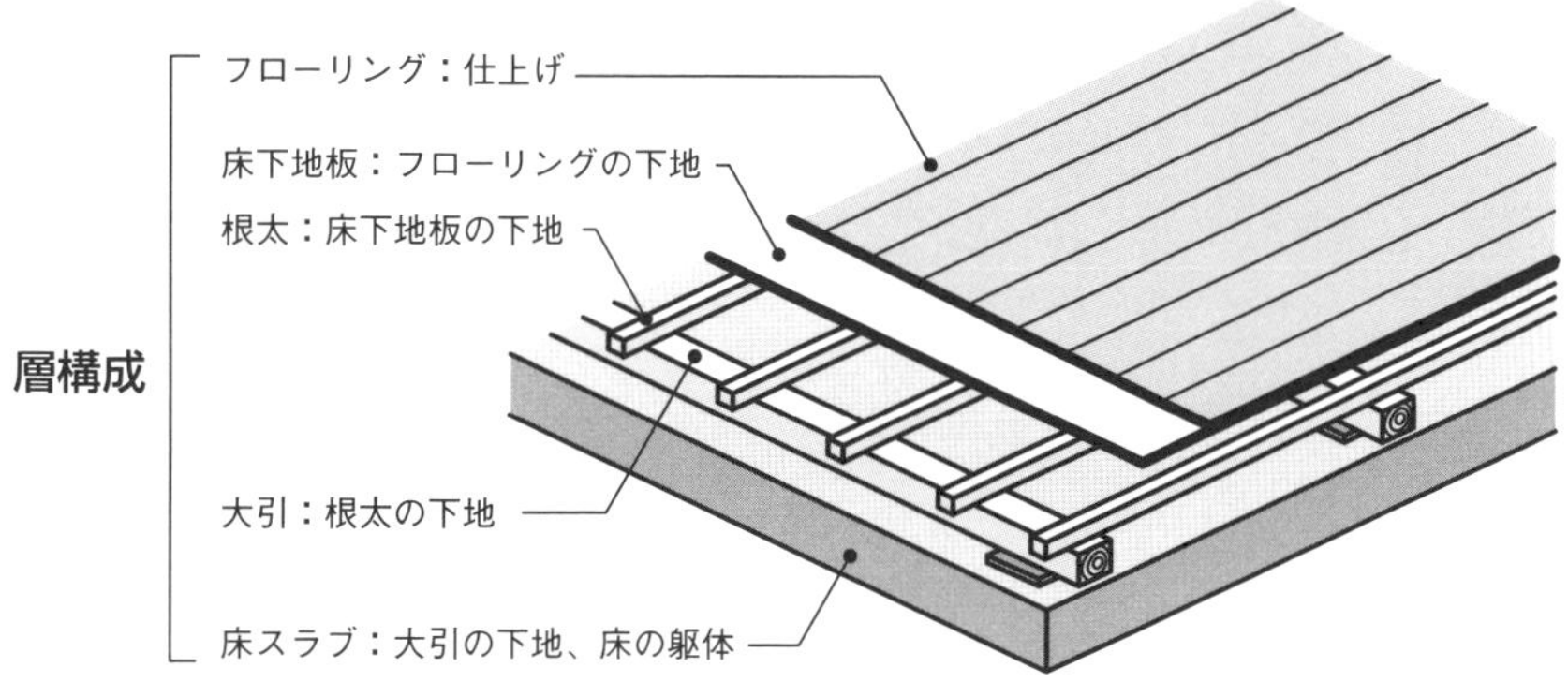

002 構法概論

柱・梁による架構

軸組式と壁式

Point

- ◆材料の短期許容応力度は、長期のそれより大きい
- ◆戸建住宅はピン・ブレース構造が多く、高層ビルはラーメン構造が多い

荷重・外力の種類

地面以外の部分に屋根や床をつくり支えるためには水平材（一般に横架材《おうかざい》という）が必要であり、それを支えるには柱や壁が必要となる。横架材と柱による架構《かこう》を軸組式《じくぐみしき》（図1、写真1）といい、横架材と壁による架構を壁式《かべしき》（図2、写真2）という。

躯体《くたい》には、その部材構成（固定荷重）、あるいは床上の人間や家具（積載荷重）の状況に応じて、さらに積雪時にはその積雪量（積載荷重）に応じて、鉛直《えんちょく》力《りょく》が作用する。また、台風時や地震時には風速や地震の大きさに応じて水平力（風圧力、地震力）が作用する。

固定荷重や積載荷重は常時荷重《じょうじかじゅう》とい い、風圧力や地震力は臨時荷重《りんじかじゅう》という（積雪荷重は多雪地では常時荷重、それ以外の地域では臨時荷重となる）。常時荷重に対応するのが材料の長期許容応力度《ちょうききょようおうりょくど》で、常時荷重と臨時荷重の両方に対応するのが短期許容応力度《たんききょようおうりょくど》である。

ラーメンとピン・ブレース

こうした荷重・外力に対応するために、鉛直力には柱や梁、あるいは壁が対応するのだが、水平力に対しては、壁式では相応の耐力をもった壁が必要になる。また、軸組式では柱と横架材を（接合角度が変化しない）剛接合《ごうせつごう》とするか、筋《すじ》かい（ブレース）や水平力に抵抗する壁（耐震壁《たいしんへき》）を併用するか、いずれかの措置が必要となる。前者の仕組みはラーメン（Rahmen、ドイツ語で額縁の意）という（図3）。後者の場合、部材と部材は剛接合ではなく、回転可能なピン接合とすることが可能で、この種の部材と、筋かいや耐震壁を組み合わせた形式を、ピン・ブレースと呼ぶことがある（図4、写真3）。

後述する在来木造と呼ばれる構法は、一般にこのピン・ブレース構造である。RC造の多くはラーメン構造で、鉄骨造のうち、プレファブ住宅の多くはピン・ブレース構造で、事務所ビルなどはラーメン構造が一般的である。

軸組式（ラーメン構造）— 図1

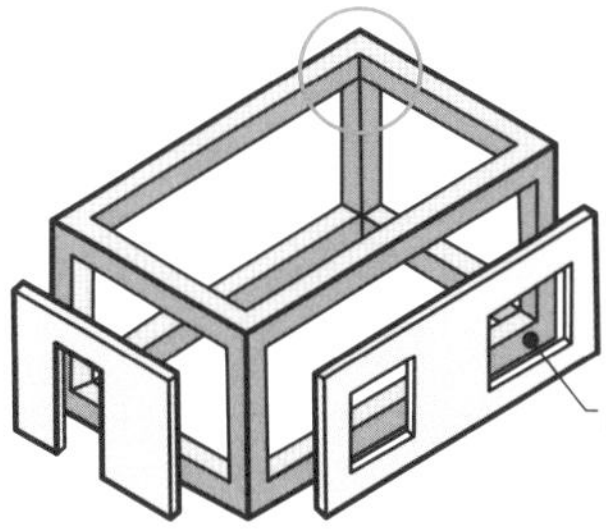

鉄骨造ラーメンの柱・梁接合部 — 写真1

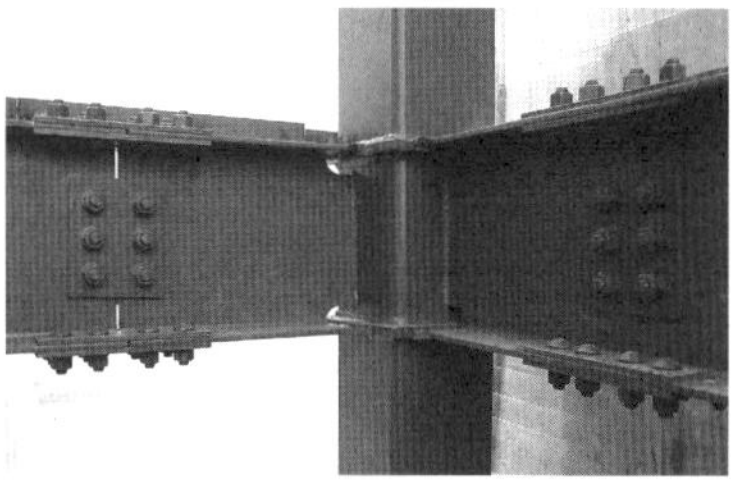

壁式 — 図2

RC造壁式（PCa）— 写真2

ピンとラーメンの違い — 図3

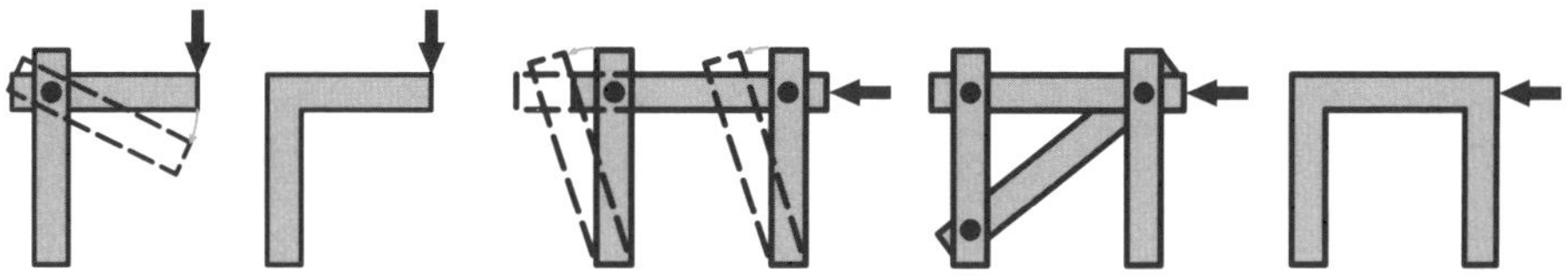

軸組式（ピン・ブレース構造）— 図4

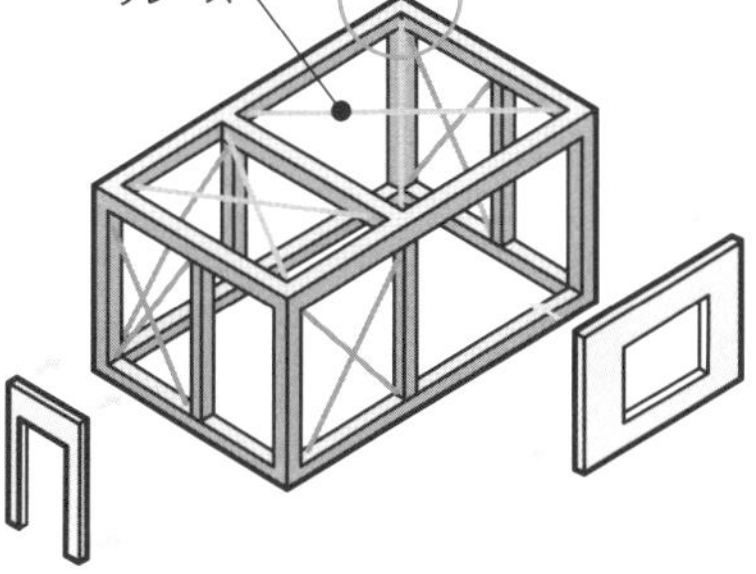

鉄骨造ピン・ブレース — 写真3

写真：「JFEフレームキット」JFE鋼板株式会社

003 構法概論

トラスによる架構

その仕組みとつくり方

Point

- ◆引張に弱い材向きのトラスと、圧縮による座屈に配慮したトラスがある
- ◆教材の計算問題では節点に外力が働くが、現実には難しい

圧縮は短い材、引張は長い材に

三角形を単位とする骨組をトラスという。狭義には各部材の接合部をピンとし、その節点にのみ外力がかかるものをいう。その場合、部材には圧縮力か引張力《ひっぱりりょく》の軸力だけで曲げが生じないため、部材断面を小さくできるメリットがある。

図1は代表的な平面トラスで、トラスが前述の狭義の場合、基本的な構造力学の知識で軸力《じくりょく》を求めることが可能である。

ハウ（Howe）トラスとプラット（Pratt）トラスはよく似ているが、後者は縦材（束《つか》材）に圧縮が生じ、斜《なな》め材には引張が生じる。圧縮や引張など、軸力に対する耐力は部材の断面積によるが、細長い部材の場合には圧縮破壊する前に座屈により曲げ破壊する可能性がある。トラスには、圧縮と引張の耐力がほぼ等しい鋼材や木材などが用いられることが多く、その特性を生かすには圧縮は短い材に生じ、引張は長い材に生じるほうがよいことになる。こうした意味からは、プラットトラスのほうが優れているといえる。

平面トラスを3次元に構成したものが立体トラスである（写真）。立体トラスは多くの部材によって支える架構《かこう》形式となることから、より小さな断面の部材で空間を覆うことが可能となる。

広義のトラス

実際に使われるトラスは必ずしも狭義のタイプだけではない。その典型が洋小屋の真束小屋組《しんづかこやぐみ》や対束小屋組《ついづかこやぐみ》と呼ばれるもので（図2に示すように、屋根荷重は母屋の配置により節点以外に作用する）、形状的にはそれぞれキングポストトラス、クイーンポストトラスに似ている。

一般にトラスの接点を回転自由なピンとすることは難しい。曲げ応力ができるだけ生じないよう、集まる部材の重心線は1点に交わるようにする。トラスとほかの方式の部材との接合においても、同様の工夫が必要となる。

平面トラス ― 図1

①キングポストトラス

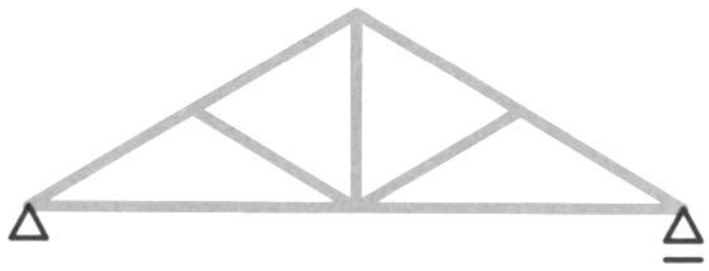

②クイーンポストトラス

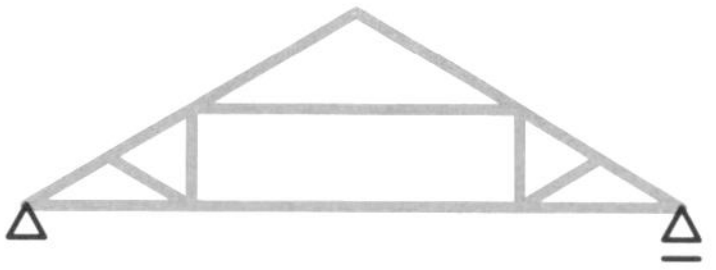

③ハウトラス

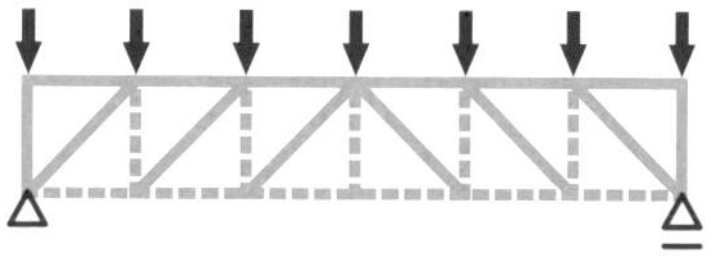

④プラットトラス

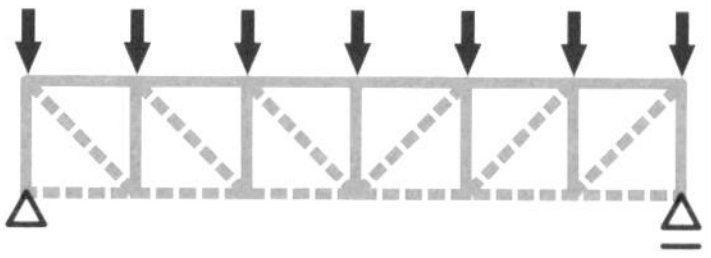

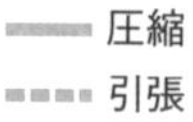

立体トラス ― 写真

大阪万博開催当時のお祭り広場の屋根。立体トラス屋根によって広い無柱空間をつくることができる

洋小屋組 ― 図2

①真束小屋（キングポストトラス）

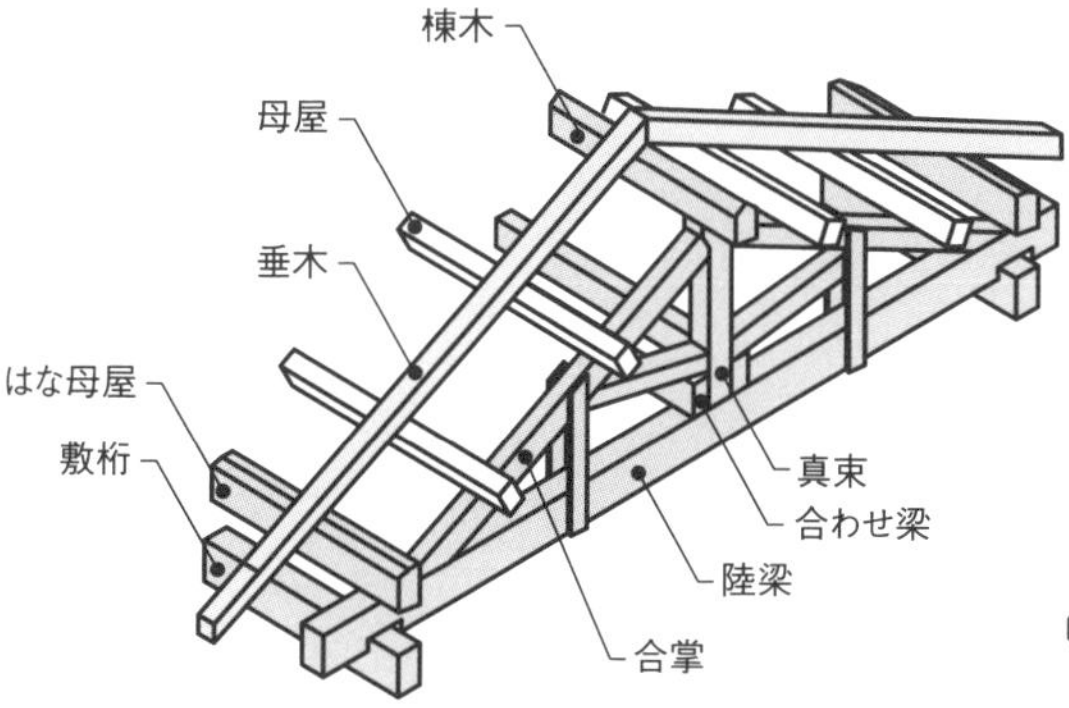

②対束小屋（疑似クイーンポストトラス）

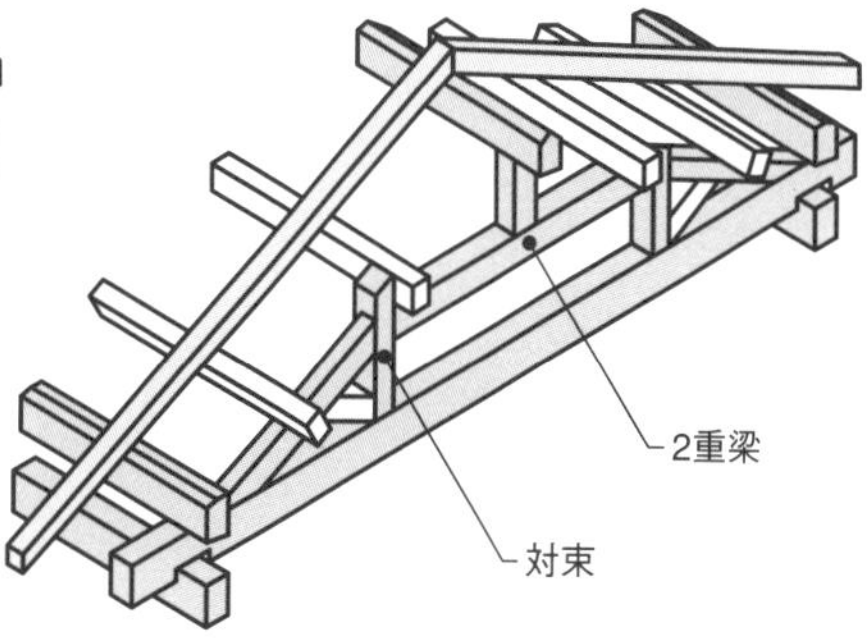

圧縮材による架構

アーチが解決した開口部

Point

◆組積壁に開口を設ける仕組みは、大空間に通じる

◆軸組材不足で組積造が増え、組積材の製造で（燃料として）軸組材が減る

組積につくる開口部

レンガや石材などを組積《そせき》して壁をつくる形式は、わが国など一部の地域を除いて、世界的に最もポピュラーな躯《く》体《たい》のタイプである。大きな地震がない地域では、重量により風圧力に抵抗でき、躯体の重量に比べて、人間や家具などの重さは極めてわずかであることから、躯体の自立＝建物の成立を意味している（組積して手を離しても倒れなければ、半永久的に建っている！）。

最大の問題は壁に穴、すなわち開口部を設けることだが、方法の1つにまぐさを掛けるものがある（図1）。まぐさには曲げが生じるが、曲げはたわみの凸側が引張《ひっぱり》、凹側が圧縮した結果である。一般に石材など組積に使われる材料は引張耐力《ひっぱりたいりょく》が極めて小さいので、大きな開口部のまぐさに用いるのは不適当である。鋼材やRCがない時代木材をまぐさとして使うこともあったが、経年で腐朽すると建物全体の破壊に至るおそれがある。

石積みゆえの発想

開口部の問題に対する解決策にアーチがある。持ち送りアーチ（図2）は、大きな曲げが生じない程度に（主にせん断力によって）片持ち式に開口部を形成するものであり、迫《せ》り持《も》ちアーチ（図3）は、圧縮力だけが部材に生じるように工夫されたものである。

アーチによって壁に開口部が得られるだけでなく、それを連続することによって円筒状の空間、ボールトを得ることができる。アーチは回転することによって独特の空間、ドームが得られる。これらの架《か》構《こう》形式は中世ヨーロッパの教会建築などに結実した（写真1）。

軸組主体のわが国では、組積によるアーチ架構としては眼鏡橋《めがねばし》（長崎県）などの小規模なものに限られる。また、山口県にある錦帯橋《きんたいきょう》（写真2）は、木材を使って曲げでなく圧縮によるアーチ架構とした代表例である。これらわが国のアーチ架構は、いずれも近世以降のものである。

まぐさによる開口 — 図1

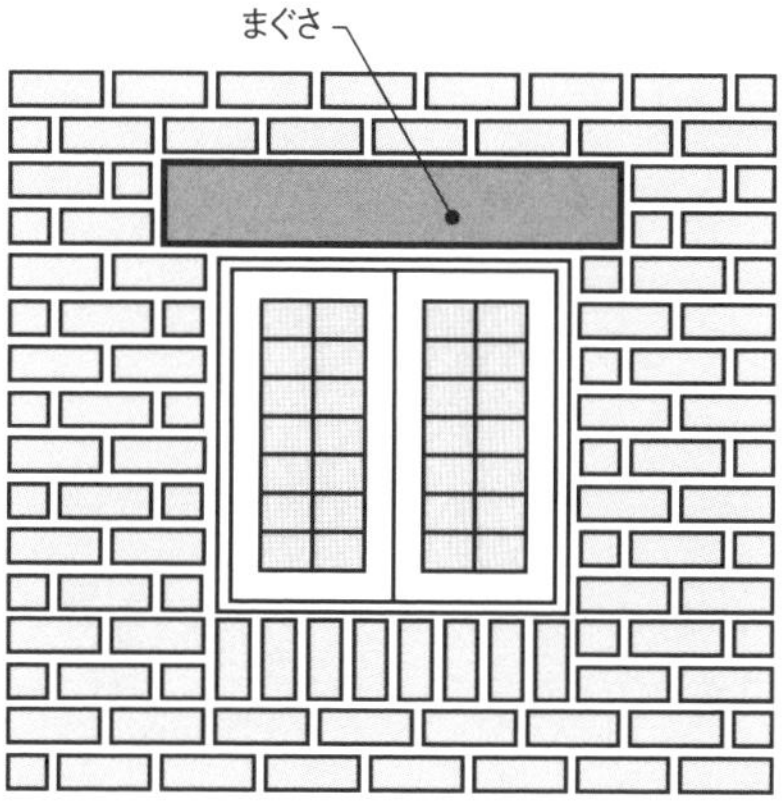

持ち送りアーチ — 図2

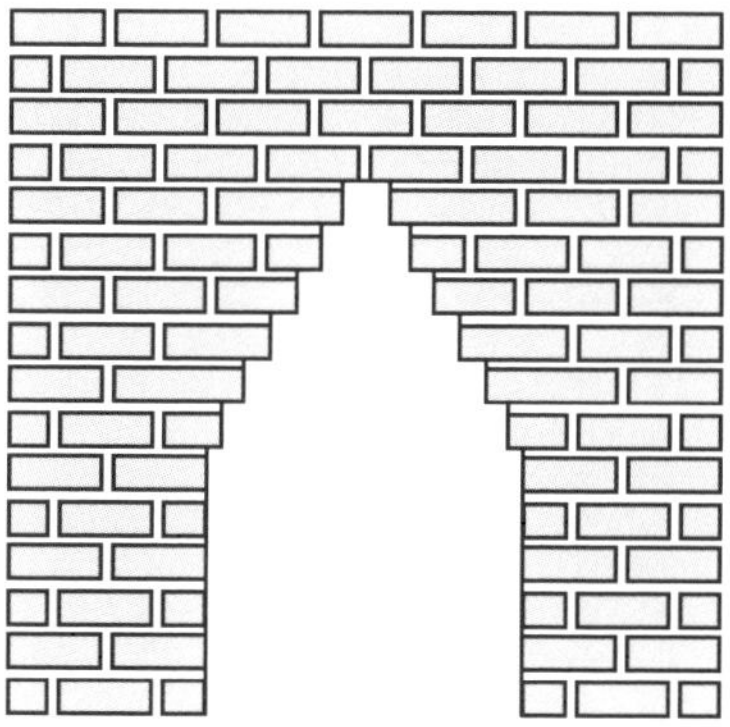

迫り持ちアーチ — 図3

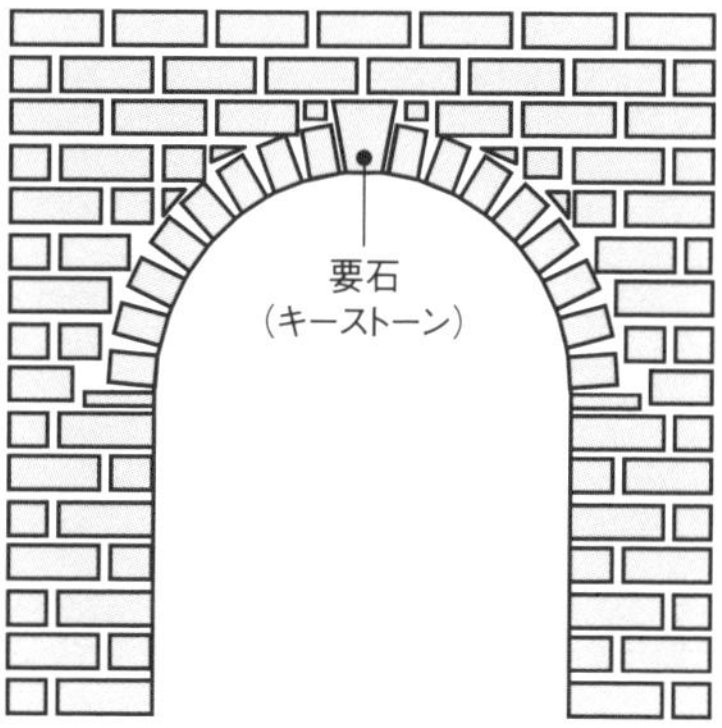

石造ドーム／
修復中のアヤソフィア(トルコ) — 写真1

木造アーチ／
錦帯橋(山口県) — 写真2

005 構法概論

引張材による架構

材料の優位性

Point
- ◆曲げ抵抗より軸力抵抗、特に引張抵抗は多くの場合より優れている
- ◆引張構造といえども、縁の下の力持ち（圧縮材）は必要

曲げよりは圧縮、圧縮よりは引張

躯体《くたい》における材料の使い方としては、曲げで抵抗する形式より軸力で抵抗する形式のほうが優れている。石材やレンガなど、圧縮強度が引張《ひっぱり》強度に比べてけた違いに大きいものでは、軸力のうちでも圧縮抵抗であるアーチ架構《かこう》が有効である。一方、鋼材や木材など圧縮強度と引張強度がほとんど等しいものでは、座屈がない分、引張抵抗のほうが材料の使い方としては優れている。

張弦梁《ちょうげんばり》（図）は曲げ抵抗を引張抵抗に置き換えるもので、小屋梁《こやばり》や床梁《ゆかばり》のほか、鉛直《えんちょく》方向に使って開口部のサッシ方立《ほうだて》の断面を小さく見せる場合にも使われる。

建築ではないが、吊り橋（写真1）も引張材を利用する架構である。一般に糸状のものの両端をもって吊り下げると、ある一定の曲線（懸垂曲線という）に落ち着く。この場合、糸状のものに働いているのは引張力だけである。この考えを延長して、屋根や床を支えるのである。

圧縮材なしの引張構造なし

引張材を中心とする架構を張力《ちょうりょく》（テンション）構造（写真1〜3）と総称することがあるが、地面以外の部分に屋根や床などをつくり支えるためには、張力構造といえども、吊り材を支える柱などの圧縮材が必須である。テントなどもこの考え方を面的に応用したものといえ、ミュンヘン・オリンピック・スタジアムは、この大規模なものの代表例である。

ちなみに前述したアーチは懸垂曲線を逆さまにしたものにほぼ相当し、圧縮力が主に働いている。

類似の考え方にシェル構造がある。屋根や壁などを、3次元の折板《せっぱん》や曲面《きょくめん》板《ばん》にして面外方向の剛性《ごうせい》を得るもので、荷重を主として曲げによらず、面内応力（軸力）によって支える。薄肉《うすにく》構造であり、ひび割れ防止の意味から後述するプレストレス（88頁参照）を利用する方法も試みられている。

張弦梁 ―図

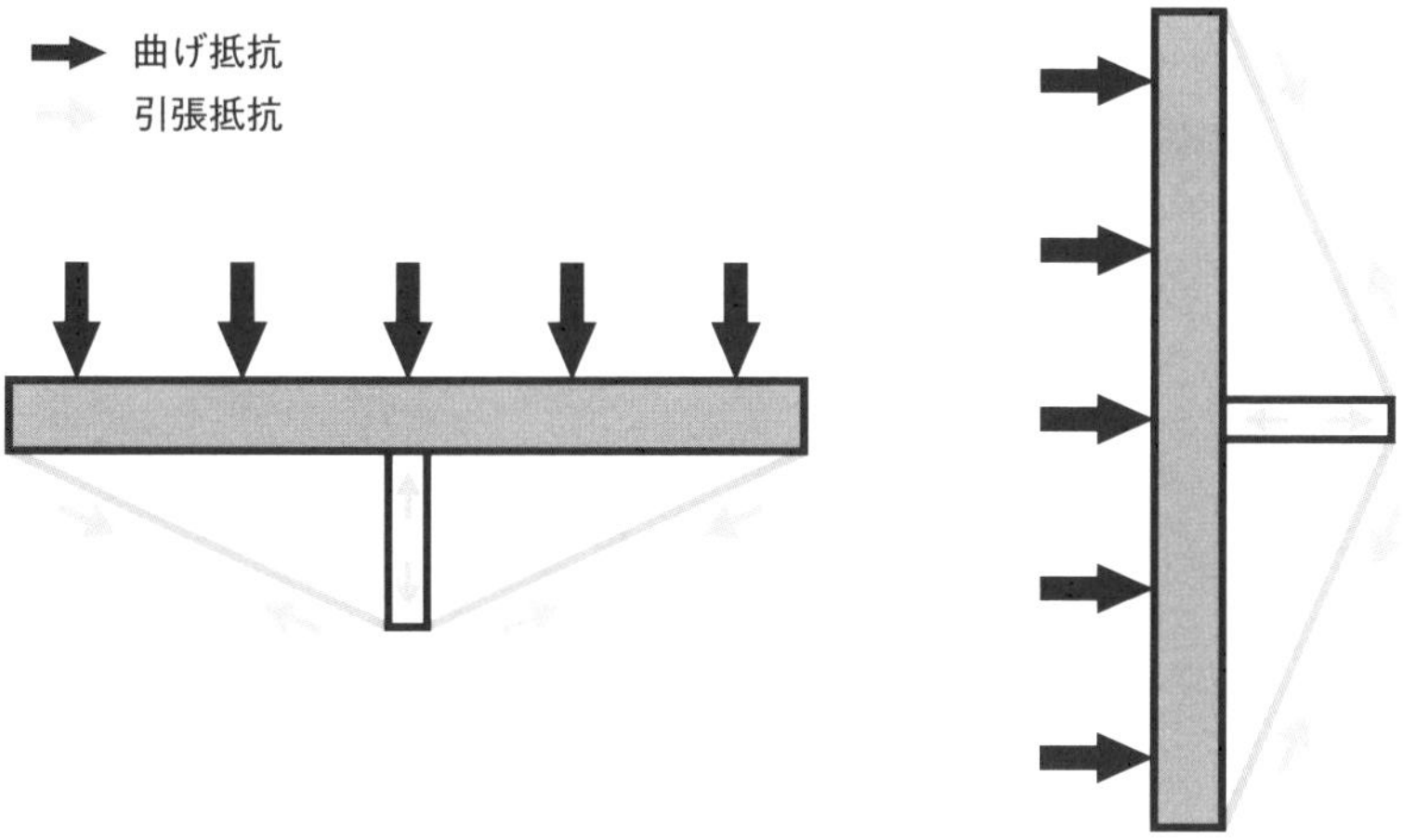

張力構造／明石大橋(兵庫県) ―写真1

張力構造／ミュンヘン・オリンピック・スタジアム(ドイツ) ―写真2

張力構造／施工中の代々木体育館(東京都) ―写真3

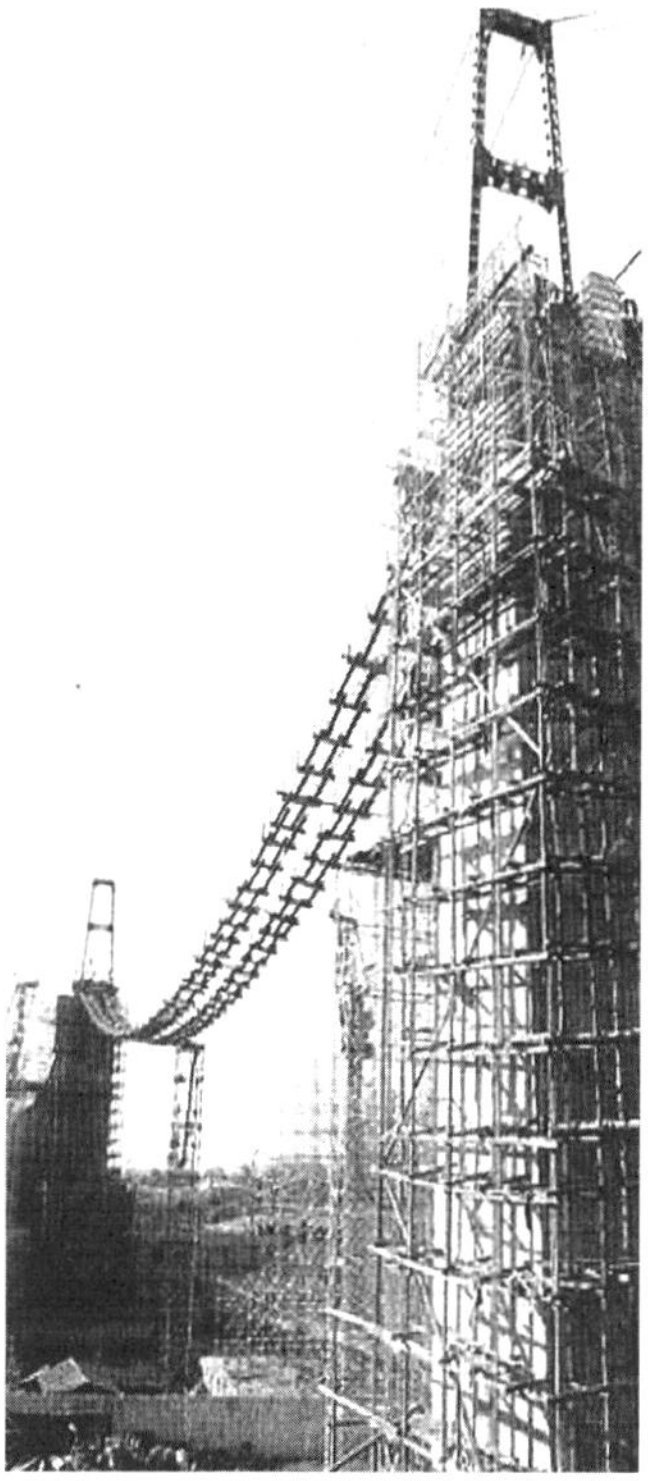

RC造や鋼管による柱のほか、浮上り防止の基礎アンカーが必要となる

006 構法概論

工法の原理

施工の3つのプロトタイプ

Point
◆架構、打込み、組積は形を変えて、時代を超える
◆つくり方・組立て方は、分割の仕方でもある

構法と工法

意図した「構法」を実現するものが「工法」であるが、構法を計画する段階でも、当然、工法を考慮しながら進めている。そうした立場からすれば、工法は構法の一要素と考えることができる（立場が違えば、考えは異なる）。ここでは空間を形成する工法について原理的に紹介する。

図1①は木材や鋼材などを現場で組み上げ、軸組を形成する架構《かこう》式の工法である。接合には木造のいわゆる継《つぎ》手《て》・仕口《しぐち》のように形状を利用する方法もあるが、軸組材料に応じて、釘、ねじ、ボルト、溶接などが主に使用される。面材《めんざい》を併用することも多い。

図1②は所定の場所にあらかじめ組み立てた型枠に、流動性のあるコンクリートなどを現場で流し込む（打設という）ことで柱、梁、床、壁などを形成する一体式の工法である。その場所で硬化・固化することから特に接合材を必要としないが、建築として必要な耐力を得るためには、鋼材による補強が必要となることが多い。

図1③はブロック状の石材やレンガなどにより、壁や柱を形成する組積《そせき》式の工法である。接合には相互にはめ込む、形状による方法もあるが、モルタルや漆喰《しっくい》など左官材を使用するのが一般的である。また、日本のように地震などに対して大きな水平耐力が要求される地域では、鋼材などによる補強が必要となる。

工業化された工法

基本的な工法は以上であるが、部材の大きさに着目すれば、このほかにパネル式やユニット式などがある（図2①②）。いずれも建築として所定の場所以外で、床や壁などをある程度広がりをもった大きさに、プレファブリケーション（pre-fabrication、あらかじめ工場生産）した後に、現場に持ち込み、組み立てるものである。パネル式は平面的な構成、ユニット式は空間を含むところまで構成したものをいう。

在来工法 ― 図1

①架構式

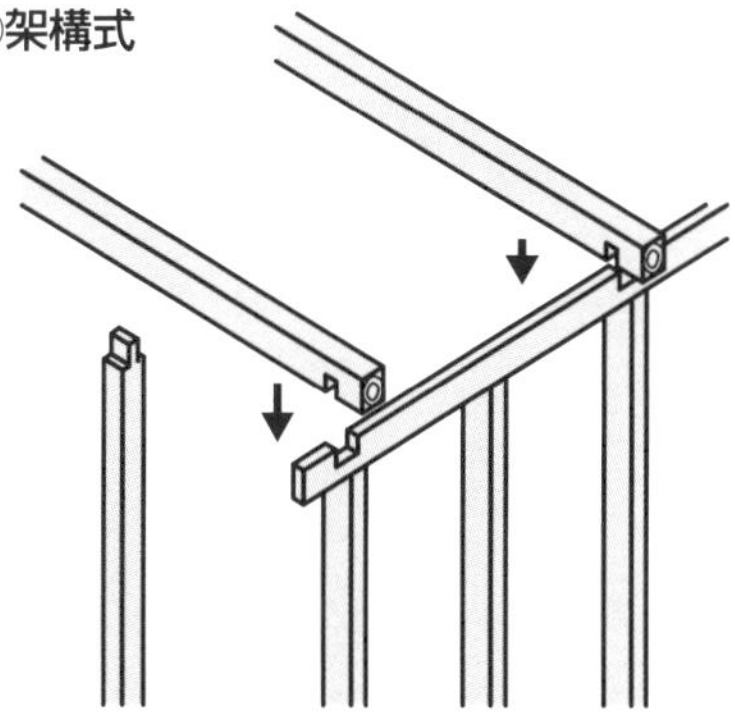

柱・梁などの軸組を現場で組み立てるもので、鉄骨造、在来木造などが属する

②一体式

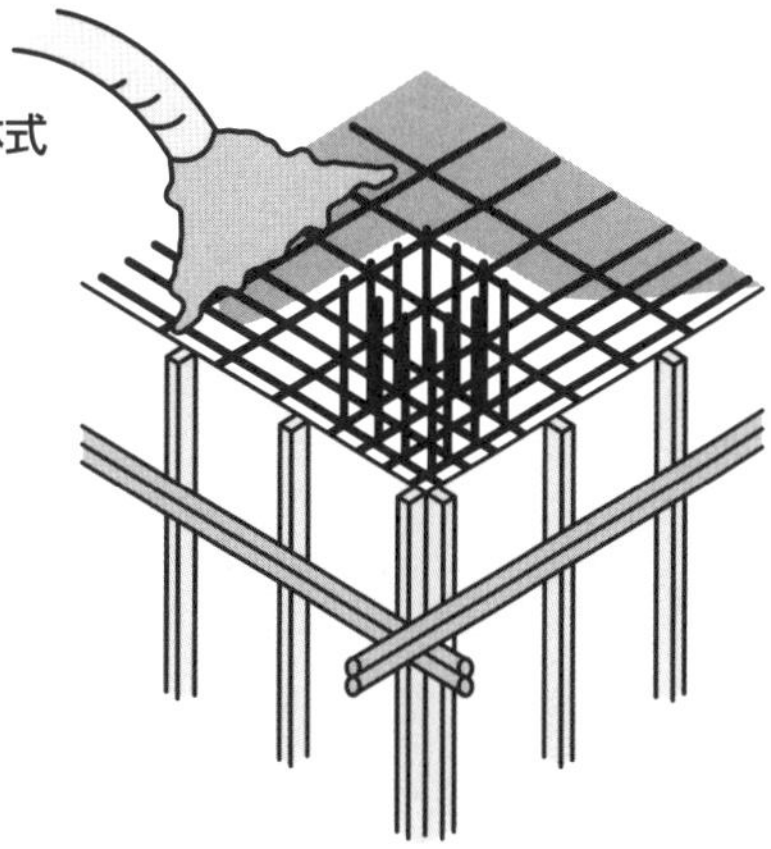

コンクリートなどを打設して、柱・梁・床・壁などを一体化させるもので、RC造などが属する

③組積式

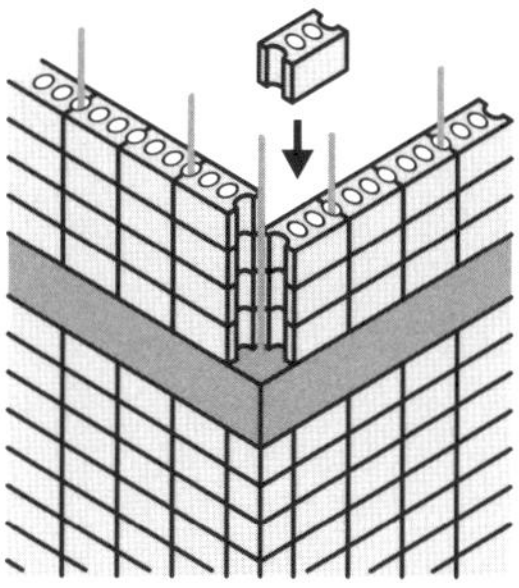

ブロック状の部材をモルタルなどで積み上げるもので、レンガ造、補強CB造などが属する

工業化工法（プレファブリケーション）― 図2

①パネル式

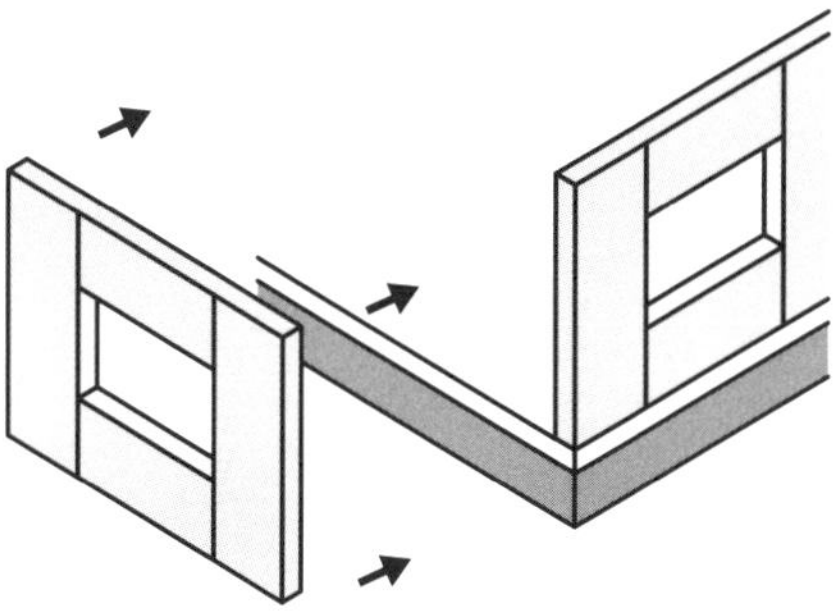

壁・床・屋根など平面パネルを工場生産して、現場で組み立てる

②ユニット式

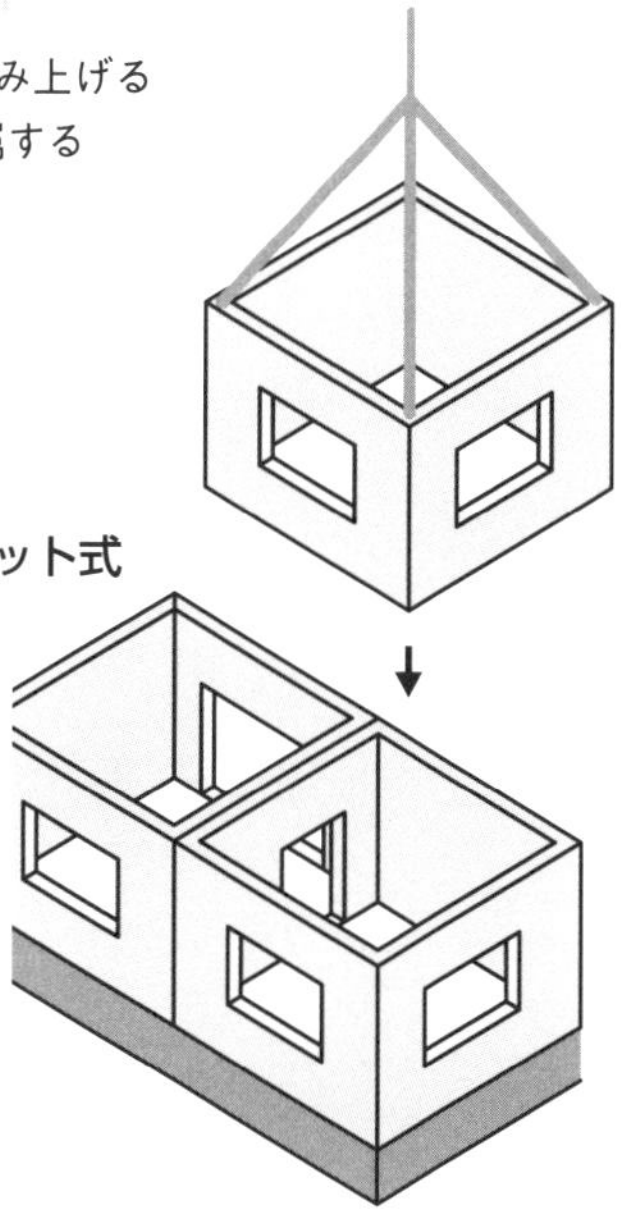

部屋単位の3次元のボックスを工場生産して、現場施工を省力化する

007 構法概論

躯体と材料

階層別に異なる材料

Point

◆木材と鉄骨造・7割、RC造・2割というのが近年の傾向
◆超高層用と低層用でコンクリート強度は大きく異なる

構造・構法の全体像

建物躯体《くたい》は主要な構造材料により、木造、鉄骨造、鉄筋コンクリート造、鉄骨鉄筋コンクリート造、組積造《そせきぞう》などに分けられる。

木造、鉄骨造は、それぞれ製材などの木材、形鋼《かたこう》と呼ばれる鋼材を用いる。鉄筋コンクリート造はRC造とも表記される。RCとは、Reinforced Concreteを略した語で、鉄筋と呼ばれる棒状の鋼材で補強されたコンクリートを用いる。鉄骨鉄筋コンクリート造はSRC造とも表記される。SRCとはSteel-framed Reinforced Concrete を略したもので、鉄筋とコンクリートのほかに形鋼を用いる。

組積造の材料は石やレンガ、コンクリートブロックなどであり、組積は構成方法の呼称である（石造、レンガ造などの総称といえる）。表1は建物の構造・構法の全体像で、右端の欄は床・壁の部位躯体が線状になるか、面状になるかの傾向を示している。

木とコンクリートどちらが強い

建物躯体を形成する主な材料は、鋼材、コンクリート、木材である。表2はこれらの材料の主な物性値を示している。ここでいう許容応力度とは、安全率を考慮した強度のことである。

近年は100kN／㎟を超える高強度コンクリートも試みられつつあるが、通常のコンクリートは強度・剛性に関して特に優れたものでないということに留意すべきである。また、木材は繊維方向や含水率により、強度が大きく異なることは使用に際して特に留意すべき点である（26頁参照）。

わが国の構造種別の着工面積は、鉄骨造の比率が大きいのが特徴である（図1）。図2はその階層別の着工面積を示したもので、結果はこれら構造種別の特徴を反映している。すなわち、中高層主体のRC造、低層主体だが超高層まで幅広く対応する鉄骨造、耐火規制の点で低層に限定されている木造といった具合である。

建物躯体の全体像 ― 表1

(住宅)		柱梁式		壁式構造	下地形状の傾向	
		ラーメン構造	ピンブレース構造		壁	床
木造	在来	大断面集成材	軸組	2×4（枠組壁） パネル 丸太組	線状 面状	線状
鉄骨造	在来	軸組 ボックスユニット	パネル併用	スチールハウス パネル	線状	面状 線状
RC造	在来	柱梁式		壁式 大型パネル	面状	面状
SRC造		軸組				
組積造				補強CB(*)		

＊ CB：コンクリートブロック

材料の性質データ ― 表2

指標	単位	鋼 SN400	コンクリート F=24	木材 ヒノキ 甲種1級
長期許容引張応力度	N／㎟	156	0.8	8.4
長期許容圧縮応力度	N／㎟	156	8	11.2
比重	――	7.8	2.3	0.5
ヤング率	10^5×N／㎟	2.1	0.23	0.09
線膨張係数	10^{-6}／℃	12	10	5
熱伝導率	W／(mK)	53	1.6	0.12

注　長期許容応力度以外の数値は一般的なもの

構造種別の着工面積 ― 図1

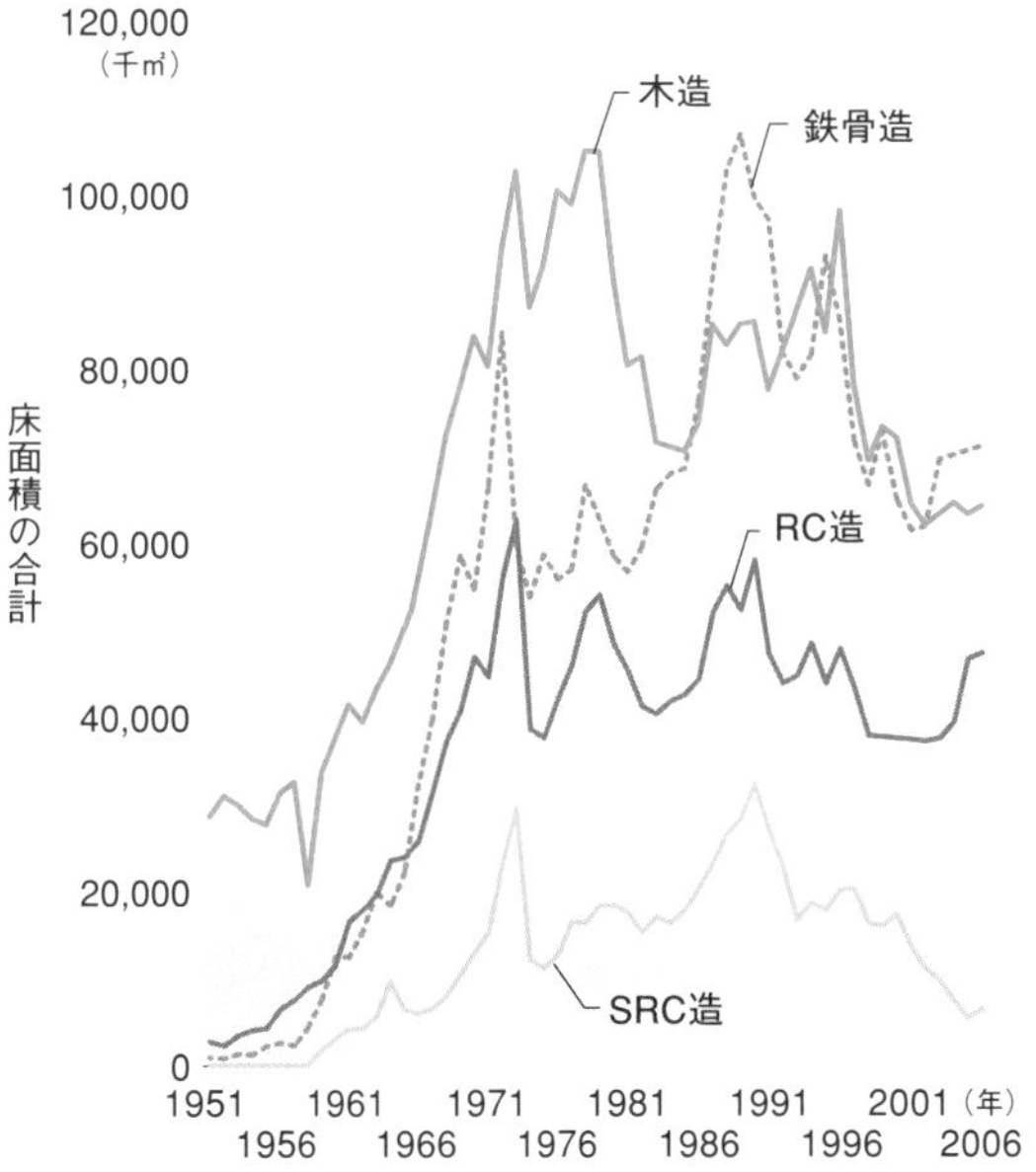

出典：『建築統計年報』（国土交通省）

図1の階層別の着工面積 ― 図2

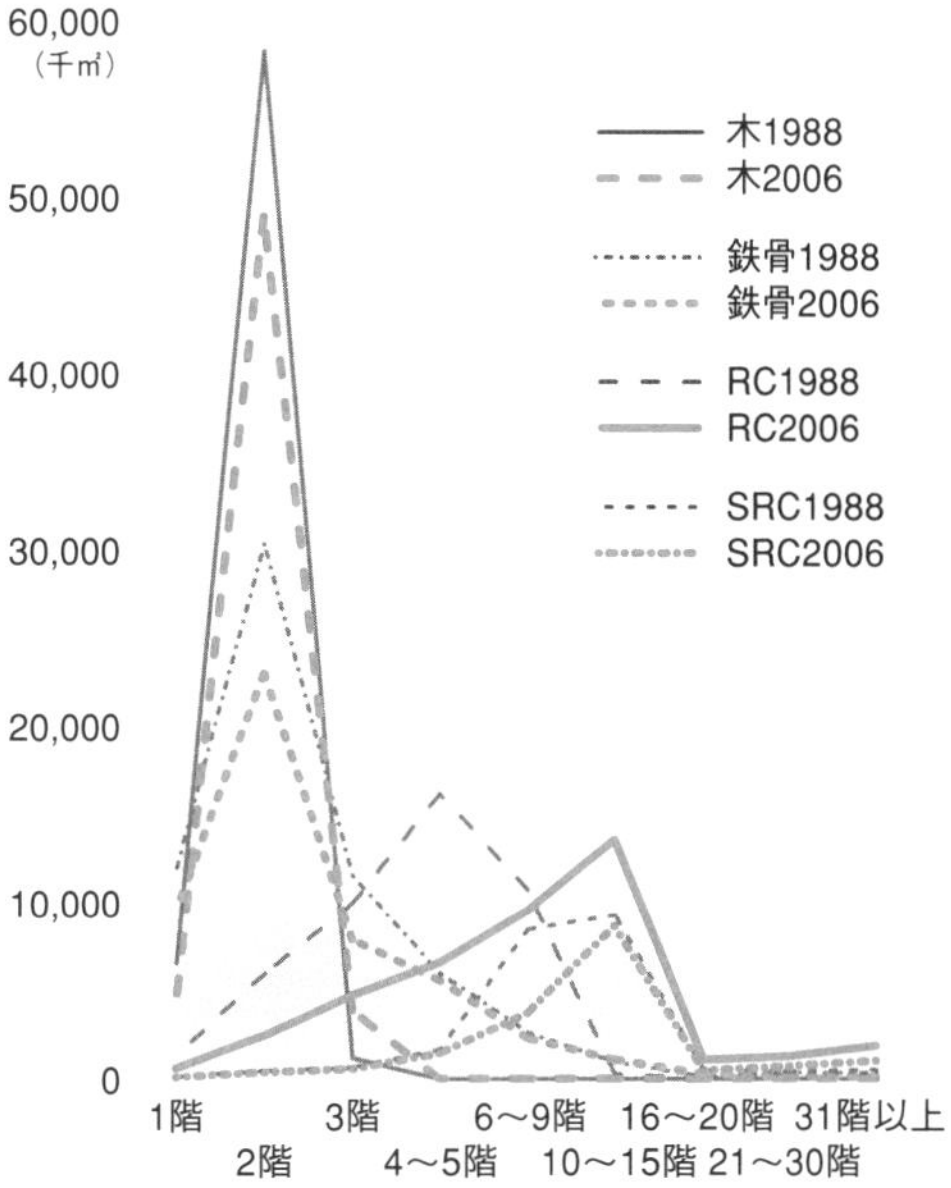

出典：『建築統計年報』（国土交通省）

008 構法概論

設計・施工プロセスと構法

構法へのそれぞれのアプローチ

Point

◆図面の縮尺が大きく詳しくなるほど、構法の出番が増える
◆リスクを負うものにはさまざまなリターンがある

設計段階で決まる構法

建築の設計は、敷地や予算などの条件の下で、目的とする建物をつくるために、各種の情報を具体化し、設計図書としてまとめる一連の行為である（図1）。

建物規模や面積、予算などが検討される企画段階では、形態のイメージ、建物躯体《くたい》の種類、それに梁間《はりま》スパンの方針などが、構法にかかわる主な検討課題である。

基本設計段階では、主要な空間の大きさや軒高《のきだか》、階高、各空間の天井高が検討され、また、構造や設備の方式が検討されるに伴い、構法的には耐震壁《たいしんへき》の有無や設置方針、配管方式に伴う構法上の問題などが検討される。全体にかかわる問題としてはモデュラーコオーディネーション（232頁参照）のほか、防耐火や断熱措置などの検討がなされる。

実施設計段階の作業の多くは構法とかかわりがある。建物躯体は構造計算を経て詳細が決められ、設備も機器とその配置・配管などが決められる。屋根・床・壁・天井などについても、下地から仕上げまでの構成や納まり、さらには家具や設備機器、配管との納まりなどが同様に決定される。企画から設計の諸段階においても、工法の検討がなされるが、最終的に施工者が決まった段階で再点検される（図2）。

構法の担い手たち

構法を設計・計画する主たる担い手は、通常設計者である。また、施工者も工法を通じて構法に関与する。設計者・施工者にも増して、材料・部品メーカーの果たす役割は大きい。特定の建物への新しい構法の採用に際しては、メーカーが技術的なバックアップをする場合が多い。責任の多くを担うこととなり、クレームも処理するが、メーカーはそれらを技術ノウハウとして蓄積し、レディメードの部品に反映する。このように部品メーカーは、不特定多数の建物について、部分的に構法計画を先取りしているということができる。

設計の手順 ― 図1

企画：建築物の目的や敷地条件、工事予算・工期などを検討し、建築物の機能・規模、および構造方式の大まかな方針や意匠のイメージなどをまとめる

↓

基本設計：企画にもとづき空間構成や設備内容をまとめる。躯体および、外装などの概要もほぼ決める

↓

実施設計：基本設計にもとづき、発注・契約用の設計図書をまとめる

実施設計図から施工図へ（施工段階での調整） ― 図2

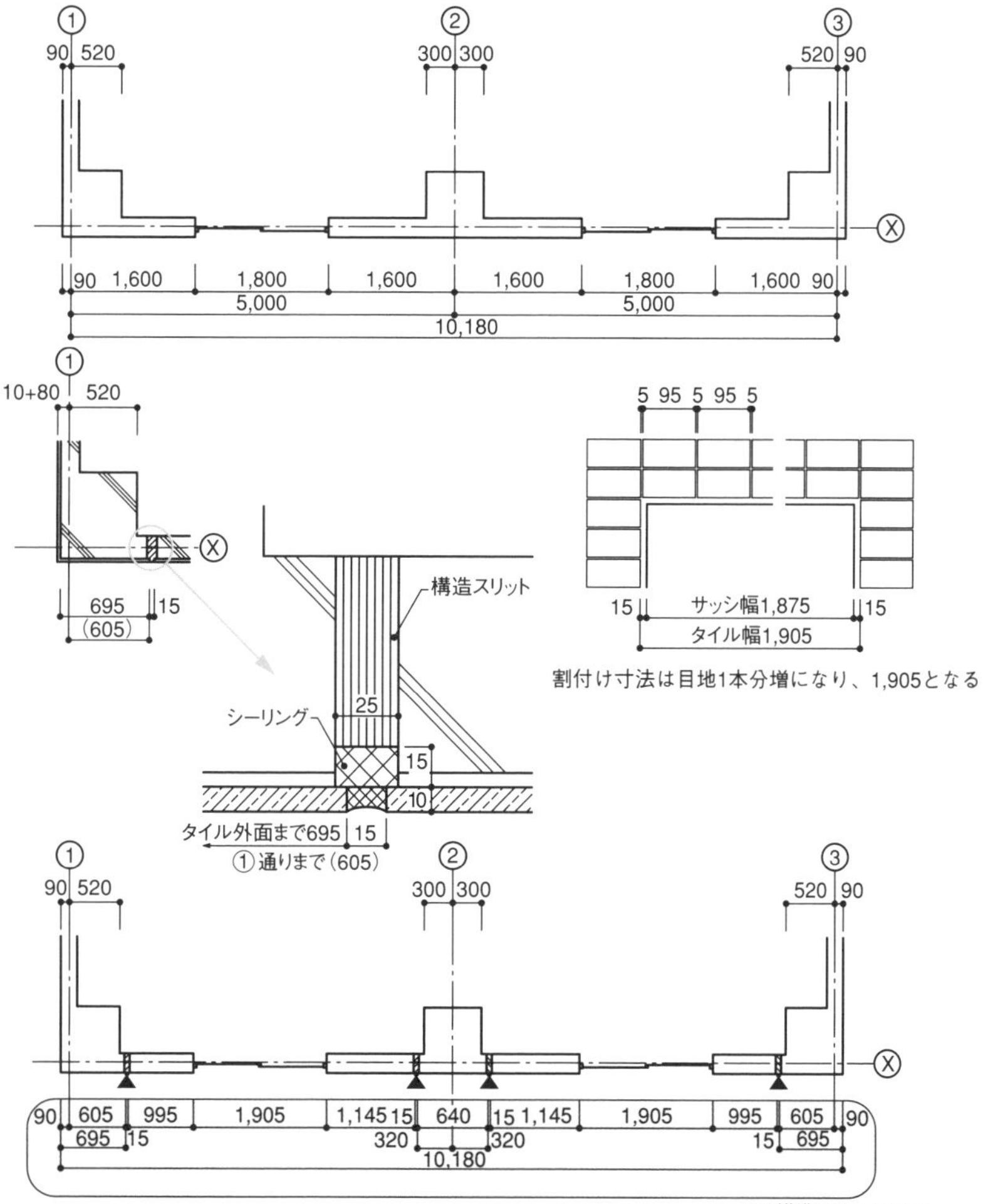

▲は構造スリットを示す

●施工段階で検討される構法
部品メーカーは施工に際しても専門工事業者・サブコン（Sub-Contractor）として、施工者・ゼネコン（General Contractor）の管理の下、施工の主要な部分に参加する。施工者は工事に際し、V.A.（Value Analysis、価値分析：コスト低減努力）のなかで、より適切な構法・工法の検討がなされる

出典：『実用建築施工図』61・64頁（中澤明夫ほか・市ヶ谷出版社）

Column 1

構法の変遷

年	日本	世界
1851		ロンドン万博：鋳鉄製クリスタルパレス
1867		モニエ：RC造植木鉢
1889		パリ万博：鍛鉄製エッフェル塔
1894	秀英舎印刷工場：鉄骨造	
1903		フランクリン街アパート：RC造
1905	海軍工廠汽罐室：RC造	
1914		第一次世界大戦（～1918）
1919	市街地建築物法：建築基準法の前身	
1923	関東大震災	
1924		シカゴトリビューン：摩天楼
1925	同潤会：青山アパート	
1931		エンパイヤーステートビル
1939	1937年日中戦争 1941年大東亜戦争	第二次世界大戦（～1945）
1950	建築基準法	
1955	日本住宅公団設立	
1959	大和ミゼットハウス：プレハブ住宅	
1968	霞ヶ関ビル：超高層／十勝沖地震／東京オリンピック	
1970	大阪万博	
1974	枠組壁工法告示	
1979	省エネルギー法	
1980	新耐震設計法	
1984	日本住宅リフォームセンター （現：住宅リフォーム・紛争処理支援センター）	
1989	建築・設備維持保全推進協議会 （現：建築・設備維持保全推進協会）	
1995	阪神・淡路大震災	
1999	品確法	

2度のオイルショックを契機に省エネルギー法が制定され、この頃から環境が大きな関心事となった。阪神・淡路大震災もあって、徐々に新規開発により、既存建物の改修・再生へ、構法の方向性は変わっていく

時代は環境、改修・再生へ

上記は構法・工法に関する主な出来事を示した年表である。これに見るように、わが国は明治維新後、世界にわずかに遅れる程度で鉄骨造やRC造を実現している。その後、建築基準法の前身である市街地建築物法が整備され、関東大震災で組積造《そせきぞう》などが壊滅的被害を受けたこともあって、RC造やSRC造などへ構法の方向性が定まった。

戦後、建築基準法が公布され、日本住宅公団などによる需要とりまとめなどをもとに、建材・部品の生産体制が整い、住宅サッシや厨房器具の量産化が始まる。軽量鉄骨製のプレファブ住宅が発売され、高層ホテルに採用された浴室ユニットも後に、住宅用が開発されるなど、住宅は建築技術を普及させる役割を担った。その後は、東京オリンピックや大阪万博を契機に、広く建築全般について、構法や工法の開発が実施された。

2

木造の構法

009 木造

構造材としての木

木材の方向と強度

◆木材資源を継続的に利用するためには、その適切な量の消費が必須

◆木は予想以上に強いが、強度は繊維の方向によって変わる

木は環境素材である

木材は再生可能な建材である。生育に際しては、一説に地球温暖化の原因の1つといわれる炭酸ガスを取り込み、固定することから、環境素材としても注目されている。燃やさない限り、炭酸ガスは固定されたままであることから、既存建物の再利用や古材の利用は廃棄物処理の負荷軽減からも期待されている。

日本の木材資源は現時点では豊富であるが、立地条件もあって伐採搬送に伴う費用の点で外国産に劣り、利用は2割程度にとどまっている。木材資源を維持管理するためには適当量の消費が必要で、地場産材の利用など、地域・都道府県を越えて、国単位での取組みが必要である。

木材強度にかかわるもの

構造材として使われる木材は、鋼材に比べれば強度は1/10以下であるが、圧縮強度は普通コンクリートと同程度、引張《ひっぱり》強度はコンクリートより大きい（21頁表2参照）。また、強度を比重で割った比強度は、鋼材と比べても遜色がなく、構造材、特に自重が問題となる梁材としては極めて優れている。そのため日本では古くから主要な構造材として多用されてきた。

ただし、これらの構造性能は繊維方向のもので、繊維と直角方向の性能はこの1割から2割程度にとどまる（図1）。金物を用いて接合を行う場合などはこの繊維と直角方向への圧縮、すなわち〝めり込み〟強度が問題となる。

木材の繊維方向の許容応力度は、次のように設定される。

●長期に生じる力に対する許容応力度

$f_L = 1.1/3 \times F$

●短期に生じる力に対する許容応力度

$f_s = 2/3 \times F$

（F＝基準強度）

強度には含水率の影響も大きい。木材の絶乾《ぜっかん》重量に対する水分の含有量の比率を含水率と呼ぶが、含水率が大きくなると強度が低下する（図3）。

木材の方向性

繊維方向のなす角度と強度の比率 ― 図1

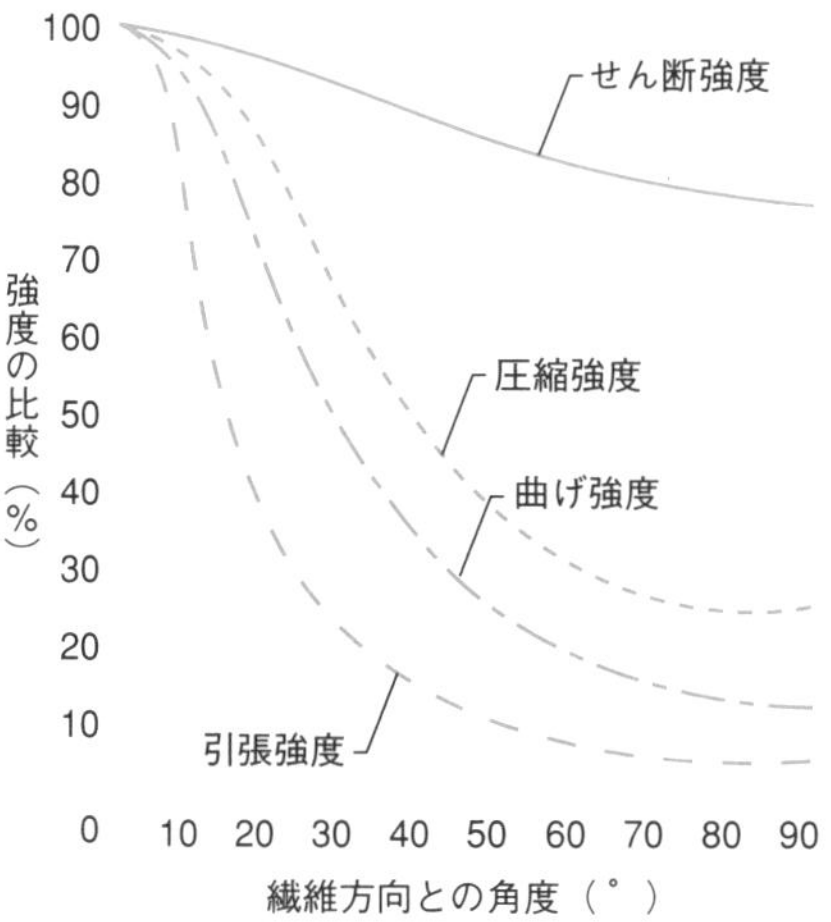

出典：『建築材料用教材』（社）日本建築学会）

方向と名称 ― 図2

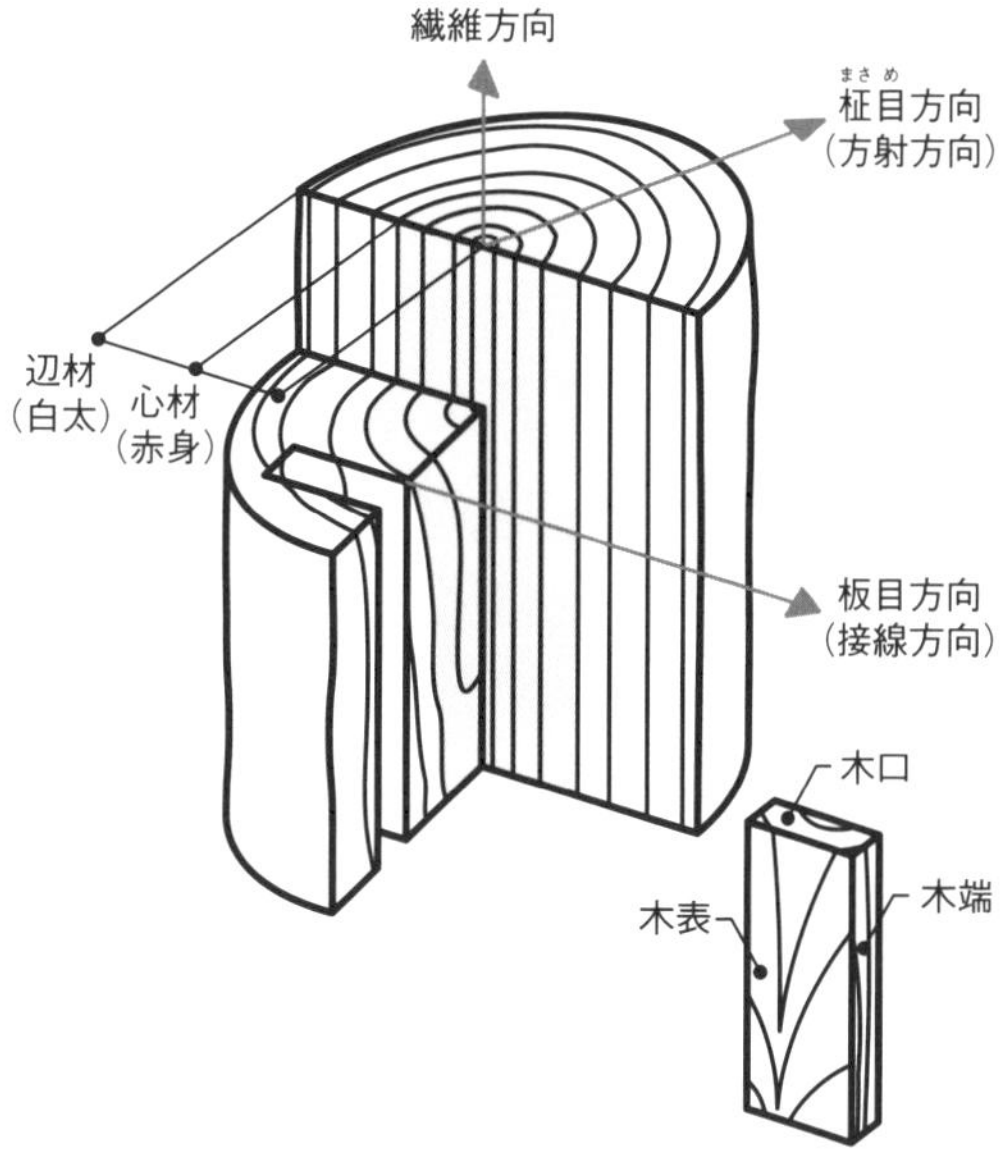

木材の強度

針葉樹の構造用製材（目視等級区分）の基準強度の例 ― 表

（平12建告1452号）

樹種	区分	等級	基準材料強度（N／mm²） 圧縮（Fc）	引張（Ft）	曲げ（Fh）	せん断（Fs）
ベイマツ	甲種構造材	1級	27.0	20.4	34.2	2.4
		2級	18.0	13.8	22.8	
		3級	13.8	10.8	17.4	
ヒノキ	甲種構造材	1級	30.6	22.8	38.4	2.1
		2級	27.0	20.4	34.2	
		3級	23.4	17.4	28.8	
ベイツガ	甲種構造材	1級	21.0	15.6	26.4	2.1
		2級	21.0	15.6	26.4	
		3級	17.4	13.2	21.6	
スギ	甲種構造材	1級	21.6	16.2	27.0	1.8
		2級	20.4	15.6	25.8	
		3級	18.0	13.8	22.2	

木材の含水率と強度の関係 ― 図3

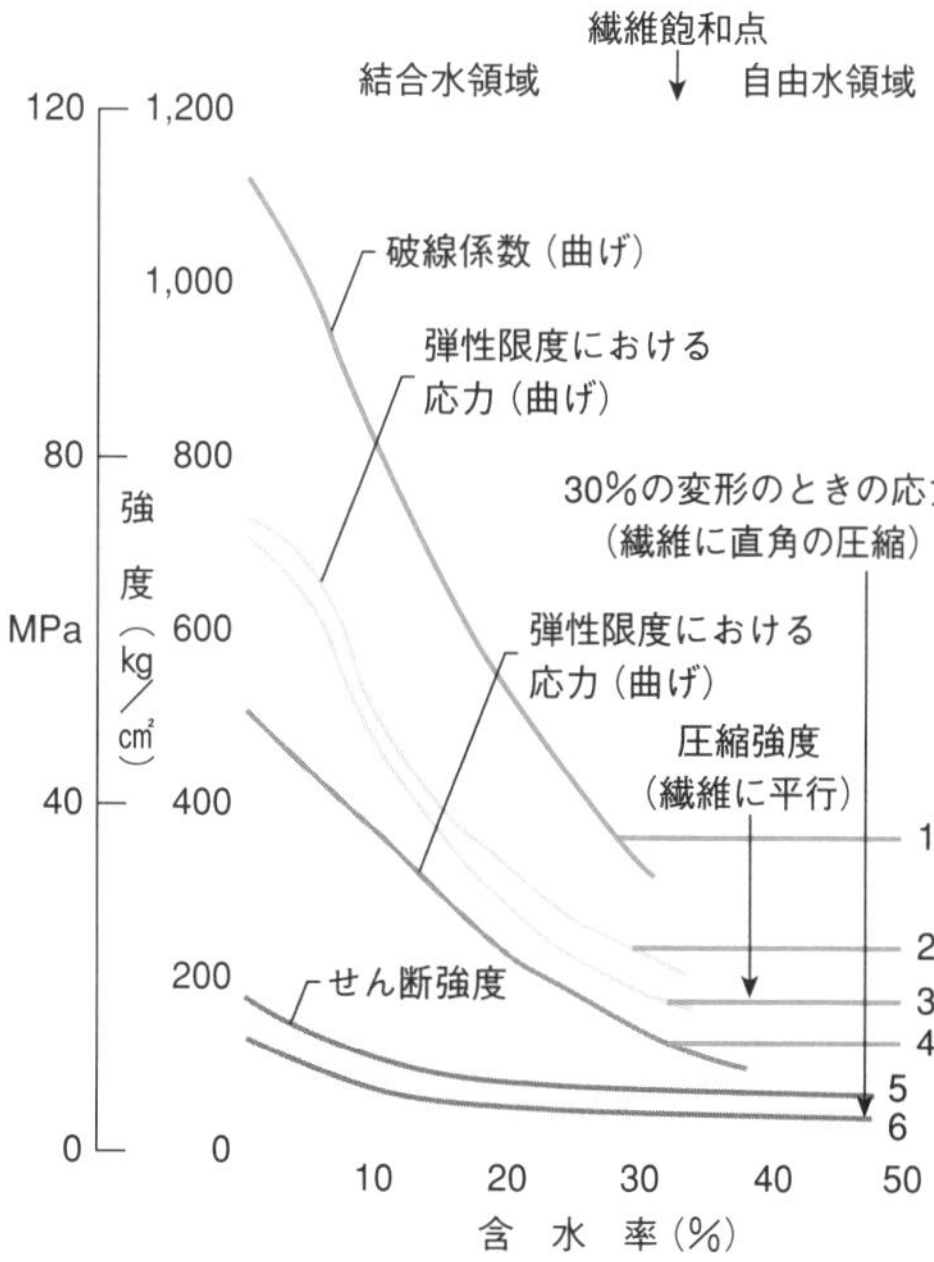

出典：『建築材料用教材』（社）日本建築学会）

010 木造

木材の弱点

防腐と耐火

Point

◆腐朽にもシロアリにも、水・湿気を絶つことが有効

◆木は可燃だが、耐火被覆により木造の耐火建築物が可能となる

含水率と乾燥

木材は伐採すると乾燥を始め、含水率が低下するが、それに伴って収縮する。乾燥収縮の程度は、図1のように繊維方向を1とすれば柾目《まさめ》方向は5～10、板目方向はその倍と、繊維方向によって大きく異なる。含水率数十％を超える立木から構造材として実際に使用され、安定した気乾状態である含水率十数％に至るまで、繊維と直角方向では相当程度に収縮するため、大きな引張力《ひっぱりりょく》が生じ、ひび割れる。このため加工・施工に至るまでには、乾燥のための十分な時間が必要となる。

伐採後、乾燥過程前の材はグリーン材（Green Wood）などと呼ばれる。語感はよいが、使うには要注意である（人工乾燥済みのものはKD：Kiln Dry Woodと呼ばれる）。

木材は含水率の高い状態が続くと腐りやすく、シロアリの害も受けやすい。腐朽菌やシロアリの生育には酸素と食物と水が必要で、前2者を断つのは難しいことから、木造では雨水や結露水あるいは各種の湿気を断つための工夫が、耐久性上の大きなテーマになっている。

耐火被覆と燃え代設計

木材の弱点のもう1つは火に弱いことである。これについては鋼材と同様に耐火被覆する方法（図2）のほか、燃え代《しろ》を利用する方法（図3）がある。この方法は「燃え代設計」と呼ばれ、火災時に木材の表面が炭化することで内部への燃え進み方が緩やか*になり、安定した加熱の場合には燃え止まりする性質を利用している。

1993年の建築基準法改正では、燃え代設計の採用により、木材を「露《あらわ》し仕様」とする木造3階建て共同住宅の建築が認められた（図4）。更に、2000年の建築基準法改正により、木造でも耐火建築物の設計ができるようになった。これにより、条件を満たせば3階建てを超える大規模木造建築も実現可能となった。

＊ 30分間に15～30㎜程度の速度

乾燥収縮の程度 ― 図1

収縮の形状

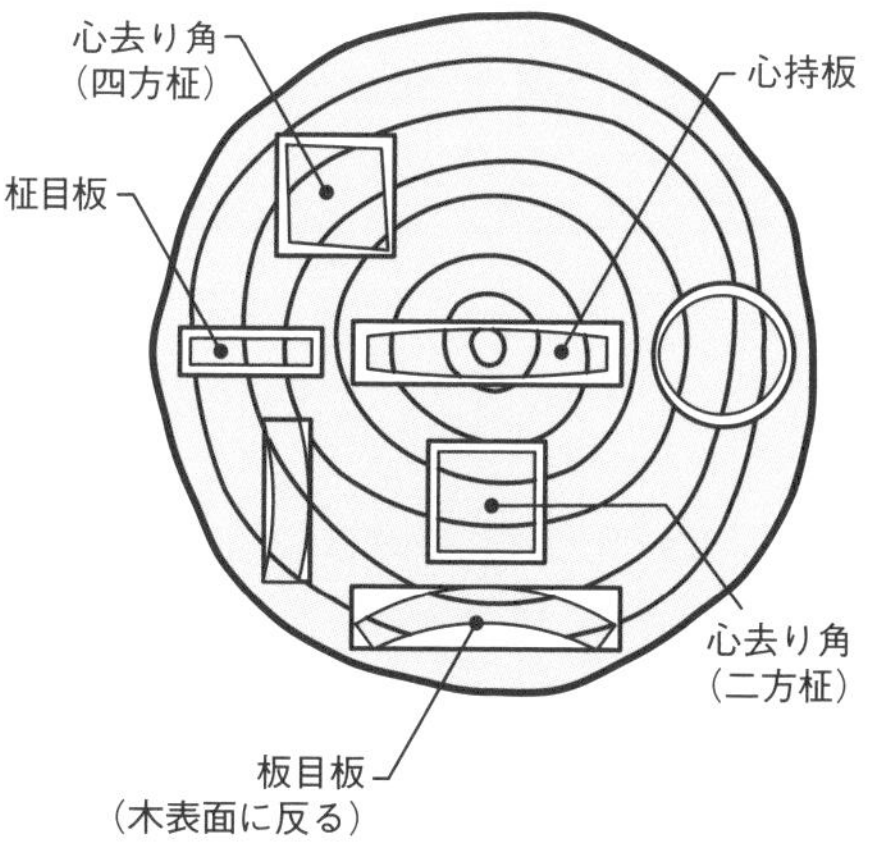

含水率と変形の関係

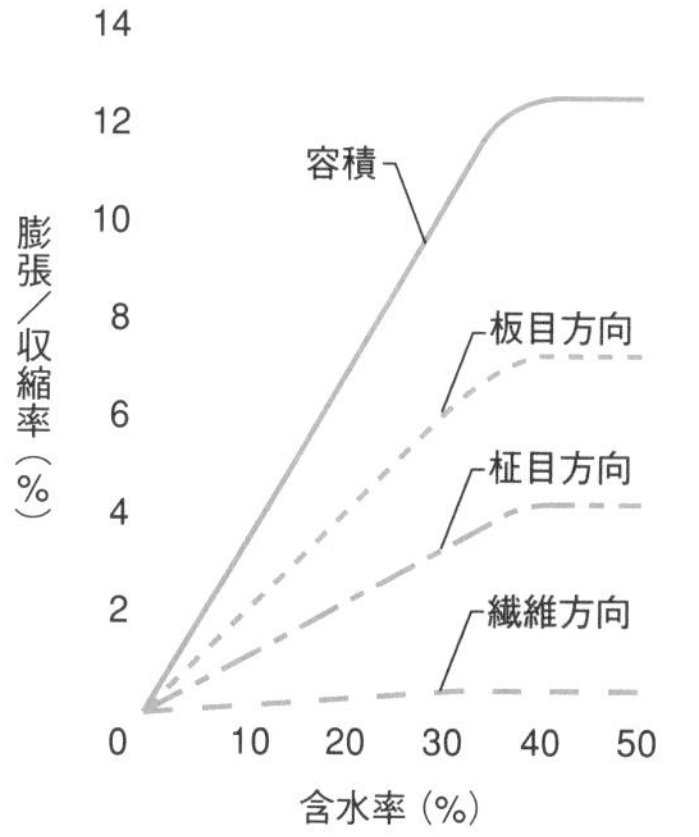

木材の耐火被覆（準耐火構造） ― 図2

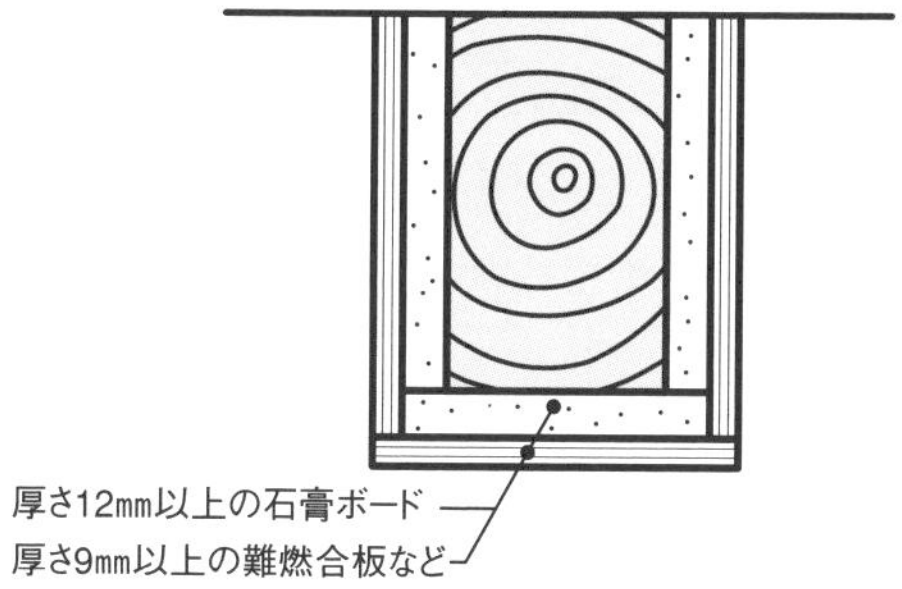

炭化を利用する燃え代（準耐火構造） ― 図3

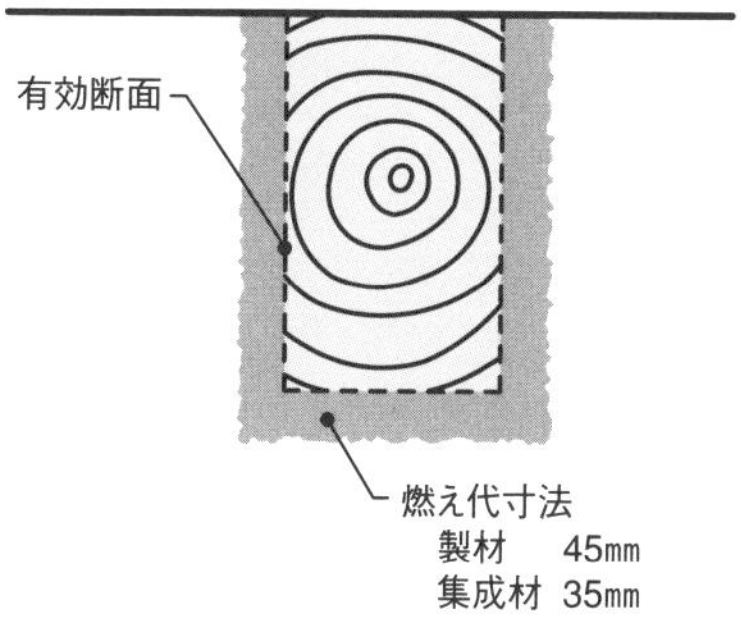

共同住宅における建築地域・用途地域、建築規模と建築物に求められる耐火性能の関係 ― 図4

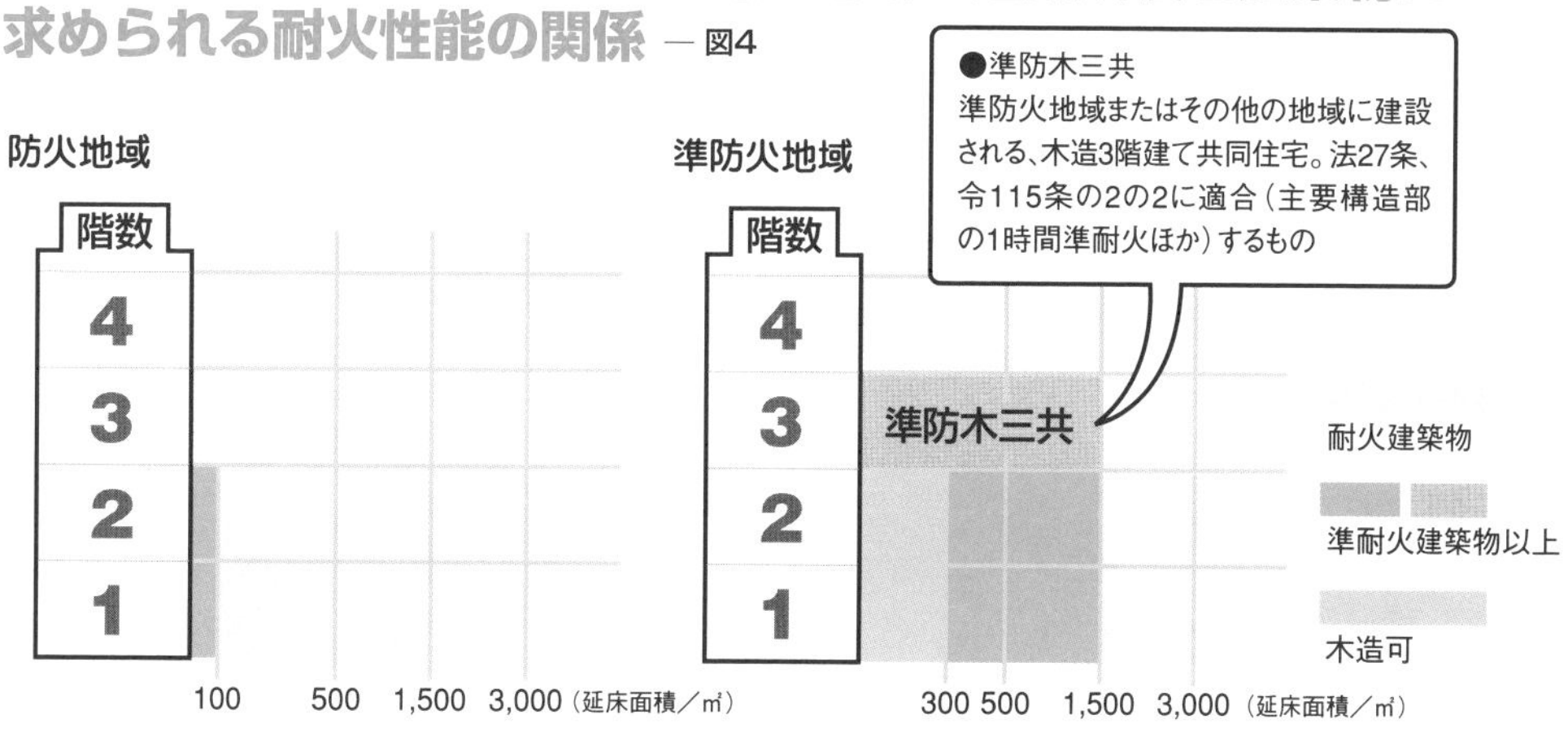

011 木造

在来軸組構法

典型的な住宅構法とは

Point

◆木造の在来軸組構法は日本で最も「在り来たり」な構法
◆間取り自由・模様替え容易を支える“柱負け・横架材勝ち”

在り来たりの根拠

木造は文字どおり、木材で建物を支えるものである。在来軸組構法、ツーバイフォー構法（2×4構法と略すこともある。法規的には枠組壁工法、46頁参照）、丸太組構法などのほか、プレファブ住宅メーカーによる構法がある。戸建住宅の構法は木造が多い。

なかでも、現存する住宅数、ストック（図1）や、年々つくられる住宅数、フロー（図2）において、わが国で最も多数を占めているのが木造の在来軸組構法によるものである。在来すなわち〝在《あ》り来《き》たり〟と呼ばれるゆえんである。

在来構法とひと口にいっても、現場で鉄筋を組み、コンクリートを打設する場所打ちのRC造などと同様、地方・地域の伝統、あるいは供給する工務店やビルダーなどによって、さまざまなバリエーションがある。在来構法は、もともと豊富な木材と高度な技能を持つ大工などに支えられて発展してきたもので、今なお各種の改良工夫が重ねられている。典型と思われる住宅構法は以下のとおりである（図3）。

柱と横架材、斜め材

横架材《おうかざい》とは柱と柱の間などに水平に架け渡される材の総称である。室空間の上に架け渡されるものを梁、壁の上部にあって柱の頭をつなぐものを桁など、その役割や使われる場所に応じてさまざまな名称で呼ばれる。

躯体としては柱や梁などのほか、地震などの水平力に抵抗するために、ブレースすなわち筋《すじ》かいや、火打《ひうち》などの斜《なな》め材が併用される。

一般に通し柱は建物の4隅程度で、その他は各階ごとの柱（管柱《くだばしら》という）とすることが多い。在来構法は間取りが自由、模様替えが容易などといわれるのは、このいわゆる〝柱負け・横架材勝ち〟のために柱の移動・配置が比較的自由なためである。この考え方は多くのプレファブ住宅の構法でも採用され、建築主の注文に幅広く対応できる要因となっている。

住宅数、ストック ― 図1

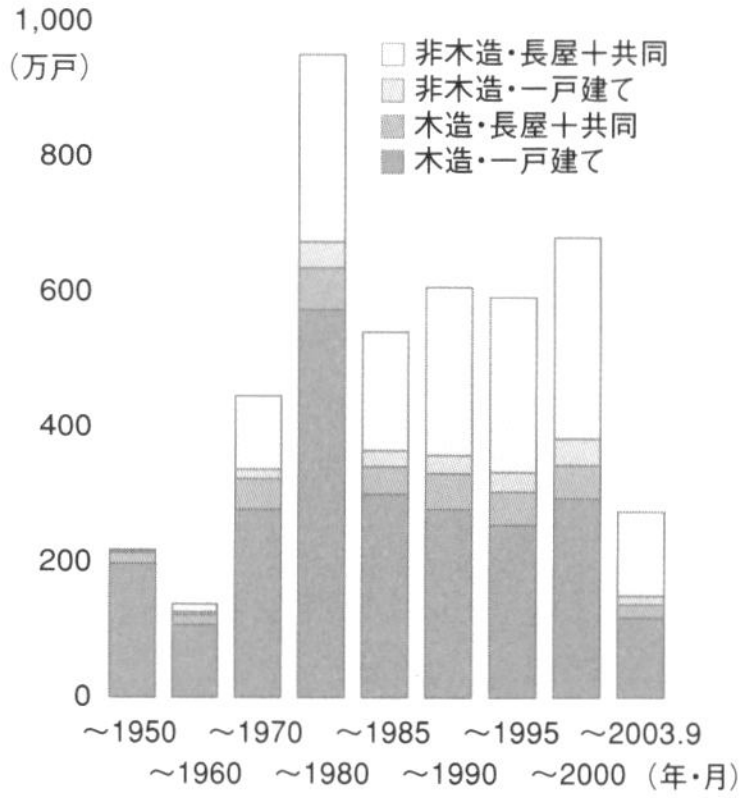

出典：『住宅・土地統計調査』(総務省)

住宅数、フロー ― 図2

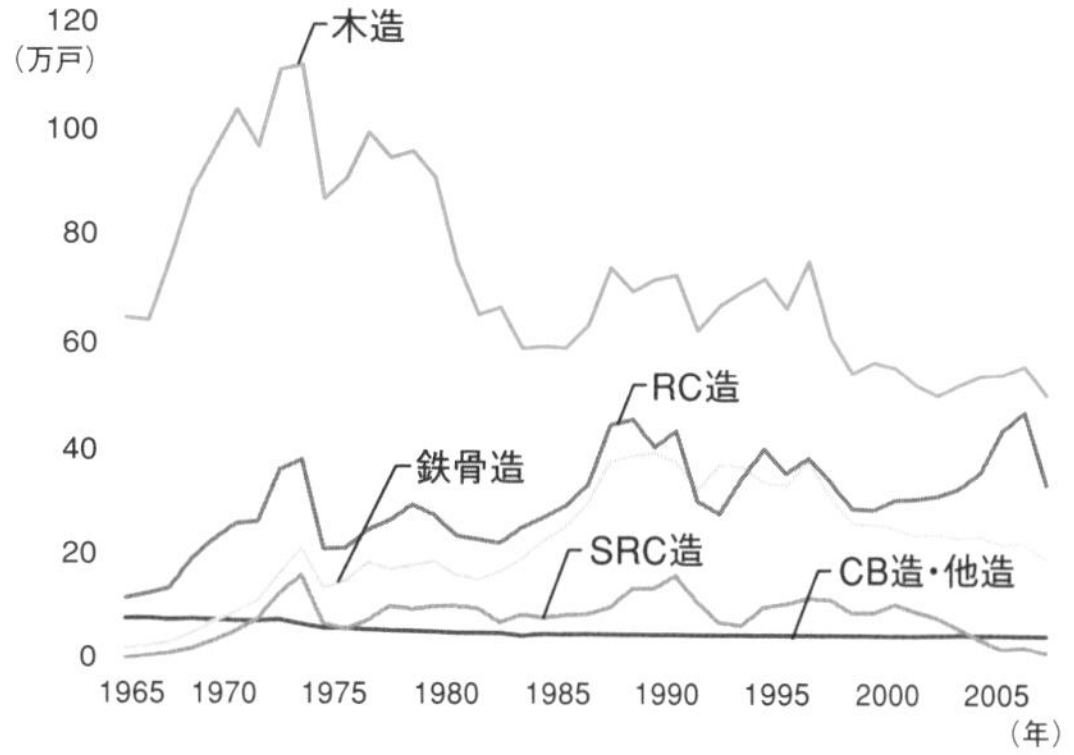

出典：『住宅・土地統計調査』(総務省)

在来軸組構法 ― 図3

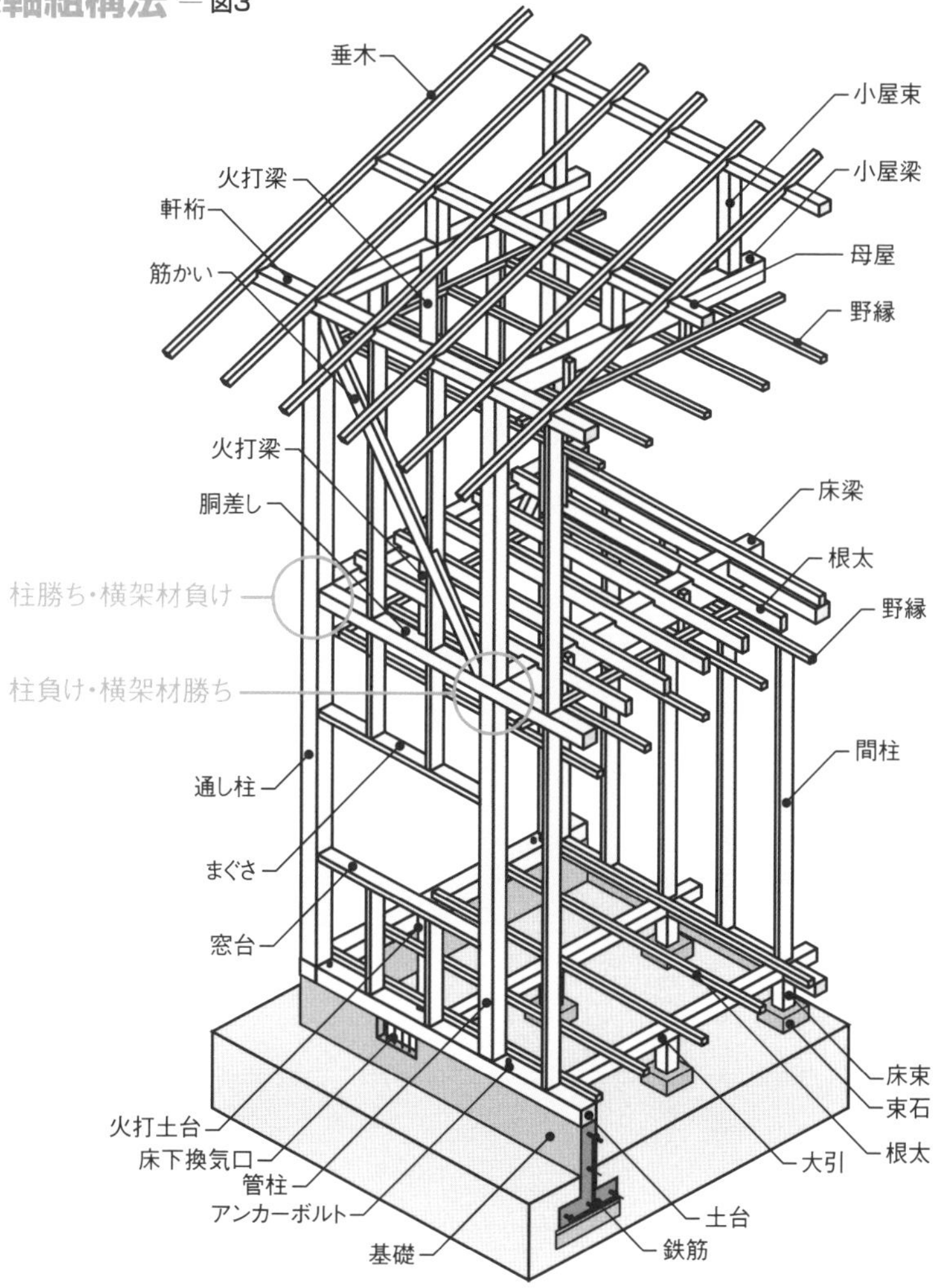

012 木造

在来の小屋組（和小屋）

小屋梁で支える構造

Point
- ◆屋根の荷重は、母屋―小屋束―小屋梁の順で伝わる
- ◆京呂組はプランのフレキシビリティを支える小屋組の仕組み

在来構法の構成

在来構法は通常、水平方向に上から、屋根部分の構成を小屋組、2階床などの構成を上階床組（36頁参照）、1階床部分の構成を下階《かかい》床組（38頁参照）ととらえ、同一の鉛直《えんちょく》平面上にある柱と横架材《おうかざい》の構成を軸組ととらえる。この場合の軸組は狭義で、躯体《くたい》全体を指す軸組は広義となる。

和小屋は小屋梁（曲げ）で支える

在来構法の小屋組は多くの場合、さまざまな屋根の形への対応が容易な和小屋と呼ばれるタイプで（図1）、垂《たる》木《き》―母屋―小屋束と伝えられた屋根の荷重を、曲げ材である小屋梁《こやばり》（場合により間仕切桁）で受ける。小屋梁は柱、あるいは横架材である軒桁《のきげた》（外周部）、敷梁《しきばり》（中間部）などで支えられる。また、小屋組の水平剛性を確保するためには、小屋貫《ぬき》・小屋筋《すじ》かい・火打梁《ひうちばり》などを設ける。

小屋梁を外周部軒桁で受ける仕組みを京呂組《きょうろぐみ》（図2）、柱で受ける仕組みを折置組《おりおきぐみ》（図3）という。力学的には屋根の荷重を直接、柱で受ける折置組のほうが素直であるが、その場合は柱の配置を小屋組とそろえる必要がある。在来構法の特徴の1つは柱の不規則な配置であり、模様替えが容易な点である。したがって、フレキシビリティという点では京呂組のほうが優れており、現在は京呂組が主流となっている。

部材断面はスパン表でチェック

住宅程度の建物では母屋は0.9m（3尺）～1.8m（1間《けん》）間隔に配置される。その断面は支持材である束と束の間隔、すなわちスパンにもよるが、一般的には小屋束とあわせ、柱よりひと回り小さい約90㎜の角材が使われる。

一方、小屋梁は約1.8m間隔に配置される。その断面は外周の軒桁などと同様、屋根仕上げすなわち葺《ふ》き材と、支持材と支持材の間隔（スパン）による（表）。

和小屋の全体像（切妻屋根）— 図1

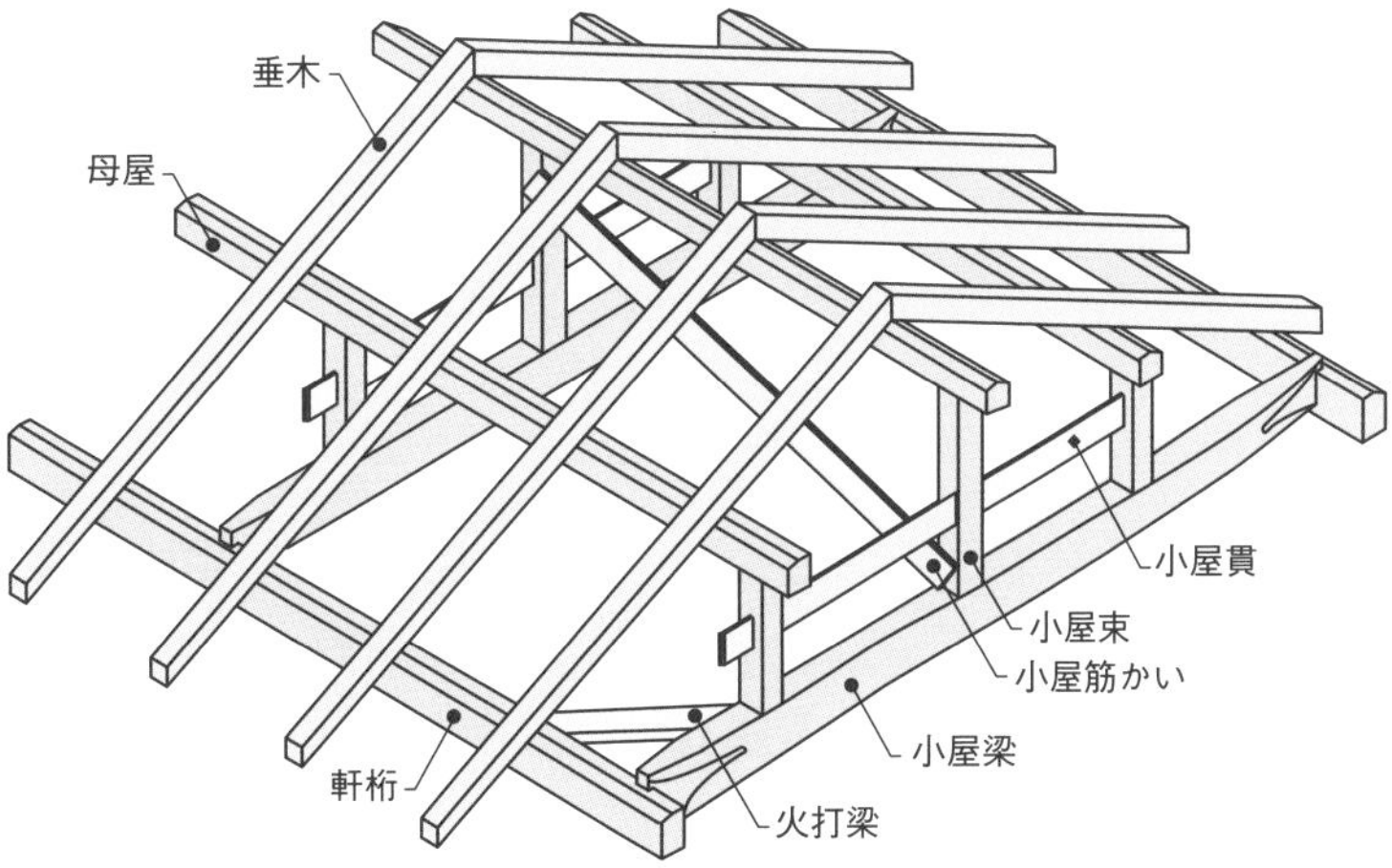

京呂組 — 図2

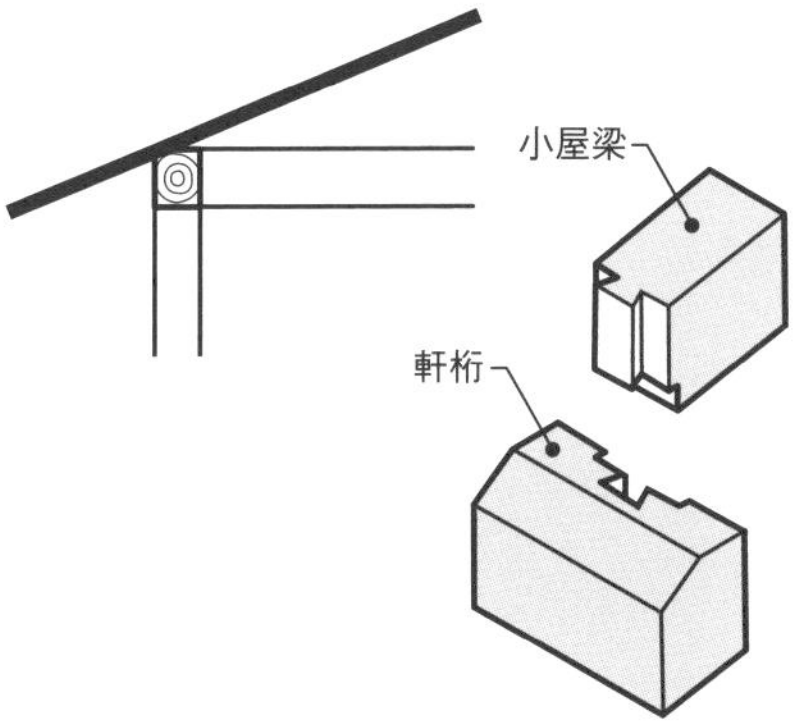

折置組 — 図3

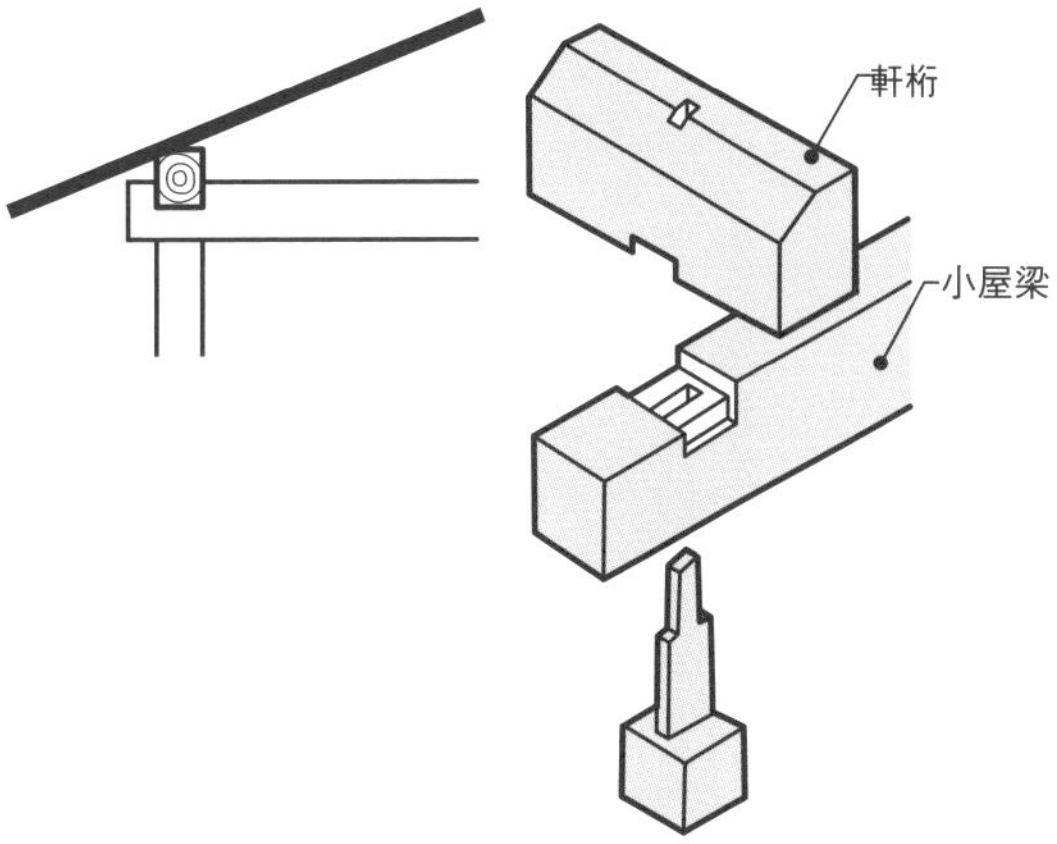

小屋梁断面早見表（例）— 表

●設計条件

適 用 範 囲： 一般地域（屋根勾配による積雪荷重の低減あり）、母屋間隔0.91m、小屋梁間隔1.82m
たわみ制限： 固定荷重に対してスパンの1／150以下
固定＋積雪荷重に対してスパンの1／100以下

建設地（積雪量）	屋根葺きの種別（屋根勾配）	小屋梁スパン（m）	小屋梁断面　幅×せい（mm） 無等級材　針葉樹（ベイマツ）	
			強度による断面	たわみ制限による断面
一般地域（50cm）	瓦葺き（4／10～5／10）	1.82	105×105 120×120	105×105 120×120
		2.73	105×120 120×120	105×135 120×135
		3.64	105×180 120×150	105×180 120×180

出典：『木造住宅のための構造の安定に関する基準に基づく横架材及び基礎のスパン表』㈶日本住宅・木材技術センター）

013 木造

在来の小屋組（洋小屋、垂木小屋ほか）

多用されるトラス

Point

◆屋根の荷重は、母屋と合掌を含む小屋組全体で受ける

◆文明開化期（1870年代前半〜1887年頃）には、文化財の改修に鉄骨小屋組（トラス）が使われた

洋小屋は合掌がメイン

トラスの原理で屋根を支える方式が洋小屋（図1）である。各接点は厳密な意味ではピン接合ではないが、横架材《ざい》である陸梁《ろくばり》は、曲げ抵抗ではなく主に引張《ひっぱり》で抵抗する部材で、合掌《がっしょう》は圧縮材として働く。

また、斜《なな》め材である方杖《ほうづえ》には圧縮力が、鉛直《えんちょく》材である束には引張力が主として働く。その結果、引張材である陸梁や束は、圧縮材である合掌や方杖より部材断面が小さくなる。そこには細い鋼材が使用されることもあり、和小屋とは様相が相当に異なる。なお、東大寺・金堂（大仏殿）の屋根は鉄骨造トラスで改修されている。

真束小屋と対束小屋

洋小屋で最も多用されるのは真束《しんづか》小屋である。真束はキングポストの位置にあり、その構造はまさにキングポストトラスである（図2）。

両端は柱上にある敷桁《しきげた》で支持する。母屋など屋根荷重を受ける位置にもよるが、軸力が主で必要な部材断面は梁《はり》間《ま》の大小によって大きく変化しないため、大スパン架構《かこう》に適している。

ちなみに、対束《ついづか》小屋はクイーンポストに類似しているが、厳密にはトラスではない。対束の背を高くして、小屋裏を利用する場合などに用いられる（13頁図2参照）。

垂木や叉首が支える屋根

このほか、小規模な場合に屋根下地である垂木《たるき》を屋根躯体として利用する垂木小屋がある（図3）。垂木断面を大きくすることで三角形トラスとして、住宅の小屋組などに利用される。棟部はトラス間をつなぐ棟木《むなぎ》のほか、棟梁《むねはり》として独立柱で支えるタイプ、棟梁を束で支えるキングポストとするタイプなどもある。

叉首《さす》と呼ばれる登り梁に、丸竹を渡して茅《かや》などを葺《ふ》く叉首組は、日本の伝統的な小屋組で、合掌造りに用いられる（図4）。

洋小屋 — 図1

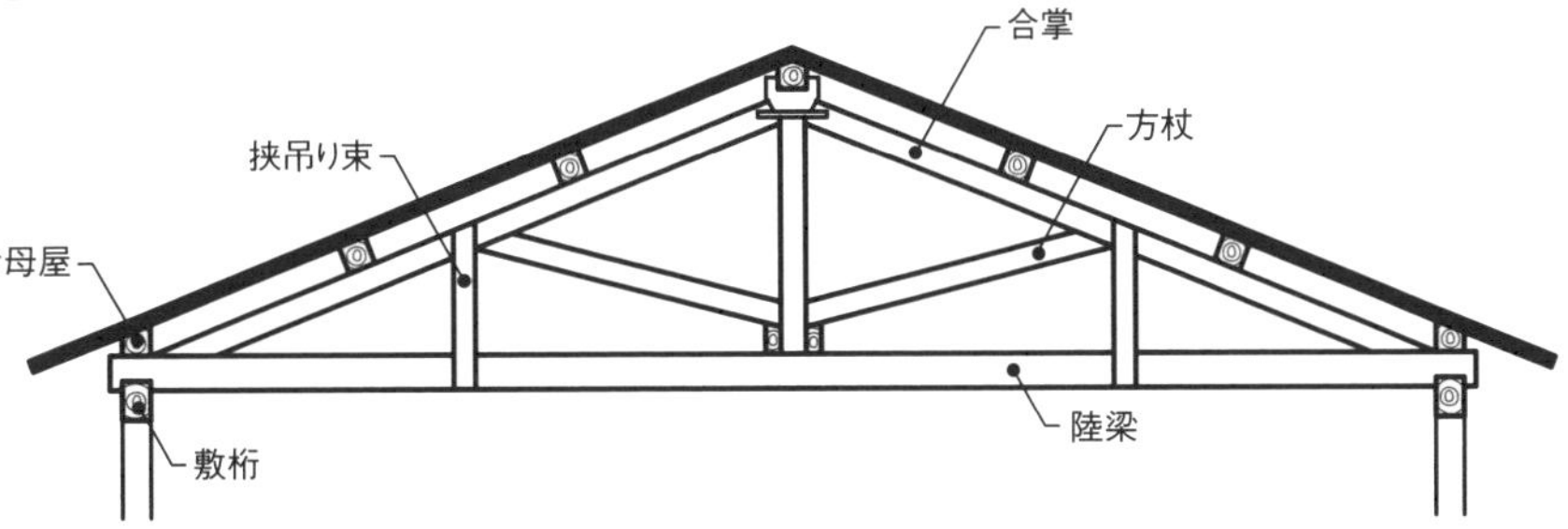

キングポストトラスの部材に生じる応力 — 図2

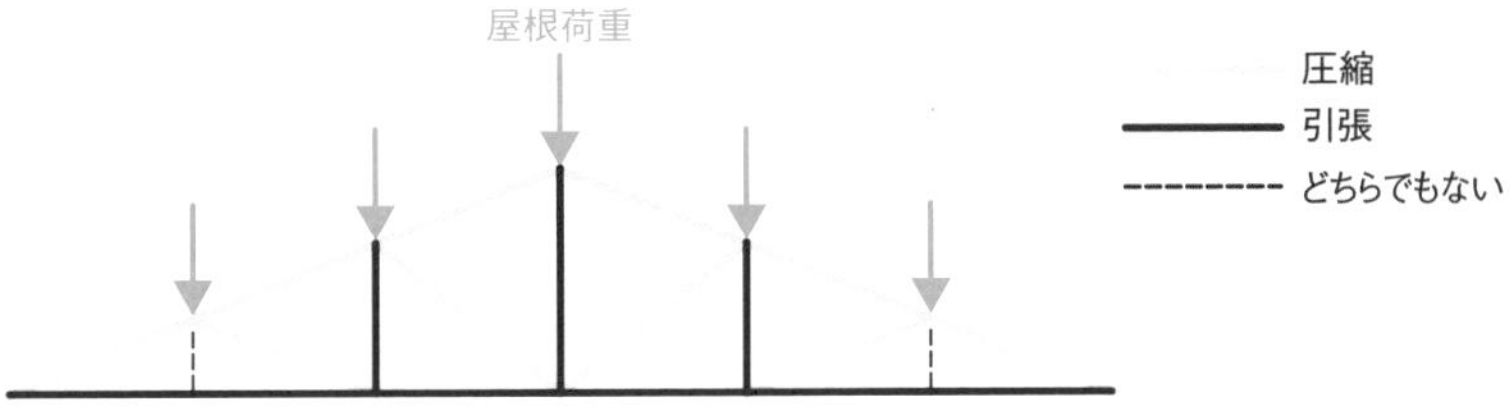

垂木小屋 — 図3

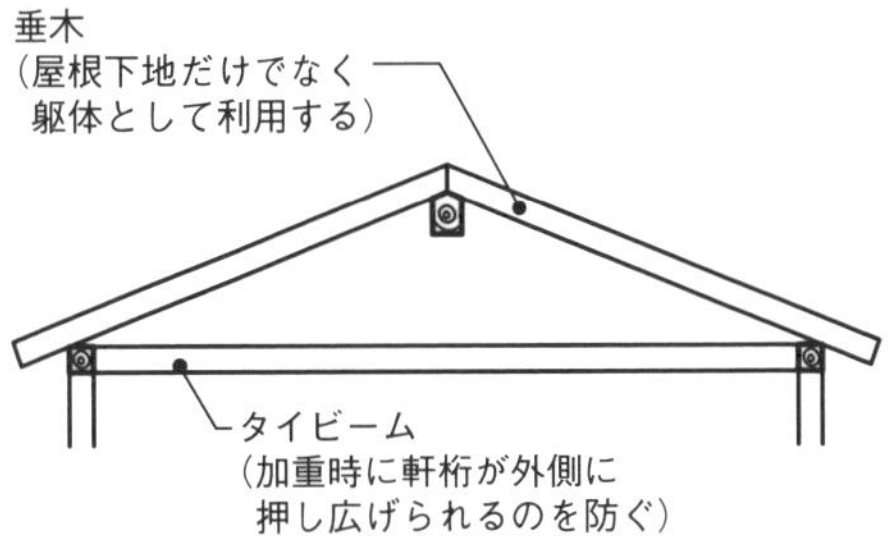

叉首組（合掌造り） — 図4

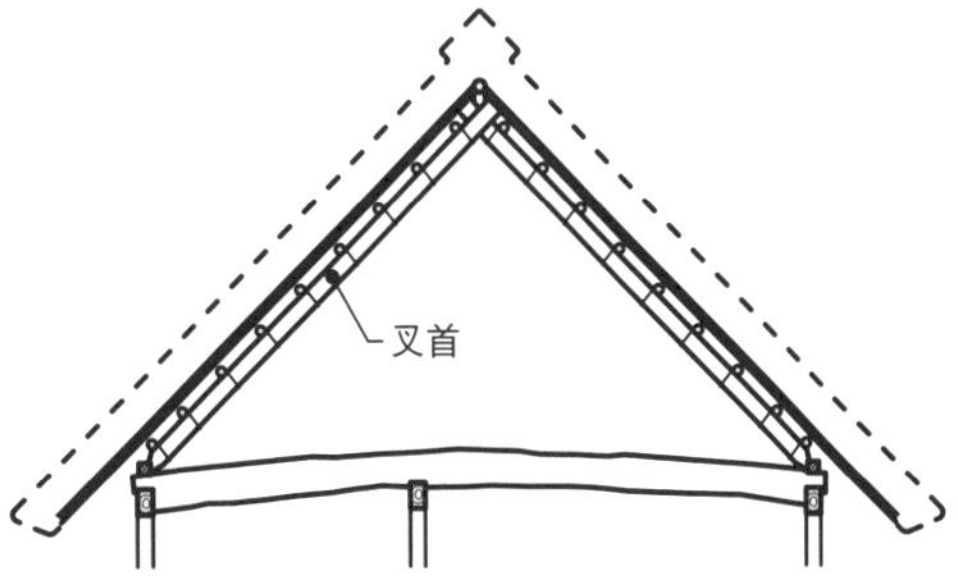

在来の上階床組

見直される床組の在来構法

Point

◆水平剛性の確保、根太の省略など、試行錯誤は続く
◆床の荷重を梁が受けることに変わりはない

プレカットへの移行

在来構法の上階床組は、根太《ねだ》—床梁《ゆかばり》で床および床上の荷重を受け、床梁は柱あるいは間仕切桁、胴差し《どうざ》（外周部）で支える方式が一般的である（図1）。床梁や胴差しなどの断面については表のような早見表が用意されているが、実際の架構《かこう》はかなり複雑である。近年はプレカットといって、製材業者が継《つぎ》手《て》・仕口《しぐち》を工場加工する方式が普及し、その際、パソコンなどを用いて断面設計までするケースが多い。この事情は小屋梁《こやばり》などでも同様である。

かつては、地震などによる水平力を筋かいなどへ伝達する水平剛性確保のため、斜め材や火打梁《ひうちばり》を主要な横架材《おうかざい》の隅角部《ぐうかくぶ》に配置していたが、2×4構法の影響もあり、近年は根太と床梁の上端をそろえ、合板や板材を細かく留め付ける方法が広く普及している（図2）。

多様な床組の共存

さらに最近では、根太を省略して2倍程度の厚さの板や合板を、床梁に直張りする方法も試みられている（図3）。通常の床梁間隔は1.8m程度（1間《けん》）であるが、この場合は0.9m程度（3尺）である。この上階床の構法は、民家などでも見ることができる。

元来、在来構法のベースは平屋、1階建てで、上階床組が本格的に検討されることは少なかったと思われる。しかし近年、在来構法が見直されるなかで、民家構法を応用した根太レスの構法や、2×4構法の影響による根太と梁など横架材の上端をそろえての床剛性確保など、さまざまな工夫が試み採用されてきた。

床梁として軽量形鋼の溝形鋼《みぞがたこう》を用いるのは、鋼材の構造材としてのコストパフォーマンス（コストの割に大きなスパンの架構が可能）の高さによるものである。それだけに鋼製梁から木柱への力の伝達や（図4）、木材と鋼材の吸湿性状の相異による結露とその結果としての発《はっ》錆《せい》（鋼材）・腐朽（木材）などについて、十分な配慮が必要な選択肢といえる。

上階床組 ― 図1

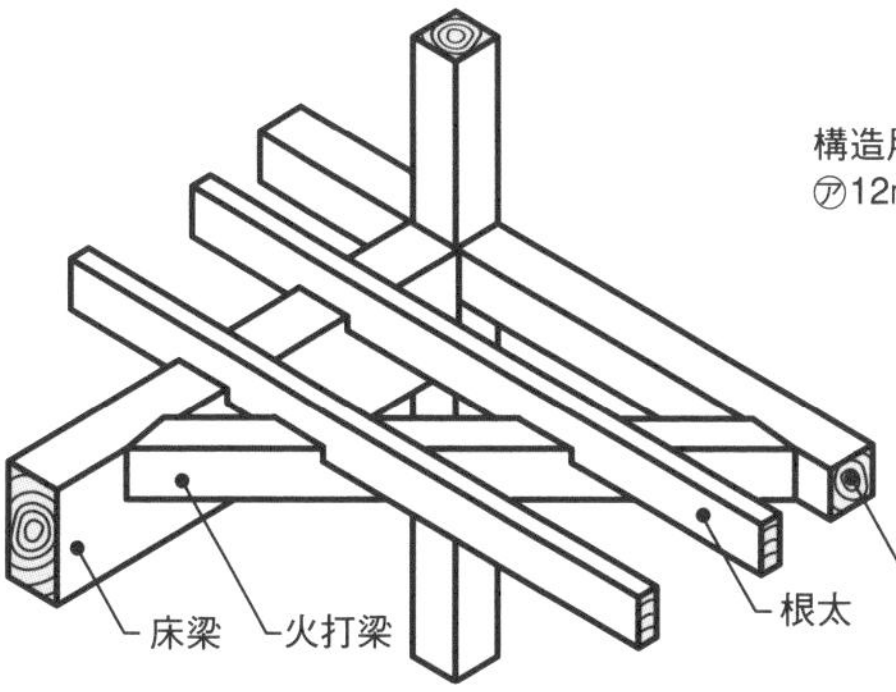

剛床 ― 図2

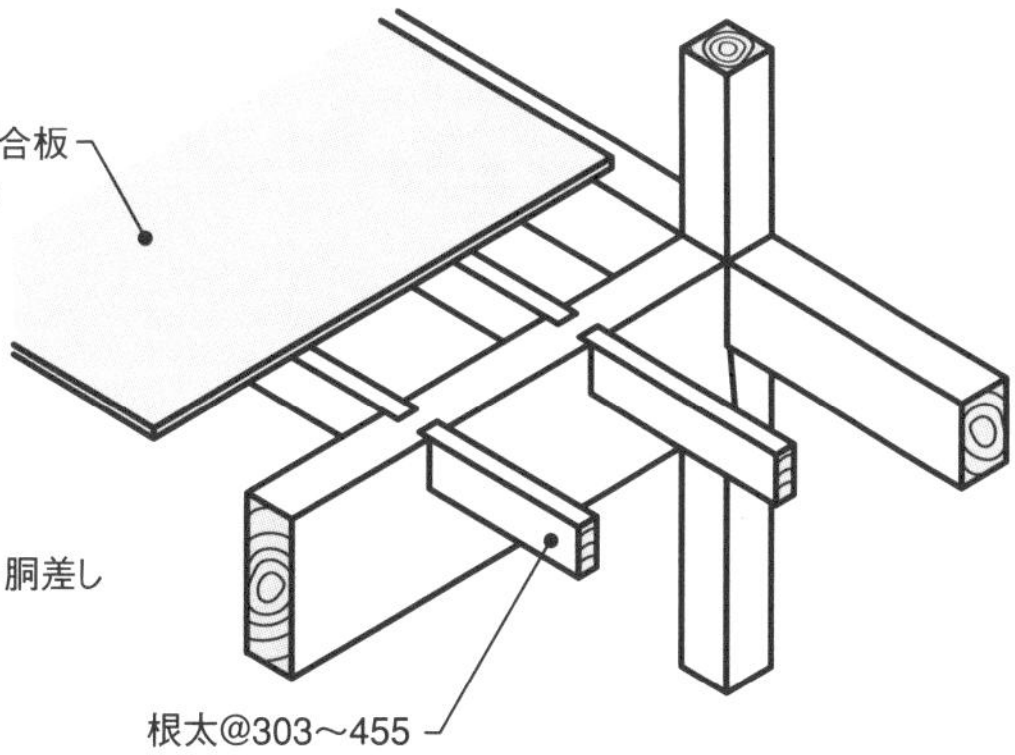

根太レス剛床 ― 図3

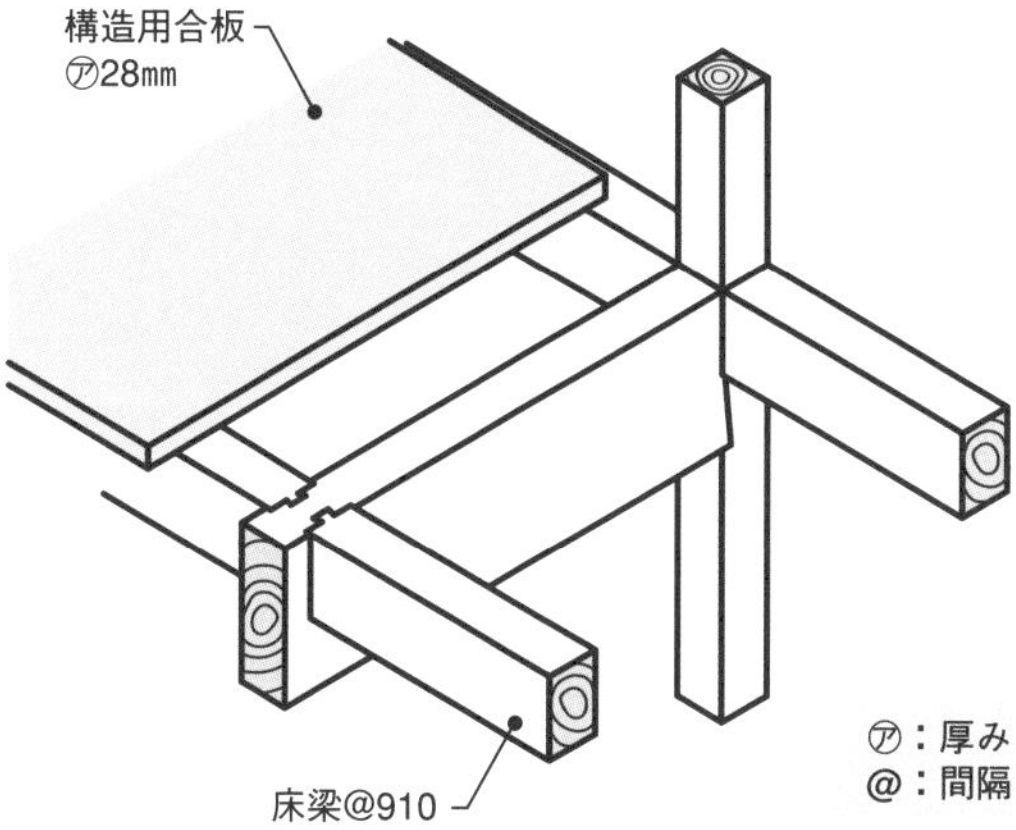

溝形鋼梁 ― 図4

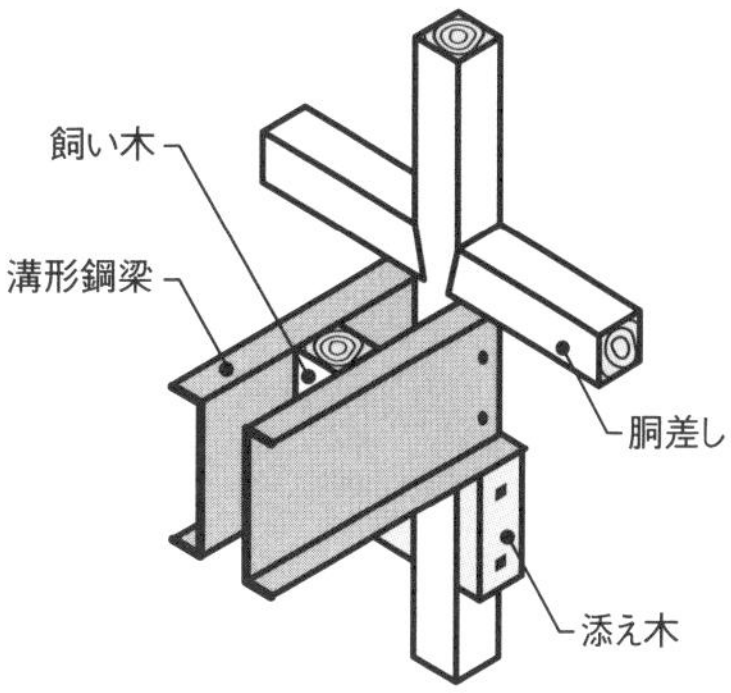

床梁断面早見表（例） ― 表

●設計条件

適 用 範 囲： 床の小梁間隔1.82m、屋根荷重非支持
たわみ制限： 固定+積雪荷重（600N／㎡）に対してスパンの1／250以下

支持する床梁の有無	床梁スパン（m）	床の大梁断面　幅×せい（㎜） 無等級材　針葉樹（ベイマツ） 強度による断面	 たわみ制限による断面
ほかの床梁を支持する（支持する床梁のスパン3.64m）	2.73	105×270 120×240	105×240 120×240
	3.64	105×330 120×300	105×330 120×300
ほかの床梁を支持しない	2.73	105×180 120×150	105×180 120×180
	3.64	105×210 120×210	105×240 120×210

参考：『木造住宅のための構造の安定に関する基準に基づく横架材及び基礎のスパン表』（㈶日本住宅・木材技術センター）ほか

在来の下階床組

基礎から構法開発まで

Point

◆床の荷重は大引—床束—束石と受けるのが原則だった

◆耐震性に配慮した布基礎が、耐久性を損なわないための工夫が大切

下階床組の基本構成

床下地として根太《ねだ》を設け、大引《おおびき》、床《ゆか》束《づか》、束石《つかいし》、地盤で構成されるのが下階《かかい》床組の基本構成である。耐震性確保のためには土台を設けることが必須で、外周部や主要な間仕切壁《まじきりかべ》は土台と布基礎で支える。その場合、根太は土台に載る（図1）。

土台は地震や台風によるずれや持上りを防ぐため、13㎜径以上のアンカーボルトを使って布基礎に緊結する。アンカーは構造上重要な柱や土台の継手《つぎて》近くに2.7m以下の間隔で設ける。耐力《たいりょく》壁《へき》がある部分では、場合によってはホールダウン金物により、土台を挟んで柱と基礎を直接緊結することもある。

火打《ひうち》土台は、水平剛性確保のため土台（布基礎）の隅角部《ぐうかくぶ》に設けることになっているが、布基礎との剛性の違いを考えると、効果は疑問である。なお、床束《ゆかづか》には根がらみ（正式には貫通する貫であるが、束の高さ不足で添え木の場合が多い）を設けて補強することもある。

構法開発の重点個所

床下にこもる湿気で床組が腐食するのを防ぐには、床下換気を行う必要がある。その一方で、土台にヒノキ、ヒバ、あるいは、事前に高圧で防腐剤を含浸させた防腐土台を用いて防腐・防《ぼう》蟻《ぎ》処理も実施する。

下階床組についても近年、さまざまな工夫がある。たとえば次の5つである。①地盤からの湿気を防ぐため、床下全面に厚さ6㎝程度の防湿コンクリートを打設する、②床下換気口廻りは配筋が難しく、ひび割れなどが生じがちなことから、かつてのネコ土台にならい、合成樹脂の小片を土台と基礎天《てん》端《ば》の間に挟む（図2、写真）、③一般に約0.9m間隔で配置される大引だが、そこに根太を用いず厚手の合板を直張りする、④大引間隔を1.8mとして、上階床組にならった根太を設ける、⑤床束を柱状の木材ではなく長ボルトとして、コンクリート上に直置きする。

下階床組 ─ 図1

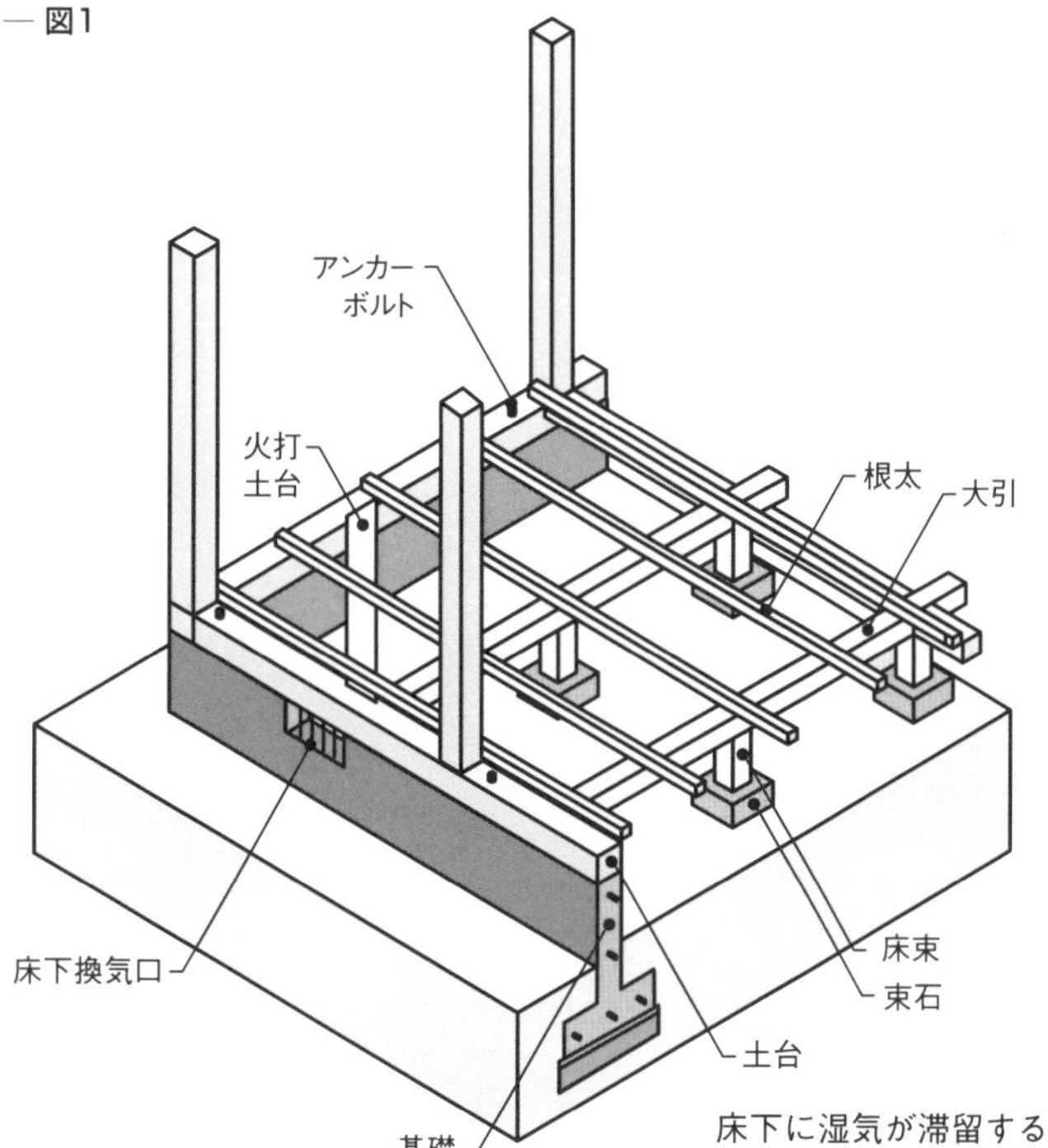

床下に湿気が滞留するのを防ぐため、布基礎立上りに床下換気口を設ける。配置は通風の善し悪しを考慮し、筋かいの近傍は避ける。間隔は5m以下、大きさは300㎠以上とする

ベタ基礎

ベタ基礎＋ネコ土台の構造 ─ 図2

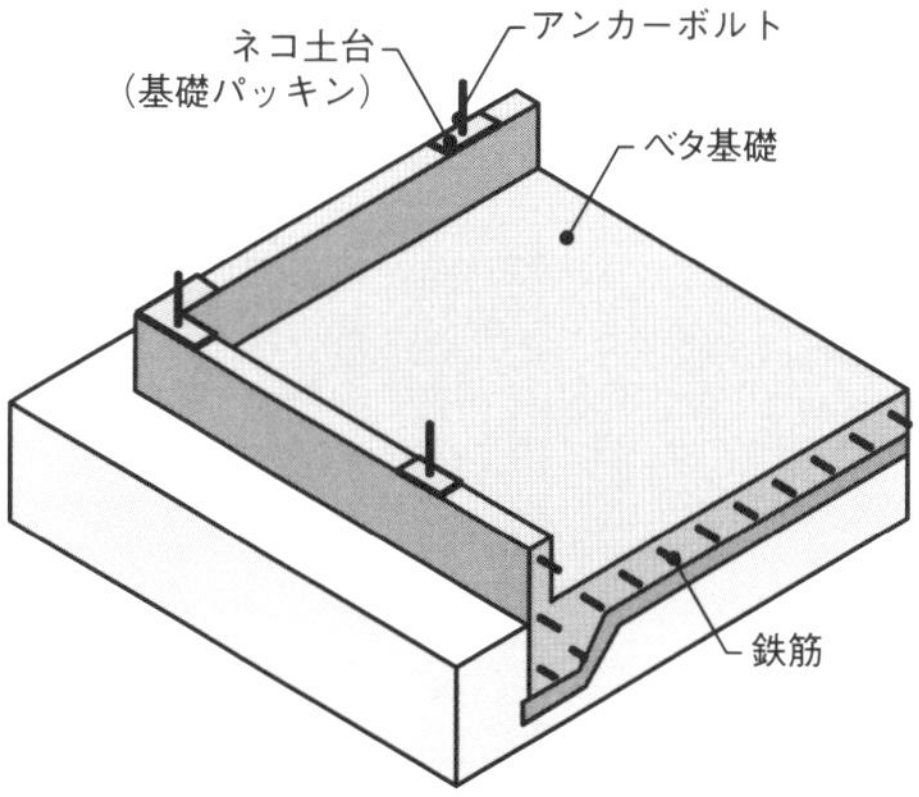

ネコ土台とホールダウン金物の一例 ─ 写真

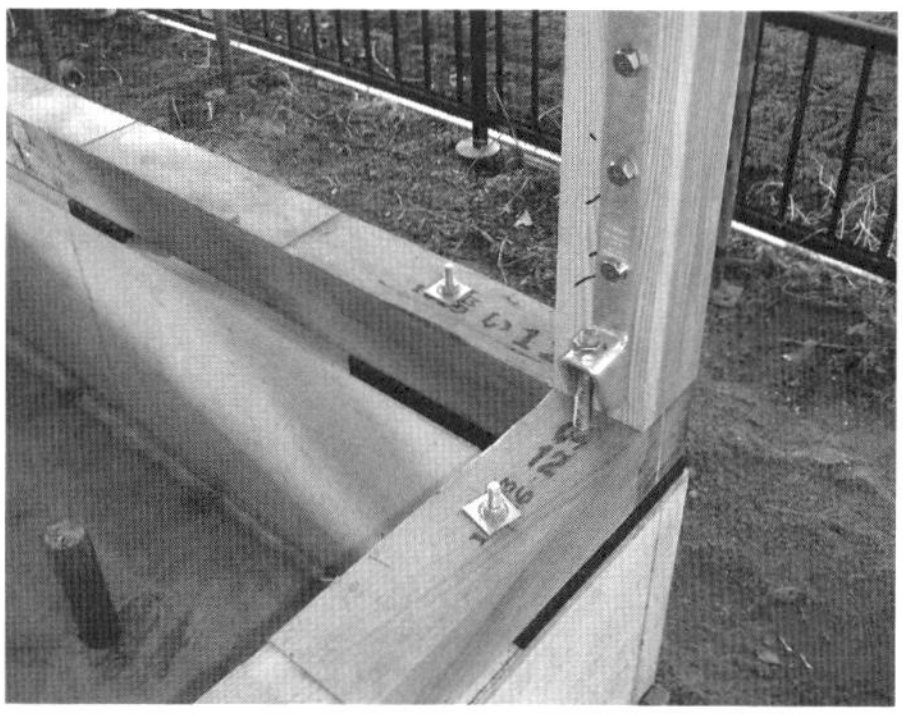

基礎と土台の間に樹脂製などのパッキン材を挟み、その隙間を利用して床下の換気をする。軟弱な地盤に建つ建物では、不同沈下を防ぐためにベタ基礎を用いることが多いが、床下からの防湿にもなるので、最近はベタ基礎+ネコ土台が用いられるようになった

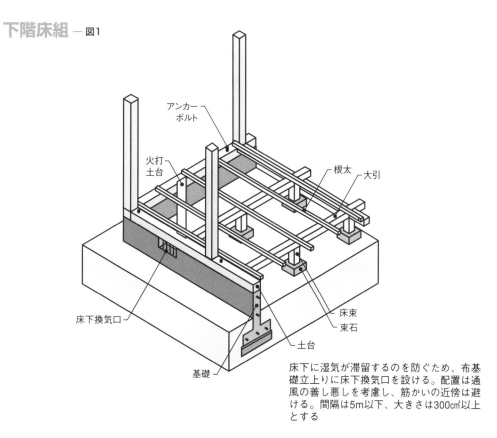

016 木造

在来の軸組

地震や風圧に耐える知恵

◆耐力要素は一般に4寸（約120㎜）の軸組幅に納まる
◆水平耐力要素は多種の筋かいのほか、面材、貫などさまざまである

通し柱は耐震的には要注意

柱は建物の荷重外力を土台に伝える鉛直材《えんちょくざい》で、隅角部《ぐうかくぶ》や壁体交差部のほか、1.8ｍを超える長い壁体の中間に設けられる。柱には複数階通して使う通し柱と、胴差《どうざ》しや床梁《ゆかばり》で階ごとに分けられる管柱《くだばしら》がある。通し柱は、軸組全体の一体化のため主要な隅角部に設けるが、胴差しや床梁を受けることで断面欠損が大きくなるため、地震時に折れやすく倒壊の端緒となることが多い。したがって、管柱より大きな断面の部材とする、仕口《しぐち》を上下にずらす、筋《すじ》かいを受けないなどの配慮がなされる（図1）。

桁は柱の頭を連結する横架材《おうかざい》である。軒桁《のきげた》は外周部にあって、小屋組を受ける材であるが、主に平（桁行《けたゆき》）側に設けるものをいう。胴差しは外周部にあって、上階と下階の管柱の間に設けられる横架材である。間仕切桁《まじきりげた》は間《ま》仕切壁《じきりかべ》の上部にあって柱をつなぐ。間仕切壁の下には当然のことながら、桁か梁、あるいは土台などが必要になる。

耐力壁は耐震壁

筋かい（ブレース）は、柱・桁・胴差し・土台などで組まれた軸組に、対角線状に設けて、地震や風圧によって生じる水平力に抵抗する。

部分的に隅角部を固める斜《なな》め材のうち、鉛直構面のものが方杖《ほうづえ》で、水平構面のものが火打《ひうち》である（図2）。貫《ぬき》も同種の働きがあり、近年再認識されつつある（図3）。

筋かいなど鉛直面の水平耐力要素は耐力壁《たいりょくへき》と総称される。その必要な長さは、表1のように定められている。地震力については床面積に対する必要長さ、風圧力については各方向の見付面積に対する必要長さを、それぞれ桁行方向と梁間《はりま》方向で検討する。

耐力壁は、平面的に偏ることがないよう配置することが重要であり（各階、各方向について、偏心率0.3以下）、立体的にも関係する横架材の断面、柱・横架材との接合方法などにも、十分な配慮が必要である（表2）。

通し柱・胴差し・梁の仕口 — 図1

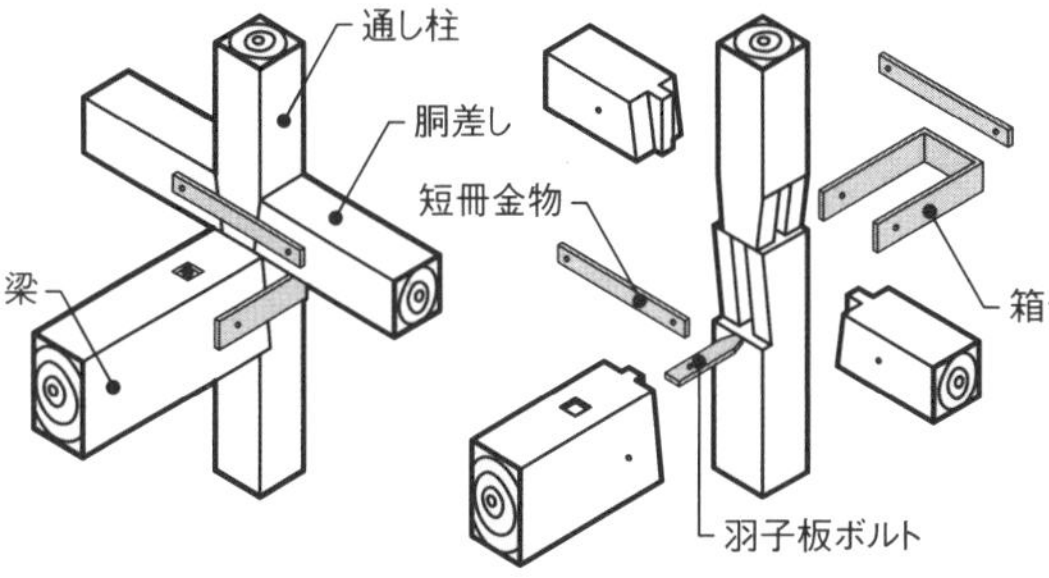

水平2方向を上下にずらしている

筋かい・火打 — 図2

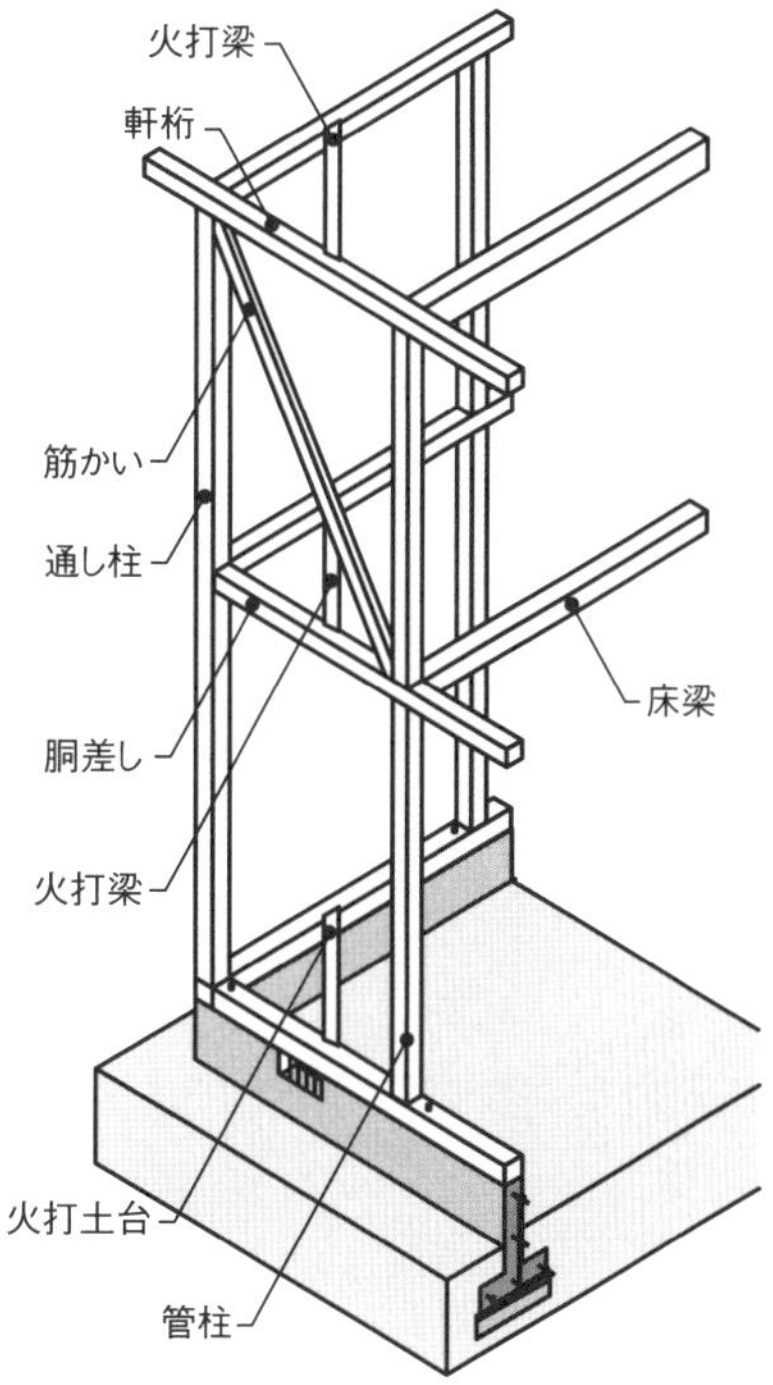

貫の種類と柱への取付け — 図3

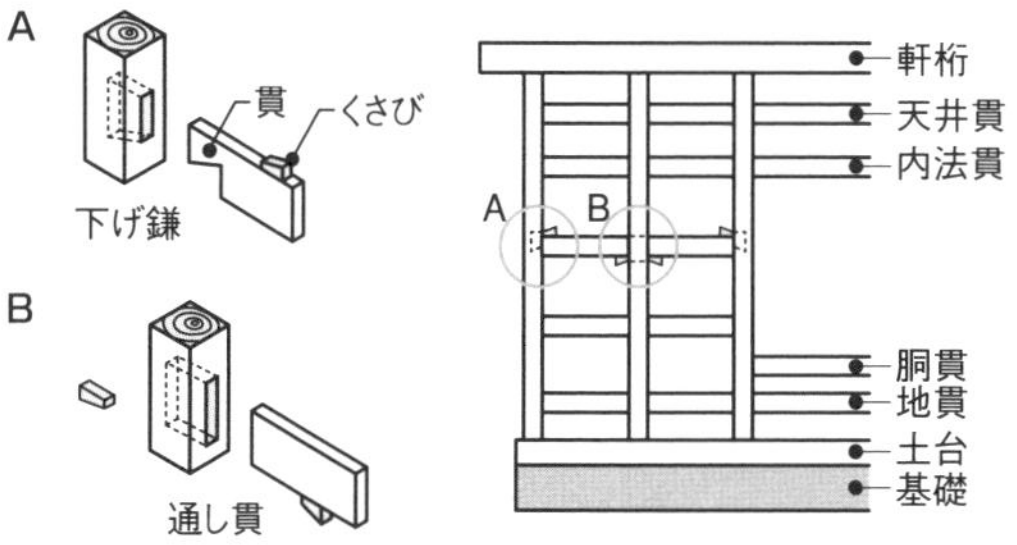

耐力壁・筋かいを入れた軸組の所要有効長さ — 表1

①地震力に対して

（壁長さ[cm]／床面積[㎠]）

階数別 ＼ 屋根の重さ		比較的重い屋根	軽い屋根
平屋建て		15	11
2階建て	1階	33	29
	2階	21	15
3階建て	1階	50	46
	2階	39	34
	3階	24	18

注　軟弱地盤では上記の1.5倍の値とする。階数の算定に地階は加えない

②風圧力に対して

（壁長さ[cm]／見付面積[㎡]）

強風地域	50～75（過去の強風記録にもとづき定められる）
強風地域以外	50

注　見付面積は、該当する階の床面積より1.35m以上の高さの部分の値とする

耐力壁・筋かいを入れた軸組の所要有効長さの算定に用いる倍率 — 表2

耐力壁・筋かいの構法			倍率
筋かい	15以上×90以上の木材または9mm径以上の棒鋼	1方向	1.0
		たすき掛け	2.0
	30以上×90以上の木材	1方向	1.5
		たすき掛け	3.0
	45以上×90以上の木材	1方向	2.0
		たすき掛け	4.0
	90以上×90以上の木材	1方向	3.0
		たすき掛け(*)	5.0
土塗壁	両面塗り	土塗り壁の塗り厚7cm以上	1.5
	片面塗り	土塗り壁の塗り厚5.5cm以上	1.0
			1.0
木摺壁	片面		0.5
	両面		1.0
その他	国土交通大臣が上記と同等以上と認める耐力を有する軸組 （注）たとえば、厚さ5mm以上の構造用合板をN50の釘を用い15cm以下の間隔で、柱・間柱・梁・桁・土台の片面に打ち付けた壁を設けた軸組の倍率は2.5倍である		0.5～5.0
併用	筋かいに土塗壁または木摺壁を併用したもの（＊は除く）		上記の和

耐力壁それぞれの抵抗性能に応じて、耐力壁長さ算定に用いる有効倍率が上記のように定められている

017　木造

在来の継手・仕口

大工は木材組立て工に…

Point

◆技能の退歩を補うプレカットマシンや金物が、さらなる技能の退歩を招く

継手と仕口

木材は通常、製材された定尺物の端部を加工して接合する。接合には２つの部材を直線状につなぐ継手《つぎて》と、複数の部材を角度をもって接合する仕口《しぐち》がある。継手が用いられるのは、母屋・桁・梁・胴差《どうざ》し・大引《おおびき》・土台など、横架材《おうかざい》が多い。部材が重なり交差する仕口には、相欠《あいが》き、渡りあごなどが用いられ、部材と部材でＴ字形となる仕口には、ほぞ差しや大入れなどが用いられる。

接合部に働く外力に応じて、また、露《あらわ》しとなる場合は接合部の見栄えや部材のあばれ*にも配慮して、適切な継手・仕口が選ばれる。かつて、継手・仕口の加工は熟練した大工の手によっていたが、近年は、工場での機械加工、すなわちプレカットしたものが利用されるケースが多い。

表は代表的な継手・仕口であるが、腰《こし》掛け蟻《あり》継ぎ、腰掛け鎌《かま》継ぎ、大入《おおい》れ蟻《あり》掛けの利用が圧倒的に多く、ほとんどのプレカットマシンでさまざまな部材断面に対して加工が可能である。

金物の利用

かつての日本では精度の高い加工で、金物を用いない継手・仕口が多く用いられてきた。しかし近年は、部材断面が細くなったうえ耐震性確保の視点から、補強金物が必要となり、告示（平成12年建設省告示１４９０号）も出された（図・写真）。その一方で、金物との強度差による木材の破断、結露による木材の腐朽、金物のさびなどの問題も指摘されている。

短冊金物や矩折《かなおれ》金物、箱金物《はこかなもの》などは、ボルトや釘で留める。ボルトは強い耐力が得られるが、その一方、金物に比べて強度が劣る木材へのめり込み対策として、十分な座金を必要とすること、初期変形が大きいことなどへの注意が必要である。

また、釘は簡便で、本数次第で高い剛性を得ることができるが、引抜きには弱いので、力の方向を考えて使用する必要がある。

＊ あばれ＝木材が反って隙間が生じること

代表的な継手・仕口 ― 表

	在来手加工	プレカット加工
腰掛け蟻継ぎ	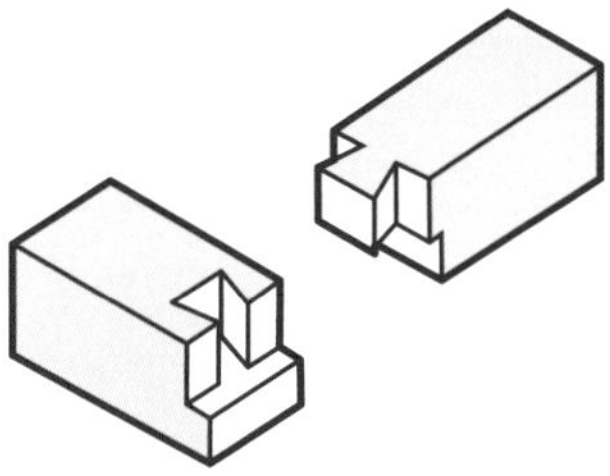	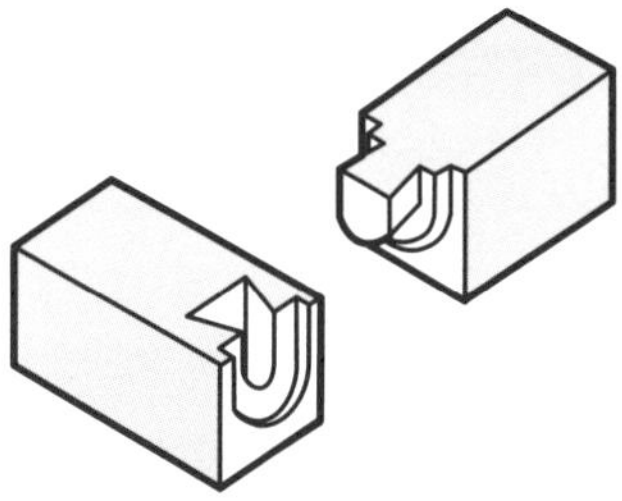
腰掛け鎌継ぎ	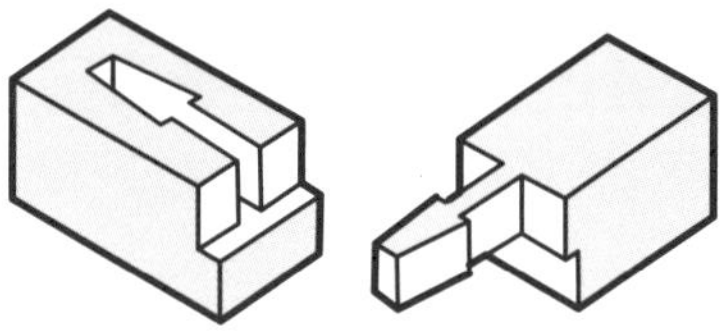	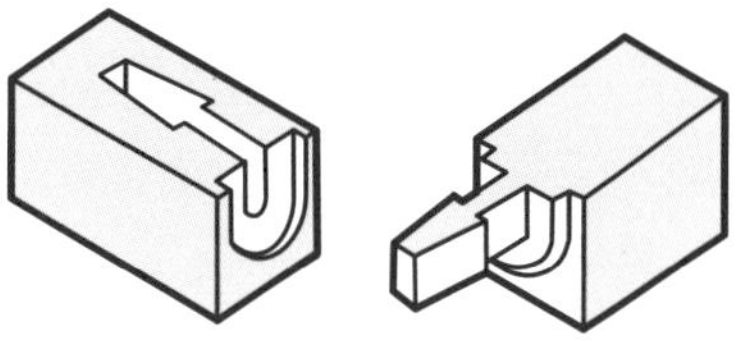
大入れ蟻掛け（仕口）	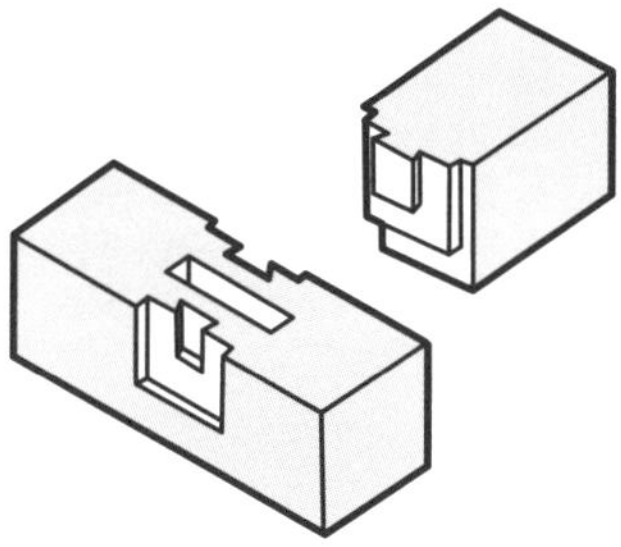	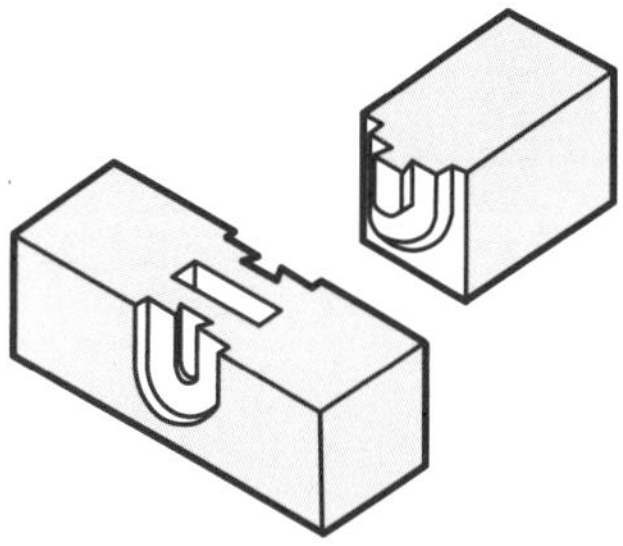

筋かいの仕口 ― 図

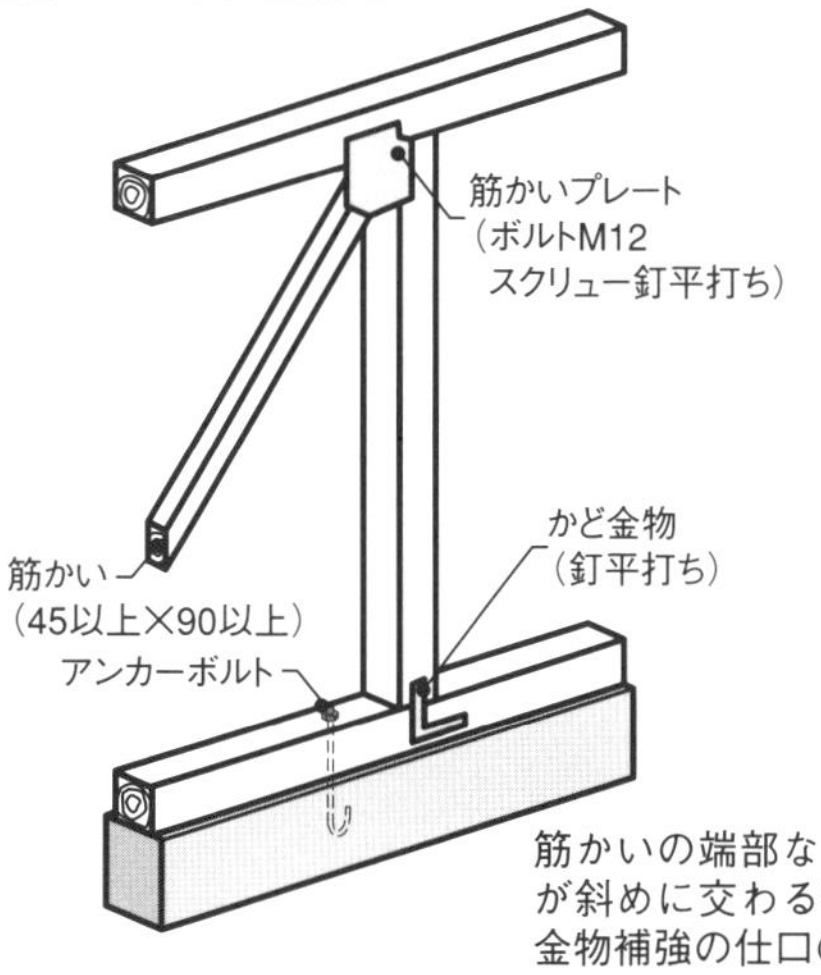

筋かいの端部など、部材が斜めに交わる部分での金物補強の仕口の一例

鋼製火打梁、筋かい金物の仕口の施工例 ― 写真

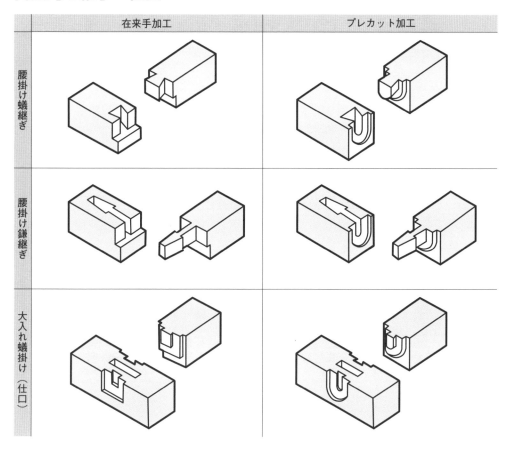

在来軸組の施工

構造設計の移行、施工の変化

Point

◆大工は建築全体を指揮する立場から、木造専門工へ移行しつつある

◆木造の構造設計は、施工者任せから材料業者任せへ

部材の選定

在来構法住宅の柱は約120㎜の角材で、その寸法を前提にプランが検討される。

在来構法の部材のうち、土台は柱と同じ寸法で、母屋・小屋束、大引・床束などは、その間隔と支持材間隔により寸法が決まる。一般には、柱よりひと回り小さいものが使われる。

一方、梁などの横架材《おうかざい》は1辺（梁幅）がやはり約120㎜で、他辺（梁せい）は120～300㎜程度までの部材（表・図1）が、スパンなどの架構条件に応じて選ばれる。横架材は強度が十分でも、たわみが問題となることがあり、床梁はL／250、小屋梁はL／150、といった制限が設けられている（Lはスパン＝支持材と支持材の距離）。さらに、木造の場合は、長期間の荷重により変形が増大する「クリープ現象」にも注意が必要となる。

住宅の施工手順と大工の作業

住宅メーカーやビルダーなどは独自の部材選定システムをもっている。その一方で、図面さえ持ち込めば、製材業者から継手・仕口の加工が済んだ〝適正な〟断面部材が手に入る。木造の設計は、もともと設計者ではなく施工者任せの場合が多かったが、今や材料業者任せが多くなっている。

通常の住宅では、基礎が完成すると軸組、上階床組、そして小屋組・棟木《むなぎ》までを1日で建て上げる（建方、棟上げという、図2）。その後、屋根葺きが済み、構造体が落ちつくと、筋かい・間柱《まばしら》・下階床組などの工事を行う。その後、各部の下地および仕上げの施工、設備の配線・配管と機器の設置などが順次進み、竣工となる。

木造建物で、木材の工作や組立て・接合を担当する職種が大工である。工期は一般的な住宅で3～5カ月である。

以前は基礎工事中も墨付けや継手・仕口の工作など、下小屋で行う作業があったが、今やこれら熟練を要する作業は、プレカットマシンによる部材利用で不要となっているのが大半である。

木造在来構法住宅の小梁の断面例 ─ 表

たわみ制限:固定+積載荷重(600N/㎡)に対してスパンの1/250以下

床の小梁間隔(m)	床の小梁スパン(m)	床の小梁断面　幅×せい(mm) 無等級材　針葉樹(ベイマツ)	
		強度による断面	たわみ制限による断面
1.82	2.73	105×180 120×170	105×180 120×180
	3.64	105×210 120×210	105×240 120×210
	4.55	105×270 120×270	105×270 120×270

出典:『木造住宅のための構造の安定に関する基準に基づく横架材及び基礎のスパン表』(財)日本住宅・木材技術センター)

現実の架構は狭小敷地への対応もあって複雑で、スパン表をそのまま利用するのは難しい

梁材の断面寸法例 ─ 図1

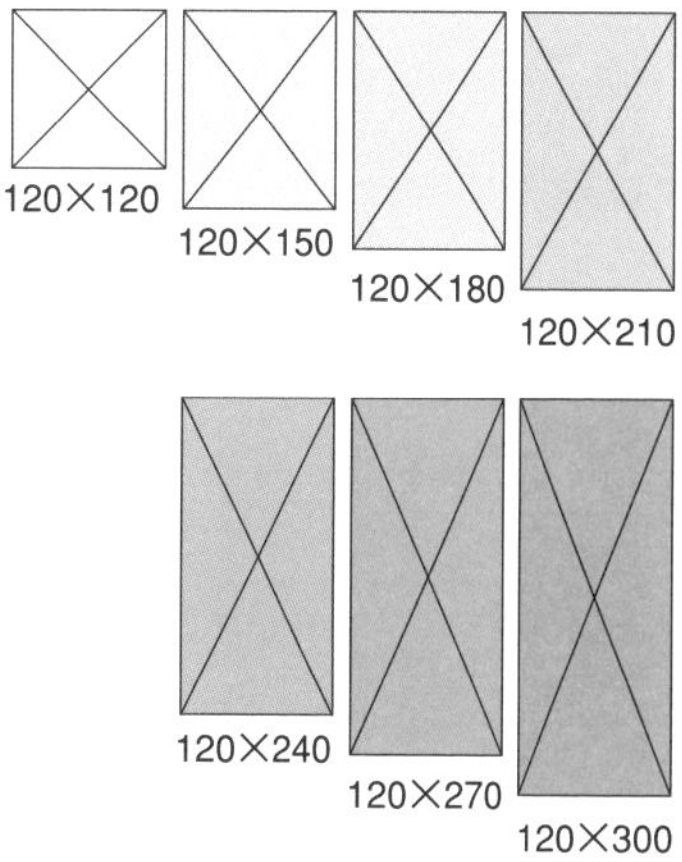

木造住宅の施工工程 ─ 図2

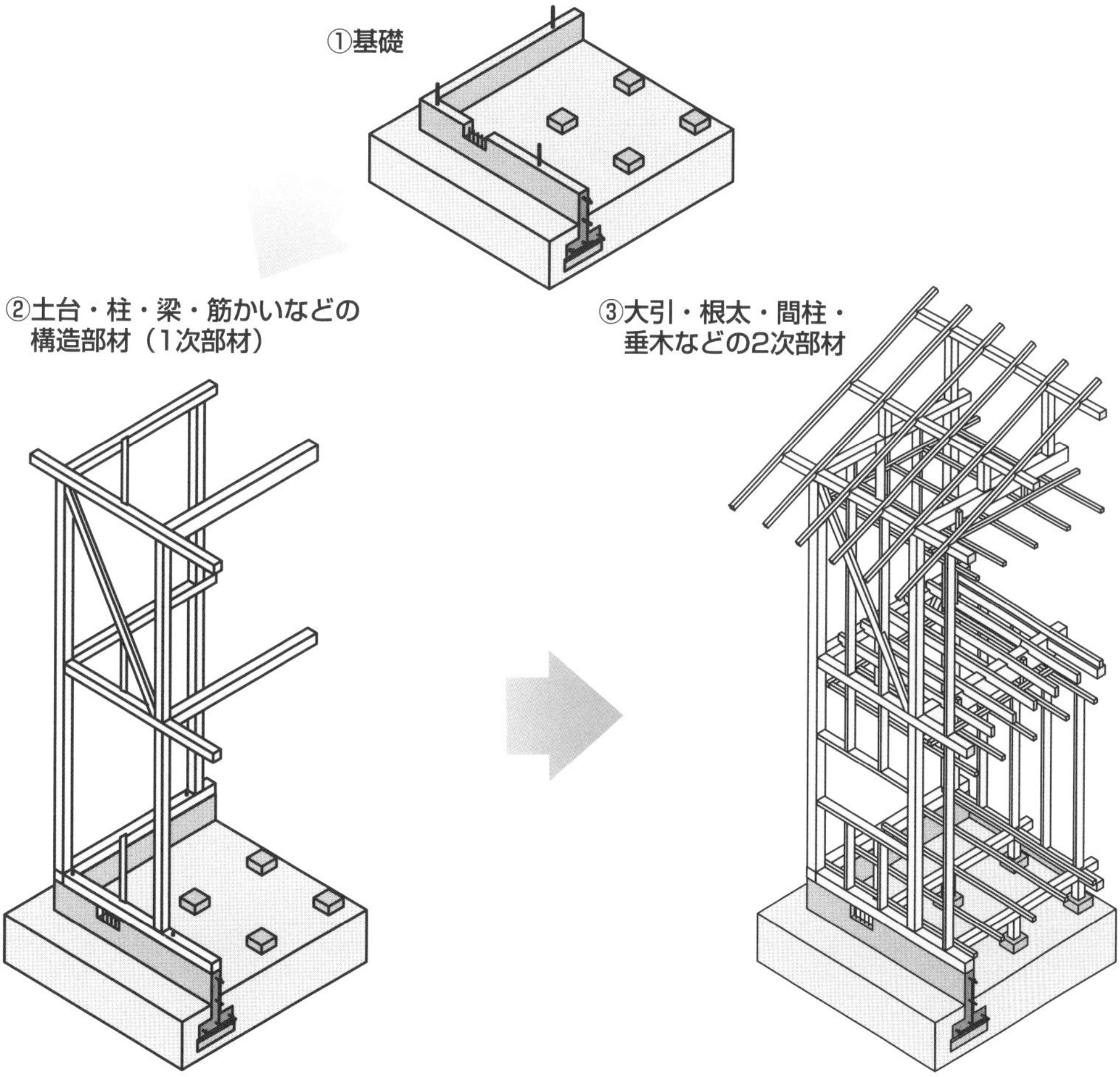

019 木造

2×4構法

熟練度に左右されない構法

Point
◆2×4は主要部材の呼称であって、実際の寸法ではない
◆法律用語は枠組壁"工法"で1974年にオープン化された

使用部材の寸法

北米に起源をもつ2×4構法（枠組壁工法）には、1層ごとの枠組壁に作業台となる剛な床を設けるプラットフォーム構法（platform construction、49頁図1参照）と、縦枠を2層分通して設けるバルーン構法（balloon construction、図1）がある。現在日本で建設されているのは、1974年にオープン化（特定の認定業者に限らず建設が可能）された、前者によるものがほとんどである。

代表的な部材断面は、縦枠として使われる2インチ×4インチである。実際は、製材過程での減少や乾燥具合による変化などを考慮し、JAS*では、乾燥材は厚さ38㎜、幅89㎜と定めている。なお、壁の断熱性をより充実させるため、2インチ×6インチ材を壁の縦枠とすることも寒冷地を中心に行われている。

図2・表は、使用される代表的な部材の断面寸法である。

日本導入にあたっての留意点

このように部材の種類が極めて少ないうえ、継手《つぎて》・仕口《しぐち》などを使わず、単純な切断面どうしを釘と金物で接合する方法から、2×4構法は比較的熟練度の低い労働者でも、相当程度の品質のものが可能といわれている。

また、つくった床を作業台として壁の枠組を組み建て起こす工法も生産性向上に有効で、2×4構法は日本でも近年、広く普及している。ただし、この工法は屋根工事までに日数が必要であり、雨の多い日本では、工事の時期や降雨への対応に配慮が必要となる。

日本独特の事情への対応という点では、土台への404材（4インチ×4インチ）の適用がある。404材は湿度が高く、気乾含水率の高い日本の気象条件を考慮し耐久性に配慮したものである。

なお、北米では地下室が普及しているが、日本では北米ほど多くないため、土台廻りの構法にも大きな差がある（48頁参照）。

＊ JAS＝Japanese Agricultural Standard、日本農林規格

バルーン構法 ─ 図1

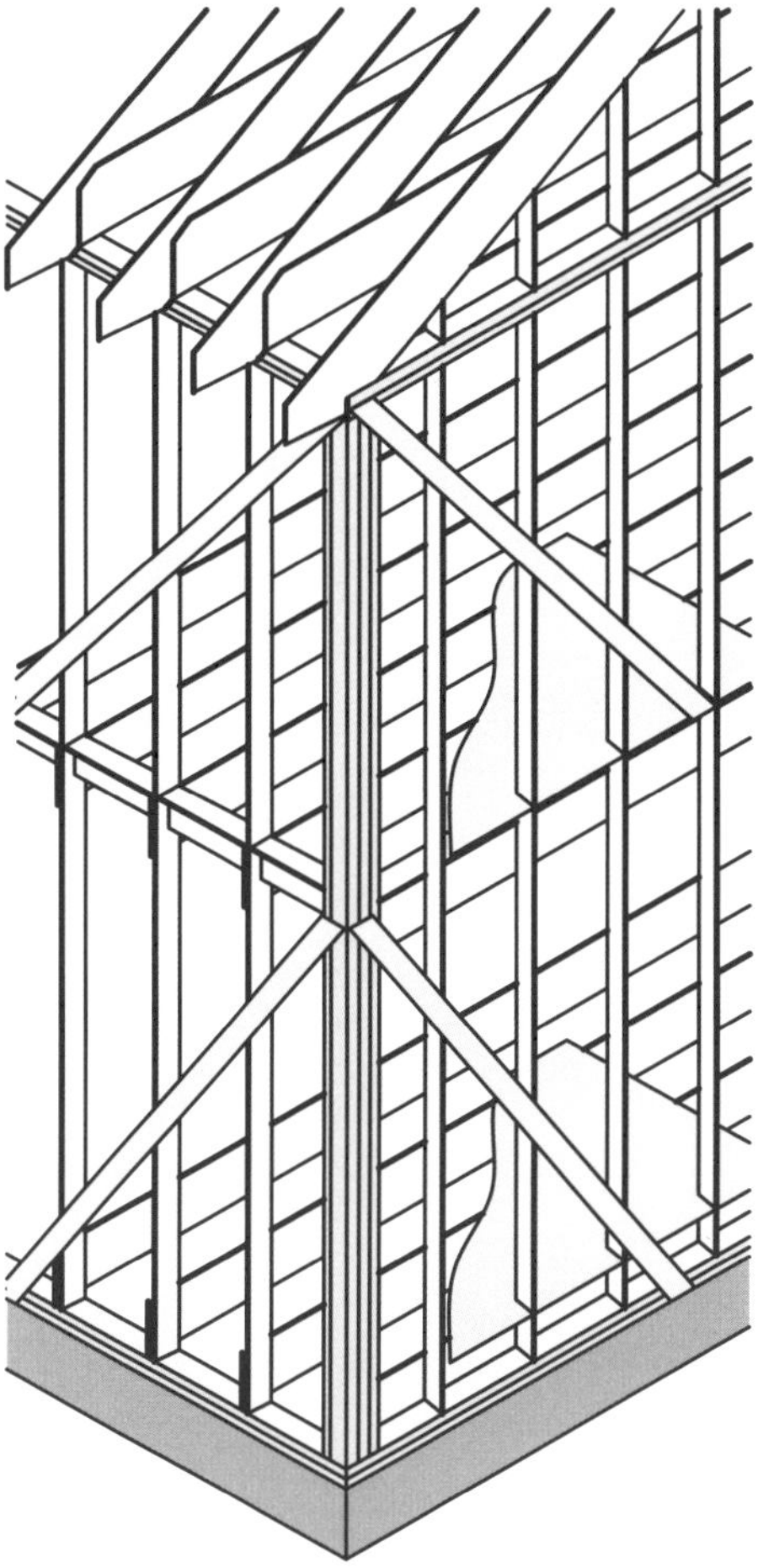

2×4構法での代表的な部材断面 ─ 図2

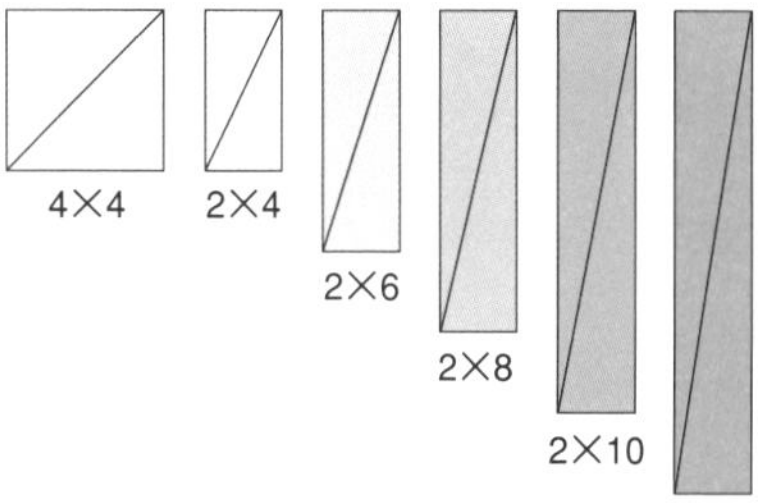

（単位：インチ）

構造用製材の寸法型式と断面 ─ 表

寸法型式	公称断面 幅×せい（mm）	実断面 幅×せい（mm）
404	90×90	89×89
204	40×90	38×89
206	40×143	38×140
208	40×190	38×184
210	40×241	38×235
212	40×292	38×286

注　床根太と床合板が釘と接着剤で接合されている場合は、使用可能なスパンが大きくなる

床架構には2×8インチ、2×10インチ、2×12インチなどの材が用いられ、それぞれ208・210・212などと表記される

2×4構法（プラットフォーム構法）による施工風景 ─ 写真

1階の枠組壁を建て込んでいる

2×4構法の各部

在来構法の応用、在来構法への影響

Point

◆プラットフォームは下地床であり、作業床でもある

◆枠組壁とは縦枠・上枠・下枠、場合によって、さらにボードを張ったものをいう

2×4構法の施工概要

北米の在来構法であるうえ、一時期ブーム化した輸入住宅の影響や在来軸組構法の応用などもあって、現在、日本で2×4と称するものの各部の構法にはバリエーションの違いが見られる。

本来の2×4構法は、防腐処理をした土台を防水紙で挟みアンカーボルトで（床下換気口を設けた）布基礎に固定するのが標準だが、現在は在来軸組構法同様、合成樹脂製パッキンを介する〝ネコ土台〟を採用するケースが多い。土台の上には根太《ねだ》を掛けるが、外周部には側《がわ》根太と端《はし》根太を設け、根太間には、転び止めを設ける。根太の上には構造用合板を張って、床やプラットフォームを構成する。

地下室を設ける場合は、後述の上階床と同様、206〜212材の根太を土台間に架け渡す。地下室を設けない場合は、在来軸組構法同様、204材の根太を大引《おおびき》—床束《ゆかづか》で受ける（図1・2）。

床ができた後は、その上で204材を縦枠・上枠・下枠として、開口部などを含む所定の（場合によってボードなども張った）枠組壁をつくり、建て起こして固定する。なお在来軸組構法では柱が設けられる壁の交差部は、必要に応じて縦枠材を追加・合成して隅柱《すみばしら》とする。

隣接する枠組壁どうしは頭つなぎで接続する。その後、頭つなぎの上に、スパンに応じた断面寸法206〜212材の根太を掛け渡し（根太間には転び止めを設ける）、その上に合板を張って次のプラットフォームを形成する（図1・2）。

小屋組は垂木《たるき》と天井根太でトラスを形成し、合板を張る（図1・2）。ほかに工場や現場で製作したトラスを外周の頭つなぎに掛け渡す、あるいは垂木を別途設けた棟木《むなぎ》と外周の頭つなぎに架け渡す（垂木小屋）などの方法もある。

2×4構法の合板による水平剛性確保や各種補強金物などは、在来軸組構法の躯体《くたい》に大きな影響を与えた。このほか、開口部廻りに防水テープを張るなど、その影響は多岐にわたっている。

2×4構法 — 図1

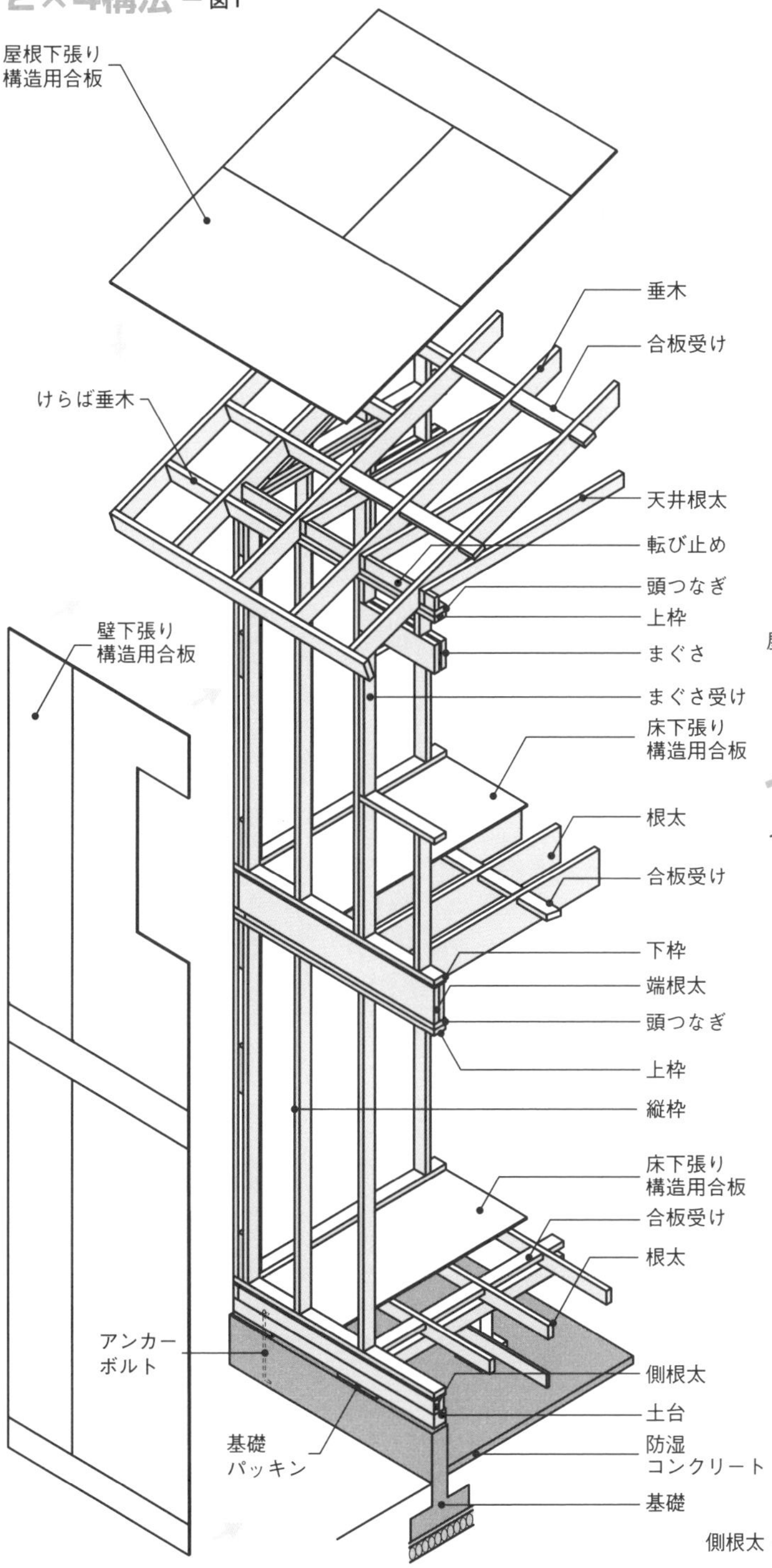

2×4構法の断面 — 図2

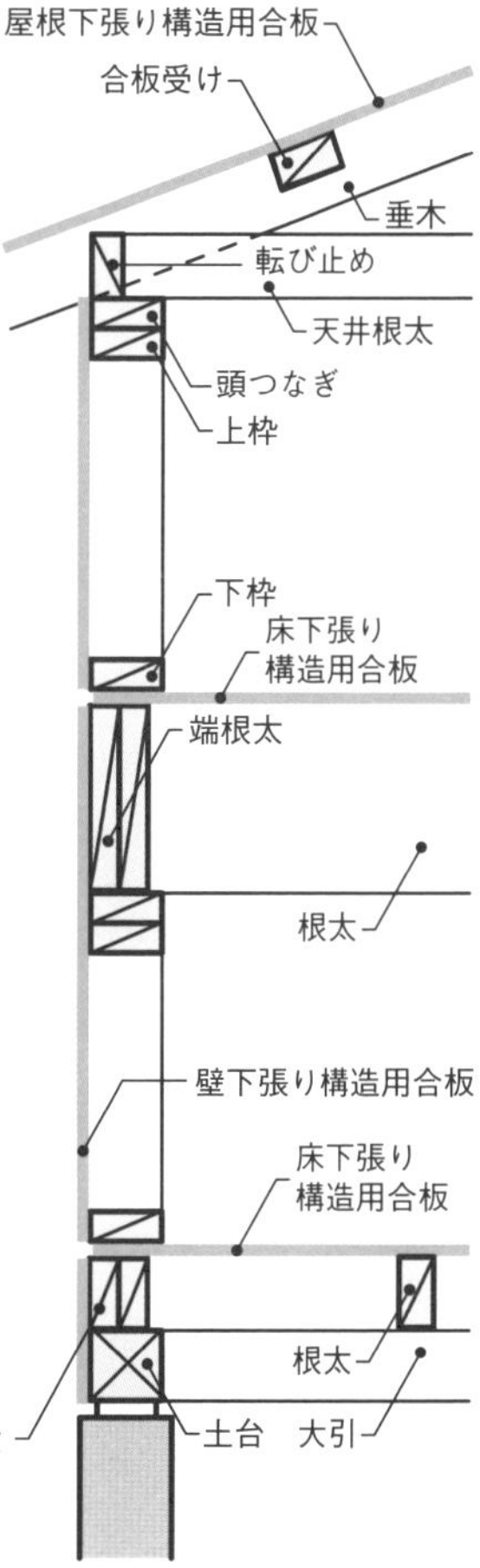

021 木造

その他の木造構法

丸太組構法とラーメン

Point

◆丸太組構法は、告示の範囲では面白みに欠ける
◆在来ベースのプレカットと、在来と一線を画すラーメン

丸太組構法

前項までに解説した以外の木造の構法には、1986年(2002年改正)に告示された、木材を水平に組積《そせき》する丸《まる》太《た》組《ぐみ》構法がある(図1)。地震などの水平力に対し、部材の交差部や耐力壁《たいりょくへき》・開口部廻りを上下に貫通する通しボルトで補強する日本独特のものである。

強度・剛性や乾燥収縮など、木材としては最も不利な方向の使い方であり、法規上も、不燃加工したものでなければ市街地では建設できない。採用に際していろいろ留意すべき問題を抱えた構法であるが、ログハウスとも呼ばれて人気は高い。

歴史的に校倉《あぜくら》と呼ばれるものは、校《あぜ》木《き》と呼ばれる部材の交差部をかみ合わせ、校木を井桁状《いげたじょう》に隙間なく積み重ねたもので、ダボの原理で安定させている(図2)。

ラーメン

ピン・ブレースの在来軸組に対し、柱梁接合部を剛にした木造ラーメンもある。ラーメン架構《かこう》としては1方向がラーメンで他方向がピンブレース形式のものと、2方向ともラーメン形式のものがある。

前者の典型が図3に示すもので、後述する鉄骨造の山形ラーメン(70頁参照)の鋼材を構造用集成材《しゅうせいざい》に置き換えたものである。集成材は、構造として必要な形状に合わせてつくり利用する。

図4は後者の一例。接合に軸ボルトを使ったラーメン架構の例で、住宅より規模の大きな建物で用いられる。

図5は金物を利用した柱梁接合部や柱脚《ちゅうきゃく》の典型例で、一般の在来軸組に比べ、部材加工・現場接合ともに確実・容易なものである。この接合部の剛性は高く、ラーメン架構として使用する住宅メーカーやビルダーは少なくない。プレカットによる継手・仕口が在来軸組の仕組みを色濃く残すのに比べ、この種の継手《つぎて》・仕口《しぐち》は加工が合理化されており、仕組みそのものの変更を促す可能性がある。

丸太組構法（丸ログ） — 図1

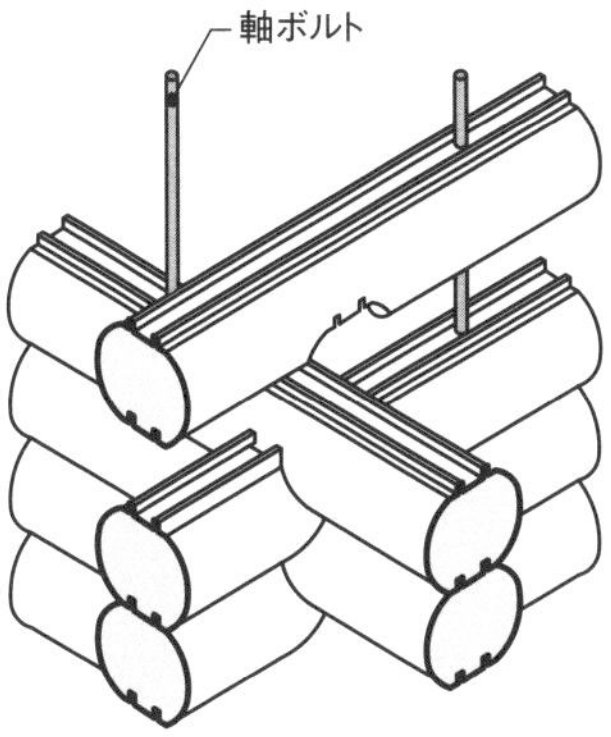

古代の校倉 — 図2

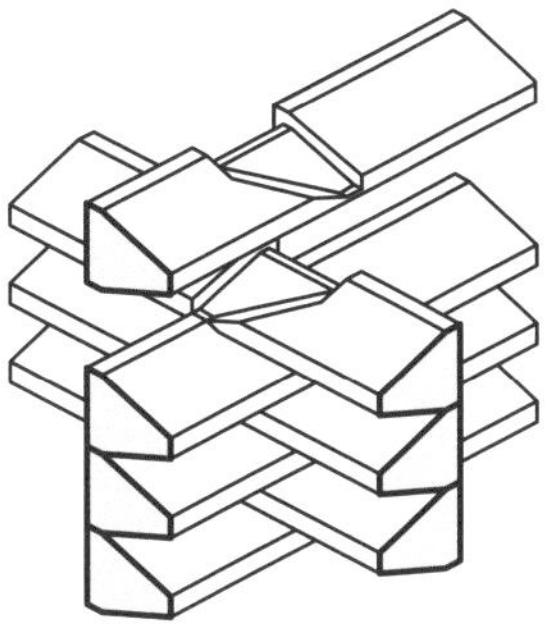

一方向ラーメン架構の例（集成材アーチ） — 図3

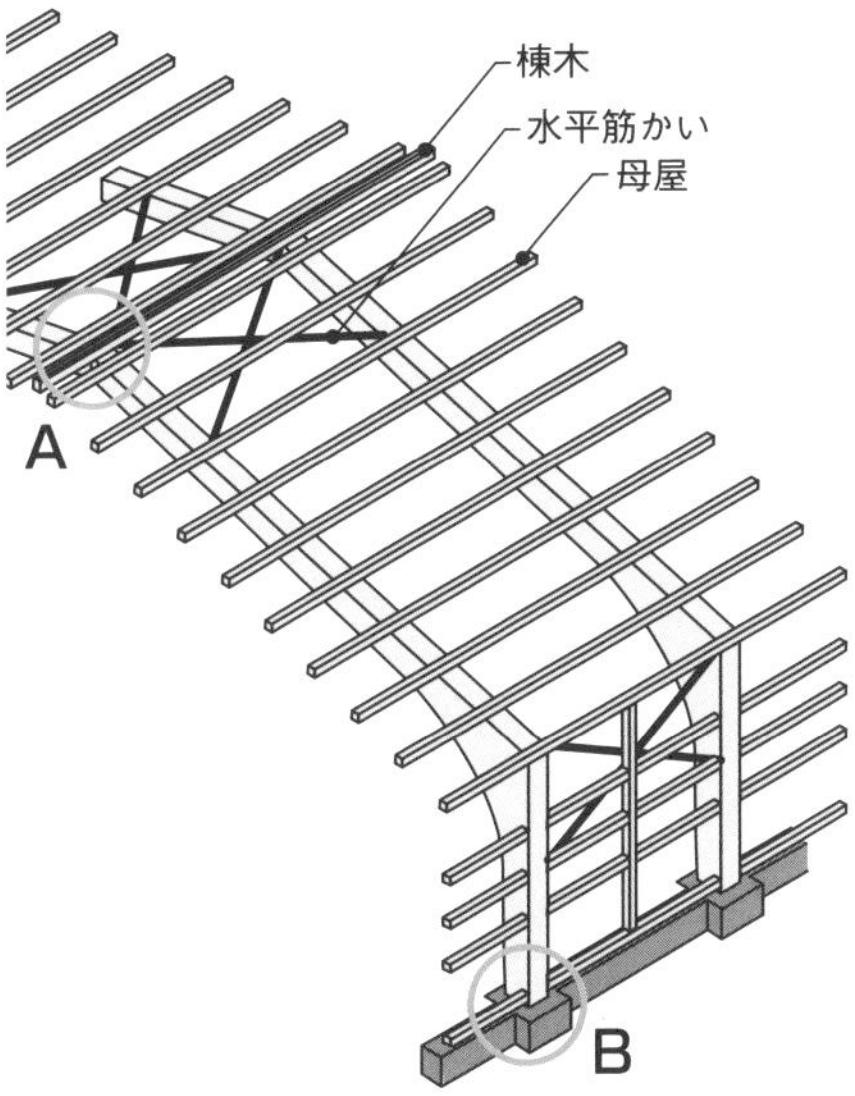

A部詳細図

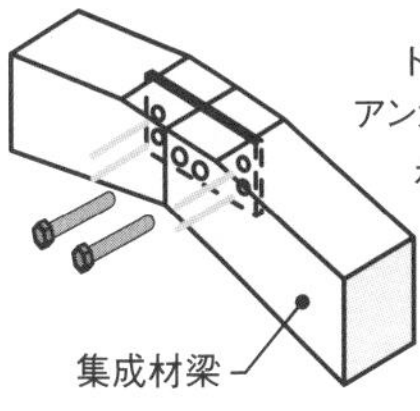

B部詳細図

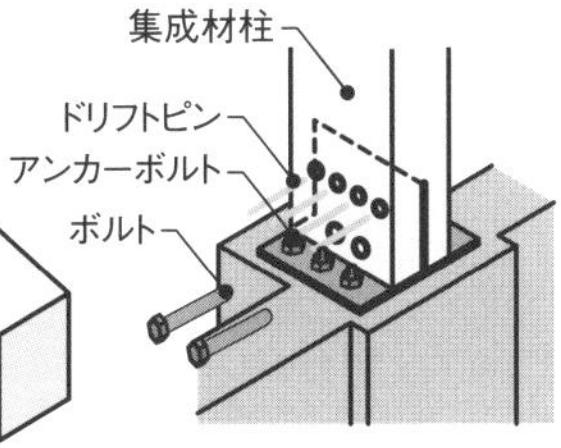

二方向ラーメン接合部 — 図4

住商サミットHR工法

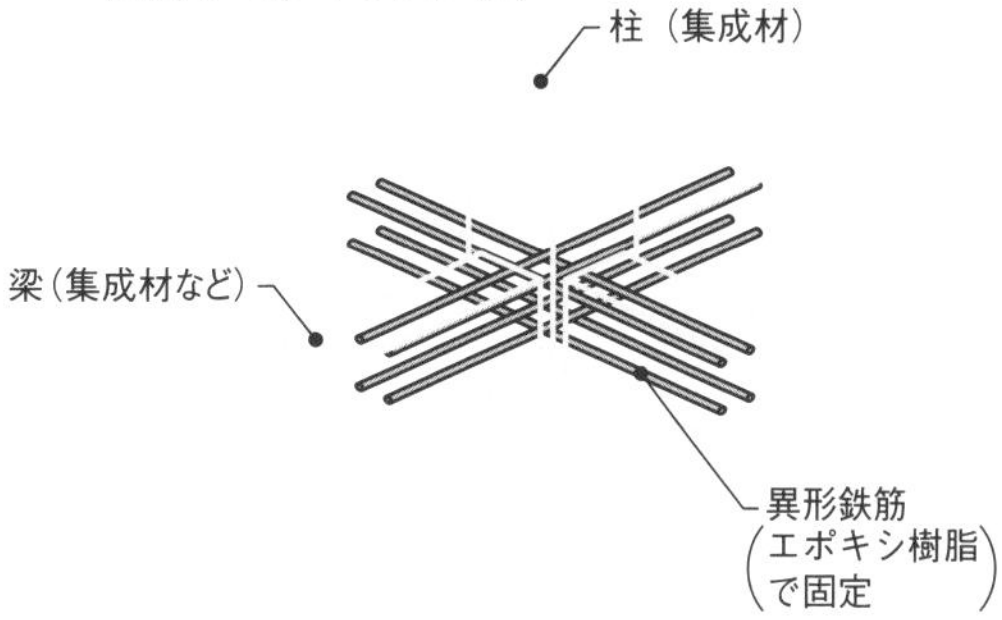

金物を利用した柱梁接合部・柱脚の例 — 図5

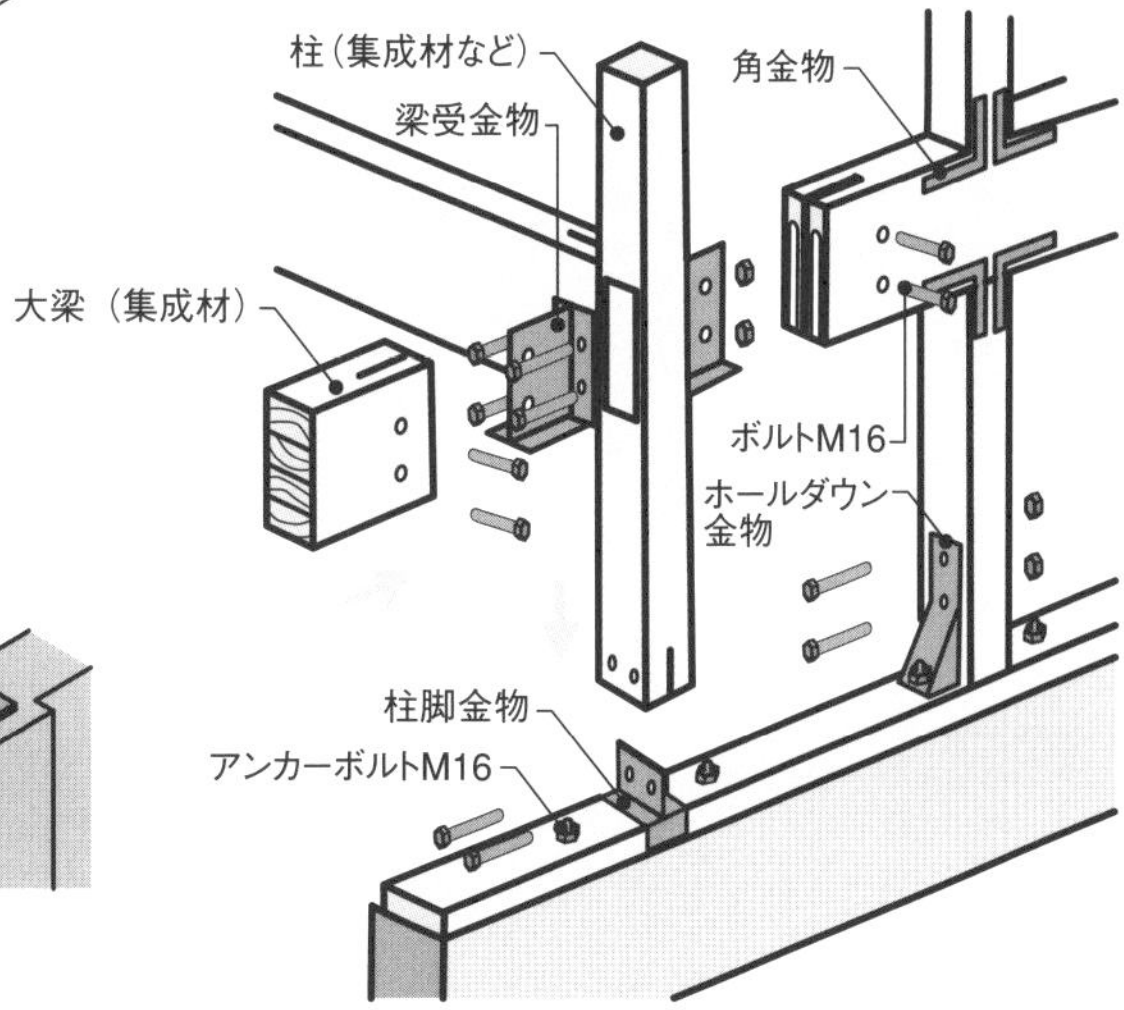

参考：『木造3階建共同住宅』（建築資料研究社）ほか

022 木造

木の特質とその利用

木の利いた伝統芸

Point

◆技術の欠如を工夫と技能で補う“木の利いた伝統芸”

◆ヨーロッパは石積みだけでなく、木造軸組の技術・技能も豊富である

乾燥収縮への対応

木材は、含水率数十%を超える立木から、構造材として実際に使用できる、安定した気乾含水率十数%に至るまでには、繊維と直交方向では相当程度に収縮するため、大きな引張力《ひっぱりりょく》によりひび割れが生じる。そこで柱が露出する真壁造では、柱の壁に隠れる部分にあらかじめ鋸目《のこめ》を入れておき、収縮変形をその部分に集中させて、表には見せない工夫「背割り」を行う（図1）。

ムク板は気乾状態に至るまで繊維と直角方向で大きな反りが生じる。そこで、日本に合板の技術がなかった時代、棚板や階段の段板などにムク板を使う場合は、反りを防ぐため裏面に「吸付《すいつ》き桟《ざん》」を取り付け、棚板木口《こぐち》には納め材「はしばみ」を使ってきた（図2）。

また、「稲子《いなご》」は繊維方向は乾燥収縮に伴う変形が少ないことを利用した、あばれを抑える工夫である（図3）。これは、竿縁天井の天井板（ムク板）の重ね部などに用いられた。

弱点を生かす工夫

木材の繊維と直交する方向は、強度・剛性も繊維方向より小さい。ただ、貫《ぬき》などは逆にこの弱い方向のめり込みを利用して、建物躯体《くたい》としての粘り強さ（靱性《じんせい》）を確保するものである。

このほか、堅木《かたぎ》でつくる車知《しゃち》・栓《せん》・千切《ちぎり》は、2つの部材にまたがる孔などに打ち込み、主としてせん断耐力で部材を接合する（図4）。また、くさびは薄い三角柱状のもので、隙間に打ち込み、部材の移動を防ぐ。くさびもめり込みを応用した「締まりばめ」で、木造の継手《つぎて》・仕口《しぐち》の多くがこの原理によっているといえる（図5）。

角を強調するなどの目的で柱や梁、あるいは枠などの隅角部《ぐうかくぶ》に施されるのが各種の面取りである（図6）。

こうした工夫は日本独自のものと思われがちだが、欧米にも大断面木材を用いる場合の端部のディテールや納まりへの配慮、あるいは火熱に対する措置など、十分な技術・技能の蓄積がある。

背割り — 図1

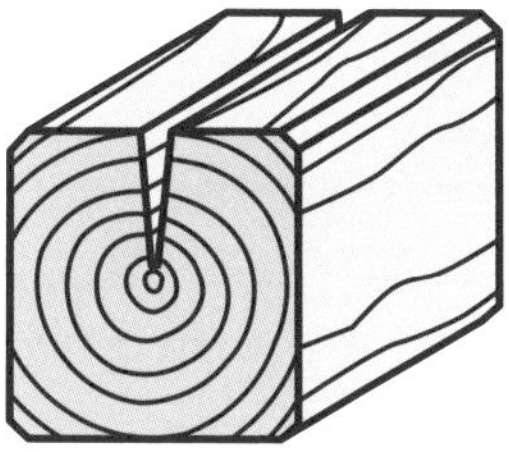

吸付き桟、はしばみ — 図2

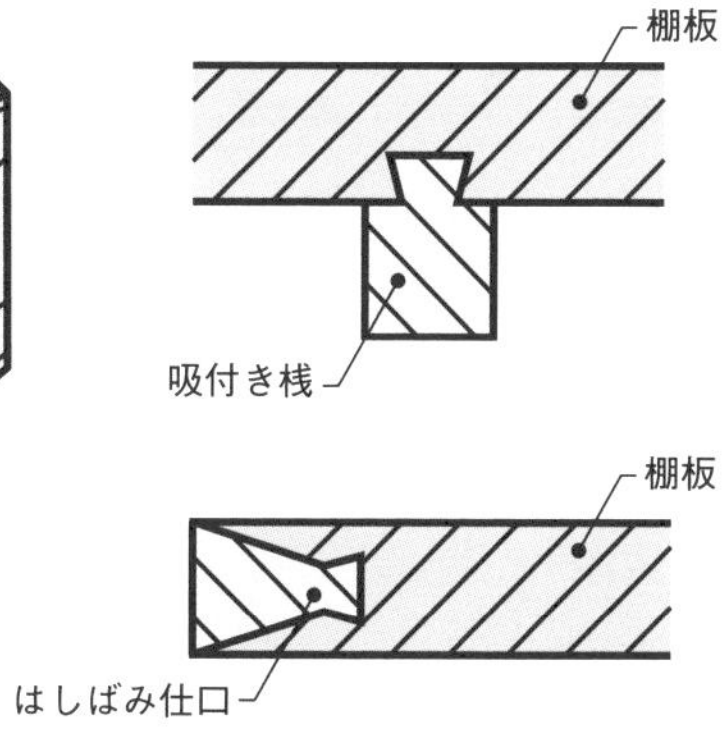

稲子 — 図3

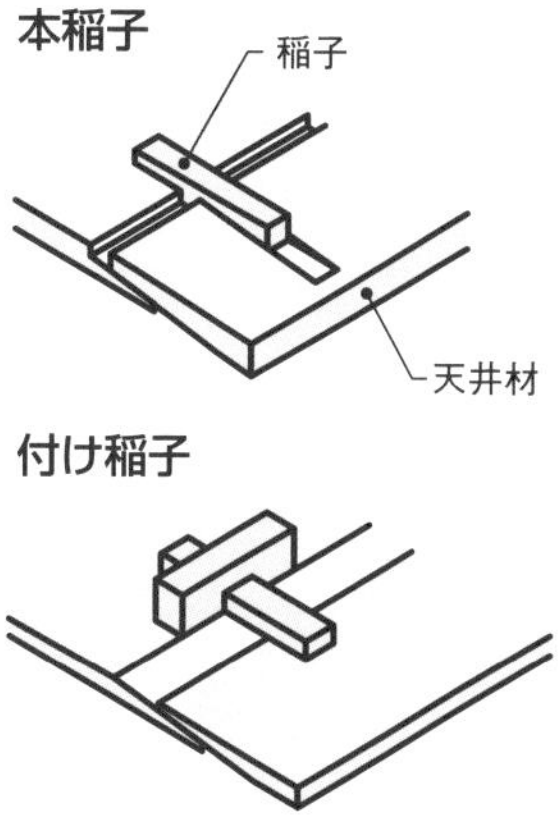

車知、栓、千切 — 図4

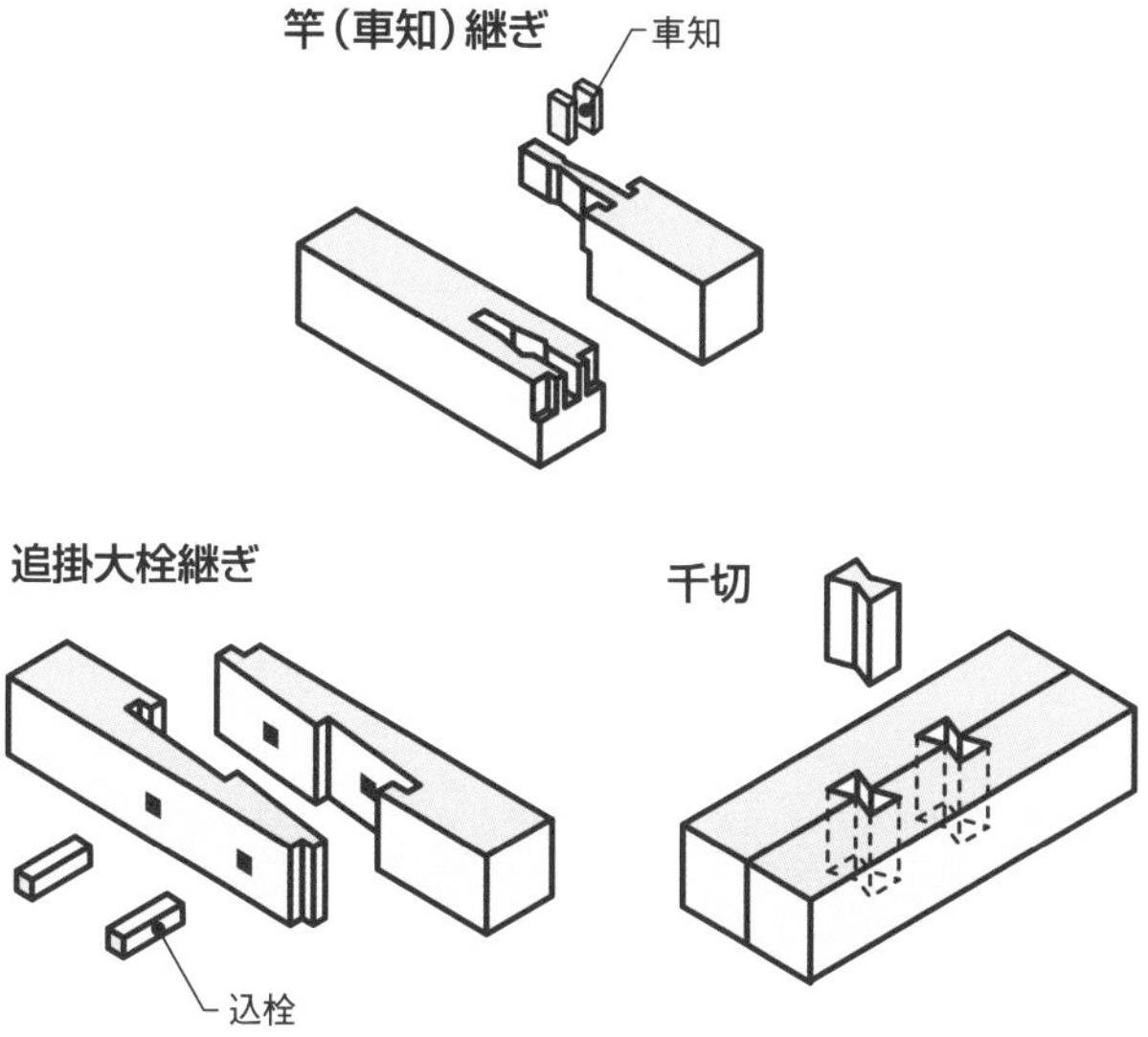

締まりばめ（割くさび打ち） — 図5

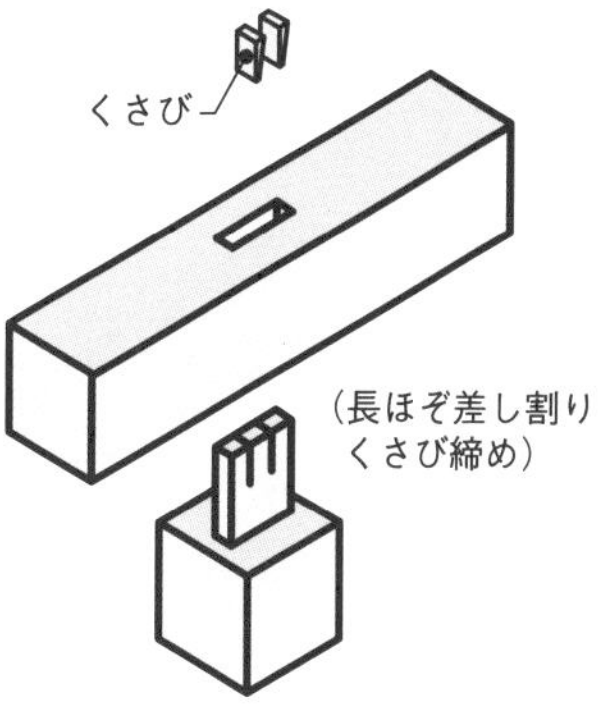

各種面取り — 図6

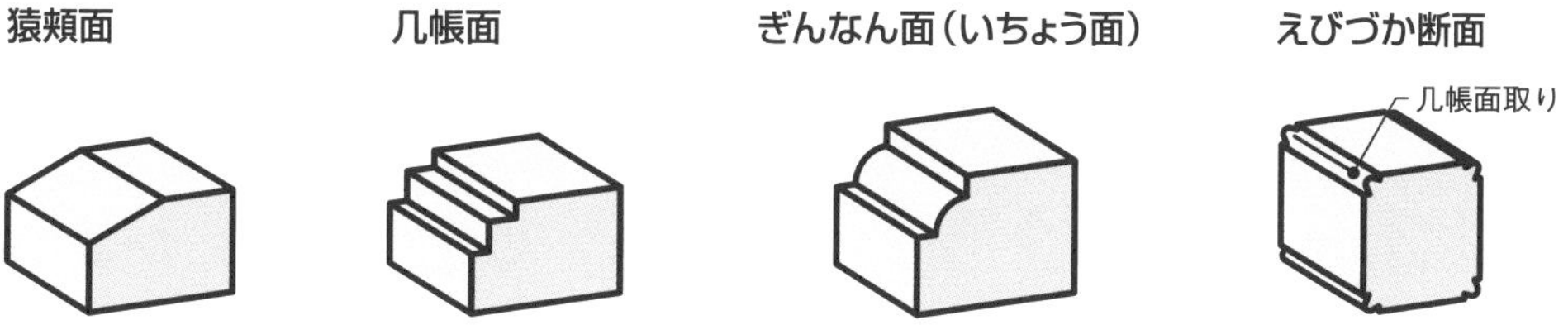

木造の基礎

基礎工事の要点

Point

◆木造基礎の断面は、構造計算することなく法規で決まる
◆床下防湿コンクリートとベタ基礎は似て非なるもの

基礎工事の手順

木造建物の現場では、水平の基準および柱や壁の中心の位置を決める水盛《みずも》り・遣《や》り方（図1）を行ったうえで、地業《じぎょう》・基礎工事が行われる。その際、地表面の土は安定していないので、根*切りが行われる。

次いで10～20cm程度の割栗石《わりぐりいし》を縦に並べ、地盤面を突き固める割栗地業を、掘削した根切りの底面に行う（近年は割栗石の入手が困難なため、砕石の利用が多い）。なお、根切り底が良好な場合には、割栗地業をするとかえって地耐力を減少させることもある。

割栗石の隙間に砂を混ぜた砂利を入れた後、捨てコンクリートが打たれる。これは設計図の組立基準線に相当する基準墨を記すベースとなる。その後、基準墨を頼りに配筋がなされ、型枠工事、コンクリート打設となる（図2）。

木造の基礎は布基礎が多いが、軟弱地盤ではベタ基礎が採用されることが多い（図3）。布基礎の底盤の寸法は一般に表のように決める。近年は、木造住宅の床下部全面に防湿コンクリートを打設することが多い。その厚みは5cm程度だが、これは、あくまで防湿が目的のためベタ基礎とは異なる。

なお、コンクリートは水和反応により硬化の際に収縮して引張《ひっぱり》が生じ、ひび割れるので、引張に抗する要素として、数㎜径程度のメッシュ筋を入れる。

基礎の深さを決定する要素

基礎の深さについては、寒冷地では凍結深度《とうけつしんど》や凍結線《とうけつせん》との関係も重要である。水（を含む土）は凍結すると体積が膨張するので、基礎が持ち上げられてしまう。これを防ぐには、凍結線より下に基礎を配置する必要がある（図3）。土間コンクリート床などのように、凍結線より下に基礎を配置するのが難しい場合は、断熱材を敷き込んで地中の温度低下を防ぐ、ドレンを設置して排水を促す、凍結しても体積膨張にならないように砂・砂利に置き換える（図4）などの処置が必要である。

＊ 根切り＝土を掘削し排出する工事のこと

木造住宅の遣り方 ― 図1

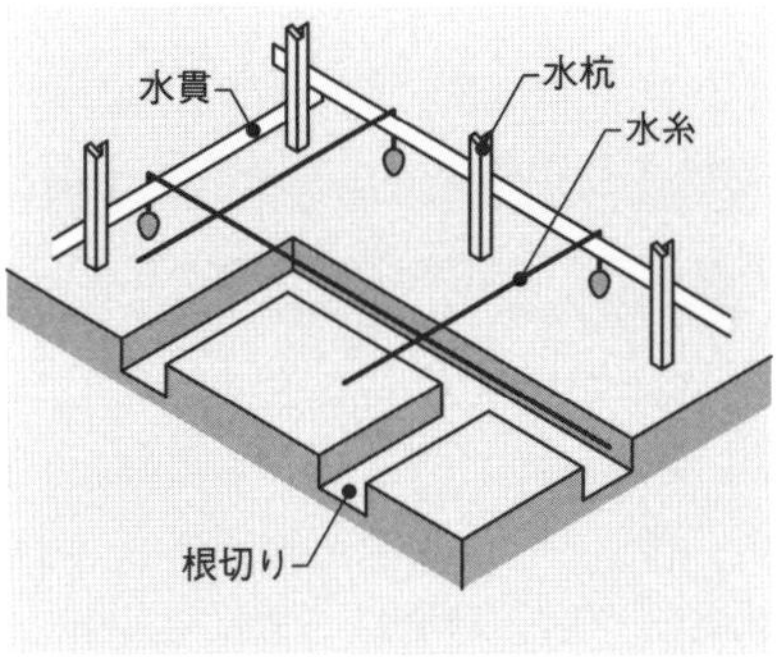

布基礎の施工 ― 図2

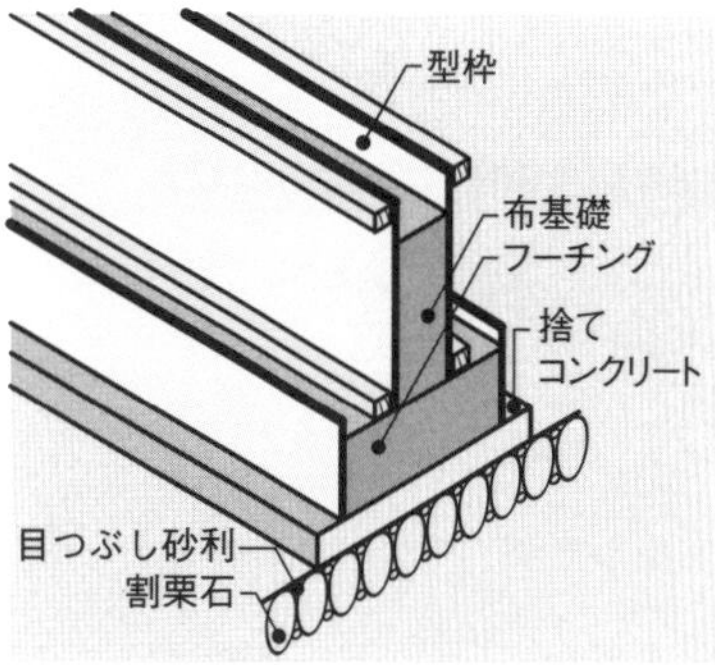

木造住宅の基礎断面 ― 図3

①布基礎の例

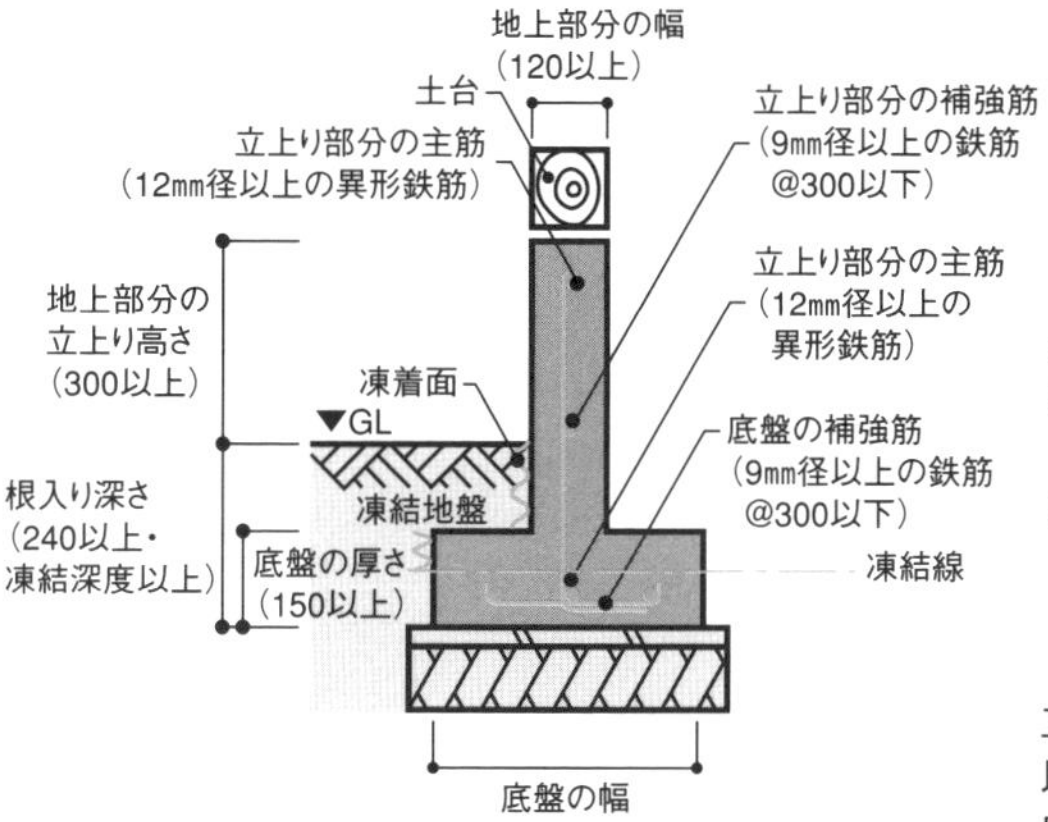

注 ( )の数値は平成12年建設省告示1347号による

②ベタ基礎の例

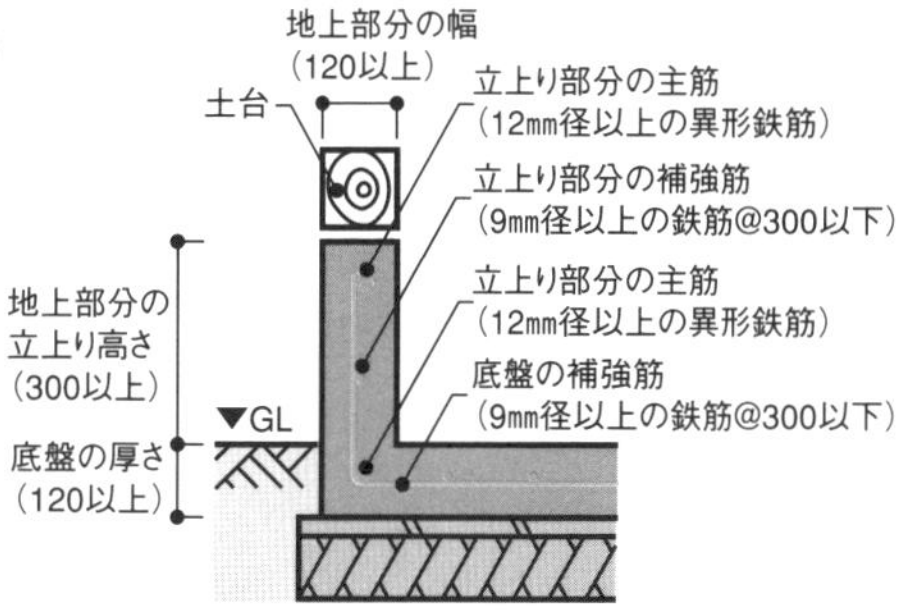

立上り部分の幅は12㎝以上、地上部分の高さは30㎝以上、根入れ深さは24㎝以上、フーチング(底盤)の厚さは15㎝以上、幅は地盤によるが、少なくとも平屋建てで18㎝、2階建てで24㎝必要であるとされている

布基礎の底盤の寸法 ― 表

(平12建告1347号)

地盤の長期許容応力度(kN/㎡)・A	基礎の種類	建築物の種類 数値:布基礎の底盤の幅(㎝以上)		
20> A	杭	木造、鉄骨造、重量小さな建築物		その他の建築物
30> A ≧20	杭、ベタ基礎	平屋建て	2階建て	
50> A ≧30	杭、ベタ基礎、布基礎	30	45	60
70> A ≧50		24	36	45
A ≧70		18	24	30

寒冷地の土間床の工法 ― 図4

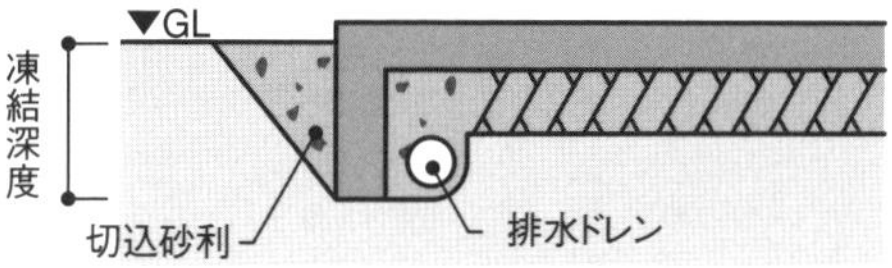

凍結線より下に基礎を配置するのが難しい場合

Column 2

エンジニアウッド（Engineered Wood）

木質系構造材料 ― 図

LVL（Laminated Veneer Lumber）

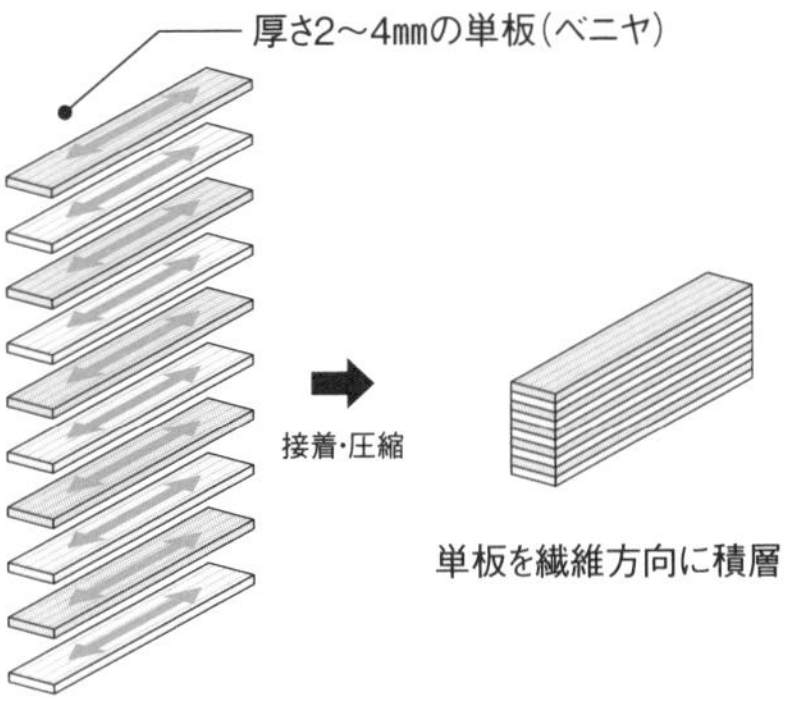

合板（Plywood）

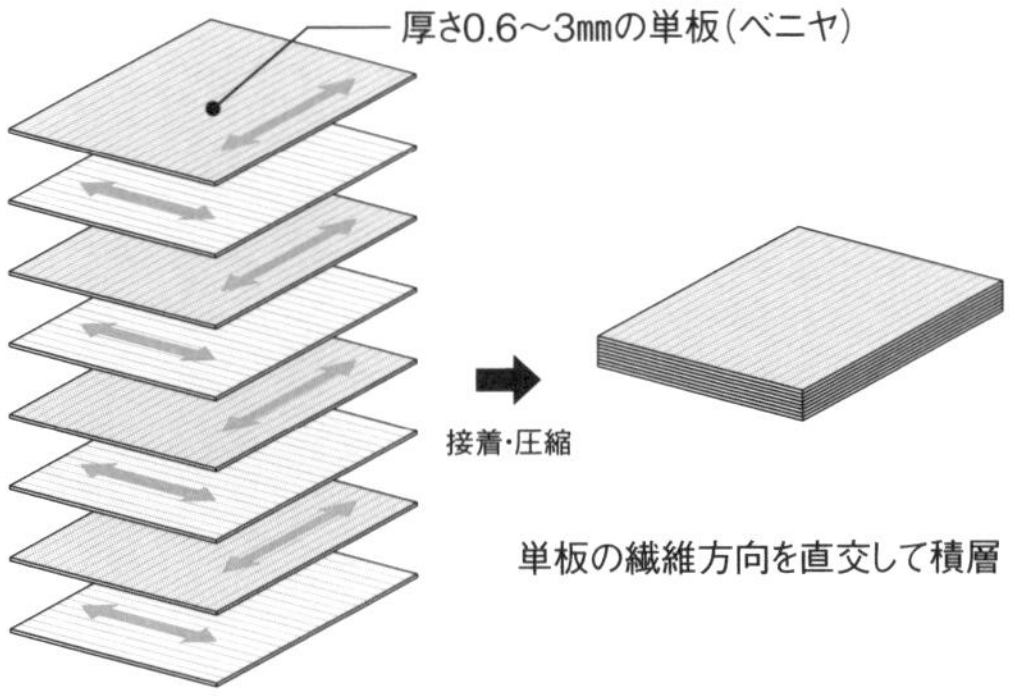

集成材（Laminated Wood）

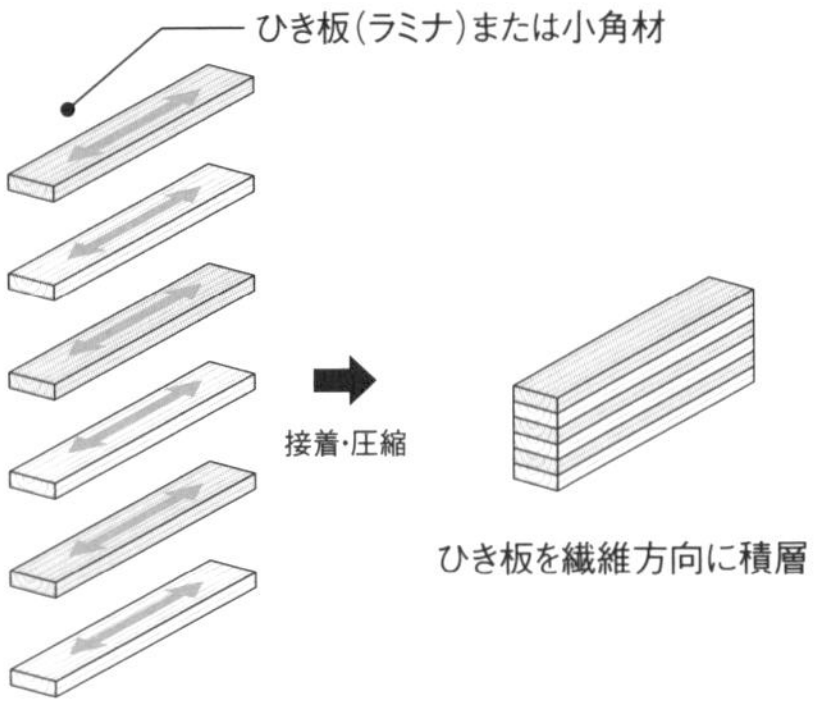

CLT（Cross Laminated Timber）

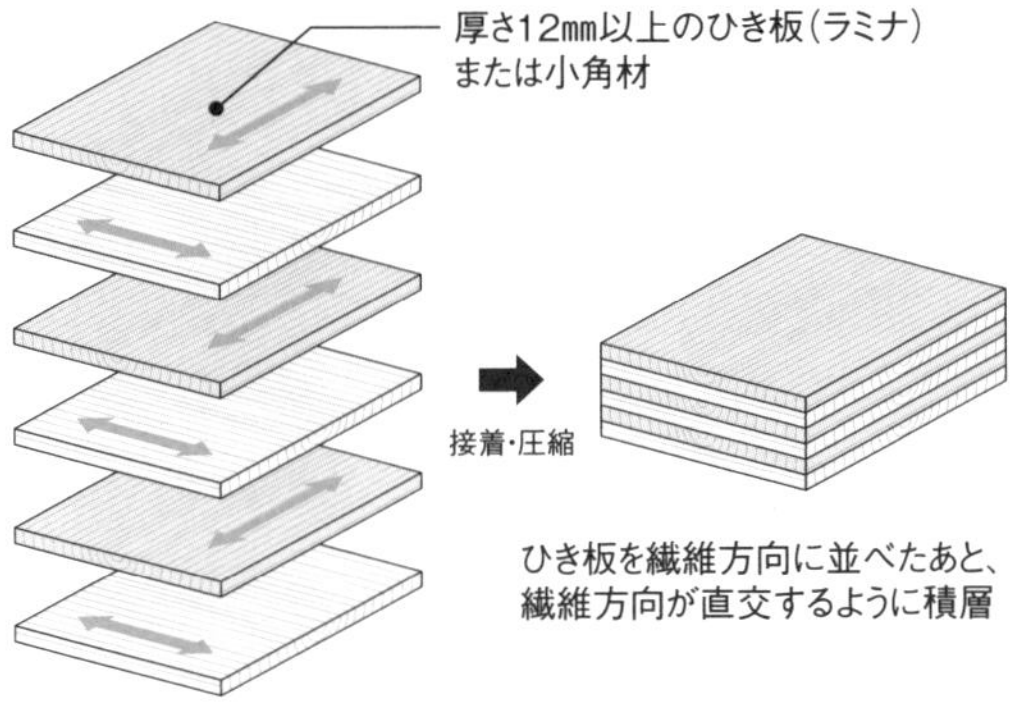

木の構造材の種類と特性

　木の構造材料には、無垢材以外に木材の単板（ベニヤ）を接着剤で積層した合板・LVLや、ひき板（ラミナ）または小角材を接着剤で積層した集成材・CLT（直交集成板繊維板）などが使われる。これらは繊維方向による強度・収縮の違いや、木材特有の節や割れなどに配慮した材料で、所定の性能（強度や剛性など）を確保した製品として「エンジニアウッド」と総称される。中でもCLTはすでに欧州で実用化され、プレキャストコンクリート（86頁参照）のパネルのような*壁式構造体として使われている。

　ほかにも、木材の小片を接着剤と混合して熱圧成型したパーティクルボードや、OSB（Oriented Strand Board）のほか、ハードボードなどの繊維板も含まれる。これらの材料は性能上の特性だけではなく、廃材の再利用や資源活用の意味からも評価されている。

＊ 日本では2016年の建築基準法告示により、構造材としての一般利用が可能となった。

3

非木造の構法

鋼材の構造特性

たくましい構造材

Point

◆鋼材が建築に本格利用され始めるのは19世紀後半から

◆強い、固い、粘り強い、安定した品質。構造材としての利点を兼ね備えている

鋼材の利点

鉄そのものは紀元前から使用されていたが、鋼材*を用いる鉄骨造（鋼構造ともいう）の建物に使われる〝鋼鉄〟が、製造され建築に利用されるようになったのは19世紀である（エッフェル塔の大部分は鋼鉄ではなく鍛鉄《たんてつ》製という）。日本では、19世紀末に建設された秀英舎（現、大日本）印刷工場が最初の本格的鉄骨造とされる。

鋼材は次にあげるような理由から、極めて優れた構造材といえる。

①強度が高い

鋼材は一般に、含まれている炭素量によって強さが異なる。代表的な構造材料の物性を示す21頁表2からも明らかなように、鋼材はコンクリート、木材と比べて圧倒的に強度が高い。表は建築によく使用される鋼材の強度である。

②剛性が高い

鋼材はヤング率も圧倒的に高い。変形しにくさ（剛性）は、構造材として安心・安定に寄与するものといえる。

③靱性《じんせい》が高い

SS400の鋼材を引っ張るときに生じる応力とひずみ（伸びの割合）の関係を図1に示す。急に伸びの割合が大きくなるところを降伏点と呼ぶ。降伏した後もひずみは大きくなるが、なかなか破断しない。この粘り強さ（靱性《じんせい》）は構造材料としての大きな利点である。

座屈と許容応力度

部材に外力を徐々に加えていったとき、変形の様子がそれまでと急激に変わり、変形が止まらなくなることを座屈という。圧縮による曲げ座屈と、曲げによる横座屈がその代表的な現象である（図2）。圧縮や曲げによる長期《ちょうき》許容応力度《きょようおうりょくど》は、この座屈を考慮して鋼材の断面形状や支点間の距離などに応じて定められる。

長期許容引張《ひっぱり》（圧縮・曲げ）応力度 $_Lf_t$、長期許容せん断応力度 $_Lf_s$ は、鋼材の種類と厚さにより定められている基準強度Fを使って、図1のように決められる。

＊鋼（こう、はがね）は、鉄を主成分にした炭素の含有が0.3～2%の合金。
鍛鉄（または錬鉄）は炭素の含有がより少なく、鋳鉄はより多いものをいう

鋼材の強度 ― 表

（建築基準法関連告示第2464号より抜粋）

鋼材種別		F（N／㎟）	
		厚さ≦40㎜	40＜厚さ≦100
建築構造用鋼材	SN400	235	215
	SN490	325	295
一般構造用鋼材	SS400	235	215
	SS490	275	255
	SS540	375	—
溶接構造用鋼材	SM400	235	215
	SM490	325	295
	SM520	355	335（325）

（　）内は厚さ＞75㎜の場合

引張応力とひずみの関係 ― 図1

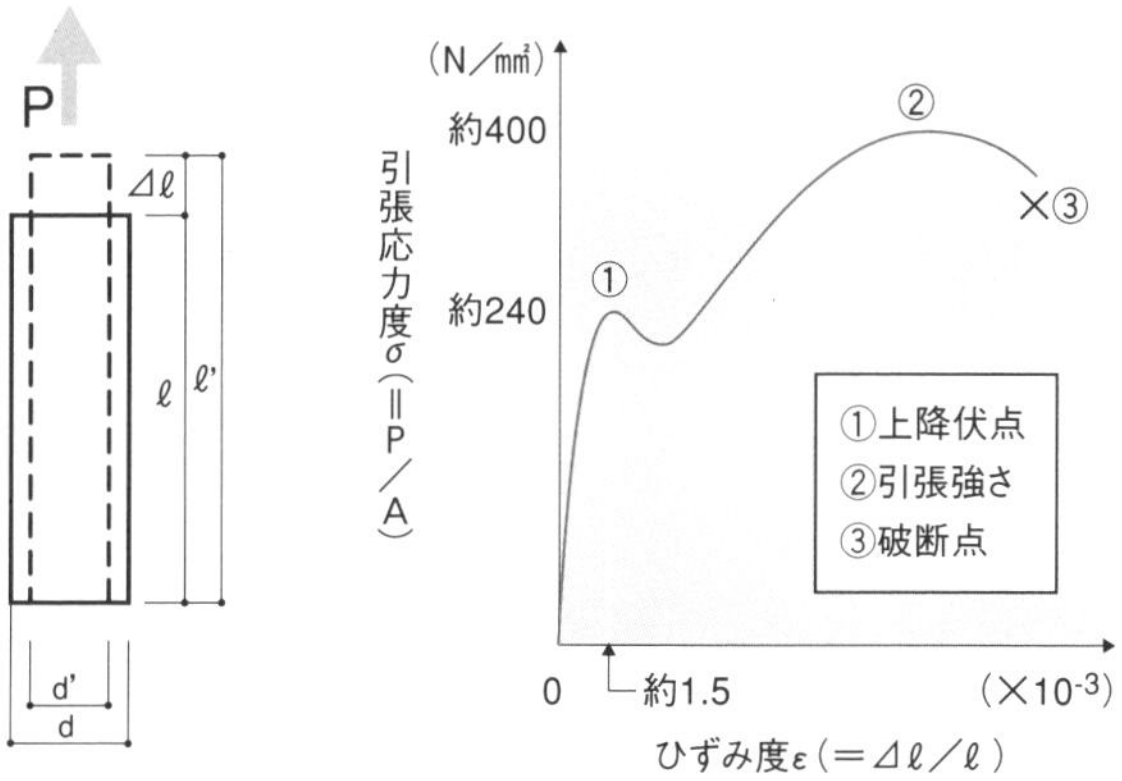

A：断面積　$_{L}f_t$＝F／1.5　$_{L}f_s$＝F／1.5$\sqrt{3}$
短期許容引張応力度はそれぞれの1.5倍としている

座屈現象 ― 図2

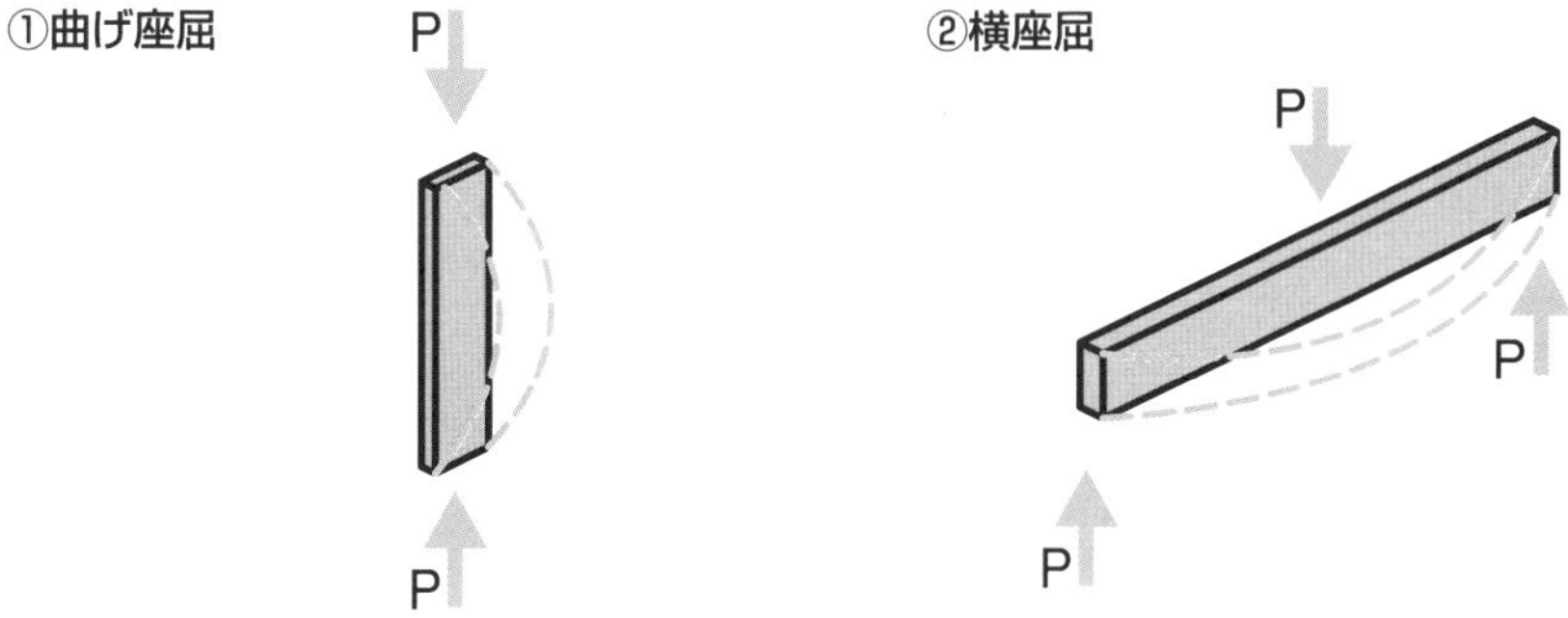

025　鉄骨造

鋼材の負の性質

鋼材の弱点克服

Point

◆さびる、火熱に弱い、熱伝導率が高いなど、用いる際には工夫を要する

◆軽量形鋼と形鋼の違いは重量ではなく、製造法にある

鋼材の弱点

鋼材は構造材料としての性能には優れているが、大量に使用するため価格が問題となる。ただし、日本は世界有数の鋼鉄生産国であるため、比較的安価である。

鋼材には次のような短所があり、使用に際して適切な措置が必要となる。

①さびが不安定である

アルミはアルマイトと呼ばれる白っぽい銀色のさびを生じるが、付着性が高く安定している。これに対し鋼材のさびは脱落しやすい。さびは鉄が酸化する過程で生じるため、空気中の酸素と鉄を遮断する防錆《ぼうせい》塗装《とそう》やメッキが有効である。鋼材には酸化被膜を安定させた耐候性鋼（コールテン鋼。さびの付着性が高い）や、鉄にニッケル、クロムなどを混ぜ、さびの発生を低減させるステンレス鋼などがある。

②火熱に弱い

鋼材は数百度の熱で強度・剛性とも半減してしまうため、火災時などの火熱によって強度低下を起こさないように全体を被覆する必要がある。一般にはロックウールなどで耐火被覆し（図）、所定の時間、鋼の温度上昇を防ぐ。それ以外にも、所定の温度に達すると被膜が発泡する耐火塗料や、600℃でも常温時降伏耐力の2／3以上の強度をもつ耐火鋼（FR鋼）がある。

③熱伝導率が高い

金属はおおむね熱伝導率が高く、比重が高いものほど高くなる傾向がある。熱伝導率の高い鋼は熱橋[*1]となり、外周部においては断熱上の弱点となる。

形鋼の種類・規格

一般に形鋼と呼ばれているのは、熱間圧延された構造用鋼材である。これは長尺の帯鋼《おびこう》（1.6～6.0㎜厚）から冷間ロール成形により生産される軽量形鋼とは区別される。形鋼や軽量形鋼はJＩＳ[*2]などで形状や寸法の規格が決まっている。通常はそのなかから選択して使用するが（表）、平鋼などを溶接して規格にない形鋼をつくることもある。

＊1　熱橋＝ヒートブリッジ、熱が相対的に通りやすい個所を橋になぞらえていう。冷橋と同じ
＊2　JIS＝Japanese Insdustrial Standard、日本工業規格

耐火被覆工法の例 ― 図

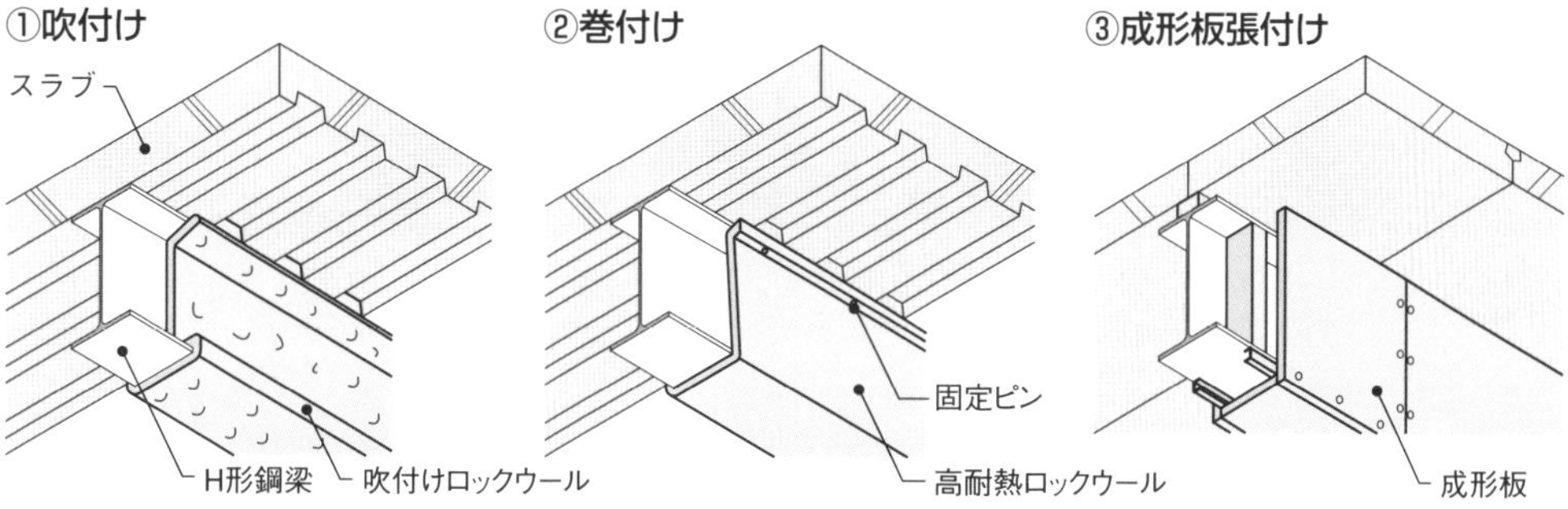

鋼材断面は寸法に微妙な違いがあり、接合用プレートやボルト、ナットなども付加するため、形状が複雑となる。そのため、かつては吹付け工法が主流であったが、工事に伴う飛散物などが問題となり、近年は耐火材の巻付け工法の採用が増えている

形鋼の種類 ― 表

	名 称	通 称	寸法表示	形 状
形鋼	山形鋼	アングル	L−A×B×t	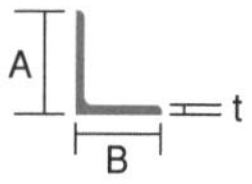
	溝形鋼	チャンネル	⊏−A×B×t_1×t_2	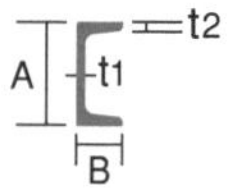
	H形鋼	――	H−A×B×t_1×t_2	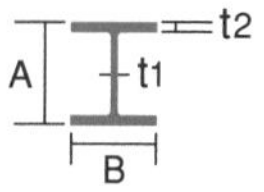
軽量形鋼	リップ溝形鋼	Cチャン	C−A×B×C×t	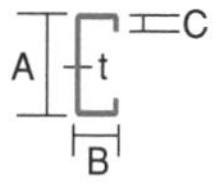
	ハット形鋼	――	⊓−A×B×C×t	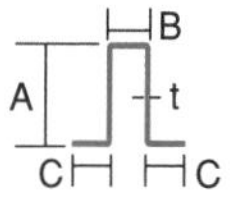
その他の鋼	鋼管	――	Aφ−t	
	角形鋼管	――	□−A×B×t	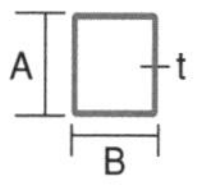
	平鋼	フラットバー	FB−A×t	

026 鉄骨造

鋼材の接合

ボルトと溶接の役割分担

Point

◆工場作業は溶接接合、現場作業は高力ボルト接合が主流

◆きつく締め付けるためには高い引張耐力を有する（高力）ボルトが必要

接合の種類と用途

鉄骨造の施工は、メーカー規格のなかから選ばれた鋼材をファブと呼ばれる工場に送り、そこであらかじめ柱・梁部材として加工して現場で接合するという手順で進む。現場での接合は、高力ボルト接合が多いが、規模が大きな工事では、溶接も多用される。

①高力ボルト接合

引張《ひっぱり》耐力の大きい高力ボルトを用いる接合。所定の力での締付けを前提に、接合部材間の摩擦力を接合の根拠とする。施工は確実だが、孔による断面欠損が生じる、添え板などの接合材が必要になるなどの欠点がある（図1①）。

②普通ボルト接合

ボルト軸のせん断耐力を接合の根拠とする接合。施工・解体は容易だが、長期間にはボルトがゆるむ、孔径とボルト軸径の差だけ初期変形するなどの懸念から、軒高《のきだか》9m以上、スパン13m以上の鉄骨造における構造耐力上主要な部分には使用できない（図1②）。

なお、ボルト・リベットを用いる接合方法については、孔をあける関係上、孔と部材端部の距離（縁端距離という）、孔と孔の最小間隔などが、軸径に応じて表のように定められている。

③溶接

部材断面の欠損がなく、多くは添え板などが不要で突出部の少ない接合が可能になる。熱によりひずみや応力が生じる、接合強度が施工に左右されるなどの欠点があるが、近年は溶接材料・機械などの進歩や超音波探傷など簡便な検査法の開発により、欠点は克服されつつある。

溶接の継目には、突合せ溶接（完全溶込み溶接）・隅肉《すみにく》溶接・部分溶込み溶接の3種類がある（図2）。

接合今昔

1000℃近くに熱したリベットを、リベッターでかしめて、ナット状のものを形成するリベット接合は、かつては多用されたようだが、騒音や作業の確実性、熟練工などの問題から、現在、建築ではほとんど用いられない。

ボルト結合 ― 図1

①高力ボルト接合

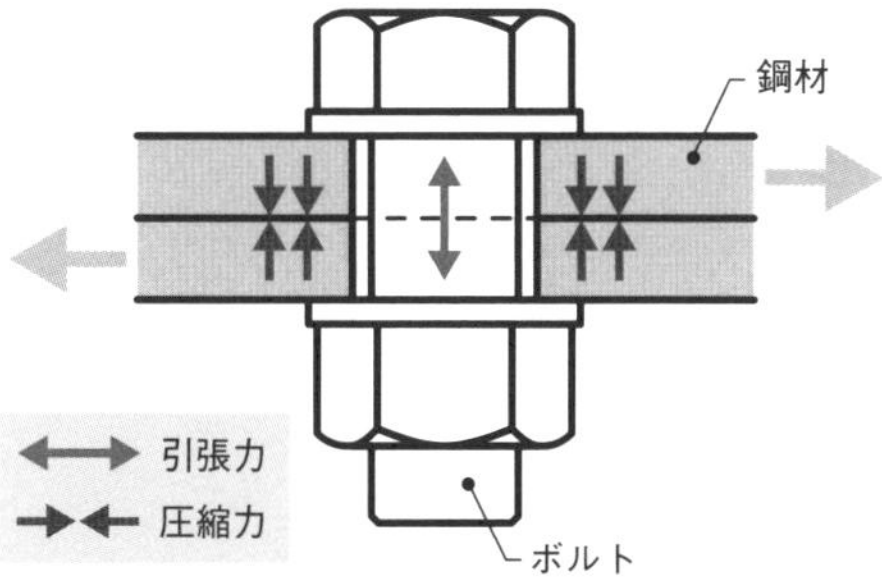

②普通ボルト接合

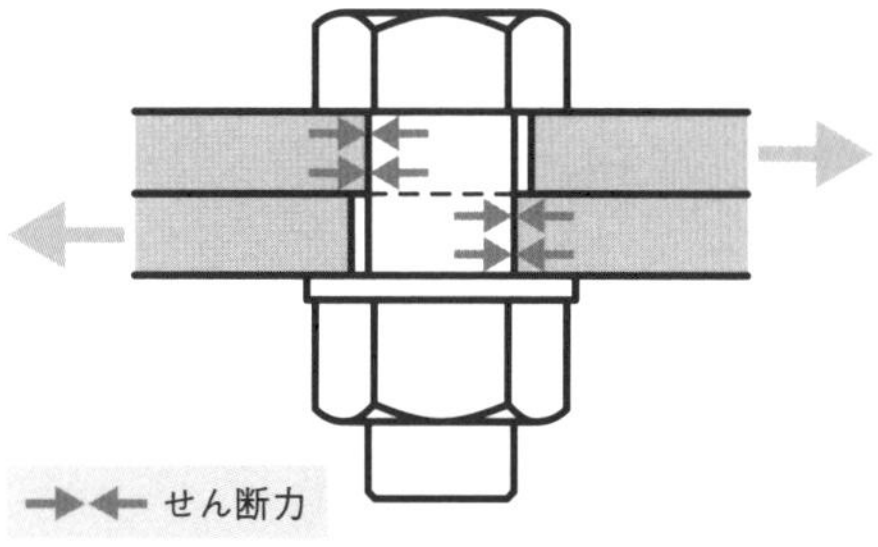

最少縁端距離とピッチ ― 表

（単位：mm）

径		12	16	20	22	24	27	30
最小縁端距離	せん断縁など	22	28	34	38	44	49	54
	圧延縁など	18	22	26	28	32	36	40
最小ピッチ		径×2.5						

参考：『鋼構造設計規準』（社）日本建築学会）ほか

溶接継目と継手 ― 図2

	突合せ継手	角継手	T継手	解説
突合せ溶接	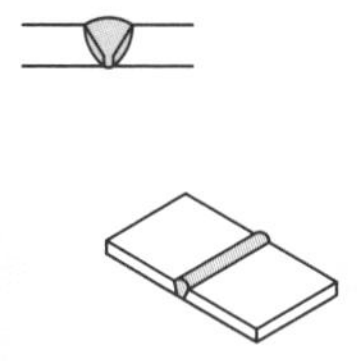	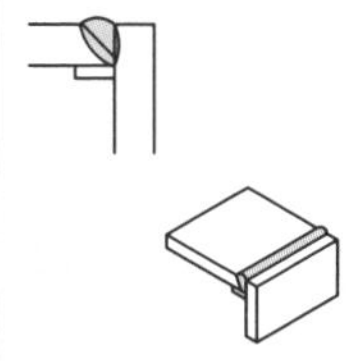	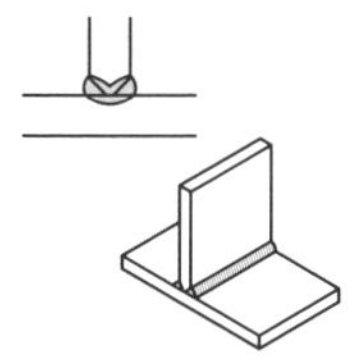	突合せ溶接は開先を設け、母体の一部を溶け込ませて一体化する。柱・梁接合部など、主要な部材の接合に用いる
隅肉溶接	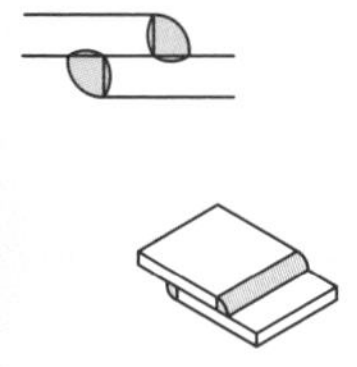	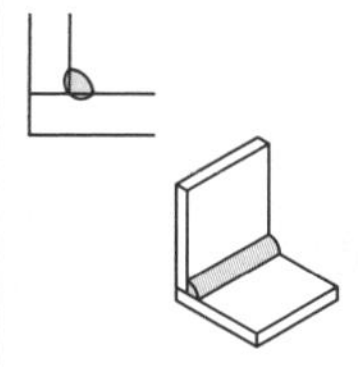	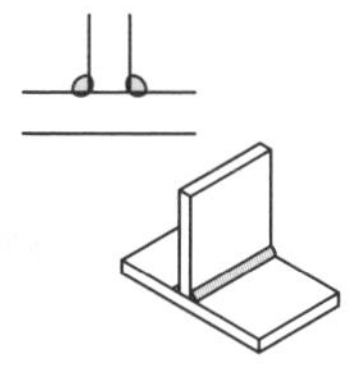	隅肉溶接は、母体どうしが一体化されないため、構造上主要な部分には用いられない
部分溶込み溶接	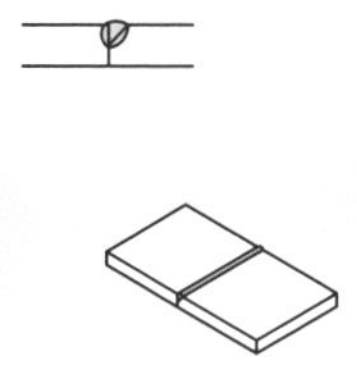	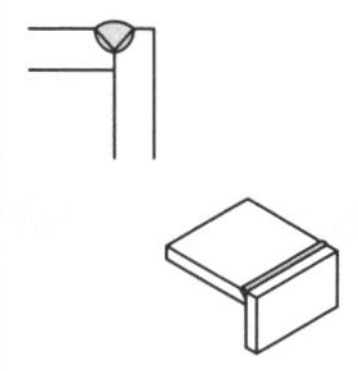	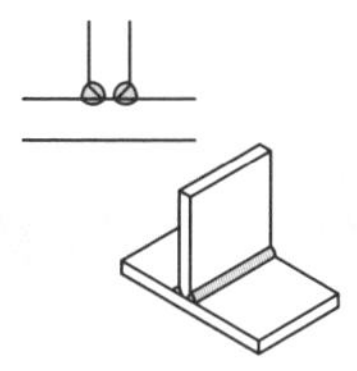	部分溶込み溶接は、接合面の一部に開先をとって溶接するもので、構造上主要な部分には用いられない

027 鉄骨造

鉄骨造ラーメン

ラーメンを構成する要素

Point

◆構法としての利点を生かし、フレキシビリティある空間を実現する

◆プレファブ的要素が強く、さまざまな技術開発が試みられている

鉄骨造ラーメンとは

各種の形鋼などを利用して、剛接合《ごうせつごう》された柱と梁で立体的な格子状の骨組を形成する構法が鉄骨造ラーメンである（図1）。水平剛性要素として床スラブや水平ブレース（筋《すじ》かい、71頁図1参照）を用いるが、場合によっては鉛直《えんちょく》面の水平力抵抗要素として、ブレースや耐力壁《たいりょくへき》を設ける。

ラーメンの梁

梁は主に曲げ応力に耐える必要がある。曲げ材では、曲げ耐力を主として受け持つ部分をフランジ、せん断耐力を受け持つ部分をウェブという。曲げに対しては上下のフランジの肉厚を厚くする一方、その間隔を遠ざけた形状にすると効率がよい。そこでH形鋼のような鋼材が使用される（図2）。ただし、高い断面性能を得る目的で梁《はり》せいを高くすると、曲げによる横座屈（59頁図2参照）が起こりやすくなる。

この場合、スチフナと呼ばれる補強板を取り付けると座屈を抑える効果がある。スチフナはこのほか、荷重点や支持点など、局部座屈・局部変形の起こりやすい個所にも適宜用いられる。

ラーメンの柱

柱は大きな圧縮応力に耐える必要がある。また、水平荷重時は、大きな曲げが生じ、その応力に耐えるためには、柱断面の中心から離れたところに鋼材のあるものが有利である。これは圧縮による曲げ座屈の防止にも効果があることから、柱には（角形）鋼管が多い。

躯体《くたい》の断面寸法は構造計算によって算定されるが、構法を計画する段階では決まっていない場合も多い。図3は実施例をプロットした結果で、あらかじめ断面寸法を仮定する際の参考資料。

実際に運用する際は、概形寸法はある程度統一し、肉厚の差異で調整することが多い。詳細計画に当たっては、鋼材寸法に添え板厚さやボルト・ナット寸法、耐火被覆厚さなどを考慮する必要がある。

鉄骨軸組構法 — 図1

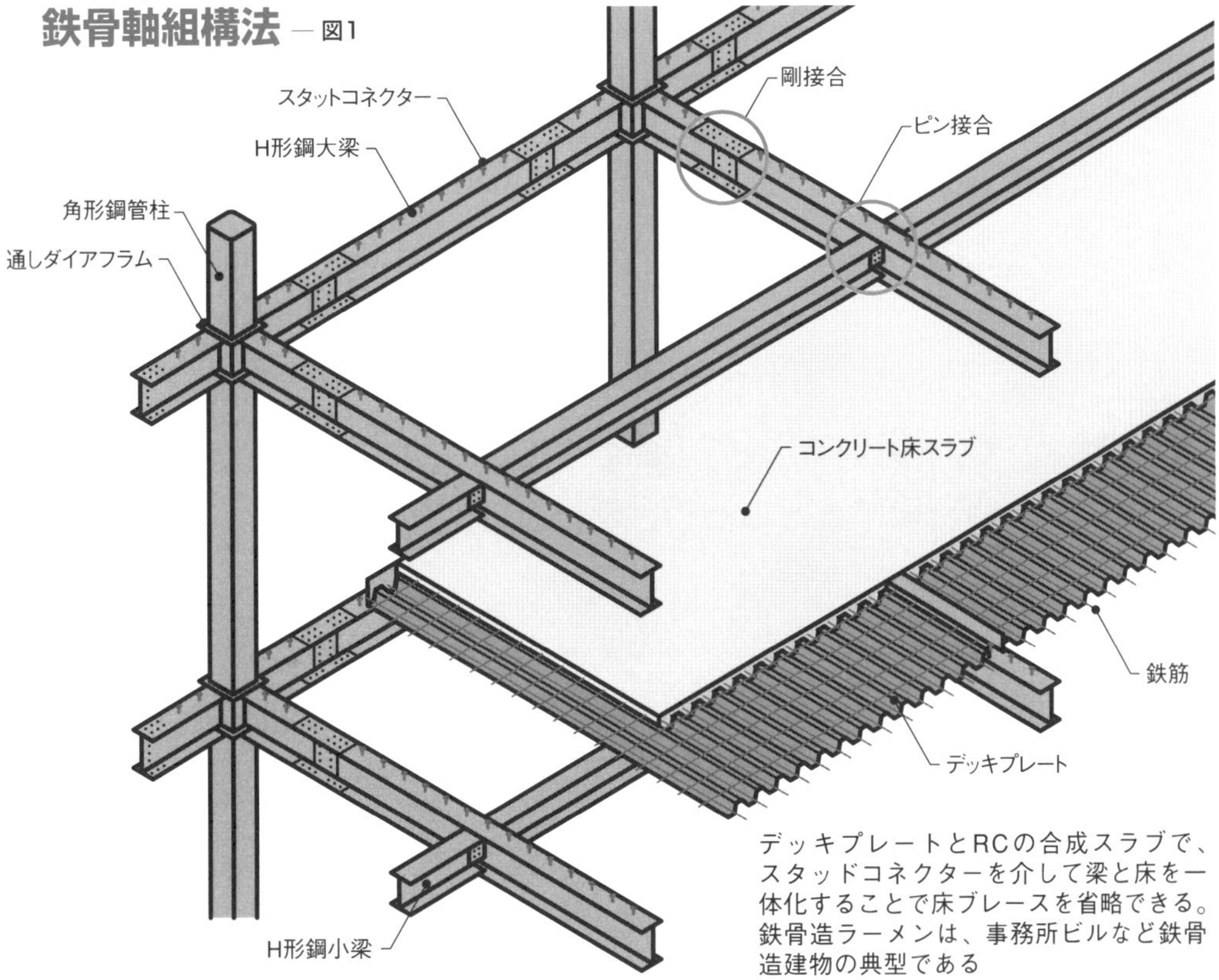

デッキプレートとRCの合成スラブで、スタッドコネクターを介して梁と床を一体化することで床ブレースを省略できる。鉄骨造ラーメンは、事務所ビルなど鉄骨造建物の典型である

H形鋼のフランジとウェブ — 図2

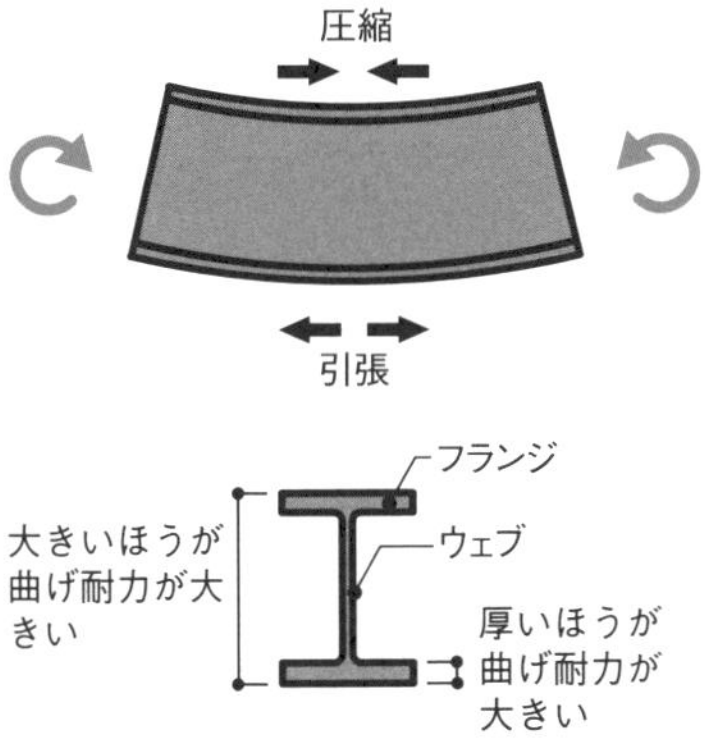

鉄骨造梁の断面寸法とスパンの比 — 図3

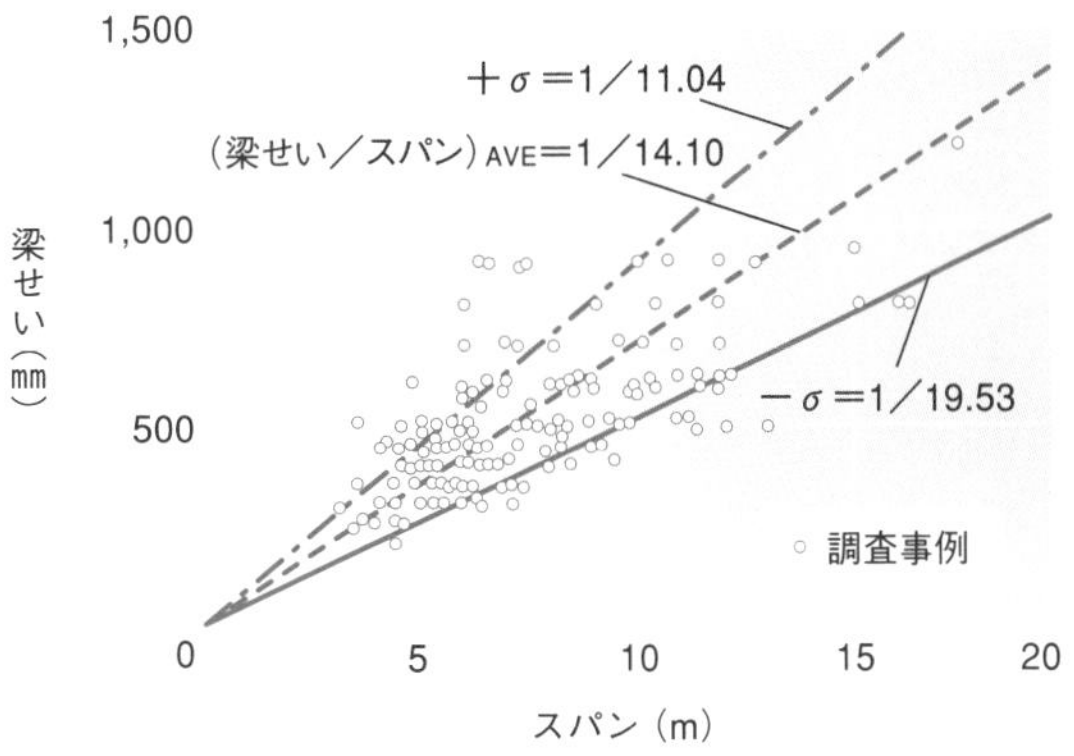

出典：『鉄骨造骨組寸法計画法に関する研究報告書』㈳鋼材倶楽部＊）

梁せいは平均でスパンの約1／14、ばらつきを考慮しても約1／20〜1／11が目安となる

＊ 現㈳日本鉄鋼連盟

028 鉄骨造

ラーメンの接合

接合部は工夫のしどころ

Point
- ◆力の流れが鉄骨の断面形と取合いの形を決める
- ◆現場作業となる接合部は技術開発、工夫のしどころ

鉄骨の継手と接合方法

鉄骨造ラーメンは柱勝ちが多いため、梁の継手《つぎて》は柱との接合部付近に設けられる。一方、柱は長さが2～3階分（10m程度）のものが多いため、3階を超えると継手が必須となる。角形鋼管柱《かくがたこうかんばしら》では、床上1m前後のところに図1のような方法で設けるのが一般的である。

柱と梁の接合には、代表的な形式が2つある。1つはあらかじめ梁の端部に相当する部材を柱に剛接合《ごうせつごう》しておき、現場で梁の継手接合だけを行うもの（図2①②）、もう1つはウェブ用にガセットプレートだけを柱に接合しておき、現場ではそれを頼りに梁フランジを溶接するもの（図2③）である。前者は施工は確実だが、部材形状から運搬効率が悪い、梁の継手部分でボルト・ナット類の突起が避けられず、床《しょう》版《ばん》などとの取合いが悪くなるなどの欠点がある。後者は現場溶接に接合の成否がかかるという問題点がある。

いずれの方法も、鋼管を柱とする場合、柱梁接合部（パネルゾーンという）では梁からの力を伝達するための補強板を柱の4周に回す外ダイアフラムか、柱の内部に配置する内ダイアフラム、あるいは内外貫通して設ける通しダイアフラムが必要となる（図2）。

なお、大梁と小梁の接合部はウェブを仲介するピン接合が多い。

柱脚の工法と技術開発

柱脚《ちゅうきゃく》を固定する（剛接合）一般工法は、かつては鉄筋コンクリート工事と鉄骨工事が錯綜して面倒だったが（図3②）、現在はピン接合に類似した露出形式の固定工法（図3③）が広く普及している。

鉄骨部材自体にもさまざまな技術開発が進んでいる。たとえばH形鋼は、ロール成形による生産の都合上、同じ概形寸法で肉厚が異なる場合、一般的にはフランジ間の内法《うちのり》が一定だが、近年は、取り合う部材・部品の標準化に都合のよい、外法《そとのり》一定のH形鋼が製造・販売されている（図4）。

鋼管柱の継手 ─ 図1

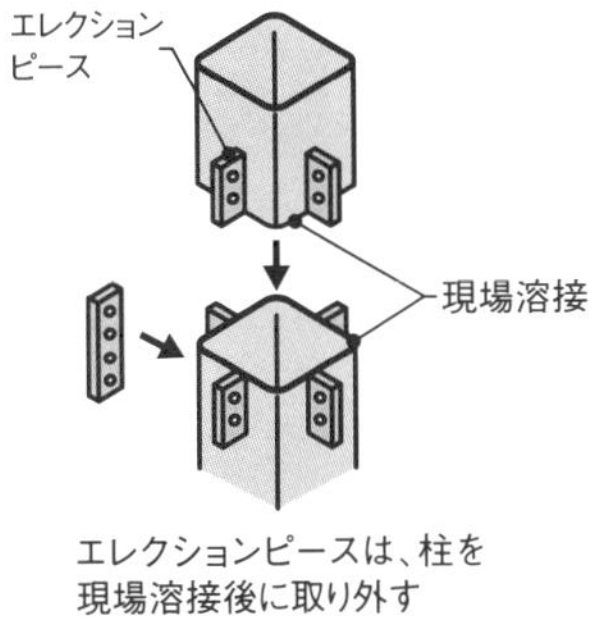

柱・梁の仕口 ─ 図2

①外ダイアフラム　②内ダイアフラム　③通しダイアフラム

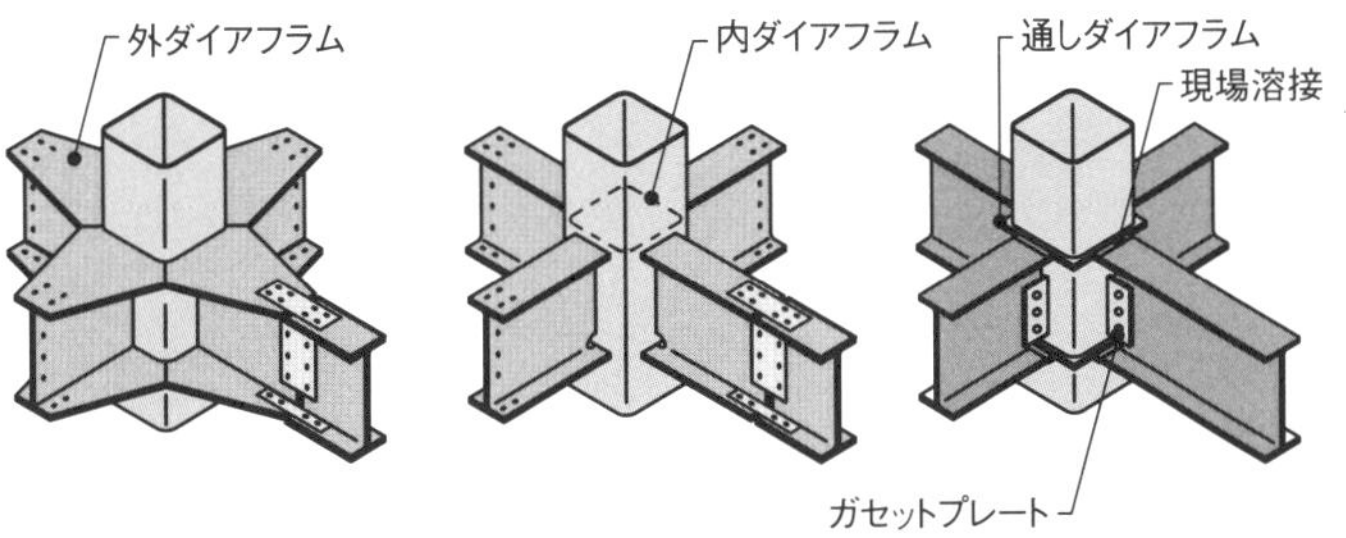

柱脚の形式 ─ 図3

①ピン　②固定　③露出形式の柱脚固定工法（アンボンド、岡部）

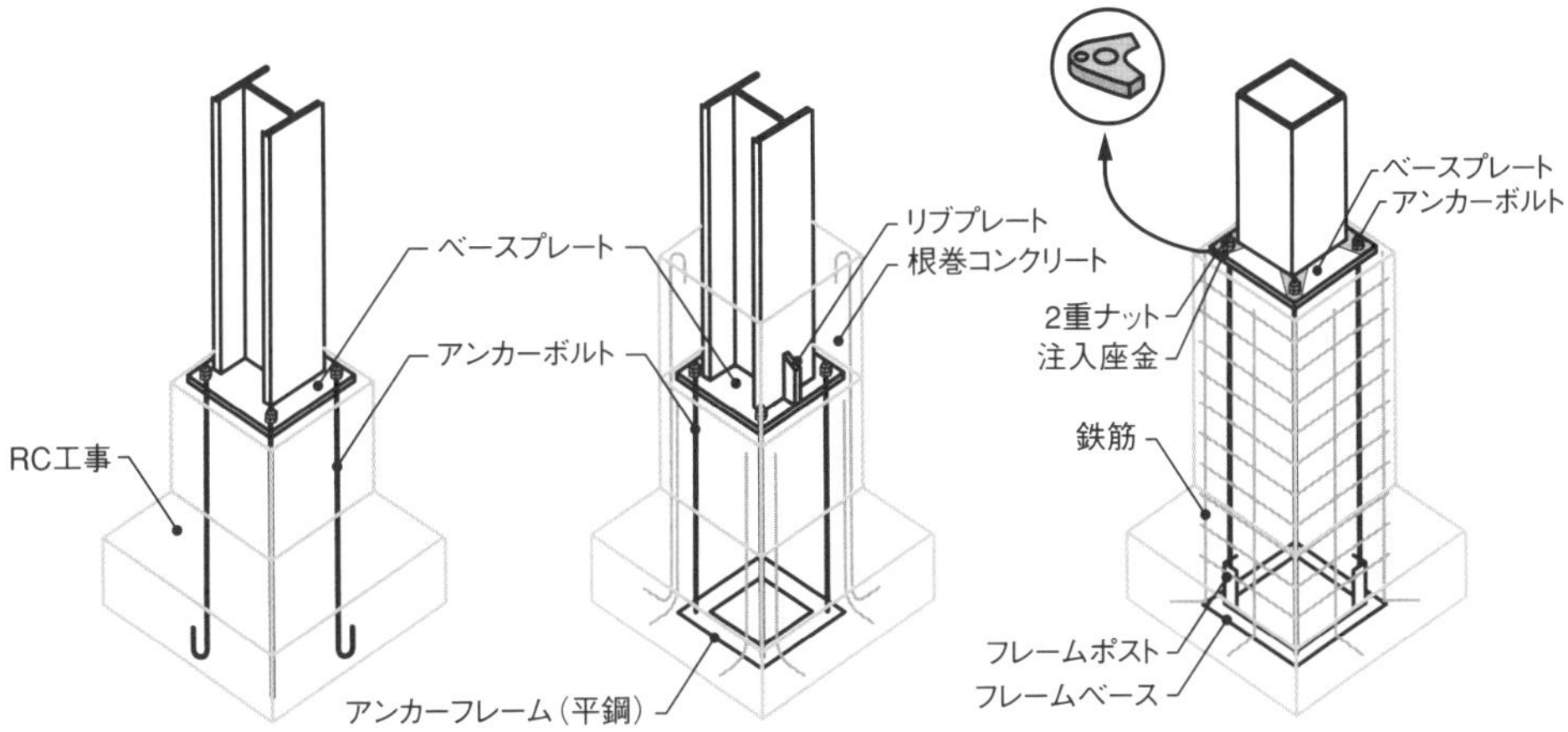

外法一定のH形鋼梁 ─ 図4

①従来のH形鋼

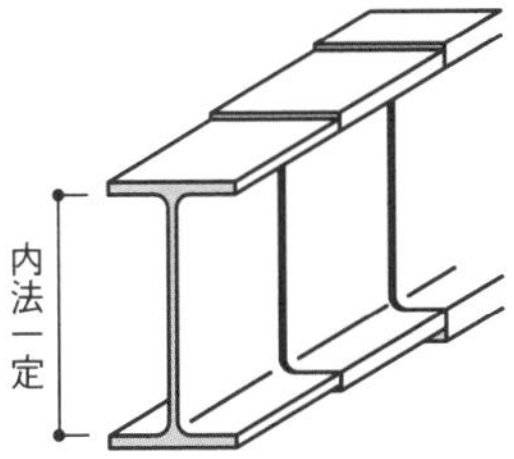

②外法一定のH形鋼梁（新日本製鐵 ハイパービーム）

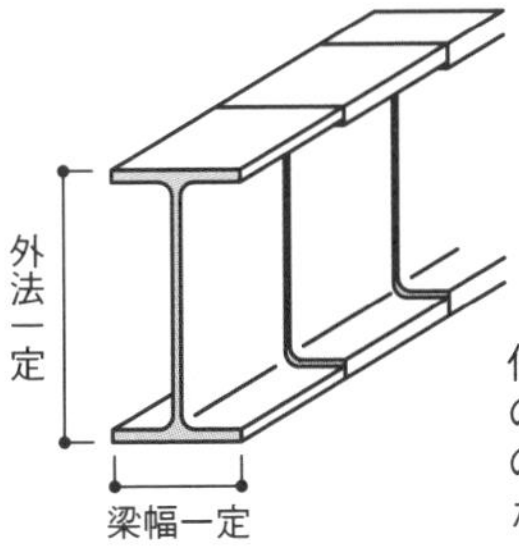

他の部材・部品（カーテンウォールのファスナーなど）とは、フランジの上端・下端で取り合うことが多いため、外法一定のほうが都合がよい

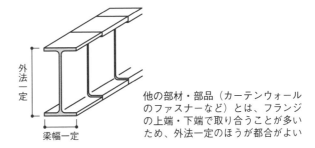

ラーメンの壁・床

柱と梁を支える部材

Point
- ◆壁はラーメンを補助するもので、床は力を分配するもの
- ◆床構法はいろいろあるが、コストパフォーマンスから合成スラブの使用が多い

ラーメンの壁

鉄骨造ラーメン構造の構造上主要な部材には、柱・梁以外に、耐震壁《たいしんへき》などの耐震要素と床がある。耐震要素は柱・梁の負担を減らす目的で、適宜用いられる。耐震要素には、鋼材によるブレース（図1①）のほか、RC造の耐震壁も用いられる。後者の場合は、柱・梁に比べて剛性が高くなりがちなので、両者の剛性を調整する工夫が必要となる。

近年は水平力による揺れ・振動を制御する制振壁《せいしんへき》が採用されることもある（図1②）。写真の例は壁と梁の接合部にオイルダンパーを用い、流体抵抗で建物の変形を制御する仕組みである。

ラーメンの床

鉄骨造ラーメンの床には、デッキプレートなどの鋼製床版《しょうばん》や薄肉《うすにく》のプレキャストコンクリート（PCa、86頁参照）版を型枠としてつくられるRCスラブのほか、ALC版やPCa製の床用部品が用いられる。

鋼製床版はコンクリートと一体に用いることが多いが、その場合も、①RC造床形成のための単なる捨て型枠として用いる、②表層のコンクリートは単なる仕上げ下地で鉄骨造床として用いる、③RC造と鋼製床版を一体化した合成スラブとして用いる、という3つの方式がある（図2）。

RC造に準じた合成スラブは、床面の水平ブレースや、耐火被覆が省略できるので多用されている。合成スラブとするには、コンクリートとの付着を考慮した床版を使用する。図2③はスタッドコネクターを介して床梁一体とし、合成梁とすることを狙った例である。

床躯体《くたい》としては前述の水平剛性に加え、耐火性・床衝撃音遮断性といった性能面も重要である。たとえば、配線収納方式のうち、フロア・ダクトやセルラー・ダクトなどを躯体内部に設ける場合は、床躯体の耐火性・床衝撃音遮断性にも注意しなければならない（図3）。

耐震壁と制振壁 ─ 図1

①耐震壁

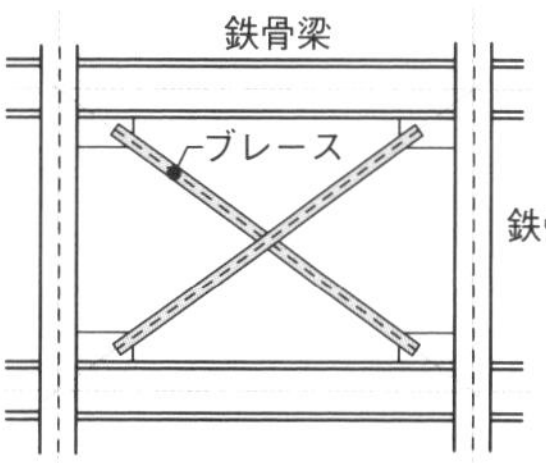

②制振壁（鋼材ダンパー）

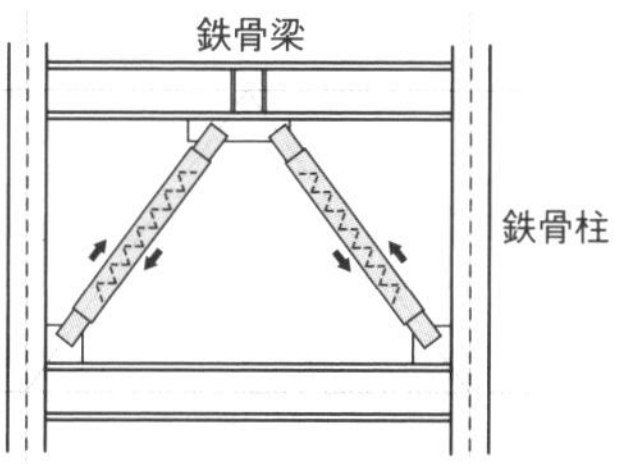

制振壁の例 ─ 写真

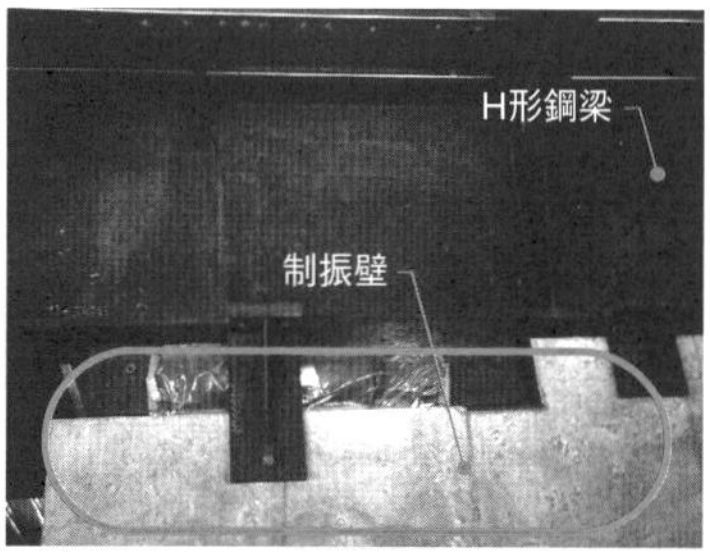

（大宮産業文化会館・埼玉県）

PCa壁板と梁を、オイルダンパーを介して接合する制振壁の例

鋼板を使用した床 ─ 図2

①RC造床（型枠として使用）

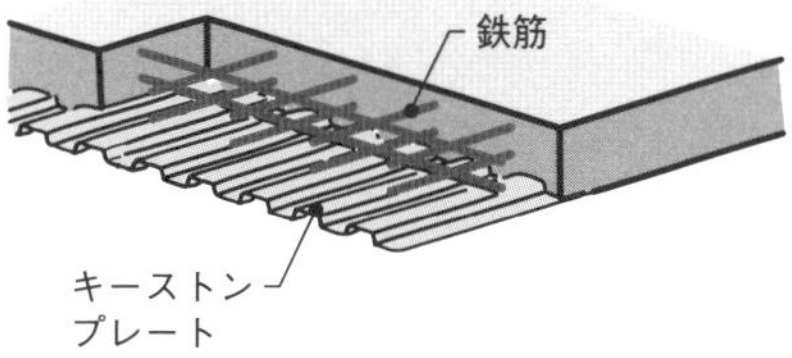

②鉄骨造床（床鋼板のみで支持）

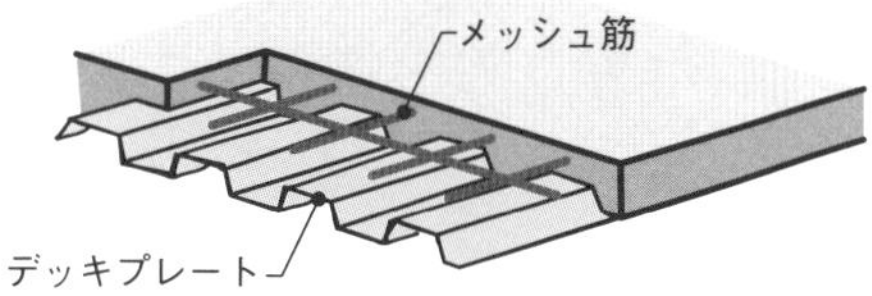

③合成スラブ（耐火建築）

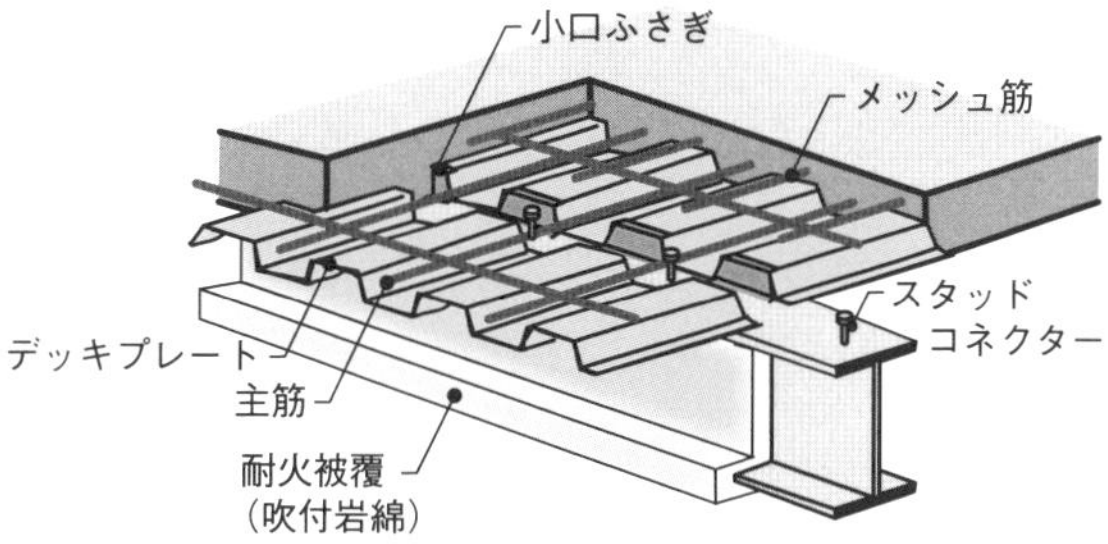

配線収納方式の床 ─ 図3

①フロア・ダクト

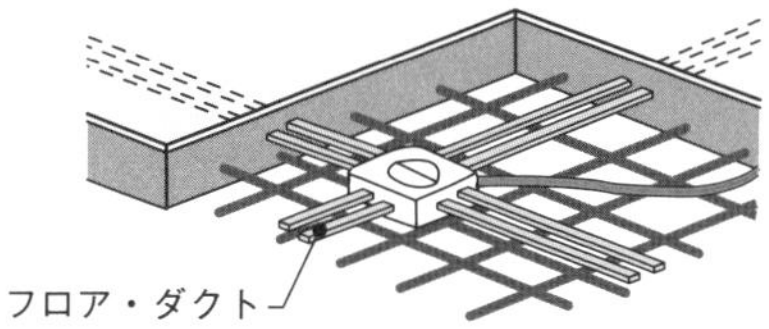

②セルラー・ダクト

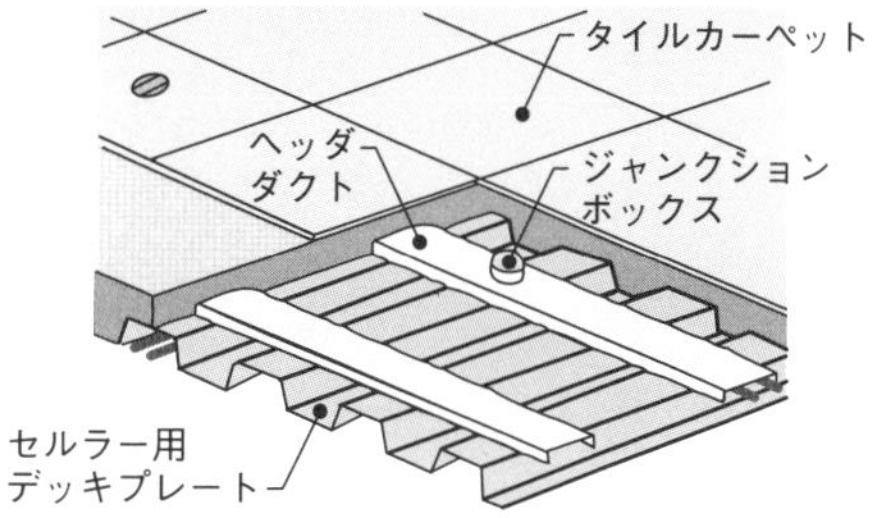

その他の鉄骨造

コストパフォーマンスに優れた構法

Point

◆山形とはへの字のことで、山形鋼、山形ラーメン、いずれも然り

◆プレファブ住宅に軽量形鋼が多用されるには理由がある

山形ラーメン

H形鋼の柱と、H形鋼あるいは耐力に応じたテーパー（taper、先細り）をもつ組立鋼による合掌梁《がっしょうばり》で形成される架構《かこう》が山形ラーメンである（図1）。梁間《はりま》や棟高《むねだか》・軒高《のきだか》などの寸法規格にしたがって主要な部材が標準化され、設計や生産・施工の合理化が進んでいるが、その分、デザインの自由度には限界がある。1方向ラーメンでは比較的大きなスパンが可能であるが、他方向はスパンが短く、屋根面のほか、壁面にもブレースが必要になる。平屋建てが基本で、構造上の特徴を生かせること、安価であることなどから、体育館や工場などに多用されている。

軽量形鋼による構法

軽量形鋼LGSはライトゲージ（Light Gage Steel）とも呼ばれ、軽量の割には強度・剛性とも優れている（表）。

軽量のため運搬や組立ては容易であるが、冷間成形による薄肉《うすにく》材であるため、ねじれや局部座屈・局部変形を生じがちで、場合により補強板などが必要となる。薄肉のためさびの影響も大きく、メッキや塗装などによるさび止め処置が必須である。

溶接温度が高いと材が溶け落ちる、低くし過ぎると溶接が不完全になるなど、溶接は熱間圧延の形鋼よりおおむね難しいため、接合はボルトによる場合が多い。総じて断面が小さいので、大規模な建物の主要な構造部分には不適当であり、母屋や胴縁など屋根や壁の下地材として使われる。

コストパフォーマンスに優れることから、補強板の手当や防錆措置《ぼうせいそち》などを工場で行えるプレファブ住宅には格好の素材といえる。主要なプレファブ住宅の多くは1960年前後に供給を開始しているが、多くはこの軽量形鋼を柱梁に利用している。柱と梁、柱脚《ちゅうきゃく》の接合はいずれもピンで、ブレース併用の各社独自のピン・ブレース方式によっている（図2）。こうした軽量形鋼によるプレファブ住宅は日本特有のものである。

山形ラーメンによる骨組 — 図1

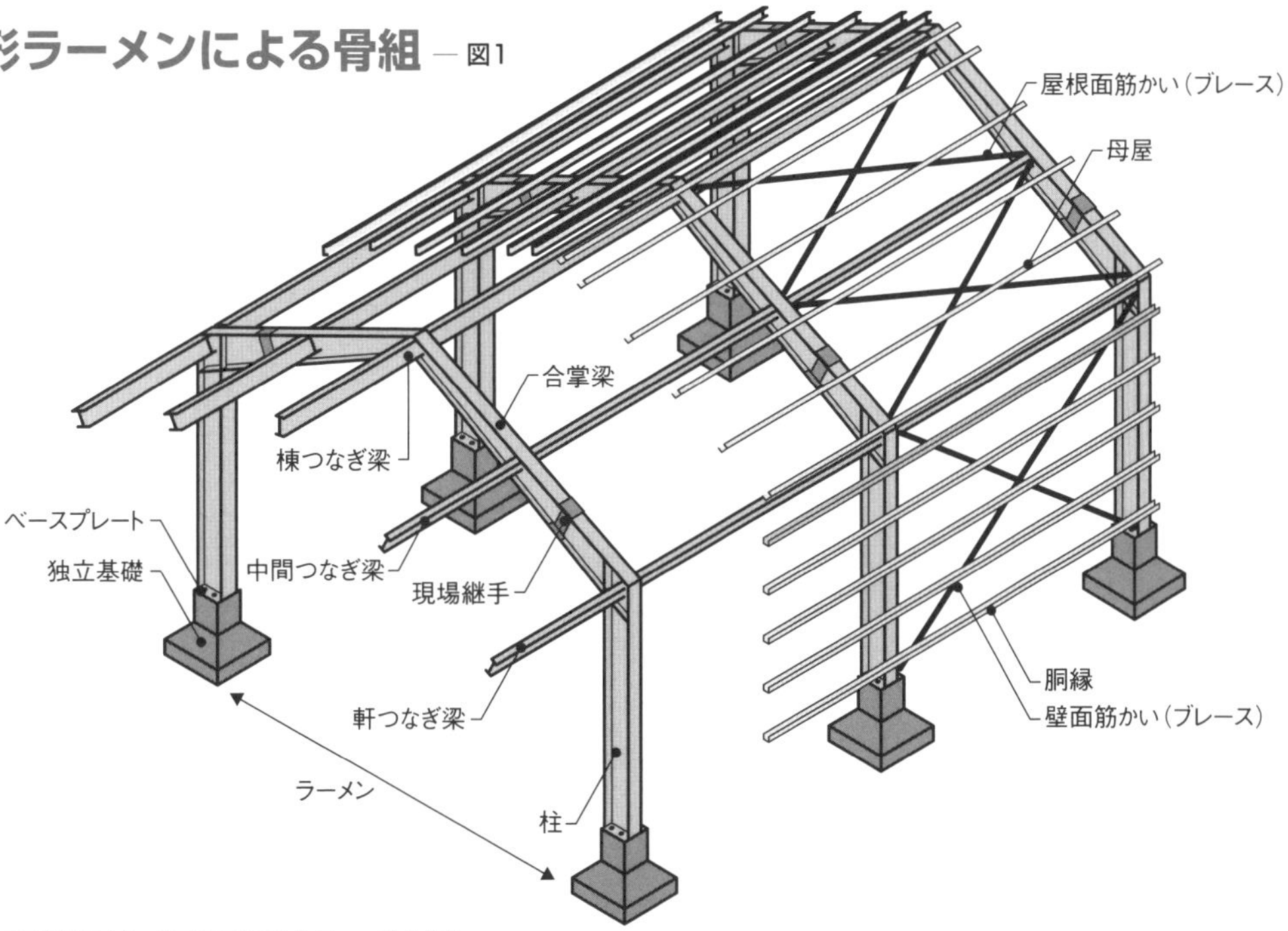

普通形鋼と軽量形鋼の特性 — 表

断面特性＼断面形状		普通形鋼（溝形鋼 100×50×5×7.5）		軽量形鋼（リップ溝形鋼、200×75×20）
断面積（cm²）		11.92	≒	11.81
単位質量（kg／m）		9.36	≒	9.27
断面二次モーメント（cm⁴）	Ix	189	<<<	716
	Iy	26.9	<<	84.1
断面係数（cm³）	Zx	37.8	<<	71.6
	Zy	7.82	<<	15.8

両者は断面積、質量がほぼ同等にもかかわらず、断面係数などは軽量形鋼が普通形鋼のほぼ2倍である

ピン・ブレース方式 — 図2

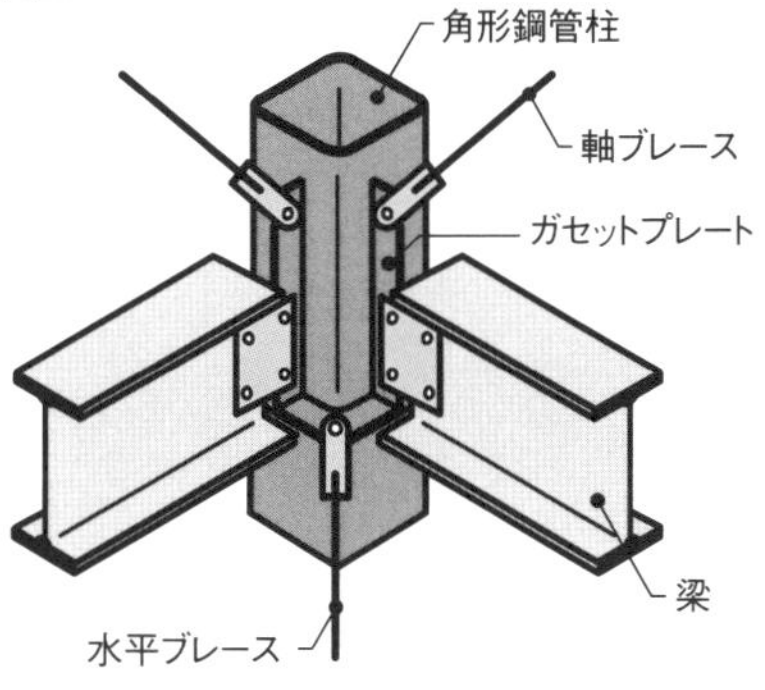

031 RC造

コンクリートの構造特性

支え合うコンクリートと鋼材

Point

◆コンクリートはよくも悪くも発展途上、RC造も開発途上

◆コンクリートと鋼材の短所を補い、長所を生かすRC造

RC造の利用はまだ100年

棒状の鋼材、すなわち鉄筋を組み立て、その周りを堰板《せきいた》で囲み、コンクリートを打設し、コンクリートと鋼材が一体に働くようにしたものが鉄筋コンクリート造（RC造）である（写真）。

日本で最初につくられたRC造は、20世紀初めの海軍工廠汽罐室《かいぐんこうしょうきかんしつ》、本格的な建物は１９１０年の三井物産横浜ビルといわれている。コンクリートの原料であるセメントも、現在使われているポルトランドセメント（74頁参照）は19世紀の産物であり、欧米でもRC造が本格的に用いられるようになったのは、20世紀に入ってからである。

構造はコンクリート被覆鉄筋造

一般的なコンクリートは強度・剛性とも鋼材の1／10程度で、特に引張《ひっぱり》強度は極めて小さい（超高層住宅などでは強度が数倍のものも使用される、21頁表2参照）。その弱点を補うのが鋼材で、引張材として強度補強のために少量用いる。

一方、コンクリートは圧縮材としては安価で、建築物の素材としても優れている。大量に用いることで鋼材を被覆して火熱から守り、アルカリ性のため長期間鋼材の発錆《はっせい》（酸化）を防ぐ役目も果たす。このような相互扶助の仕組みがRC造の構造原理である。

また、鋼材とコンクリートはよく付着し、熱膨張率もほぼ等しいので、構造体としての一体性が高い（表1）。

RC造の寿命は数十年といわれる。それはコンクリートがアルカリ性を失い表面から中性化が進行して内部の鉄筋に達するまでの年月にもとづく。そのため、RC造表面から鉄筋までの距離、すなわち「かぶり厚さ」が重要になる。

コンクリートを圧縮したときの応力とひずみの関係は図のようになる。弾性限度が明確ではない、降伏点と思われる個所から破壊するまでの応力差が小さい、などの特徴がある。

なお、鉄筋やコンクリートの許容応力度は設計基準強度F（N／mm²）に対して表2のように定められている。

RC造の施工現場 ― 写真

柱の配筋工事が終わり、柱と梁の型枠工事が片面のみ終わった状態

鋼材とコンクリート材料の定数 ― 表1

	鉄筋	コンクリート	単位
ヤング係数	2.05×10^{5}	$1.26\sim3.35\times10^{4}$＊	N／㎟
ポアソン比	―	0.2	―
線膨張係数	1×10^{-5}	1×10^{-5}	1／℃

＊コンクリートのヤング係数は、強度により異なる。上記は参考式に数値代入した結果で、その他の数値は㈳日本建築学会「鉄筋コンクリート構造計算規準」による

応力ひずみ曲線 ― 図

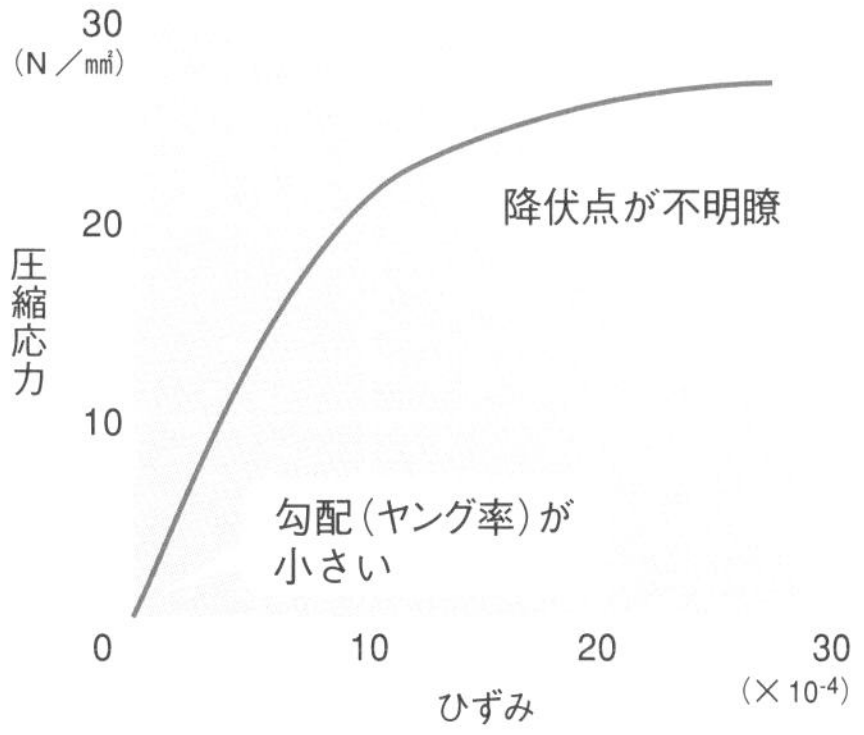

鉄筋コンクリート材料の例と基準強度(＊1)F、許容応力度f(＊2) ― 表2

材料種別	長期許容応力度 f_L（N／㎟）				短期許容応力度 f_S（N／㎟）				材料の例	F（N／㎟）
	圧縮	引張	せん断	付着	圧縮	引張	せん断	付着		
丸鋼	$\frac{F}{1.5}$ ただし≦155		ただし≦195	―	F		ただし≦295	―	SR 295	295
異形鉄筋	$\frac{F}{1.5}$ ただし D≦28の時 ≦215 D＞28の時 ≦195		ただし≦195		F		ただし≦390		SD 295	295
									SD 390	390

材料種別	長期許容応力度 f_L（N／㎟）				短期許容応力度 f_S（N／㎟）				材料の例	F（N／㎟）
	圧縮	引張	せん断	付着	圧縮	引張	せん断	付着		
普通コンクリート	$\frac{F}{3}$	$\frac{F}{30}$		0.7	長期許容応力度の2倍				基本仕様	18〜36
									高強度	36〜60
軽量コンクリート				0.6					―	18〜36

建築基準法施行令91条などより作成
＊1　鋼材は基準強度、コンクリートは設計基準強度という
＊2　コンクリートはF≦21の場合

032 RC造

コンクリートの性質・種類

中低層建物用から超高層建物用まで

Point
- 水セメント比は強度・耐久性、施工性に影響大
- 超高層RC造の柱には、近年、超高強度コンクリートが使用されている

普通ポルトランドセメント

コンクリートは、セメントと水、骨材（砂・砂利）、それに各種の混和材や混和剤の混合物である。その性状は水セメント比（セメント量に対する水量の割合）に左右され、水セメント比が小さいほど強度・耐久性は高いが、施工は難しくなる。

セメントのなかで最も一般的な普通ポルトランドセメントは、粘土と石灰石を主原料とし、凝結時間を調節するための石膏《せっこう》を加えてつくられる。このほか、セメントには表1のものがあるが、一般に早期強度の大きいものは水和熱が高いうえ、乾燥収縮が大きく、亀裂が生じやすい。普通ポルトランドセメントを使用したコンクリートの強度は材齢（打設後の経過時間）とともに増す。一般に、コンクリート強度は材齢4週のものを基準とする（表2）。

コンクリートはいわゆる水和反応で硬化し、固まるにしたがい0.1％程度収縮して、表面に引張力《ひっぱりりょく》が働く。その結果、ひび割れが生じるおそれがある。特に階ごとの打継ぎ部は、打設間隔があくことから問題となりがちである。そこで、ひび割れを集中処理する打ち継ぎ目地をつくって対応する。これは、コンクリート壁面に線状の凹部を人為的につくるものである。

乾燥収縮や温度変化に伴う伸縮はあまり大きくないが、剛性の指標であるヤング率は低い。粘り強さ（靱性《じんせい》）も小さいので、地震などで変形すると早期にひび割れが生じる。

RC造強度は使い分けの時代

前述のコンクリートは最も多用される中低層建物用のものが前提だが、近年極めて高強度・高性能のコンクリートが開発され、高強度の鋼材と組み合わせて超高層共同住宅を中心に利用されている。たとえば36N／㎟を超える高強度コンクリートや60N／㎟を超える超高強度コンクリートは、混和剤の利用などにより、水の使用を控えて、かつ施工性を確保したものである。

普通ポルトランドセメント以外の主なセメント ― 表1

セメントの種類	特徴	用途
早強ポルトランドセメント	強度発現が早く低温でも強度を発揮する	緊急工事や冬季工事
低熱ポルトランドセメント	初期強度は小さいが長期強度大で水和熱が小さい	ダム工事
高炉セメント	同上	同上
フライアッシュセメント	施工性がよく、乾燥収縮が小さい	水中コンクリート

型枠存置期間 ― 表2

（昭63建告1655号）

区分	建築物の部分	存置期間	コンクリート圧縮強度
堰板	基礎、梁側、柱、壁	3日以上	50kg／㎠以上
	版下、梁下	6日以上	F×0.5
支柱	版下	17日以上	F×0.85
	梁下	28日以上	F

注　普通ポルトランドセメント、平均気温15℃以上の場合。F=コンクリートの設計基準強度

超高強度コンクリートの使い分けの例 ― 図

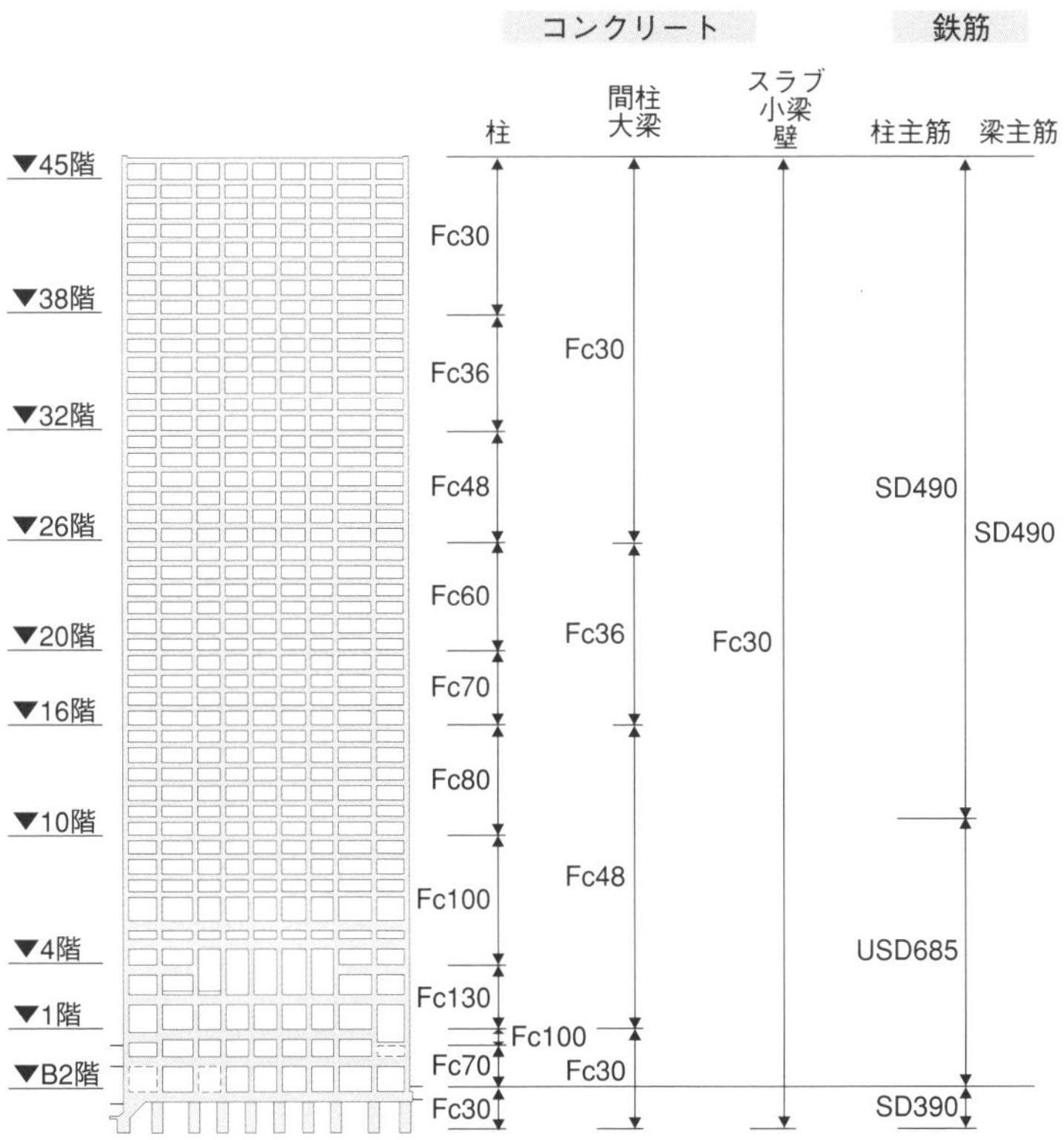

RC造の超高層建物においては、階数に応じて使用するコンクリートや鋼材の強度を変える。柱は梁などに比べて、下階では極めて強度の高いものが使われる

出典：『高強度コンクリートを用いた超高層ＲＣ造住宅におけるプレキャスト工法の作業標準時間の試算に関する研究』
（河合邦彦ほか・㈳日本建築学会構造系論文集 第606号、21-28、2006年8月）

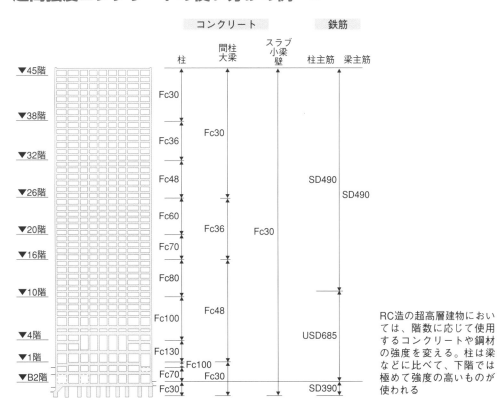

033 RC造

鉄筋

RC造の善し悪しを左右する配筋

Point

◆鋼材とコンクリートの「相互扶助メカニズム」には精確な配筋が必須

◆かぶり厚さは耐久性・耐火性に影響

継手と定着

鉄筋には、単純な円形断面の丸鋼と、コンクリートとの付着を考慮し表面に凹凸をつけた異形鉄筋がある。建築ではコンクリートとの一体化に優れた異形鉄筋が使われ、その鉄筋径は、Deformed barの「D」で示される（図1）。

RC造の部材断面のなかに、鉄筋が適正な位置に納まるよう配置することを配筋《はいきん》という。鉄筋は、想定される部材応力の引張《ひっぱり》側に配置するのが原則で、柱や梁などは組立加工の際の利便性や水平力への対応などから、ほぼ対称に配置する。なお、軸方向力や曲げモーメントを負担する鉄筋を主筋《しゅきん》という。

鉄筋の継手《つぎて》には、相互の材端を折り曲げてフックを形成して重ね合わせる、あるいは2材を単純に重ね合わせる「重ね継手」のほか、ガス圧接やアーク溶接による「溶接継手」、ねじやさやを用いた継手がある（図2）。継手の位置は、柱・梁とも応力の小さい個所を選ぶ（図3③）。

RC造の接合部は剛接合《ごうせつごう》とするのが普通であり、一方の部材の鉄筋を他方の部材に十分に延ばし込んで緊結する。これを「定着《ていちゃく》」といい、必要な延ばし込みの長さを「定着長さ」という（図3①②）。定着長さは、重ね継手同様、付着を考慮する（表1）。

かぶりとあき

鉄筋はコンクリートに被覆されることにより、火熱による耐力低下や、発《はっ》錆《せい》（酸化）からまぬがれる。コンクリートの表面から、最も外側に近い鉄筋の表面までの被覆をかぶりというが、かぶりは鉄筋コンクリート造の耐火性・耐久性にかかわる重要な要素である。かぶり厚さは建築基準法施行令で規定されている（表2）。

また、鉄筋と鉄筋の間隔をあきという。あきが適当でないとコンクリートが十分に回りきらず、鉄筋とコンクリートの一体性が損なわれ、鉄筋コンクリート本来の耐力を発揮することができない。

鉄筋とコンクリートの付着 — 図1

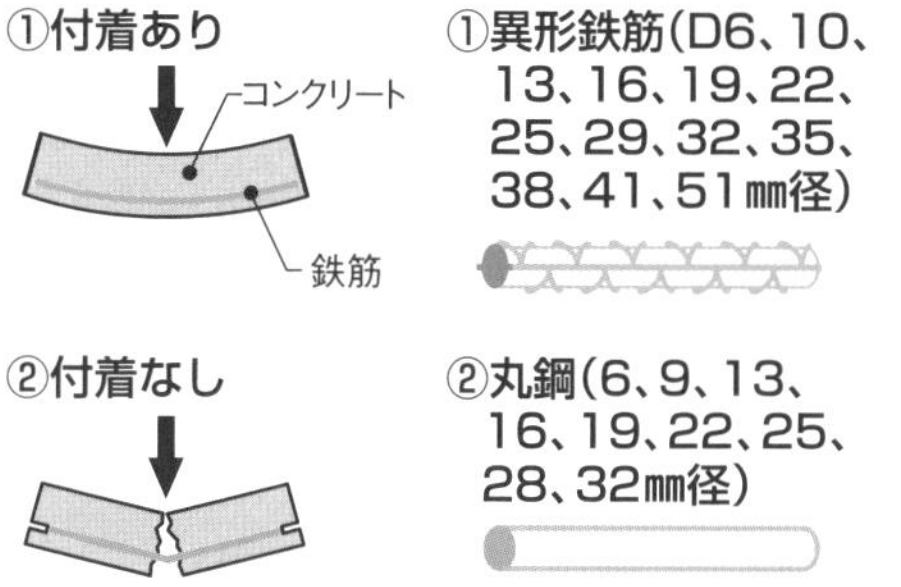

鉄筋の継手 — 図2

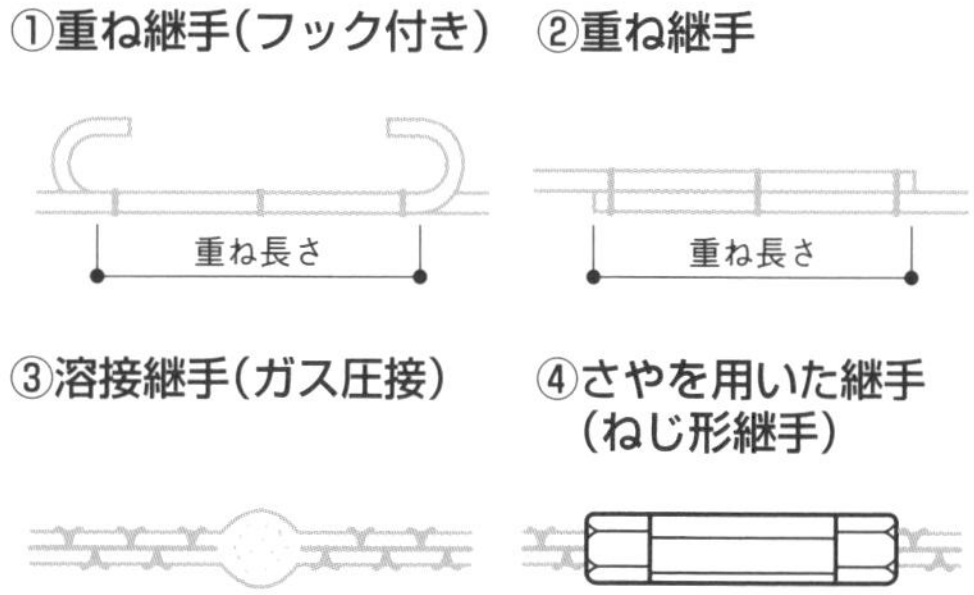

鉄筋の継手の位置、定着長さ — 図3

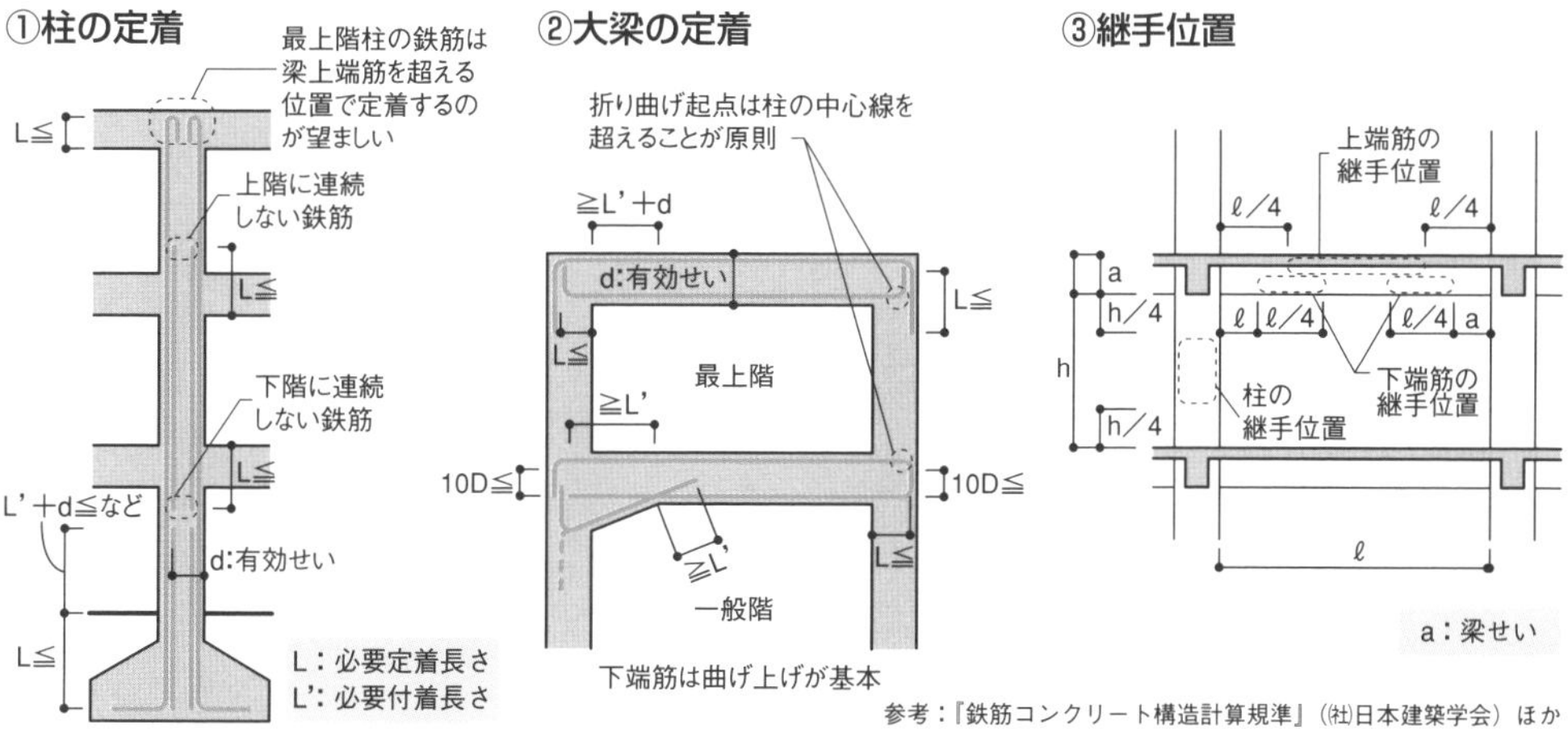

参考:『鉄筋コンクリート構造計算規準』(社)日本建築学会)ほか

継手の重ね長さと梁筋の定着長さ — 表1

(建築基準法施行令73条)

	設ける部分	重ね長さ・定着長さ
重ね長さ	引張力の最小部分	継手鉄筋径の25倍以上
	上記以外の部分	継手鉄筋径の40倍以上
定着長さ	柱	定着する梁の鉄筋径の40倍以上

鉄筋のかぶり厚さ、あきの最少寸法 — 表2

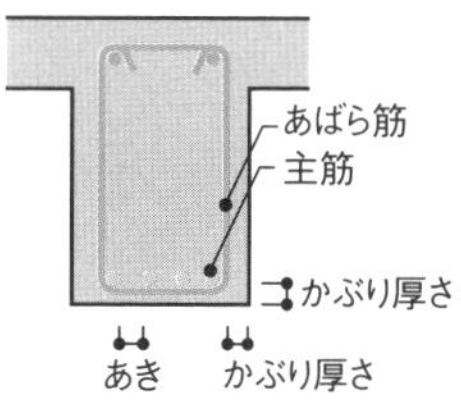

鉄筋のかぶり厚さ(建築基準法施行令79条)

部位・部分	かぶり厚さ
非耐力壁、床	2㎝以上
耐力壁、柱、梁	3㎝以上
土に接する壁、柱、床、梁	4㎝以上
布基礎立上り部分	
(上記以外の)基礎	6㎝以上

鉄筋のあきの最小寸法

	以下のうち最も大きい寸法
異形鉄筋、丸鋼	①呼び名の数値の1.5倍 ②粗骨材最大寸法の1.25倍 ③25㎜

参考:『鉄筋コンクリート構造計算規準』(社)日本建築学会)ほか

施工の方法

場所打ちを支える型枠技術

Point

◆エジソンも「ネガプレ」を構想していた

◆欧米の組積の文化はPCaを、日本の豊富な大工は場所打ちを主流にした

場所打ちか、PCaか

RC造の施工は、場所打ち（現場打ちともいう）コンクリートか、プレキャストコンクリート（PCa、86頁参照）かで大きく異なる。前者は配筋後、建物の該当個所、いわゆる現場で形態に応じて組み立てられた型枠（form）のなかにコンクリートを打設し、養生・脱型してつくる（写真1）。後者は、あらかじめ工場などでつくられたRC部材を現場で組み立てるものである。

場所打ちコンクリートの標準的な施工は、配筋、型枠組立、コンクリート打設、（養生）、脱型の4（5）つから成る。

配筋工事では、鉄筋をあらかじめ現場以外の場所で溶接して組み立てた、プレファブ鉄筋も多用されている。

はるか以前にトーマス・エジソンは、プレファブ型枠「ネガプレ」を構想したそうだが、大型型枠やスライディングフォーム（型枠を徐々に持ち上げながら、連続的にコンクリートを打設する方式、写真2）、捨て型枠（脱型しないで、型枠をそのまま仕上げや下地として使用する方式）などは、現代の合理化を目指した工法である。

場所打ちを支える型枠技術

コンクリートに接する堰板《せきいた》には加工が容易な合板型枠のほか、鋼製型枠（メタルフォーム）なども使用される。型枠工事には堰板を支える桟木《さんぎ》やばた角、フォームタイ、それらを支えるサポートや支柱などの支保工、さらにフォームタイと一体となって壁厚や梁幅を確保するセパレーター、かぶり厚さを確保するスペーサーなどが必要である（図1）。

コンクリート工事では、工場からミキサー車で配達されるレディミクストコンクリート（生コンともいう）が使用される。施工性の指標としては、スランプコーンを抜き取った後の下がりをcm単位で読んだスランプ値がポピュラーで、その値が大きいほど軟らかい。日本では、ポンプ車を使って打設するケースが多く、スランプ値は大きくなりがちである（図2）。

場所打ちコンクリート ─ 写真1

ポンプを使ってコンクリートを打設し、隅々まで行き渡るようにバイブレーターを使用する

合理化を目指した工法 ─ 写真2

エレベーターや階室の鉛直コアをスライディングフォームでつくり、そのほかの部分はプレキャスト版の積層構法によった例（オーストラリア）

型枠と関連副資材 ─ 図1

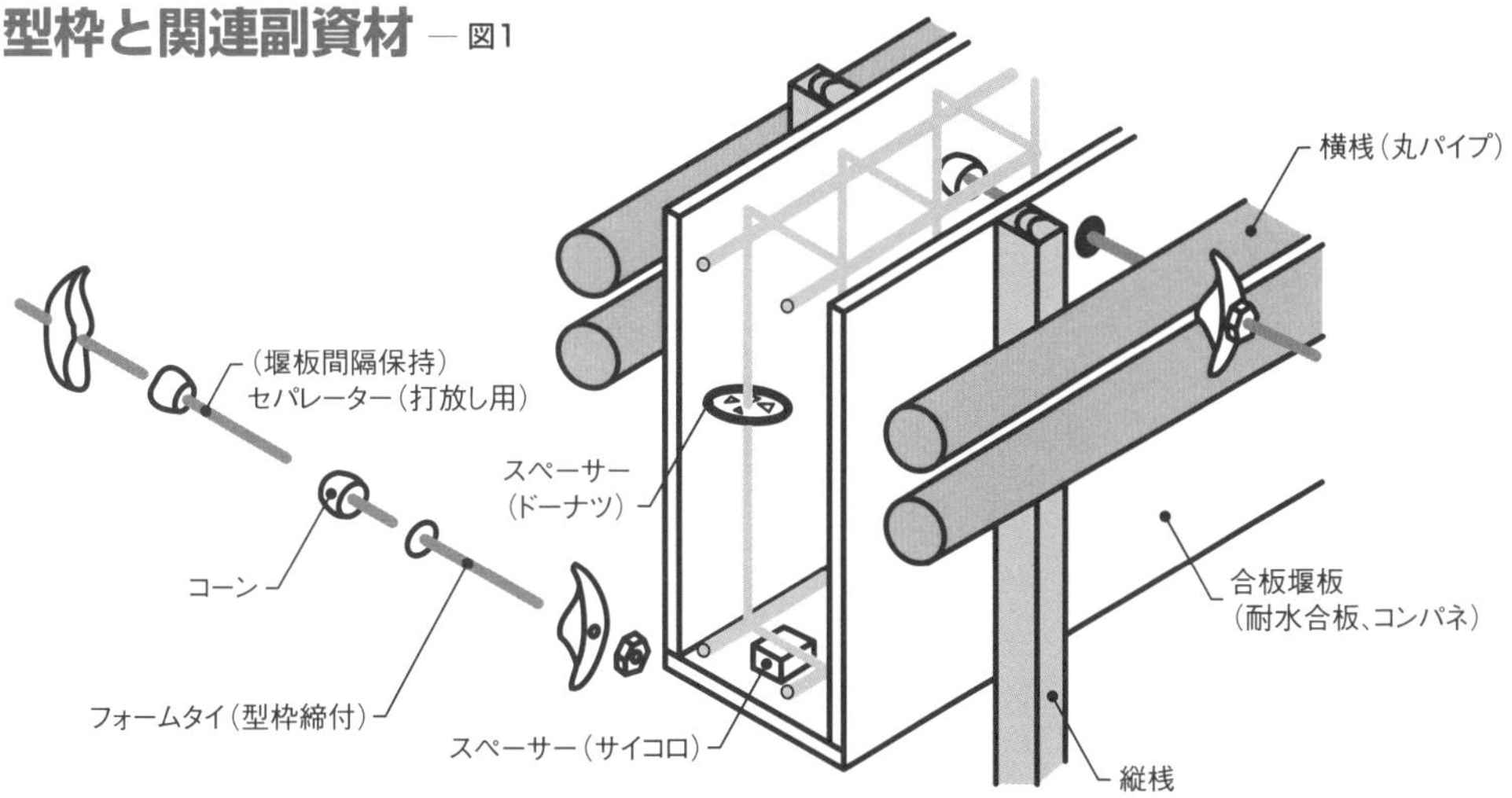

型枠は転用して繰返し使用する。脱型に要する期日がセメントの種類、型枠の区分、建築物の部分、平均気温などによって決められているが、圧縮強度試験で確認する方法もある（75頁表2参照）

スランプ ─ 図2

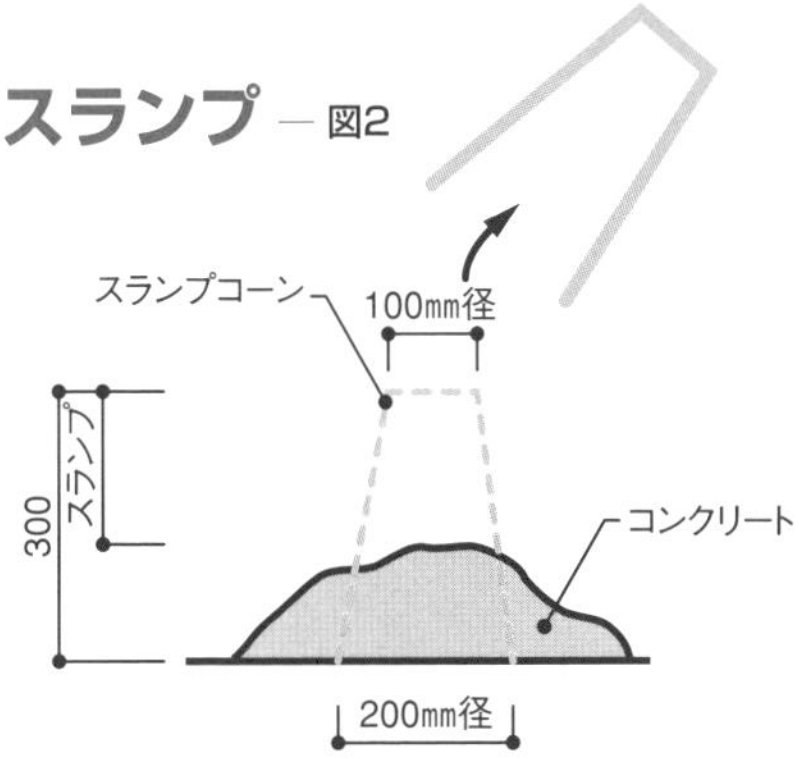

RC造ラーメン

梁にあばら、柱に帯

Point

◆梁のあばら筋と柱の帯筋の注目度は増すばかり

◆構造断面はまず外形寸法を仮定し、次いで鉄筋で調整する

一般的なRC造は、柱と梁を剛接合《ごうせつごう》、ラーメンとしたうえで、床や屋根のスラブを加えて構成する。場合により耐《たい》震壁《しんへき》を併用することもある。50階を超える超高層住宅もつくられているが、一般には10階以下が多く、柱間スパンは6～8m程度が多い（図1）。

梁の引張応力

重力を根拠とする鉛直《えんちょく》荷重だけの場合、梁の引張《ひっぱり》応力は、中央では常に下側、端部では上側に生じるが、地震などの水平荷重の方向によっては下側に生じることがある（図2）。主筋はこれらを考慮して配筋される。梁には主筋と直角にあばら筋（スターラップ、stirrup）と呼ばれるせん断補強筋を入れる。建築基準法施行令では、その間隔を梁せいの3／4以下と規定している（図3）。

梁のあばら筋と柱の帯筋

柱に生じる曲げ応力は水平荷重の方向により変化する（図2）。そこで正方形・長方形・円形など対称形の断面形状からなる柱の主筋は、重心軸に対称に配置される。

梁のあばら筋に相当するものとして、柱には帯筋《おびきん》（フープ、hoop）を入れる。帯筋は、せん断による亀裂を防止する役割のほか、主筋の座屈を防ぎ、構造体としての粘りを確保する役割も果たす。建築基準法施行令では、間隔を15cm（壁・梁との接合近傍では10cm）以下と規定している（図3）。

RC造建物の構法の計画を進めるにあたっては、躯体《くたい》の断面を仮定する必要がある。一般に柱・梁の断面は柱間、スパンの1割という目安がある。なお、柱径については、柱自体の座屈や配筋などの理由から階高の1／15以上を確保するように定められている。

柱と梁は構造的意味からは柱芯と梁芯を合わせるのが原則であるが、最上階と最下階では、柱・梁断面は相当異なる。そこで実際の取合いは、壁を含めての見栄え、納まりなどを考慮したうえで決められる。

RC造ラーメン ― 図1

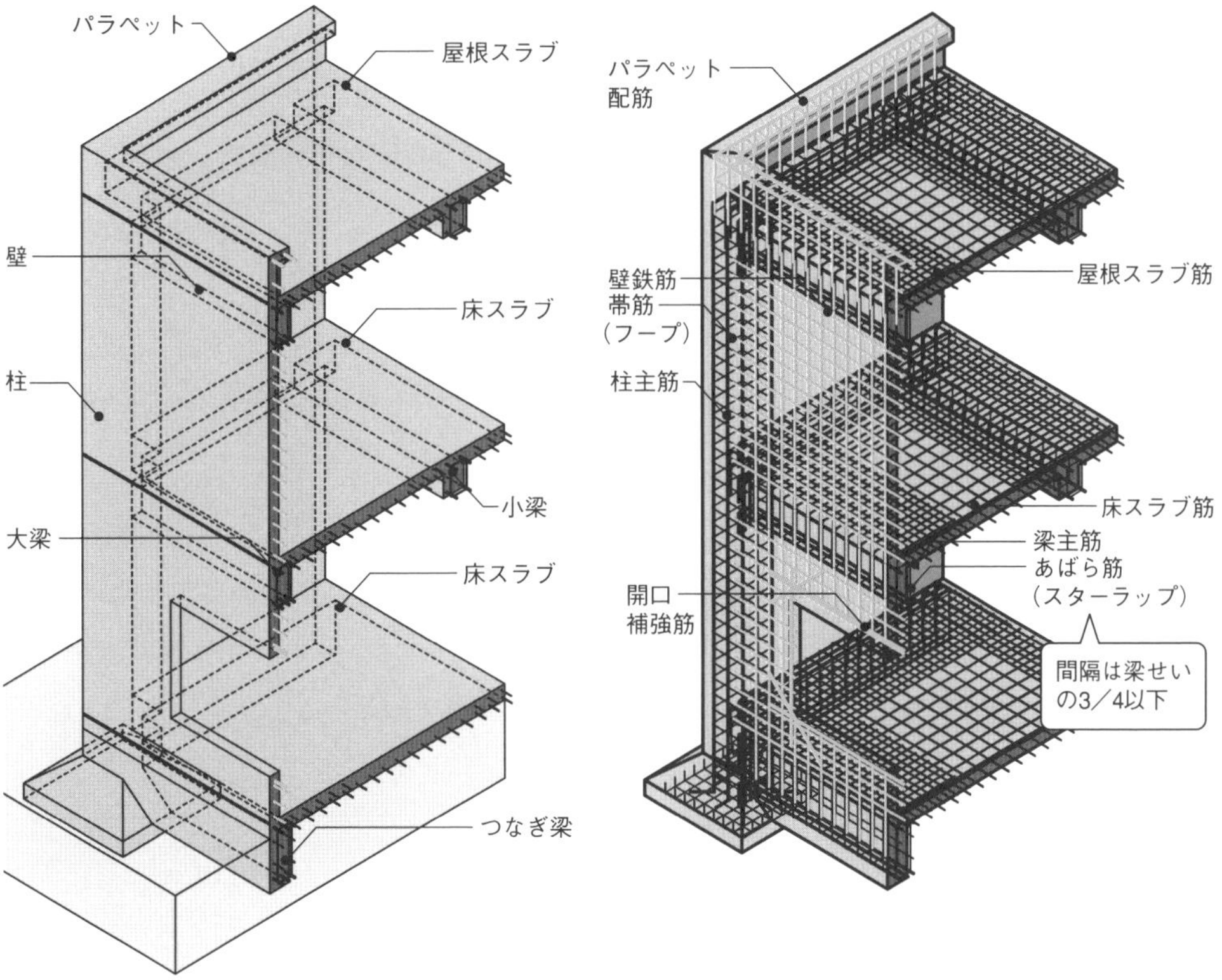

曲げモーメントの分布 ― 図2

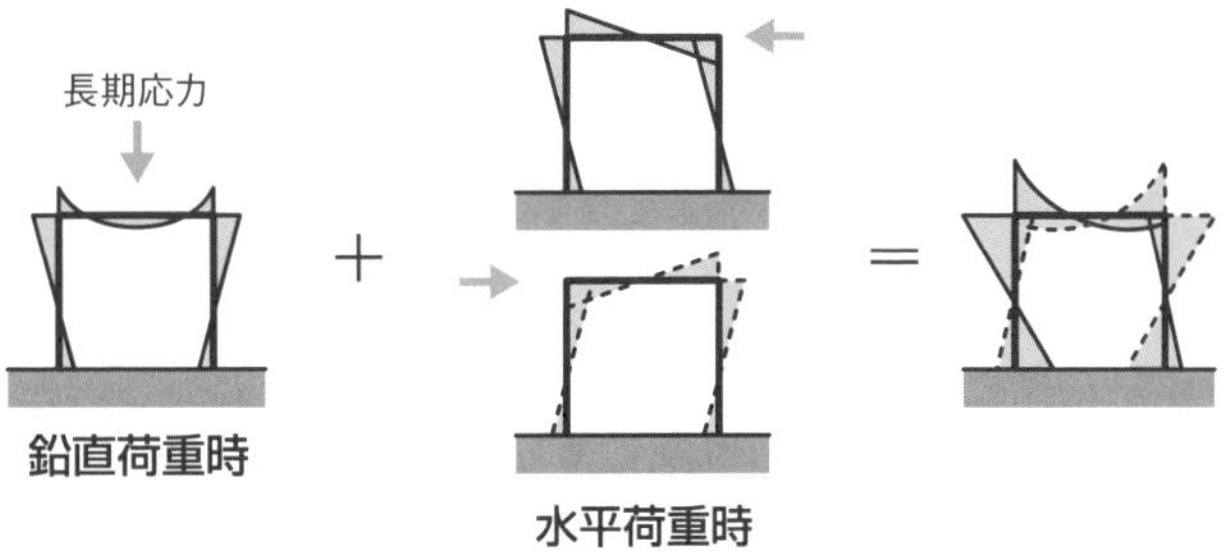

ラーメンでの柱・梁の配筋例 ― 図3

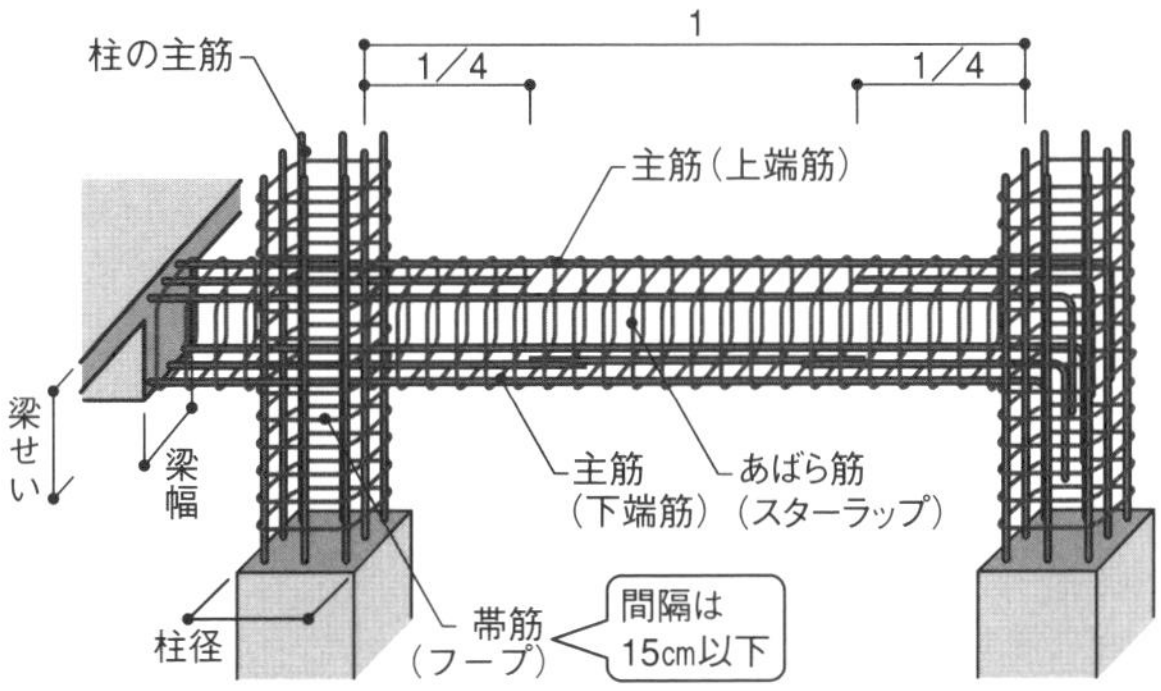

あばら筋（スターラップ）の間隔≦梁せいの3／4
帯筋（フープ）≦15㎝
10㎝（壁・梁の接合近傍）

スラブと壁

構造＋遮断性で決まる厚さ

Point

◆床スラブ厚は構造だけでなく、床衝撃音の遮断性も重要なファクター

◆梁のないフラットスラブは日本では難しい

構造要素としての床

RC造ラーメンにおける床は、単に床自身や積載物を支えるというだけでなく、水平荷重を柱梁に伝達する役割を担う構造要素である（図1）。4辺固定の床スラブの厚さは8cm以上、かつ短辺方向スパンの1／40以上という規準があるが、梁に準じた格子状の上下配筋では12cm以上となる。図3は各種床スラブ（図2）の版厚と支持スパンの関係を示すものだが、近年は、亀裂や疲労あるいは衝撃音などを考慮して、より厚くする傾向がある。

このほかの特殊な床スラブの例として、逆スラブがある。逆スラブは、梁の下端に合わせて床スラブを配置するもので、施工は難しいが、床上配管の設置には便利である（図4）。

梁のない床スラブを直接柱で支えるフラットスラブ構造は、マッシュルーム構造、無梁版《むりょうばん》構造とも呼ばれる。梁がないので、配管ダクトなどの設置が容易、階高を低くすることが可能、型枠・鉄筋工事が容易などの利点はあるが、日本では水平荷重の処理など難しい点も多く、スラブが厚くなりがちで採用例は少ない（図5）。

耐震壁と帳壁

壁は構造上、耐震壁《たいしんへき》と帳壁に分けられる。耐震壁には鉛直《えんちょく》荷重と水平荷重に抵抗する耐震壁―ベアリングウォール（bearing wall）、水平荷重にだけ抵抗する耐震壁―シアウォール（shear wall）がある。耐震壁の壁厚は12cm以上必要で、縦横に格子状に組んだ鉄筋を、必要に応じて1重あるいは2重に配置する。前者を単筋壁、後者を複筋壁（壁厚20cm以上）という。

一方、自身を保持する程度の耐力を備えた壁が帳壁で、カーテンウォール（CW、Curtain Wall、188頁参照）ともいう。帳壁をRC造とする場合、壁厚は10cm程度とし、外壁は内壁より厚くするのが普通である。壁に開口を設ける場合は、開口部の周囲のほか、斜め方向にも補強筋を配置する。

スラブの配筋 ─ 図1

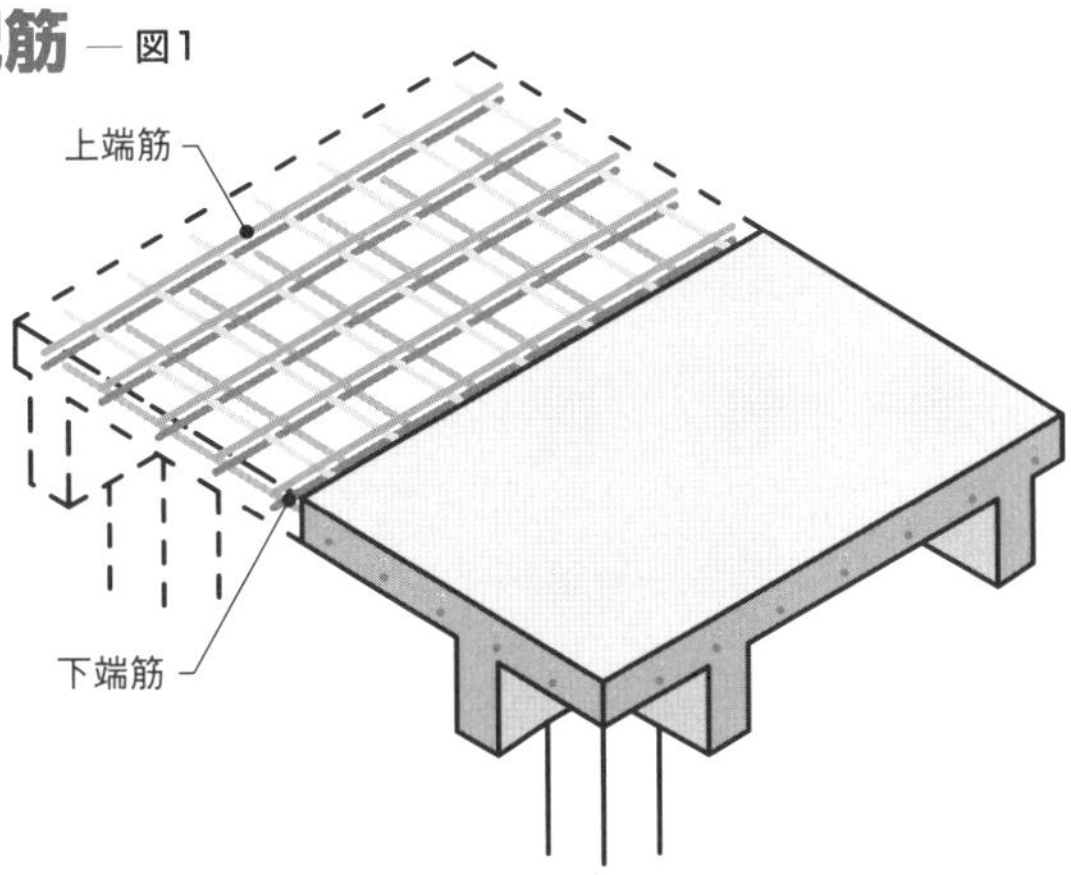

床スラブの形式 ─ 図2

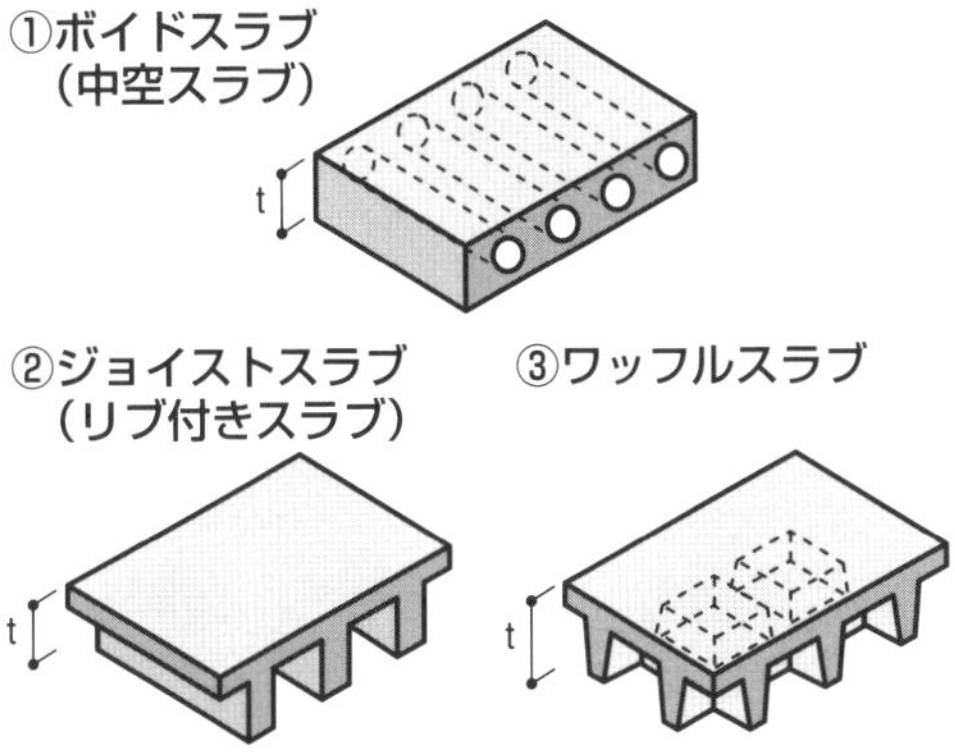

標準的な平面スラブのほかに、1方向に小梁を内包した形のボイドスラブ、ジョイストスラブ、2方向格子状に小梁が配置された形のワッフルスラブなどがある。これらは大きな空間を得る目的で使われる

各種床スラブの版厚と支持スパンの関係 ─ 図3

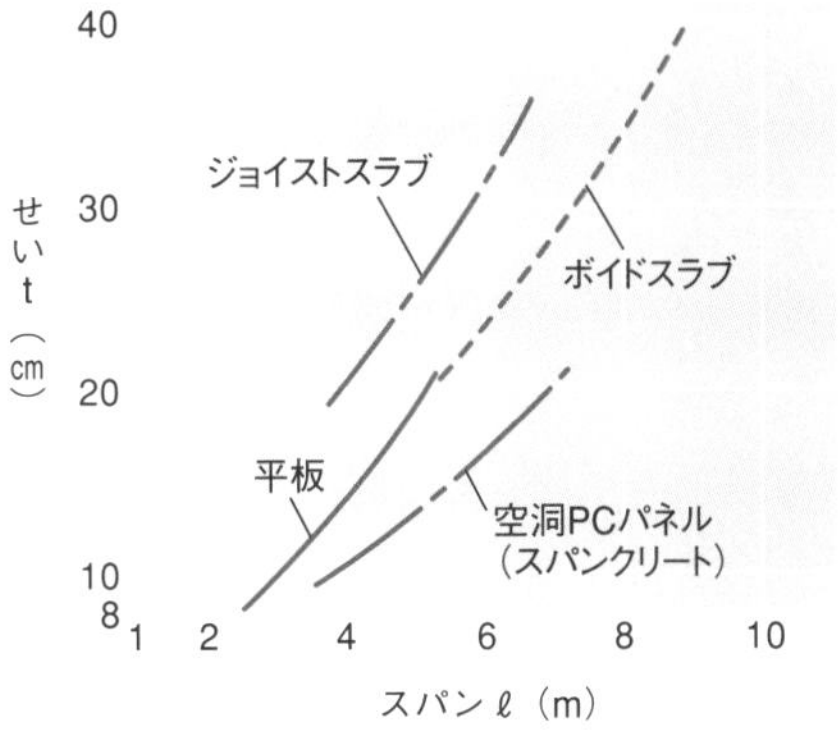

参考:『プレハブ建築の構造計画と設計』(高坂清一・鹿島出版会)ほか

逆スラブ(梁) ─ 図4

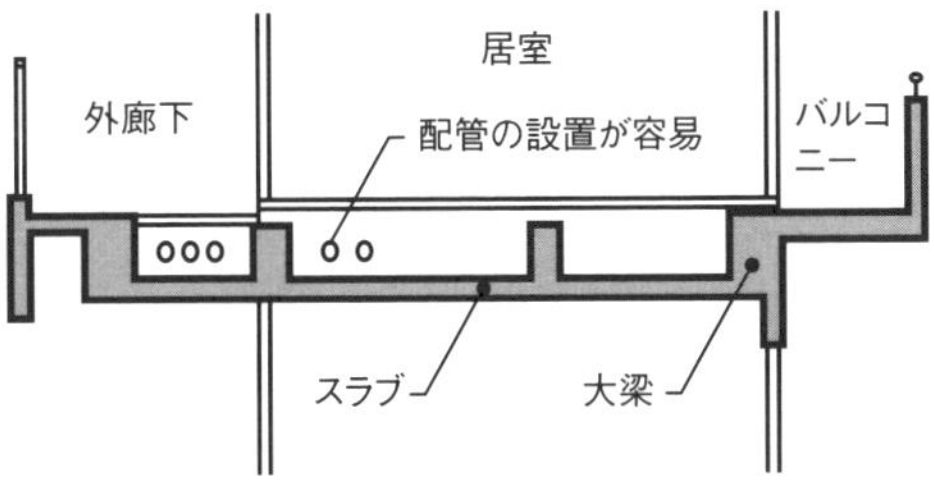

フラットスラブ構造 ─ 図5

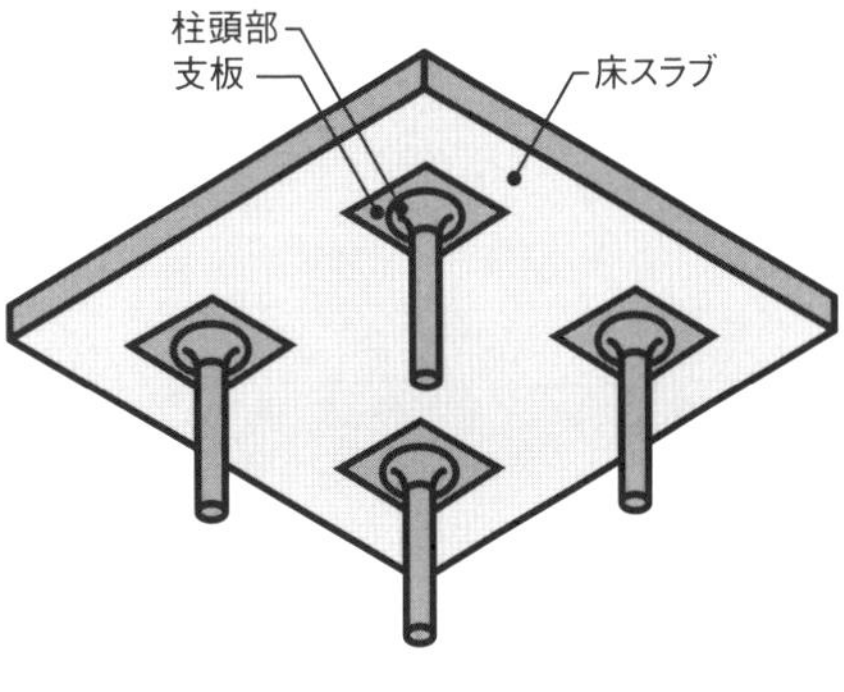

037 RC造

壁式

住宅建築向きの壁式構造

Point

◆地震による被害例が少ない構造で、柱形などが出っ張らず住宅に適している

◆壁厚や配筋などの規準があり便利だが制約もある

壁式の存在理由

柱や梁の構造を、壁として同化した耐力壁《たいりょくへき》と床で構成する方式を壁式《かべしき》という。壁式には各種の組積造《そせきぞう》や丸太組構法もあるが、日本ではRC造が多い。

壁式は、柱形や梁形が出っ張らないので使い勝手がよい、住宅ではある程度壁があることは問題ではない、地震における被害例が少なく、耐震上優れている、などの理由から、住宅建築で利用されることが多い（図1）。一時期、量産された中層の階段室型と呼ばれる住宅の多くはこの壁式である。

壁式構造は以上のような利点をもつが、構造解析は難しい。そこで、実用性の観点から、主に耐力壁の壁量や壁厚、配筋要領などについては、建築基準法施行令にもとづく告示や日本建築学会・設計規準などにより対応している。ただし、平面形が不整形なもの、積載荷重が大きいもの、ラーメン構造と混用するものなどを除く建物が前提となる。

なお、壁式RC造として許される規模の範囲は、地上階数5以下、軒の高さ20m以下、一般には階高3.5m以下である。

壁式の規準

表は、壁式RC造における耐力壁の壁量・壁厚の最小値である。壁量とは平面上直交するX・Yの2方向それぞれについて、耐力壁長さの合計をその階の床面積で除した数値をいう。当然のことながら、非耐力壁、すなわち帳壁は、これらの数値と関係がない。

耐力壁には、このほか、コンクリートの断面積に対するせん断補強筋の割合、耐力壁の端部や取合いの隅角部《ぐうかくぶ》、および開口部周囲などに配する曲げ補強筋、さらに開口部の上部などの耐力壁と連結する壁梁や基礎のつなぎ梁などに関するせい・幅などについての規準が用意されている。

その他は、屋根・床・基礎などと同様、これまで述べたRC造のルールに従って設計・計算する。

RC造壁式 — 図1

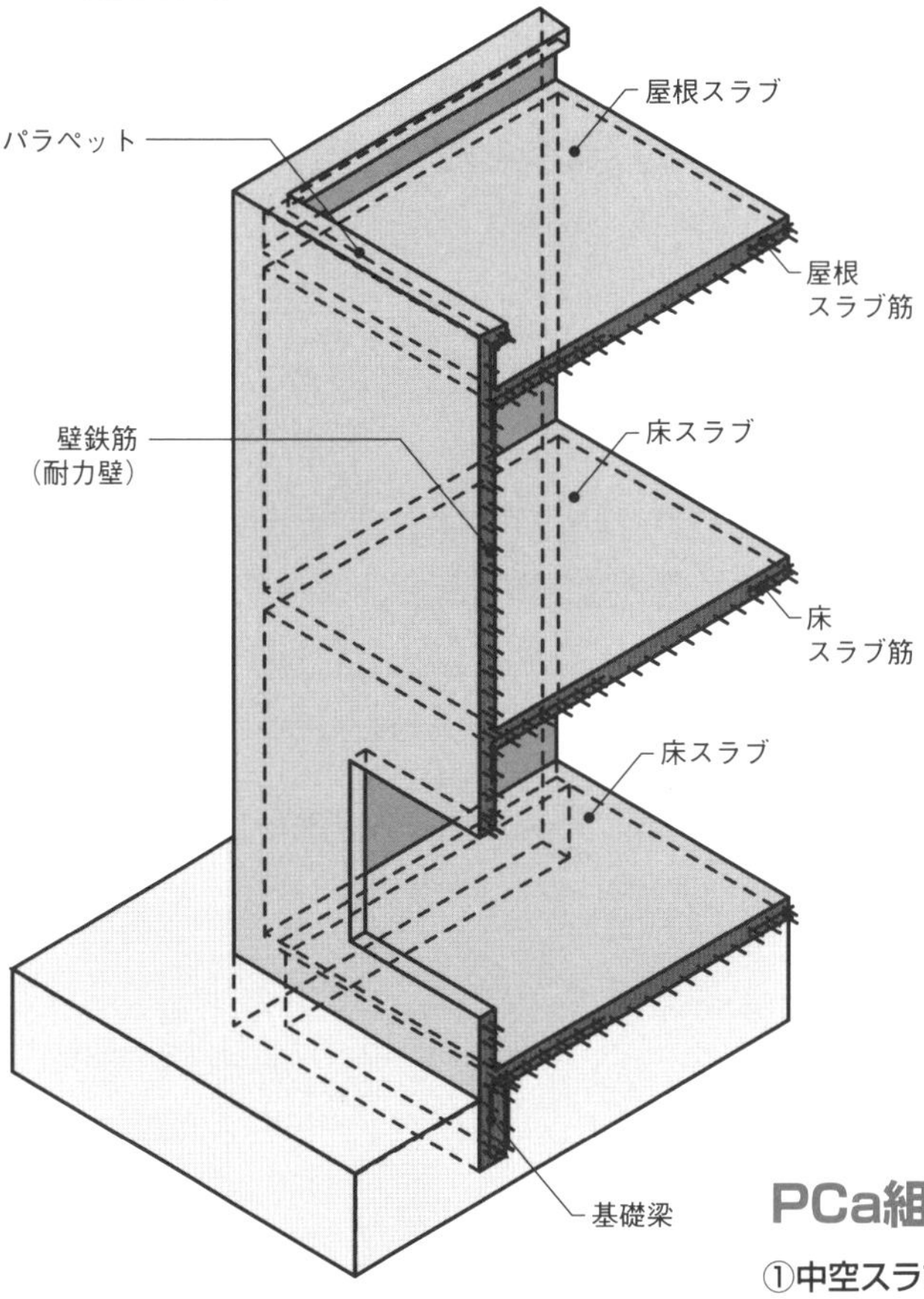

積層壁式(床、壁分離打設)

わが国では、床型枠が終わってから、床、壁を一緒にコンクリート打設するのが一般的であるが、施工合理化の観点から、分離してコンクリート打設することもある

耐力壁の最少壁量・壁厚 — 表

(平6建告1908号)
(単位:壁量=cm/㎡、壁厚=cm)

5階	壁量	12				
	壁厚	15				
4階	壁量	12	12			
	壁厚	18	15			
3階	壁量	12	12	12		
	壁厚	18	18	15		
2階	壁量	15	12	12	12	
	壁厚	18	18	18	15	
1階	壁量	15	15	12	12	12
	壁厚	18	18	18	15	12
地階	壁量	20	20	20	20	20
	壁厚*	18	18	18	18	18
		5階建	4階建	3階建	2階建	1階建

*かぶり厚さの関係から19以上となる場合が多い

PCa組立床の形状 — 図2

①中空スラブ

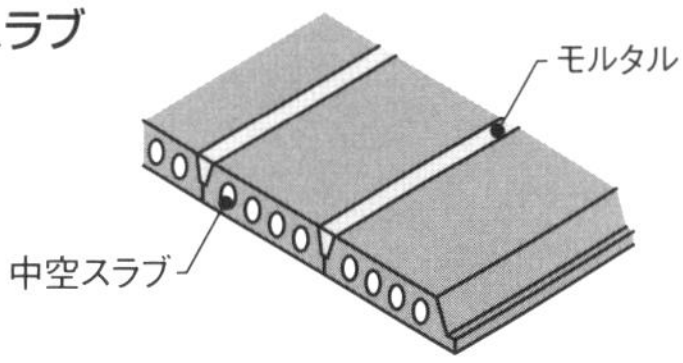

PCa、場所打ちコンクリートを問わず、中空とすることで床スラブの軽量化と高い剛性を狙った床は、小梁のない空間を可能とする

②トラス状鉄筋の一部を下端鉄筋として含む捨て型枠

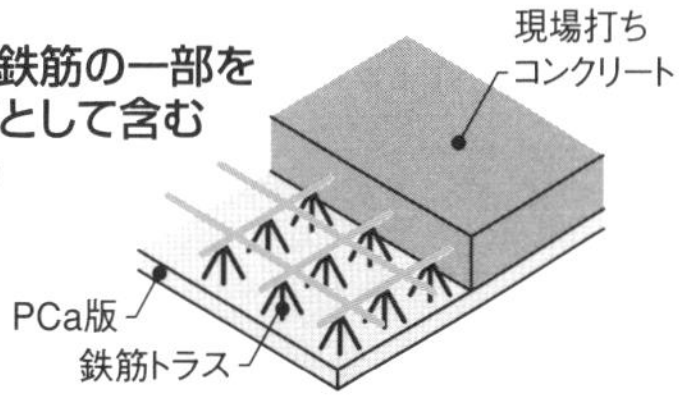

下端筋とトラス状の鉄筋の一部をあらかじめプレキャストしておき、現場で上端筋を配置しコンクリートを打つことでスラブとして完成させ、あわせて周辺の梁などとの一体化を図るものをハーフPCaという

038 RC造

PCa

大型パネル方式が一般的

Point

◆現場近くで製造するサイトプレファブもある

◆かつては不燃構造普及のための中型パネルもあったが、現在は大型パネルが主流となった

PCaの特徴

建物の現場以外の工場で製作するコンクリート部材を、プレキャストコンクリート（PCa、Pre-Cast concrete）という。大規模工事では、PCaの製作を建設現場の周囲に設けた仮設のPCa工場で行う方式をとる場合もある（サイトプレファブ）。PCa部材は総じて重く運搬は大変であるが、工場施設・設備は比較的簡単に設置できる。

場所打ちコンクリートの場合、施工効率を考えてスランプ（78頁参照）が大きくなりがちだが、PCaでは、スランプ値ゼロに近いものが可能である。そのため、コンクリートの密実な充填・十分な養生・高い強度が期待でき、さらに鉄筋の正確な配置など、品質が安定したコンクリートを得られる。

PCaの施工にはクレーンが用いられる。PCa版は、竣工後より施工中の吊上げや運搬に際して最大応力が生じる場合が多いため、版の設計段階で、配筋などを検討しておく必要がある。

接合部の考え方

PCaは部分的に利用するほか、全体的に用いる場合もある。壁式《かべしき》構造の床や壁をPCa版に置き換えたものが壁式プレキャスト鉄筋コンクリート造で、ルームサイズの部材による大型パネル方式とするのが一般的である（図）。

PCaの接合部は、鉄筋どうしを接合する方式と、鋼板に集約して接合する方式がある。前者は、力の分散がはかられ好ましいが、それだけ接合個所が多くなるなどの問題点がある（図は主な接合個所についての実例である）。後者は、接合個所は少なくて済むが、応力が集中することに対する配慮が必要となる。

かつては、階高分、幅1m程度の中型パネルによる方式もあった。これは、建方機械が比較的小規模なものでよいため、ある程度の品質のRC造建物を普及させるには意味があった。しかし、版の薄さに起因する性能上の問題などから、現在ではほとんど建設されていない。

壁式プレキャスト鉄筋コンクリート造 ― 図

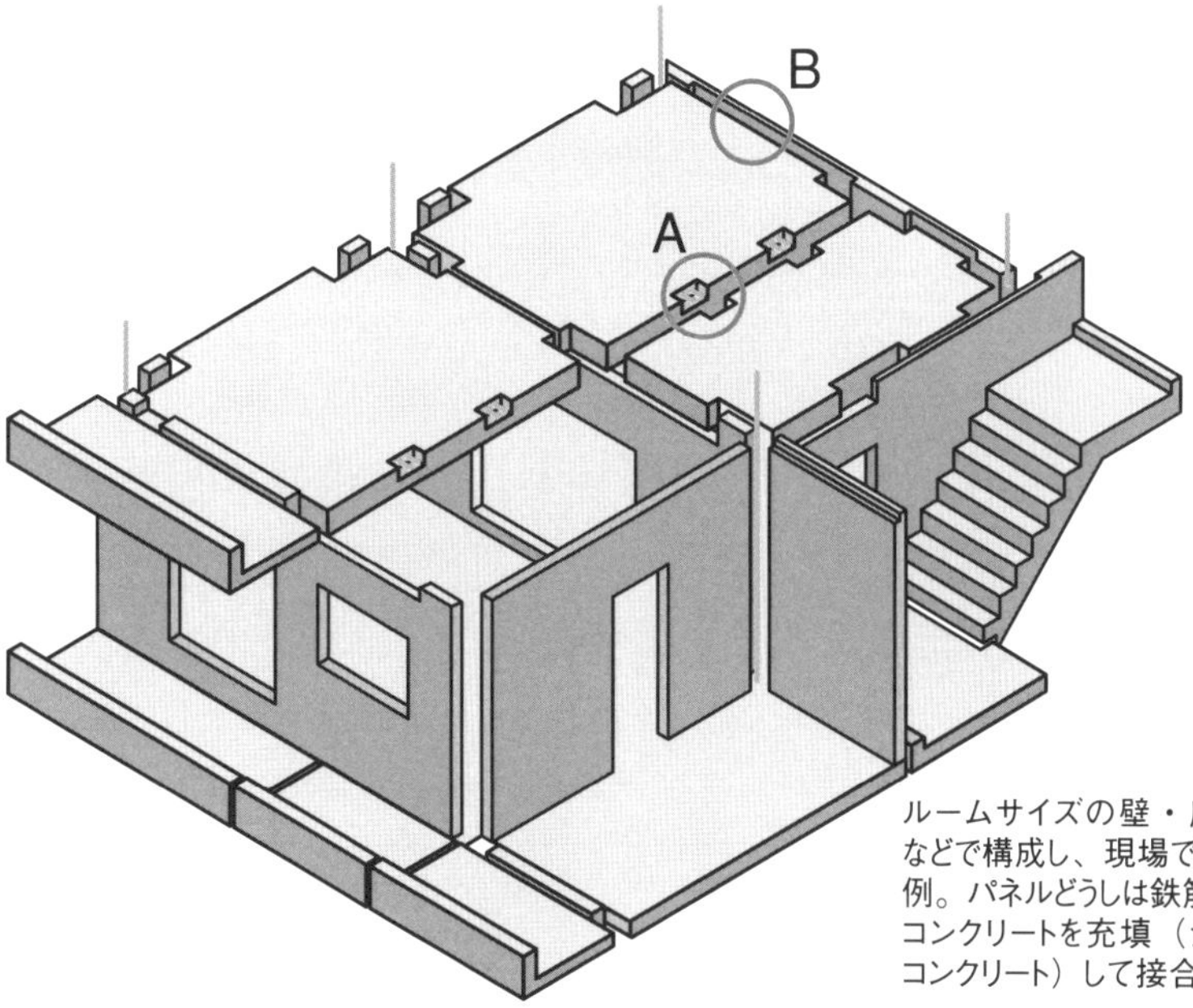

ルームサイズの壁・床パネルなどで構成し、現場で接合した例。パネルどうしは鉄筋を使い、コンクリートを充填（ジョイントコンクリート）して接合する

上図A部分　ジョイントの例（床―床のジョイント）

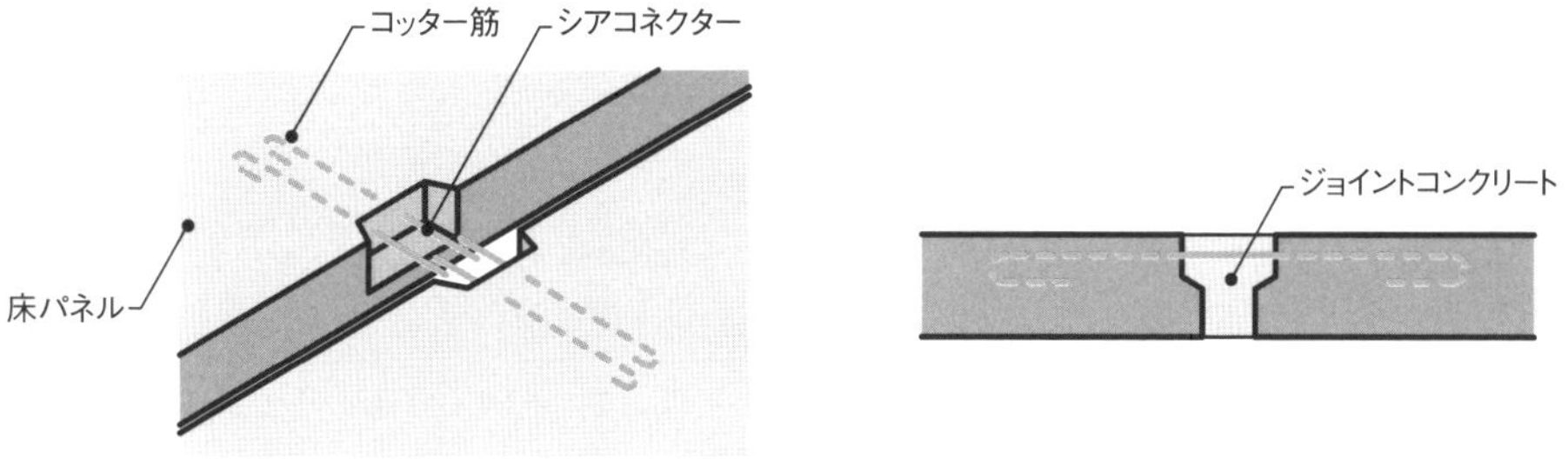

上図B部分　ジョイントの例（壁―床のジョイント）

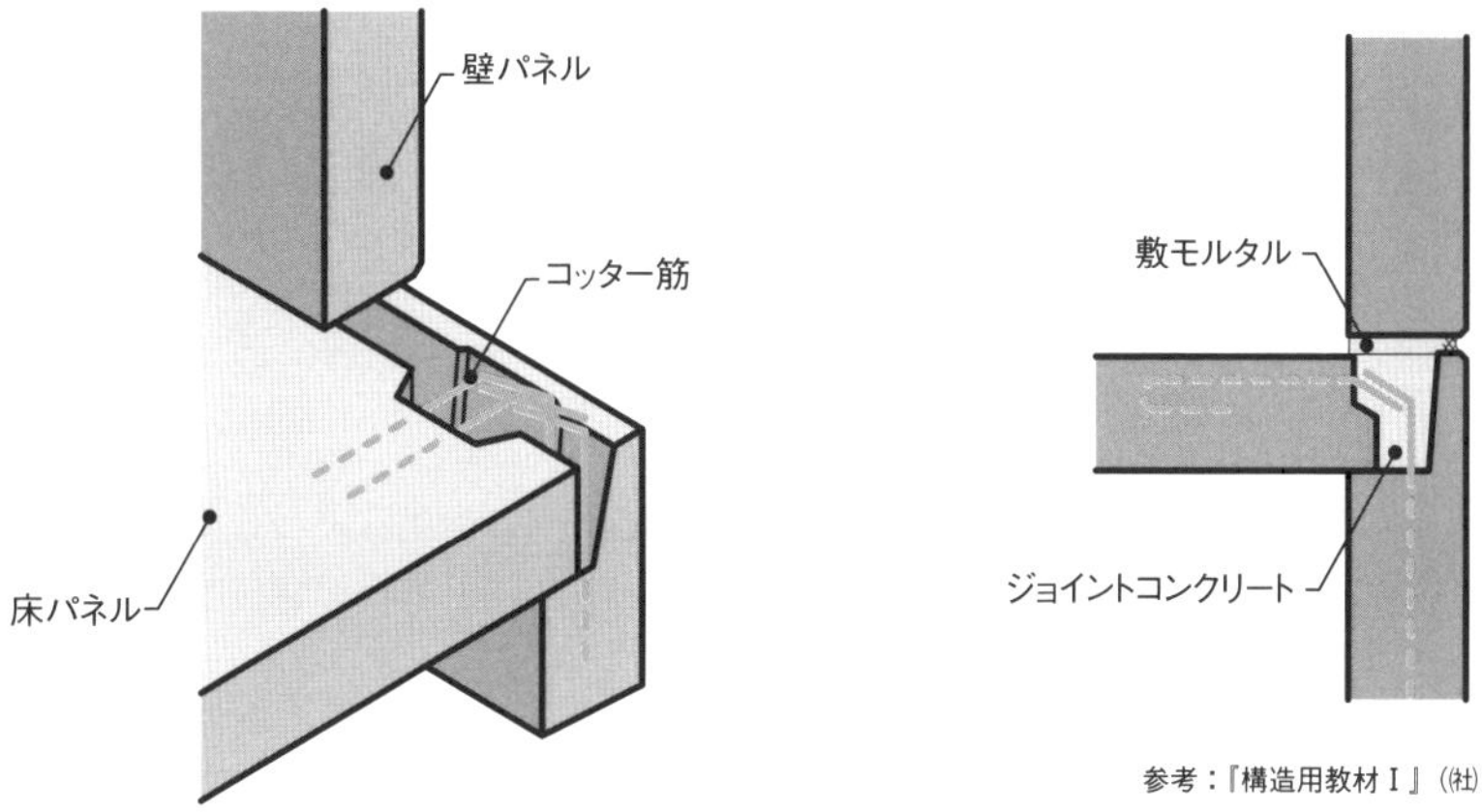

参考：『構造用教材Ⅰ』㈳日本建築学会）ほか

PC造

引張が生じない工夫

Point

◆引張に弱いコンクリートに、引張を生じさせない工夫

◆PCaでは空洞PCパネル、場所打ちではアンボンド工法が主流

PC造の原理

通常、梁には荷重により上側に圧縮の力、下側に引張《ひっぱり》の力が働く。そこで下側をあらかじめ圧縮しておけば、通常時は引張が生じなくなり、コンクリートのような引張に弱い性質の材料には都合がよい。このように計画的に与えられる応力をプレストレスといい、柱や梁など、主要な部分にあらかじめプレストレスを導入したものを、プレストレストコンクリート（PC、Prestressed Concrete）造という（図1）。

PC造では、PC鋼材のほかにRC造用の棒鋼も用いられ、RC造の一種とも考えられるが、次のような特徴がある。

- ひび割れ発生の可能性が低くなり、耐久性に優れる。
- 強度・剛性に優れ、部材断面積削減による自重軽減もあって、大スパン架構《かこう》が可能になる。
- 高強度のコンクリートや鋼材を使用するため材料費が高くなり、生産施工にも手間がかかる。

PC鋼材にはPC鋼棒、PC鋼線、PC鋼より線（ストランド）があり、一般の鋼材に比べて2倍以上の強度をもつ（表1）。また、コンクリートにも高い圧縮強度が要求される（表2）。

PC造の種類

PC造には、2つの方式がある。引張力を与えたPC鋼材を配してコンクリートを打設し、硬化後にPC鋼材の引張を解くことで圧縮応力が加わる工場製作のプレテンション（Pre-tension）方式と、シースを入れてコンクリートを打設し、硬化後にPC鋼材に引張力を与えて、コンクリートに圧縮応力を生じさせる現場施工のポストテンション（Post-tension）方式である。

図2はプレテンション方式の製品例である。ポストテンション方式のうち、RC造の床スラブで、PC鋼材をコンクリートに付着させないアンボンド工法は、施工性がよく、小梁のない広い床スラブを実現できるため、集合住宅などに多用されている（図3）。

プレストレストの原理 ― 図1

①荷重による応力　②プレストレスによる応力　③ ①+②

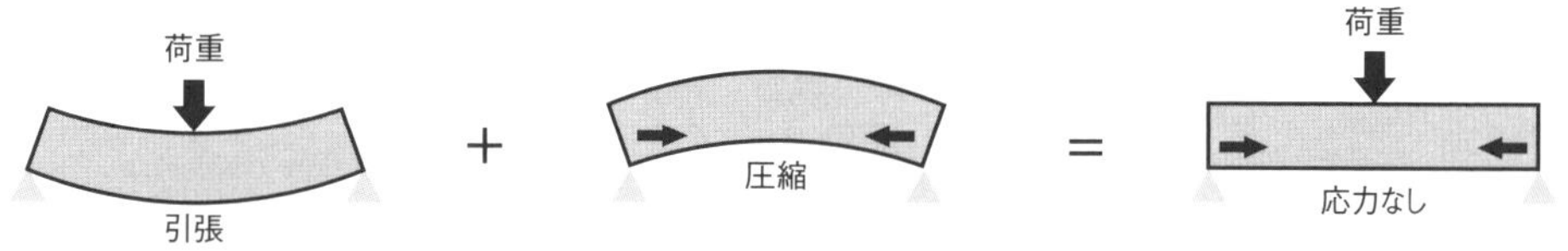

梁の下側に引張がかかる　梁の下側をあらかじめ圧縮する　通常の状態で引張が生じない

PC鋼棒の引張強さ ― 表1

種類	N／㎟
A種2号	1,030以上
B種1号	1,080以上
B種2号	1,180以上
D種1号	1,230以上

工法・設計種別によるコンクリートの設計基準強度 ― 表2

（平12建告1462号）

工法	コンクリートの設計基準強度
プレテンション	35 N／㎟以上
ポストテンション	30 N／㎟以上

プレテンション方式の主なPC製品 ― 図2

①シングルTスラブ

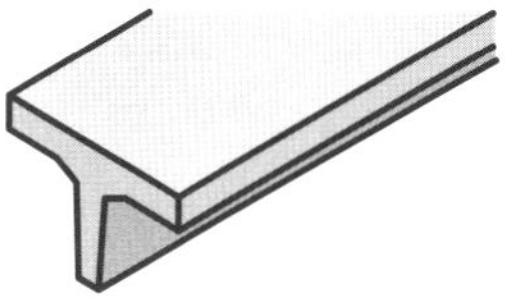

②空洞PCパネル（スパンクリート）

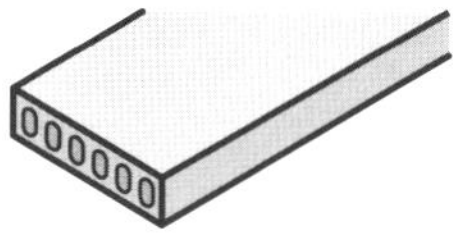

空洞PCパネルは、形状が似ているボイドスラブに比べ支持スパンに対して版の厚みを薄くすることができる（83頁図2・3参照）

ポストテンション方式のPCスラブ ― 図3

①ポストテンション工法

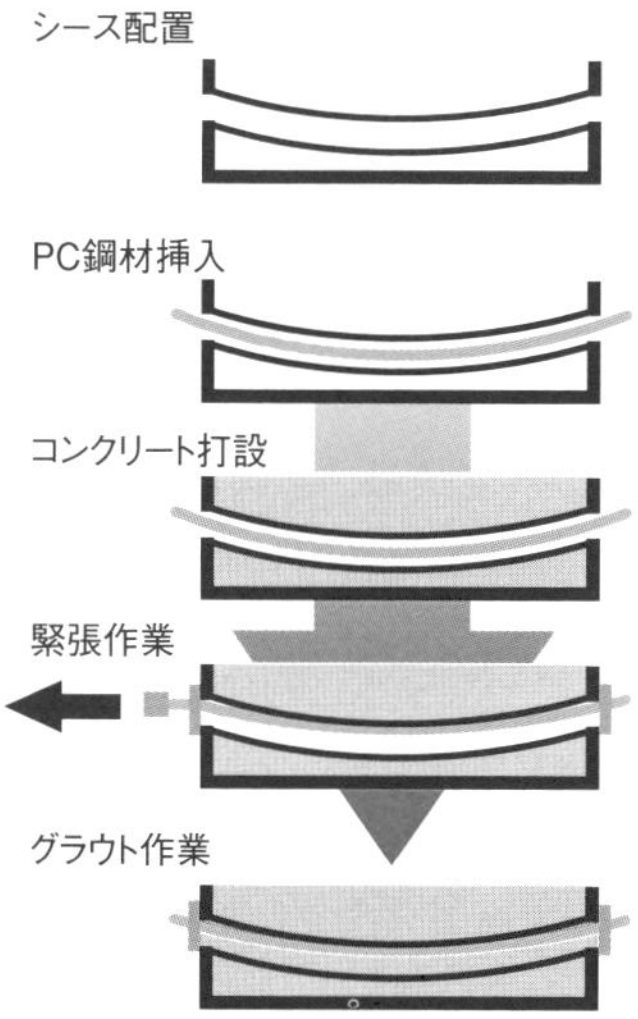

緊張作業後シースにコンクリートをグラウト（注入）して、PC鋼材とコンクリートを一体化する

②アンボンド工法

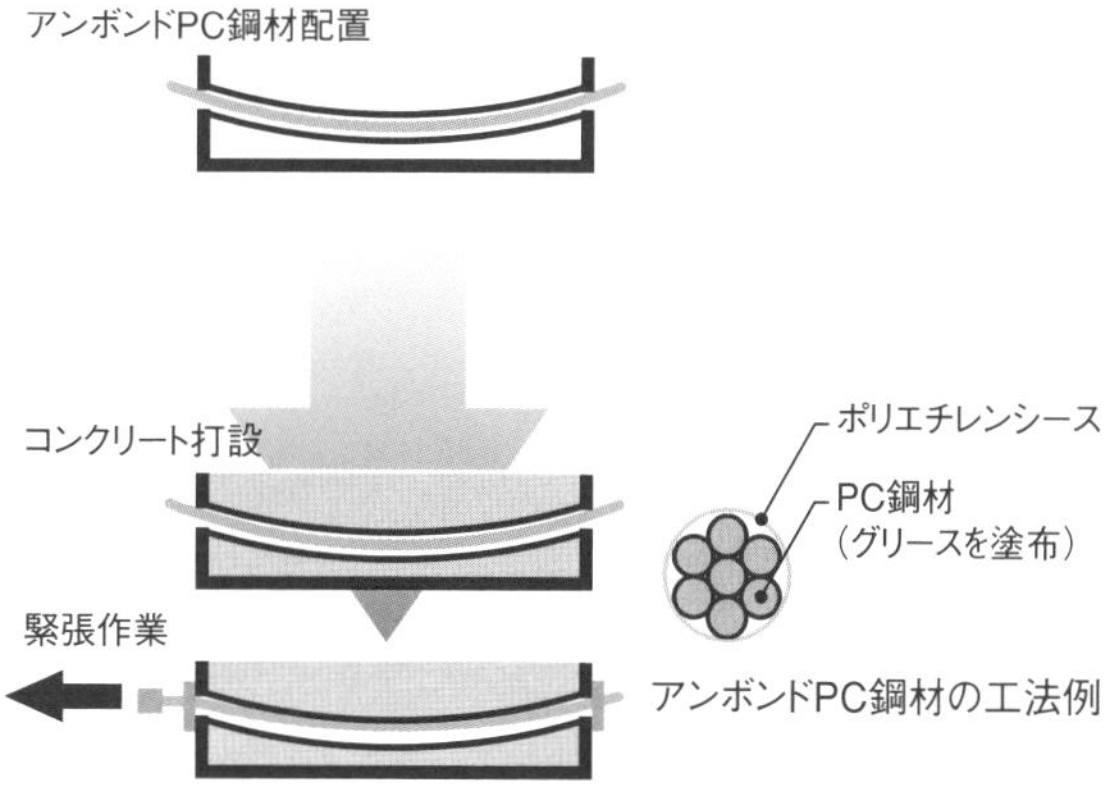

PC鋼材とコンクリートを付着させない

040　その他の構造

SRC造（合成構造）

日本で独自に進歩した構法の行く末

Point

◆SRC造は鉄骨造とRC造の合成構造

◆超高強度コンクリートの実用化により、SRC造は存在理由を失いつつある

SRC造の特徴

鉄骨の骨組周囲に鉄筋を配し、型枠を組んでコンクリートを打ち込むものを、鉄骨鉄筋コンクリート（SRC、Steel framed Reinforced Concrete）造という。通常のRC造に比べて鋼材の割合が多いため、断面寸法は小さくできる。またコンクリートを被覆することから鉄骨造に比べて耐火性に優れる。こうした特徴から、SRC造は十数階建て程度の住居系建物や超高層建物の下層部に使われてきた。

　SRC造は地震の多い日本で独自に進歩した構法である。用いられる材料や各種のルールは、原則的にはRC造や鉄骨造に用いられるものと同じである。図1は柱と梁の接合部の例である。SRC造の比重は、鋼材の割合が多い分、通常のRC造より0.1t/㎡程度大きい（2.5t/㎡）。

　このような特徴をもつSRC造だが、鉄骨とRC両方の工事が必要であることや、鉄骨と鉄筋で複雑化した型枠への確実なコンクリート打設が難しいことなどから、工事費がかさみがちで、近年はその利用が激減している。

そのほかの合成構造

　SRC造のように、複数の構造方式からなる躯体を合成構造という。

　CFT（Concrete-Filled steel Tube）は鋼管コンクリートを柱とする合成構造で、コンクリートを充填しない鋼管による鉄骨造に比べ、耐火被覆が省略もしくは低減でき、剛性も高いので、近年使用例が増えている（図2）。円形中空断面の鋼管は、曲げ・ねじれ・局部座屈などに対して強いだけでなく、円形で断面の方向性もないため、構造材として多くの利点をもっているのである。

　このほか、梁が鉄骨で柱がRC造のものもある（図3①）。その場合の鋼製梁の接合には、パネルゾーンにおける梁のU字形定着を応用したものや、十字形定着金物を使用したもの（図3②）などが試みられている。

SRC造の柱と梁の接合部 ― 図1

SRC造は、鉄骨造とRC造の合成構造の1つ。地震の多い日本で進歩した構法であるが、施工手間や工事費がかさむため、近年減少している

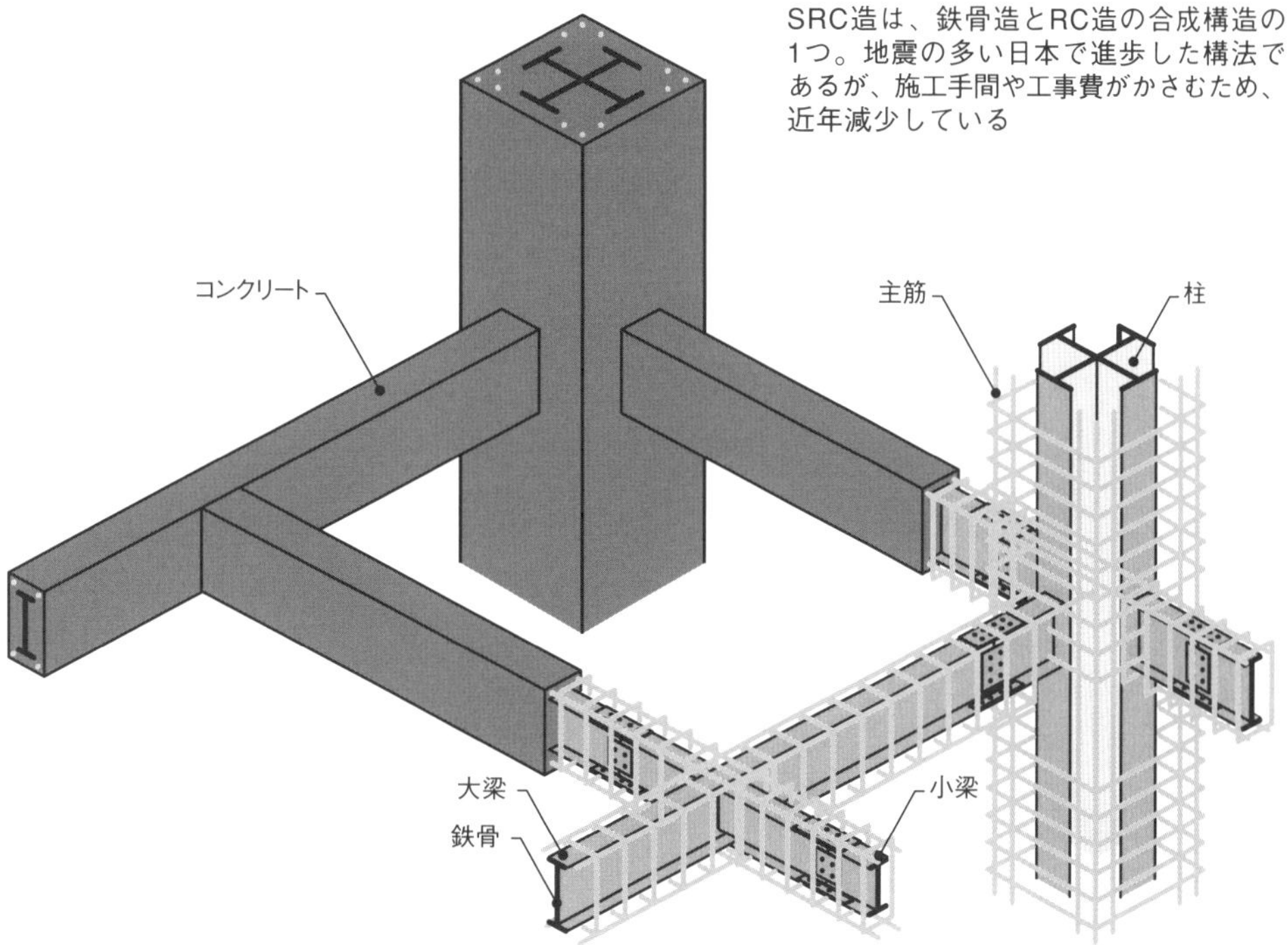

鋼管コンクリート造CFT ― 図2

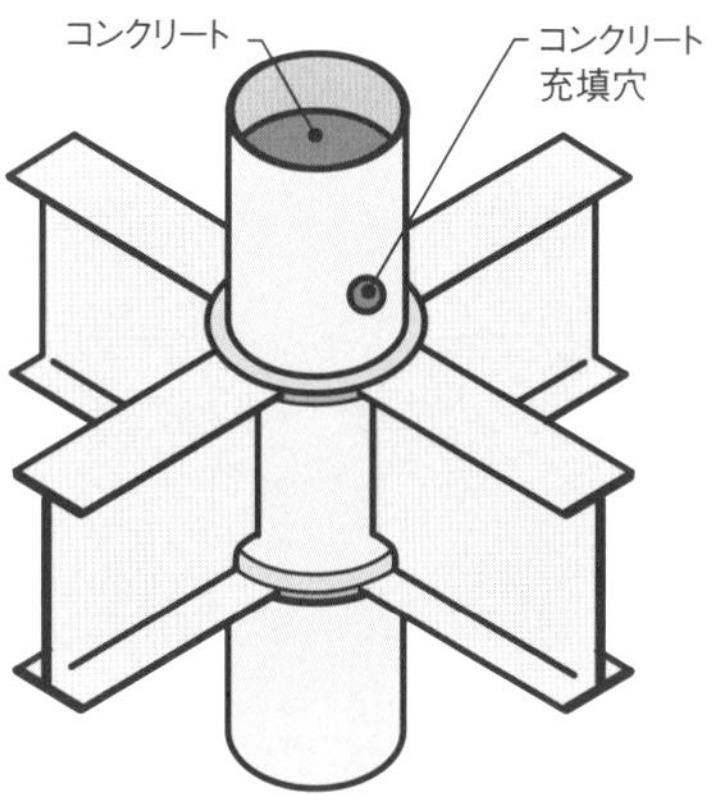

柱・梁・接合形式は鉄骨造と同様である。溶接の柱脚付近からコンクリートを充填する

混合構造 ― 図3

①大成建設　CSB(Composite Super Beam)

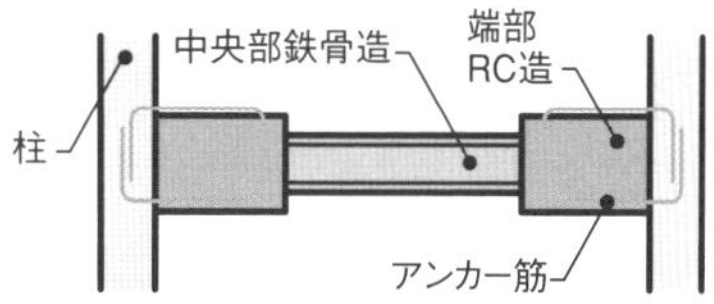

②鹿島建設　NEOS工法

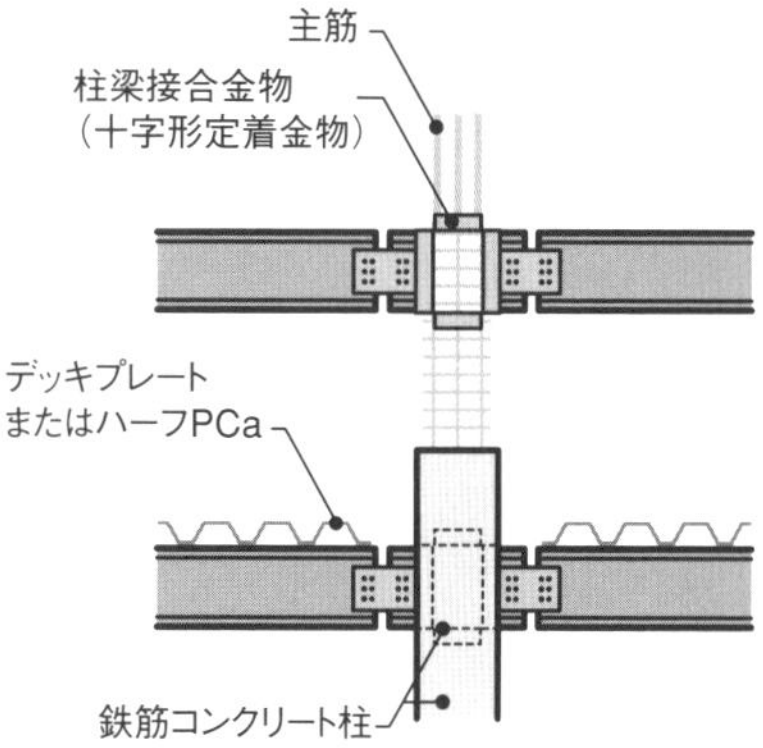

組積造

洋風意匠の源泉

Point

◆凌雲閣（浅草12階・東京都）に代表される被災もあって、補強なしでの採用は難しい

◆レンガの大きさ・積み方は、洋風意匠の源泉

組積造の共通ルール

組積造《そせきぞう》とは読んで字のごとく、レンガや石など、ブロック状の塊を組み合わせ、積み重ねて耐震壁《たいしんへき》とする壁式造《かべしきぞう》で、柱に類するものはない。耐震壁と耐震壁上の臥梁《がりょう》、布基礎を主要な構造要素とする。

一体的につくられる壁式RC造に比べ、組積造では実効性のある耐震壁の平均的分散配置を考慮して、次のような細かな制限がある（図1）。

- 壁の中心線で分割される平面の面積
- 対隣する壁の中心線間距離
- 耐震壁の形状に関する制限

図1中の制限は、補強CB造（94頁参照）に関する日本建築学会の規準である。

組積はレンガなどを、上下でずらして荷重を分散させる「破れ目地」とするのが一般的で、鉄筋などで補強する場合には、上下でずらさない「芋目地」とする。

鉄筋補強のない組積造は、一体性に欠けるうえに重く、耐震性が低い。大きな開口は難しいが、熱容量が大きいため寒暖の影響は受けにくい。日本では関東大震災などで大きな被害に遭って以来、開口部の大きさが厳しく制限されているうえ、ほかの構造に比べて壁厚が必要などの理由もあって、組積造はごく軽微な建物に限られ、組積は単なる仕上げとして用いられる場合が多い。

レンガ造は欧米の典型

レンガによる組積は欧米では典型的つくりであり、さまざまな蓄積がある。堅固な壁体とするためには、上下の目地をずらす工夫が必要で、レンガの長手方向の大きさを壁の厚さとするものを1枚積みといい、ほかに半枚積み・1枚半積み・2枚積みなどがある。図2・3は典型的な積み方であるイギリス積み、フレミッシュ積みである（フレミッシュ積みを誤訳したフランス積みという呼び名が、日本では定着している）。

この種の目地パターンは、日本ではタイルの張り方や壁紙の意匠などに応用されている。

組積造耐震壁の規定(数値は補強CB造の例) — 図1

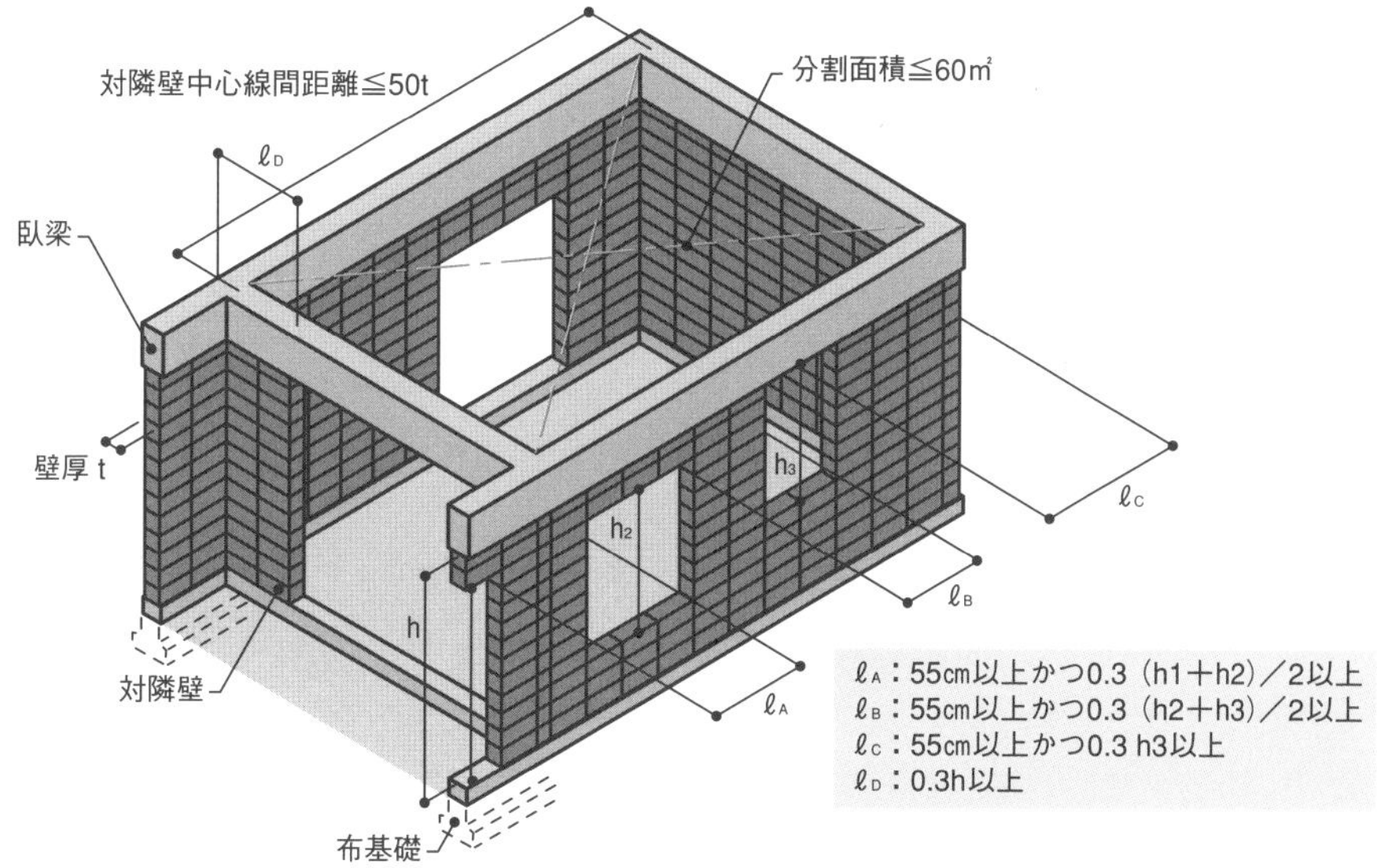

イギリス積みとフレミッシュ積み — 図2

イギリス積み

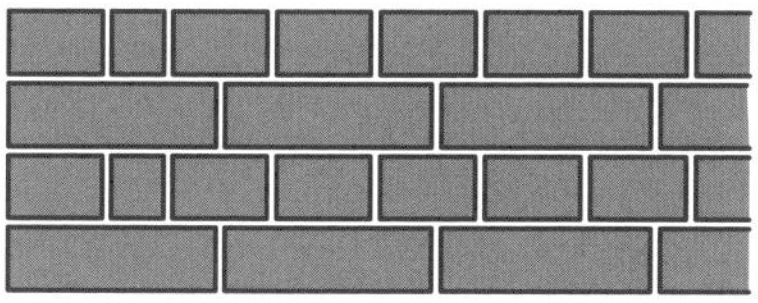

長手の段と小口の段が交互に

フレミッシュ積み(フランス積み)

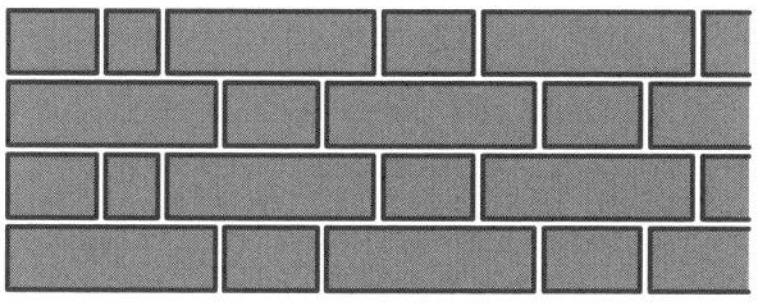

各段とも、長手と小口が交互に

イギリス積み(1枚半積み) — 図3

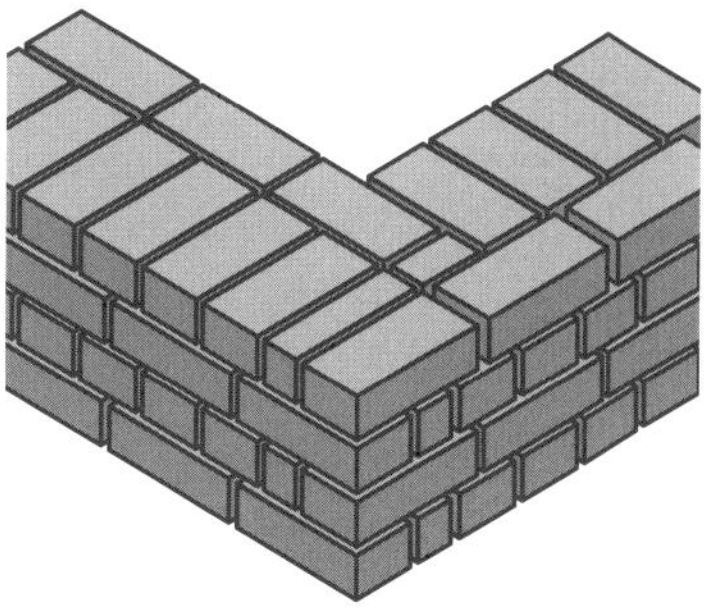

レンガの形状と名称 — 図4

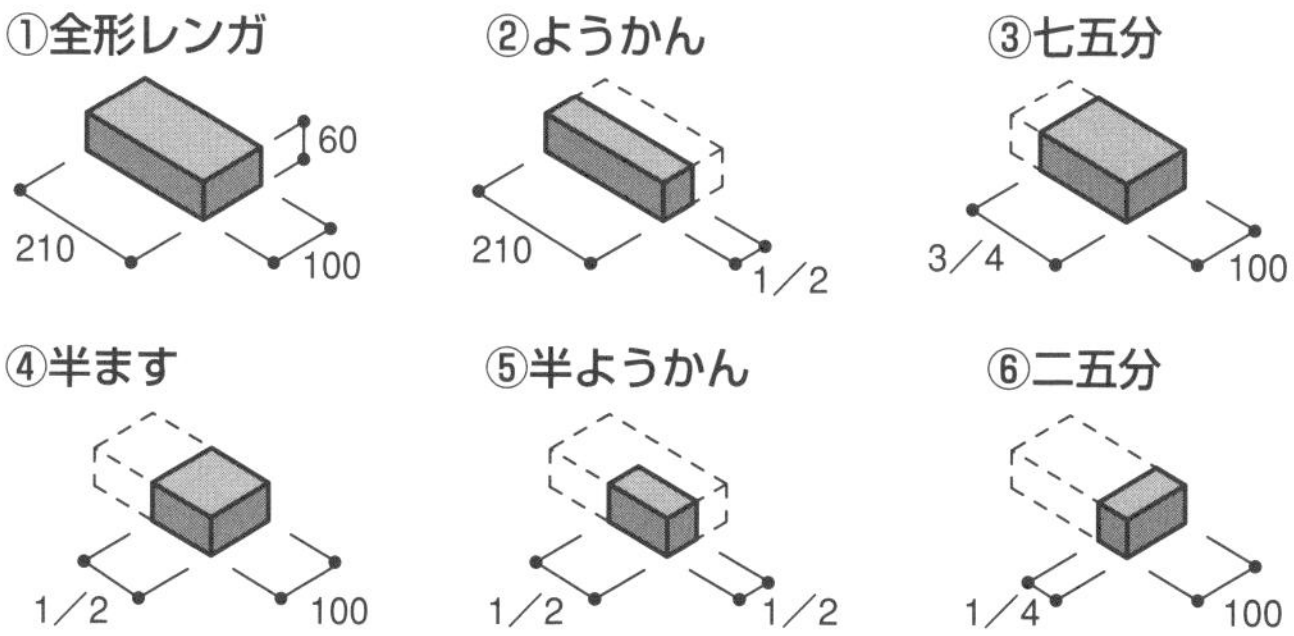

レンガの大きさは地域によって異なるが、標準的なものは20×10×6cm程度である。イギリス積みやフレミッシュ積みのような積み方を可能にするためには、隅角部で通常より小さなレンガが必要である

補強組積造

鉄筋で支えるCB造

Point

◆CB1枚積みでは漏水・結露は当然で、欠陥呼ばわりはあらぬ濡れ衣

◆CB塀を生け垣に変える補助金は、環境対策だけでなく、地震時の安全対策という考え方もある

補強CB造

ブロック状の部材を鉄筋で補強して、耐震性を付加したものが補強組積《そせき》造《ぞう》である。配筋用の空洞をもつコンクリートブロック（CB）を、鉄筋で補強しながら積み重ねる補強CB造（図1・2）がその代表で、ほかにCBを一種の捨て型枠として用いる型枠CB造（図3）などがある。

補強CB造の耐震壁《たいしんへき》には、階数などに応じて最小壁量や壁厚、壁の配筋要領などが決められている（表1）。

積み重ねたブロックの頭をつなぐ部材が臥梁《がりょう》である。臥梁は、耐震壁の補強筋を定着させ、水平荷重に対して耐震壁を一体化するほか、目地のくるいや不陸《ふろく》の調整代《しろ》として使われる。通常は現場打ちの鉄筋コンクリートでつくられ、床や屋根のスラブと一体になっていることが多い。組積造では開口部上部のまぐさも重要で、まぐさ用ブロック、PCaまぐさなどがある。

CB造は戦前は無論、戦後も相当利用されたが、漏水や結露などが多いことから、現在はほとんど建設されていない。ただし、この種の問題は構造というより壁厚・構成によるものである。

CB帳壁、塀

CBによる壁は、帳壁として、鉄骨造やRC造建物の間仕切壁《まじきりかべ》、腰壁にも利用される。帳壁は自重以外の面内方向の荷重が加わらないのでそれほどの耐力は必要としないが、地震・強風時の倒壊や落下防止のために、規模の制限や壁厚に関する規準がある（表2）。

CBの塀は施工が比較的容易なため、広く普及している。ただし、地震で倒壊して死傷事故を起こす例も多く、次のような建築基準法施行令が設けられた。

- ●高さ2.2m以下
- ●壁厚15cm（高さ2m以下では10cm）以上
- ●長さ3.4m以下ごとに高さの1／5以上の幅の控壁
- ●基礎のせい35cm以上、根入れ深さ30cm以上

補強CB造 — 図1

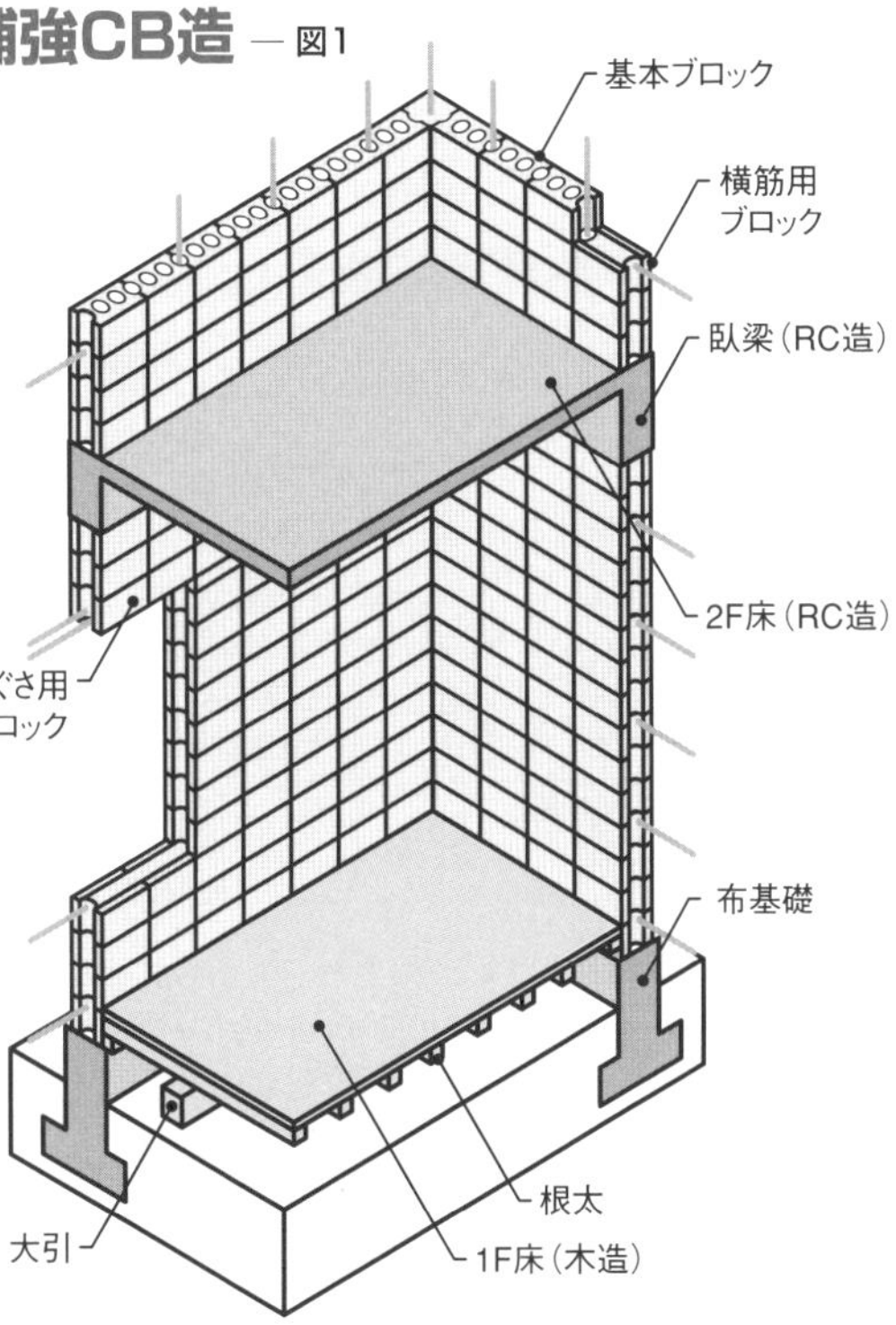

CBの形状例 — 図2

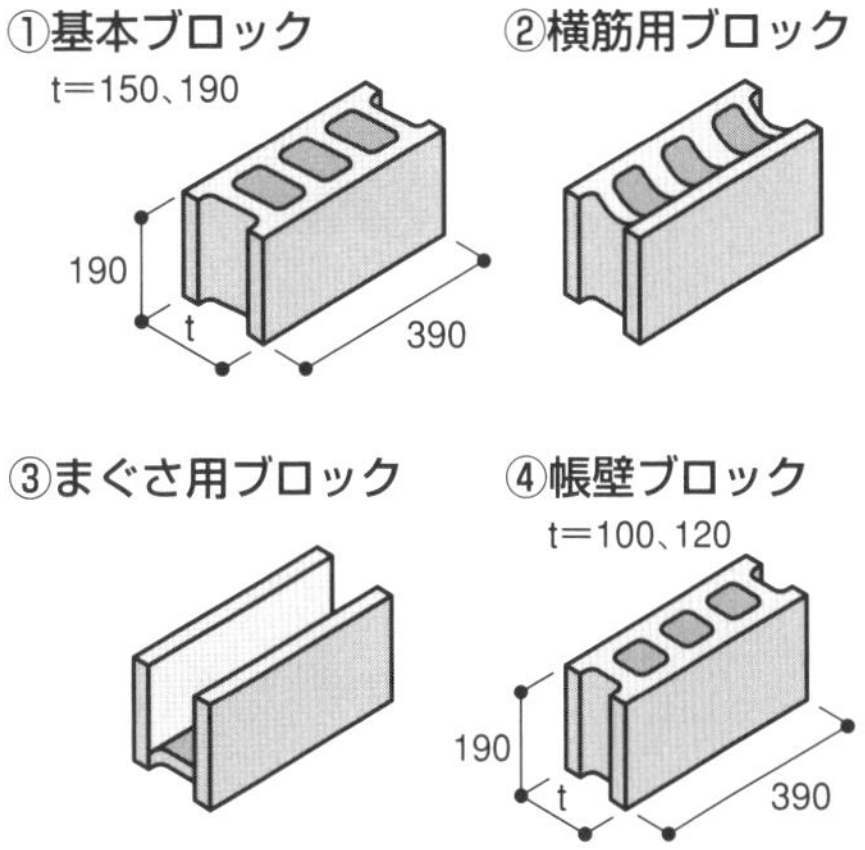

型枠CB造用ブロック — 図3

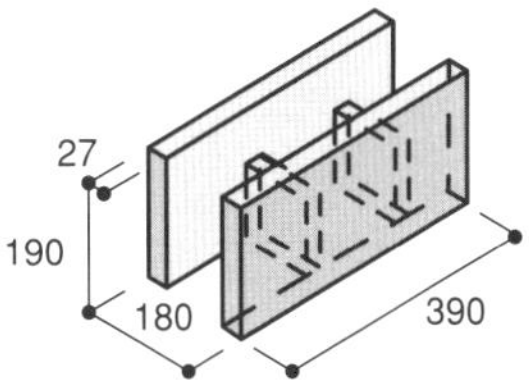

補強CB造の最少壁量・最少壁厚 — 表1

（単位：壁量＝cm／㎡、壁厚＝cm）

		3階建て	2階建て	1階建て
3階	壁量	15		
	壁厚	15cmかつh／20		
2階	壁量	A:21、B:18、C:15	15	
	壁厚	19cmかつh／16	15cmかつh／20	
1階	壁量	B:25、C:20	A:21、B:18、C:15	15
	壁厚	19cmかつh／16	19cmかつh／16	15cmかつh／20

CB帳壁・壁厚の規模制限 — 表2

帳壁の種類		最小壁厚（cm）	
		一般帳壁Ⓐ、Ⓑ	小壁帳壁Ⓒ、Ⓓ、Ⓔ
間仕切壁		12＊かつ ℓ_1／25	12＊かつ ℓ_2／11
外壁	地盤面からの高さ10m以下の部分	12かつ ℓ_1／25	12かつ ℓ_2／11
	10mを超え20m以下の部分	15かつ ℓ_1／25	15かつ ℓ_2／9
	スパンまたは持出し長さの最大限（m）	3.5	1.6

＊地盤面からの高さ10m以下の部分にあっては10とすることができる

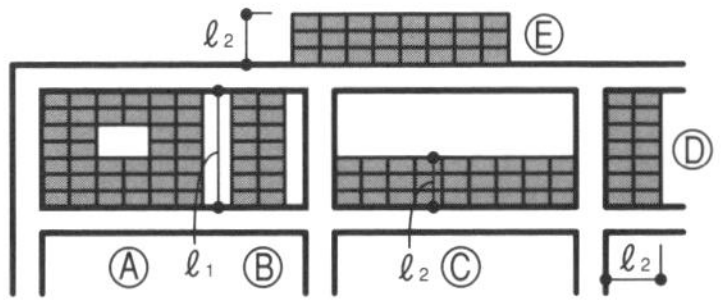

ℓ_1≦3.5m（地下≦4.2m）
ℓ_2≦1.6

042 非木造の構法

地盤・基礎

地業と基礎の選択

Point

◆建物を保持できる地盤か否か、どのような方法によれば保持できるかを考える

◆基礎の配筋は上部構造と逆になる

基礎を支えるための地業

建物の荷重は、基礎を介して地盤に伝達される。基礎を効果的に支えることができるよう地盤に手を加えることを地業《じぎょう》という。地盤の状態は均質でないため、十分な支持力を確保し、沈下を許容量内に抑えるには、地業が必要となることが多い。

地業には、簡便で広く用いられる割《わり》栗《ぐり》地業、荷重が大きい場合に用いられる杭《くい》地業、そして地盤改良法などがある。このうち地盤の支持力を増すために、軟弱地盤の土質そのものを改良する工法が地盤改良法で、表2に示すもののほか、セメントや薬液を注入して直接地盤の強度を上げる工法もある。

基礎と地耐力

基礎の種類には、独立フーチング基礎、複合フーチング基礎、連続フーチング基礎（布基礎）、ベタ基礎などがある（図1）。フーチングとは、荷重を分散してなるべく広い面積の地盤面で受けることができるよう、柱や耐力《たいりょく》壁《へき》の下部の基礎底部を広げたもので、底盤《ていばん》とも呼ばれる。その底面積は荷重と地耐力《ちたいりょく》に応じて決定される。

連続フーチング基礎は、壁式《かべしき》RC造や木造住宅などの基礎に多く用いられる。床下全面にフーチングを広げて設けたものがベタ基礎で、軟弱地盤や荷重が大きい場合などに用いられる。なお、基礎フーチングは、床スラブを逆にしたような構造になる。

地耐力を求めるには地盤状況の把握が必要で、敷地周辺の資料を集め、必要なら実際に掘削するなどして地盤を調査する。標準貫入試験（図2①）では、地層が粘土、砂、礫《れき》など、どんな土質によって構成されているかを調べるために、採取器を一定のおもりで打撃し、30㎝貫入させるのに要する打撃回数（N値）を記録する。戸建住宅などでは、土の硬軟・締まり具合、土層構成を判別するため、おもりと回転で貫入するタイプのスウェーデン式サウンディング試験が多く採用される（図2②）。

地盤の種類別許容応力度の目安 ― 表1

地盤	長期に生じる力に対する許容応力度（単位：kN／㎡）	短期に生じる力に対する許容応力度（単位：kN／㎡）
岩盤	1,000	長期に生じる力に対する許容応力度のそれぞれの数値の2倍とする
固結した砂	500	
土丹盤	300	
密実な礫層	300	
密実な砂質地盤	200	
砂質地盤（地震時に液状化のおそれのないものに限る）	50	
堅い粘土質地盤	100	
粘度質地盤	20	
堅いローム層	100	
ローム層	50	

地盤改良工法の例 ― 表2

工法	概要
バイブロフローテーション	砂地版に振動を加えて間隙部分を締め固める
サンドドレーン	土中の間隙水を取り除くため、砂杭を形成し、地表面から盛土などの圧力をかける

さまざまな基礎 ― 図1

①独立フーチング基礎

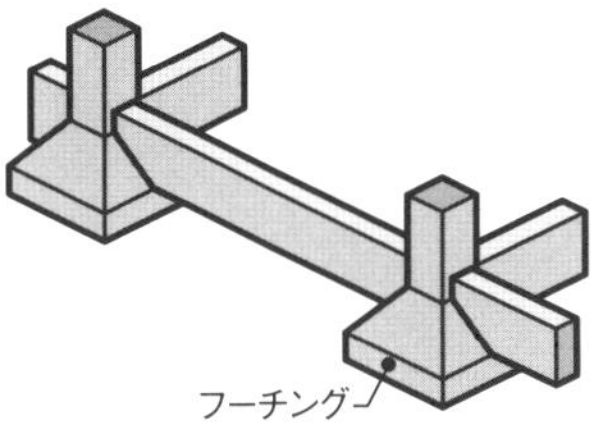

②連続フーチング基礎

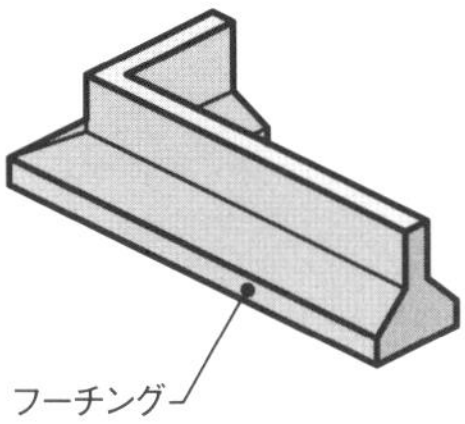

③ベタ基礎

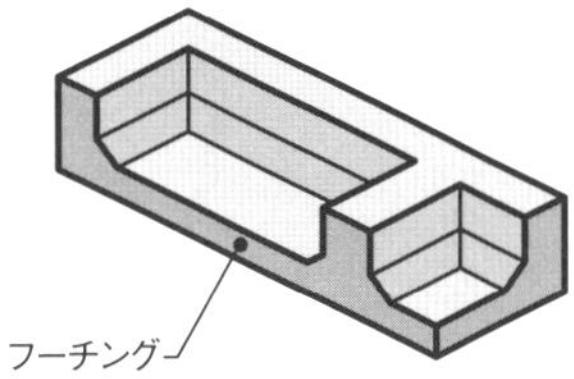

地盤調査試験 ― 図2

①標準貫入試験

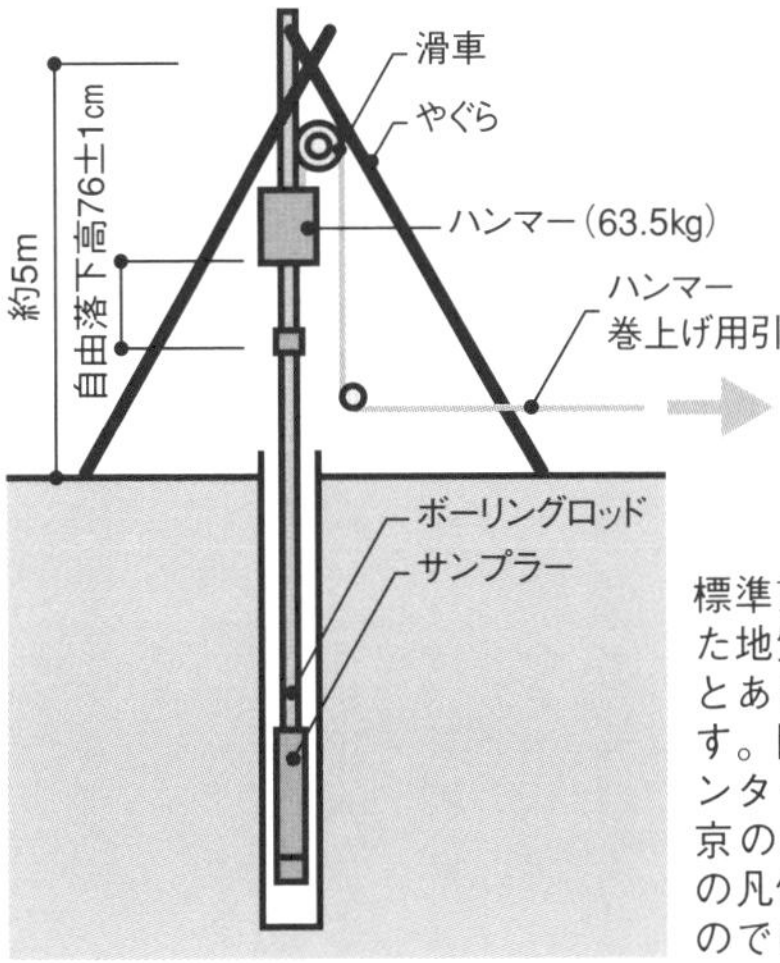

標準貫入試験で得られた地質情報をN値などとあわせて、柱状に示す。図は東京都土木センターが提供する「東京の地盤（Web版）」の凡例で、具体的なものではない

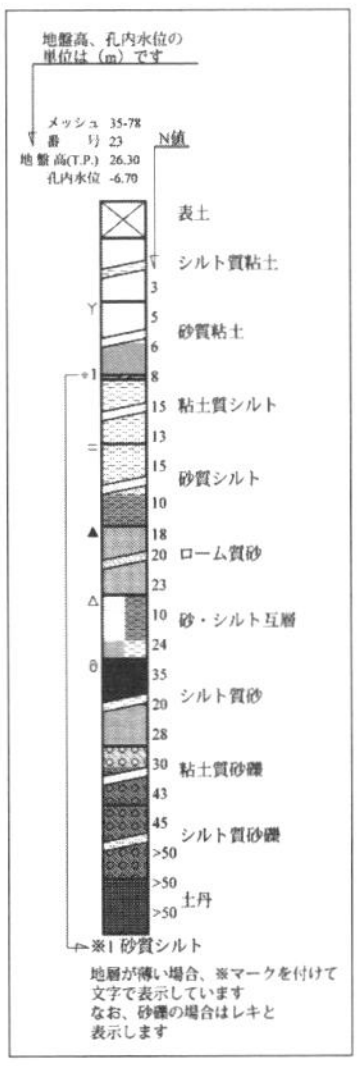

②スウェーデン式サウンディング試験

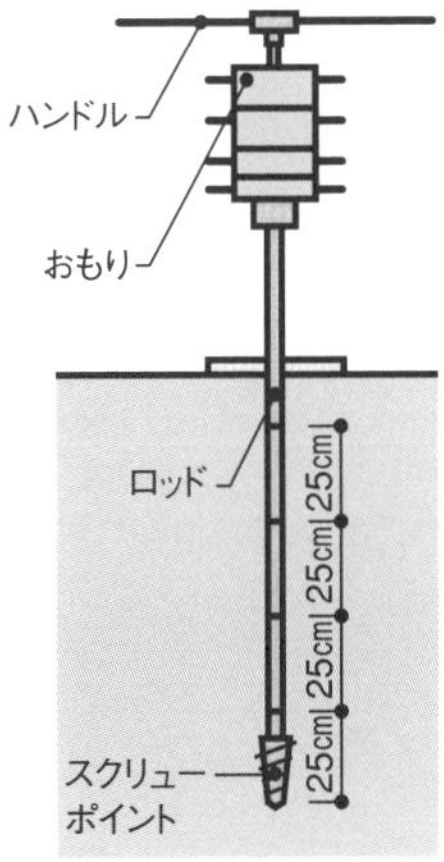

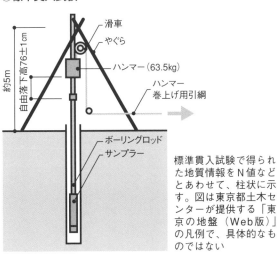

山留め・杭

荷重に耐える地盤づくり

Point

◆山留め壁と地下外壁とをできるだけ近接する工法が開発されつつある

◆“つくる”建物に比べ、“在る”地盤は分かりにくい

山留め工事

大規模な建築物の敷地を深く掘削する場合、根切りの側面には山留めがなされる。山留めの壁には、木矢板《もくやいた》、鋼《こう》矢板《やいた》（シートパイル）などが用いられ、鋼製の腹起《はらおこ》しと切梁《きりばり》などの支保工で土圧を支える（図1）。

根切り底には割栗《わりぐり》地業が行われ、捨てコンクリートが打たれる。捨てコンクリートは荷重を受けるためのものではなく、基礎工事を行うための定規盤として使用される。表面に後作業の目安となる墨出しが行われ、その上に配筋がなされ、型枠が組まれる。

地耐力を高める杭地業

基礎の接する地盤面だけでは必要な地耐力が得られない場合は、杭地業が行われる。杭は材料によって木杭・鋼杭・コンクリート杭に分類される。コンクリート杭は、さらに工場生産される既製鉄筋コンクリート杭と場所打ちコンクリート杭に大別される。また、荷重の伝達形式により、所定の地盤まで達して先端抵抗を利用する支持杭と、周面の土との摩擦力を利用した摩擦杭に分けられる。

木杭には主にマツ材が用いられる。腐食を避けるため、地下常水位面の下に打ち込む。鋼杭には、鋼管杭・H形鋼杭などが用いられるが、腐食により鋼材厚さが減少することへの配慮が必要になる。

既製鉄筋コンクリート杭は、品質は安定しているが、打込み時の騒音などが問題となるため、図2のような工法が用いられる。場所打ちコンクリート杭は、地盤に孔をあけてコンクリートを打設する。杭の断面・品質の確認が難しいが、騒音などの問題が少ないため、多用されている（図3）。

コンクリート杭と基礎を緊結する際は、コンクリートをはつって鉄筋を出し、基礎のコンクリートを打設するときに、定着をとって埋め込む。鋼製杭の場合には、溶接によって基礎の鉄筋と接合する。

山留め工法 — 図1

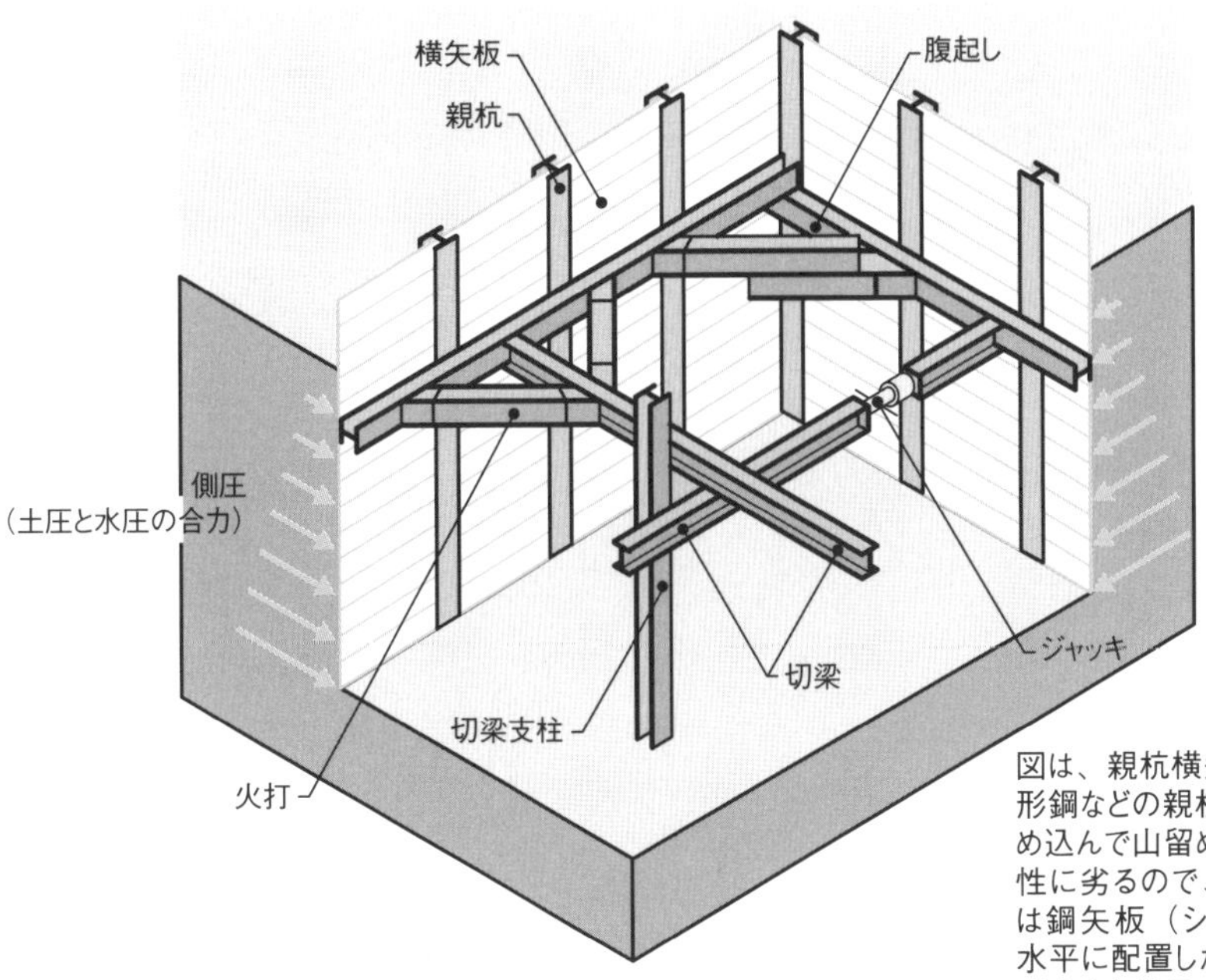

図は、親杭横矢板工法の例である。H形鋼などの親杭を建込み、横矢板をはめ込んで山留めの壁を形成する。止水性に劣るので、地下水の多い敷地では鋼矢板（シートパイル）を用いる。水平に配置した切梁、腹起しなどで構成する支保工で山留めの壁を支える

プレボーリング工法 — 図2

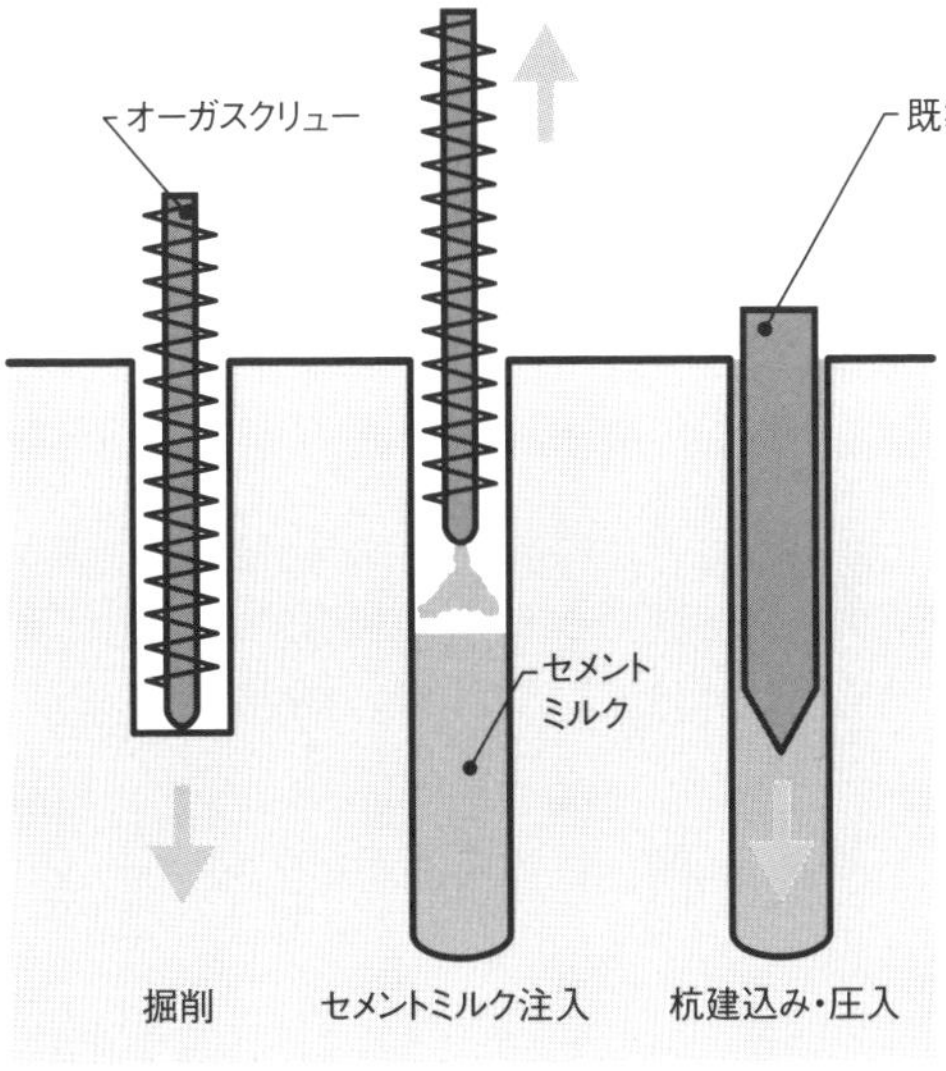

既製鉄筋コンクリート杭には、あらかじめアースオーガなどの掘削機で孔をつくる「プレボーリング工法」、杭先端に取り付けた特殊ビットを回転させながら杭を埋設する「回転工法」などが開発されている

オールケーシング（ベノト）工法 — 図3

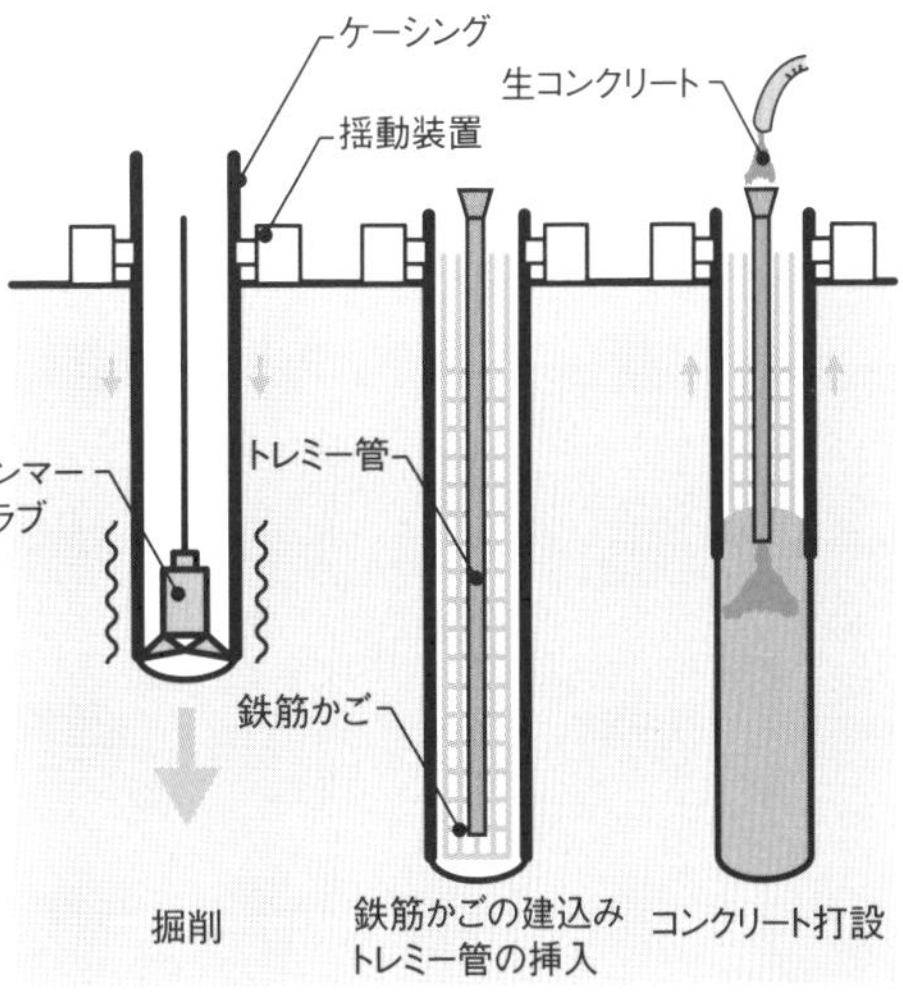

場所打ちコンクリート杭には、周壁のくずれを抑えるためのケーシング（さや管）という円筒を用いた「オールケーシング（ベノト）工法」のほかに、表層部分にだけケーシングを用いる「アースドリル工法」、孔に水を満たして掘削し、土砂を循環水とともに排出する「リバースサーキュレーション工法」などがある

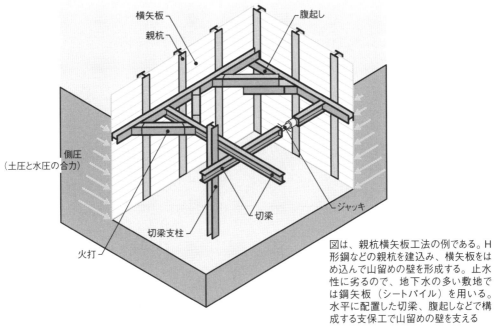

045 その他の構造

地下室

地下水・結露への対応

Point

◆「地下室マンション」に見られるように、法規が思わぬ建築を生むことがある

◆地階居室には地下なりのメリットがあるが、地下なりの対応も必要

地下室増加の理由

敷地利用の高効率化を目指して、1994年に建築基準法が改正され、容積率算定に際しては、住宅の延床面積の1／3まで地階の床面積を除外できるようになった。地下は温度などが安定しているうえ、地階をつくることで、より大きな地耐力を得る可能性もある。また、建築基準法上、天井高の1／3以上が地盤面下であれば地階と解釈されること（図1）などから、地下室が増える条件が整った。しかし、実際には、法規上は地下室の住戸を含む斜面敷地のマンションも増えた。

防水・防露

地下の外壁には地下水に対する防水が必要で、RC造の壁の外側に防水層を設ける場合（図2①）と、内側に防水層を設ける場合がある。躯体《くたい》のためには外防水が望ましいが、市街地の建物などでは敷地いっぱいに建物を計画することが多いため、地下外壁が出来上がった後の工事（後遣り《あとや》）は隣地境界との関係から現実的ではない。また、出来上がる前の工事（先遣り《さきや》）も段取りの点から外防水は難しいことが多く、実際には内防水が多用されている（図2②）。

設備配管類が地下の外壁を貫通する際は、常水面より上に設置するのが原則である。また、地階に断熱層を設ける場合は、上階部と同様に、地下外壁の外側に設けるほうがよいが、防水層同様、工事は難しい。

したがって、外防水、内防水いずれの場合も、内側にコンクリートブロックなどで2重壁をつくり、壁の間で浸透水に対する配慮をする形式が多い（図2③）。

夏季の地下階床面や壁面などの表面温度は、露点以下となる可能性が高いため、結露の要注意個所となる。底盤部分には地下からの浸透水や漏水、結露水などが溜まる。そこで底盤上を地下階として使う場合には、2重スラブを設け、床下のつなぎ梁で囲まれた部分を、湧水槽・蓄熱槽などとして利用することがある。

地下室の構成 ─ 図1

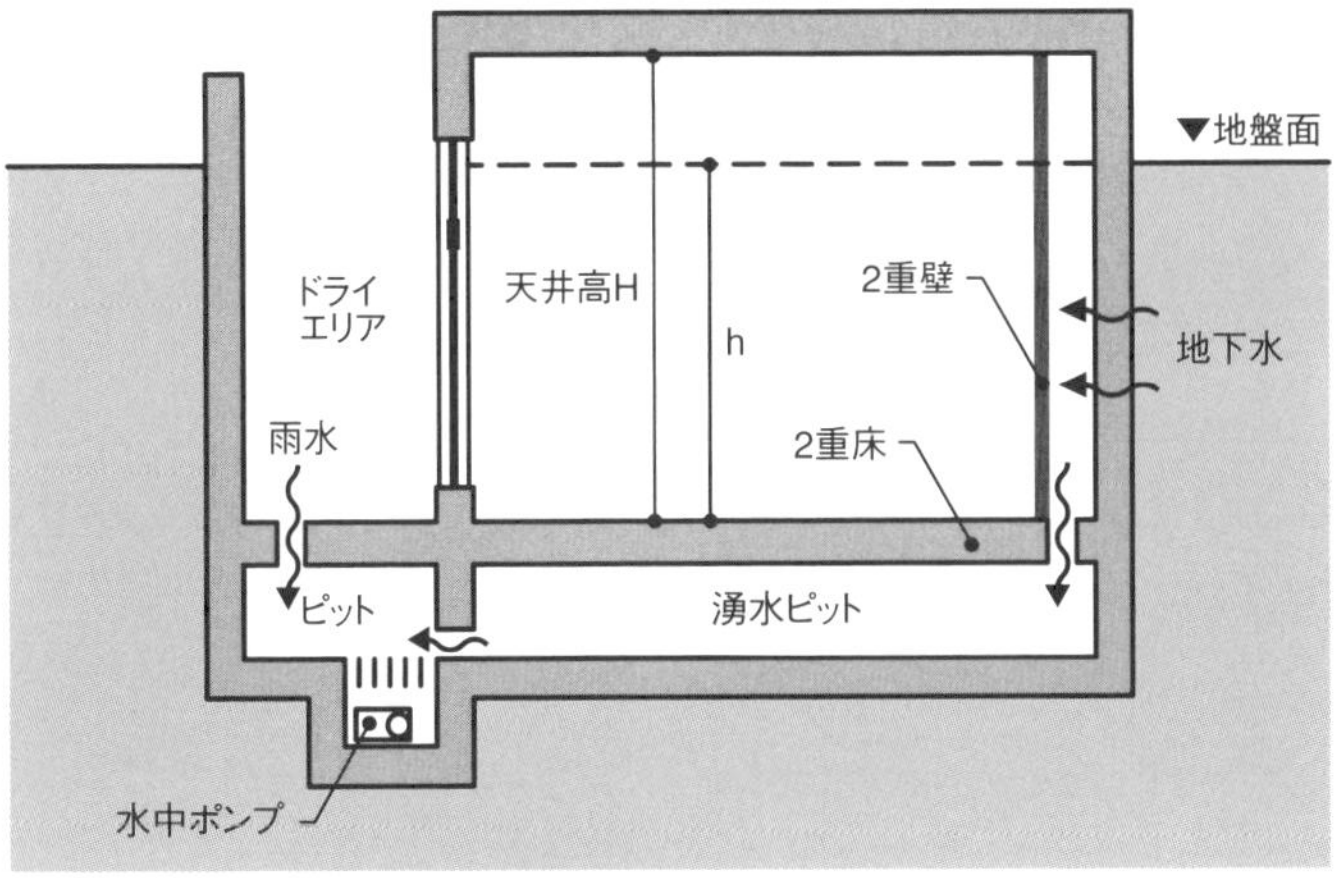

地階の条件：h≧1／3・H
（容積率特例のためには　H―h≦1m）

地階に居室を設ける場合、防水・防露のほかに、採光と換気も問題となる。一般的にはからぼり（ドライエリア）を設け、それに面して開口部を設けることで採光と換気を確保する

地下室の防水 ─ 図2

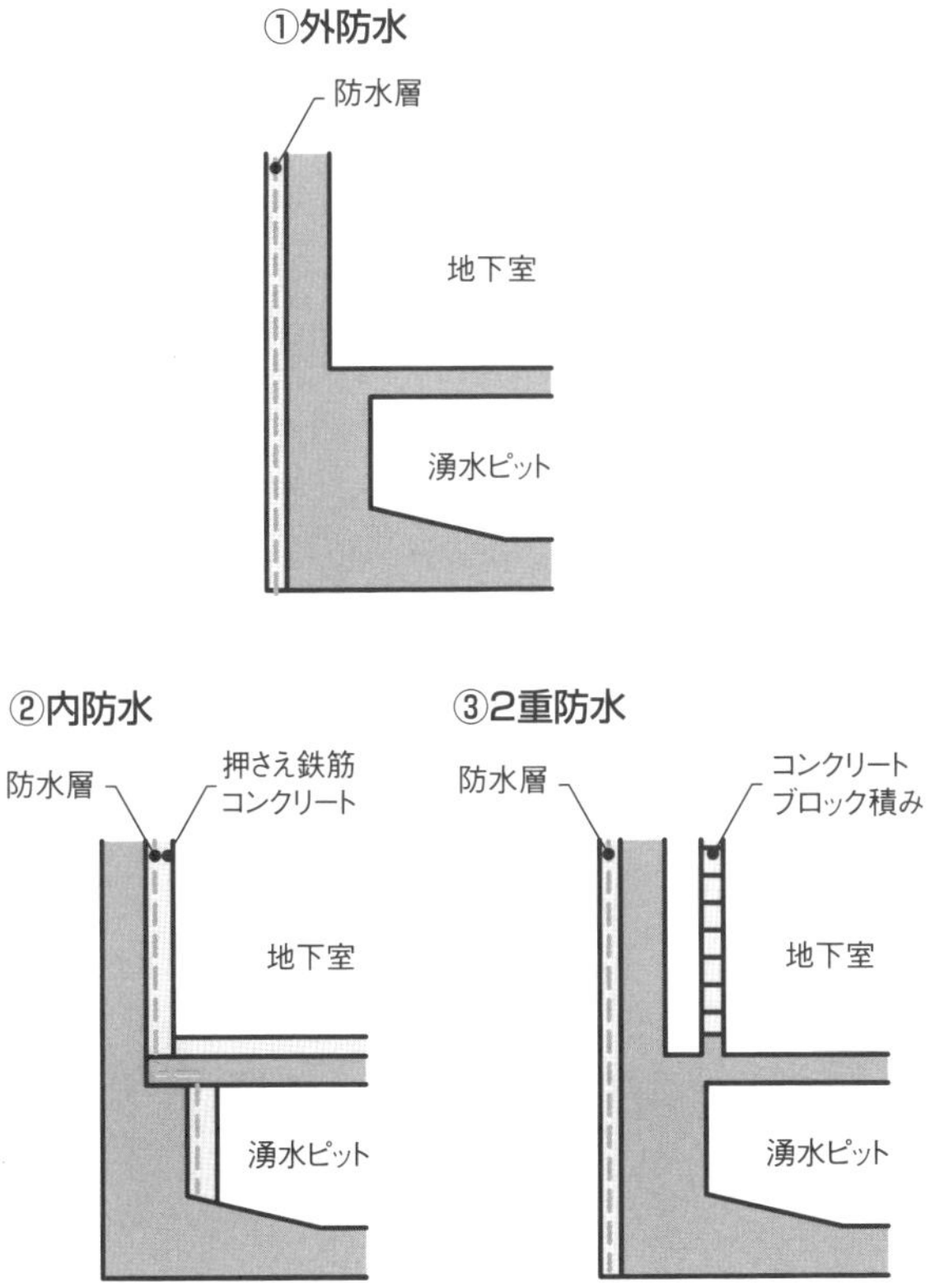

逆打ち基礎 ─ 写真

1階床梁を山留めの支保工、作業床として利用。工期短縮をねらい、地上階工事と並行して、上階から下階へ掘削と躯体の工事を通常とは逆に進める

耐震・免震・制振

自然災害への備え

Point
- ◆数百年に一度の地震には倒壊せず、数十年に一度の地震には損傷せず
- ◆入れて耐える、入れずに免れる、揺れを少なくする、のいずれによるか？

自然災害の予測

近年、日本では毎年のように大規模災害が相次いでおり、このリスクへの対策は必須である。地震の大きさや台風時の降雨量・風速といった大規模な災害の程度・確率は「再現年数」を設定することで、各地域の過去のデータを使って予測できる。再現年数は、建物として想定される耐用年数と安全の確率を考慮したうえで設定される。このうち、地震や風速などについては所定の手続きを経たデータが公表され、構造の検討に使われる。

図1は、現時点で考慮し得るすべての地震の位置・確率に基づき、各地点がどの程度揺れるのかをまとめて計算し、その分布を示した地図である。図2の「地震地域係数」は、地域ごとの地震リスクに応じて国土交通省が定めたもので、地震が比較的少ない地域では、基準震度から設計震度を係数分割り引くことができる。地震の頻度が高い地域の指数を1.0とし、それと比較して頻度の低い順に3地域に分けている。

地震対策

地震への一般的な対策は、主に「耐震」「制振」「免震」の三種類に大別される（図3）。建物の柱・梁の強度を高めたり、筋《すじ》かいや耐震壁《たいしんへき》を使ったりなどして強度・剛性を高めて地震に対抗するのが「耐震」である。地震や風の振動を吸収するようにして振動を減らすのが「制振」、建物と地盤の縁を切ることで振動を吸収するのが「免震」である。

免震工法には、積層ゴムやバネ、あるいはベアリング状のもので地震動を吸収するなどの方法がある（写真1）。

制振工法には、オイルダンパーなどで振動を吸収させる方法がある（写真2）。地震や風の振動に逆行するような動きを生じさせて振動を減らす「制振」には、構造安全上の向上という意味もあるが、人間の不安感を払拭するため、あるいは建物内の装置や文化財を守るという目的もある。また、一般に制振は地震よりも風対策といわれる。

地震の地域係数と予測

確率論的地震動予測地図(2018年版)— 図1

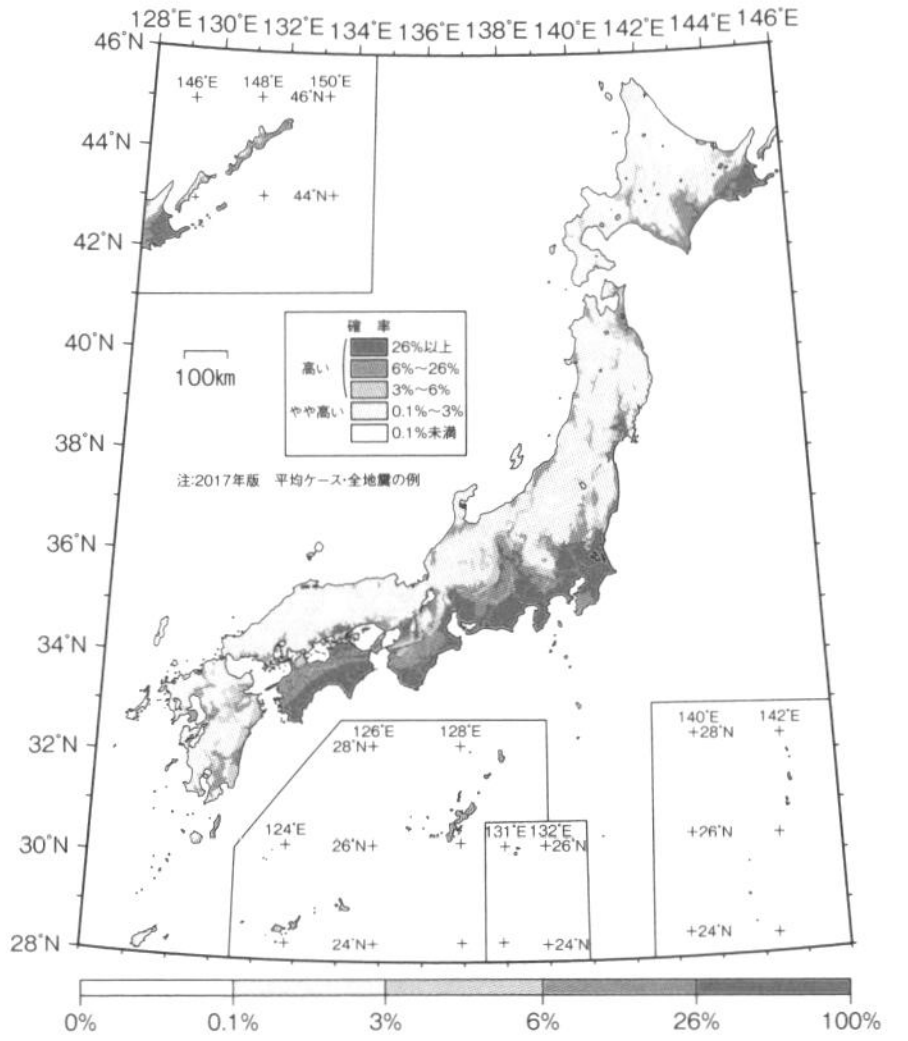

今後30年間に震度6以上の揺れに見舞われる確率／期間と揺れの強さを固定して確率を示した地図の例

地震地域係数 [Z]— 図2

(昭55建告1793号)

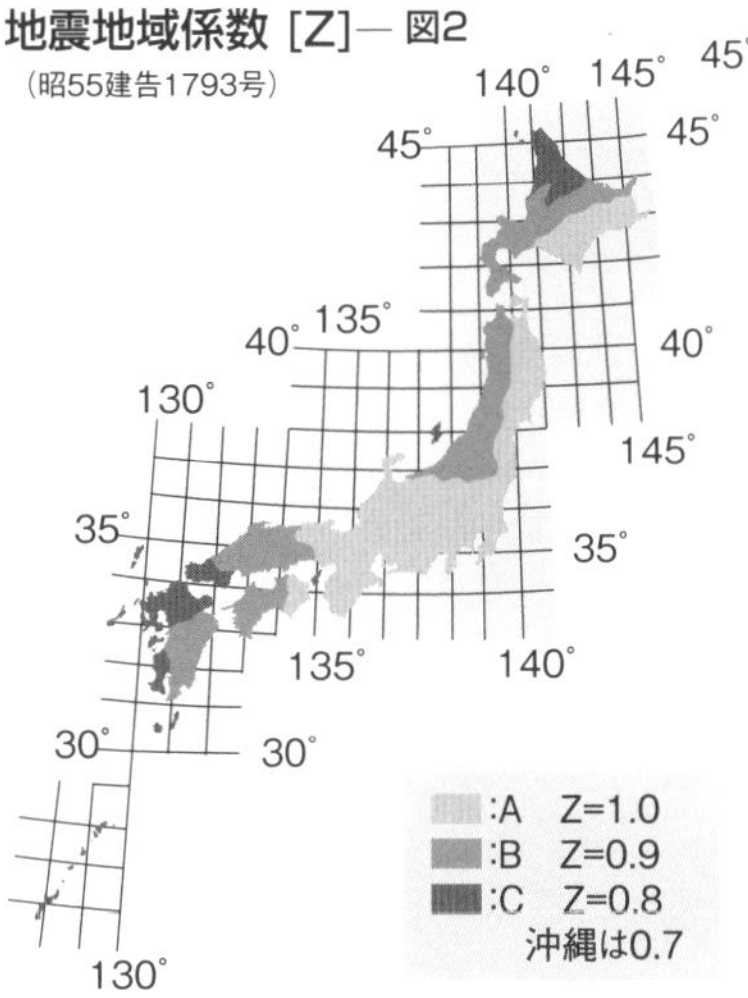

耐震・制振・免震 — 図3

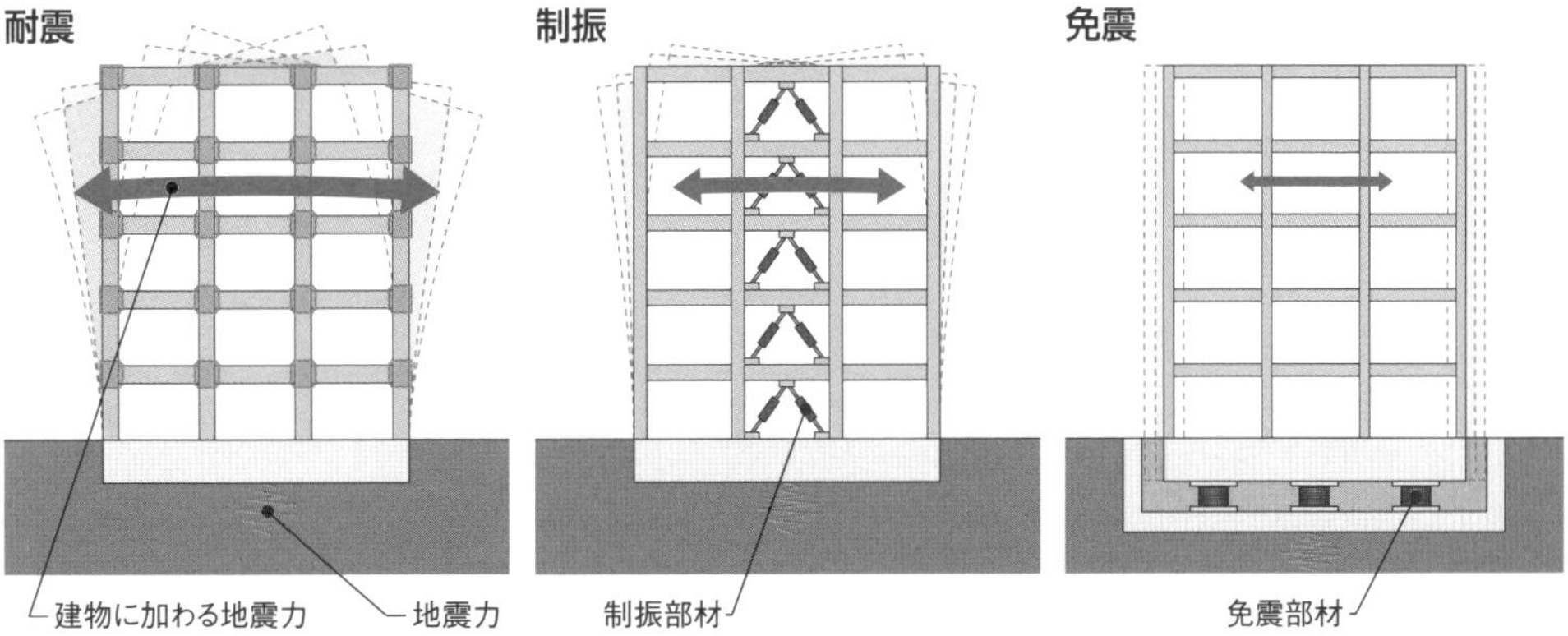

積層ゴムと鉛ダンパーを用いた免震 — 写真1

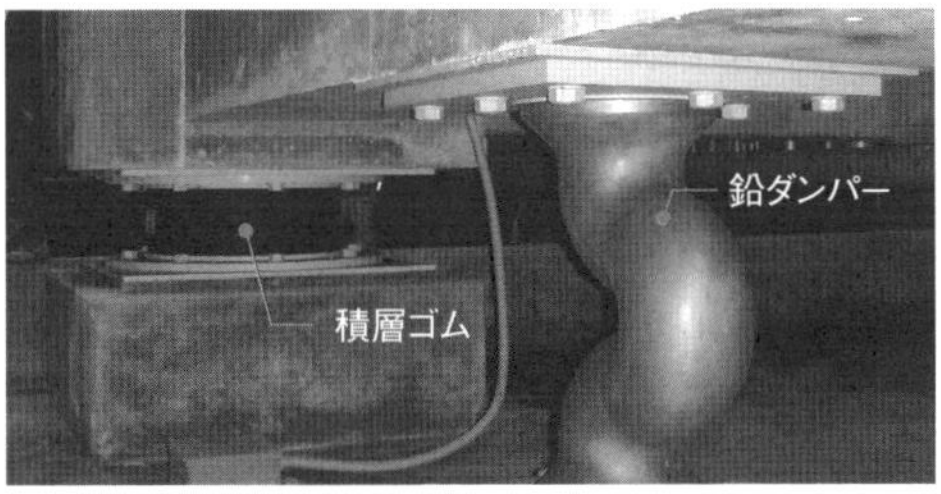

地盤と絶縁することで地震力を免れるアイソレータとして積層ゴムを用い、震動エネルギーを吸収するダンパーとして鉛の塑性変形を利用する例

オイルダンパーを用いた制振 — 写真2

高層ビルなどでは、地震による振動より台風による振動のほうが頻度が高いため、風対策が重視される

図1出典:『全国地震動予測地図2018年版』(地震調査研究推進本部事務局／文部科学省研究開発局地震・防災研究課)

Column 3

世界の在来構法

ブロック積み —写真 1

目安となる柱状のものは、木であったり、RCであったりさまざまである。構造体でなく目安であるから、材質は不問であり、精度も高い必要がない。写真 1 はRC骨組を目安としたブロックの組積造の例（北アフリカ）

レンガ積み —写真 2

木の骨組にレンガで壁を積み上げた「木骨レンガ造」の例（富岡製糸場・1872 年） 写真提供：PIXTA

広い選択肢をもつ組積造

在来構法とは〃在り来たり〃の構法を指し、各地域における文化・文明の伝統、経済状況、社会環境など、諸々の条件を勘案して存在しているものである。各地の在来構法をマクロにとらえたとき、地域を越え、世界規模で広く普及している構法を、ここでは世界の在来構法という。

世界規模の構法というと、日本では少数派であるが組積造《そせきぞう》があげられる。軸組造も考えられるが、その成立のためには、潤沢な木材か鋼材、あるいは高度なRC技術の普及が必要で、世界規模というには地域が限られる。

組積造であれば石、石がなければ、レンガ、日干しレンガという選択肢がある。ただし、組積に使用する材料は小さいため、建方の際に形状・寸法の目安となるものが必要である。そこで、柱・梁の骨組をRC造や木造として壁にレンガなどを組積した工法（写真1・2）が自然発生したと思われる。

4

水平部位の構法

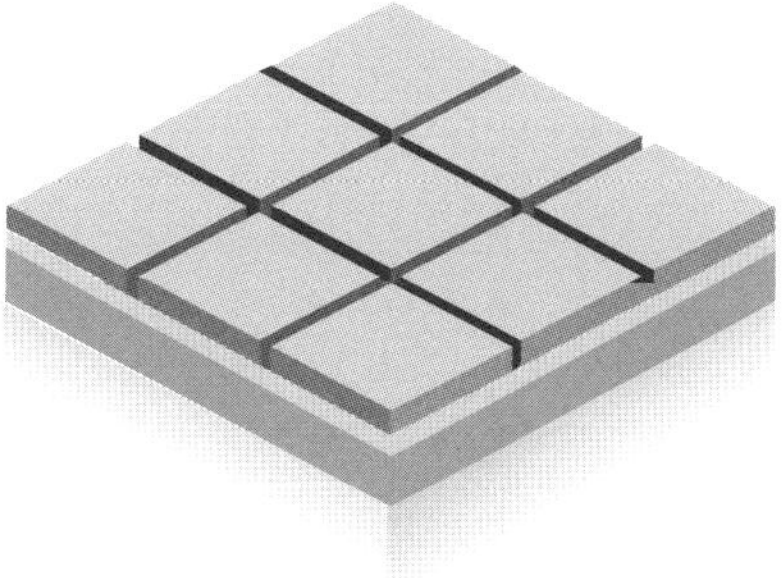

047 勾配屋根

屋根の形状

屋根の形状が多様な理由

Point

◆屋根の形はさまざまな理由から決まる

◆屋根・降雨量が大きいほど、葺き材が小さいほど、勾配は急になる

屋根の役割と形状

屋根は天井と組み合って、建物上部の屋外と屋内を遮断する。雨（雪）・風・日射を防ぐことが重要で、要求される性能は立地環境によって異なる。

傾きをもつ勾配屋根と、水平に近い陸《ろく》屋根に大別されるが、一般地域で陸屋根が普及するのは、信頼できる防水材料が出現した20世紀以降である。

屋根の形状は、雨水を防ぐ意味では取合い個所の少ない、単純なものがよい。片流れは単純だが、水上側の壁を保護することが難しく、水下側（軒）に雨量が集中する。切妻は小屋組が簡単で、妻壁上部の棟付近に換気口を設けることも容易だが、妻面の露出が大きく、妻壁保護に若干問題がある。寄棟は4周に軒が回るので、壁保護の点では問題ないが、妻壁に換気口を設けづらく、小屋組も複雑になる。正方形に近い平面形の場合、寄棟の隅棟は1点に集まり方形《ほうぎょう》と呼ばれる形状になる。入母屋は切妻の4方に庇《ひさし》をつけた形で小屋組は複雑だが、棟付近に換気口を設けることも、軒が4周に回ることから壁を保護することも可能である（図1）。

屋根の勾配

屋根面の傾きの度合や勾配は工作を容易にするため、正接（tan θ）が単純な数となるようにとるのが一般的である。4／10というような分数表示が用いられるが、伝統的には水平方向1尺に対する登り高さを寸で呼称して、4寸勾配などという。

図2は勾配屋根の各部の名称である。漏水の危険性は、降雨量・屋根面積（軒棟間距離）が大きいほど、そして屋根葺き材（重ね）が小さいほど、高くなる。それを回避するためには勾配を急にすることになる（表）。

かつては、防水性が高い大きな葺《ふ》き材がなかったこともあるが、屋根葺き材といえば瓦のように屋根形状に対応可能で、破損時にも部分的に修復可能な小片のものが多く、それらを重ねることで雨仕舞《あまじまい》をしていた。

屋根の形状 — 図1

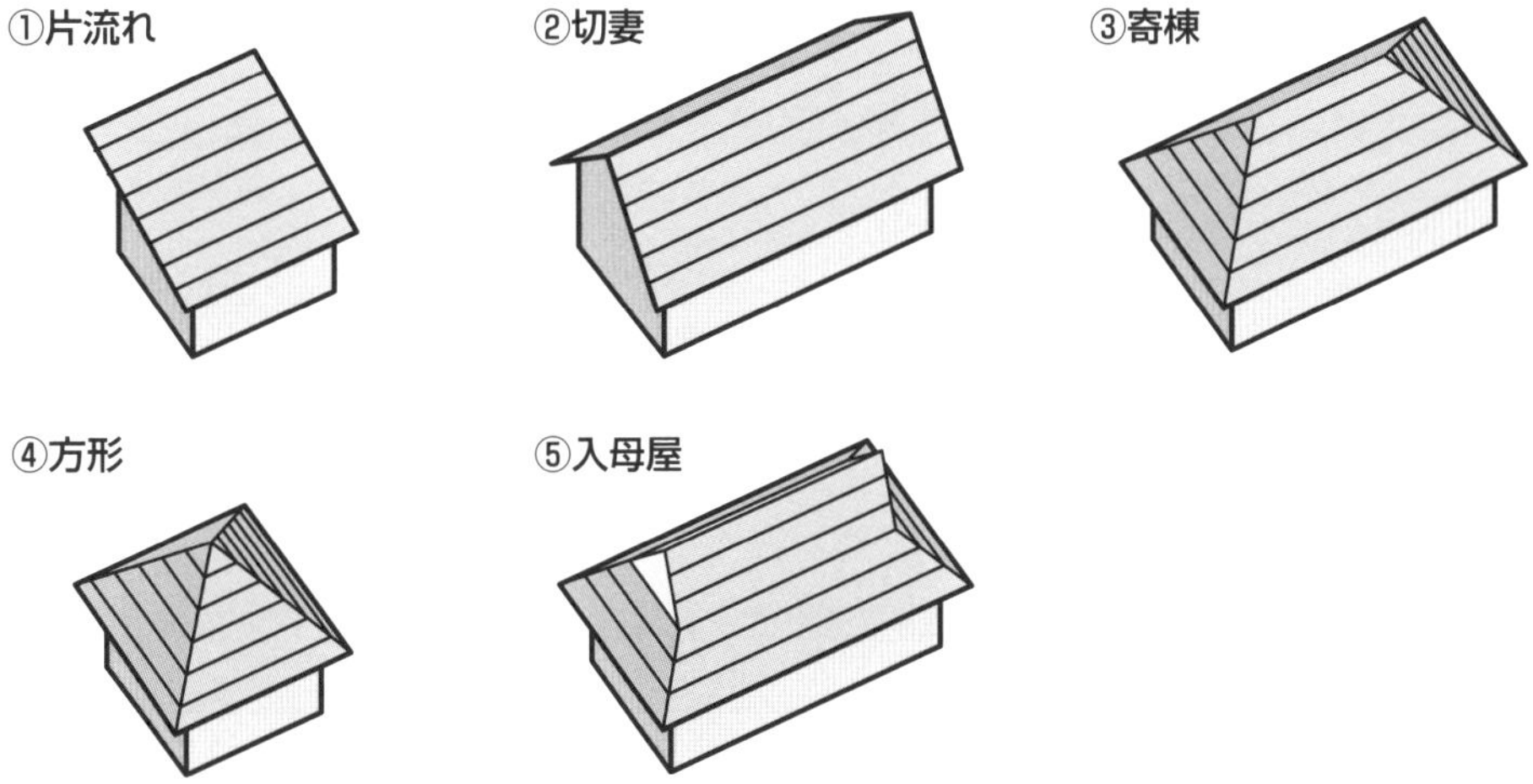

勾配屋根の各部の名称 — 図2

屋根の形は雨仕舞からいえば単純であるほうがよいが、建物の平面、立面計画、意匠も深くかかわる。そのため形状が複雑になり、さまざまな取合いが生じる

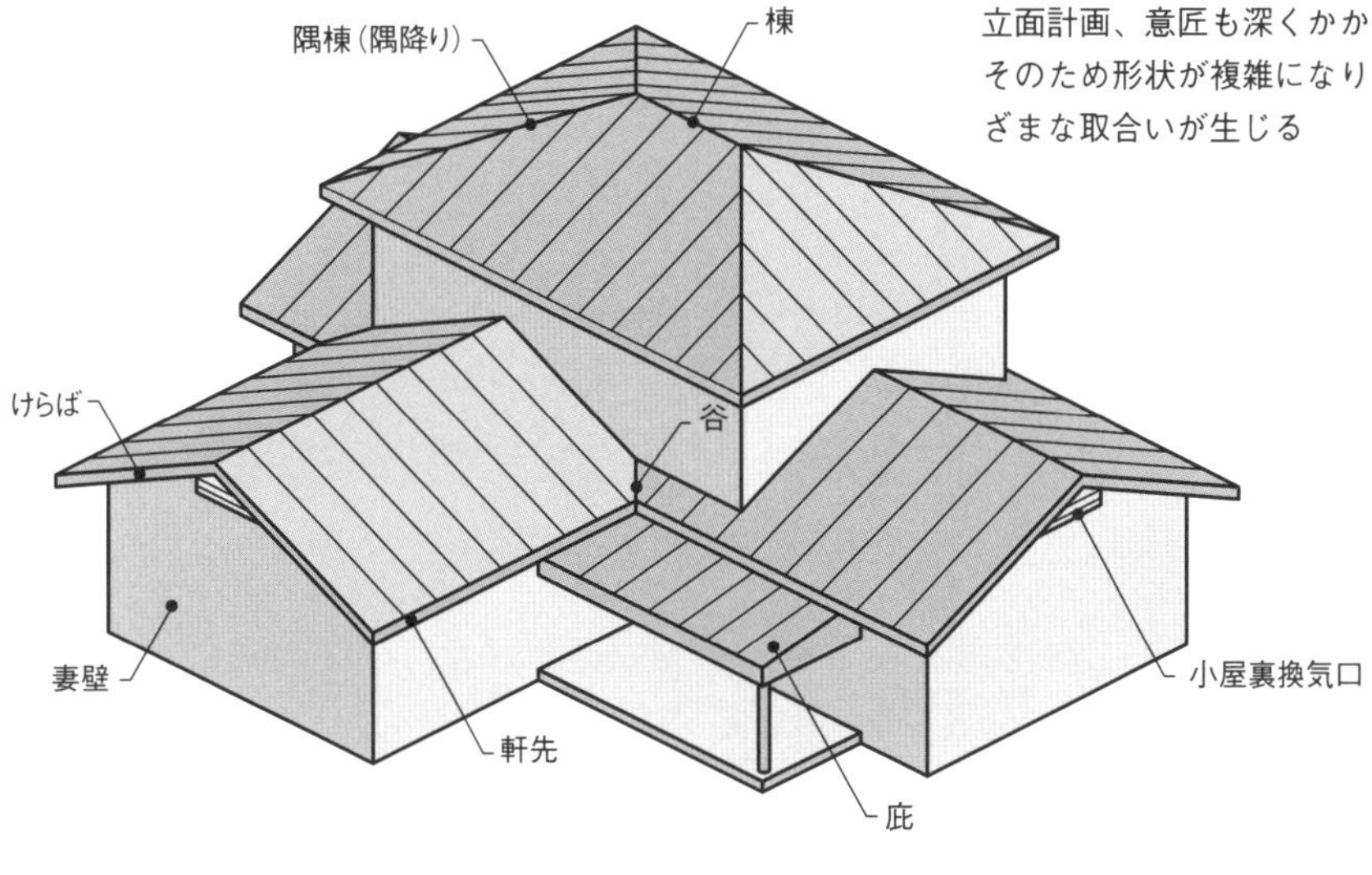

屋根葺き材と勾配 — 表

金属板折板葺き	0.5／10〜
長尺金属板瓦棒葺き	1／10〜
金属板一文字葺き	2.5／10〜
住宅屋根用化粧スレート葺き	3／10〜
桟瓦葺き	4／10〜

近年は時間降雨量が多くなっているため、より余裕をもった勾配が必要である

屋根の構成

勾配屋根の基本

Point

◆勾配屋根に要求される性能はさまざまで、要求度合いも高い

◆勾配屋根の形状・葺き方は外観意匠上の大きな要素

要求される性能

勾配屋根に要求される性能は、防水(雨仕舞《あまじまい》)だけではない。耐風(葺《ふ》き材もあるが、特に棟・けらば・軒部などの端部)、室内火熱に対する耐火(30分、小屋組・屋根スラブ)、類焼対策としての不燃なども重要である。日本では市街地の屋根は不燃材が原則であるため、茅葺《かやぶ》きの旧家も波板《なみいた》鋼板などによって無惨にも改装される。

また、耐久性や遮熱の観点から、通気・換気(下地・小屋裏)などへの配慮も必要となる。

勾配があるだけに納まり・取合いは複雑で、葺き材などには役物の種類も多い。外壁との取合いは当然、屋根勝ちの外壁納めとなる。

表は主要な屋根葺き材の性能を比較したものである。

勾配屋根の構成

勾配屋根は、屋根全面を覆って建物を保護し、一次的に降雨の大部分を排出する屋根葺き材、その屋根葺き材で防ぎきれなかった雨水を排出する下葺き材、屋根葺き材・下葺き材を支持する野地、垂木《たるき》、そして屋根躯体《くたい》(母屋以下の小屋組あるいは屋根スラブ)で構成される。

下葺き材は、かつては土居葺《といぶ》きという木を薄くひいた板を、シングル葺き(**110頁参照**)の原理で並べていくものを用いていたが、現在はアスファルトルーフィングなどの防水シートが用いられる。また野地は、かつては細幅の板を隙間をあけて並べることで野地板としていたが、近年は合板などボード状の材料を用いることが多い。

野地板は約4.5㎝間隔に配置した垂木が支え、垂木は屋根躯体が支える。垂木は支える母屋の間隔や軒における垂木の出により、4.5㎝程度の角材から4.5×90㎝(あるいは柱三ツ割)程度の部材が用いられる(**図**)。

ちなみに欧米などでは瓦葺きの際、必ずしも野地板を設けない。壁に比べてはるかに無防備といえる(**写真**)。

各種屋根構法の性能比較 ―表

屋根構法／性能	粘土瓦葺き	プレスセメント瓦葺き	住宅屋根用化粧スレート葺き	金属板葺き	草葺き・板葺き
防水性	焼成時に発生するひずみにより隙間が大きく、飛沫が浸入しやすい	粘土瓦に比べて隙間が少ない	製品形態によって差が大きい	長尺では緩勾配屋根が可能。接触角が小さく毛細管現象を生じやすい	透水性があり、十分な勾配が必要
耐風性	重量が大きいため有利、周辺部の固定が重要	同　左	吸引力による曲げ破壊に注意が必要	軽量のため不利、十分な緊結が必要	軽量のため、強風地域では注意が必要
耐候性	温暖地では耐久的である	表面塗膜の耐久性が問題になる	表面仕上層の耐久性が問題になる	非鉄金属板は概して寿命が長い	腐朽しやすい、環境や建物の使用状況により差が大きい
防露性	問題は少ない	同　左	緊結金物が冷橋になりやすい	熱伝導性が大きいため不利	最も優れている
防火性	問題なし	同　左	同　左	同　左	可燃物のため、市街地では使用不可
耐寒性	産地や材質により耐凍害性が異なる	凍害のおそれがある	耐凍害性、耐積雪性に問題がある	凍害のおそれがない、積雪圧や滑雪にも強い	問題は少ない
施工性	役物の種類が多い、変形屋根に対応しづらい	同　左	大判のため能率がよい	長尺板によるものは能率がよい	専門技術者不足
その他	重量が大きいため地震時に被害を受けやすい	同　左	踏み割れが生じやすい	雨音や、風・熱伸縮に伴う音に注意	―
JIS	A5200	A5402	A5423	G3312など	

参考：『建築材料用教材』（社）日本建築学会・丸善）ほか

勾配屋根の構成（桟瓦葺き）― 図

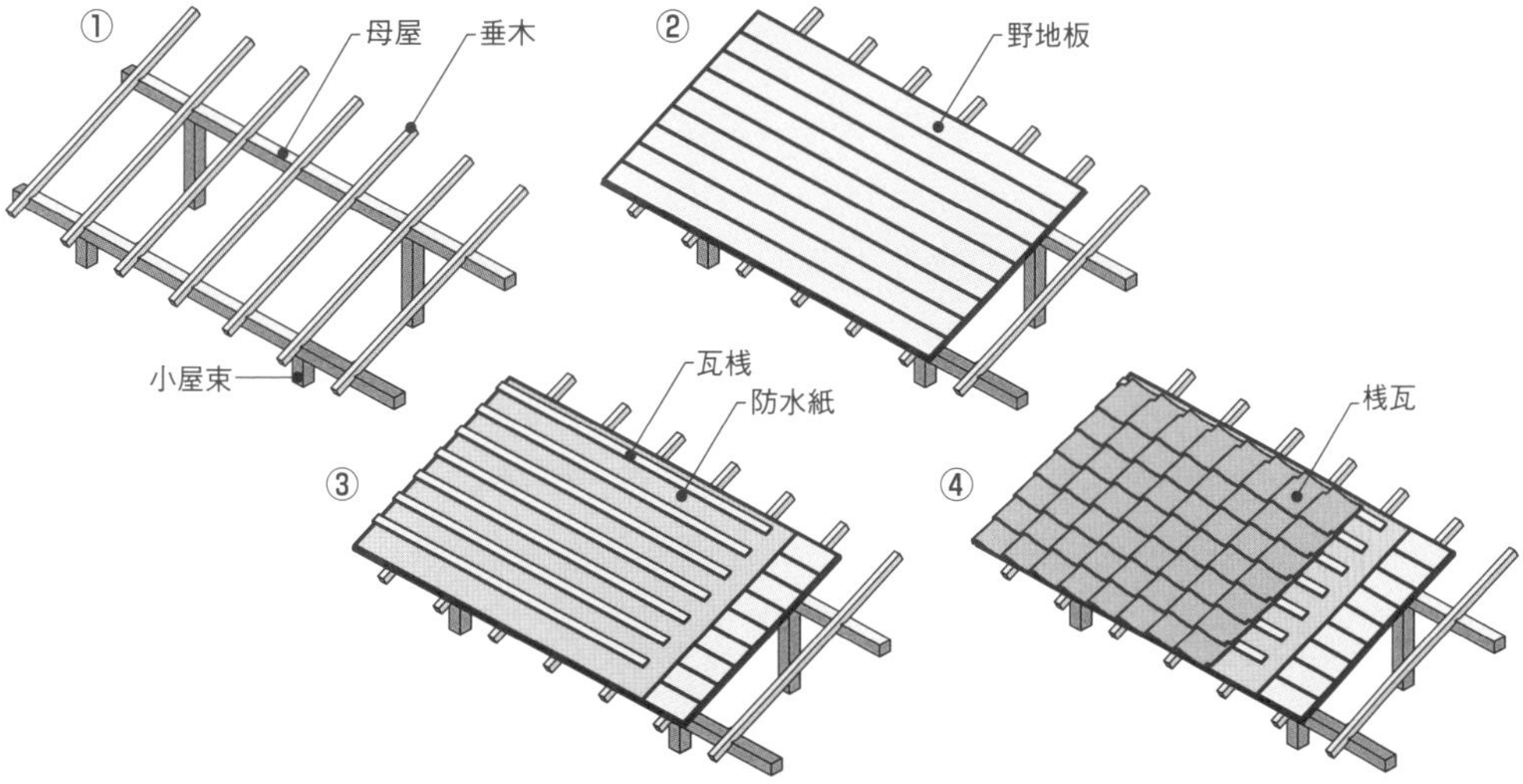

海外の勾配屋根（野地板なし）の例 ― 写真

東南アジアの瓦葺きの例。野地板を省略して、垂木に取り付けた桟に、直接屋根葺き材を取り付けている。オランダなどの影響によると思われる

シングル葺きと本瓦葺き

屋根の種類①

Point

- ◆単板を敷き並べて重ねるシングル葺きは葺き材の基本
- ◆本瓦葺きは昔から特権階級用、桟瓦葺きは江戸中期から庶民用

シングル葺き

木の単板をシングルというが、シングル葺《ぶ》きとは、薄い定形の板を図1のように重ねて、並べたものである。横方向に隙間ができるので1段上の板とのずれ（葺足《ふきあし》・働き）の2倍以上の奥行の板を用いて、隙間の水を受ける。

伝統構法である柿葺《こけらぶ》きや檜皮葺《ひわだぶ》きは、板の重ねを何重にもとったものである。また、一時期多用された住宅屋根用化粧スレート葺きも同じ原理によるものである。なお、スレートは薄板の粘板岩の呼称で、類似の製品を石綿スレートと呼んでいたが、現在はノンアスベストとなり、名称にも石綿の文字はなくなっている（図2）。

本瓦葺き

シングル葺きは平板であるが、瓦葺きは重なりを少なくしたうえで、雨水の流れる個所を凹部、接合個所を凸部としたものである。この原理は瓦棒葺きや折板などに共通である。

瓦葺きの種類には、本瓦葺き・桟《さん》瓦葺き・洋瓦葺きなどがあり、形状が異なる。窯《よう》業製品であり、生産地も種類も多いが、焼き方によって、いぶし瓦・塩焼き瓦・釉《ゆう》薬瓦などに分類できる。吸水率が高いタイプは、吸水後凍結すると体積が膨張し（数％）周囲を破壊する。これを繰り返すことによる劣化が凍害で、寒冷地では要注意である。重量がある瓦は耐震上は不利だが、熱容量が大きいなどの特徴がある。耐風対策上、外周部は1枚ずつ、内部もできるだけ細かく固定するのがよい。

外周部を除いてほぼ同じ形状の瓦を連続的に葺く桟瓦葺き（113頁図2参照）に対し、本瓦葺きはほぼ全面に敷き並べて上下に重ねる平瓦《ひらがわら》と、その左右隣接部を覆う丸瓦《まるがわら》の2種類を用いる（図3）。本瓦葺きは、古くから寺院や城郭建築などに使われてきた。瓦は身分・家柄と関係があり、庶民の家屋では使用できなかったが、明暦の大火（1657年）などの大火が頻発したことから、延焼防止のために桟瓦葺きの使用が許可されたといわれている。

シングル葺き ― 図1

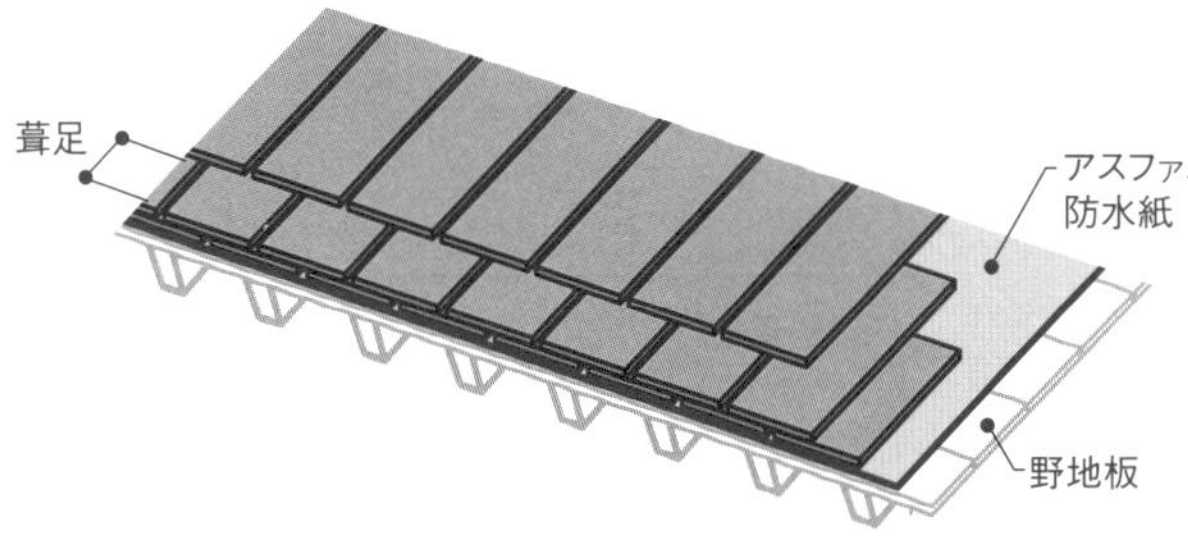

住宅屋根用化粧スレート葺き ― 図2

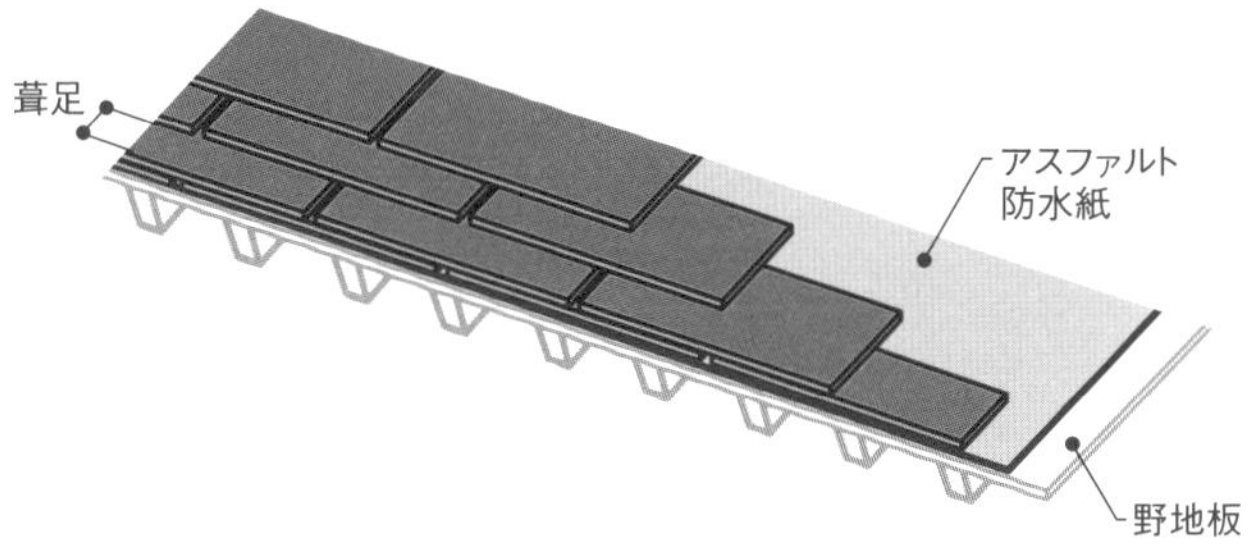

本瓦葺き ― 図3

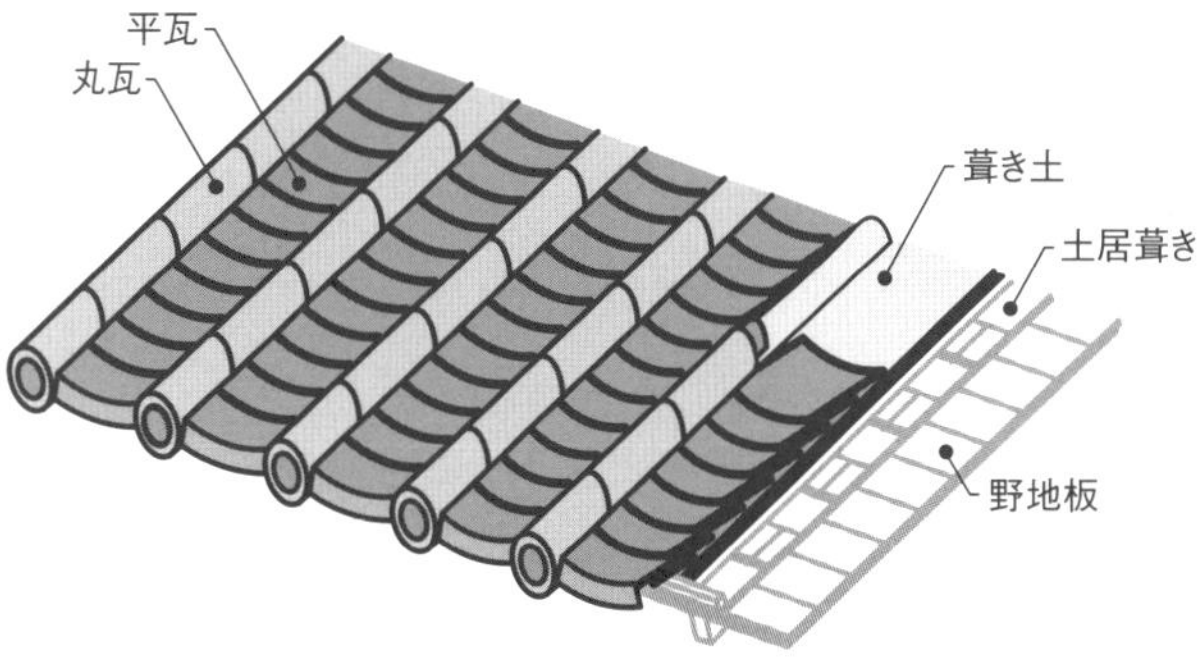

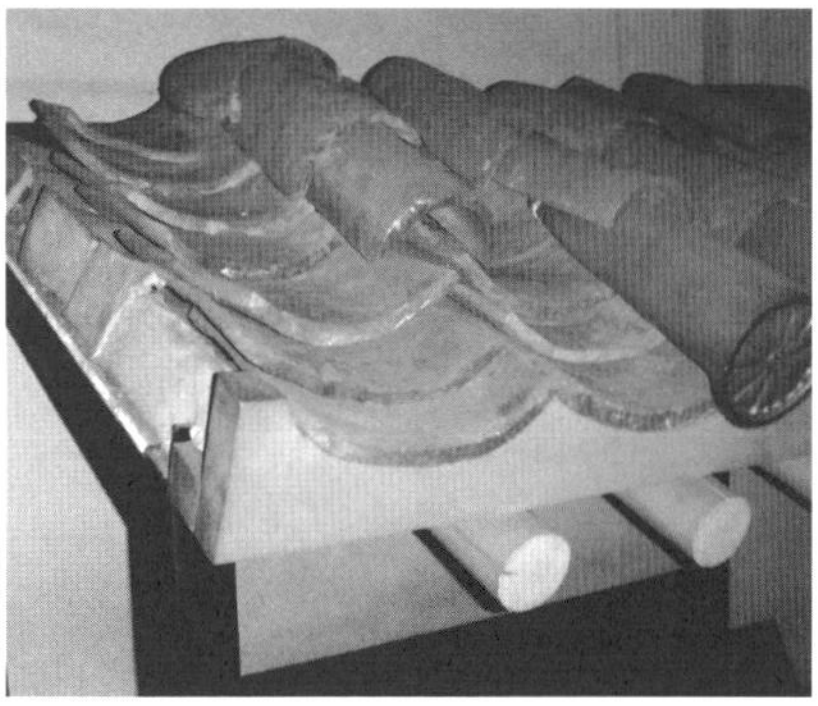

050 勾配屋根

桟瓦葺きと一文字葺き

屋根の種類②

Point

◆桟瓦葺きには本瓦葺きやシングル葺きなどの工夫が凝縮されている

◆桟瓦葺きと一文字葺き、本瓦葺きと瓦棒葺きは、（似て非なるでなく）非で似てるもの

桟瓦葺き

桟瓦《さんがわら》は、本瓦葺《ほんかわらぶ》きの平瓦と丸瓦をつないで1枚にしたようなものであるが、そのままでは4枚が重なり合う部分が納まらない。そのため、瓦の左上と右下に切込みを入れ、組み合わせると表面が連続するようにつくられている。野地板に横桟を打ち付け、その上に瓦を並べるが、ずれを防ぐために裏面に突起のある瓦が用いられる。これは引掛《ひっかけ》桟瓦と呼ばれる（図1）。

プレスセメント瓦（平形）も桟瓦と同様の原理による。焼成品《しょうせいひん》と違って寸法精度は高いが、経年で変色・褪色する。左上・右下の切り込みの代わりに角を斜めに切り落したものもある。

屋根部材の1つ、垂木《たるき》の先端を横につなぐ部材が鼻隠《はなかく》しである。これは、垂木の木口《こぐち》を水などから守り先端を納めるとともに、軒先を構造的に一体化する。切妻屋根では、妻部分に母屋の木口を守る破風板《はふいた》が鼻隠しと同様に用いられる。東南アジアなどでは、瓦桟の下に直角に縦桟を通し、より雨仕舞《あまじまい》に配慮したものがあり、近年、住宅メーカーなどでも採用されている（168頁参照）。

一文字葺き

金属板の葺き方には、一文字葺《いちもんじぶ》き、たてはぜ葺き、瓦棒葺《かわらぼうぶ》きなどがある。一文字葺きは桟瓦葺きの考え方に類似した金属板の工法で（図3）、瓦棒葺きは本瓦葺きの考え方に似ている。

一文字葺きは金属板の上下左右を折り返し、横に並べて相互に折り込む（はぜという）際に、あらかじめ下地に取り付けた吊り子を巻き込むことで、間接的に下地の野地板と緊結する。一般に金属板は熱膨張率が大きいため、表面から釘などで固定すると夏冬の温度差で釘穴が大きくなり、早期にはがれてしまう。それを防ぐ工夫である。金属板と金属板との接合に使われるはぜ、金属板と下地との接合に使われる吊り子、いずれも一文字葺きに限らず金属板葺き共通の工夫だが、極めて巧妙な仕掛けである。

引掛桟瓦 — 図1

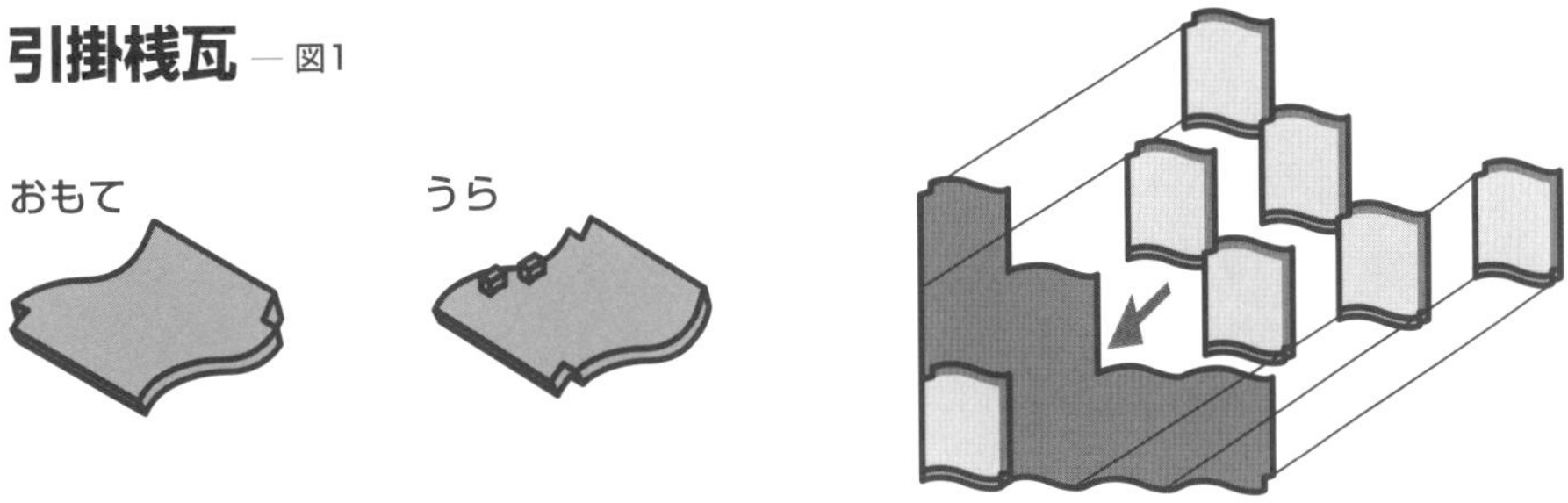

桟瓦葺きの各部分 — 図2

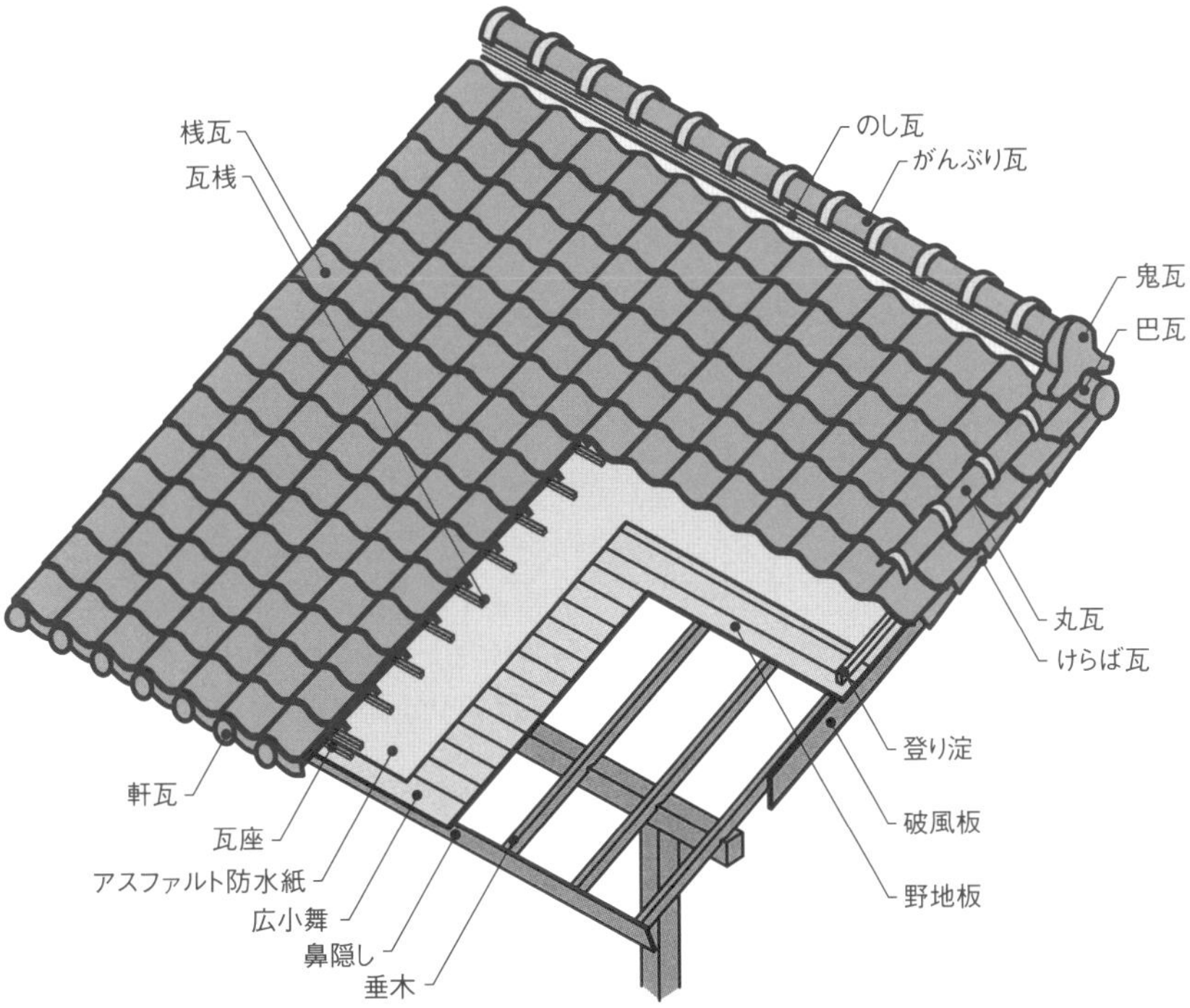

一文字葺き — 図3

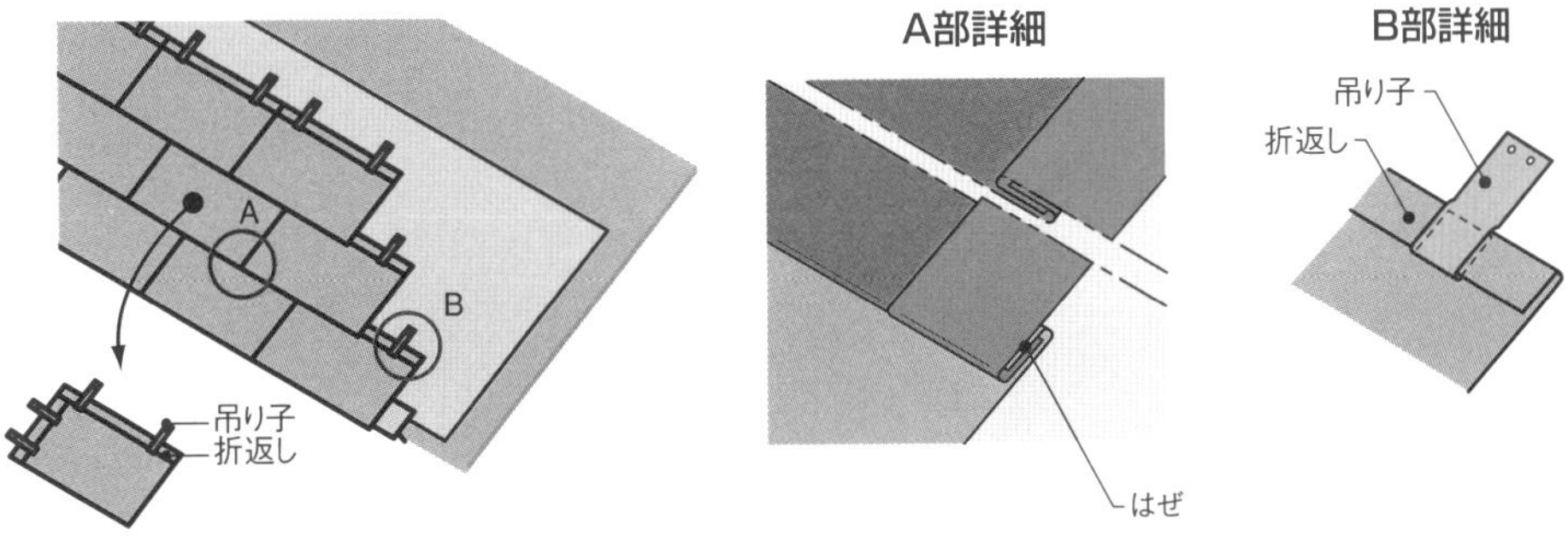

051　勾配屋根

瓦棒葺きと段葺き

屋根の種類③

Point
◆雨水流から高い位置に接合部のある金属板葺きは緩勾配が可能
◆金属板は電食のおそれあり。異種接合材・取合い材は禁物

金属板葺き

金属板には、軽い、現場で折曲げ加工が可能、熱膨張率が高いなどの特徴があり、緩勾配（長尺材を用いた場合は1／10程度まで可能）で、重なりが少なく材料の無駄も少ない工法が可能となる。欠点としては、長尺材の場合に顕著であるが、風などによる部分的被害が全体に波及しやすいこと、雨音が生じやすいことなどがあげられる。

金属板葺きの材料には古くから銅が用いられてきたが（伝統的建物の一文《いちもん》字葺《じぶ》きには銅板が多い）、震災や戦災を契機に防錆《ほうせい》加工を施した鉄板が用いられるようになり、現在ではガルバリウム鋼板、ステンレス鋼板、アルミニウムなども利用されている。金属板を水がかかるところに用いる場合は、イオン化傾向の違いによる腐蝕防止のため、異種金属を接触させることは避ける。

瓦棒葺き

瓦棒葺《かわらぼうぶ》きは垂木《たるき》のような木材を野地板の上に打ち付け、その間をU字型の金属板で葺き、隣接する板と板を細幅の逆U字型の金属板で折り込みながら、一文字葺き同様、吊り子を巻き込むことで下地と緊結する（図1）。特に棟から軒先までを1枚の金属板で葺く長尺瓦棒葺きは、漏水の可能性がある折込み個所が雨水の流れる部分より相当高い位置となって雨仕舞《あまじまい》がよいため、極めて緩い勾配にできる。

瓦棒葺きには、瓦棒に木材を使用せず、鉄板を折り曲げたもので代用した心木なし瓦棒葺きもある（図2）。

段葺き

瓦棒葺きやたてはぜ葺き（図3）は鉛直《えんちょく》線が強調される葺き方であるが、水平線を強調する葺き方は、段葺きや横葺きと呼ばれるものである。原理的には一文字葺きと似た仕組みであるが、工場で成型加工した横長で水平目地を強調した金属板を葺くもので、ジョイント金物を使ってより水平線を強調するものが多い（図4）。

瓦棒葺き — 図1

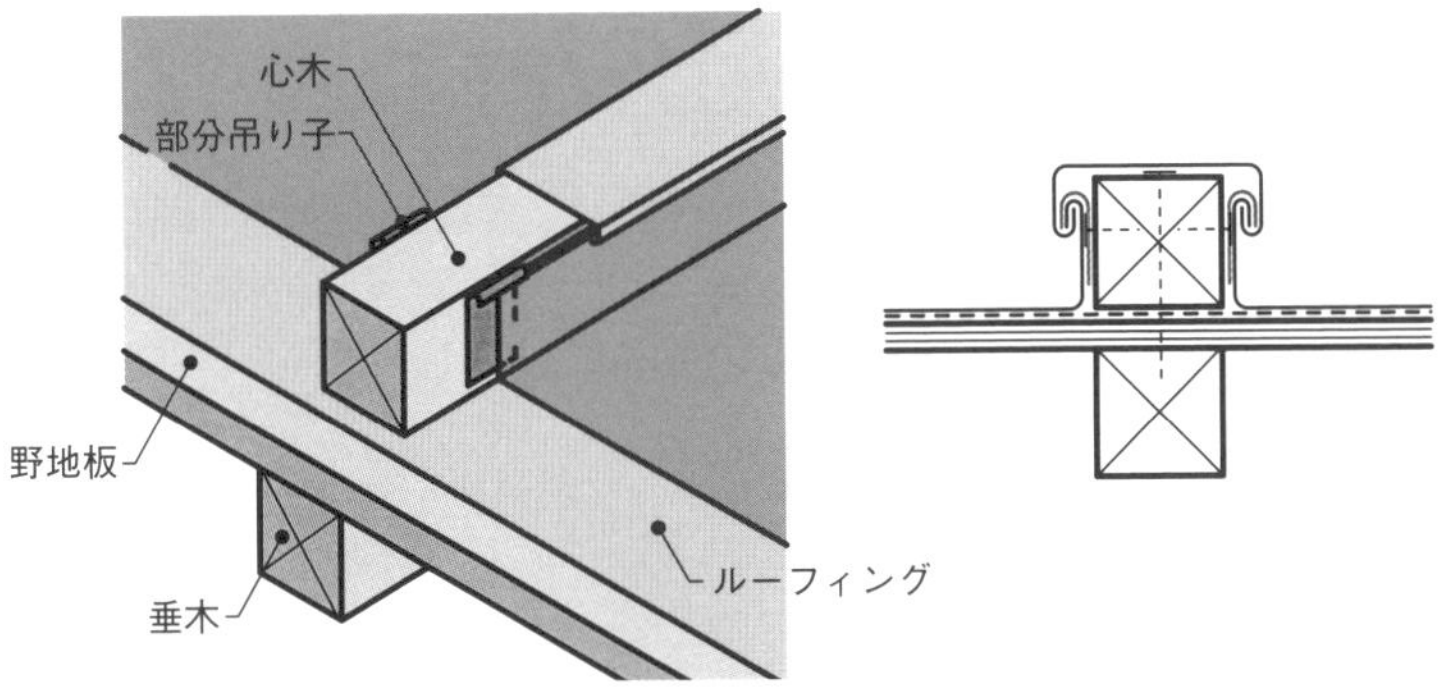

瓦棒葺き（心木なし） — 図2

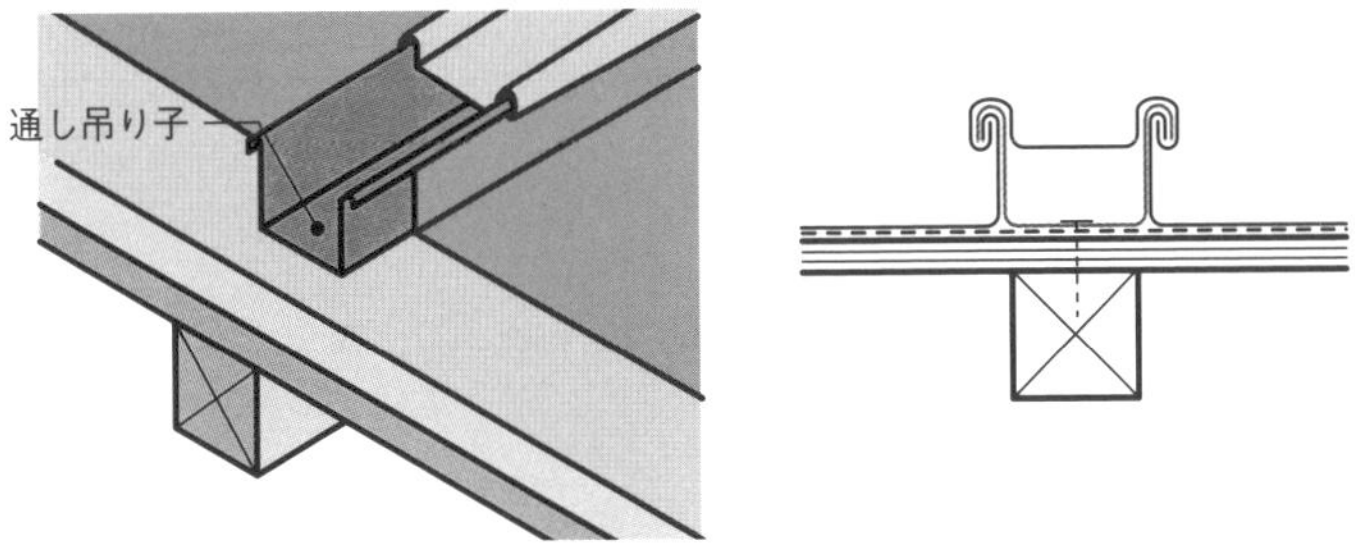

たてはぜ葺き — 図3

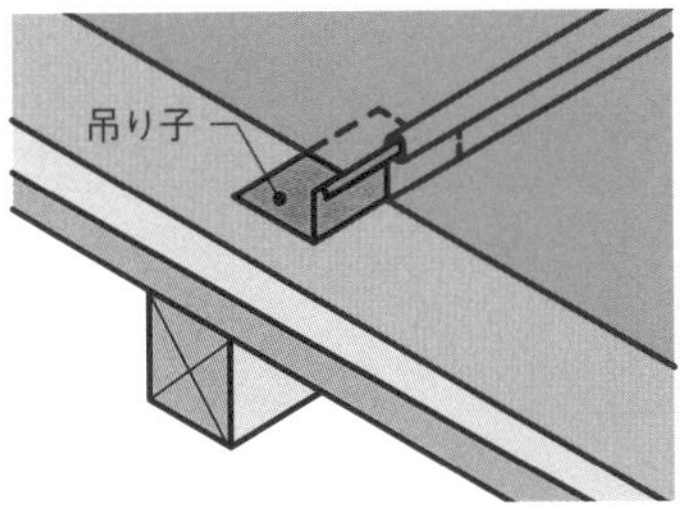

瓦棒葺きに似た工法として、たてはぜ葺きがある。長尺ステンレスを使って現場で溶接する類似の構法は、不整形な屋根や陸屋根改修などさまざまな場面で使われている

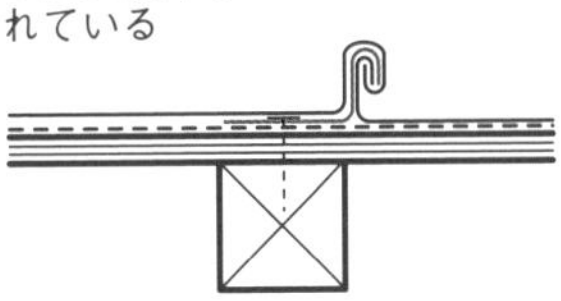

段葺き — 図4

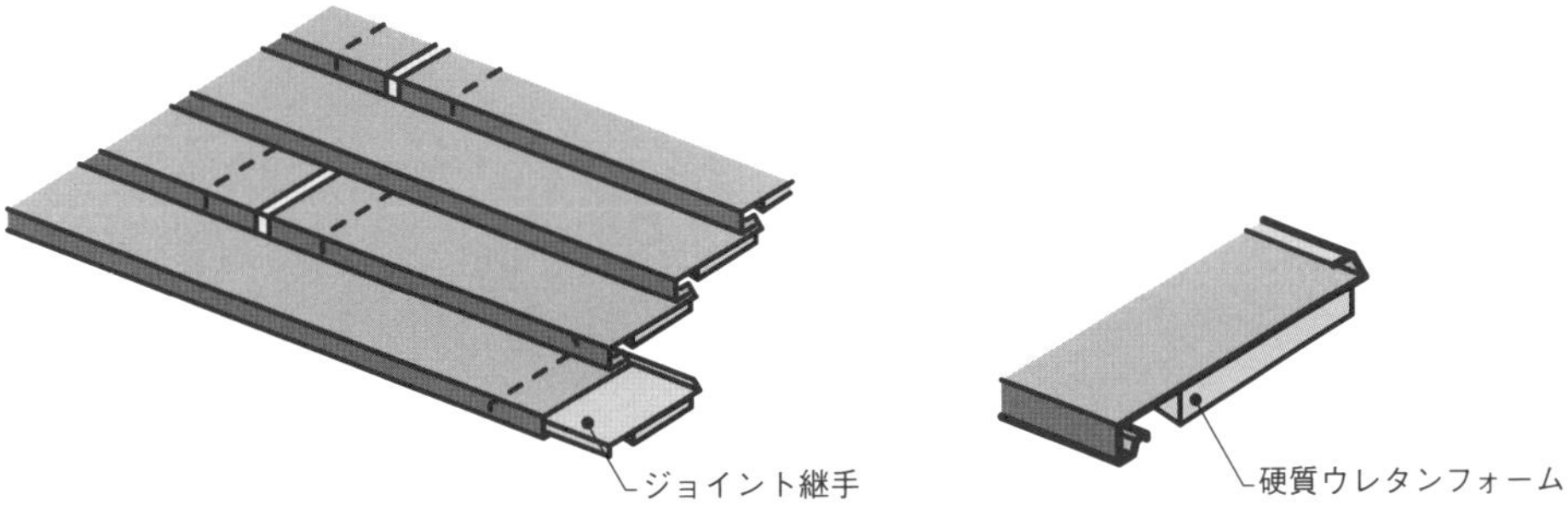

折板葺き

屋根の種類④

Point
- ◆折板葺きで板どうしが緊結されたまま風で飛ばされると、2次被害が大きくなる
- ◆乾式工事では部材どうしの納め材が必須で、板金工がキーパーソンとなる

折板葺き

金属板・プラスチック板を繰り返し曲げて剛性をもたせた形状とし、垂《たる》木《き》・野地板を省略して直接母屋に掛け渡す屋根構法を折板葺きという。加工した金属板には、大きな母屋間隔に掛け渡すことが可能な折板、角形に折り曲げた角波板《かくなみいた》、波板（なまこ板）など多くの種類がある。

この種の板葺きは、山の部分で下地と接合するため雨仕舞《あまじまい》がよく、緩い勾配が可能である（図1）。板の山と谷の差が大きいものほど剛性が高く、母屋や小屋梁などのサポート間隔を大きくすることができる。この種のものでも断熱材を併用すれば、類焼防止の意味から屋根耐火構造として認定される。これは新たな用途への可能性を開くものといえる。

しかし近年、振動と熱伸縮両方の理由から、留付け周囲の金属板が劣化し強風ではがれるという大きな事故が起きた。板が大きいだけに飛散・落下による２次被害も大きい（写真）。

母屋は溝形鋼《みぞがたこう》とする場合、端部を上向き（漏水が溜まることになる）にして配置する（図2）。また、波板などの葺き材をフックボルトなどで固定する場合は、端部に掛けるだけでは局部変形で外れることがあるので、必ず鋼全体を包むように掛ける（図3）。

板金工がキーパーソン

瓦は役物が多いので、瓦工だけで屋根を葺くことが可能であるが、住宅屋根用化粧スレートなどのシングル葺きでは、屋根各部の納め材として金属板が必要となる。その際、葺き材工事と板金工事を分けて発注すると、雨仕舞など取合いの処理が難しい、問題が生じた際の責任がはっきりしないなどの理由から、屋根葺き工事を一括受注する形態が始まった。こうした新しい形態のキーパーソンが板金工である。これはほかの部位も同様で、板金工は工事乾式化の潮流にあってキーとなる職種といえそうである。

波板葺き、折板葺き — 図1

①波板葺き

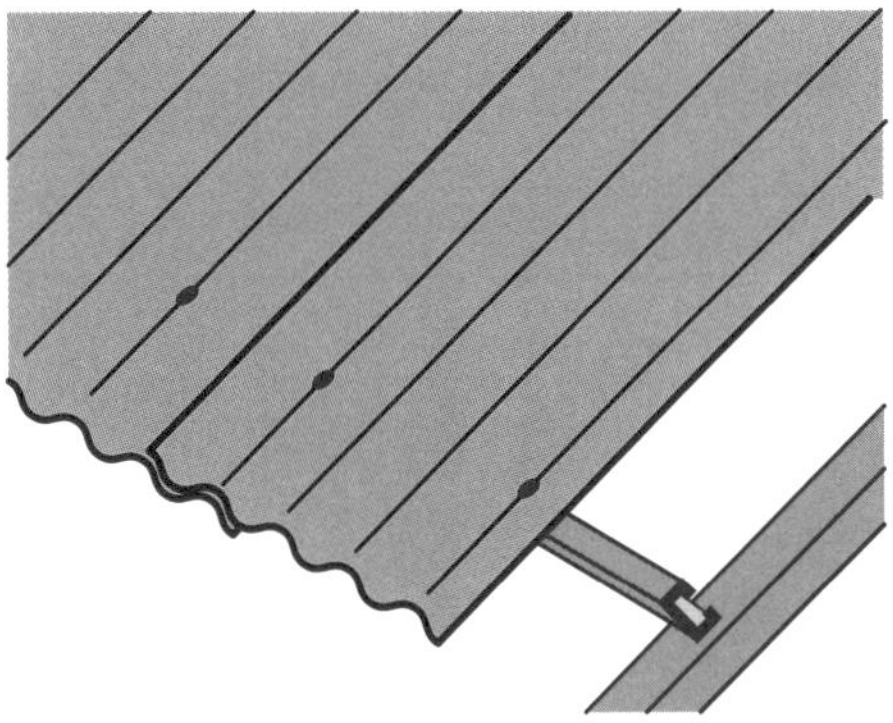

②鋼板折板葺き

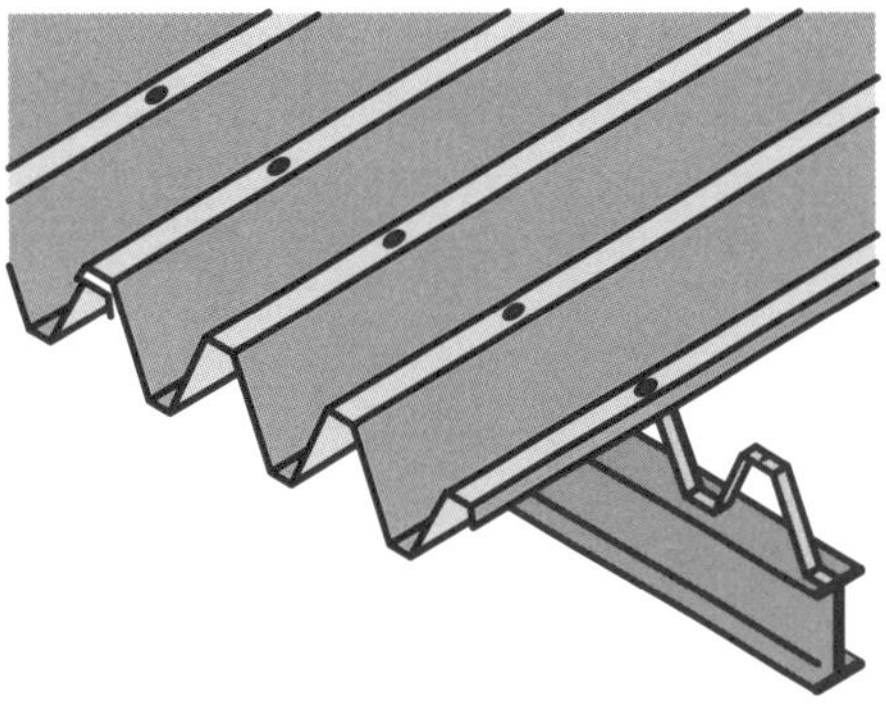

溝形鋼による母屋 — 図2

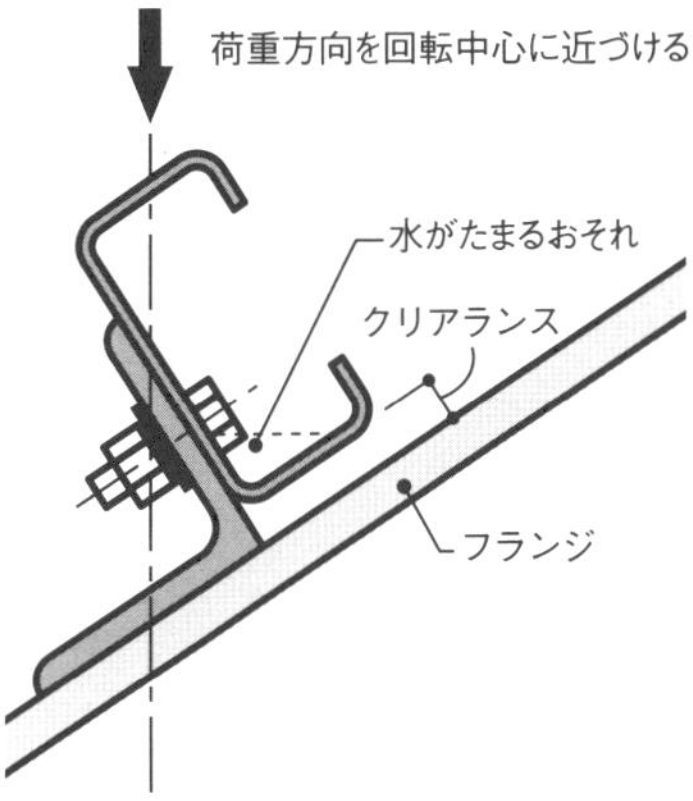

フックボルトでの固定 — 図3

よい例

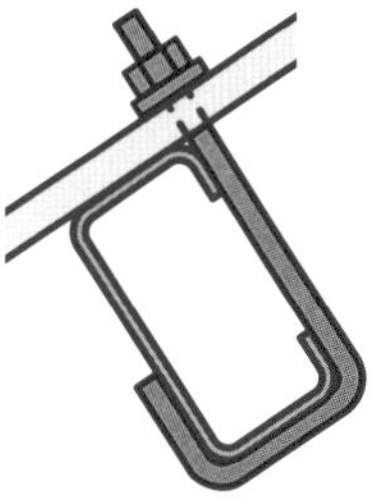

悪い例

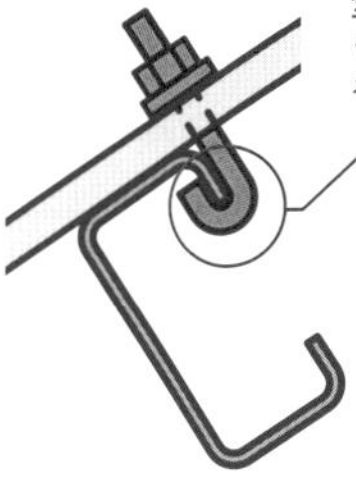
変形して、フックボルトが外れやすい

飛散落下した折板屋根 — 写真

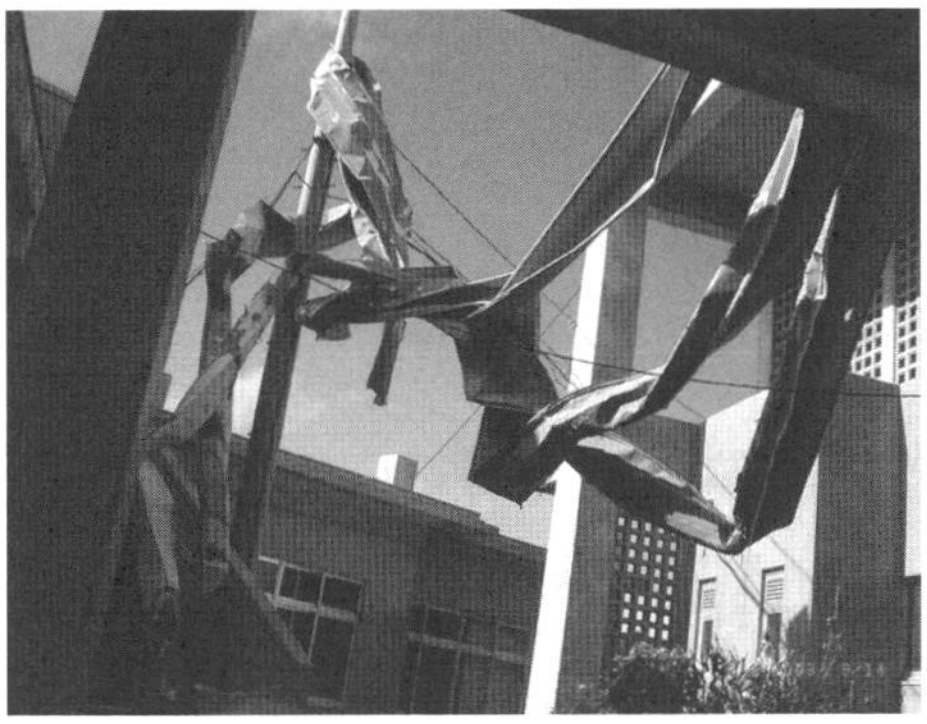

折板や波板は、下地に対する熱膨張などを考慮して取り付けることになっているはずだが、飛散事故が絶えない。特に近年は断熱材を介した2重折板において、上下の熱膨張の差異を原因とする飛散事故が問題となっている

053 勾配屋根

屋根の納まり

雨水の浸入を防ぐ工夫

Point

- ◆勾配屋根の取合い部の雨仕舞は、流れ方向より流れに直交する方向が難しい
- ◆雨仕舞は重力、毛管（表面張）力、運動エネルギー、気流・気圧差などを考慮して施す

納まりの要所

勾配屋根は通常の葺《ふ》き方を用いれば、一般部分における雨漏りのおそれは少ない。逆に、納まりの検討を要する個所は多い。

詳細はそれぞれの葺き材によるが、納まりの原則は図1に示すとおりである。

棟などに比べて谷の部分は、雨仕舞《あまじまい》に対する十分な注意が必要となる。特に棟が直交することによって生じる谷は、雨水が多量に集まるにもかかわらず、勾配は1／$\sqrt{2}$倍に緩くなる。図2は流下する勢いで雨水が葺き材下に浸入するのを防ぐ工夫（クリンプ）で、確かな蓄積を感じさせる。

壁面と接する立上り部も雨仕舞に対する十分な注意が必要となる。立上り部は、風の吹上げに伴う雨の逆流を防ぐとともに、壁の表面を伝わる雨水が確実に屋根面に流れるようにしなくてはならない。

トップライトを設ける際は綿密な検討が必要である。雨水が入りこまないように納めることは無論であるが、ガラス汚れに対する配慮、直射日光による温度上昇の防止、結露水の落下対策など、トップライトそのものについても十分な検討が必要である。

雨仕舞のメカニズム

雨水の移動・浸水は、重力や毛管（表面張）力、運動エネルギー、気流・気圧差などによっており、防水性、水密性を確保する原則は、表に示す雨水浸入の原因それぞれに対応することに尽きる。雨仕舞としては充填材などを用いて隙間をなくすか、ある程度隙間を小さくしたうえで、浸入のメカニズムが働かないようにするかのどちらかによる。

水の浸入を防ぐための立上り寸法Hについては、速度圧10N／㎡当たり1㎜（風速m／秒の2乗当たり0・064㎜）という目安がある。この寸法は物理学的に算出されたもので、1つの定石となっている。

勾配屋根の納まりの原則 — 図1

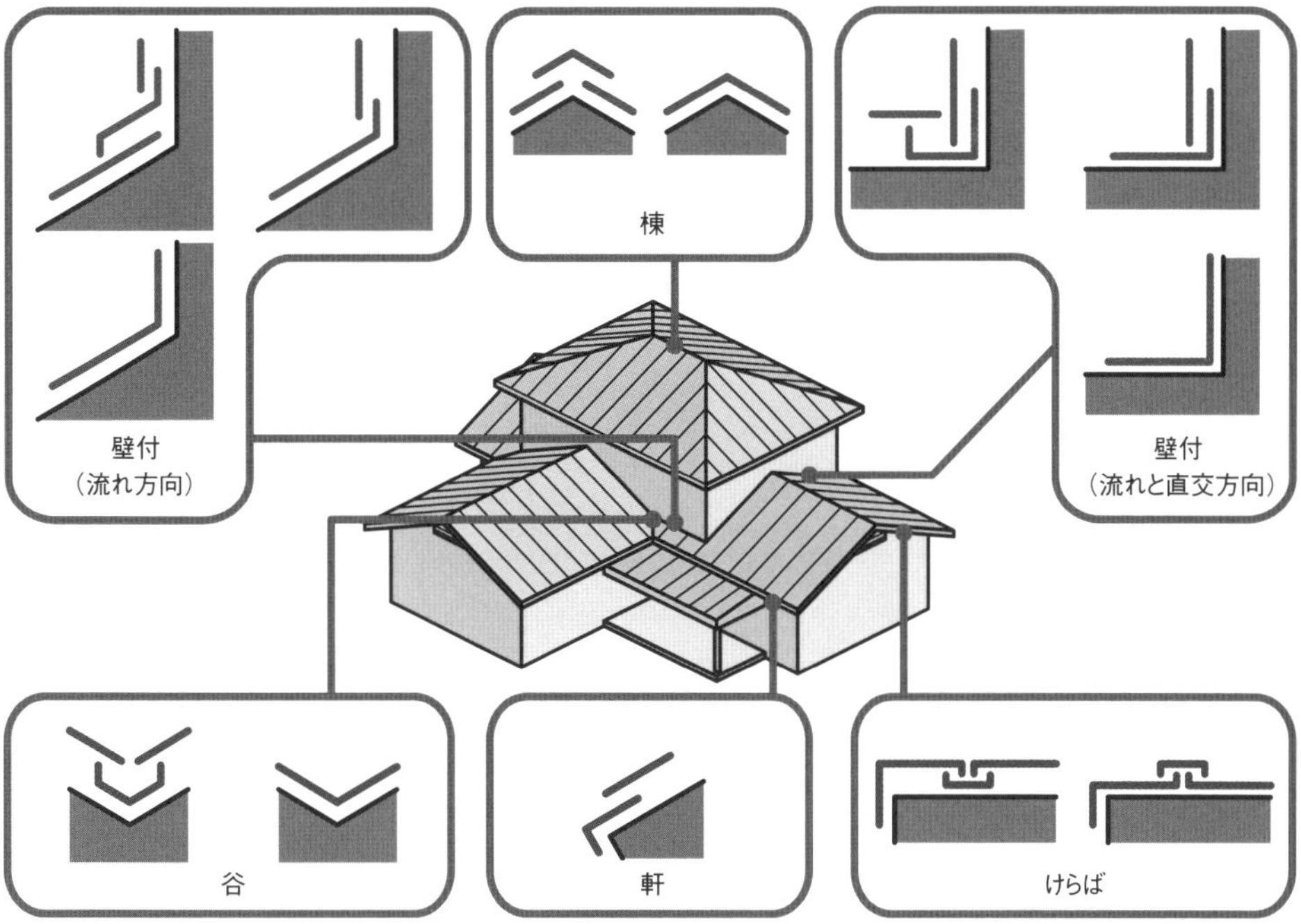

谷の納まり例 — 図2

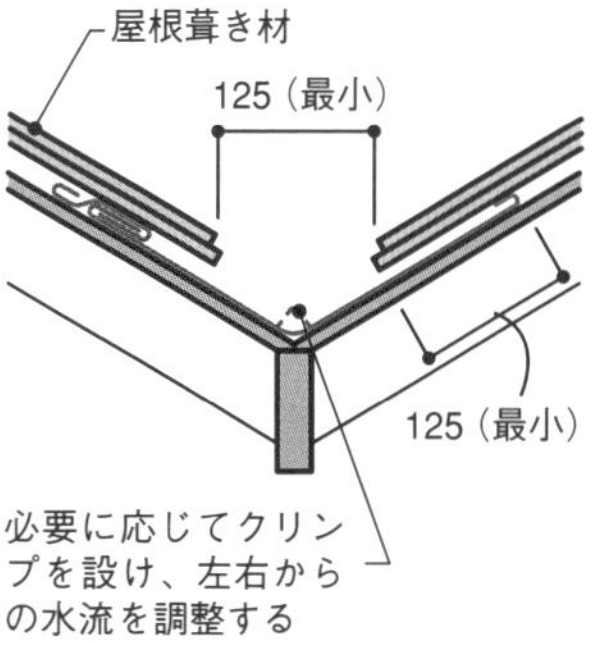

参考：『ARCHITECTURAL GRAPHIC STANDARDS（Student Edition）』（The American Institute of Architects・John Wiley&Sons.Inc.）ほか

雨水浸入のメカニズム — 表

	雨水浸入のメカニズム		対策	
重力	目地内に下方に向かう経路があると雨水はその自重で浸入する		・目地を上向きに傾斜させる ・高さのある仕返しを設ける	
表面張力	表面を伝わって目地内部へ回り込む		・水切りを設ける	20
毛細管現象	微妙な隙間があると、水は内部へ吸収される		・エアポケットとなる空間を設ける ・隙間を大きくする	
運動エネルギー	風などによって水滴がもつエネルギーにより内部にまで浸入する		・立上りを設けて運動エネルギーを消耗させる ・レインバリアの設置	
気圧差	建物の内外に生じる気圧差による空気の移動で雨水が浸入する		・内外の気圧差をなくす ・水封を防ぐ	

参考：「建築技術（NO.487 125頁「目地と継ぎ目のディテール」第3章 目地のディテールー外壁）」（建築技術）ほか

屋根の軒・樋

軒・樋は建物の外観を左右する

Point

◆軒は雨仕舞など多彩な役割を担っているが、意匠上の影響も大きい

◆樋の径は地域の降雨量と負担屋根面積などで決められる

軒の役割

軒の構成は意匠上重要である。軒のつくり方で建物は軽快にも、重厚にもなる。軒は壁を保護する役割もある。軒の出が浅い建物では壁の防水性・耐久性に留意する、逆に軒の出が深い場合には、軒先の垂れ下がりや風による吹上げに注意する。重量軽減のため、瓦葺《かわらぶ》き屋根の軒部分だけを金属板で葺くこともある。

壁から片持ちで出す庇《ひさし》は、屋根から出る軒と違い、垂れ下がりやすい。腕木を利用するなどの配慮が求められる。

樋を設置するには

屋根面を流れる雨水は、軒先の樋《とい》で受け、竪樋を経て排水される（図1）。軒樋と軒との位置は図2のように勾配により異なる。軒樋は少なくとも1／100以上の勾配が必要となり、軒先が垂れて見えたりすると、建物の外観を損なう（図3）。それを免れるために隠し樋・内樋にすることがあるが、オーバーフロー時の対策も併せて講じておく必要があり、後述の樋断面算定において、降雨量を時間単位（㎜／h）ではなく、10分間単位の最大値の6倍とするなどの対策がとられる。

竪樋の位置は、デザイン、開口部との取合い、上下階の位置関係などもあり、意外に制約が多いものである。

軒樋や竪樋の径は、たとえば表のようなデータによって決められることが多い。表の数値は降雨量100㎜／hについてのもので、地域の降雨量d㎜／hの場合は表の数値を100／d倍するという方法で決まる。なお、屋根に接して外壁立上りがある場合は、その面積の約50％を屋根面積に加えることが便宜的に行われる。

樋には各種の金属や合成樹脂が使われる。多用されている硬質塩化ビニルをはじめ、材料の多くは熱膨張率が大きい。日射も含め暑さ寒さの影響が大きいので、樋は留付けをルーズにしたり、温度伸縮を吸収できるような継手にする必要がある（227頁参照）。

樋の構成 — 図1

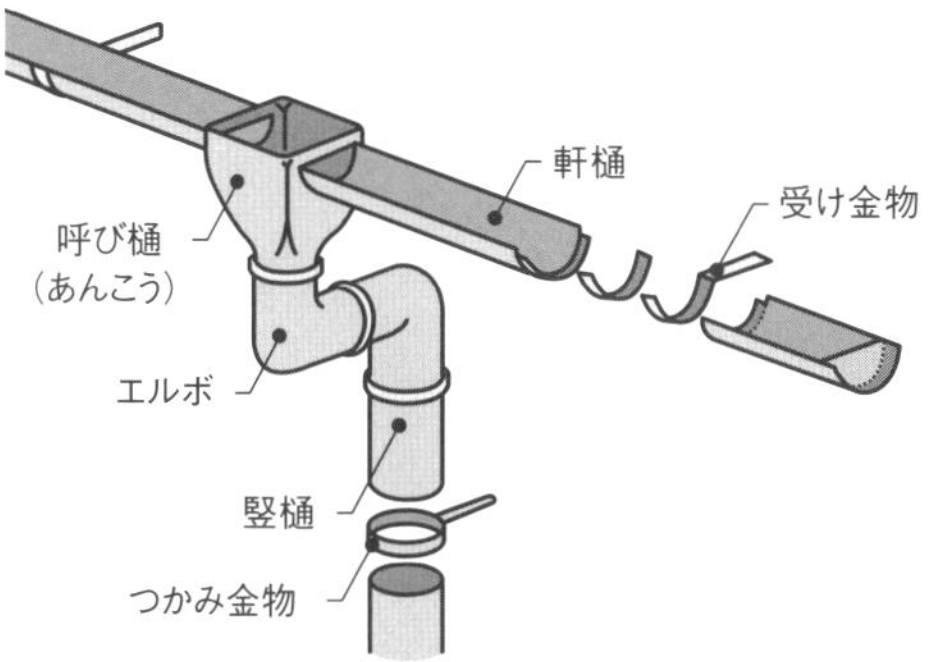

屋根勾配と軒樋位置 — 図2

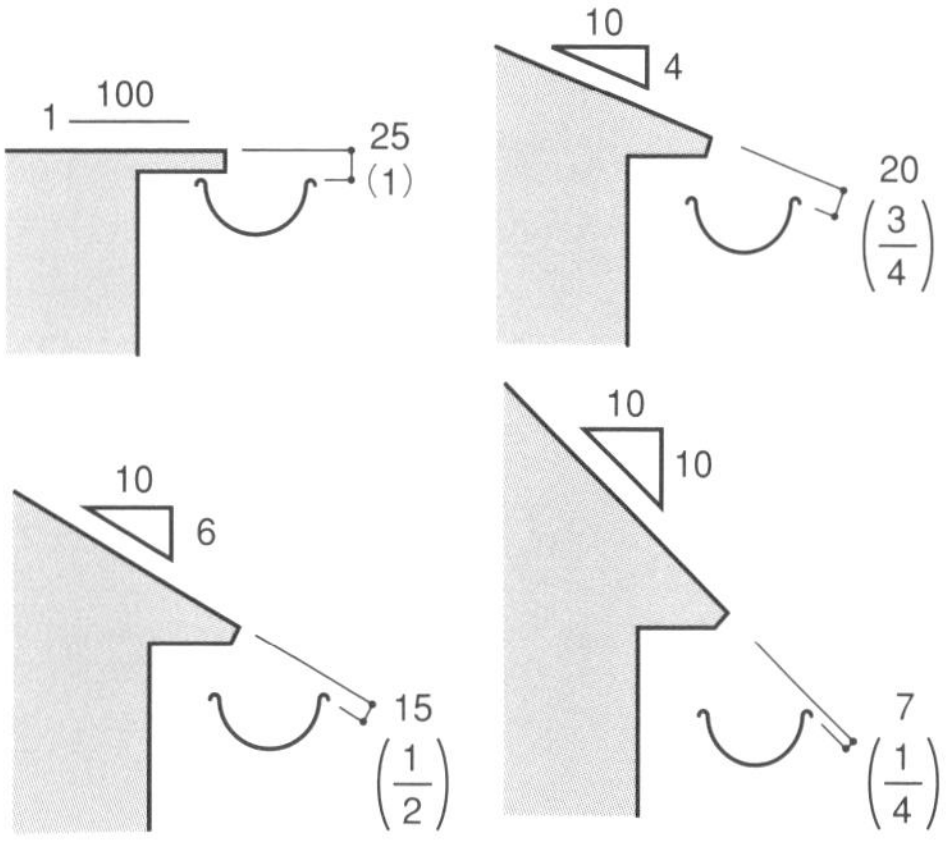

単位：㎜、（　）内はインチ

軒樋とファサード — 図3

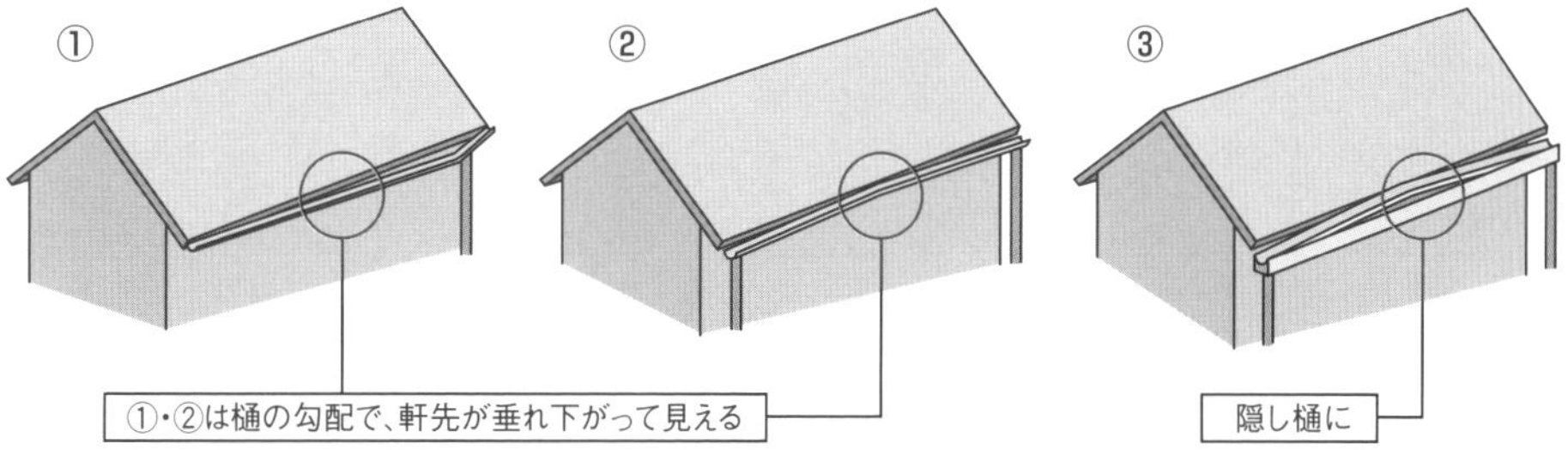

樋径（半円形の直径）と許容最大屋根面積 — 表

（単位：㎡）

径（㎜）	軒樋の場合 配管勾配 1/50	1/100	1/200	竪樋の場合
50	—	—	—	67
65	30	—	—	135
75	44	—	—	197
100	96	—	—	425
125	174	123	—	770
150	282	200	—	1,250
200	609	431	304	2,700
250	1,105	781	552	—

参考：「給排水・衛生設備の実務の知識」㈳空気調和・衛生工学会編・オーム社）ほか

注1　屋根面積は、すべて水平に投影した面積とする
　2　許容の最大屋根面積は、雨量100㎜／hを基礎として算出したものである。したがって、これ以外の雨量に対しては、表の数値に「100／当該地域の最大雨量」を乗じて算出する

055 陸屋根

屋根の構成

排水の工夫と外断熱の採用

Point
- ◆陸屋根にも勾配がある。その処理方法が１つのポイント
- ◆結露防止、躯体耐久性向上、室温安定など、外断熱にはさまざまなメリットがある

パラペットと勾配

陸屋根は勾配屋根に比べ安価なことや、屋上面が利用できるなどの特徴がある。通常は、屋根上に溜まった塵埃《じんあい》が雨水とともに流れて壁面を汚すのを防ぐなどの理由から、屋根の周囲を立ち上げ（パラペットという）、雨水を集めてルーフドレンで排出する。そのため、立上り部やパラペットを含めた一体は、水を通さない連続した面、防水層で覆う必要がある。

陸屋根は排水のために1／50〜1／100の勾配を躯体《くたい》でとる（図1）。1／50〜1／100といっても10mでは10〜20cmも違う。仕上げや下地でとるのは無駄が多いからである。いずれにしても、水上部分でパラペット立上りが十分確保できるような寸法調整が必要である（ルーフドレンに雨水を導くための溝にも1／200程度の勾配が必要）。

陸屋根の層構成

防水層は一般にはRC造屋根スラブの上に設けられる。防水層の種類にもよるが、その上に日射や風雨に対する保護や断熱のため軽量コンクリートが打たれる。これは押さえコンクリートや保護コンクリートと呼ばれる。歩行屋根の場合は、さらにモルタル・タイルなどで仕上げがなされる（図2）。

保護層と仕上げには、約3mごとに伸縮目地を設ける。これは、収縮を集中させてひび割れを防止するとともに、押さえコンクリートが膨張してパラペットを押し倒すのを防止する。

施工上はスラブ下に断熱層を設ける内断熱のほうが容易である。しかし、屋根裏面の内部結露を防ぐ、躯体や防水層の温度変化を少なくして耐久性を向上させる、室温の安定化を図るなどの理由から、最近では屋根スラブや防水層の上に断熱層を設ける外断熱とすることが多い。

近年は夏季の遮熱や防水のフェイルセーフの観点から、押さえコンクリートの上に通気層を内包した2重屋根とする構法も試みられている。

勾配と立上り ― 図1

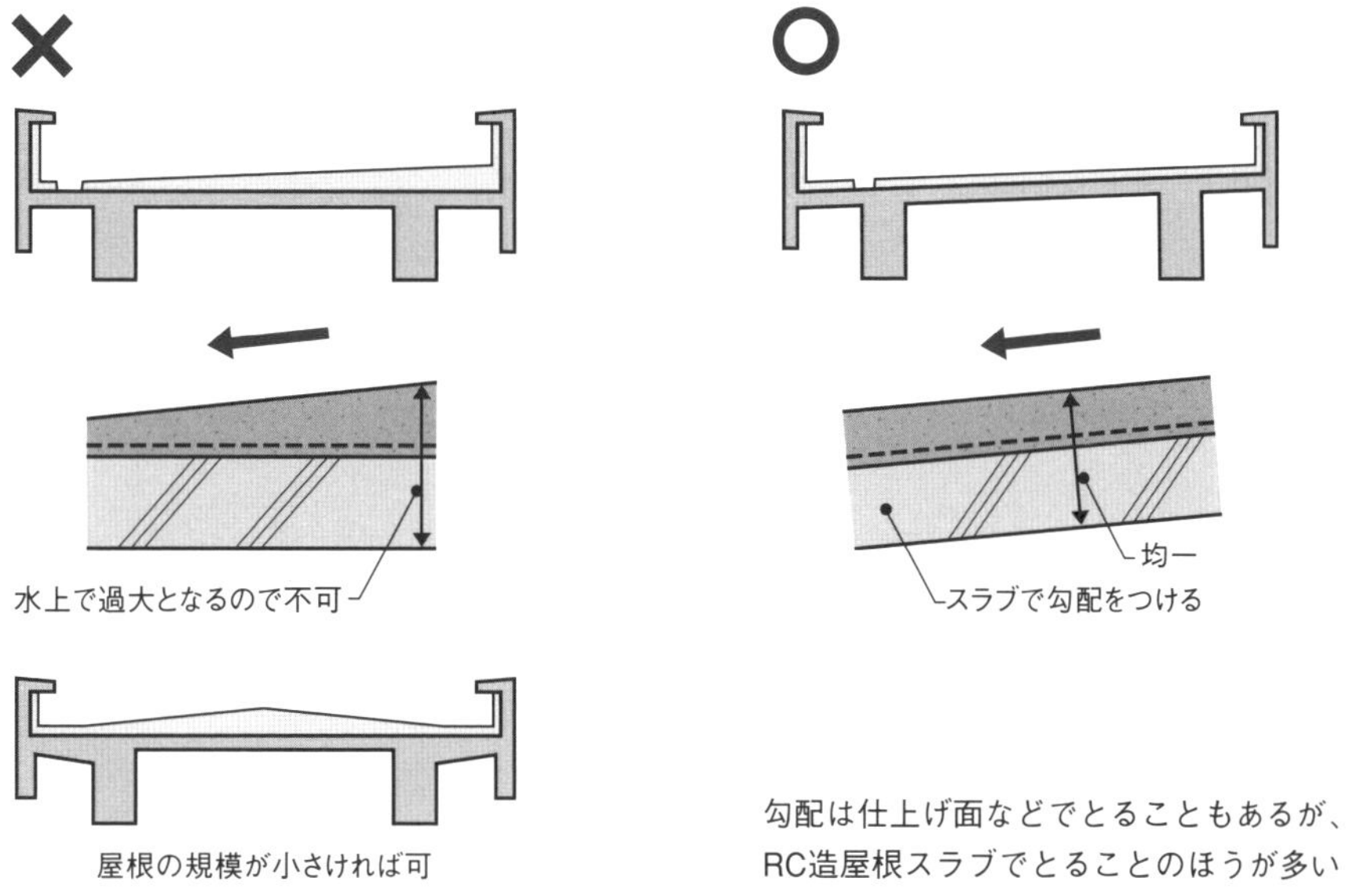

勾配は仕上げ面などでとることもあるが、RC造屋根スラブでとることのほうが多い

陸屋根（アスファルト防水）の層構成 ― 図2

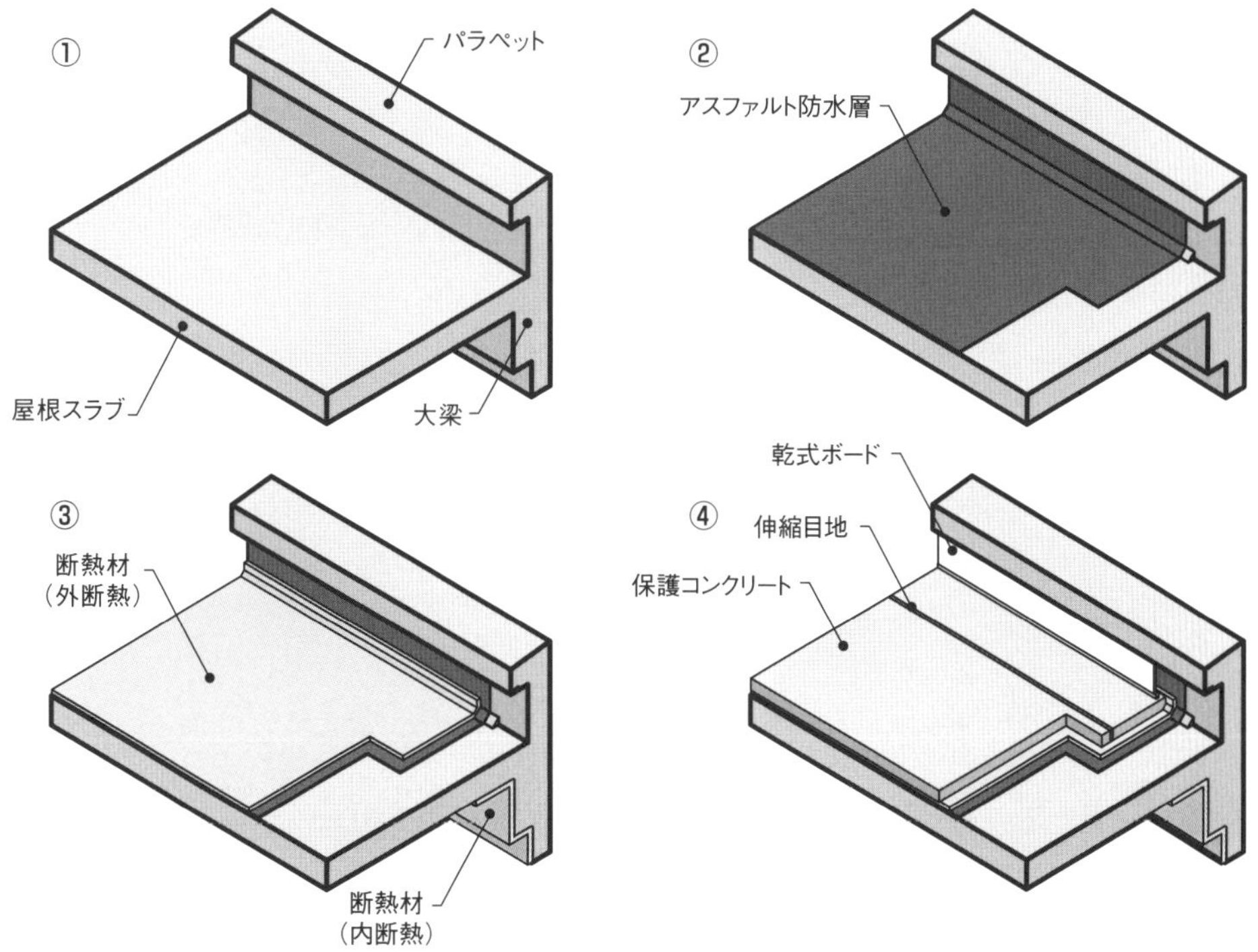

056 陸屋根

屋根の防水

アスファルト防水が主流

◆さまざまな防水方法があるが、主流はアスファルト防水
◆不整形の下地になじむものは変位追随性に劣り、広い面積には使えない

アスファルト防水とシート防水

屋根防水には、アスファルト防水・シート防水・塗布防水・モルタル防水などがある。表1は代表的なメンブレン防水の特徴を示したものである。

アスファルト防水は最も広く用いられている。平滑なRC造スラブの上に、加熱したアスファルトを塗って防水層とする。使用されるブローンアスファルトは、防水性に富む材料であるが、強度は低い。耐久性を高めるため、アスファルトルーフィングを敷き込みながら繰り返し塗り、層を重ねた構成とする。アスファルトは紫外線で劣化するので、表面を覆う必要がある。

シート防水は合成ゴム・塩化ビニル・ポリエチレンなどの合成高分子材料が成形されたシートを、平滑な屋根スラブに接着剤を用いて張るものである。アスファルトほど紫外線劣化しないので、被覆せずに露出防水とすることも多い。軽微な屋上利用を前提として工場やドーム状の屋根などに用いられる。なお、アスファルト防水やシート防水においては、スラブのひび割れ・変形への追随性を考慮して、防水層と下地を全面的には密着させない絶縁工法（表2、図1）が多くなっている。

塗布防水ほか

塗布（塗膜ともいう）防水は合成樹脂の防水材を必要とする場所に直接塗るもので、バルコニーなどの小規模なものや複雑な屋根部分などに用いられる。下地と密着することから、ひび割れなど下地の影響を受けやすい。

モルタル防水は防水剤を混和したモルタルを用いて左官仕上げをするもので、鉄筋コンクリートの庇《ひさし》などに用いられる。

このほか、特殊なものに木造住宅のバルコニーなどに利用されるＦＲＰ防水がある。ガラス繊維のシートを敷いた上からポリエステル樹脂を塗り固めるもので、ＦＲＰ浴槽や手漕ぎボートなどと共通の製法。施工ミスがない限り確実だが、経年劣化は避けられない。

メンブレン防水*の特徴 —表1

		工法	特徴
メンブレン防水	アスファルト防水	溶融したアスファルトでアスファルトルーフィングを積層する従来からの熱工法のほか、粘着層をコーティングした改質アスファルトシートを積層するなどの冷工法など	継ぎ目のないメンブレン層を構成する、防水層が厚く性能が安定している、作業工程が多く手間がかかる
	シート防水	塩ビシートを接着剤、もしくは金物とビスなどを用いて固定するもののほか、ゴムシートを接着剤で固定するものなど	単層防水のため工期が短く、変形性が大きい。合成樹脂なので軽歩行程度まで可能
	塗布防水（塗膜防水）	ポリイソシアネートを主成分とする主剤と硬化剤を現場でかく拌・塗布するもののほか、ガラス繊維マットを敷き込んだ上に不飽和ポリエステル樹脂を塗布し反応硬化して皮膜を形成するものなど	下地の形状になじみやすい、入念な施工が必要
ステンレスシート防水		0.4㎜厚程度のシートをたてはぜ葺きの要領でつくり接合部を溶接により一体化する	複雑な形状の屋根には適していない

＊メンブレン防水＝membrane、薄膜の防水層で全面を覆う防水工法

絶縁工法の特徴 —表2

密着工法	絶縁工法	
ゼロスパンテンション 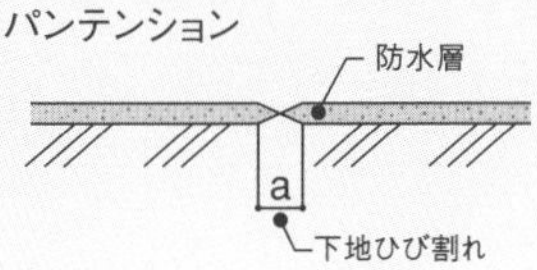 もとの長さ 0 → ひび割れ後 a → 伸び率 $\frac{a}{0} \to \infty$	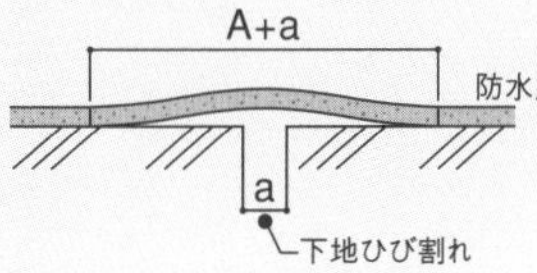 もとの長さ A → ひび割れ後 $A+a$ → 伸び率 $1+\frac{a}{A}$	絶縁工法では、下地がひび割れた時も、防水層の破断の危険性が減る
露出防水層のふくれ 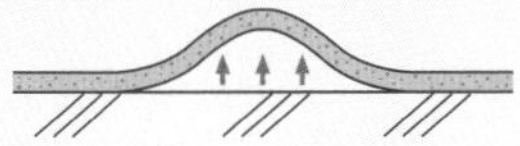 空気の逃げ場がなく、局部に膨れ現象が起きる	空気が自由に移行 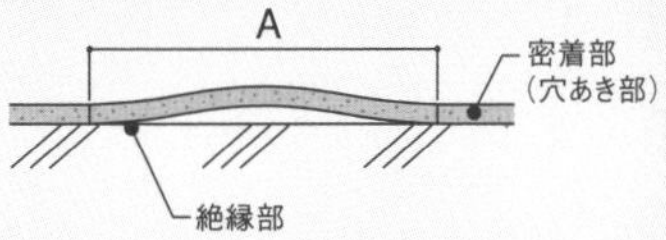 空気が分散移動して、膨れが減る	下地に水分を含んでいる場合、日照などで気化した水蒸気が防水層を押し上げるが、絶縁工法では局部のふくれ上がりは少ない

参考：『建築材料用教材』㈳日本建築学会・丸善）ほか

絶縁工法 —図1

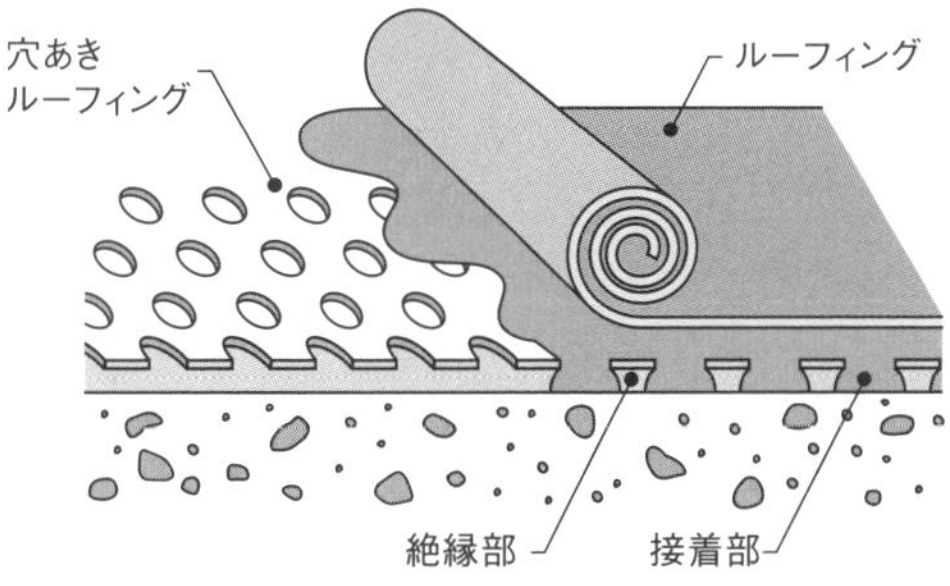

帯状あるいは点状に密着部を確保するタイプもある

陸屋根の脱気部品 —図2

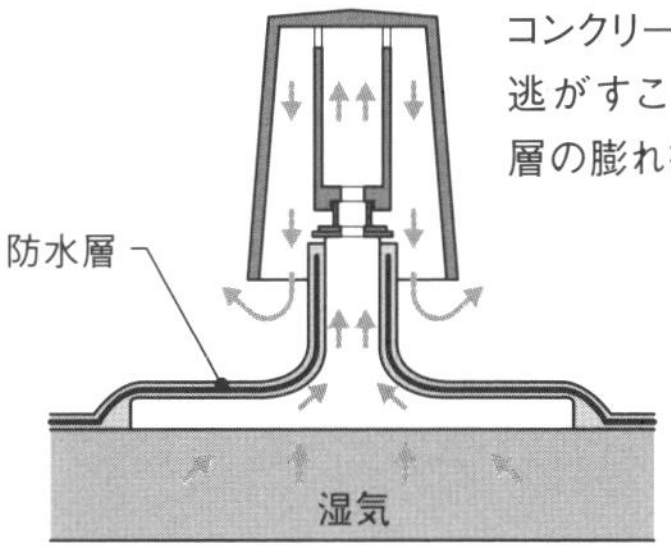

コンクリートの水分を逃がすことで、防水層の膨れを防止する

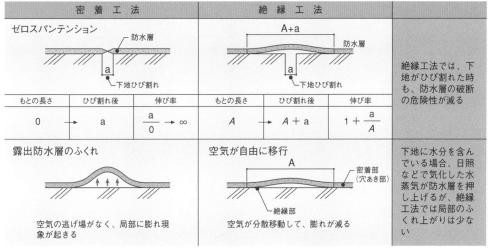

057 陸屋根

屋根の立上り

パラペットが標準

Point

◆陸屋根には各種の立上りがあるが、その納まりはパラペットが基本

◆パラペット笠木は内側傾斜、コンクリート打継ぎ面は外側傾斜

パラペット

屋根と外壁との取合いは、外壁勝ちの屋根納めが一般的である。外周部分のパラペットは、アスファルト防水層を立ち上げて納める。防水層が曲がる部分は、下地への密着が難しく、空気が入る、層が切れるなど、漏水の原因になりがちである。立ち上げた防水層はレンガやボードなどで押さえ、上部は笠木で覆う（図1）。笠木の上端は溜まった埃が雨で流されて、外壁面を汚染するのを防ぐため内側に傾斜をつけ、下部には水切を設ける。

コンクリートの打継ぎ面は漏水の原因になりやすいため、防水層近辺で打ち継ぐことは避け、打継ぎ面は外側に傾いた勾配を付けるようにする（図2）。

積雪深さが防水立上りを超えれば漏水の可能性がある。気象データは降雨量に限らず、構法計画上、重要な資料となる。

また、パラペットには清掃足場などの吊り下げ用の丸環（吊環）などを設ける。

開口部などの立上り

屋根面とペントハウスの壁との取合い部や、屋上設置機器用の基礎、配管取出し用の立上り（鳩小屋という）、エキスパンションジョイントなどもパラペットと類似の納まりによって処置される。

屋上あるいはバルコニーへの出入口も防水上はパラペットに準ずるのが原則であるが、バルコニーの場合はあまり大きな段差は設けにくい。内・外部のスラブに、できるだけ段差をとったうえで、必要に応じてすのこなどを設けることで、段差に対応することになる（図3）。

図4はパラペットと同様に立ち上げた部分に、ドーム型のトップライトを設置した場合の例である（写真）。トップライトは周囲の屋根（床）に比べて断熱性能が著しく劣ることから、結露受けと、その水抜き穴を設けることが必須となる。また網入りガラスは、トップライト破損時の配慮である。

パラペット — 図1

①コンクリート笠木＋立上り部レンガ（歩行用）

②金属製笠木＋立上り部ボード（歩行用）

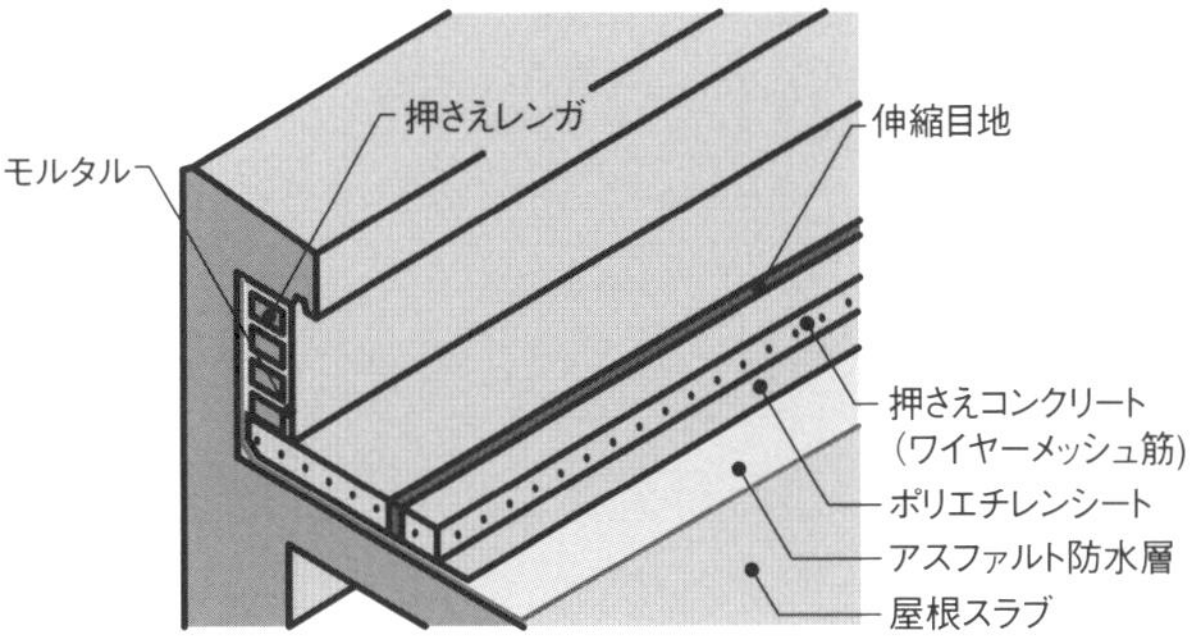

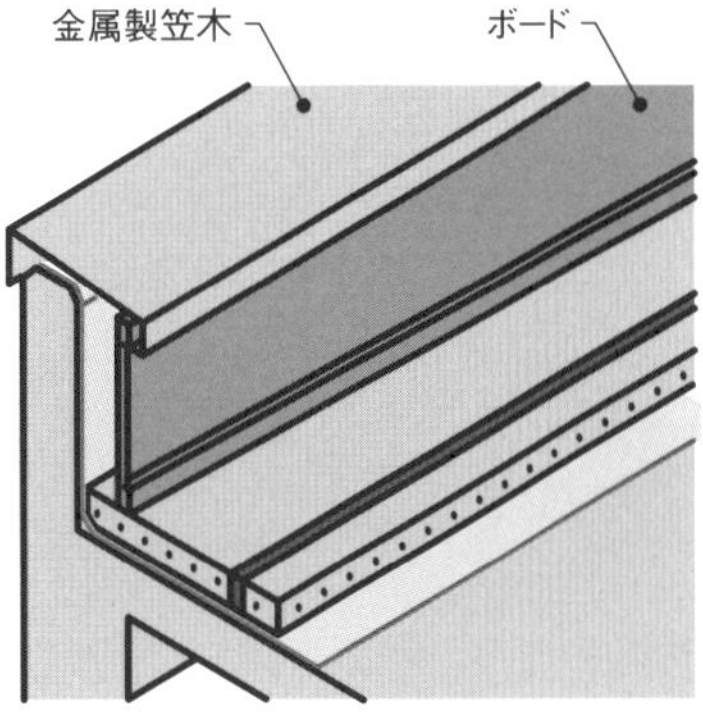

笠木とコンクリート打継面 — 図2

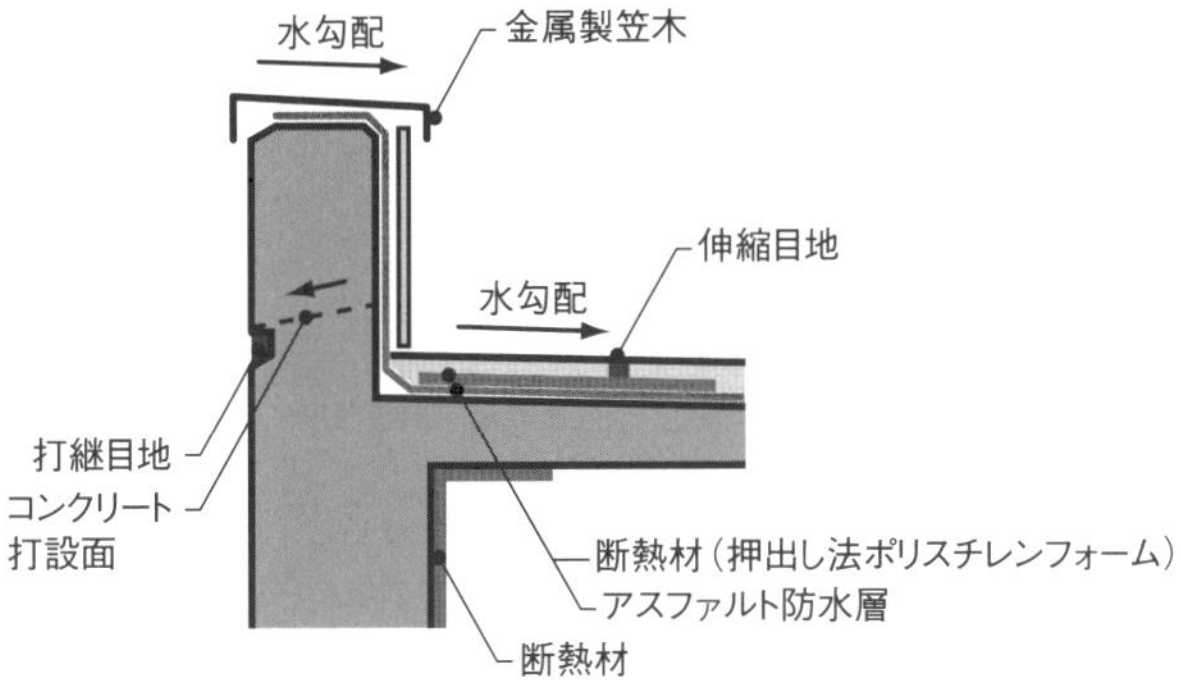

バルコニー出入口 — 図3

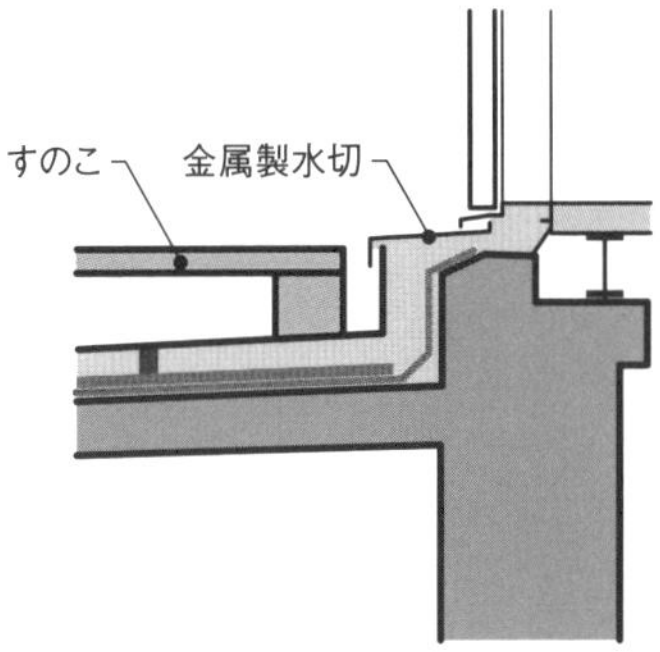

ドーム型トップライト — 図4

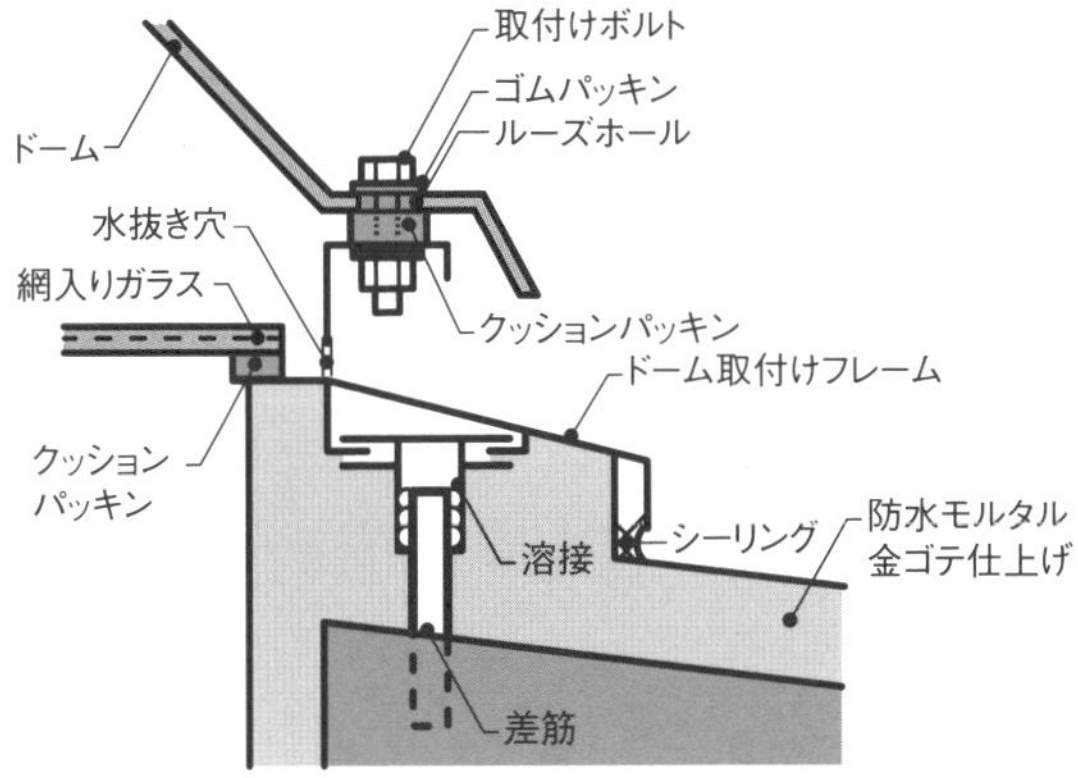

ドーム型トップライトの設置例 — 写真

058 陸屋根

屋根の手摺・ドレン

設置物を設ける際の注意

Point

- ◆陸屋根の設置物は防水層を傷めないことが必須
- ◆横型ドレンは体裁はよいが、梁との取合い部が詰まりやすいなどの問題がある

手摺の設置には条件がある

屋上には手摺や各種の設備機器などが設置される。いずれも防水層を傷つけないように取り付け固定するのが原則で、スラブに直接アンカーせずに、**図1①**のように独立した専用のコンクリート架台を設けて取り付ける、パラペット上面ではなく側面を利用する（**図1②**）、などの方策をとる。

なお、屋上手摺に限ったことではないが、手摺には安全性に配慮した条件がある。一般に高さは110cm以上と法規にあること、足掛りに注意すること、手摺子の間隔は内法《うちのり》11cm以下が推奨されていること、150～300kgf／m程度の荷重に耐えることなど、である。

このほか、陸屋根と取り合うものとしては、煙突や上部階へのタラップなどがある。前者はパラペット（具体的には、配管取出し用の立上り）の、後者はパラペットへの丸環取付けのディテール（**図2**）を応用することで対応可能である。

ドレンの設置

陸屋根の排水口、ルーフドレンは縦型と横型の2種類がある。ゴミが多少たまっても排水が妨げられないという点では、縦型のほうが優れている（**図3**）。屋根勾配のほかに、ドレンまで雨水を導く溝にも1／200程度の勾配が必要で、点検・メンテナンスの容易な場所で、実質的に勾配が確保できるよう、梁位置との関係に留意する必要がある。特に横型の場合は梁との取合いから、梁位置を下げざるを得ない事態が生じがちである。

陸屋根の竪樋も勾配屋根と同様の理屈により寸法が決まる。ただし、陸屋根の竪樋は屋内とすることが多いので、多少大きめに設定する（**表**）。

また、屋根面積が小さい場合でも木の葉やゴミなどによる詰まりを考慮して、ドレンは複数設けることが望ましく、それが難しい場合は、万一に備えてパラペットにオーバーフロー管などを設けて対応する。

手摺の納まり ― 図1

①専用の架台に設置

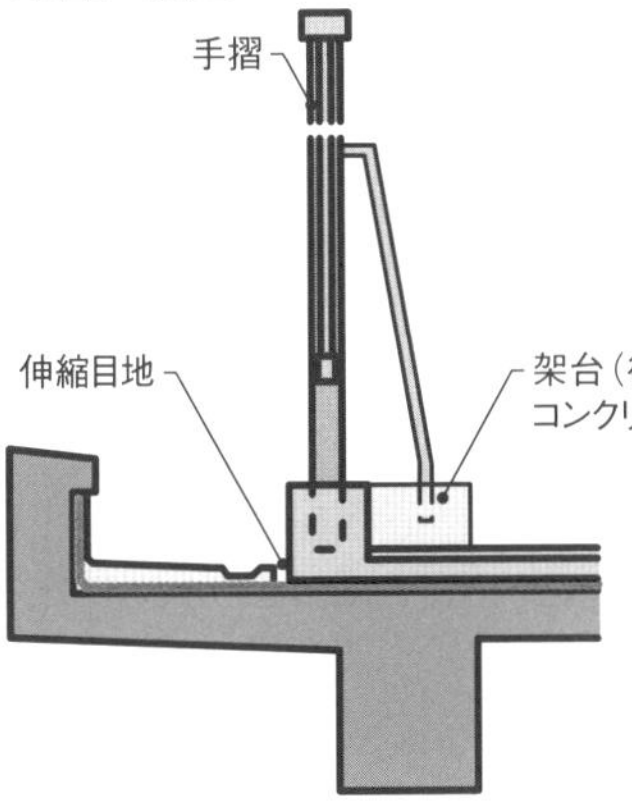

②パラペット側面に設置

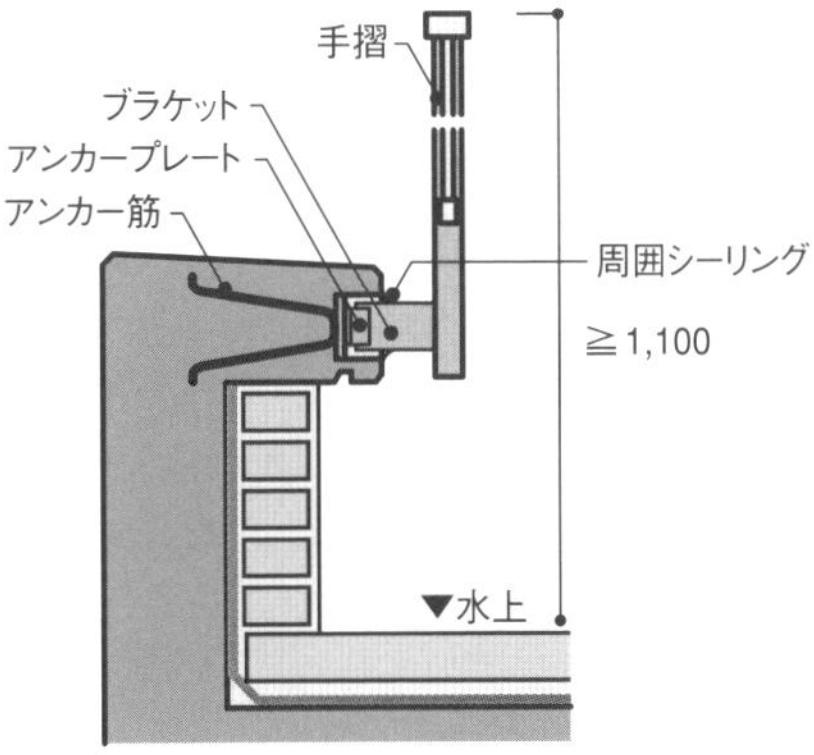

丸環の納まり ― 図2

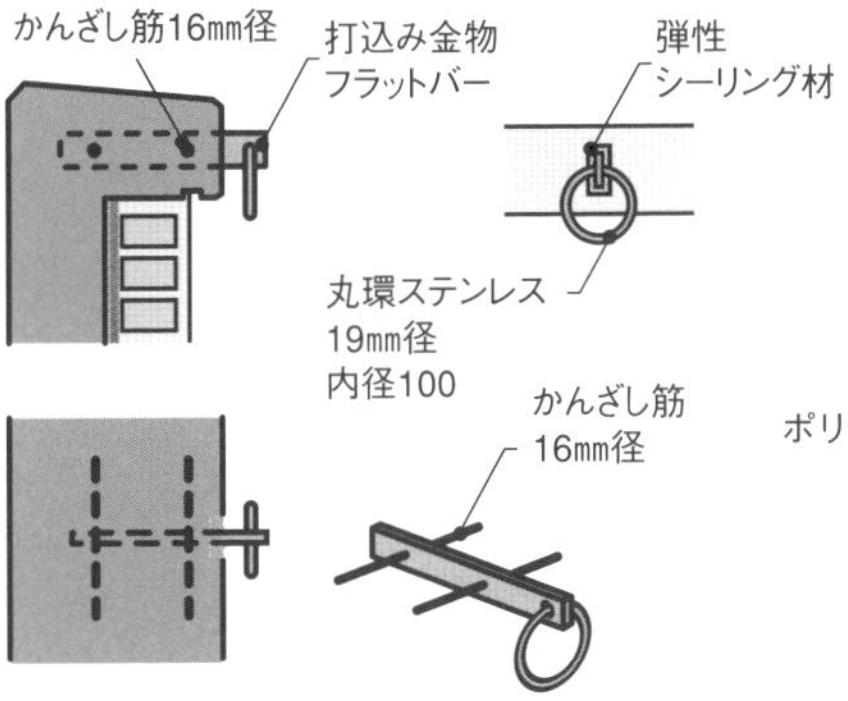

縦型ドレンの納まり ― 図3

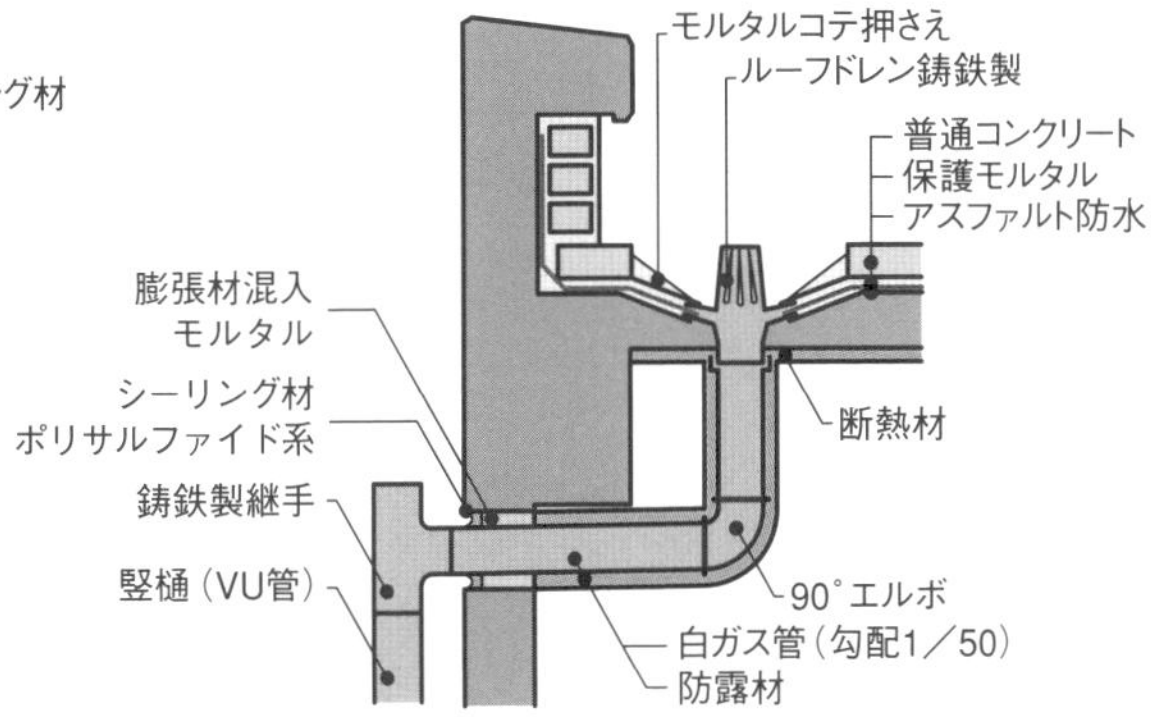

管径と許容最大屋根面積 ― 表

（HASS 206-1982による）

雨水竪管の許容最大屋根面積（㎡）	管径（㎜）	雨水横管の許容最大屋根面積（㎡）						
		配管勾配						
		1／25	1／50	1／75	1／100	1／125	1／150	1／200
135	65	137	97	79	—	—	—	—
197	75	201	141	116	100	—	—	—
425	100	—	306	250	216	198	176	—
770	125	—	554	454	392	351	320	278
1,250	150	—	904	738	637	572	572	450
2,700	200	—	—	1,590	1,380	1,230	1,120	972

注1　屋根面積は、すべて水平に投影した面積とする
　2　許容の最大屋根面積は、雨量100㎜／hを基礎として算出したものである。したがって、これ以外の雨量に対しては、表の数値に「100／当該地域の最大雨量」を乗じて算出する

参考：『給排水・衛生設備の実務の知識』（空気調和・衛生工学会編・オーム社）ほか

059 床

床の構成

人間の生活に深くかかわる床

Point
◆床躯体は建物躯体と必ずしも同種でなく、構成は面材の剛性により異なる
◆床の設計には、人間工学的な視点が必要である

仕上げと滑り抵抗

床は人間の行動と関係が深く、立位か座位か、靴をはいたままか素足かなどにより、床仕上げに求められる条件が大きく異なってくる。滑り1つとっても、靴と素足では異なる。図1はビルにおける滑り抵抗値の測定結果であるが、滑り防止には滑りにくい材料を使う、滑り抵抗値が極端に異なる材料を隣接させないといった設計上の工夫が必要になる。そのほかにも、表面に凹凸をつける、目地を設ける、水濡れに注意する、手摺を付けるなど、いろいろな対応を考えることができる。素足で生活することの多い日本人にとっては、図2のような足の裏の温度降下（熱伝導率と関係がある）も検討対象となる。

躯体と層構成

床に限ったことではないが、面材の剛性が高ければ、支える小梁などの部位躯体《くたい》の間隔は広くすることができ、低ければ狭くする必要がある。自重のほか、仕上げや下地、人や家具などの積載物を支える床は、建物の水平剛性確保という点で、鉛直《えんちょく》剛性要素である耐力壁《たいりょくへき》と似ている。床の場合は耐力壁ほどフレキシビリティを損なうケースが少なく、水平剛性要素として積極的に利用される。

床の構成方式は次の3種類に大別される。

①RC造などのスラブの上に直に仕上げをするもの
②同種のスラブの上に根太《ねだ》などを用いて下地とし、仕上げをするもの
③大引《おおびき》や床梁《ゆかばり》の上に根太などを用いて下地とし、仕上げをするもの

モルタルなどを介するものやカーペットのような下地となじみやすいものは①でよいが、フローリングなどの板材は②あるいは③となる。ただし、RCスラブの上に接着剤で直張りができる専用のフローリングは①となる。②、③の場合の下地の構成は、木造床に準じる（図3）。

ビル床の滑り抵抗値の実測値 ― 図1

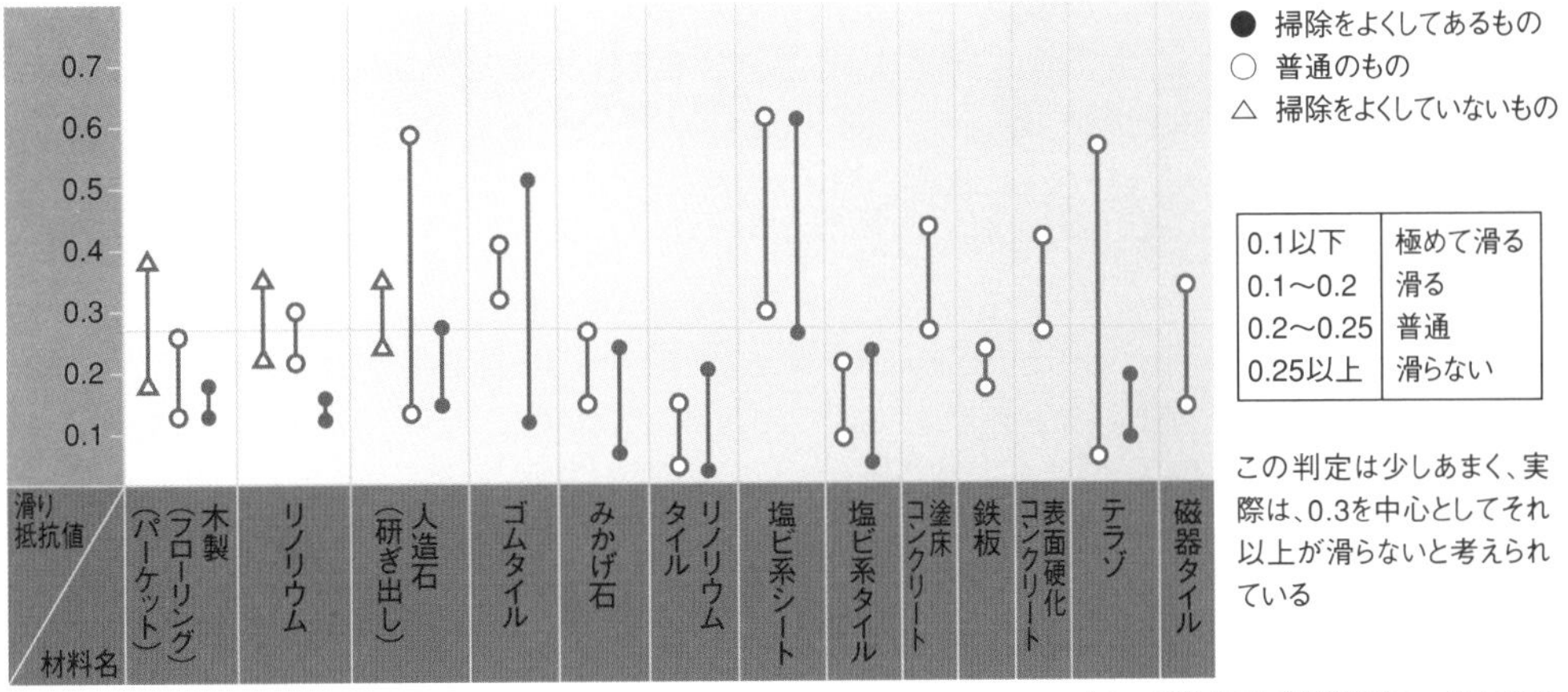

0.1以下	極めて滑る
0.1～0.2	滑る
0.2～0.25	普通
0.25以上	滑らない

この判定は少しあまく、実際は、0.3を中心としてそれ以上が滑らないと考えられている

出典：『構法計画』(宍道恒信ほか・朝倉書店)

床の温冷感と快適性 ― 図2

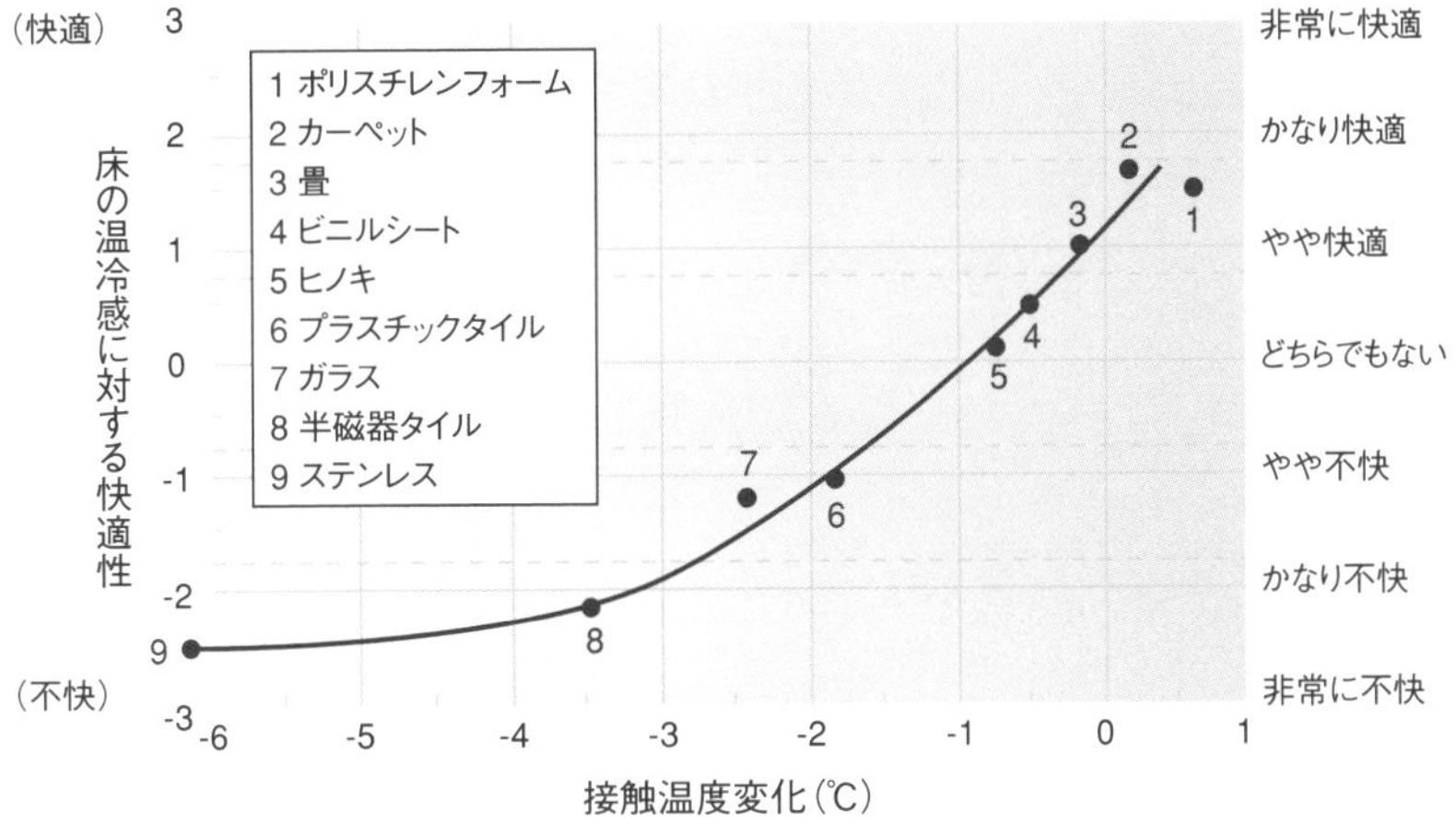

出典：『建築仕上げ材料の性能試験方法』(社)日本建築学会関東支部)

床の下地と仕上げ ― 図3

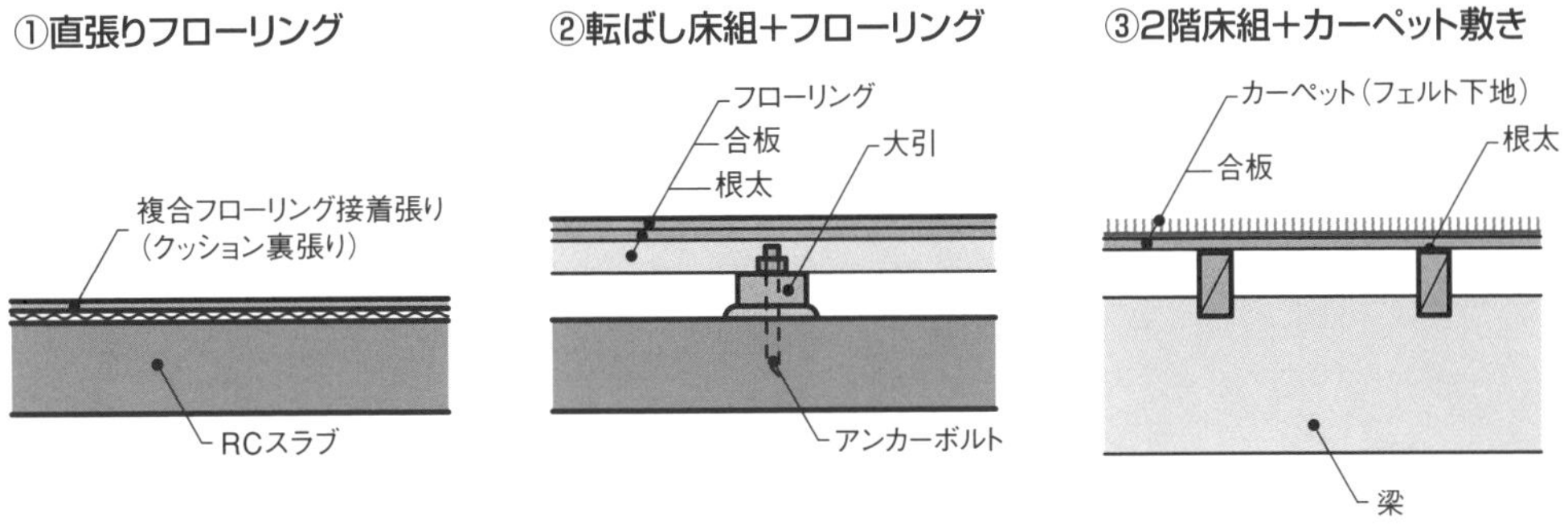

060　床

湿式・乾式張り

仕上げの種類と方法

Point

◆平滑な石やタイルは濡れると滑りやすく、大板では使わない

◆湿式では仕上げと下地の間より、下地とスラブとの間の剥離に要注意

湿式による仕上げ

RC造などのスラブに直に左官仕上げするものとしては、モルタル金ゴテのほか、合成樹脂系塗床、玉石洗い出し、現場研ぎテラゾ（図1①）などがある。これらは、施工中の仕切と完成後のひび割れ防止を兼ねて、黄銅などを用いた目地を設ける。モノリシックはコンクリート打設時に直接コテで押さえて仕上げるものである（図1②）。

モルタルなどで直接スラブに張り付ける床仕上げとしては、大理石や鉄平石などの石材、磁器質やせっ器質のタイル、レンガなどがある。これらは仕上げに水が介在することから、湿式仕上げといわれ、そうではない乾式仕上げと区別される。

石やタイルの床仕上げは、屋外のほか比較的水洗いをする場所に利用される（図2①）。表面処理にもよるが、平滑なものは濡れると滑りやすく、危険である。凹凸をつける、目地を設け大板としないなどの配慮が必要となる。

このほか、石材などと同様に施工するものにフローリングブロックがある。フローリングボード材として製材された板を組み合わせて30cm角とし、裏面に定着用金物を付けたものである。かつて学校建築などでコンクリートスラブ上を板張り仕上げとする場合に多用された（図2②）。

乾式による仕上げ

RC造などのスラブに合成樹脂系のシートやタイルを張る場合、金ゴテ押さえとしたコンクリート面や均《なら》しモルタルに直に張るか、転ばし根太《ねだ》の上に設けたスギ板や合板の下地板に接着剤で張る。どちらの場合も平滑な下地面が重要である。転ばし根太下地は床衝撃音の遮断性には劣るが、弾性に優れ、歩行感はよい。

カーペットや畳も丁寧な工事では同様の下地の上に適宜、フェルトなどを介して仕上げとする（図3）が、前述のシートなどと同様、コンクリートやモルタルに直張りすることも多い。

床の下地と仕上げ ― 図1

①現場研ぎ

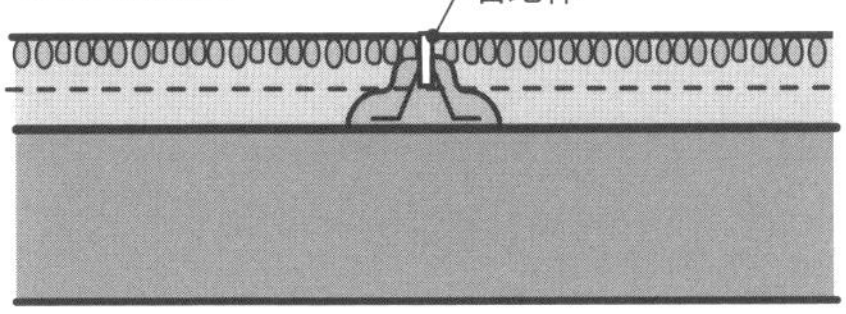

自然石の砕石粒、顔料などを加えて、現場で研磨する。手間がかかるので、近年は用いられていない

②モノリシック

コンクリート打設時に、直接コテで押さえて仕上げる

湿式工法による床仕上げ ― 図2

①石張り

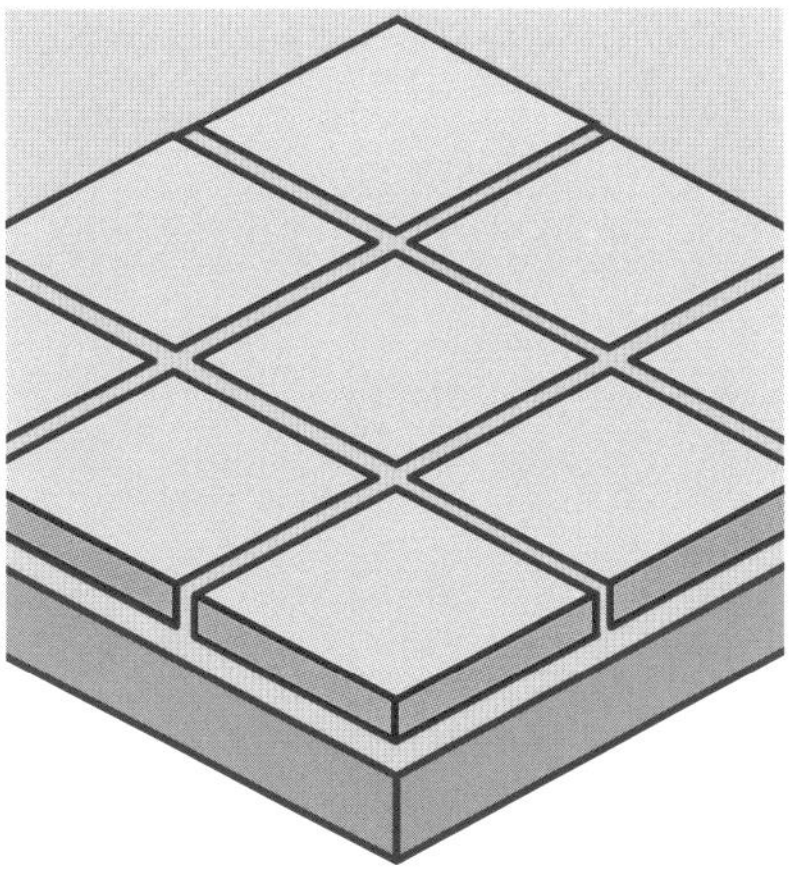

②フローリングブロック

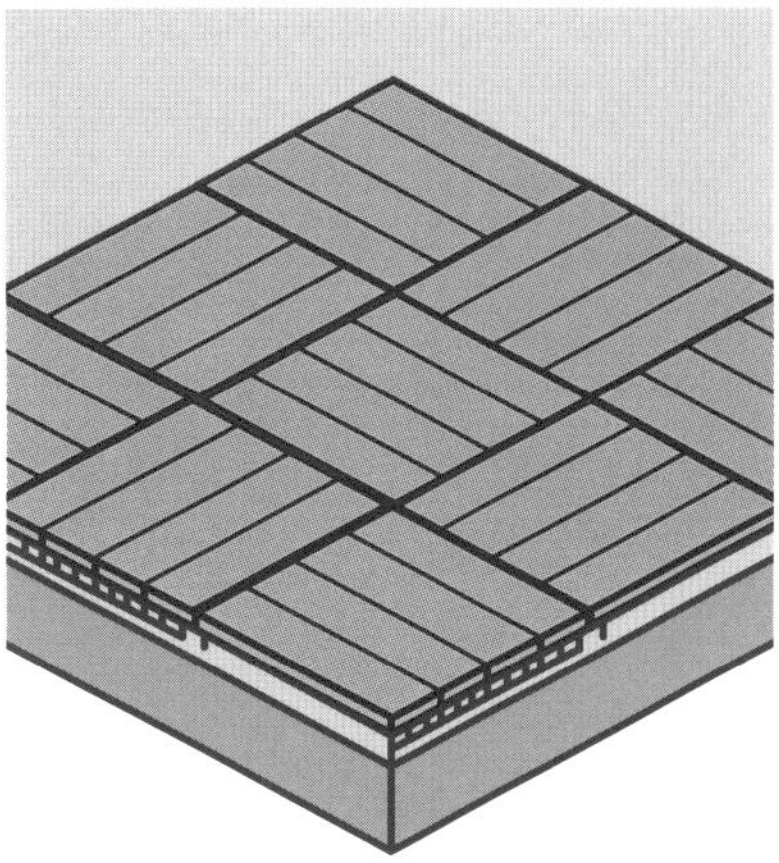

乾式工法による床仕上げ（転ばし根太） ― 図3

①転ばし床組＋カーペット

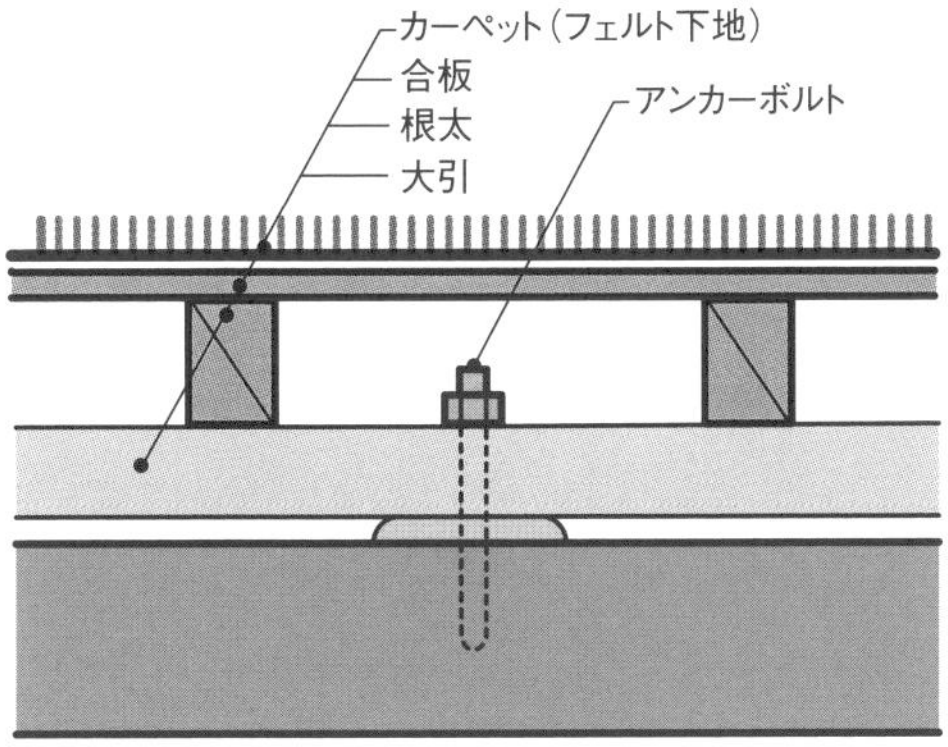

②転ばし床組＋畳

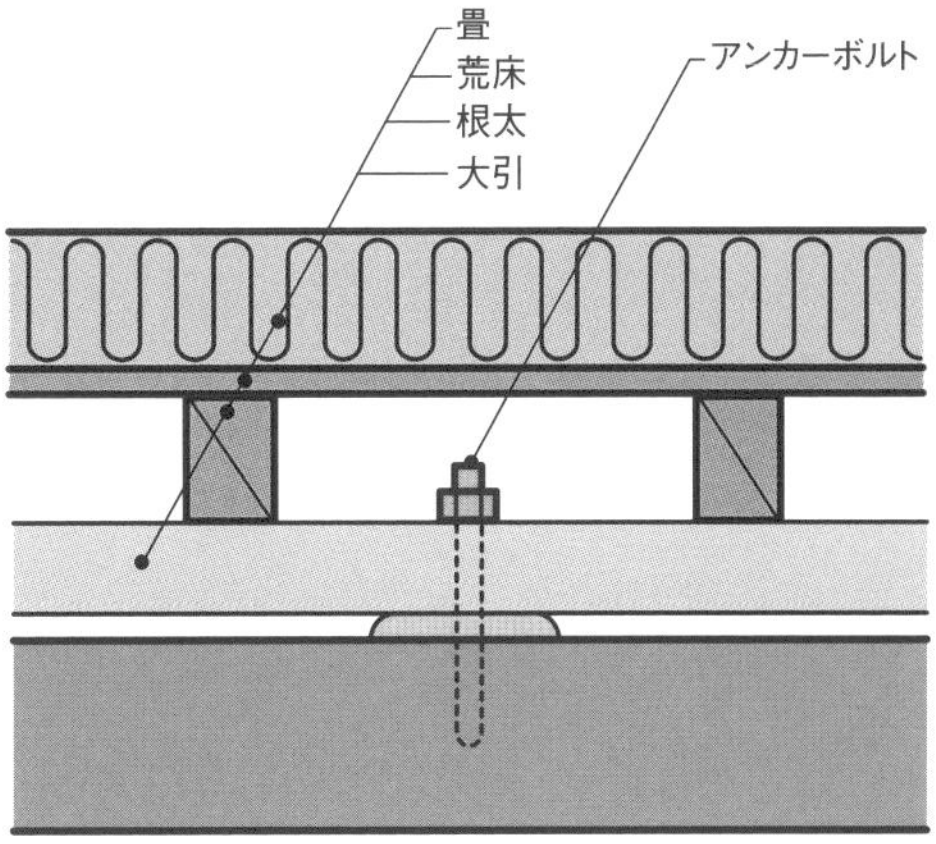

061 床

木質系仕上げ

フローリングの種類と床下地

Point

◆フローリングとは、一般に複合フローリングを指す

◆共同住宅の床構法を大きく変えた、床衝撃音遮断性と区分所有制度

フローリングの種類

木質系の床は、根太《ねだ》の上に張って仕上げとする。木造の床組では無論であるが、コンクリートスラブの場合も一般には直接張るようなことはしない。

フローリングと総称されるものには次のものがある（図1）。いずれも厚さは1.5cm前後である。

①フローリングボード

ナラ・ブナ・サクラなどの広葉樹が主で、幅6～9cm、長さ60～100cm、木端・木口とも本実《ほんざね》加工されており、長さ方向は自由に配置できる。

②縁甲板《えんこういた》

ヒノキ・マツなどの針葉樹が主で、幅10～12cm、長さ300～400cm、木端のみ本実加工が施されている。

③複合フローリング

合板の表面に薄い天然木（突き板という）を貼り付けたもので、大きさは30×180cm、15×180cm程度。意匠はフローリングボードに類似しており、一般にフローリングといえば、複合フローリングを指す。

いずれも根太に直張りが可能であるが、丁寧な工事では根太との間に下地板を用い、2重張りとする。製作誤差や施工誤差を吸収するため、また竣工後も温度や水・湿気によって変形を余儀なくされるため、逃げのある納まりとする。

床下地構法

コンクリートスラブにフローリング仕上げとする場合も、一般には図2のような床下地による。ただしこの方法は、共同住宅の界床（異なる住戸間の床）において下階への床衝撃音遮断性が問題となるため、近年はカーペット下地のフェルトのようなクッション材を敷いて、フローリングを直張りする方法が標準となっている（図3）。

床衝撃音遮断性向上を契機にさまざまな構法が開発された。図4に示す乾式置き床もその1つで、大引《おおびき》・根太の代わりに緩衝材を介した支持脚で点状に床板を支える。

フローリング — 図1

①フローリングボード　②複合フローリング

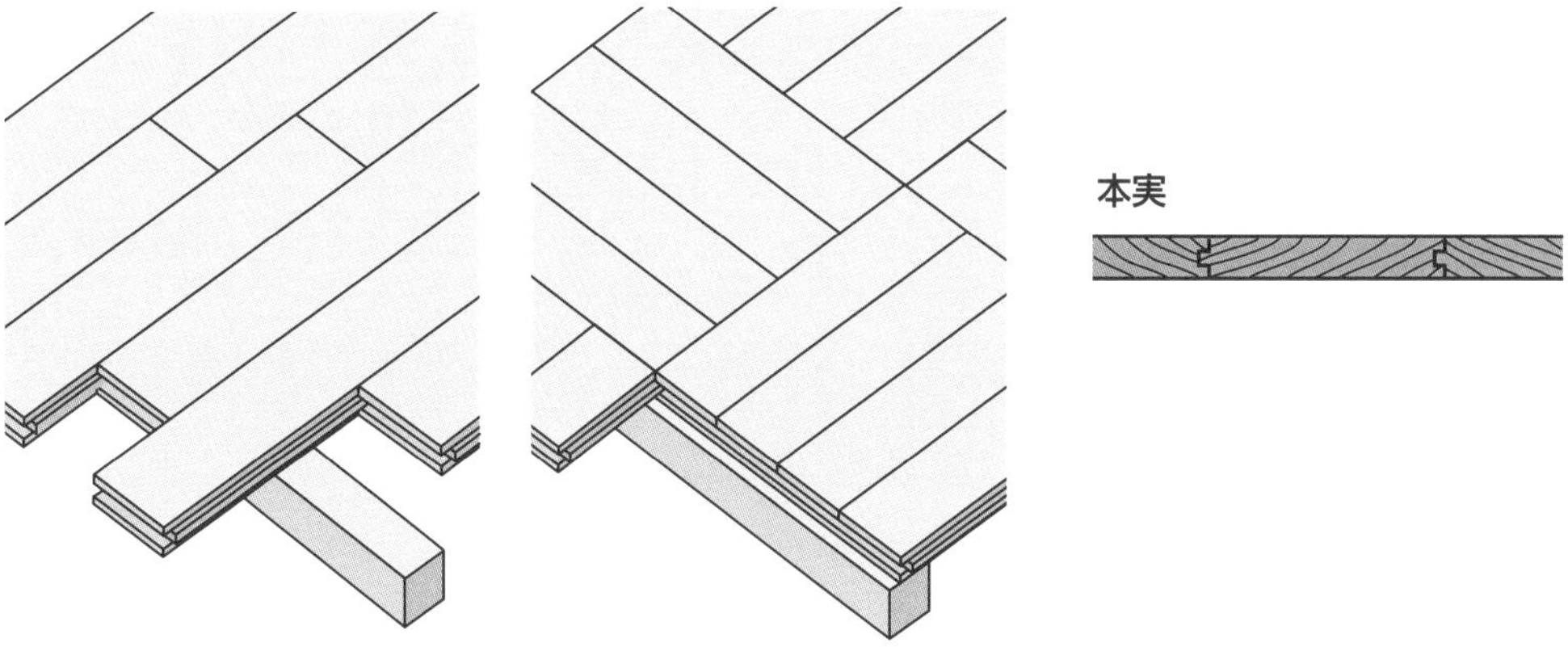

転ばし根太フローリング仕上げ — 図2

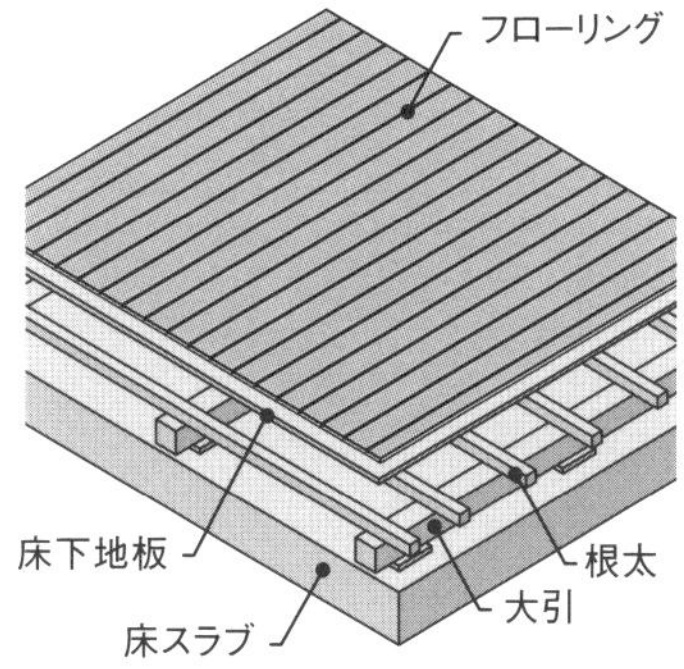

直張りフローリング仕上げ — 図3

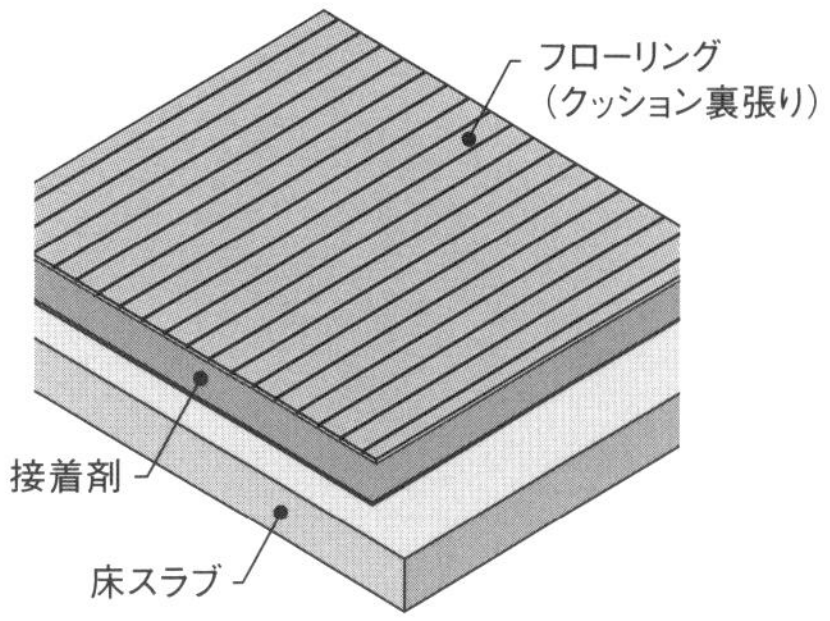

置き床フローリング仕上げ — 図4

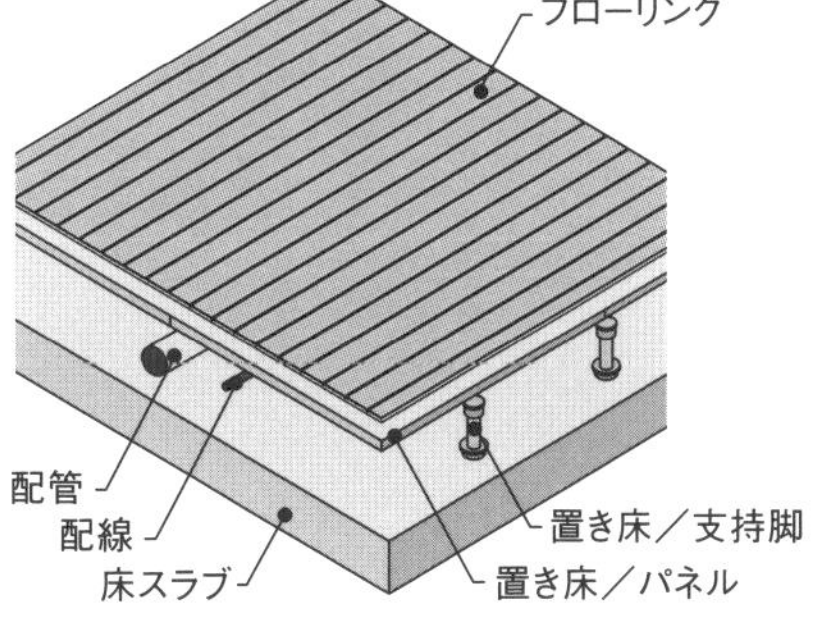

支持脚は高さが調整できるため、床スラブの不陸に対応し、空間を配管や配線に利用することもできる。共同住宅の洗面所など、床上配管が必要な場合の標準構法となっている

062 床

配管・配線、設備

配管と電線の居場所

Point

- 防火区画や区分所有の概念は、床上配管・配線を促した
- 和風便器から洋風便器への変更は、建築工事に大きなメリット

配線の方式

床には電気の配管・配線以外にもさまざまな設備の配管類が取り合う。設備類の耐用年数は総じて建築本体に比べて短いため、そのメンテナンスや取替えに対する配慮が床構法を決定するうえで重要となる。近年は、設備の配管・配線や機器などを建築に組み込むビルトイン（built-in）が新たな視点のもとで増加している。

床の配線方式は、フロア・ダクト、セルラー・ダクトなどのスラブ内部に設けるタイプと、フリーアクセスなどのスラブ上部に設けるタイプ（いわゆる2重床）の2つに大別される。

フリーアクセスタイプの床パネルは床躯体《くたい》から独立して剛性を保持する必要がある。パネル中央のたわみが1.5～2.0㎜になる4倍の荷重を積載許容値とするなど、部品により制約がある（図1）。

大量の配線ルートを確保し処理する目的で、床下ではなく、天井にケーブルラックを設ける天井配線方式と併用する場合もある（図2）。

衛生器具の配置

近年は公共施設でも、便所は洋風便器の採用が多くなりつつある。和風便器は配管を床に落とし込む都合上、次のようなデメリットがあるからである。

①コンクリート打設などの床施工に際して、養生が必要
②便器を設置する穴が、防火区画上の大きなネックになる
③配水管を横引きすると、下階により大きな天井懐が必要になる
④清掃面などから防水床になりがち
⑤防水床にするには便所の床スラブを10㎝近く下げてつくる必要がある

小便器は梁の直上近くに配置されることが多い。給水管などを処理するために高さ1.2ｍほどの壁をつくり対応するが、排水管がパイプシャフト（ＰＳ）までの間に梁と交錯するのは避けられない（図3）。こうしたことから、配管をＰＳまで床上で横引処理する製品もある（図4）。

床の配線収納方式 — 図1

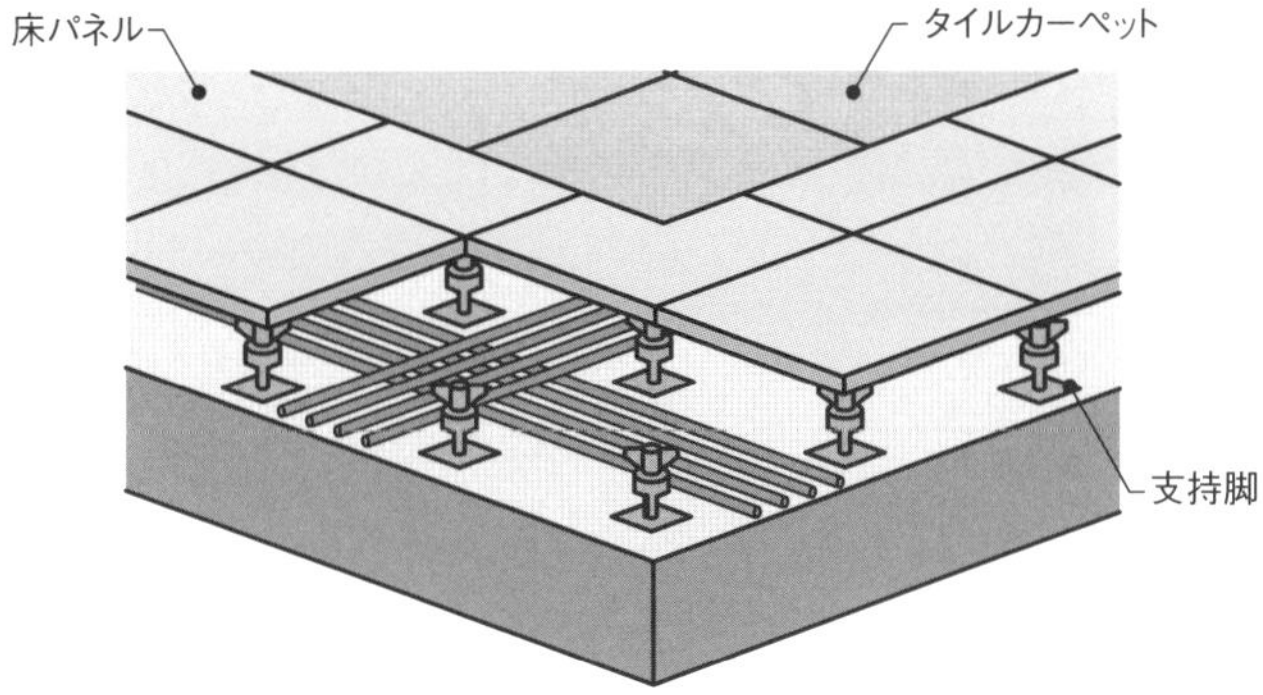

図はフリーアクセスフロアの例で、床下の配線・設備の点検・変更が自由にできる

天井配線方式 — 図2

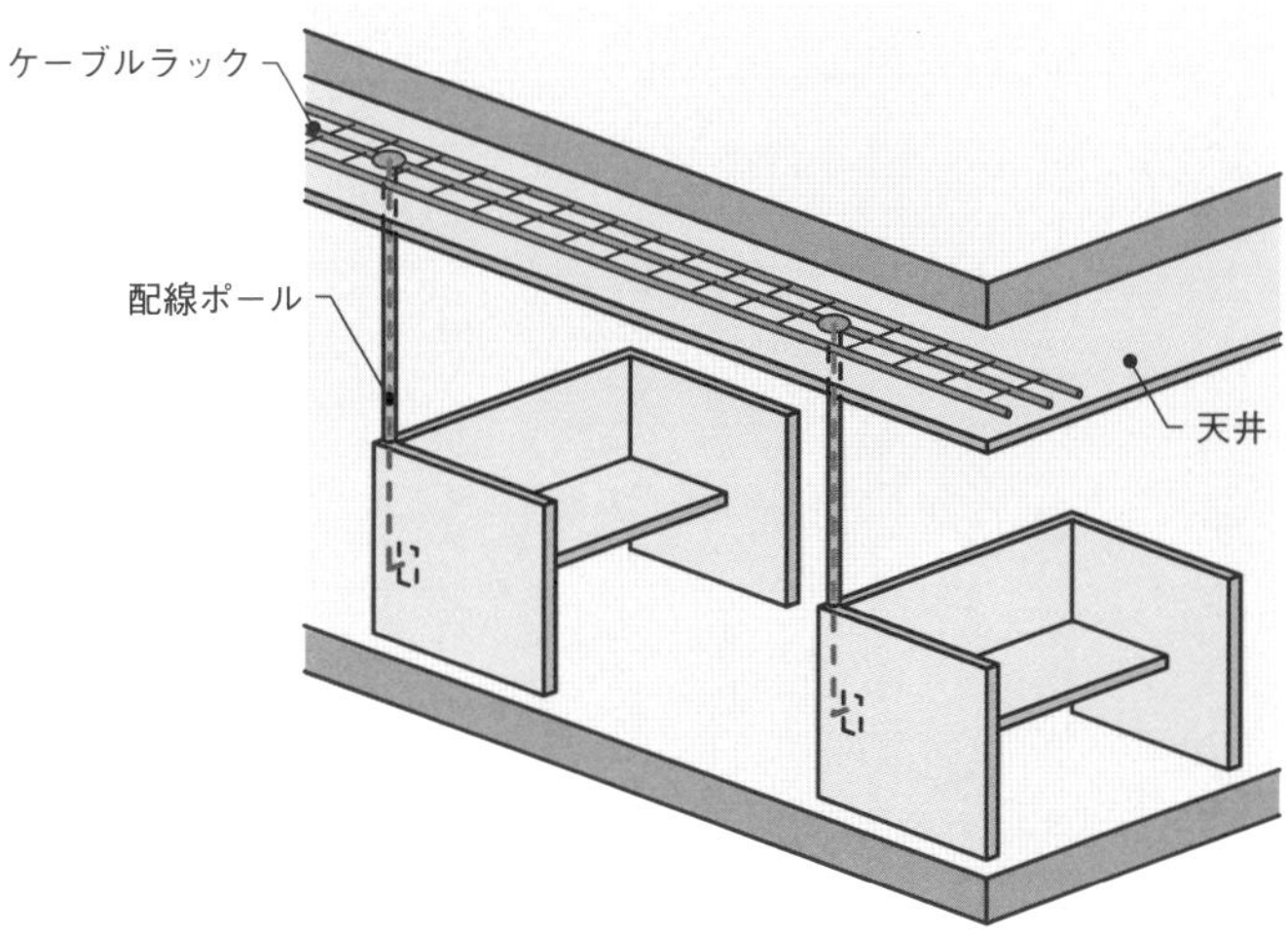

天井裏を配線ダクトとして、パネルやポールなどを介して使用する。空間利用に多少制約が生じる

配管の取合い — 図3

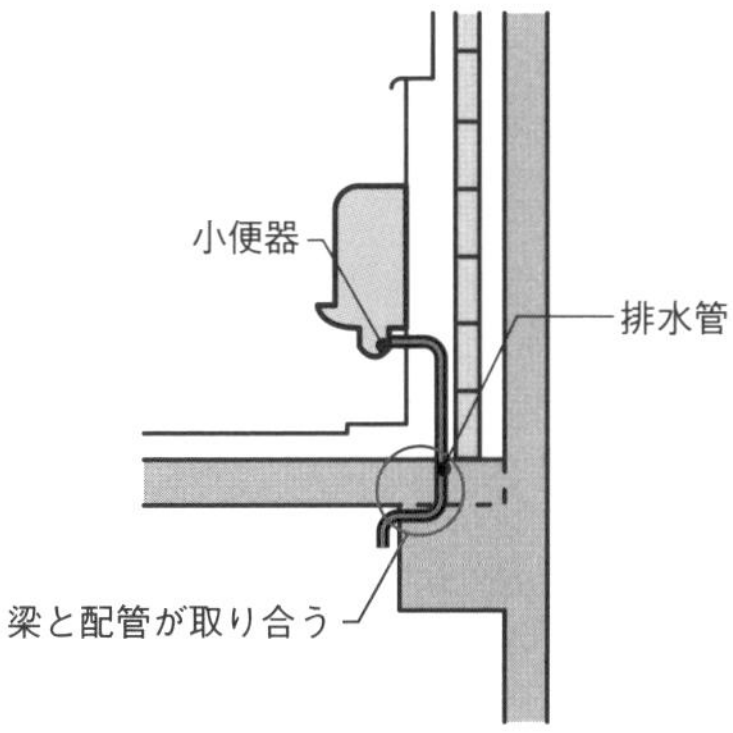

床上配管の例 — 図4

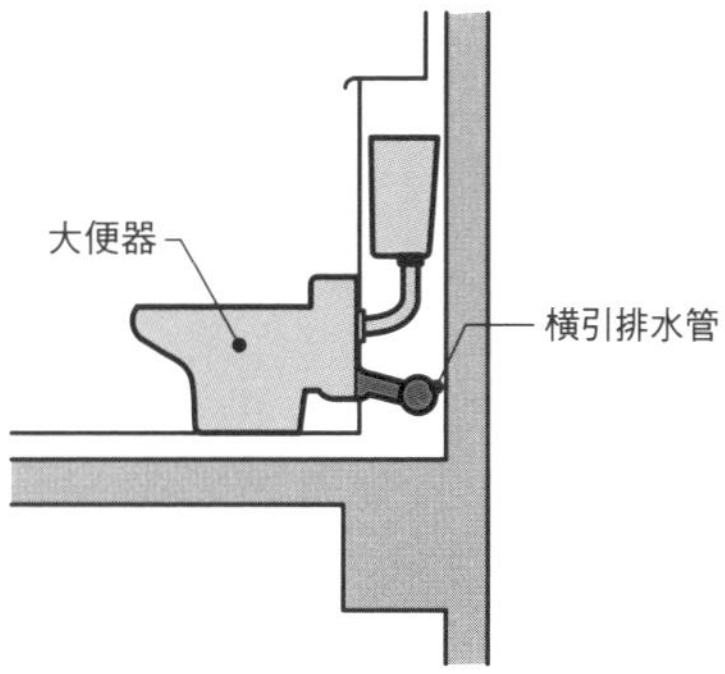

配管を床上で処理できるので、躯体と取り合わない

063 床

段差

段差解消の手段

Point
◆日本独特の住習慣が直接・間接に段差を生じさせる
◆在来軸組構法は2×4構法と違い、床高の調整が容易

段差の原因

段差が生じる原因はさまざまあるが、日本では玄関で靴を脱ぐ、浴室洗い場で湯を浴びるという独特の住習慣があり、塵埃《じんあい》や雨水の確実な遮断、フールプルーフを考えると、住宅内での段差解消はなかなか困難である。塵埃や雨水の遮断のため、段差は外周のテラス戸では必然である（127頁図3）。

仕上材の厚さによる段差もある。日本の伝統的な床仕上材である畳は、畳替えなど短いサイクルでのメンテナンスを前提としており、湿度変化が大きい、ほとんど素足に近い座位中心の生活など、気候風土に合わせた日本の特徴に対応している。しかし、その厚さは数cmあり、ほかの仕上材と大きく異なる。

段差をなくす

近年は段差の解消が大きなテーマとなっているが、健常者がつまずきやすい段差と車いすなどが乗り越えにくい段差は、その意味が多少異なる（図1）。本質的な問題点を明らかにしたうえで対応する必要がある。高齢者居住法などでも場所によって、許容される段差の大きさは異なる（表）。

畳と板張りなど、違う仕上材どうしが取り合う部分では、下地の構成（根太《ねだ》の取付高さ）を変えることで段差を解消する。フラットな剛床を床面の原則とする枠組壁構法（2×4工法）と異なり、在来軸組構法の床組は床高の調整が容易である（図2）。浴室ではすのこなどを用いる方法や、当該個所の直下に排水機構を用意することなどで対応する（写真）。

住宅用のサッシなどでは、下レールに突起のないタイプも開発・利用されている（図3）。段差というより凹凸を解消するものであるが、転倒防止上は同じである。

段差の解消は構法によるものだけではなく、段差がある場所を照明で明るくする、段差部分の仕上げの色を変える、つまずきやすい程度の段差は解消し、大きな段差には手摺をつけるなどの工夫も大切である。

床の段差 — 図1

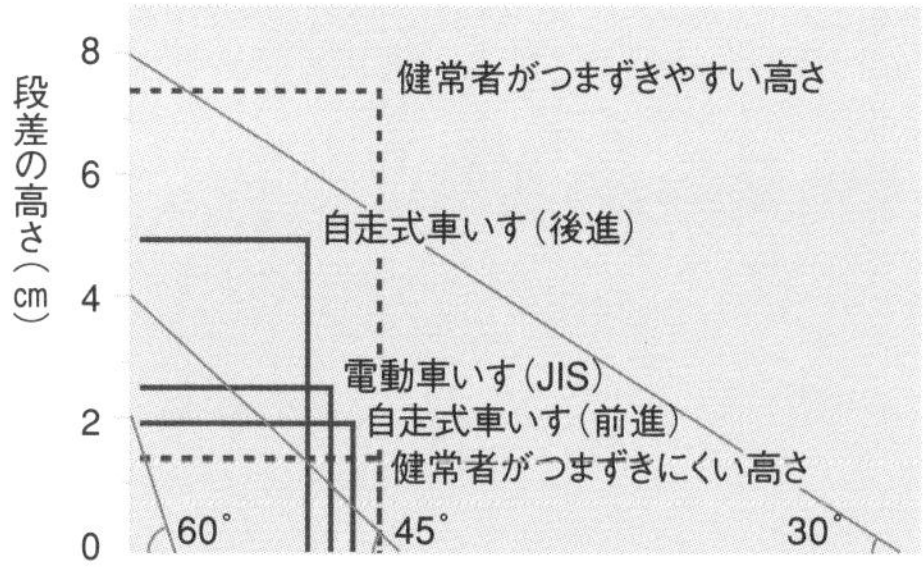

健常者は2〜8㎝くらいの高さでつまずきやすい。車いすが段差を越えるためには（縦線・横線の交点に見合った）適切なすり付け勾配が必要である

段差の規定（推奨レベル） — 表

段差の生じる場所	許容される大きさ
玄関の出入口	玄関外側とくつずり：20㎜以下 玄関土間とくつずり：5㎜以下
玄関の上がり框	110㎜以下（踏み段ある場合、上がり框と踏み段・踏み段と土間：110㎜以下）
浴室の出入口	180㎜以下（踏み段ある場合、框と踏み段・踏み段とバルコニー：110㎜以下）
居室床と以下の条件の従たる床：介助用車椅子の移動を妨げない、面積が3㎡以上9㎡（居室面積の1／2）未満、長辺が1,500㎜以上	300㎜以上450㎜以下

上記と勝手口関係以外の日常生活空間内の床の段差は5㎜以下

出典：高齢者居住法にもとづく国土交通省告示1301号より抜粋

床高の調整 — 図2

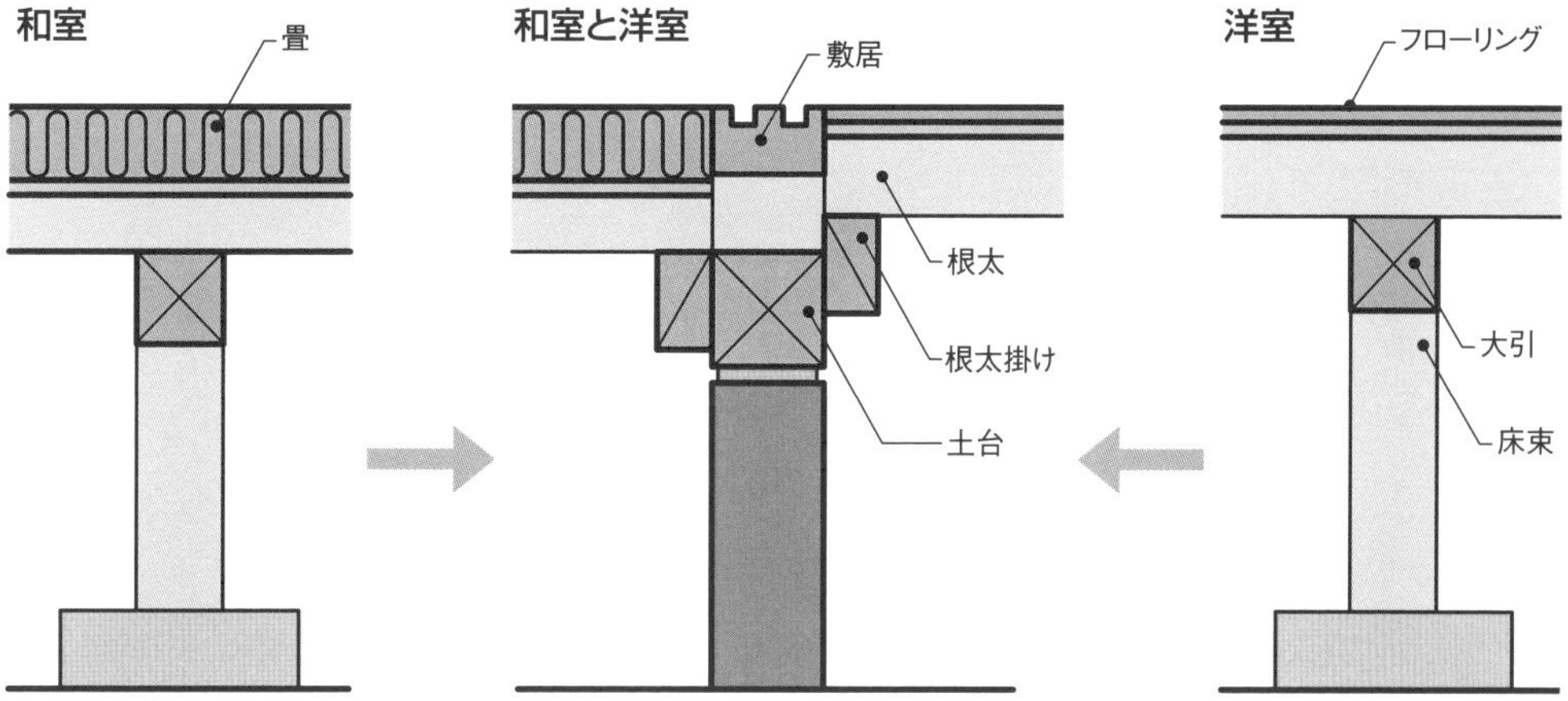

段差のない浴室入口 — 写真

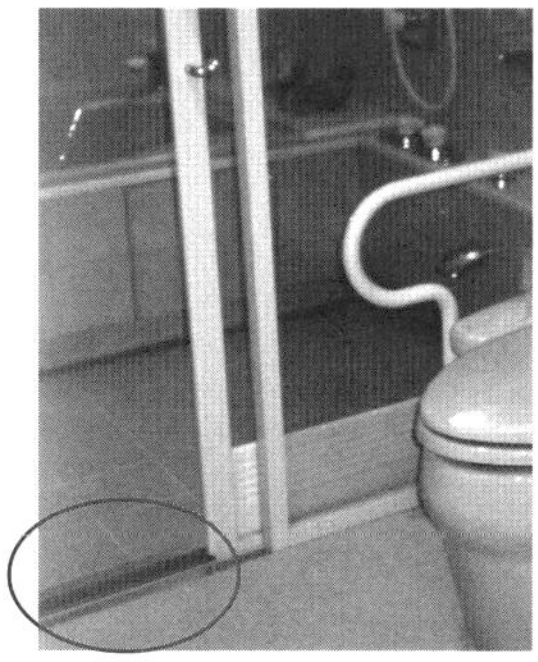

サッシの下枠に排水機構がある
（聖路加タワー・東京都）

テラス出入口 — 図3

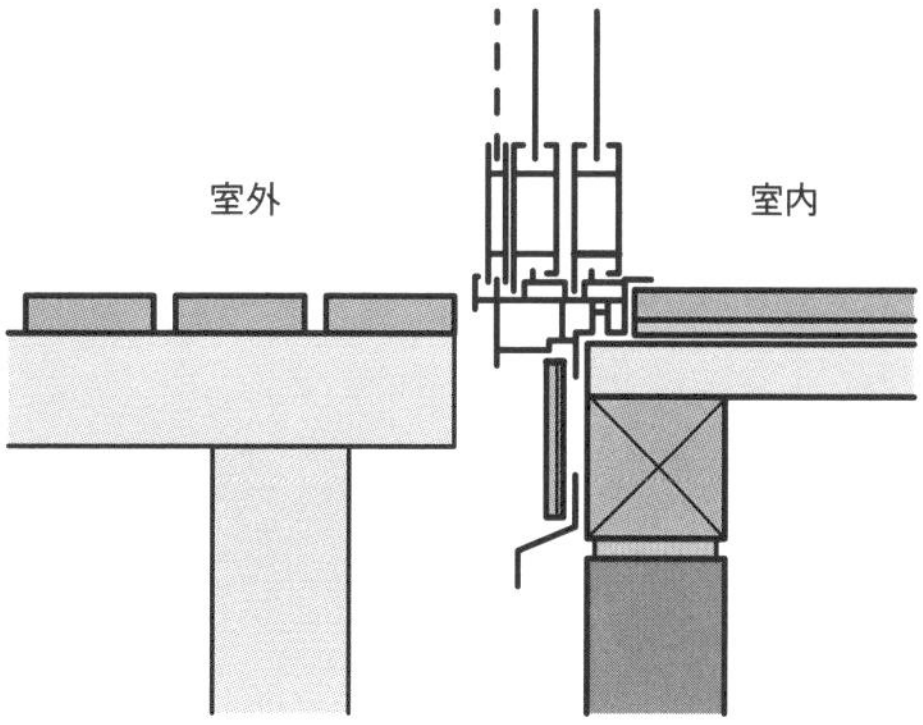

各種の取合い

幅木を設ける2つの構法

Point

◆段差は遮断性や空間の質と関係がある

◆幅木には先付けと後付けがある。前者は定規、後者はボロ隠しである

段差はデザイン要素でもある

段差はあえてつける場合がある。たとえば、塵埃と水を遮断するための段差は、遮断をより確実なものとする。

また、畳と板張りといった仕上げの違いによる段差も、ある場合には身分の違いなどを空間の質の違いで端的に示す働きが期待されている。

そのほか、段差をつけて空間に変化をもたせるスキップフロアなど、段差を設ける・利用するといった計画手法もある。段差は空間の格差を具体的に表現するものであるとともに、デザイン要素でもある。

幅木の先付けと後付け

床と壁との取合い部分には、幅木《はばき》を設けるのが一般的である。幅木には壁の下部を保護するという機能もあるが、施工上の逃げを確保し、壁と床の取合いを納める目的もある。構法としては、壁の施工前に取り付ける先付けの構法と、後から施工する後付けの構法がある（図1）。

前者は左官壁などを施工するための定規としての働きがあり、後者は各種の誤差と施工上の逃げを吸収する。

いずれの幅木も断面の均一な木材やプラスチックなどが用いられる。先付けの幅木で壁がボード仕上げなどの場合は、幅木がボード仕上げ面より凹む。この種の幅木は入《い》り幅木と呼ばれ、それ以外のものは出《で》幅木などと呼ぶ。出幅木の場合、厚さが厚すぎると、開口部枠との取合いで木口が見えて、納まりの定石から外れることになるので留意する（図2）。

なお、後付けのプラスチック幅木には中を配線ダクトとして使用し、コンセントなどを設けることができるタイプもある（図3）。

真壁と床の取合いでは幅木は用いられない。畳敷きの場合は畳寄せ（図4）を畳と同じ高さに、板床の場合には雑巾摺《ぞうきんず》り（図5）を板面より少し高く取り付ける。畳寄せ、雑巾摺りは、いずれも先付けである。

各種の幅木 — 図1

①先付け幅木A

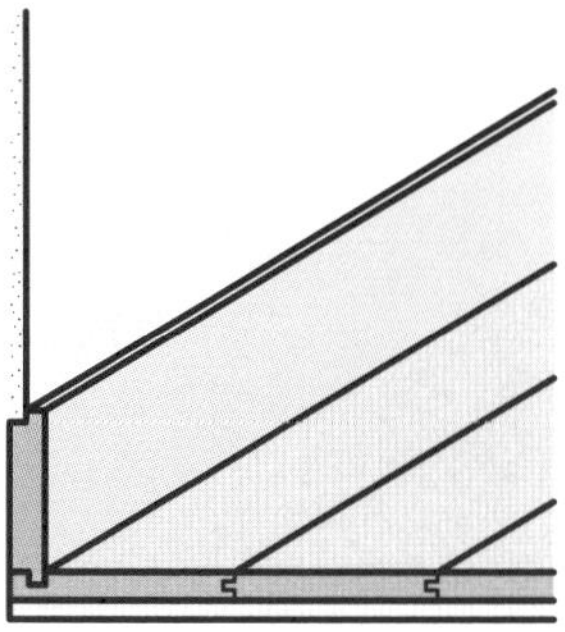

左官壁などの定規の役目をする

②先付け幅木B（入り幅木）

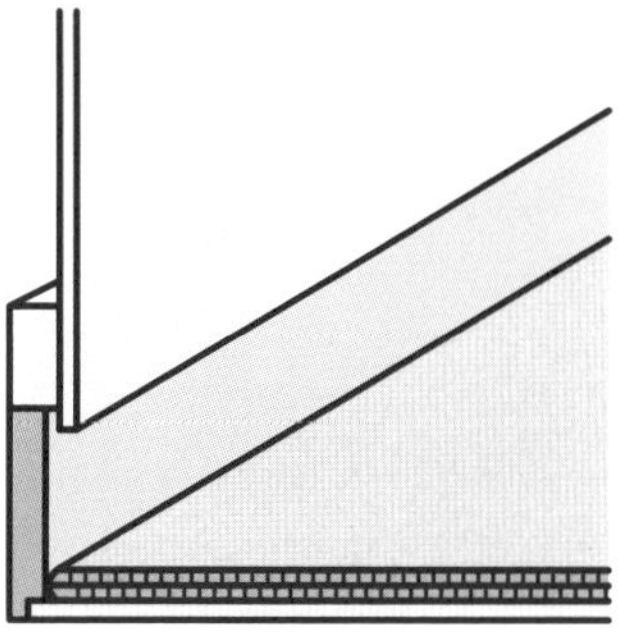

壁のボード下端が露しとなるので逃げがない

③後付け幅木

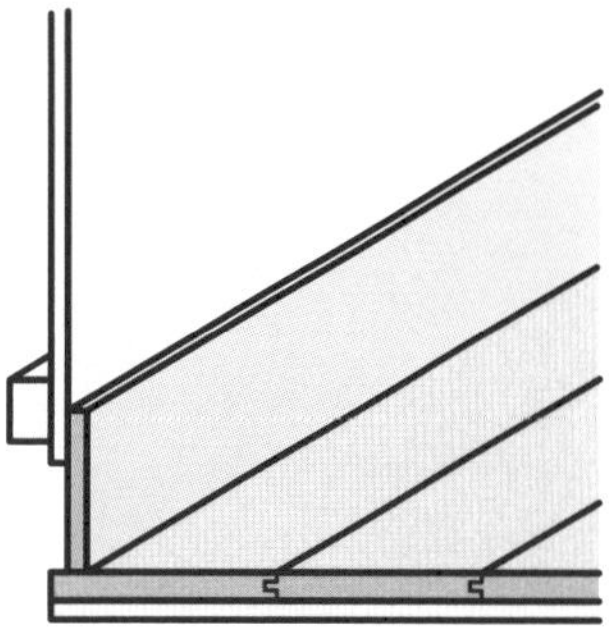

施工上の逃げを取りやすいので、多く用いられている

幅木と開口部枠の納まり — 図2

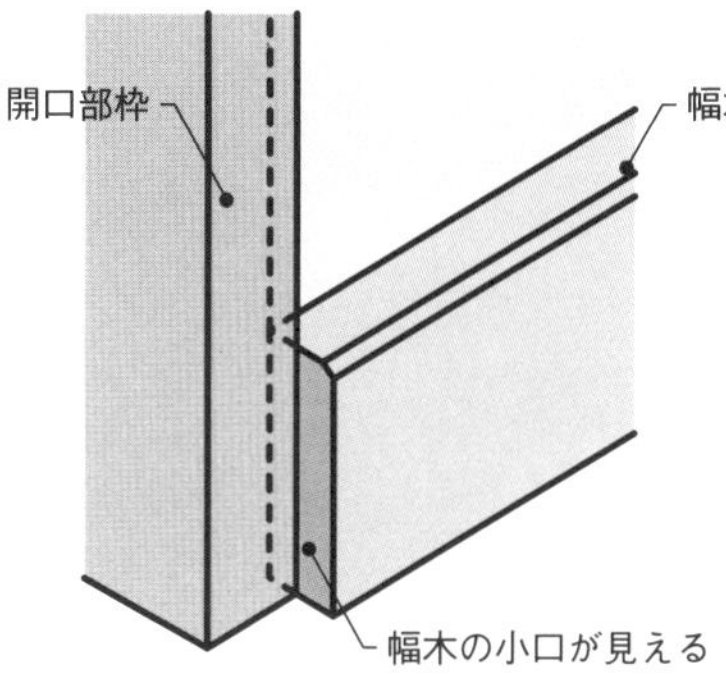

配線ダクト兼用の幅木 — 図3

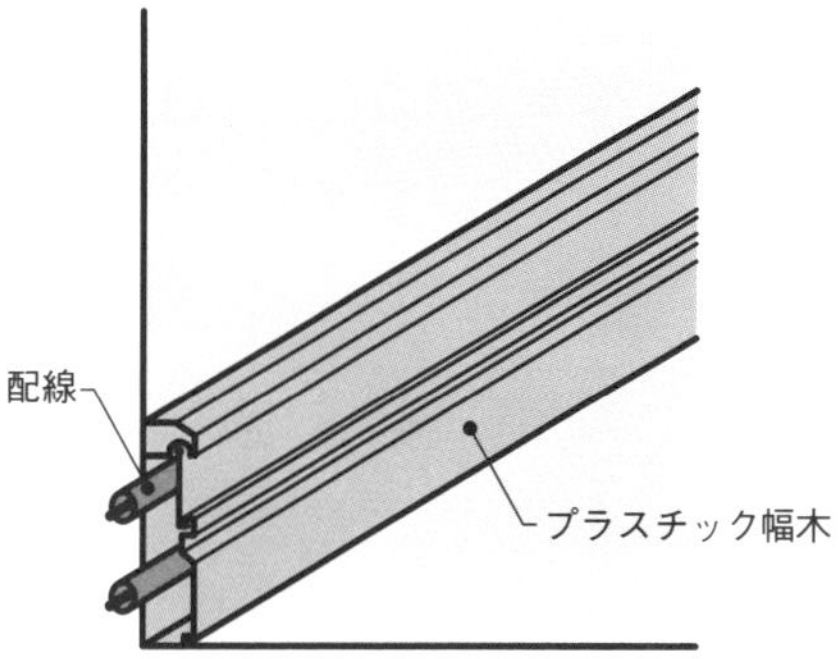

畳寄せ — 図4

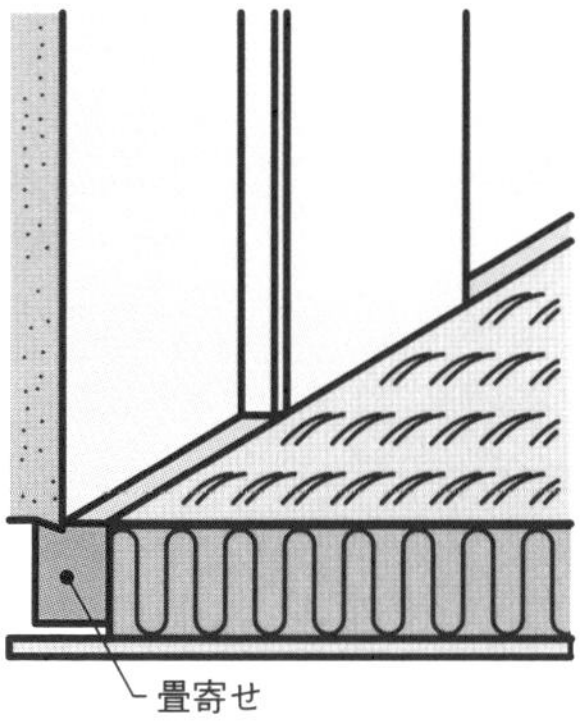

雑巾摺り — 図5

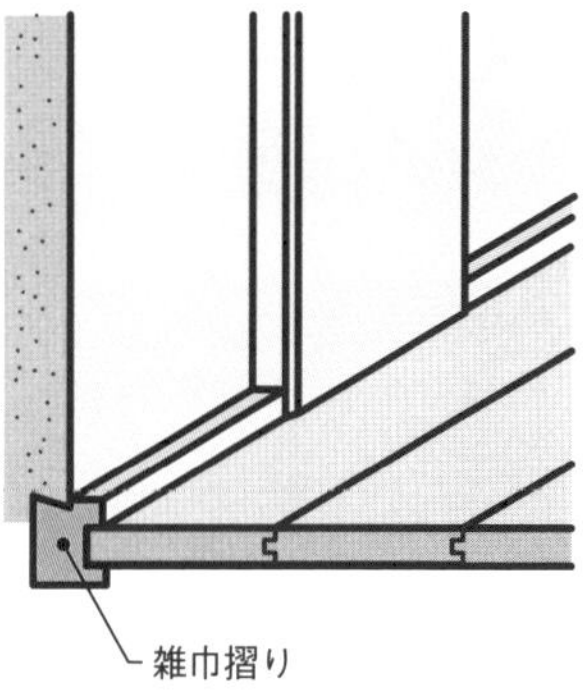

065 床

最下階の床（接地床）

床下の防湿と耐久性への配慮

Point

◆土台の上に石の小片を置くネコ土台は、今、プラスチックで蘇る

◆埋戻し土の上に設ける接地床の下部は、凍結融解防止と同様の措置が望ましい

床下換気とネコ土台

最下階の床には、構造的には上階床と同様の構法で支えるものと、荷重を地盤に直接負担させるもの（接地床）の2種類がある。いずれも土中からの水の蒸発・湿気に対する防湿対策が必要であり、防湿シートを敷くなどの方策が検討される。

最下階床と地盤の間に空間がある場合は、床下を換気する必要もある。木造ではかつてのネコ土台にならって、土台下にプラスチック小片を挟む方法が近年、普及している（図1）。

最下階床と地盤の間に空間のない接地床の場合は、床下全面に割栗地業などを施したうえで、防湿シートを敷き、その上に土間コンクリートを打設する。

地中に埋めた浄化槽などは、大雨の後などに地上に浮き出ることがある。浮力は想像以上に大きい（浮力に抵抗するには常に水を入れておく必要がある）。プールなども通常は地面上につくるのが無難である。常水面の高い埋立地などでは、浮力と建物重量とのバランスに考慮した基礎とすることもある。

各種の接地床

玄関土間・ポーチやテラス、あるいは犬走りといった建物内外に配置される接地床は、建物の耐久性などにも大きく関係する。たとえば雨水の排水のためには1／50以上の勾配が必要であり、車庫も同程度はほしい。ちなみに道路の排水勾配は1／200以上が原則といわれる。

一般にこれらは埋戻し土の上に位置することが多いが、竣工後、埋戻し部分の圧密により建物本体との間で亀裂が生じることがある。それを避けるためには、図2のような処置が必要となる。

同様な理由で躯体《くたい》としての基礎のほか、各部独自の基礎が必要となることがある。図3は間仕切壁《まじきりかべ》が上階の荷重を受け、設置床直下の地盤が圧密沈下し、問題となる例である。

床下換気 — 図1

①床下換気口

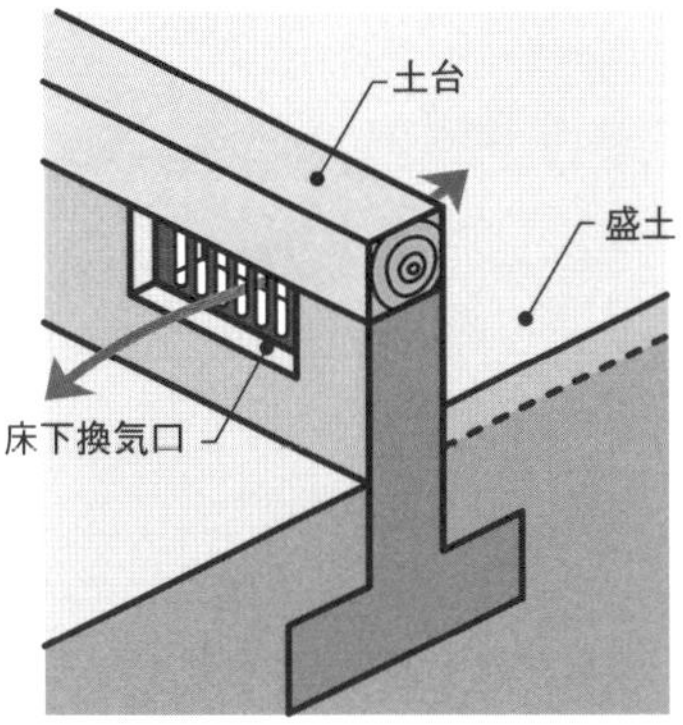

②ネコ土台工法

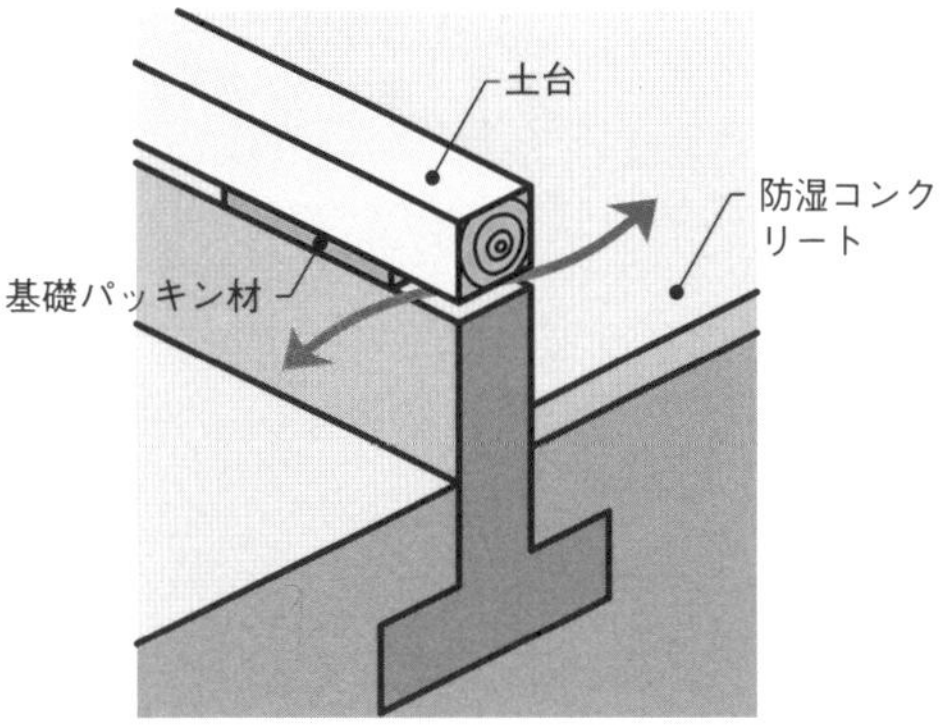

埋戻し土間床の工法 — 図2

①ひび割れ

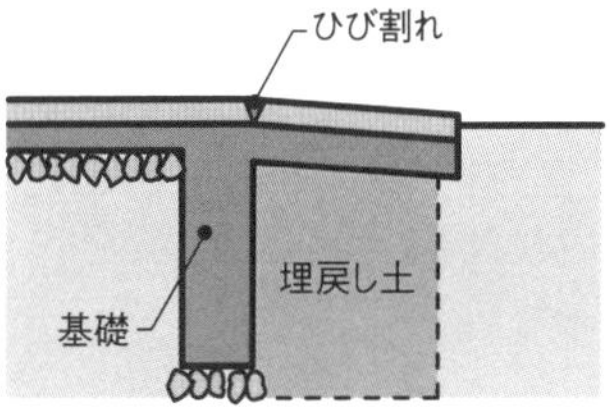

②片持ち

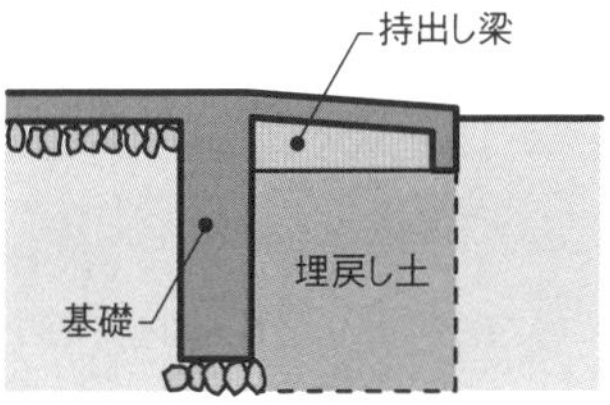

③安定地盤への延長

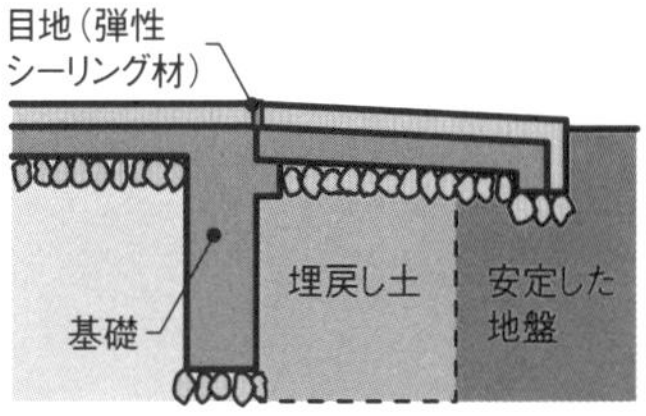

参考：『これだけは知っておきたい 建築工事の失敗例と対策』（熊井安義・鹿島出版会）ほか

寒冷地での施工に際しては基礎と同様、凍結深度への配慮が必要となる。深さには限度があるため、断熱材を敷き込むことで地中の温度低下を防いだり、砂利層を設けて排水を促すなどして対応する（55頁図4参照）

圧密沈下におけるひび割れ — 図3

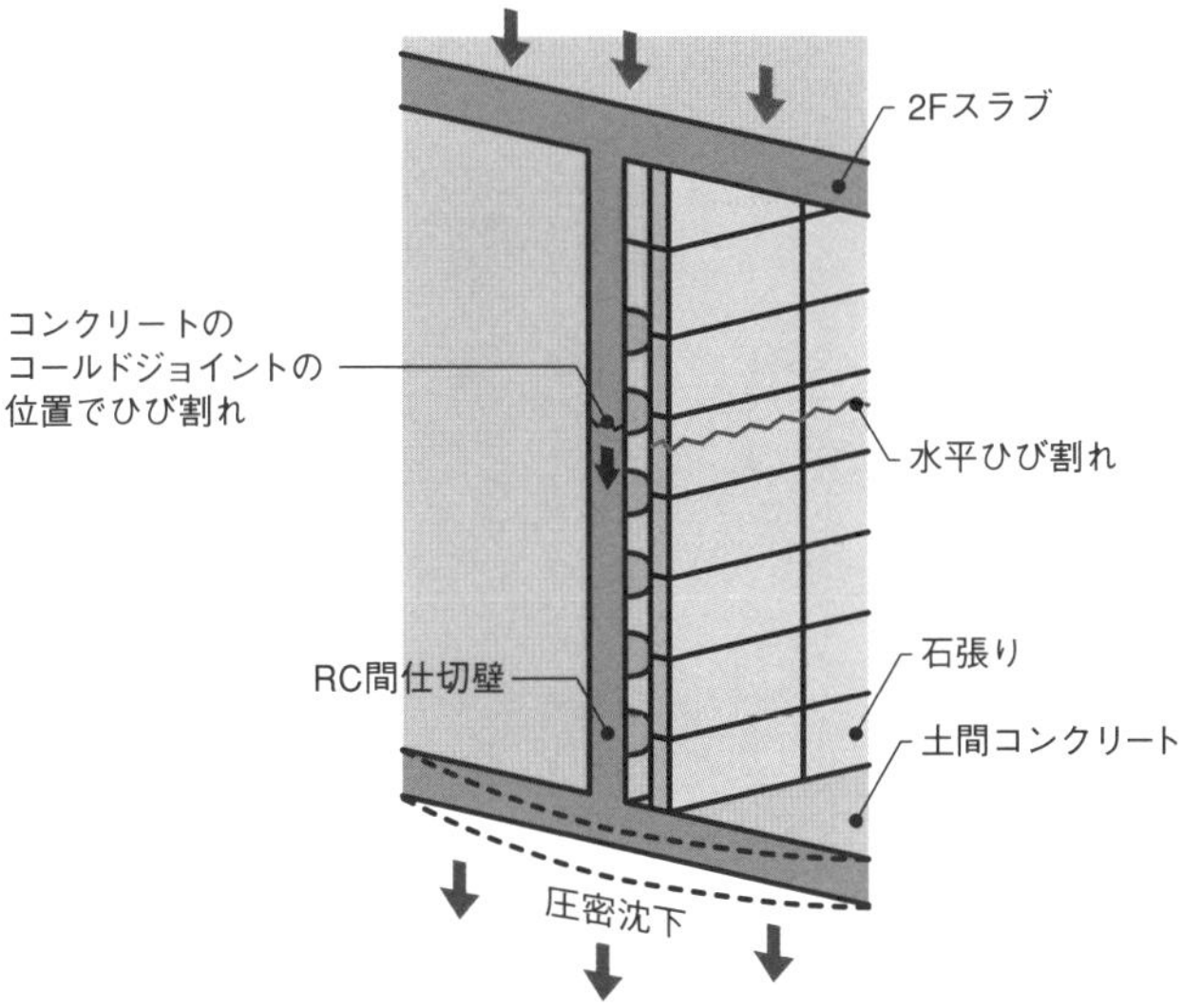

地盤の圧密沈下によるRC間仕切壁や石張り仕上げのひび割れを防ぐには、間仕切壁直下に基礎を設置する

形状と機能

避難安全性が第一

Point
◆避難安全性が第一だが、意匠性にも重点がある
◆階段の勾配は踏面寸法と蹴上げ寸法だけで決まる

目的に合わせた形状の選択

　階段は高さの異なる床をつなぐ機能をもった床と考えることができる。階段には、直階段・折れ曲がり階段・折り返し階段・回り階段・らせん階段などさまざまな形状のものがあり、目的に合わせて選択する（図1）。折り返し階段は上下同じ場所が踊り場となり、住宅や事務所など、階を重ねる形式の建物への採用が多い。

　もっぱら上下階の動線確保や避難を目的とする階段の場合は、構造種別にいくつかの典型的な構法が確立されているが、階段ホールとして複数の階高分の吹抜け空間を演出する道具として用いられることも多い。無論、そのような場合にも、後述する法規などが適用され、また非常時にはすべてが避難階段となるため、安全性を第一に考えるべきなのはいうまでもない。

　不特定多数の人が利用するか否か、建物用途から想定される利用者像などが検討の対象となる。その他は床に準じ、靴をはいたままか素足かなど、人間工学的な視点も必要となる。

各部の名称

　階段の各部には図2のような名称がつけられている。段板の表面を踏面《ふみづら》というが、踏面寸法は図に示すように段板の表面から蹴《け》込み寸法を差し引いた（平面図に現れる奥行）寸法をいう。

　なお、階段を設計する際、最上段の踊り場の段数を入れ忘れることが多い。階段の段数をnとすると、階高は蹴上げ寸法×nであるのに対し、階段の段板総長は見かけ上、踏面寸法×（n－1）となる。

　階段を含む空間を階段室という。階段は火災の際の避難路となるべきものだが、吹抜けとなっているため、特別な対策なしでは、火災時には炎や煙が上階へ流れ込む延焼路となる。したがって、建物の規模・用途により、階段室は防火戸や壁によってその他の部分と区画するように法規で定められている。初歩的なことだが間違えやすい。

階段の形状 ― 図1

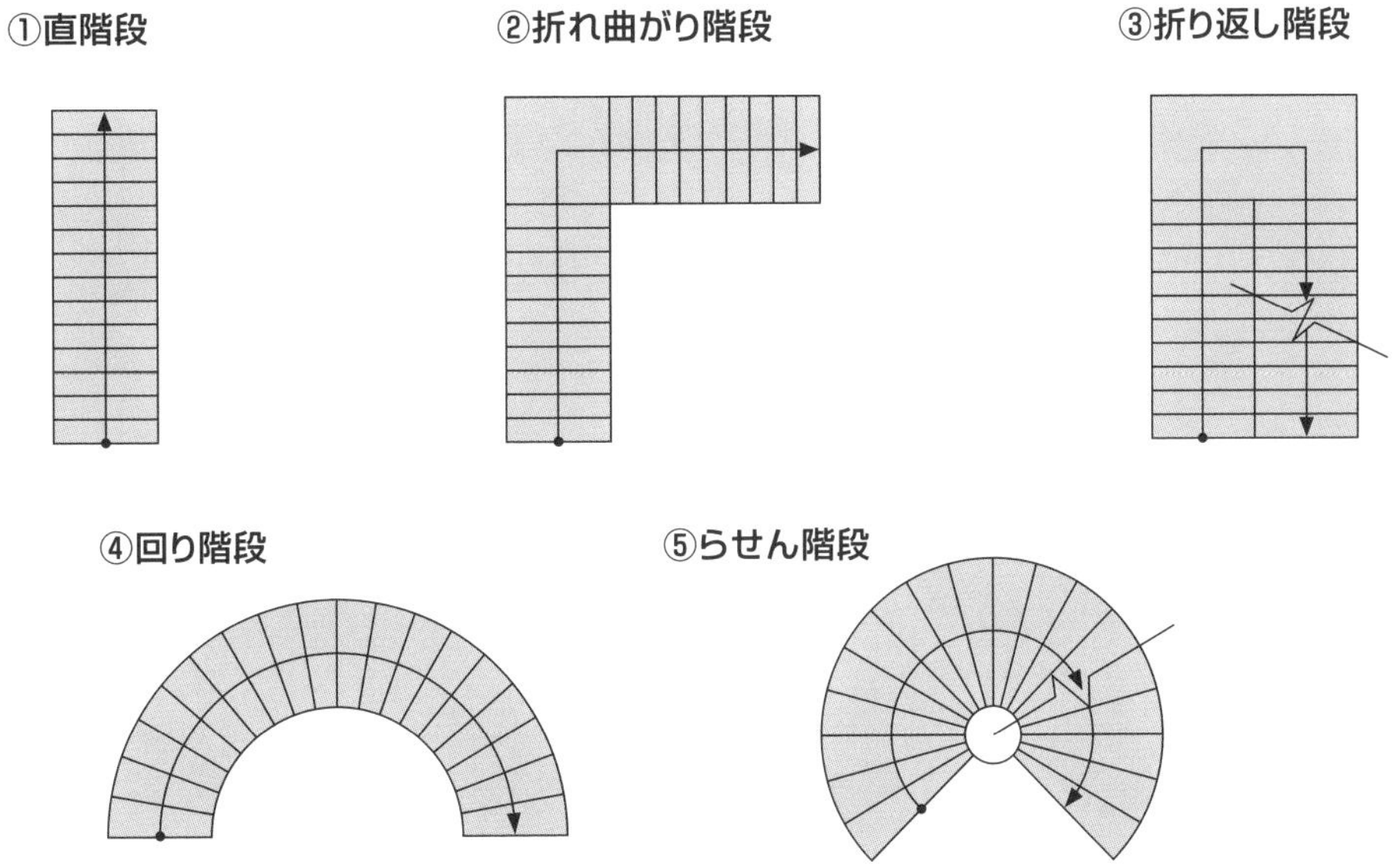

階段各部の名称 ― 図2

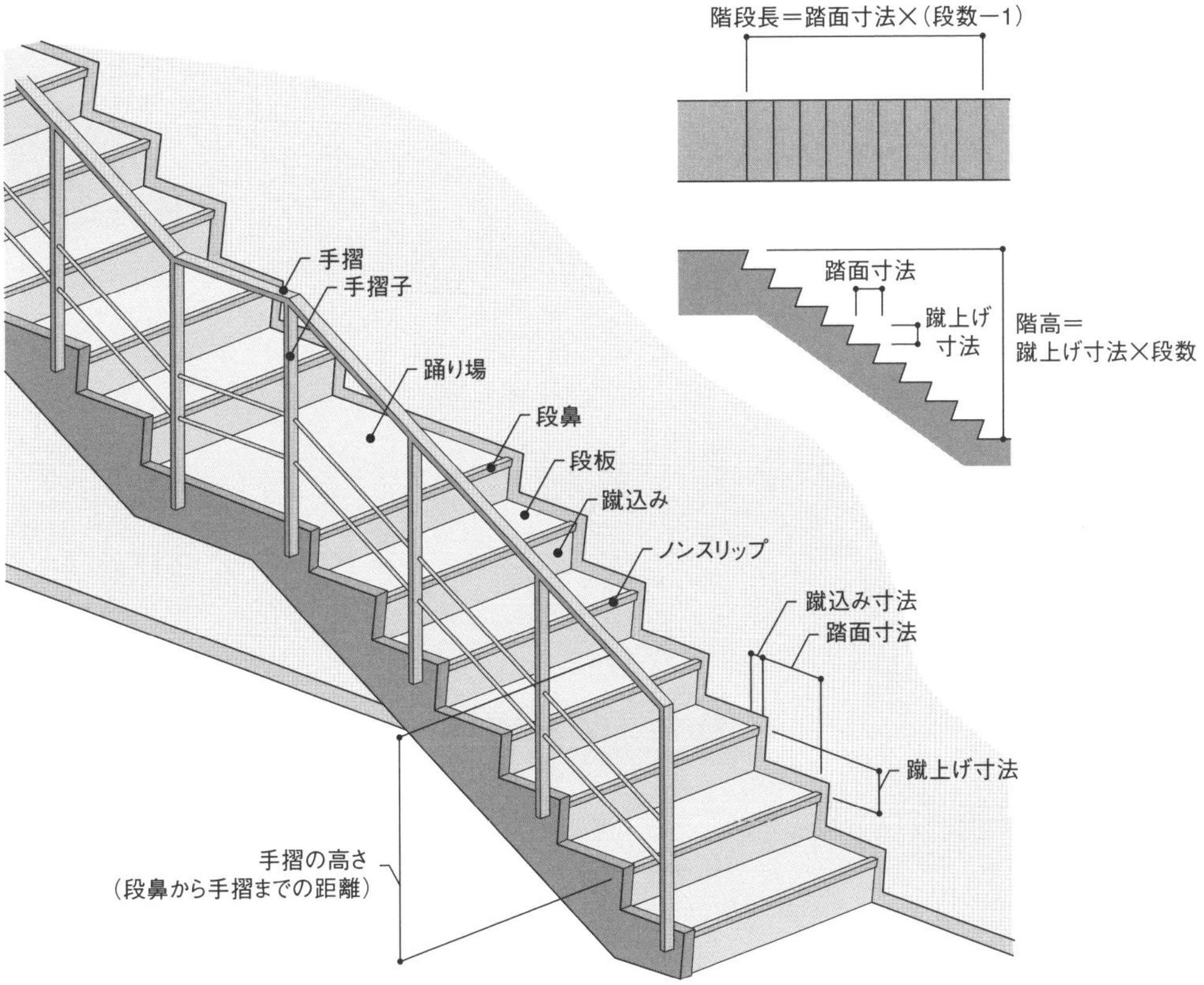

067 階段

踏面と蹴上げ

使用者を想定した法規

Point

◆かつての1間（約182cm）で昇る階段の存在が法規に影響している

◆階段を斜路に変えるには数倍から10倍程度の長さが必要

法規と実際

階段や踊り場幅、蹴上げ、踏面の寸法は、建築基準法で最低限のものが決められている（表1）。戸建住宅は表1の5が、共同住宅は3や4が適用される。階段の勾配は踏面《ふみづら》寸法と蹴上げ寸法によって決まる。戸建住宅なら1間《けん》（約182cm）で階高1.5間《けん》（約273cm）を昇る程度の急な階段も法規上可能となるが、通常は45°程度の勾配とする場合が多い。なお、曲がり部の踏面寸法は中央端部から30cm離れた位置のものとなる。らせん階段が戸建住宅以外で少ないのは、コンパクトにならないためである（図1）。

人間の昇降動作を考えると、蹴上げ寸法（R：Rise）を大きくとれば、その分、踏面寸法（T：Tread）は小さくすべきで、蹴上げ寸法と踏面寸法を独立させて考えることはできない。両者の数値の関係にはさまざまな提案がなされてきたが、近年、日本では2R＋T＝55～65cmに集約されつつある。

たとえば、住宅性能表示制度における高齢者等配慮対策等級の最高ランク5では、蹴上げ・踏面《ふみづら》について表2のような条件が求められている。ちなみに踏面24cm、蹴上げ18cmなどが該当することになる。

外構に設ける階段の寸法は自由であるが、一般的には屋内階段に比べて寸法上のゆとりをとる。

身障者に配慮した斜路

斜路も階段の仲間と考えられるが、勾配は階段がおおよそ30°以上であるのに対し、斜路の場合は身障者の車椅子などの使用を考慮すると5°（≒1／12）以下、一般の乗用車などでもせいぜい、10°（≒1／6）以下という具合にまったく異なる。

図2は、身障者の車椅子などに配慮した設計寸法の例である。

図3は駐車場の斜路の勾配を示した例である。勾配は1／6以下とし、昇り始めと終わり部分は、車輌下部を損傷しないように緩勾配とする。

階段の勾配 ─ 表1

階段の種別	階段・踊り場の幅(cm)	蹴上げ寸法(cm)	踏面の寸法(cm)
1 小学校の児童用	140以上	16以下	26以上
2 中・高等学校の生徒用、1,500㎡を超える店舗用、劇場・映画館・集会場などの客用	140以上	18以下	26以上
3 直上階の居室の床面積の合計が200㎡を超える地上階、居室の床面積の合計が100㎡を超える地階	120以上	20以下	24以上
4 上記以外のもの	75以上	22以下	21以上
5 住宅の階段(共同住宅の共同階段を除く)	3、4による	23以下	15以上

注　法規を簡略化して表示。屋外に設ける階段の幅は、避難用の直通階段では90cm以上、その他は60cm以上でよい

らせん階段の踏面寸法 ─ 図1

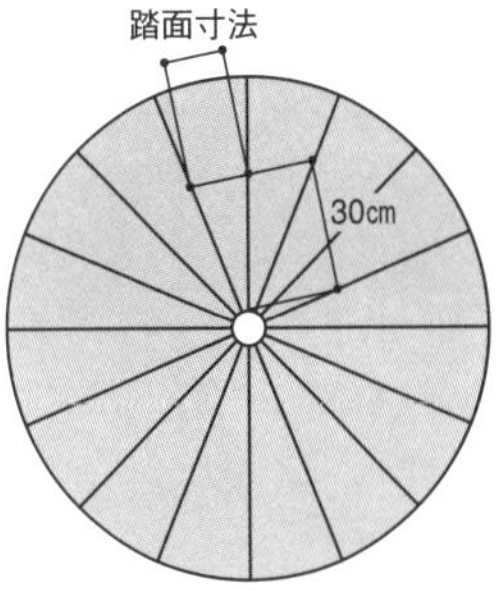

高齢者に配慮した階段 ─ 表2

勾配(蹴上げ寸法／踏面寸法) ≦ 6／7

55cm ≦ 蹴上げ寸法×2＋踏面寸法 ≦ 65cm

70cm ≦ 手摺高さ ≦ 90cm

らせん階段(曲がり部4等分の階段)の設計 ─ 表3

	一般建物	戸建住宅
角度　θ	22.5°(＝1／8π)	22.5°(＝1／8π)
法規最低限の踏面Ao、Ah(cm)	24(＝1／8πRo)	15(＝1／8πRh)
踏面測定点の中心からの距離Ro、Rh(cm)	61.11…(＝30＋Xo)	38.14…(＝30＋Xh)
階段中心部デッドスペース長さXo、Xh(cm)	31.11…	8.14…
法規最低限の有効階段幅(cm)	120	75
必要階段幅(cm)	(120＋Xo≒)152	(75＋Xh≒)84

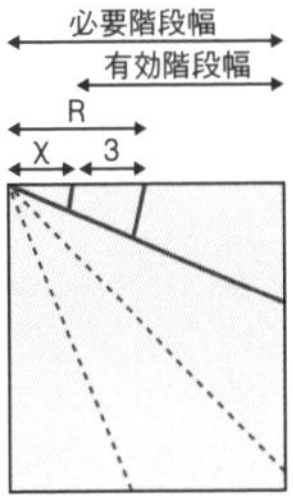

らせん階段を含め、90°を4段で上がる階段の必要階段幅の計算例。3段のほうが必要階段幅は小さくなるが、その分、階段長さが増える

身障者に配慮した斜路 ─ 図2

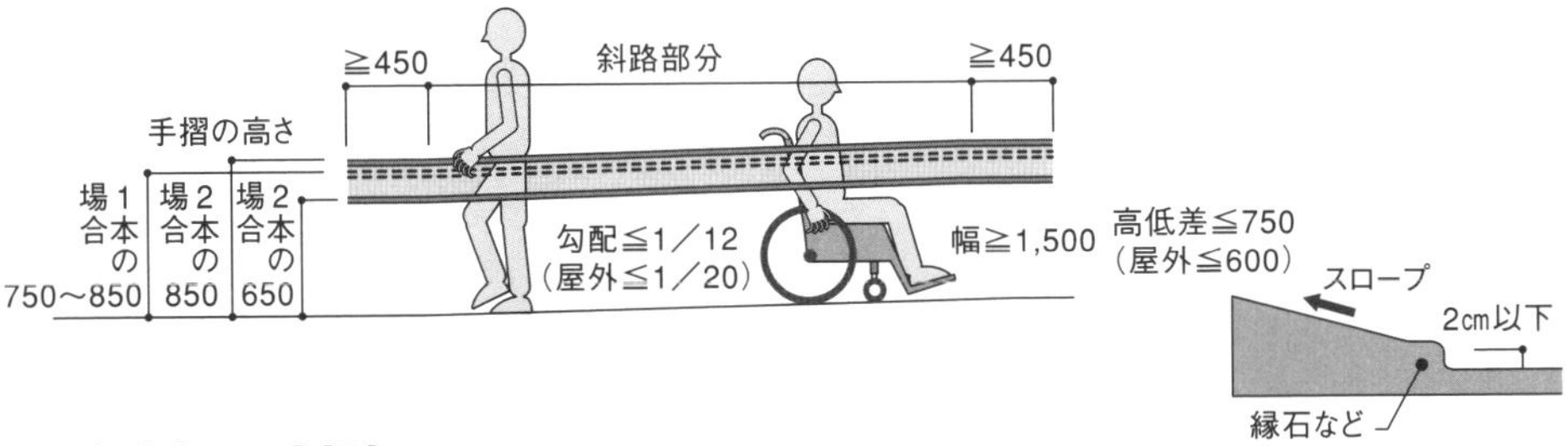

駐車場の斜路 ─ 図3

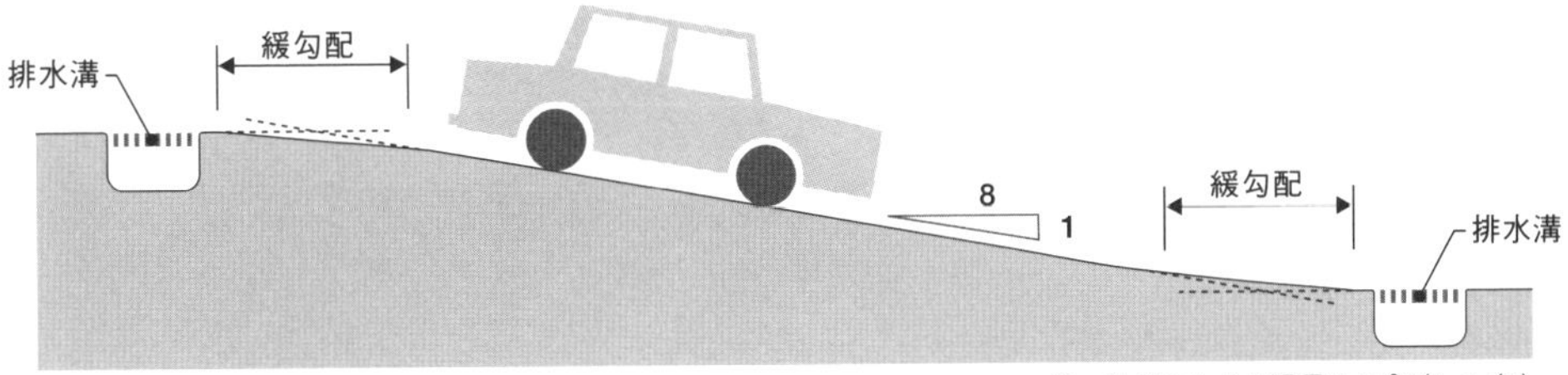

注　法規における限界は17％(≒1／6)

068 階段

階段の構造

階段の種類と概要

Point

◆階段は大工修業の主要テーマの1つだったが、今やほとんどが既製階段

◆避難階段は鉄骨造の既製品が独壇場

木製階段

段床の支持方法は図1に示すようなタイプがある。

元来、日本では2階以上の階に重要な部屋を設けることが少なかったこともあり、階段は簡素なものが多い。急勾配に掛け渡した桁（側桁《がわげた》）に段板を組み込んだ図1①がその典型である。

現在でも2枚の側桁と呼ばれる板を上下階に掛け渡し、その間に段板と蹴《け》込《こ》み板をはめ込んだ形式で、集成材《しゅうせいざい》や各種のエンジニアードウッドを利用した建材メーカーの既製階段が多用されている（図2）。

鉄筋コンクリート製階段

鉄筋コンクリート製階段は、段板と階段躯体《くたい》を一体につくることができ、階段を建物躯体の一部として施工することが可能である。実際にさまざまな形態の階段があるが、一般的には図1①②である。図1③は壁から片持ちで張り出すもので、その応用で段板のみを片持ちとしたのが図1④である。

鉄筋コンクリート製階段は現場工事が複雑になるため、プレキャストコンクリート（PCa、86頁参照）でつくられることもある。

鉄骨製階段

鉄骨製階段は、側桁に縞鋼板《しまこうはん》の段板を取り付けたものが、避難階段、機能本位の階段に用いられている。軽量でプレファブ化が可能という長所があるが、振動しやすい、火災に弱いなどの欠点もある。

鉄骨造高層建物の区画された階段室では、鉄骨製階段を用いるのが一般的である。段板を建物に合わせて微調整して鋼板側桁に取り付け、その段板を型枠としてモルタルを流し込み歩行感を向上させたものなど、直階段や折り返し階段の既製品が多用されている（図3）。

写真は上部の梁からテンションバーで階段を吊っている。スチールの段裏と籐の手摺壁などで、構造と意匠の調和を図った好例である。

段床の支持方式 — 図1

①桁で支持

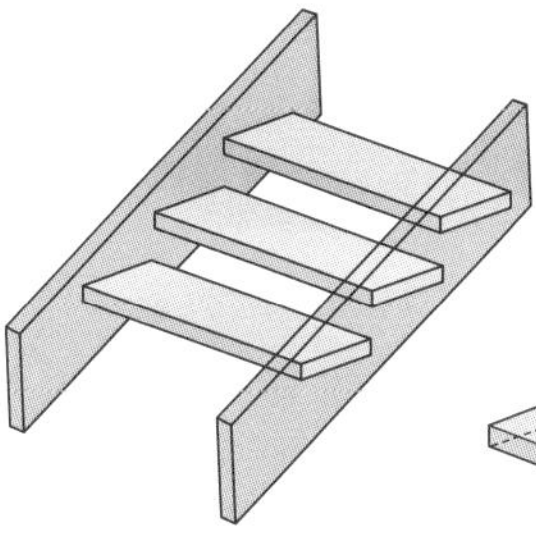

②床スラブ一体で支持

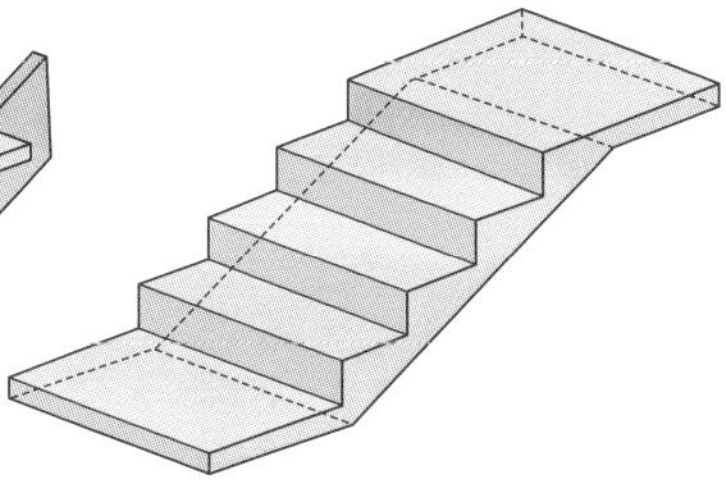

③壁から支持

④段板を壁から支持

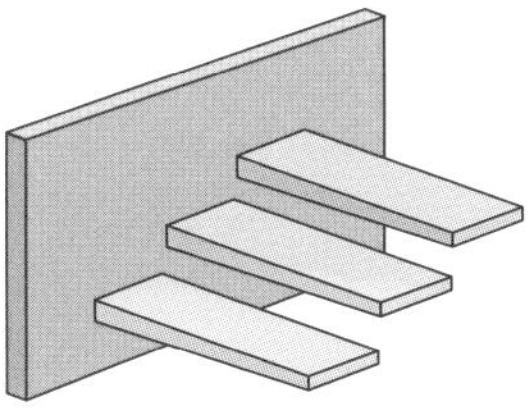

吊り階段 — 写真

吊り階段の例

木製既製階段 — 図2

建材メーカーでオーダー
生産された部材を現場で
組み立てる

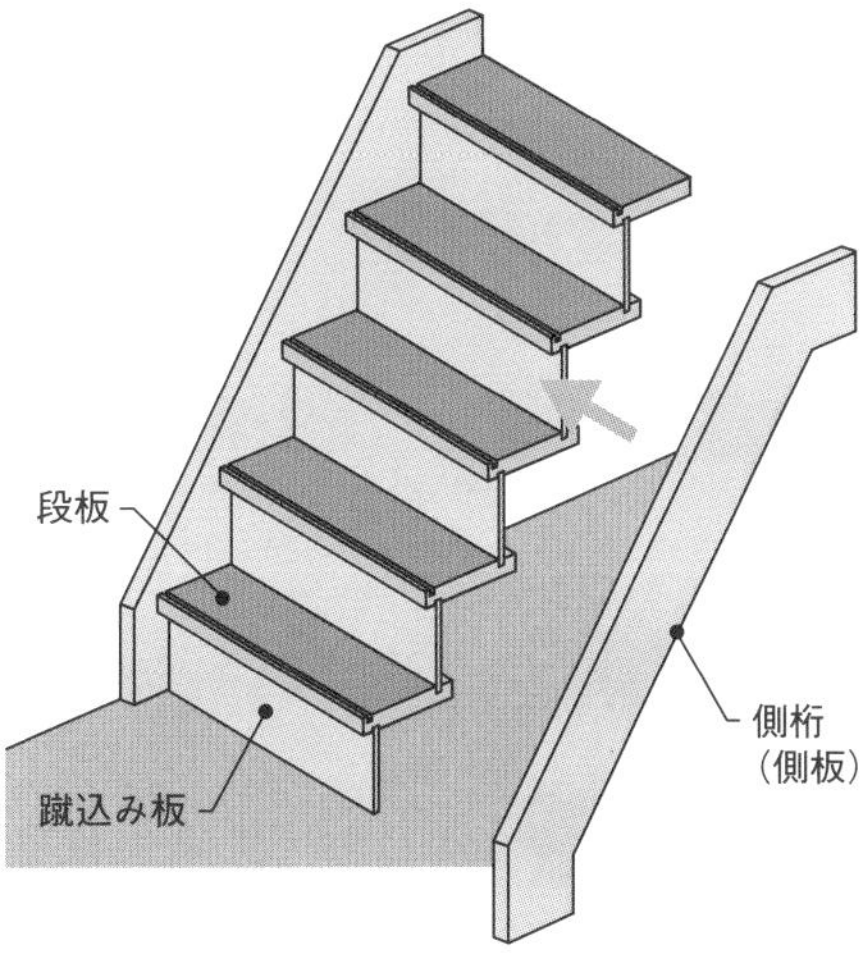

鉄骨製階段 — 図3

一般建物では、階高の
ばらつきは小さく、既
成階段が利用される

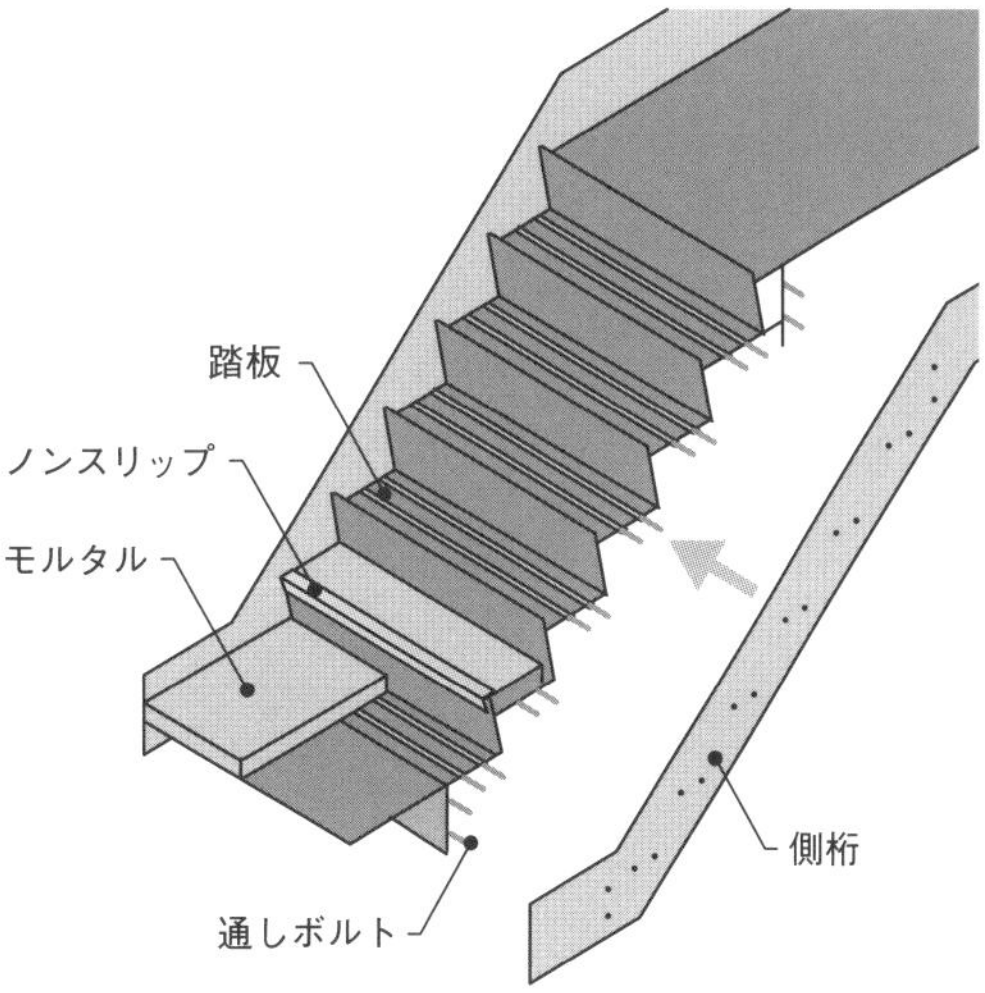

階段の手摺

手摺の役割と設置方法

Point
◆昇降補助・転落防止、昇り用・降り用2種類の高さが必要
◆転落防止用の手摺高さは、大人の身体の重心に関係

昇降補助と転落防止

階段の手摺は、昇降を補助し転倒を防止する、階段側面や踊り場からの転落を防止するという2つの機能をもっている。

手摺については寸法上の約束ごとがいろいろある。踊り場部分では法規上、転落防止の意味から手摺高さを110㎝にする必要があるが、一般部分については昇降を補助し、転倒を防止する意味から、80〜90㎝程度（老人などの使用を考えて2段にする場合は85㎝前後と65㎝前後を用意する）が普通である。また、昇降補助と転落防止の両方に対応するため、転落防止に十分な高さがある手摺の内側に昇降補助用の手摺を別に設けることもある。

手摺子《てすりこ》の間隔については屋上などの手摺と同様、内法《うちのり》で11㎝以下が推奨されている（図1）。

笠木は材質的には滑らないもので、手触りがよく、汚れにくい材料が適している。

手摺の固定

手摺の取付けは、壁に固定するものと手摺子を介して床に固定するものの2つに大きく分かれ、後者は手摺子の取付け方法により、さらにいくつかのタイプに分かれる（図2）。前者で壁が木造や鉄骨造で間柱《まばしら》・胴縁下地の場合には、固定用の下地が必要になることが多い。

手摺は既製部品によることが多い。ただし、階段と同様、場合によっては意匠上の工夫がなされる場所・部分でもある（図3）。

不特定多数が使用する建物では緊急の避難時に、人間が集中して思わぬ力がかかることがある。強度上のチェックは欠かすことができない（186頁参照）。

転落防止の手摺は階段以外にも吹抜けやバルコニー、あるいは外周開口部にも設置される。また、腰窓タイプの開口部には、手摺と同様の転落防止の機能が求められる。

図5は高齢者居住法などに準拠した手摺設置の事例である。

手摺の寸法と形状 — 図1

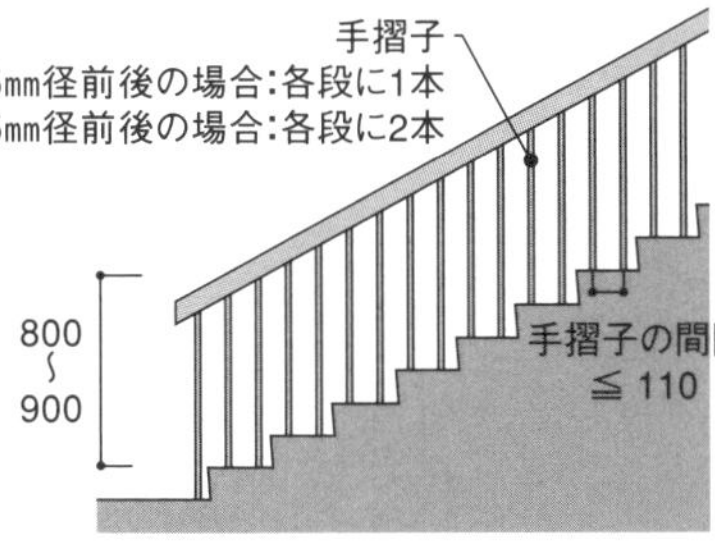

手摺子の設置方法 — 図2

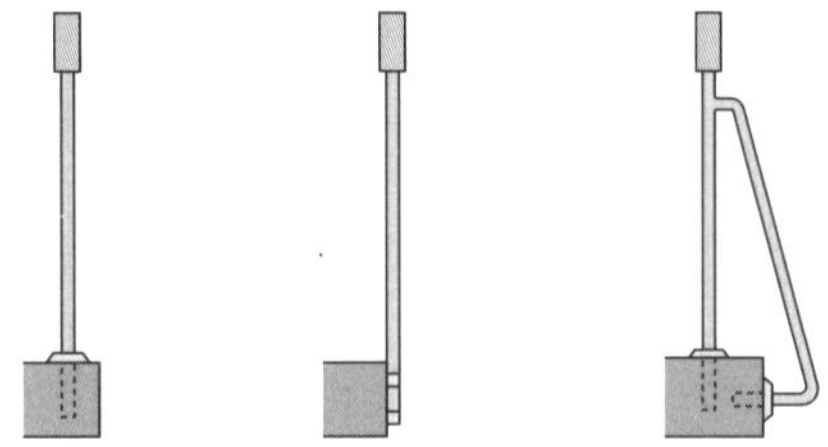

ガラスを用いた手摺子の設計例 — 図3

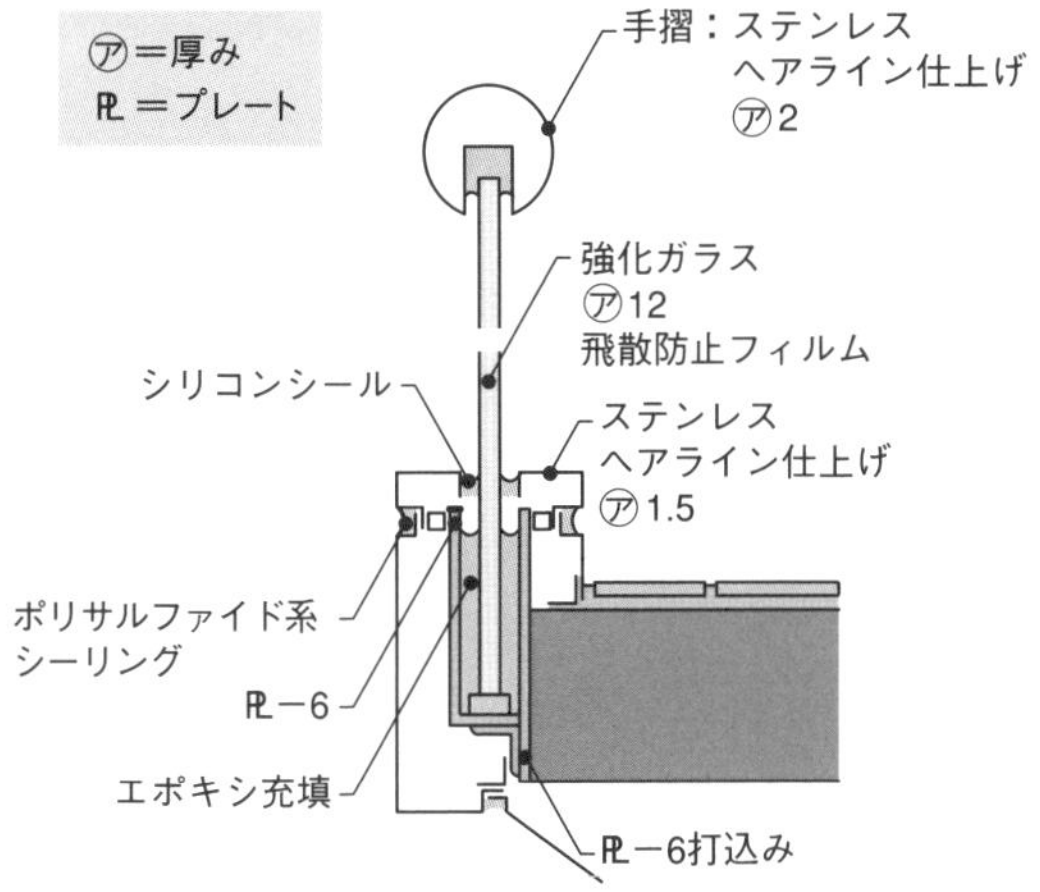

参考：『竹中工務店のディテール』（竹中工務店設計部・彰国社）ほか

手摺の安全 — 図4

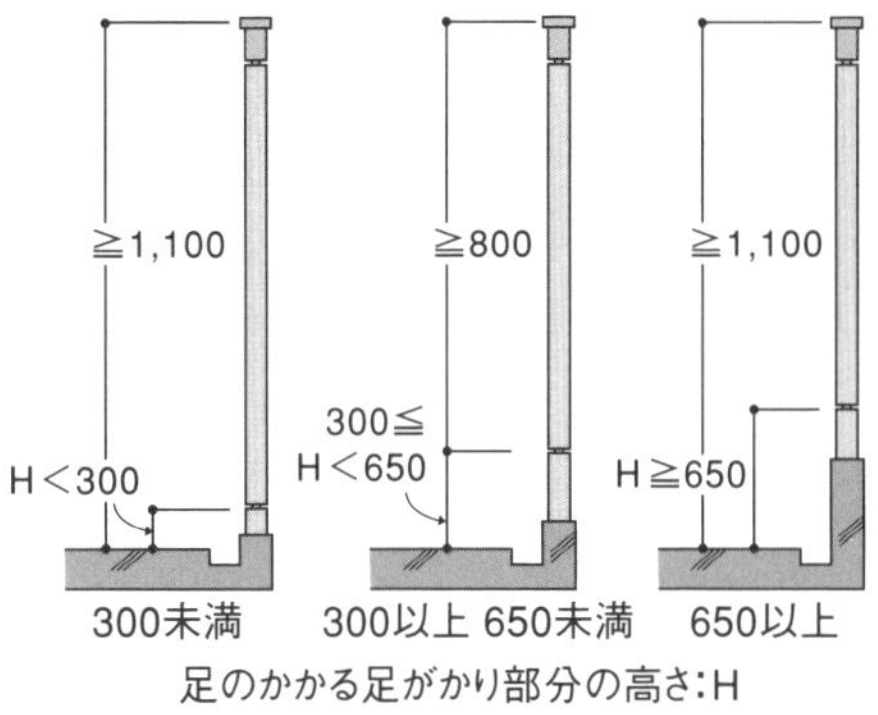

高齢者に対応した階段 — 図5

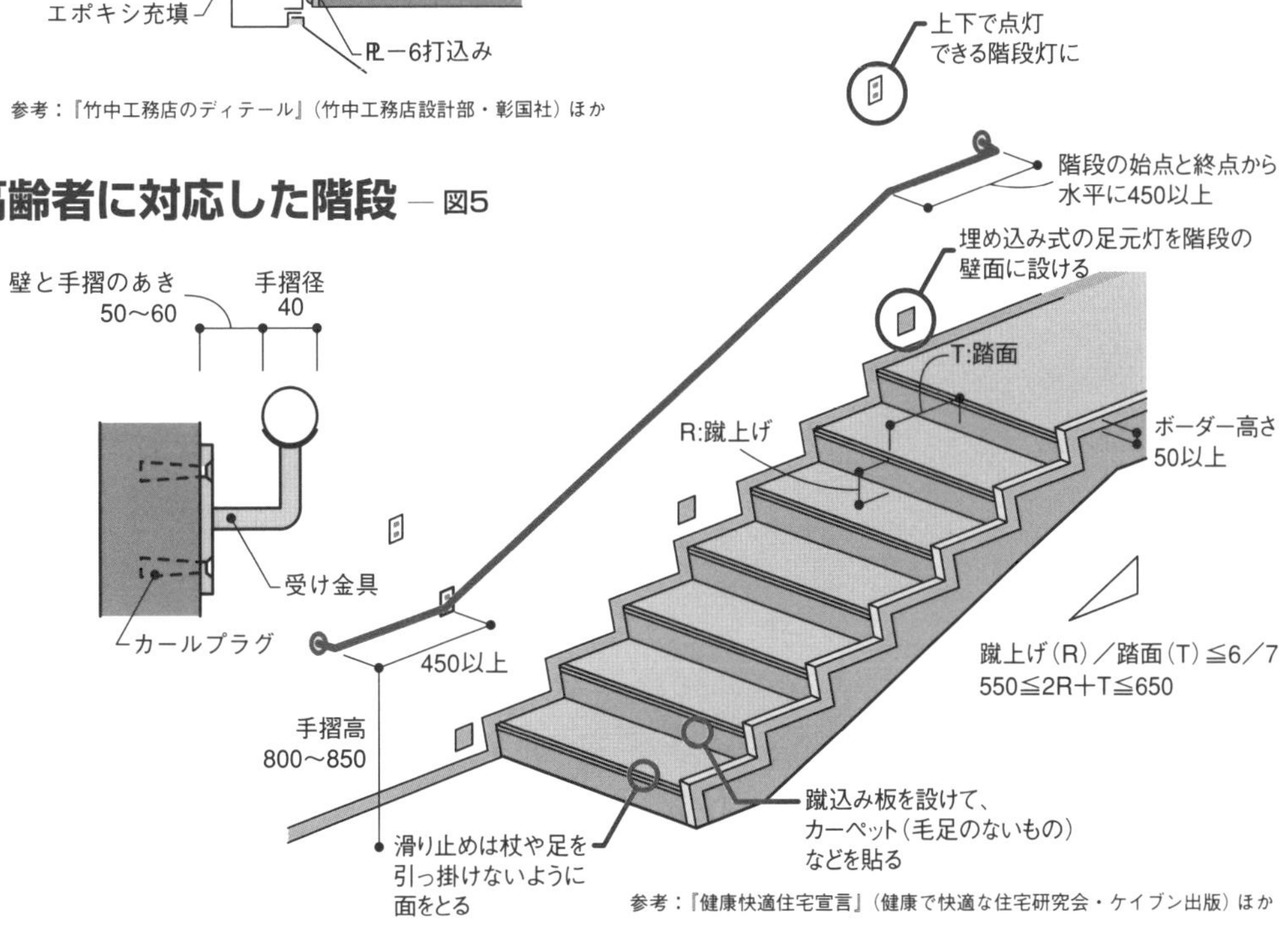

参考：『健康快適住宅宣言』（健康で快適な住宅研究会・ケイブン出版）ほか

踊り場

折り返し、梁との取合い

Point
◆踊り場折り返しでの手摺・ボーダーの処理がポイント
◆同じ場所での梁と階段、特に段床との取合いもポイント

手摺とボーダーの処理

折り返し階段の踊り場における段床の設け方は、大きく3タイプある（図1）。昇りを1段下げる図1①は、側《がわ》桁《けた》が納まりやすく鉄骨造や木造階段向きであり、降りを1段下げる図1②は、踊り場のスラブ厚さにもよるが段裏が納まりやすく、RC階段向きである。安易に設計すると図1③となるが、手摺やボーダーなどの処理が難しい。踊り場折返し部の手摺上端に、疑宝珠《ぎぼし》やライオンの頭などが載っていることがあるが、いずれも納まりのためである。

ボーダーは段床端部の納まりのため幅木代わりに用意するもので、高さは杖が滑らない5cm程度が定石である。折り返し階段の踊り場のボーダーについては、図2①のように踊り場を切り込んでボーダーを納めるというのが正解のようだが、逆に割り切って（ノンスリップの形状・納まりにもよるが）踊り場を切り込まず、ボーダーの幅で調整するという方法も考えられる（図2②）。また、昇りと降りの段床間が狭いとその側部の仕上げ作業が難しくなるので、150㎜程度の隙間をとるのが普通である。

階段と梁の取合い

柱梁軸組の建物では、階段室内に柱・梁形が現れることがあり、有効幅が狭められる。法規との関係もあるので、特に折り返し階段の踊り場部分で注意が必要である（図3）。

一般に階段と梁は取り合うことが多い。RC造では階段位置を誤ると、梁が一部断面欠損する形となること（図4）、鉄骨造では側桁の寸法、取付け位置（梁フランジ上かウェブか）などで納まりが変わり、耐火被覆がからむとさらに複雑となることなど、階段と梁との取合い処理は難しい。

段板の先端（段鼻）には、耐滑り性・耐摩耗性・耐衝撃性を増すために、ノンスリップが取り付けられる。金属にゴムを組み合わせたものや、磁器タイルなどの製品があるが、本体にしっかりと接合することが重要である。

踊り場の段床 — 図1

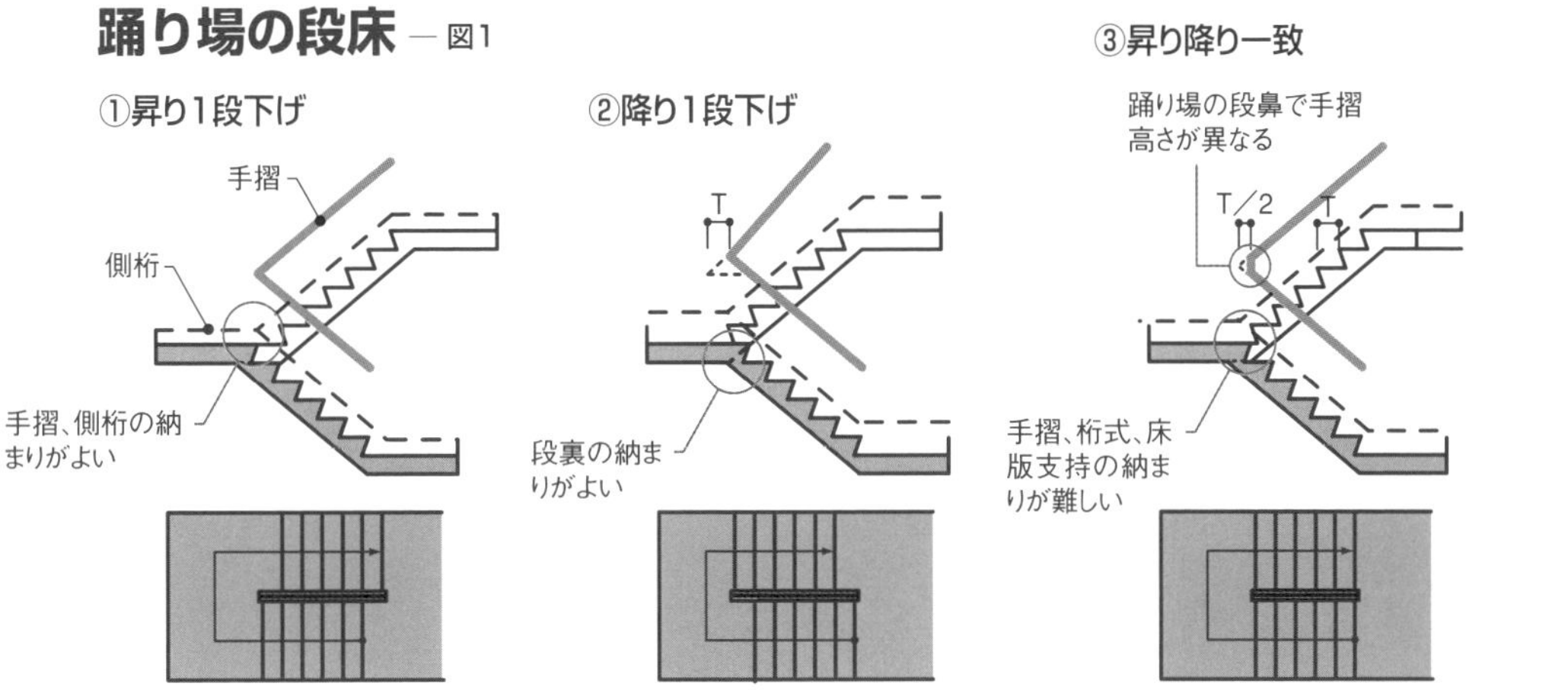

ボーダーの納まり — 図2

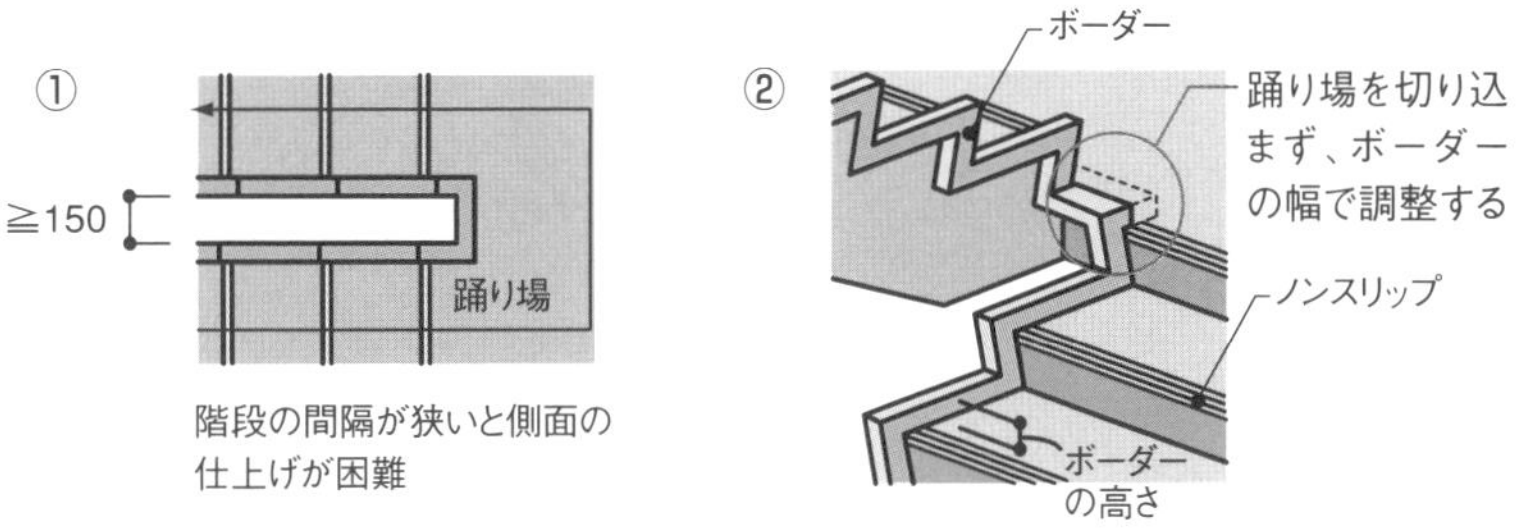

柱・梁と階段 — 図3

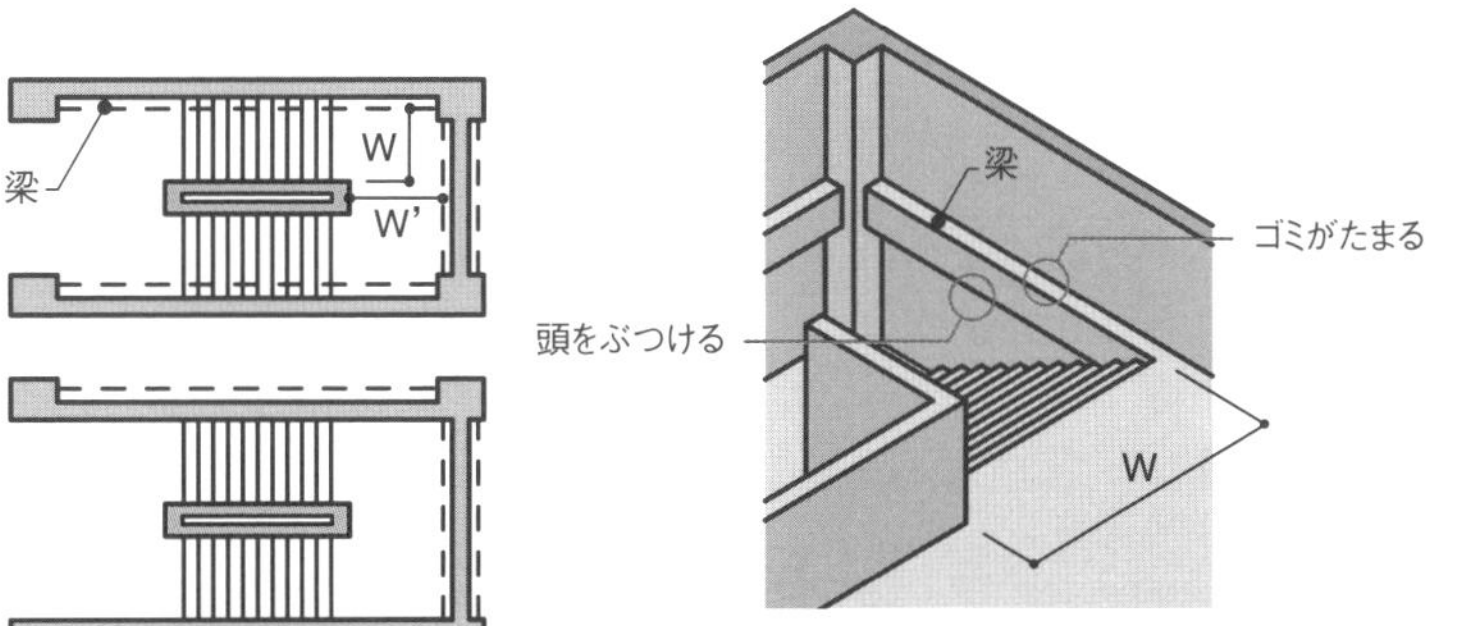

参考：「設計製図のディテール」（上杉啓／季刊ディテール・彰国社）ほか

階段と梁の取合い — 図4

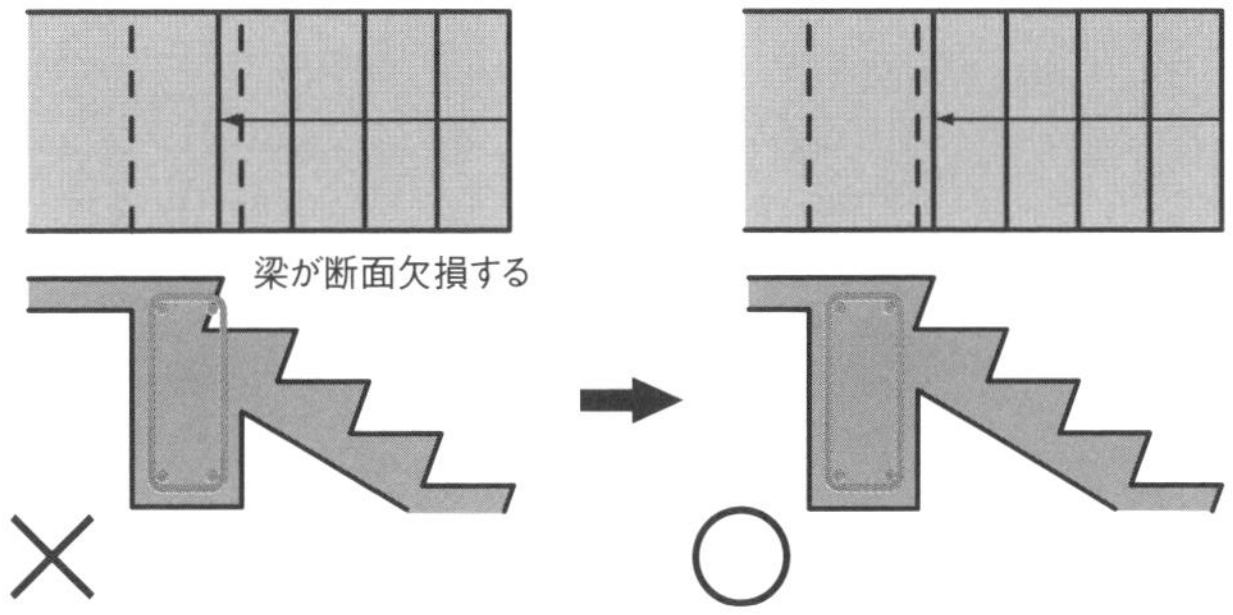

071 天井

形状と性能

不燃性・吸音性・意匠性

Point

◆上部の躯体や下地を露しで見せるのが、化粧天井である

◆家具などで覆われる部分が少なく、意匠性や吸音性なども重視される

用途に応じて変える形状

天井の部位躯体《くたい》は屋根あるいは上階の床である。天井構法は床裏・屋根裏をそのまま見せる化粧天井（写真1）、床裏・屋根裏に直接左官材を塗る、ボードを打ち上げるなどの仕上げを施す直天井（写真2）、吊り木やボルトなどで天井面を保持する吊り天井（図1）などに大別できる。一般には吊り天井が多い。

通常、天井は水平につくられる。ただし、茶室や格式ある部屋では図2のような形状とすることがある。また、広い和室の天井は水平につくると中央が垂れて見えることから、むくり（中央を少し持ち上げてつくること）を付ける。浴室の天井では、結露水の滴下を防ぐため緩い勾配をつける工夫もなされる。このほか、オーディトリアムなどの天井では、音の反射が適切に行われるよう、特殊な形状にしたり、反射板を取り付けたりする（写真3）。

天井高は、部屋の用途や大きさによって決められ、一般に小さな部屋は低く、大きな部屋は高くする。住宅では2.4m前後、事務室では2.7m前後が用いられる。住宅の居室の場合、2.1m以上とすることが法規で定められている。

留意すべき性能

天井でまず留意すべき性能は不燃性である。火災時は天井を介して延焼するためと、天井の損傷は上階の床の損傷につながるためである。特に（最上階以外にある）台所など火気使用室の天井は、準不燃材もしくは不燃材とすることが建築基準法で定められている。また、屋外のいわゆる軒天・軒裏は周囲の建物からの延焼を防ぐ意味で、市街地化した地域にある木造住宅では、外壁同様に準防火構造などとしなければならない。

次に留意すべきは吸音性である。吸音材は総じて耐久性に劣るものが多く、建物用途によっては床や壁などには使えないからである。また、床や壁などでは制約のある、光の反射性・色彩などの意匠性も天井では重視される。

化粧天井 ― 写真1

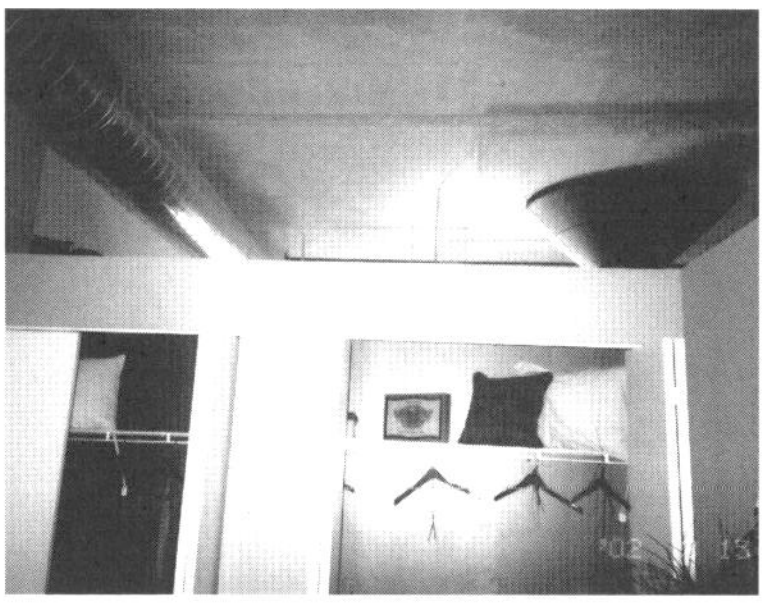

フラットスラブ（右上に柱頭が見える）の床裏を見せ、天井高を確保

直天井 ― 写真2

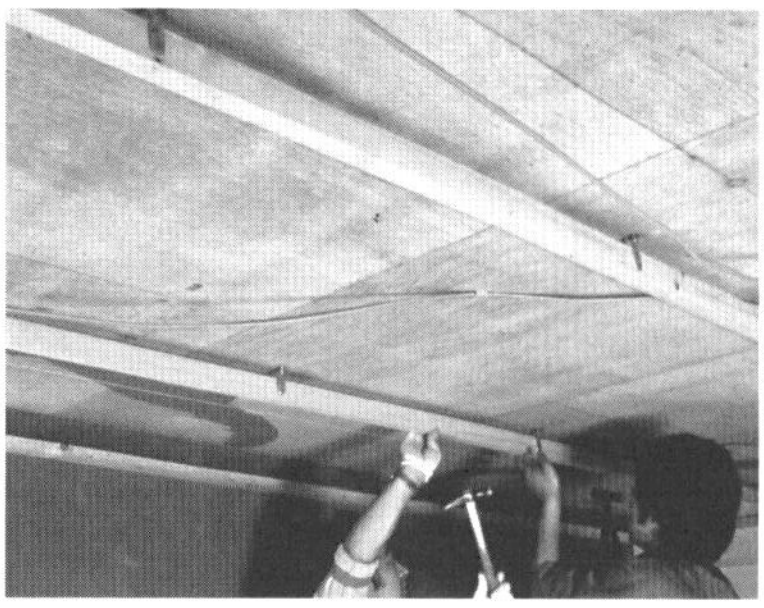

共同住宅の例

オーディトリアムの天井の例 ― 写真3

音響効果を考慮し、反射板を兼ねた天井とした例

木造の吊り天井 ― 図1

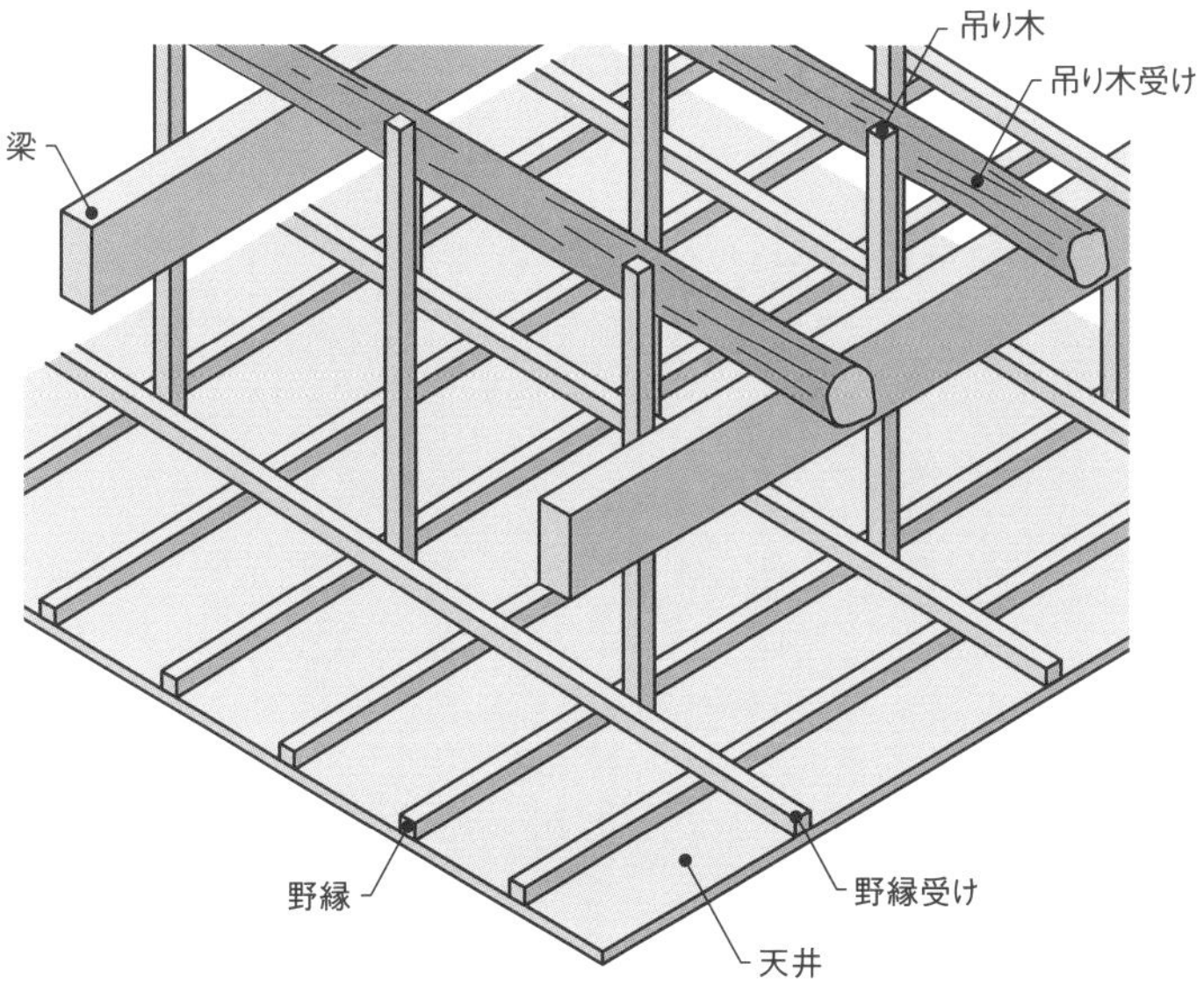

天井の形状 ― 図2

掛込み天井

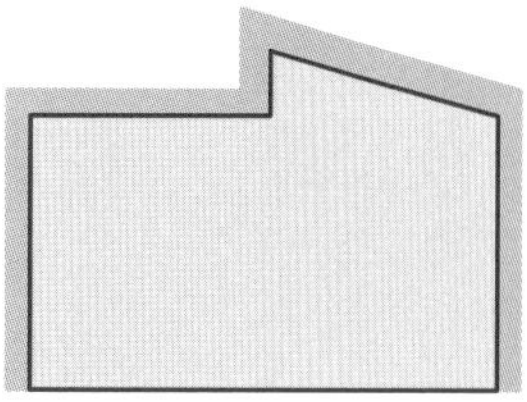

船底天井

折上げ天井

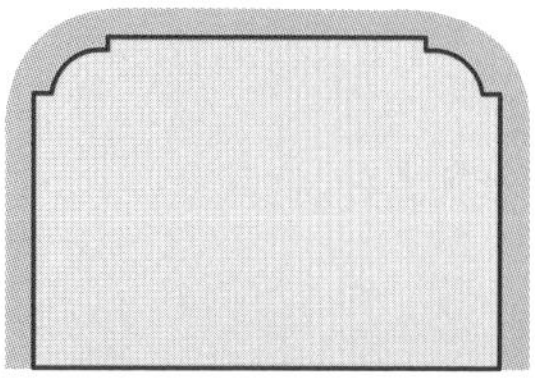

茶室などでは掛込み天井や船底天井が、格式ある座敷では折上げ天井が用いられることが多い

072　天井

天井の構成

吊り天井の構成と構法の見直し

Point

◆天井は床スラブから吊ってもよいが、根太からは吊らない

◆近年、地震や漏水などで天井落下が相次ぎ、吊り方の見直しが始まった

直天井は上階の音漏れなど性能上の問題が生じがちで、設備の配線・配管を納めるためにも工夫が必要となる。しかし、階高を低く抑えることが可能で、コスト低減に有効なため、RC造住宅などでは広く行われている。

吊り天井の層構成

天井を設けることで天井と屋根もしくは上階の床との間には空間ができる。屋根との間は小屋裏・上階の床との間は床裏、あわせて天井懐ともいう。

吊り天井では、仕上材は野縁と呼ばれる下地材に取り付ける。野縁は平行もしくは格子状に流した線状部材で、30～45㎝の間隔で設けられる。木製野縁の大きさは4×4.5㎝程度である。野縁と同様の材による野縁受けを約90㎝間隔に配し、3㎝角以上の吊り木で吊る（図1）。

金属製天井下地も普及している。その場合、野縁には釘などの打上げに配慮した部品が利用される。木製同様、野縁と直角にチャンネル材の野縁受けを配し、9㎜径程度の吊りボルトで吊る。吊り材には、鉄線なども用いられる。いずれも間隔は90㎝程度が多い（図2）。

吊り天井構法の見直し

吊り材は上部の梁や床スラブに取り付けられる。構造躯体《くたい》が木造の場合には、梁の間に渡した吊り木受けに吊り木を釘打ちする。しかし、吊り木を上階の根太《ねだ》に取り付けると、歩行の影響が直接天井に現れるので避ける。躯体がRC造スラブの場合には、インサートを埋め込んでおき、直接吊りボルトをねじ込む方法が一般的である。デッキプレート床の場合も同様の方法か溶接により取り付ける（図3）。

天井はおおむね軽量で、木材にしても鋼材にしても吊り材は極めて細く、照明器具や空調器具などを取り付ける際には補強する必要がある。近年、天井の落下事故が多発し、金属製野縁と野縁受けの取り付け機構や天井面材の取り付け機構が問題となっている。

木造下地天井 ― 図1

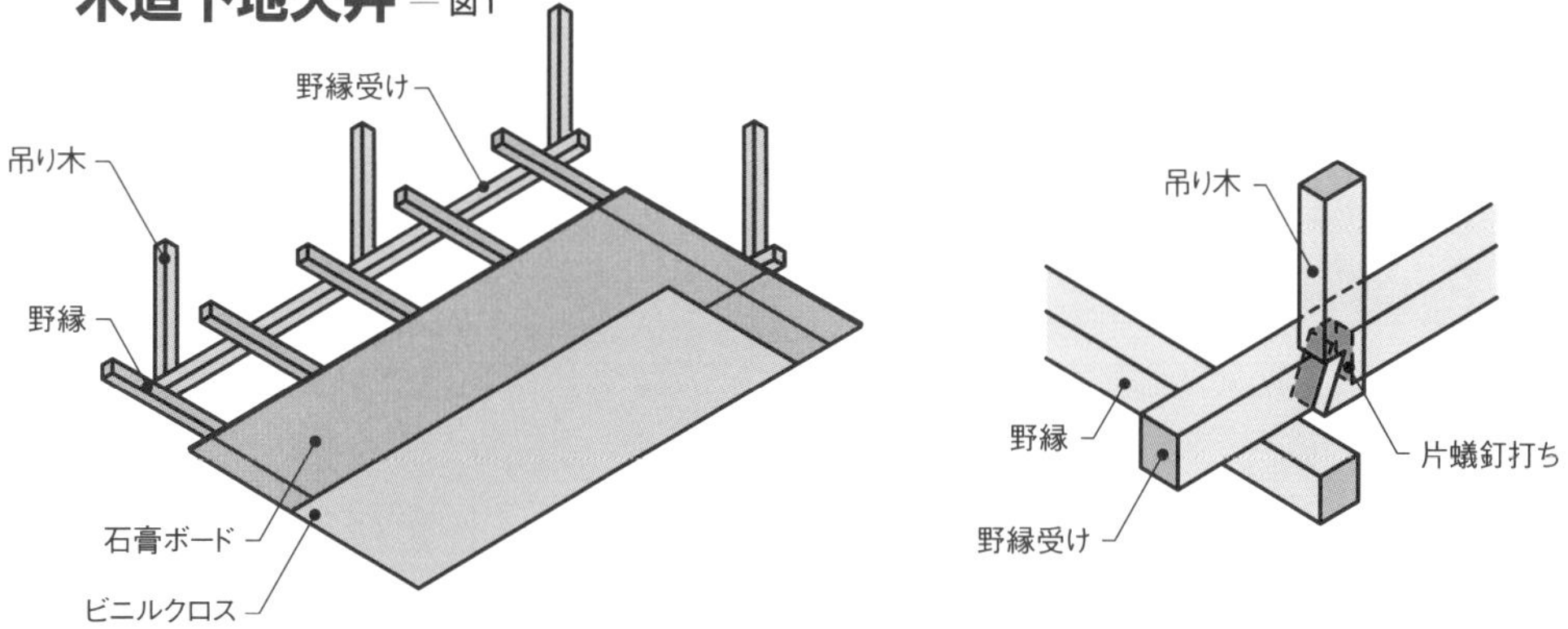

鉄骨下地天井 ― 図2

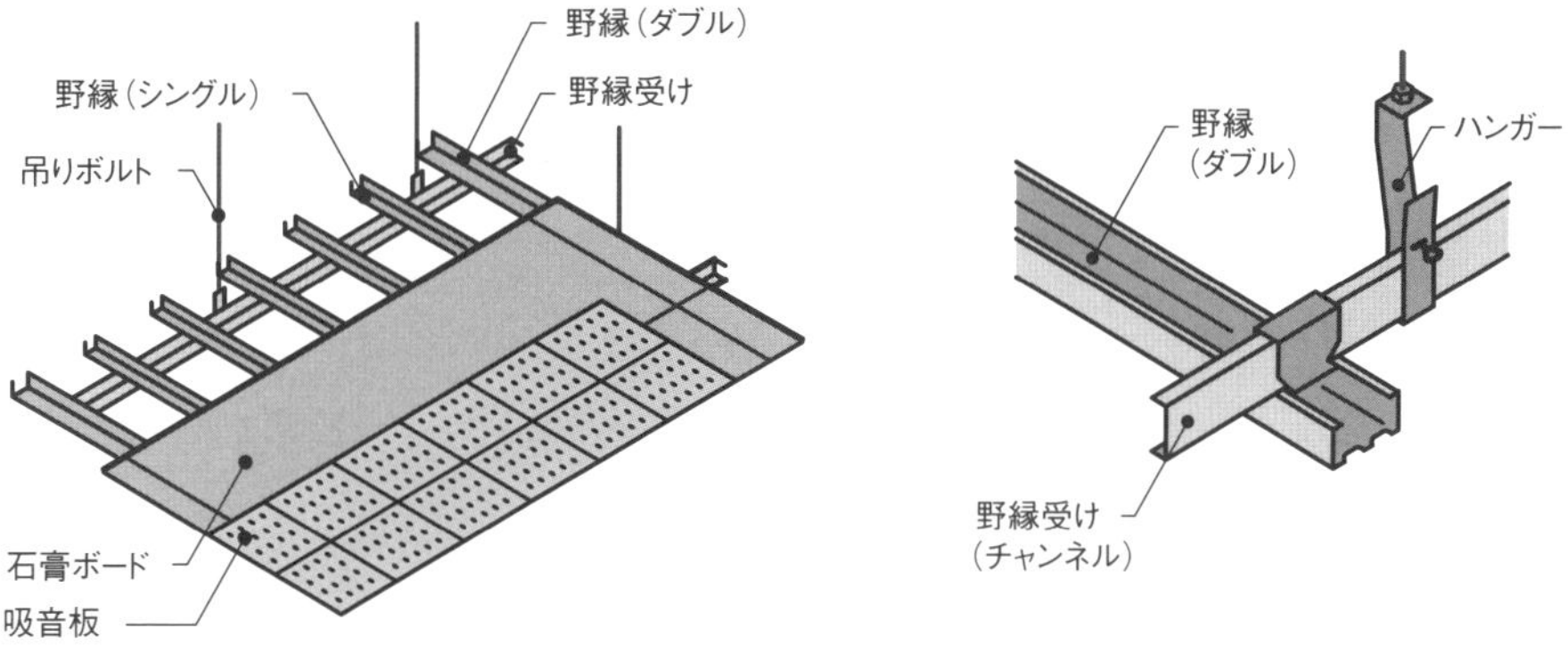

天井の吊り方 ― 図3

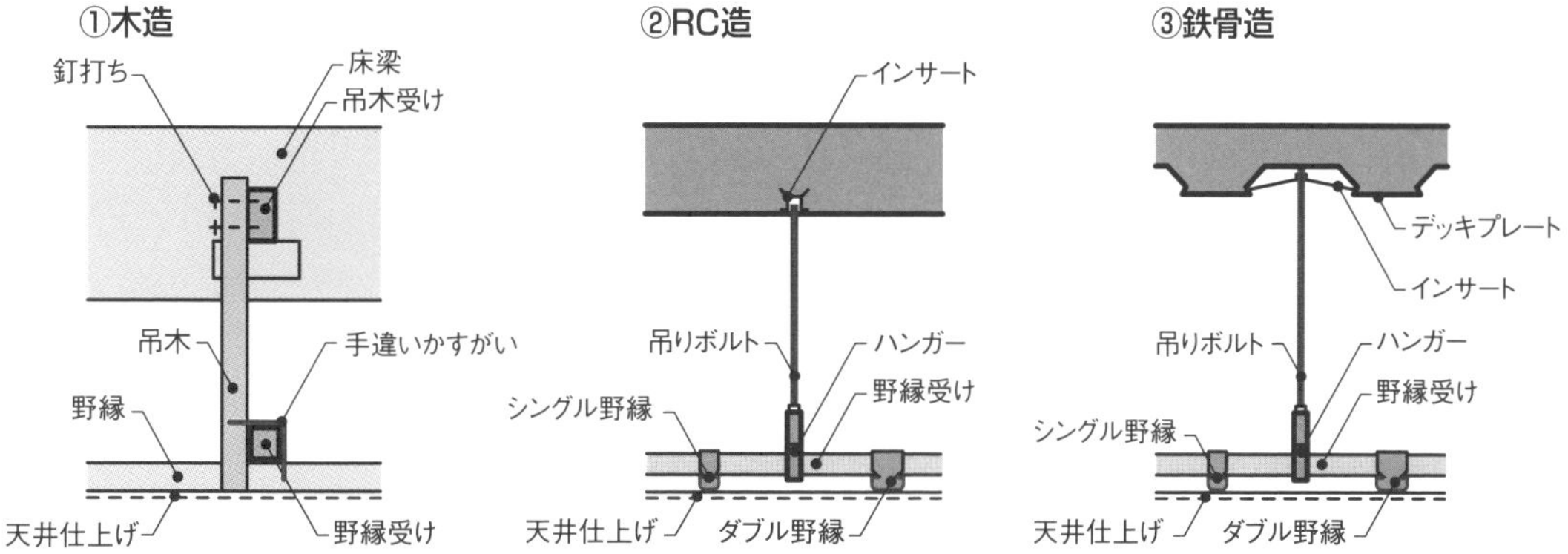

天井面を平らに施工するためには、一般に吊り材を上下させてレベル調整を行う。吊り木の場合は容易だが、吊りボルトの場合はねじによる調節は作業性が悪い

仕上げ

天井を仕上げる方法

Point
- ◆断熱材を型枠面に置いてコンクリートを打ち込む先付け工法は、内断熱の典型
- ◆野縁に打ち上げる天井と、竿縁・格縁に載せる伝統的天井

ボードの使用

一般に野縁は平行に配置するが、岩綿吸音板・吸音テックス（軟質繊維板）など、剛性が低い（変形しやすい）面材の場合には、野縁を格子状に組むほか、板野縁を用いて野縁間隔を狭くするなどの方法をとる。石膏《せっこう》ボードなどを捨張りする工法もよく用いられる。和風の網代《あじろ》天井なども、下地に張りあげる2重張り工法である。竿縁《さおぶち》天井に使う広幅の板材は高価なことから、工場生産品の敷目板パネルで和風を演出することもあった（図1）。

木毛セメント板など、断熱性のある厚物材の場合、スラブ下面に打ち込んで、そのまま仕上げとすることもある（図2）。

左官仕上げ

左官材は重量があるうえ、下地との取付けは微妙なメカニズムによるので、吊り天井を左官仕上げとすることは避けるべきである。やむをえず左官仕上げとする場合は、下地の面材として、木摺、ラスボード、メタルラスシートなどを用い（図3）、落下防止を第一に、下地面との付着に留意して厚くならないように塗る。

竿縁天井とシステム天井

竿縁とは廻り縁に掛け渡した細い材のことで、竿縁の上に天井板を並べながら吊り木で吊る。竿縁の上面だけを使った寄せ蟻による巧妙な仕掛けである。板は収縮し反るので、板と板は重ねをとり、要所を稲子《いなご》という木の小片で押さえる。板は竿縁に上から釘打ちする（図4）。なお、竿縁は床の間と平行とするのが原則である。竿縁状のものを格子に組んだ格《ごう》天井は格縁天井ともいい、構法の考え方は竿縁天井と同様である。折上げ天井の形状をとるものが多い。

一般的な打上げ天井では、面材の取付けは上向き作業となるが、竿縁天井や格天井などでは、面材を下地に載せる形式となる。システム天井も多くは載せる形式である。

敷目板パネル天井 ― 図1

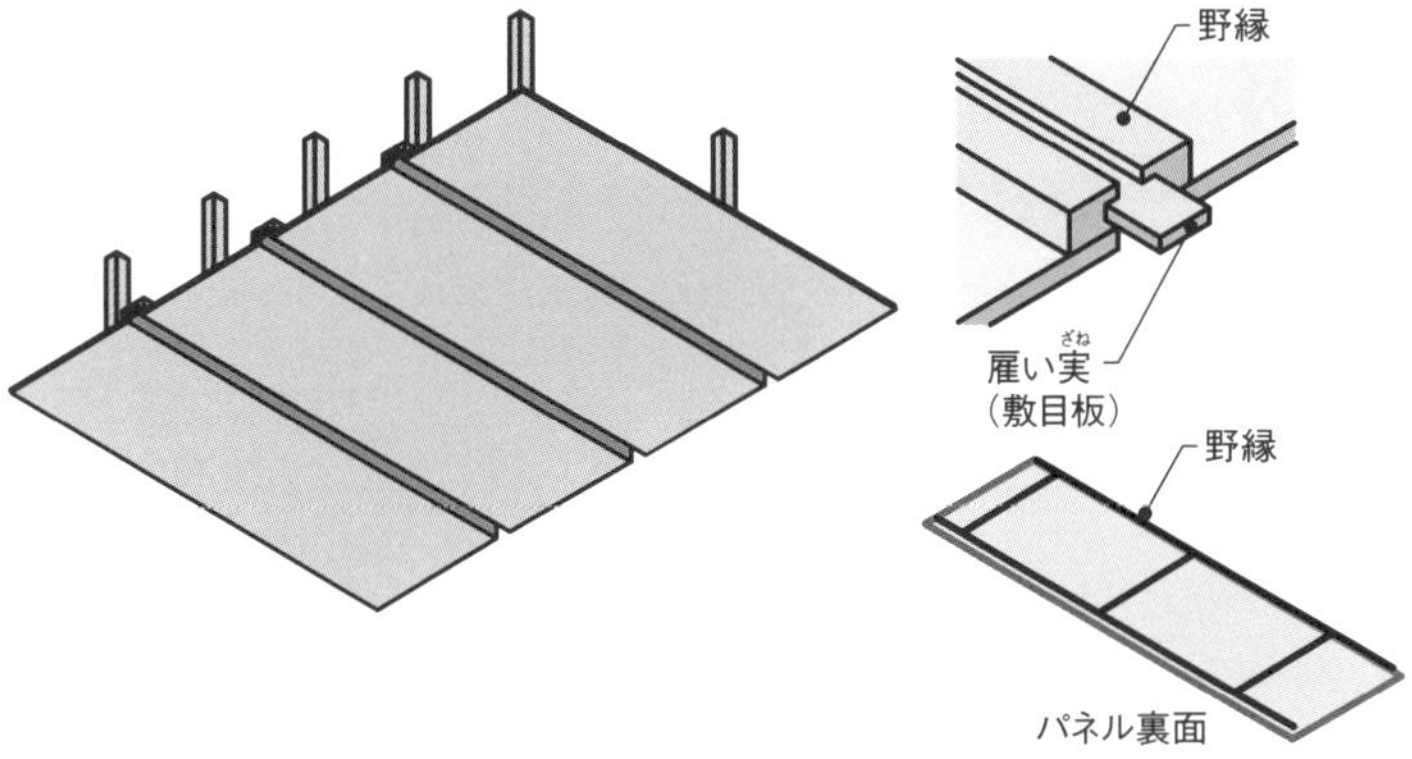

断熱材の打込み ― 図2

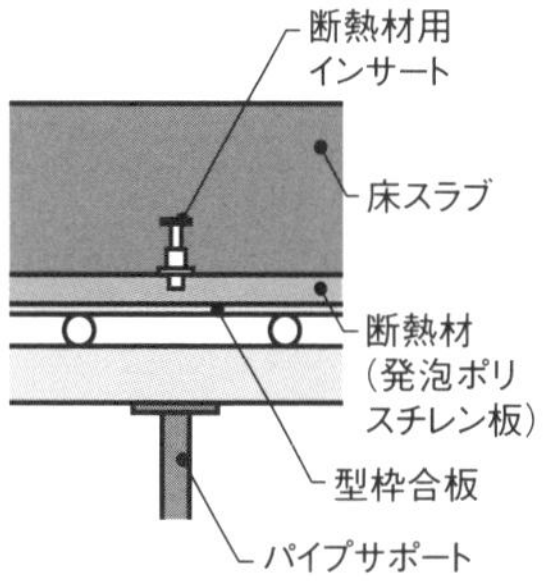

木下地の左官仕上げ ― 図3

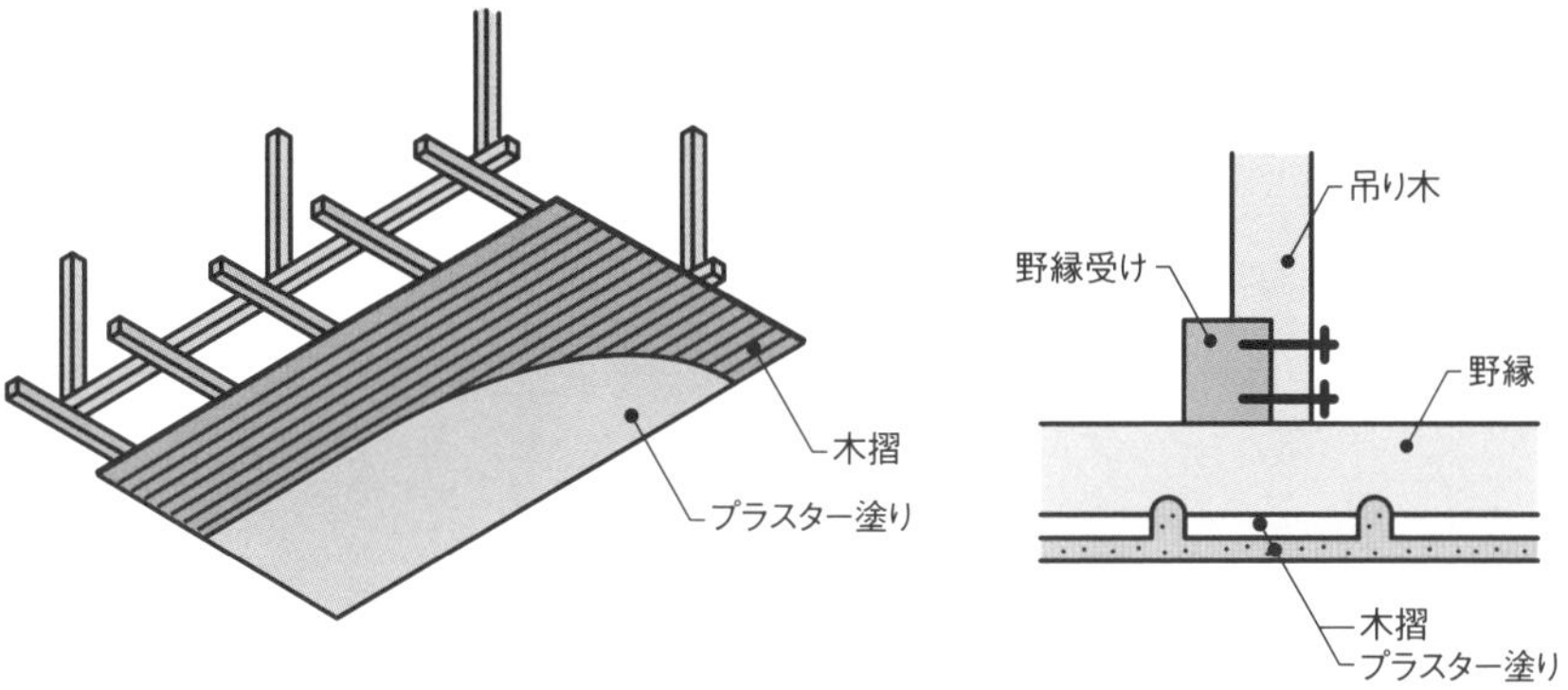

竿縁天井 ― 図4

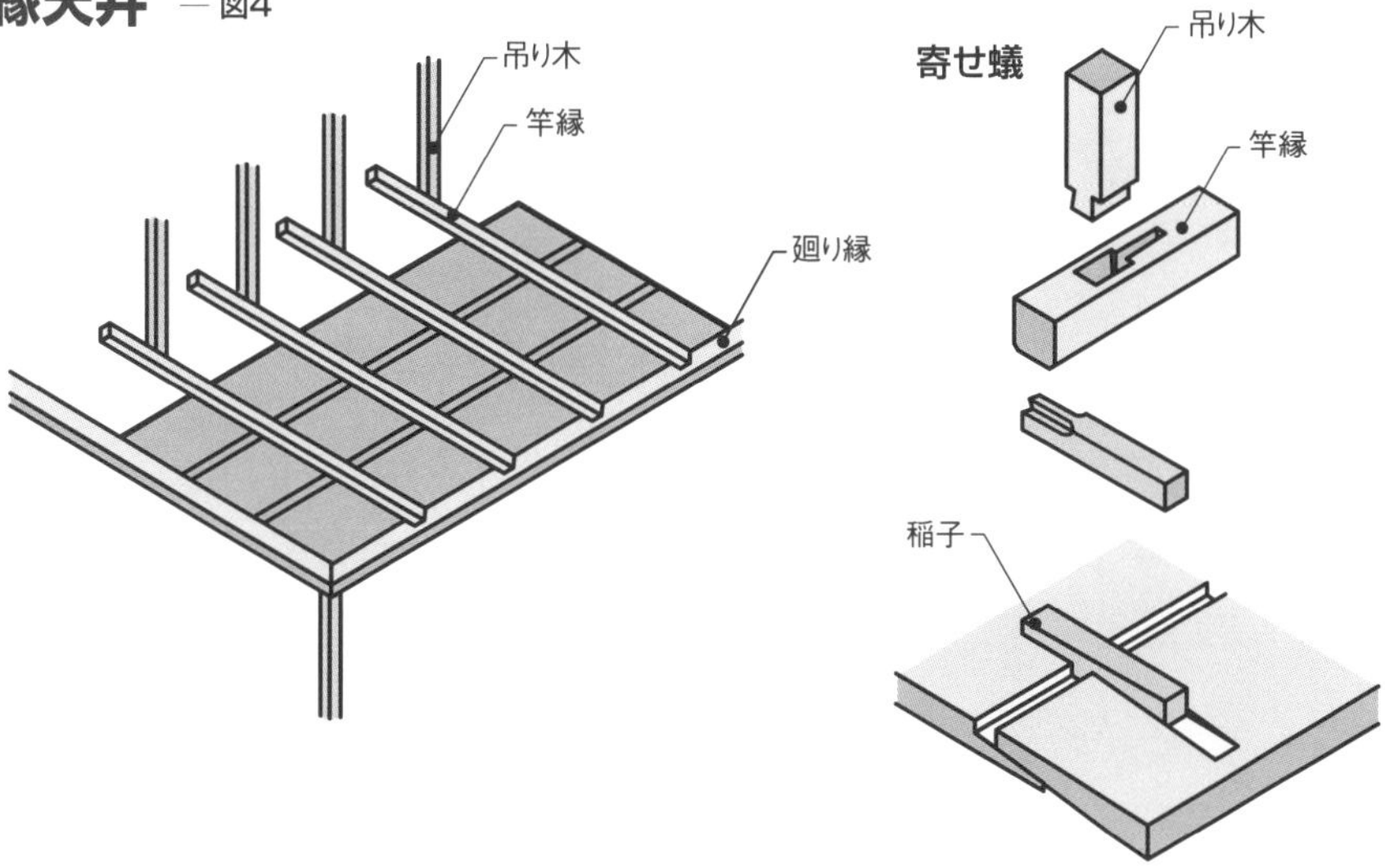

目地と取合い

納まりの原理

◆割付けは心《しん》から、目地は目透しか面取りというのは納まり原則の１つ
◆廻り縁の先付け・後付けの使い分けは幅木と同じ

目地の重要性、梁との取合い

天井は意匠性が大きな要素であるから、天井材の仕上り具合のほか、天井材の割付けや目地も重要になる。割付けは「心《しん》から」というのが定石であるが、周辺に残る材料の大きさが極端に小さくならないよう〝目地心〟か〝材料心〟かの判断が必要となる（図1）。仕上材どうしの突付けは製作誤差、施工誤差とも目立ちやすいので、目透《めすか》しか面取りとするのは、この種のものに共通の原理である（図2）。

階高が低い場合などは、梁との取合いが問題となる。意匠上、梁は隠したいが天井高も確保したい。しかし、梁にはたわみがある、建物躯体《くたい》は施工精度が低い、また鉄骨造の場合は、梁の接合部の添え板やボルト（65頁参照）などの突起物があるなどの理由から、梁下端と天井面を近接して納めるには限界がある。天井と梁の取合いは露出するか、完全に隠蔽するかのどちらかとなる。

天井と取り合う特殊なものに、防煙垂れ壁がある。図3はガラスを用いた例で、施工の際は野縁受けなどの天井下地の強度に配慮する。

廻り縁で納めるのが一般的

外周壁《がいしゅうへき》と軒天では無論、間仕切壁《まじきりかべ》に関しても、より恒久的なものとは〝天井負け〟で取り合う。天井と壁の取合い部分は、廻り縁を配して納めるのが一般的である（図4）。

廻り縁には幅木と同様、天井や壁の工事前に取り付けられる先付けと、工事後の後付けがある。先付けは幅木同様、定規として用いられる。取合い部で目透しにして、壁材あるいは天井材を勝たせる。後付けも幅木同様、製作・施工の誤差吸収には手堅い方法であるが、意匠上、野暮ったくなりがちで、繰形（モールディング、molding）をつけることがある。

廻り縁の材料は仕上材に応じて、木製のほか、塩化ビニル製やアルミニウム製の断面一定形状のもの（いわゆる断面材）も用いられる。

板材の割付け方法 — 図1

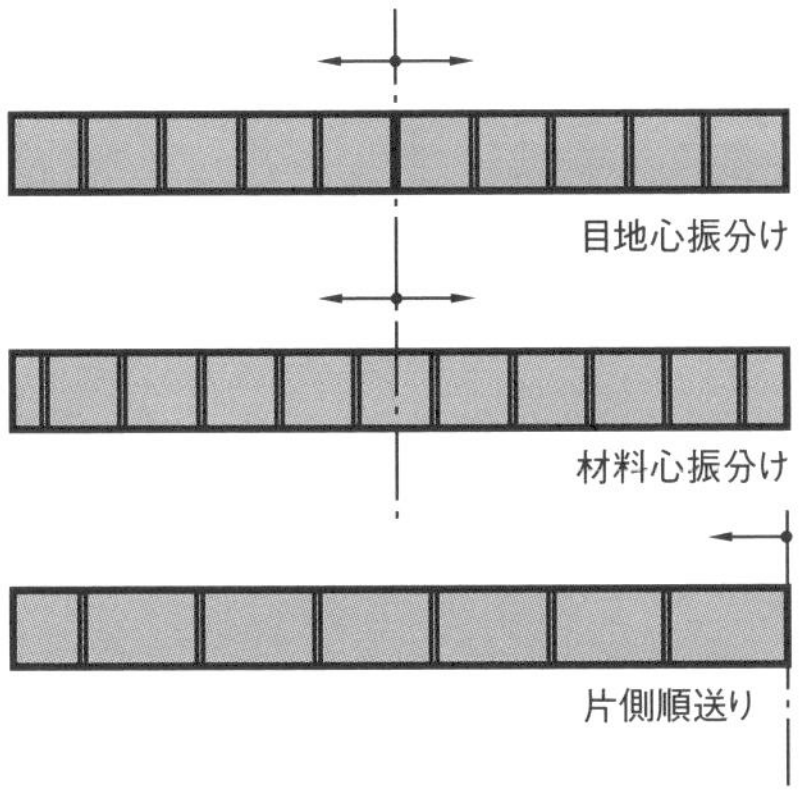

寸法誤差と目地 — 図2

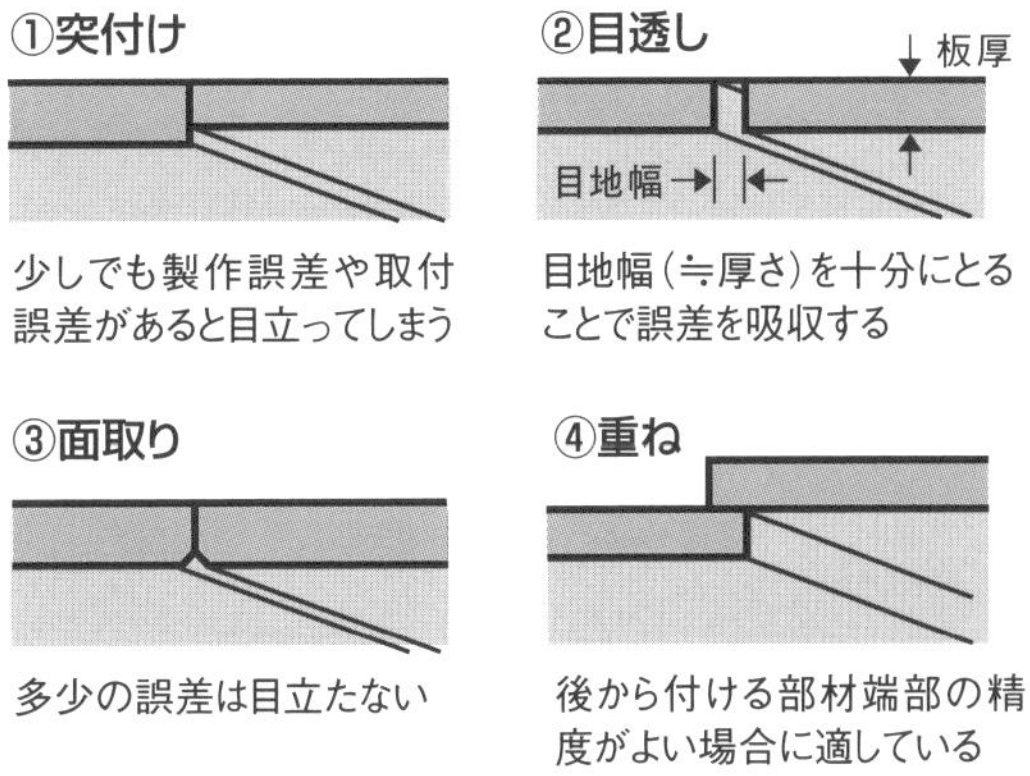

少しでも製作誤差や取付誤差があると目立ってしまう

目地幅（≒厚さ）を十分にとることで誤差を吸収する

多少の誤差は目立たない

後から付ける部材端部の精度がよい場合に適している

防煙垂れ壁の取付け例 — 図3

建物の用途や規模に応じて、防煙区画が求められる

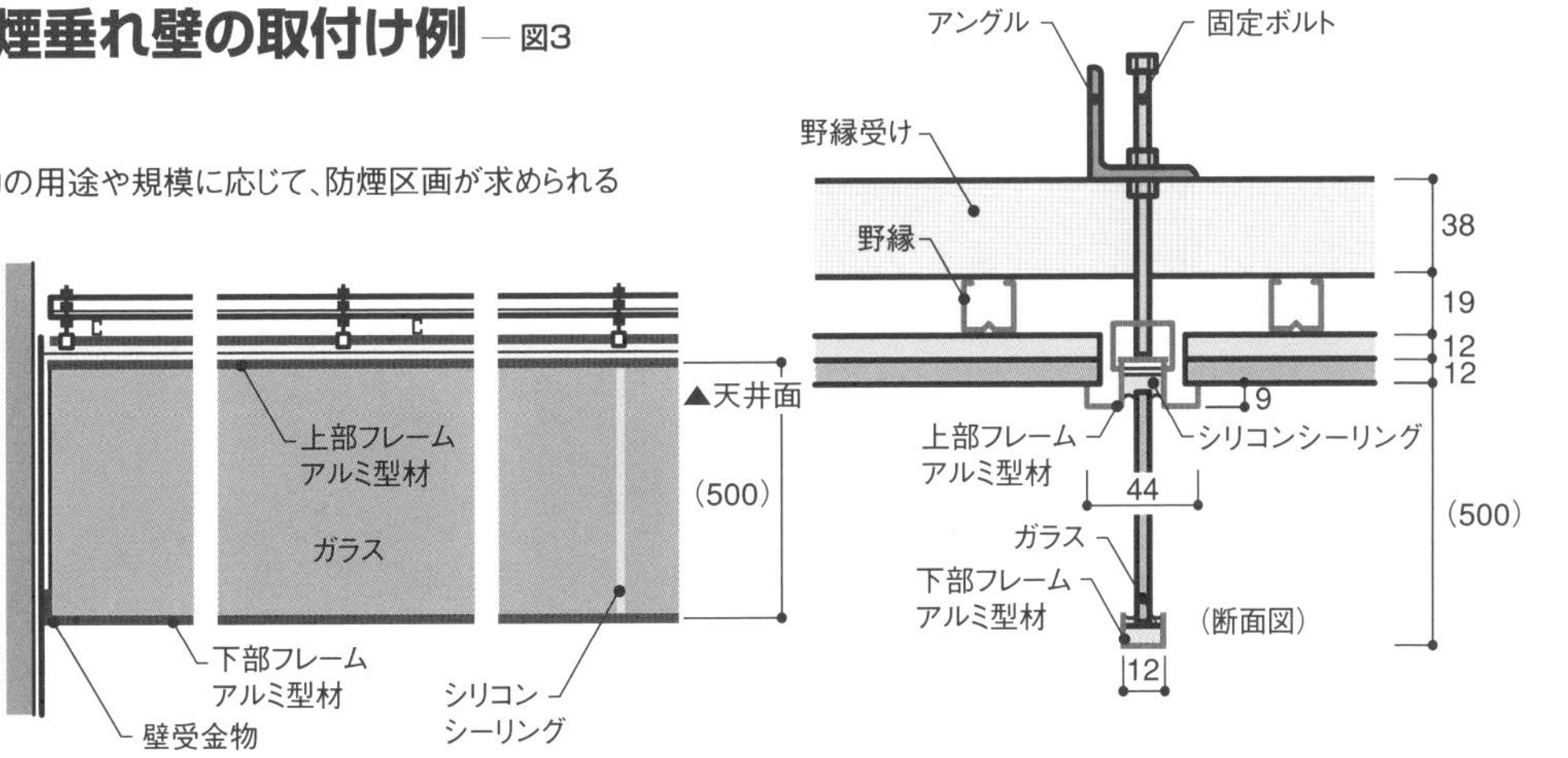

出典：『竹中工務店のディテール』（竹中工務店設計部・彰国社）

各種の廻り縁 — 図4

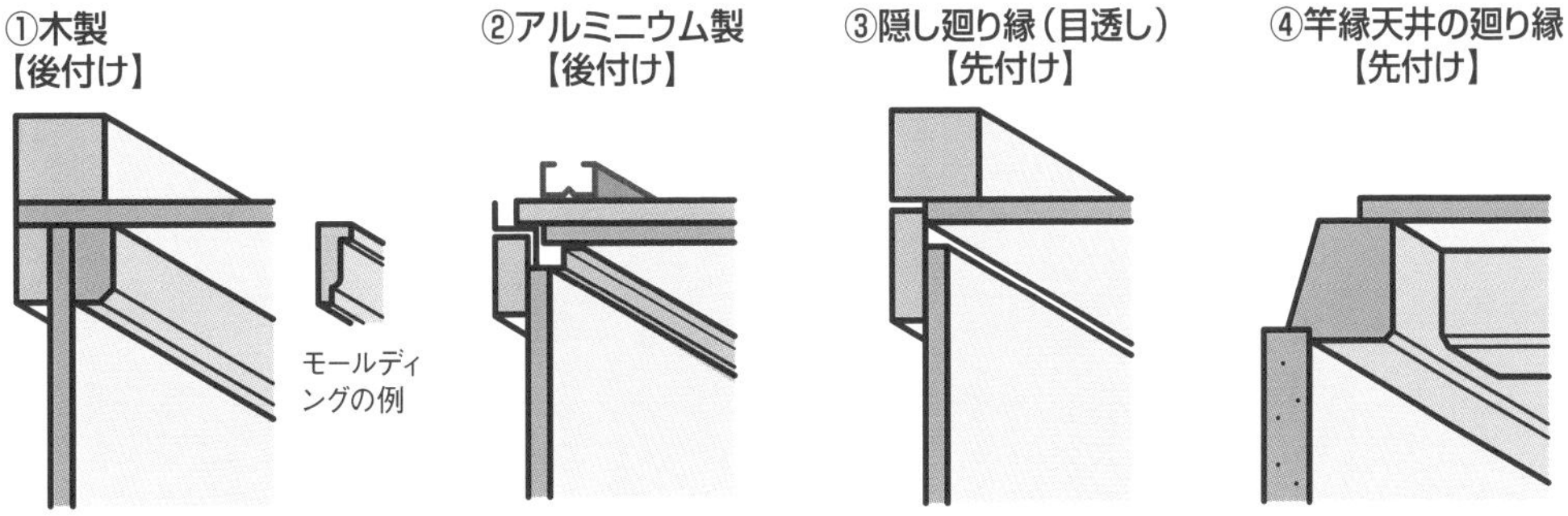

075　天井

システム天井

誕生から構法の再検討まで

Point

◆部位単位に工事を請け負うシステム天井は設備が決め手

◆構法的にはコンシールド・タイプとエキスポーズド・タイプが代表的

誕生の理由

事務所ビルなどの天井には照明器具のほか、空調端末、感知器などの情報端末、スプリンクラーなど、さまざまなものが組み込まれるようになった（図1）。そのため、取合いや工程管理が複雑になり、モデュラーコオーディネーション（232頁参照）の普及もあって、対策としてシステム天井（図2）が生まれた。これは、電気・空調・情報・給水などの設備工事から建築工事までを一括して処理するもので、照明器具からスプリンクラーまで機器と天井材をシステム的に配置し、メンテナンスなどにも配慮したものである。

システム天井の成立には、前述した理由のほか、設備を含めると相当のコストがかかることや、天井の施工が終わらなければほかの内装工事に入れないなどの理由もある。建築工事のなかでは最も簡便と思われる天井が、最もシステム化が進んでいるのは、設備との関係が大きい。

種類・呼称の違い

システム天井の種類・呼称は仕上げ材あるいはメーカーにより異なる。ロックウール工業会では設備ゾーンをライン状に配置するラインシリーズと、格子に点状に配置するクロスシリーズに分けている。構法的には仕上げとなる吸音板接合部の本実《ほんざね》相当部に野縁Hバーを挿入し、そのHバーを竿縁《さおぶち》Tバーで保持するコンシールド・タイプと、吸音板を竿縁同様に直接Tバーで下支えし、野縁受けチャンネルで吊るエキスポーズド・タイプが代表的である（図3）。

この種の取付け方法は面剛性が期待できないため、水平剛性を高めるためにブレースを入れる、層間変位への対応として壁際と野縁受けとの間を1㎝以上離すなどの対策を講じている。ただし近年、在来の軽量鉄骨下地天井と同様、地震などで落下する事故があり、野縁と野縁受けを接合するクリップの形状・剛性を含め、構法が再検討されている（156頁参照）。

天井に設けられる設備 — 図1

①照明器具（下面開放型蛍光灯）

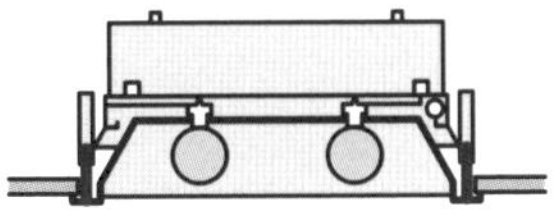

②非常照明器具

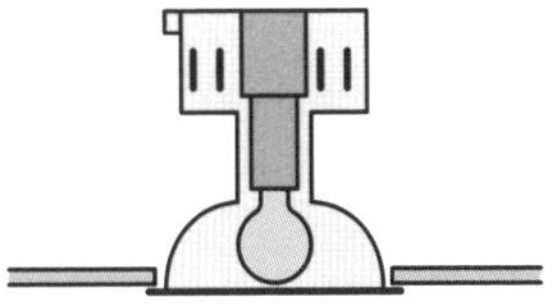

③火災感知器（煙感知器）

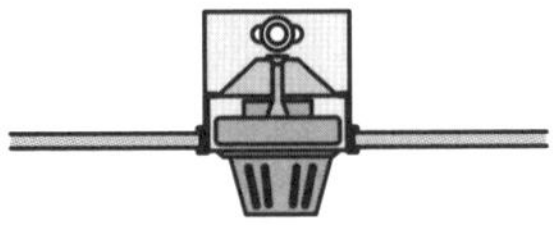

④スプリンクラーヘッド

システム天井 — 図2

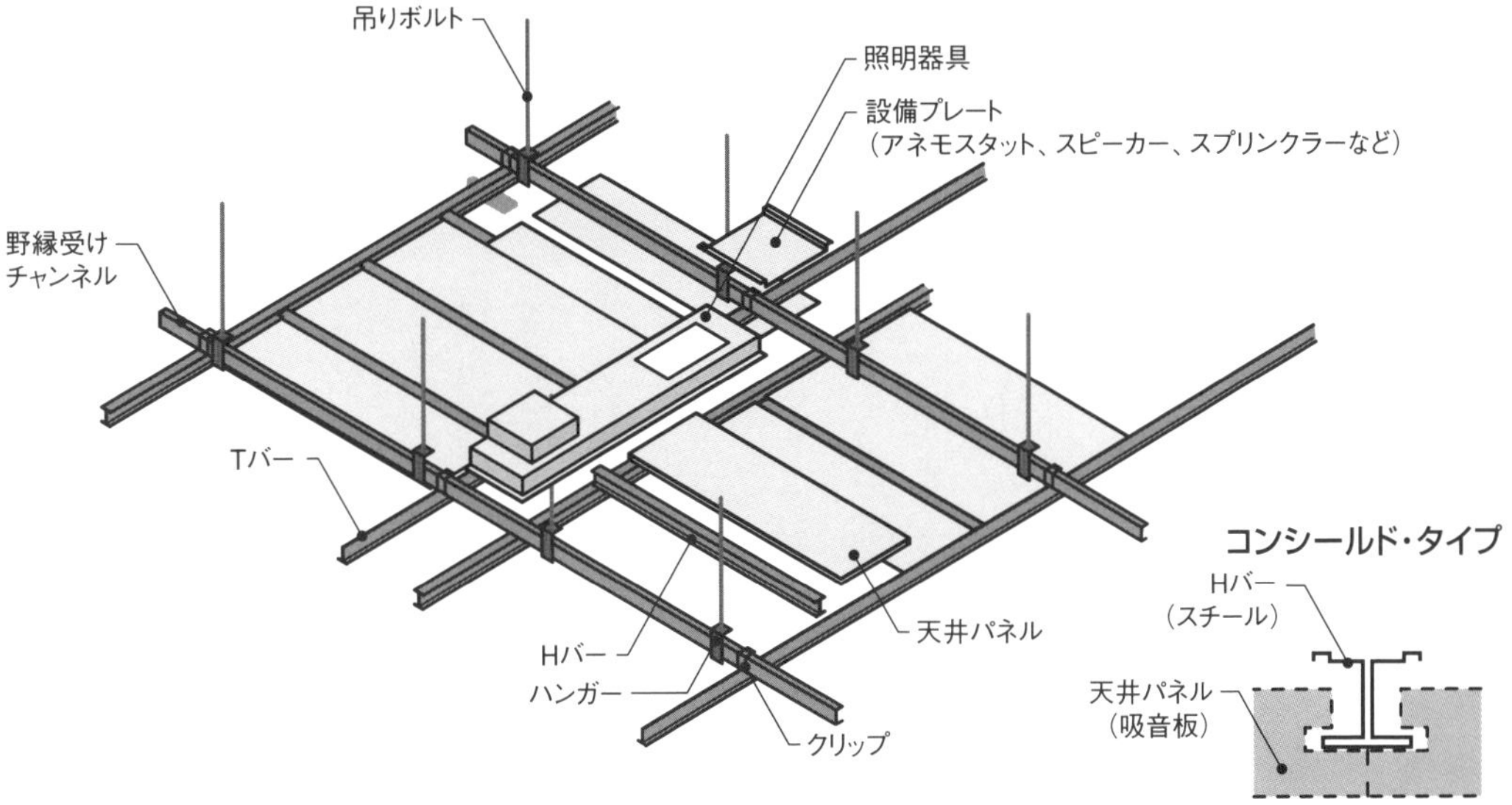

天井パネルの取付方式 — 図3

①コンシールド・タイプ

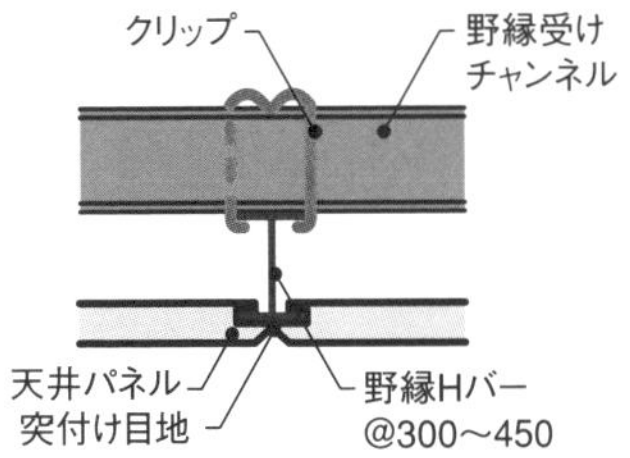

②エキスポーズド・タイプ

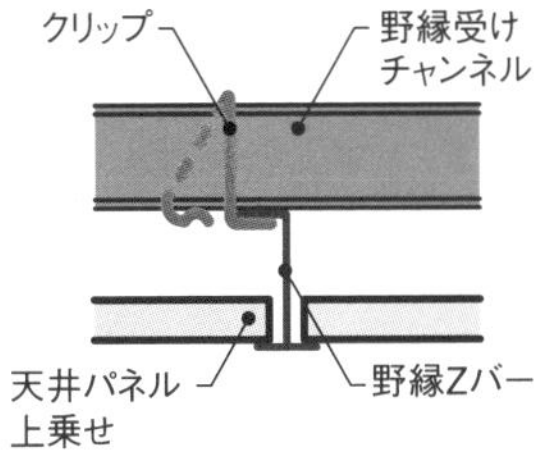

③スクリューアップ・タイプ

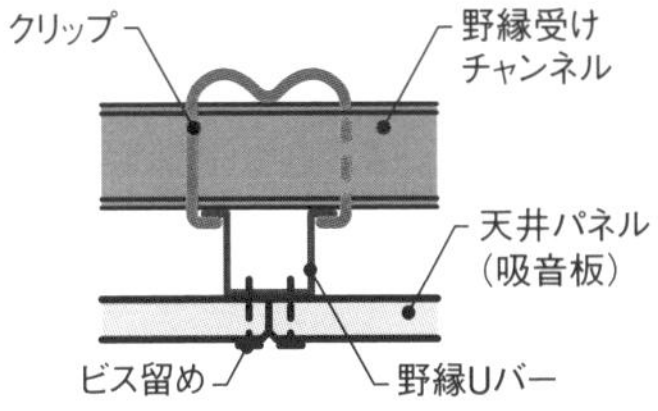

天井パネルが固定され、設備メンテナンスへの配慮に欠けるため、システム天井らしくない

076　天井

屋根天井

内断熱と外断熱

Point

◆勾配屋根で小屋裏を利用する場合、屋根面で断熱をとり、通気構法とする

◆外断熱は建物の温度変化を抑え、防露・耐久性向上に有効

小屋裏の利用

断熱などの性能は屋根仕上げから下階天井仕上げまで、屋根天井として考える必要がある。小屋裏を利用しない場合、断熱材は天井裏面、野縁の上に入れる。

これは、湿気の排出や夏季の遮熱などの観点から、小屋裏は外気に準ずる空間として、妻壁に設けた小屋裏換気口や面戸を通して換気するためである（図1）。

小屋裏を利用する場合は屋根下地に断熱層を設ける。その際、下葺き材に（防湿防水の）アスファルトルーフィングを使うと、後述の外壁同様、冬季にその直下で内部結露が生じる可能性がある。

そこで下葺き材を透湿防水シートとし、屋根葺き材と野地の間を通気し、それによって湿気を排出する通気構法も試みられている。細幅の板を隙間をあけて張る野地板ならよいが透湿抵抗の高い合板を野地板として使用するのは不適当である。

内断熱と外断熱

断熱には2つの方法がある。屋根躯《く》体《たい》であるスラブなどの下面に設けるものを内断熱、上面に設けるものを外断熱という（図2）。内断熱は屋根スラブの型枠上に断熱材を置き、コンクリートに打ち込むか、スラブ完成後に吹き付けるか取り付ける。比較的工事が簡単で、特別の配慮も不要である。暖冷房時には躯体の内側に断熱層があるため、暖冷房の効果は短時間で現れる。

外断熱には、断熱層を防水層の上側に設けるＵＳＤ（Up-Side Down、inverted roofsystem）構法と、防水層とスラブの間に設けるＢＵＲ（Built-Up Roofsystem）構法がある。いずれも冬季にスラブ裏面で結露が発生する可能性が少なく、また断熱層の内側にある躯体は夏冬の温度変化の影響が少ないため、スラブの温度伸縮が抑えられるなど躯体耐久性の点でも有利となる（図3）。近年は、防水層を保護する意味からＵＳＤ構法が注目されている。

勾配屋根の断熱と小屋裏の換気 ― 図1

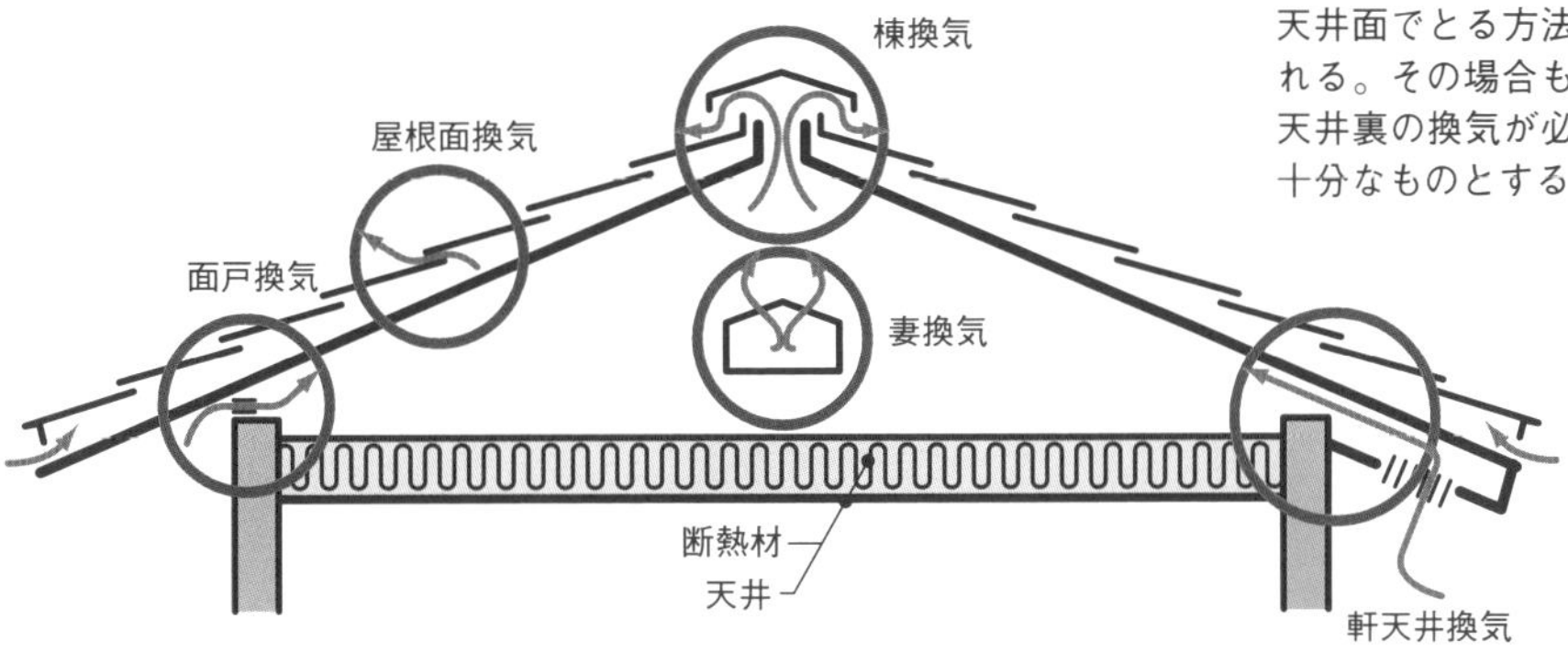

陸屋根の断熱を勾配屋根同様、天井面でとる方法もまれに行われる。その場合も勾配屋根同様、天井裏の換気が必須であるが、十分なものとするのは難しい

陸屋根の断熱 ― 図2

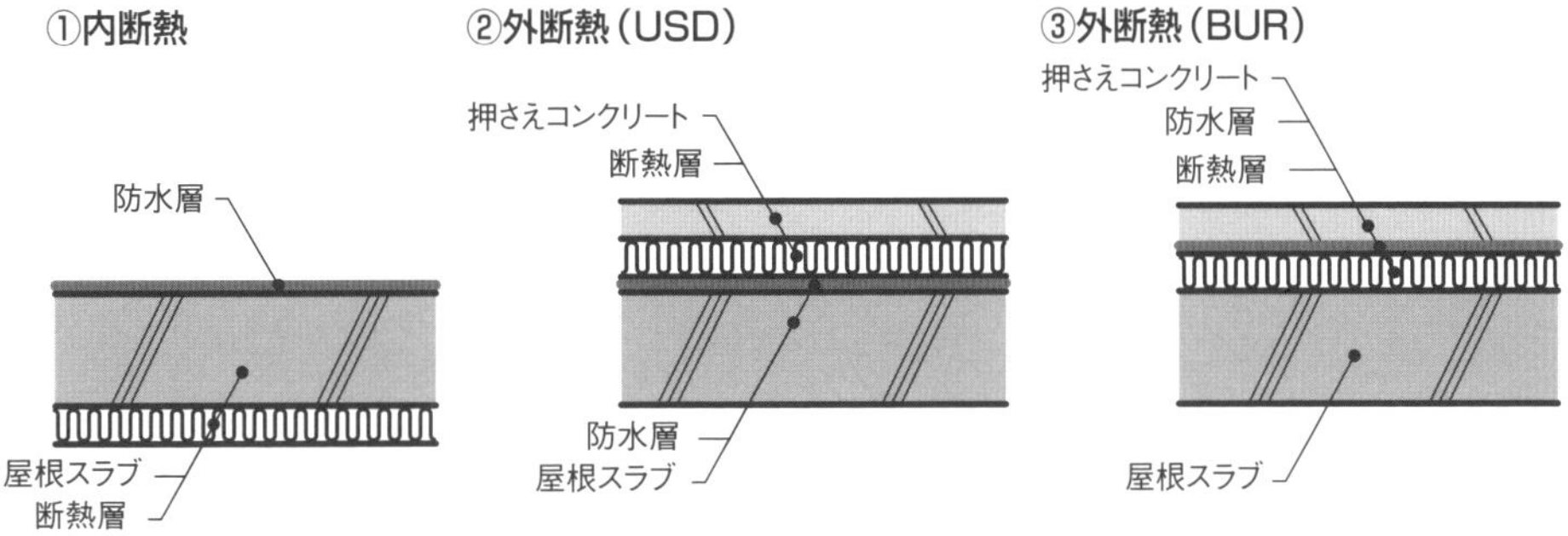

外断熱構法は、暖冷房の立上りに時間がかかることから、欧米で多い連続暖冷房には適しているが、日本で一般的な一定時間での暖冷房の場合には、使い勝手が悪いという意見もある。デッキプレートによる陸屋根の場合は、デッキプレートそのものが防湿層であるため、外断熱が必須となる

断熱層の位置と温度変化 ― 図3

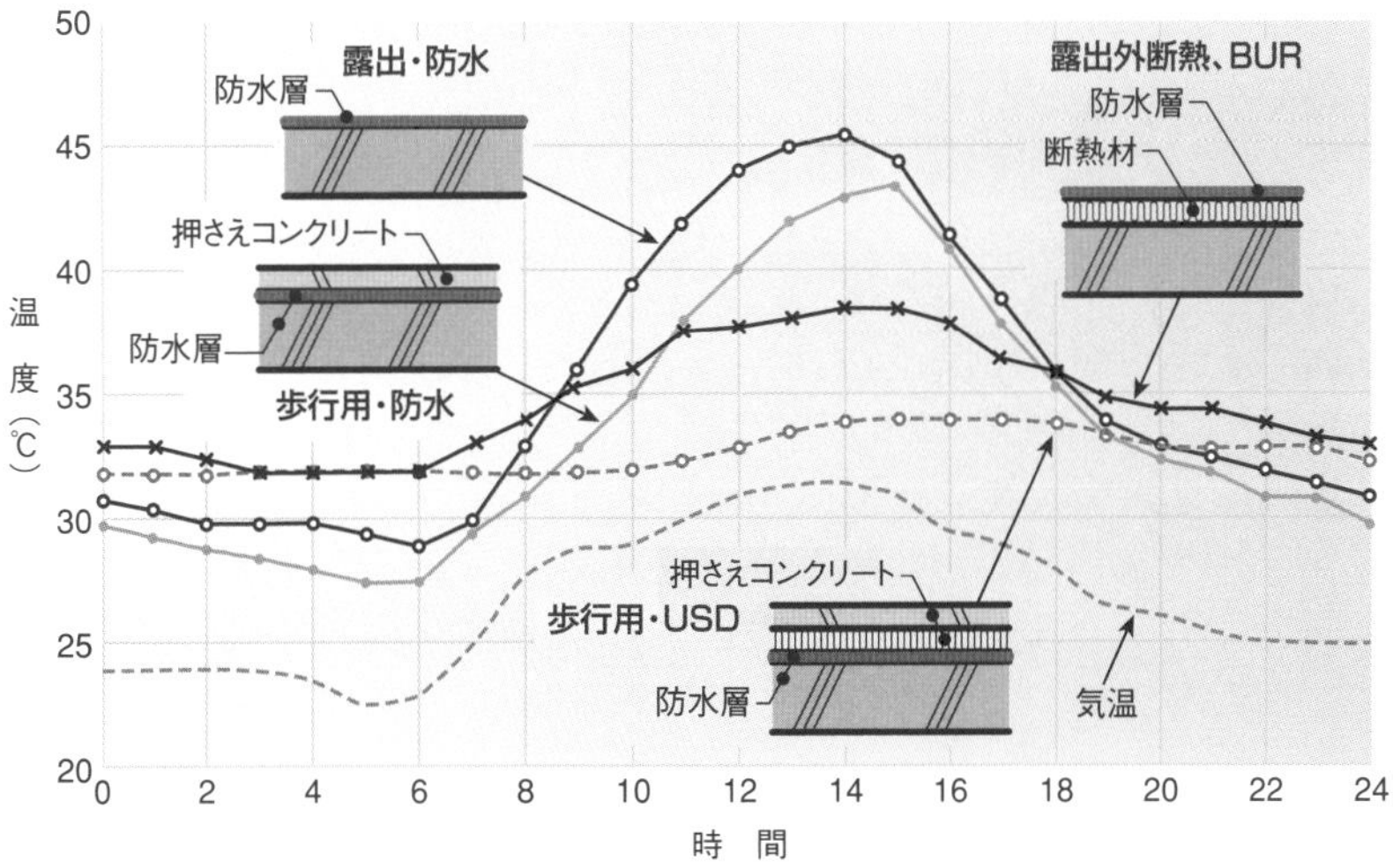

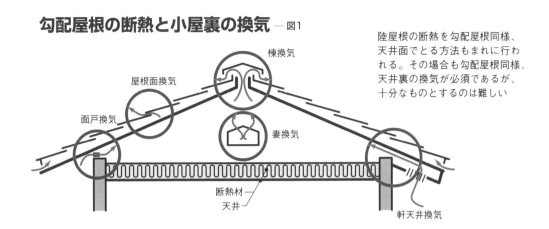

床天井

テーマは床衝撃音遮断性とビルトイン

Point
- ◆重量床衝撃音遮断性は、床躯体の性能が支配的である
- ◆床天井を空調設備の給排気チャンバーとして使う試みもある

床衝撃音遮断性

床仕上げから下階天井仕上げまでを床天井という。これは、床や天井単独では扱えない床衝撃音遮断性などの性能を扱う対象とする。

床衝撃音遮断性試験には、タイヤによる重量衝撃源とタッピングによる軽量衝撃源がある（図1）。いずれも図2に示すように下階でのレベル測定値をレベル曲線上に記入し、測定値の直近上位（厳密には2dBまで許容される）のレベルをその床の衝撃音遮断性能値とする。図2に示す床はL-60ということになる。

重量床衝撃音遮断性は下地の構成にもよるが床躯体《くたい》（多くは建物躯体でもある）の影響が大きい。RC造でL-55、鉄骨造でL-60、木造でL-65が遮断性に配慮した床天井の1つの目標であり、現実的限界といわれている。

床衝撃音遮断性は、ほとんど床剛性によるが、天井面への振動伝搬を防ぐことも、より高い性能を実現する際には有効となる。図3はそうした配慮をしたハンガーの例である。

床衝撃音遮断性は床天井の構法だけでなく、室の広さや周囲の壁構法、施工の程度などによっても異なる。性能表示に際しては施工後の測定が必須である。

設備機器のビルトイン

床天井として扱うべきもう1つのテーマは設備である。配管・配線やダクトのほかに、近年は各種の設備機器をビルトインする傾向が多くなっている。それぞれの機器の寸法は重要な設計情報であるが、蛍光灯の寸法のように統一されたものは少なく、多くは各社各様で変更も多く対応は難しい。

吹出し口を用意する代わりに、床あるいは天井全体を給気チャンバーとして使うことがある（図4）。原理的にはより均一な気流分布が可能といわれている。当然床は暖房、天井は冷房が適しているが、両方使う例は少ない。一方、給気ではなく、排気チャンバーとして床や天井を使う例は多い。

床衝撃音試験 — 図1

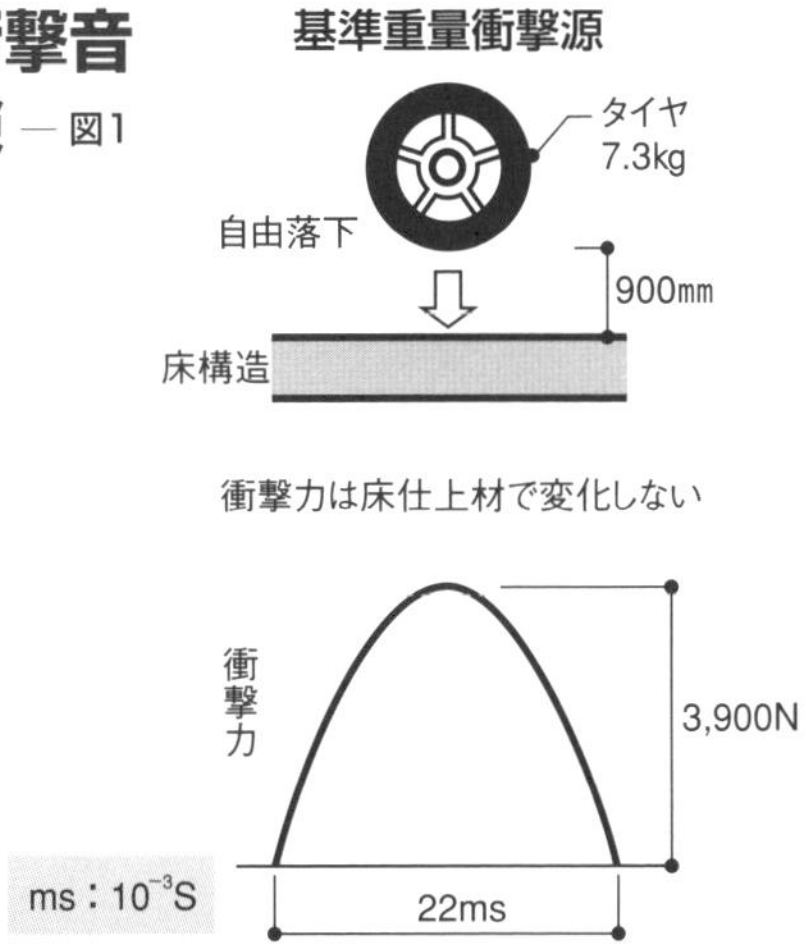

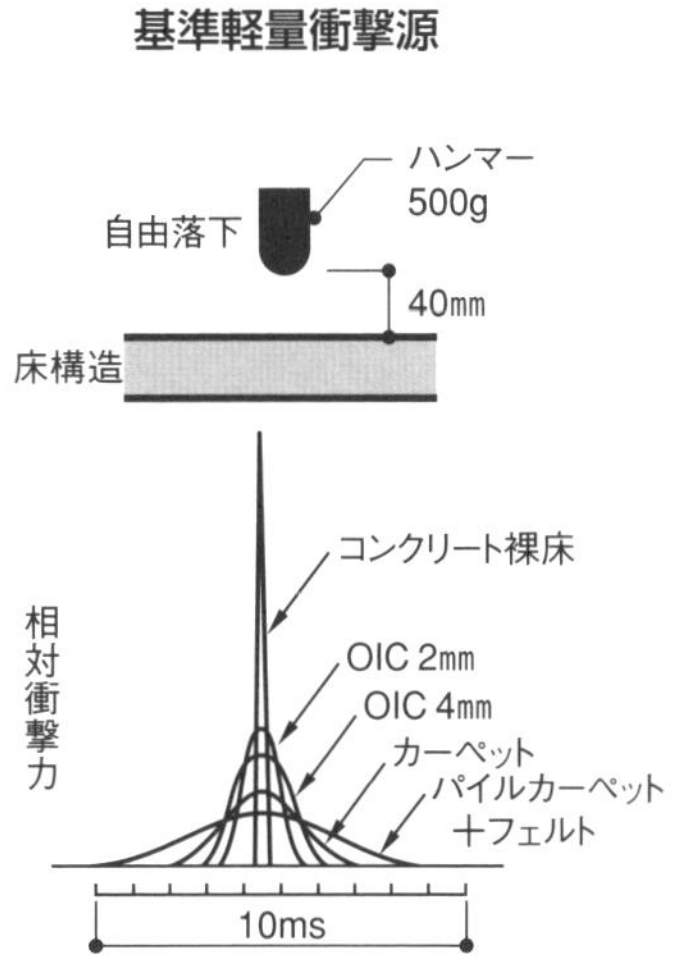

床衝撃音と遮音等級 — 図2

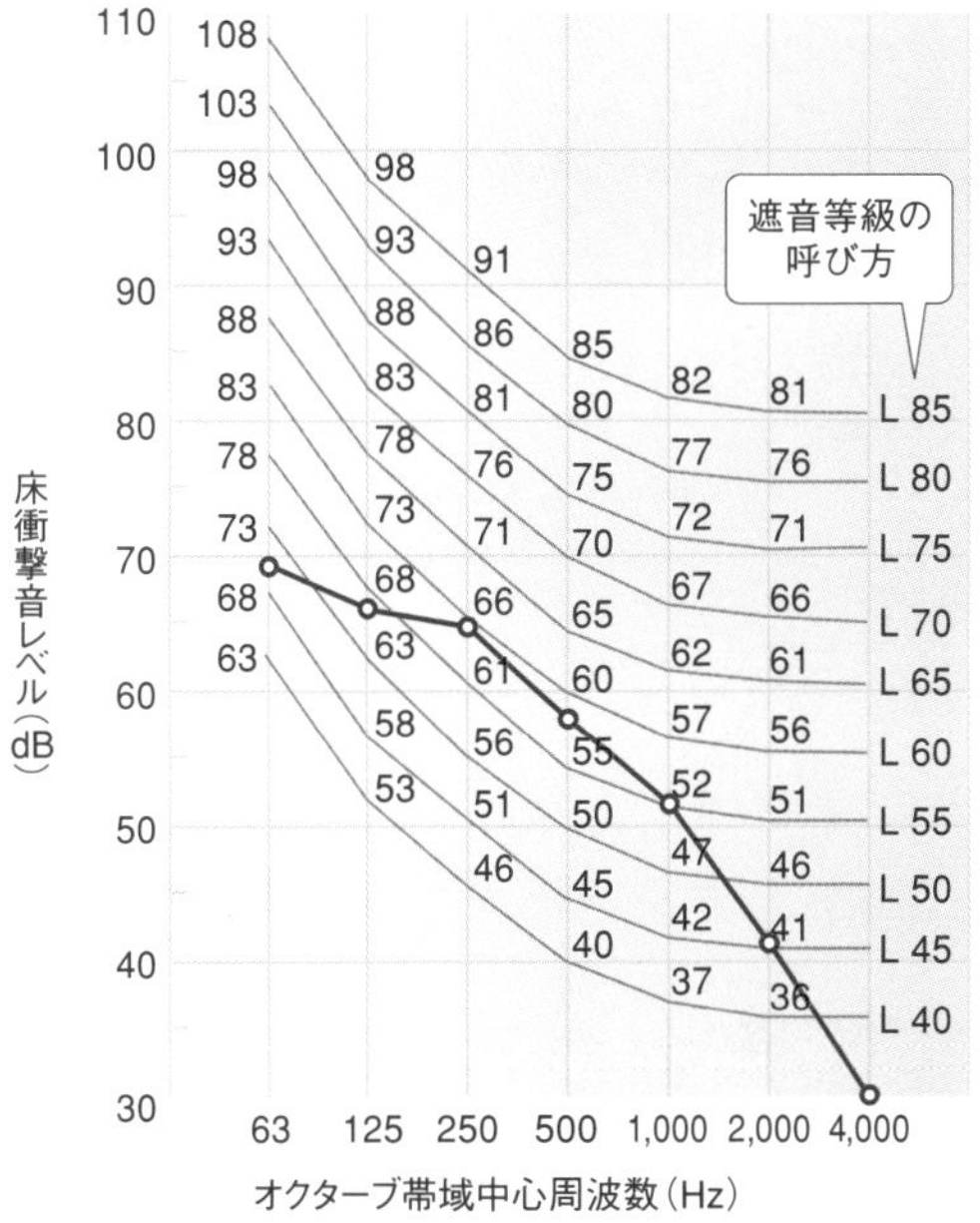

「L値」の求め方

- 63〜4,000Hzの各周波数での床衝撃音レベルをグラフにプロットし、すべての値が下回る直近上位の曲線から、遮音等級L-60とする
- L値は、図1のように軽量衝撃音と重量衝撃音の2通りで評価する

遮音に配慮したハンガー — 図3

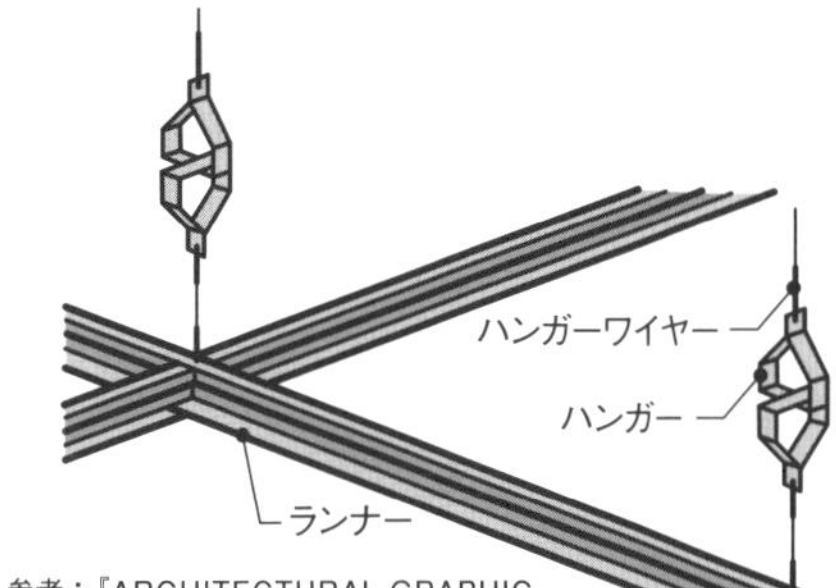

参考：『ARCHITECTURAL GRAPHIC STANDARDS（Student Edition）』（The American Institute of Architects・John Wiley&Sons,inc.）ほか

給気チャンバー — 図4

①天井懐をエアチャンバーとして利用した例

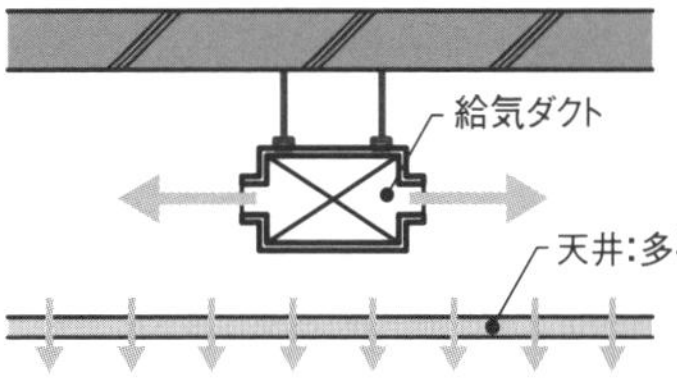

②2重床をエアチャンバーとして利用した例

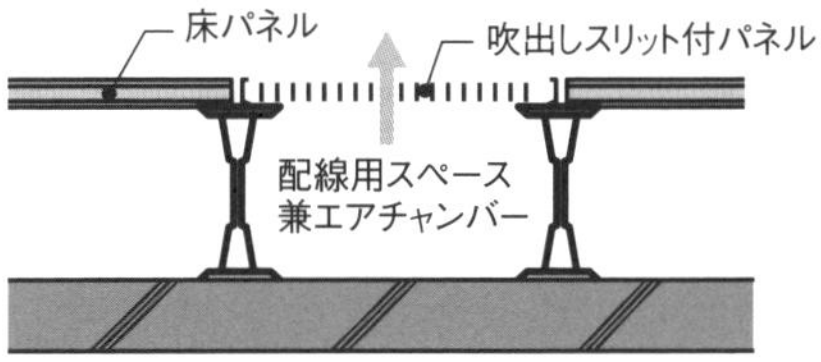

Column 4

東アジアの勾配屋根

縦桟を設ける桟瓦葺き ─図1

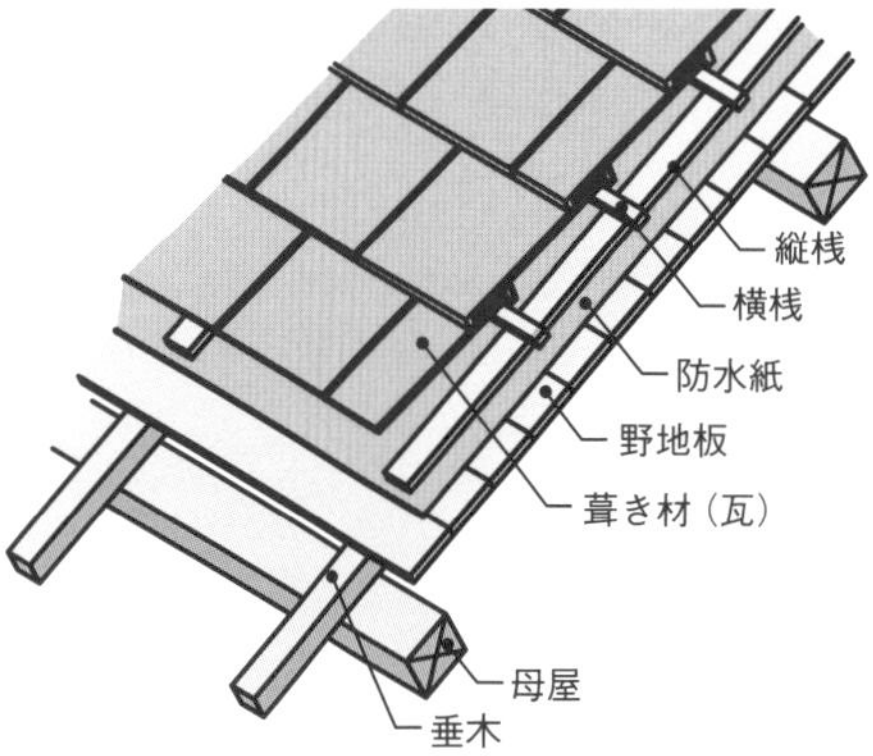

桟瓦葺きにおいて、水平な瓦桟の下に、縦桟を設ける構法。中国のほか、ベトナムなどで見られる。雨水のスムースな流れという点で、瓦桟を水平に取り付けるだけの日本の構法より優れているといえる

波板を野地板として使う屋根 ─図2

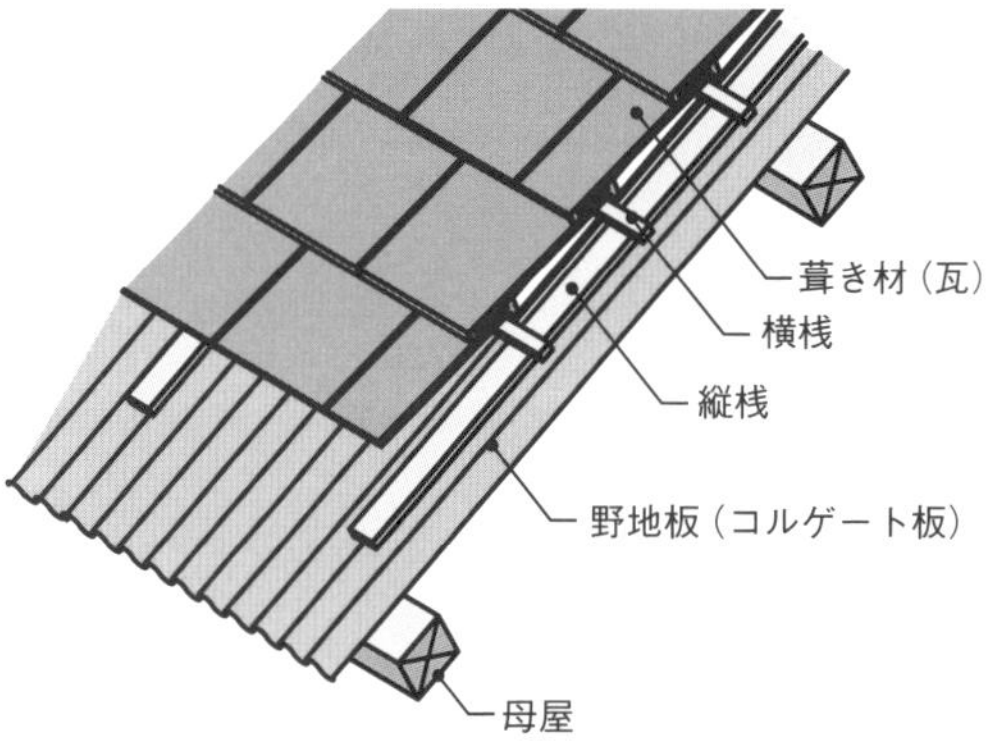

東南アジアでは波板による屋根は多いが、波板を野地板として使う構法はフィリピンなどで多く、独特である。

日本における瓦桟下に縦桟を設ける屋根構法 ─写真

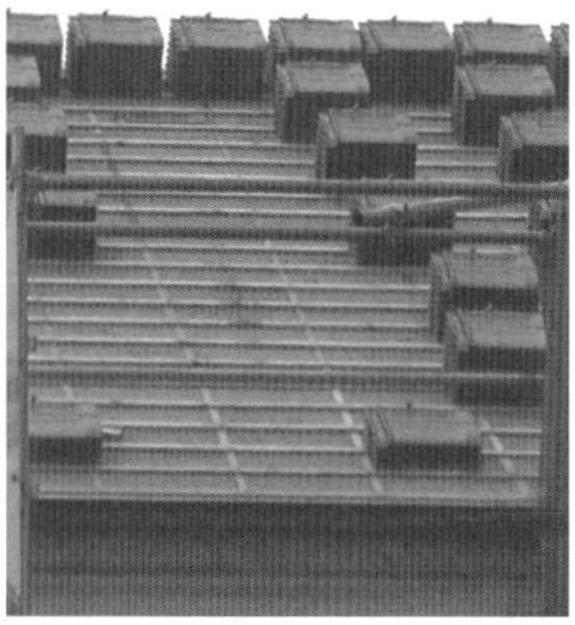

近年、日本でも住宅メーカー中心に採用されつつある

構法を決める要件

日本を含むインドシナ半島以東の東アジアの国・地域の多くは、台風などにより、大量の降雨・大きな風速を経験している。また、欧米諸国に比べ、はるかに低緯度に位置し、夏季の熱ロスを考えても、勾配屋根が望ましいと思われ、実際、在来の住宅などでは勾配屋根のものが多い。しかし、公営や公団など政府施策によると思われる新しい建物では陸屋根が多い。

国土の広大な中国は、さまざまな環境条件や地域の伝統を受け継いだ多様な屋根構法をもつ。そして、周辺諸国の屋根構法も中国のそれによく似ている。

構法は気候・気象条件によるだけでなく、周辺の構法の模倣や、文化・宗教などとの同時導入、住習慣や手に入りやすい資材・技術などさまざまな理由によって多様化している。

5

鉛直部位の構法

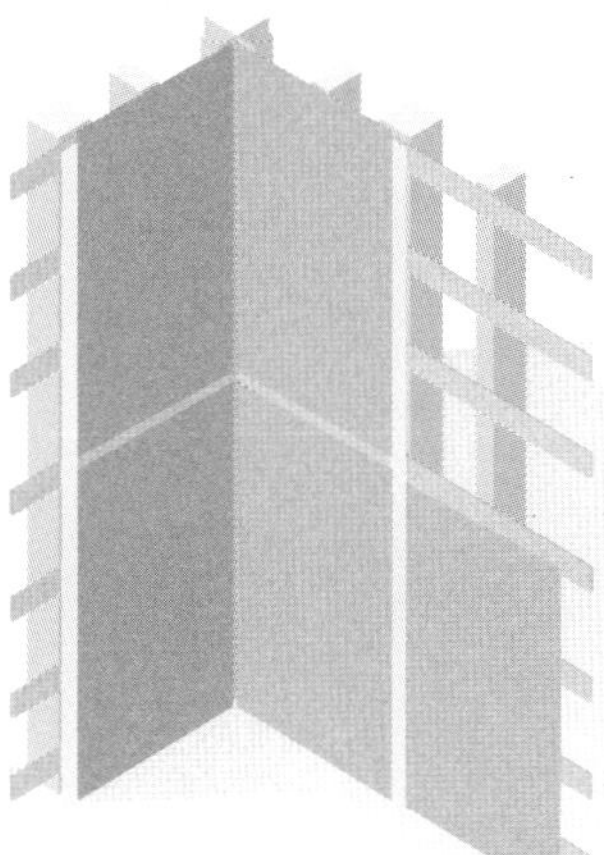

078 壁

種類と性能

躯体との位置関係による特性

Point

◆耐震壁は耐力壁の一部で、帳壁(カーテンウォール)と非耐力壁は同じ

◆柱梁と壁の位置関係で、一般的な性能把握が可能である

耐力壁と非耐力壁

壁の機能は外周壁《がいしゅうへき》や間仕切壁《まじきりかべ》として考えるべき各種の遮断性と、外(面)壁、内(面)壁として考えるべき意匠性などに分けられる。前者には断熱性や遮音性が、後者には不燃性や防水性などが性能の例として挙げられる。各性能について、要求の程度は敷地環境や建物用途、規模などによって異なる。

壁は壁式《かべしき》構造の壁のように、躯体《くたい》として建物を支えるものと、柱梁式の壁のように躯体としては機能しないものの2つに大別できる。前者を耐力壁《たいりょくへき》、後者を非耐力壁と呼ぶ。耐力壁のうち水平荷重のみ担う壁を耐震壁《たいしんへき》という。非耐力壁は帳壁・カーテンウォール(CW、Curtain Wall、188頁参照)とも呼ばれるが、カーテンウォールという言葉は、高層建物などに用いられる工業製品化された外周壁に限って使われることが多い。

機能と注意点

柱梁式の建物では躯体である柱梁と外周壁について、位置関係とその厚さから、図のような場合が考えられる。そこから、次のようなことが一般にはいえる。

●①―1　いわゆるCWの典型的な形態で、遮断性も意匠性も壁が主体で取合い上の問題は少ない。

●①―2　柱梁が強調された意匠となり、梁と壁との取り合いでの水密性などに工夫が必要となる。

●②―1　木造で真壁と呼ばれるものに相当する。柱梁強調の意匠、柱梁と壁との取合い上の問題などは①―2に準ずる。木造の場合、柱梁が露出するので木材の防腐上は好ましいが、高い遮断性は難しい。

●②―2　面一《つらいち》側は躯体と外周壁との取合いが微妙で、精度や剛性の調整などが難しい。連続的に覆う仕上げで①―1のような処理をすることが多い。

●②―3　木造で大壁と呼ばれるものに相当する。遮断性、意匠性とも壁が主体になるなどの点は①―1に準ずる。木造の場合、柱梁が隠蔽され高い遮断性が可能であるが、壁体内結露に注意を要する。

柱梁と（外周）壁との位置関係 ― 図

①柱梁と壁が離れている　　②柱梁と壁が接している

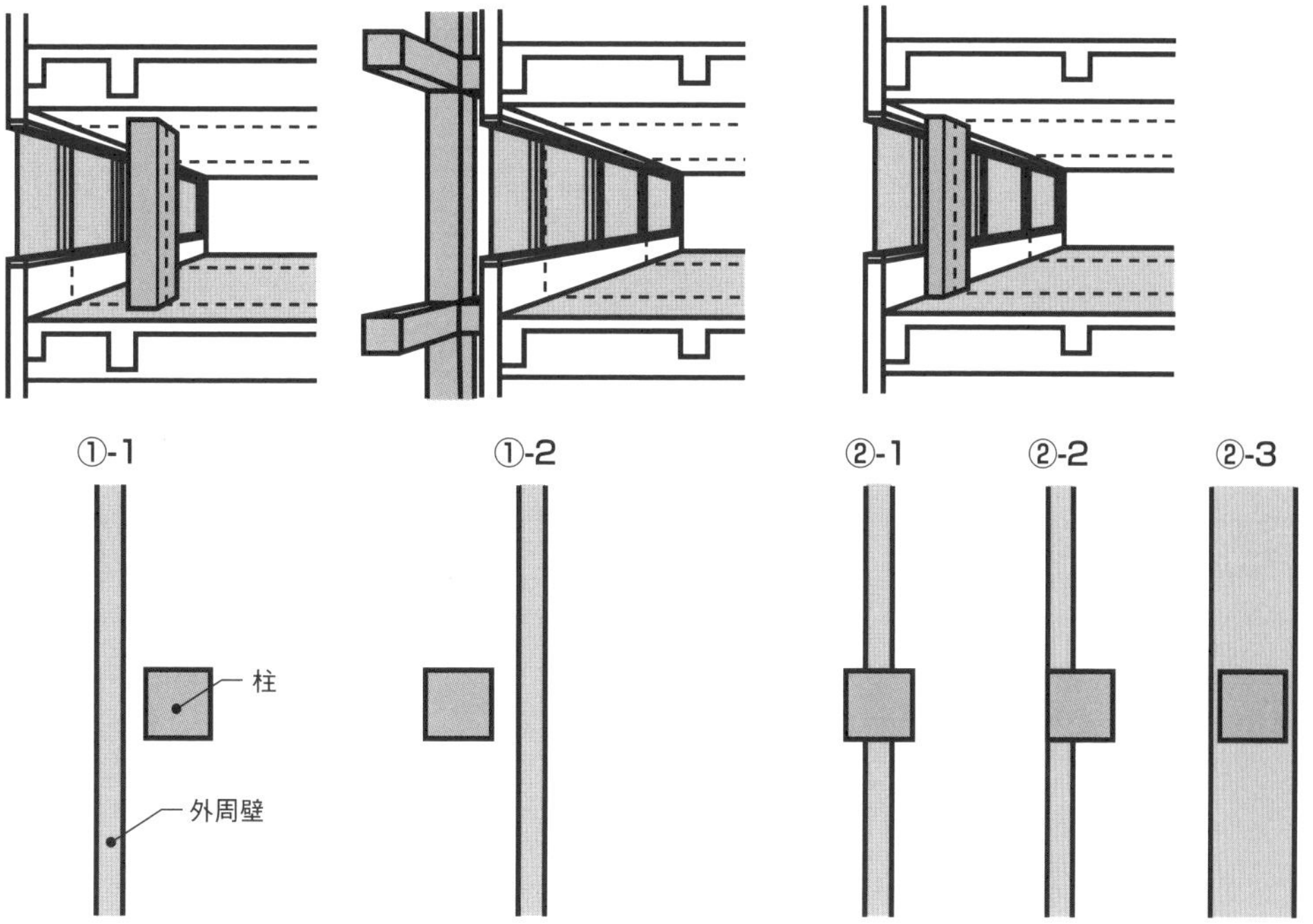

①-1 柱梁の外側に外周壁がある。ファサード（建物正面）のデザインの自由度が高い

①-2 柱梁の内側に外周壁がある。躯体がファサードデザインの要素となる

②-1 柱梁が外周壁から露出している。真壁風

②-2 柱梁の一辺と外周壁が面一《つらいち》

②-3 柱梁が外周壁に隠れている。大壁風

CWへの性能要素の例

●耐風圧性

たわみL／150（L：支点間距離、4mを超える場合はL／200）絶対量20㎜以下であること
関連規定：施行令87条第2項、平成12年建設省告示第1454号、JIS A 1515、JASS14など

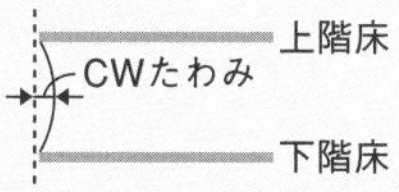

●層間変位追従性

帳壁が（破損）脱落しないこと
±h／150（h：階高）
（超高層CWではh／100）
関連規定：昭和46年建設省告示第109号第三の2）

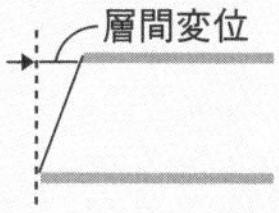

●耐火性

延焼のおそれのある部分1時間、ない部分30分
関連規定：施行令107条、平成12年建設省告示1399号

079 壁

壁の構成

層構成と耐震性

◆壁の下地には線材によるものと面状のものがある
◆耐震壁は抵抗力が、帳壁は変形力が問題となる

層構成のバリエーション

壁躯体《くたい》は、RC造などで柱梁と一体の面を構成する「一体式」、柱梁を使ったパネルの取付けにより面を構成する「パネル式」、木材や鋼材などの線材を並べ、間柱《まばしら》（鉛直《えんちょく》材）・胴縁（水平材）により面下地を構成する「胴縁式」の3つに大別される。仕上げとの関係については、一体式とパネル式はよく似ていて、ブロックの組積《そせき》による壁はこれらの一種と考えることができる。

こうした壁躯体をベースに仕上げがなされるわけだが、そのバリエーションには以下のものがある（図）。

①壁躯体そのままを仕上げとする
（例）コンクリート打放し

②壁躯体に直接仕上げをする
（例）コンクリートやパネルに吹付け
（例）間柱・胴縁にボード張り

③壁躯体に下地を設け、仕上げをする
（例）一体式やパネル式でボード張り
（例）下地ボードに左官仕上げ

壁仕上げは施工の仕方によって、湿式工法（水を含んだ不定形材を用い、左官工事などの後、養生時期を要する）と、乾式工法（パネル・ボード・板材などを用い、釘・接着剤・ねじなどで取り付ける）に分けることができる。

耐震性と変形追従性

壁で層構成の次に考えるべきことは耐《たい》震性《しんせい》である。耐震壁《たいしんへき》の場合はその水平耐力が問題となるが、多くの壁は帳壁であり、建物躯体の変形に見合った追従性（変形追従性という）が問題となる。建物躯体は大地震や台風の際に、多少変形を許容しながら耐える仕組みになっており、その変形（層間変位、170頁カコミ参照）に追従できない壁は破損する。

RC造はおおむねこの変形追従性が小さいが、鉄骨造や木造は大きい。壁躯体のうち一体式は変形追従性が小さく、胴縁式は大きい。パネル式は帳壁の場合、変形追従性に配慮した取付け工法にしなければならない。また、一般に湿式工法の壁は追従性が小さく、乾式工法の壁は大きい。

壁躯体・仕上げ・下地 ― 図

①壁躯体＝仕上げ

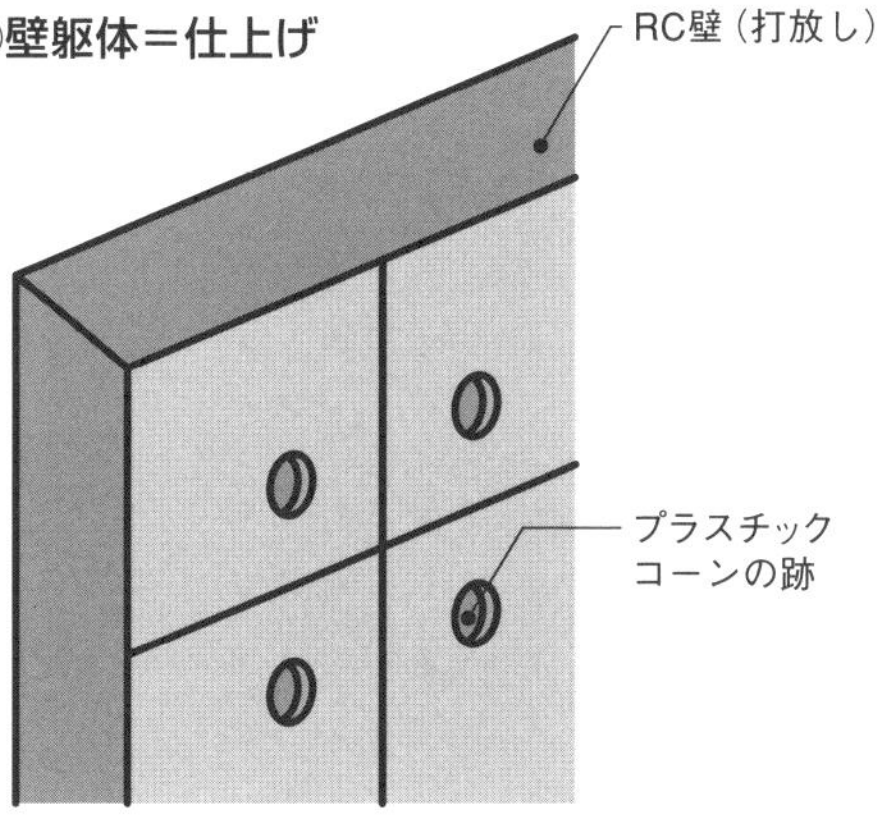

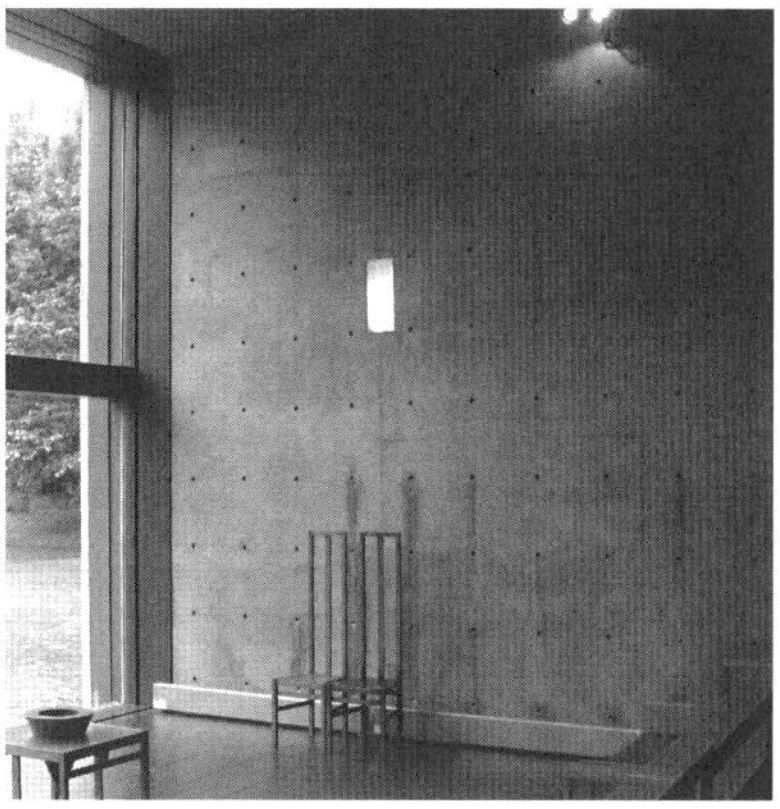

打放し仕上げの例

②壁躯体＋仕上げ

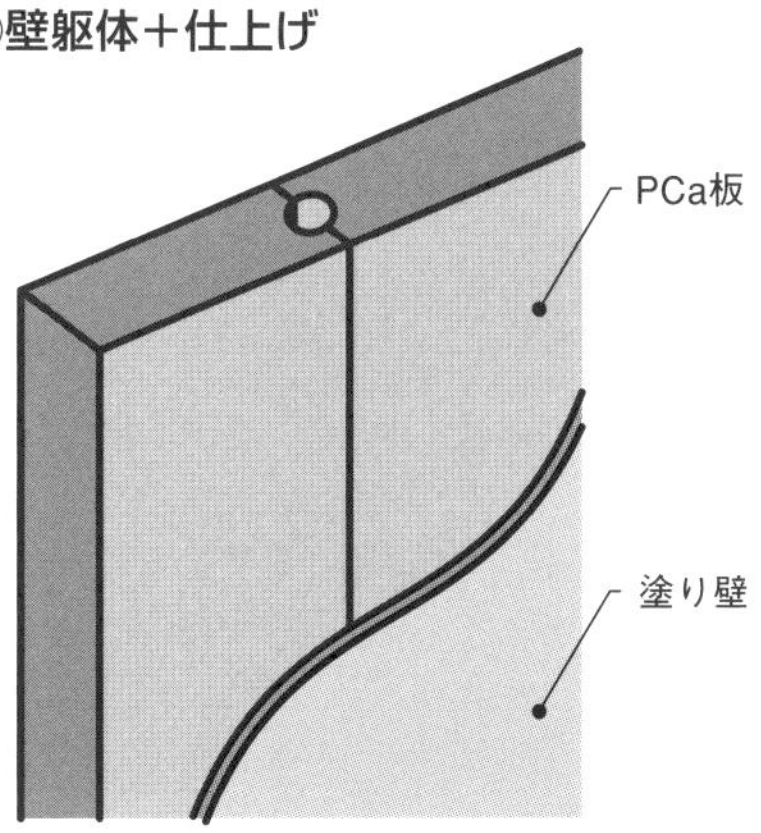

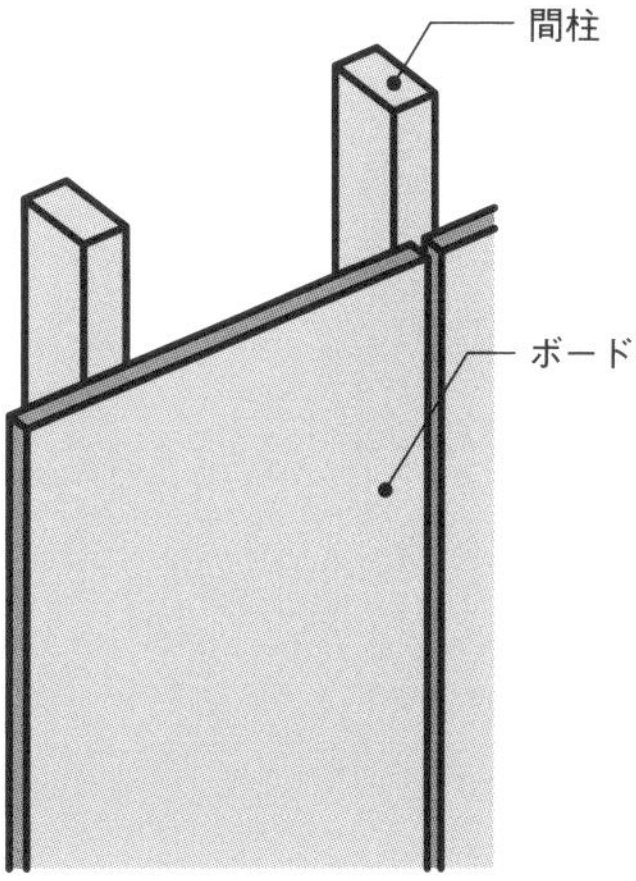

③壁躯体＋下地＋仕上げ

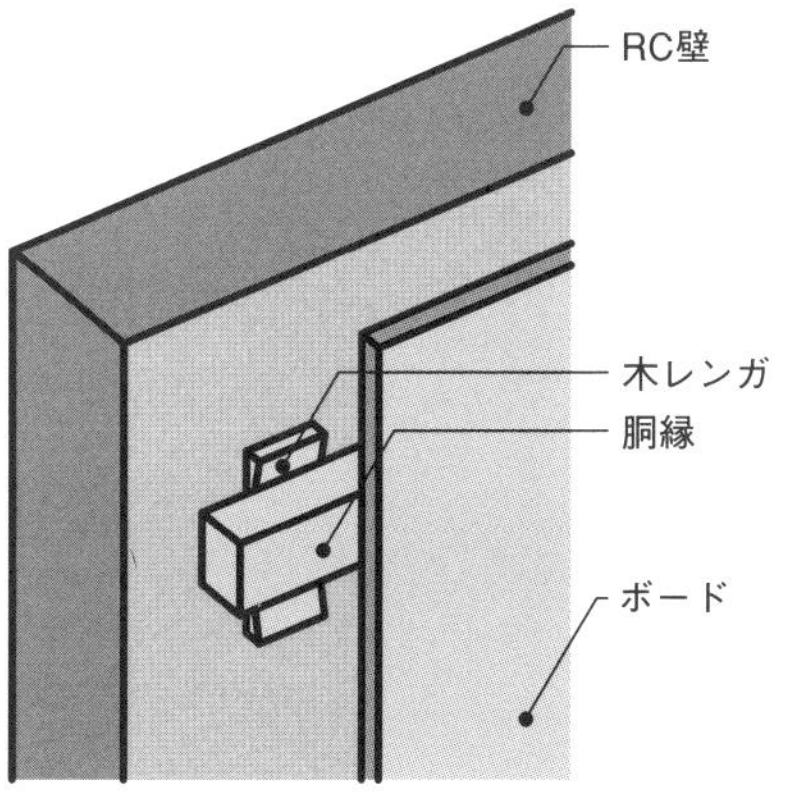

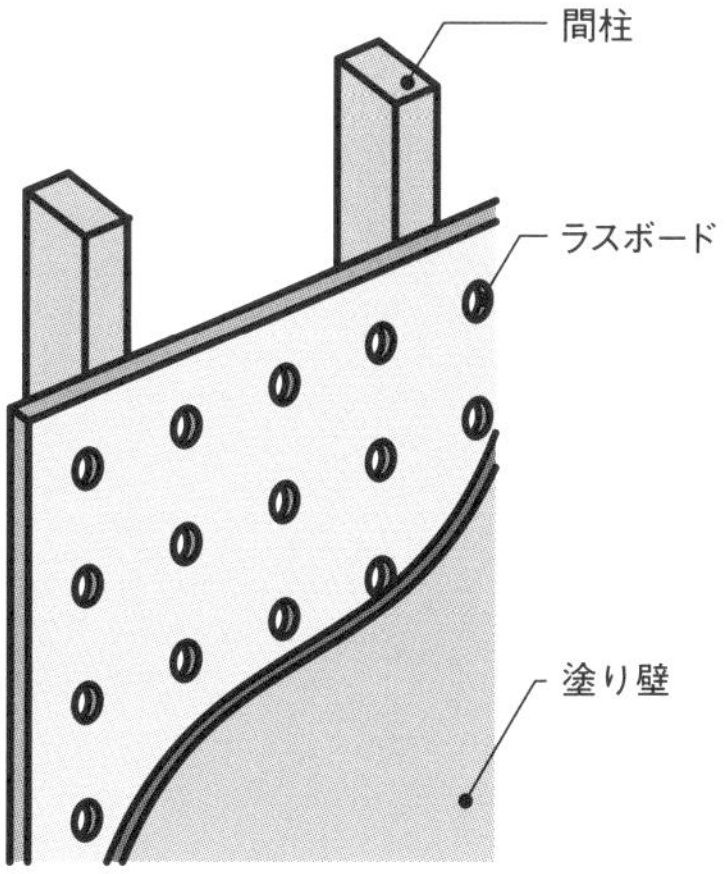

080 壁

左官壁

左官材の種類と施工

Point

◆左官下地には湿式材料を壁に保持するメカニズムが必須

◆左官壁は古い印象があるが、近年、自然素材として再注目されている

左官壁とは

左官壁はモルタル（石灰、珪石《けいせき》、鉄さいに石膏を加えてできるセメントほか）・プラスター（石膏ほか）・漆喰《しっくい》（消石灰ほか）・繊維壁・珪藻土《けいそうど》・土壁などを、壁躯体《くたい》もしくは左官下地面にコテを用いて塗る、あるいは吹き付けるなどして仕上げとするものである。

左官下地には材料を保持する仕掛けが必要になる。壁躯体の表面は平滑でないほうがよく、針金で金網状にしたラス、幅3cm程度の板を5mm程度の間隔をあけて打ち並べた木摺、ボードの表面を10cm程度の間隔で点状に凹ませた石膏ラスボード、伝統的なものとしては小舞《こまい》壁などが用いられる。

左官壁の例

漆喰の場合、従来は木摺が下地に用いられたが、現在では石膏ラスボードが多く使用されている（図1）。プラスター（$CaSO_4 \cdot 2H_2O$）の場合は、石膏ボード表面の原紙とプラスターとの付着がよいので、通常のボードで下地として十分である。

伝統的な左官壁である小舞壁は、図2のように貫《ぬき》、間渡し竹、小舞竹を縄で組んでつくる。この小舞に両側からすさを混ぜた土を塗り、荒壁をつくりあげた後、砂壁などの上塗りをする。

木造ではモルタル塗り外壁が一時期多かった。幅10～12cm程度の板か合板を間柱《まばしら》に打付け、その上にアスファルトフェルト（防水紙）を介して、メタルラスもしくはワイヤラスを打ち、それにモルタル塗りや吹付けなどで仕上げとするものである。ラスはモルタルを保持するとともに亀裂を防ぐのに役立っている（図3）。

左官壁は施工に熟練を要し、何回かに分けて薄く、十分乾燥してから次の層を塗るなど施工に時間がかかる、収縮亀裂が生じやすいなどの欠点もある。亀裂を集中するために目地を設ける工夫は、層間変位追従性を確保する意味からも有効である。真壁造における柱なども目地と同様の働きをする。

左官下地 — 図1

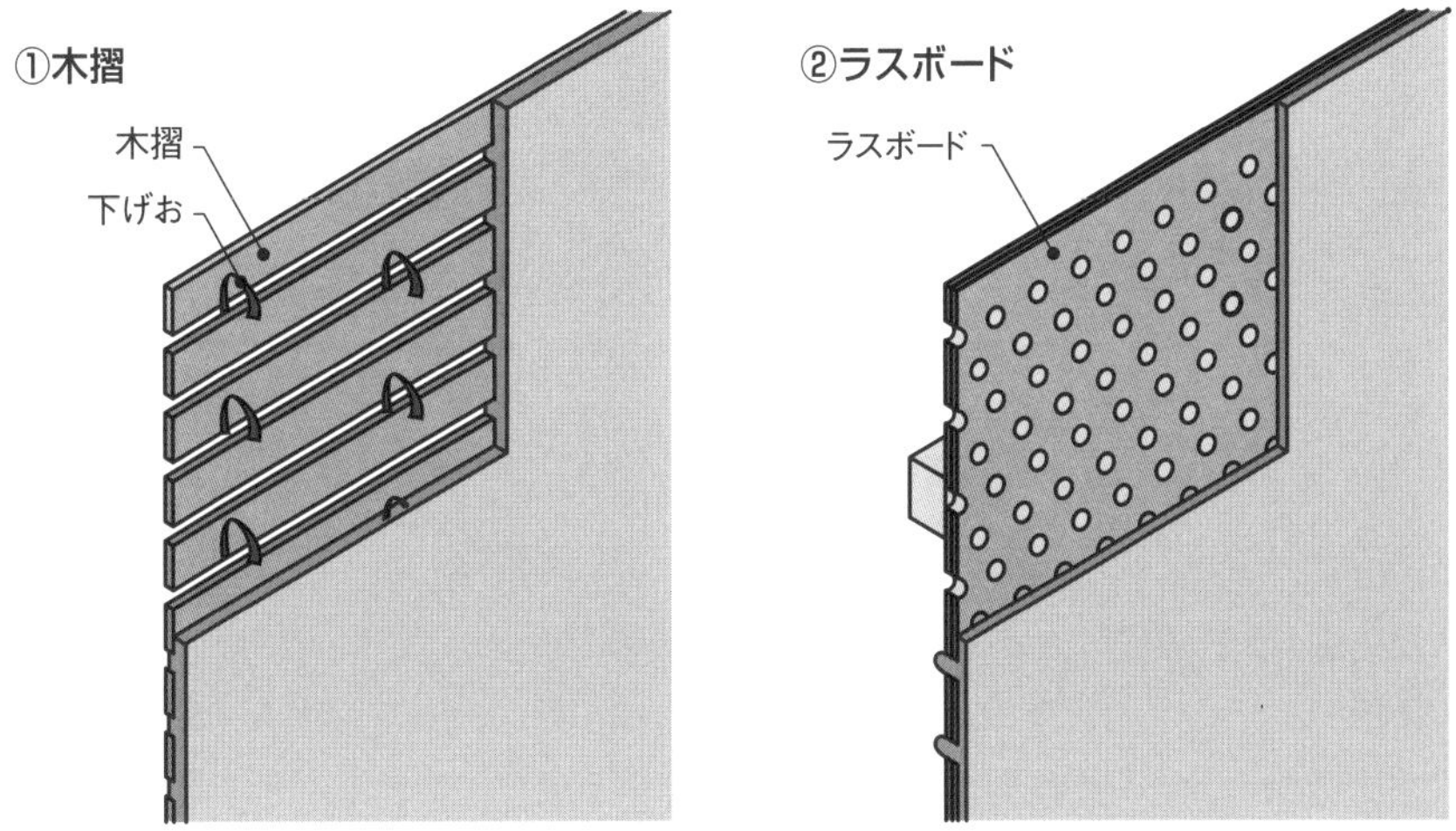

小舞壁 — 図2

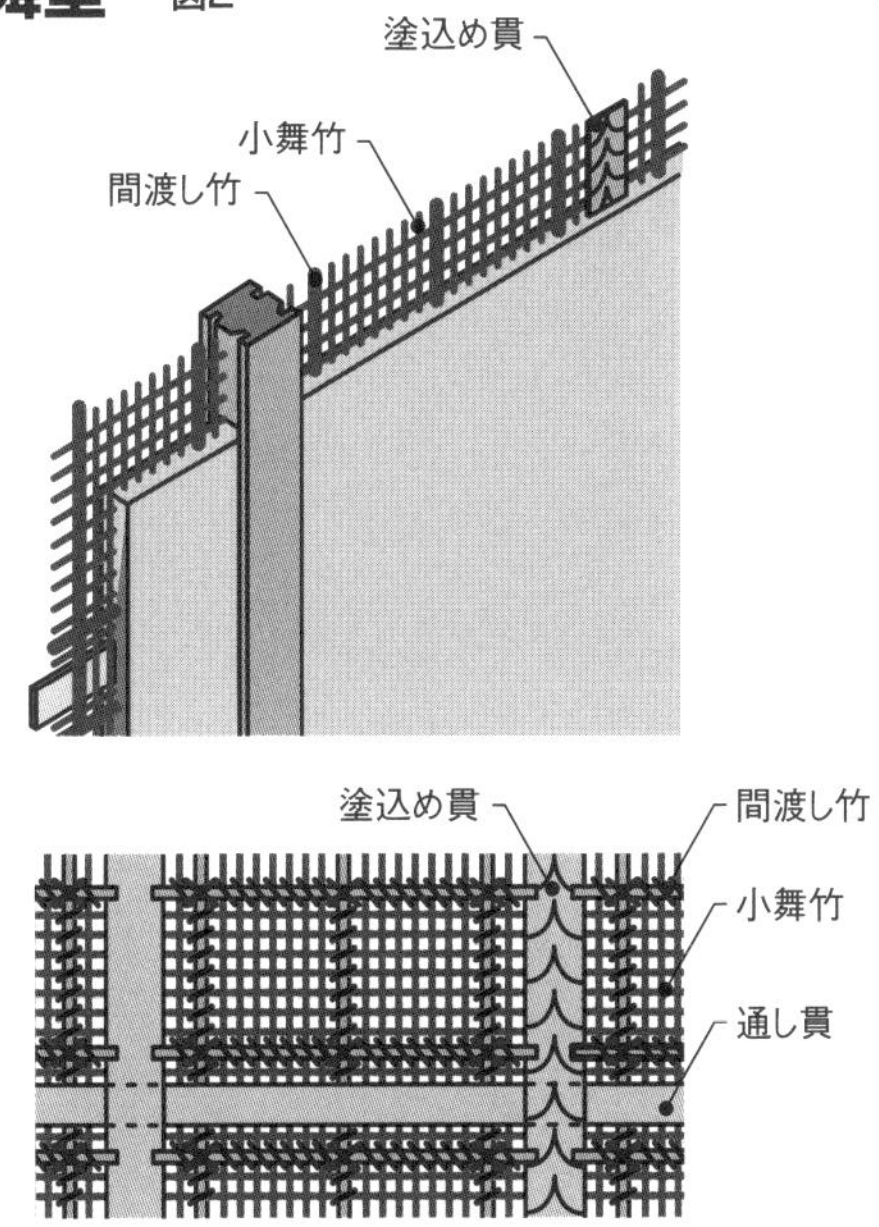

ラスモルタル壁 — 図3

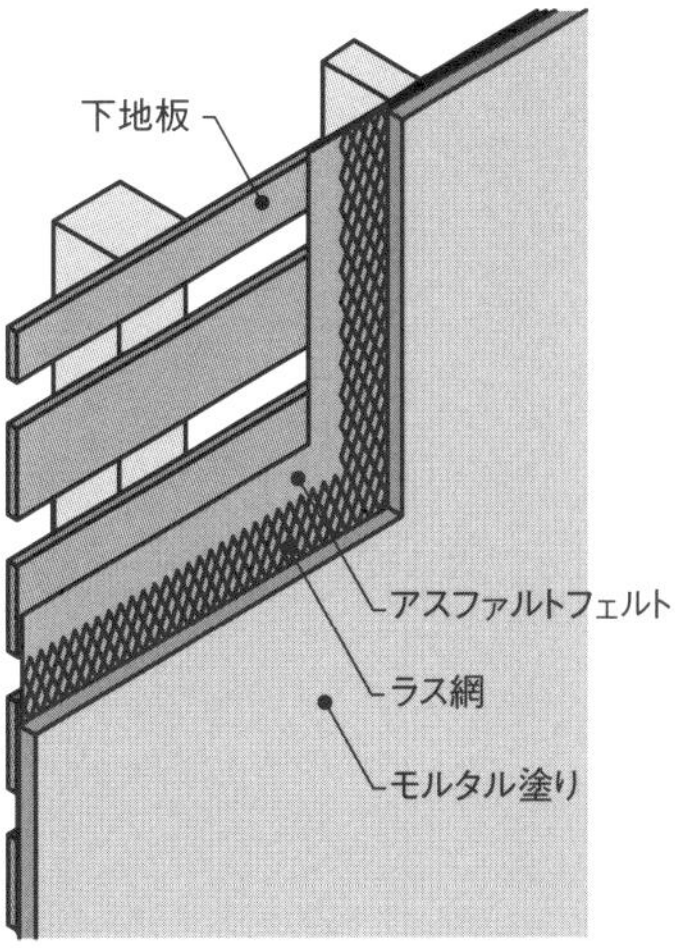

左官材の化学構成

●セメントの主原料

生石灰（$CaO + SiO_2 + Al_2O_3 + Fe_2O_3$など）＋石膏$CaSO_4$

●焼石膏（石膏プラスターの主原料）の水硬

$CaSO_4 \cdot \frac{1}{2}H_2O + \frac{3}{2}H_2O = CaSO_4 \cdot 2H_2O$

●消石灰（漆喰の主原料）の気硬

$Ca(OH)_2 + CO_2 = CaCO_3 + H_2O$

081　壁

板張り

防火規制・内部結露に対応した外壁

Point

◆“はぎ”の文化は合板技術欠如の賜物

◆通気構法は壁内の湿気を通気層へ誘因・排出する仕組み

はぎと板張り

合板やボード、繊維板の技術がなかった時代、幅広の板を得るには太い樹木によるしかなかったのだが、日本には細幅の材を木端でつないで板材とする〝はぎ〟の技術があった（図1）。下地は胴縁式である。図に示すもののうち、本実《ほんざね》はぎ、相決《じゃく》りはぎ、雇《やと》い実《ざね》はぎなどは、内壁で用いられる。

一方、外壁では雨仕舞《あまじまい》などが問題となるので、重ねを設けた下見板張り（下から重ね部分が見えるような板張り）が用いられていた。20～30㎝幅の薄板を柱・間柱《まばしら》に打ち付け、押縁《おしぶち》で押さえた押縁下見（図2）、重ねの相決り部分を使って釘打ちし、箱目地としたドイツ下見などがある。

図3のように階段状に切れ目を入れた押縁（ささら子という）に、あらかじめ裏側から板を打ち付けたささら子下見は、小舞壁の腰部分を保護するためなどに用いられ、積雪期に限って設置する用法があった。

この種のもので横に用いたものを横羽目、縦に用いたものを縦羽目（図4）と呼んでいる。

外壁の通気構法

現在、市街地の外壁では防火規制上、木板の使用は難しい。それもあり、木造住宅の外壁には、窯業系サイディングと呼ばれるボード状の材料が多く用いられている。サイディングとは、下見板など外壁に使われる板をいう。現在、日本で多用されている下見板風意匠のほとんどは、このボードである。その多くは仕上材と防水シートの間に厚さ20㎜程度の竪胴縁と呼ばれる板材を打ち付け、通気層を設ける通気構法によっている（図5②）。伝統的な下見板張り構法と、断熱材と（透湿性のない）防水シートによる構法（図5①）では、冬季に防水シート裏面で想定水蒸気圧が想定飽和水蒸気圧を上回り、内部結露する可能性が高い。図5③は後述する外張り断熱構法（192頁参照）の層構成である。

板のはぎ方 — 図1

押縁下見 — 図2

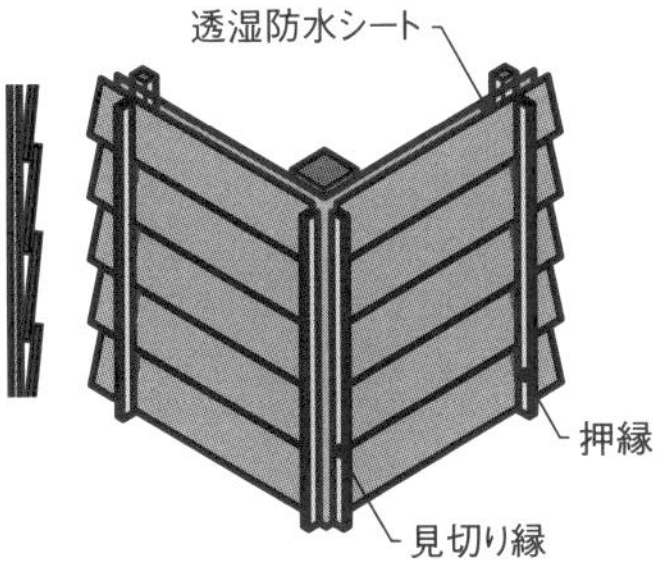

ささら子下見 — 図3

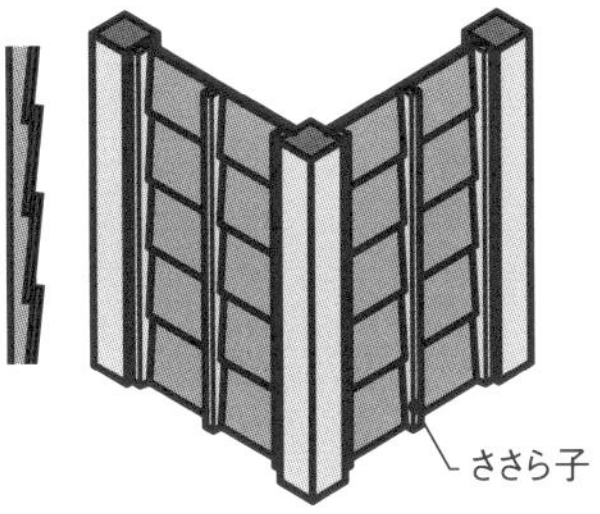

縦羽目 — 図4

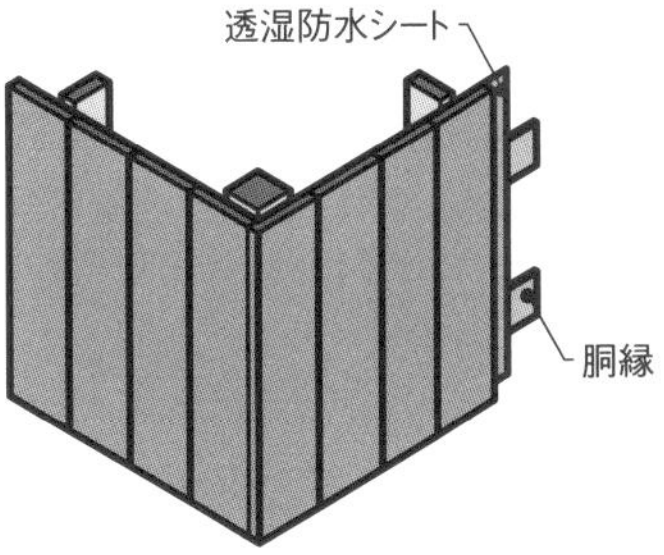

縦羽目には横に掛け渡した胴縁が必要

木造住宅の外壁層構造 — 図5

①防水シート構法

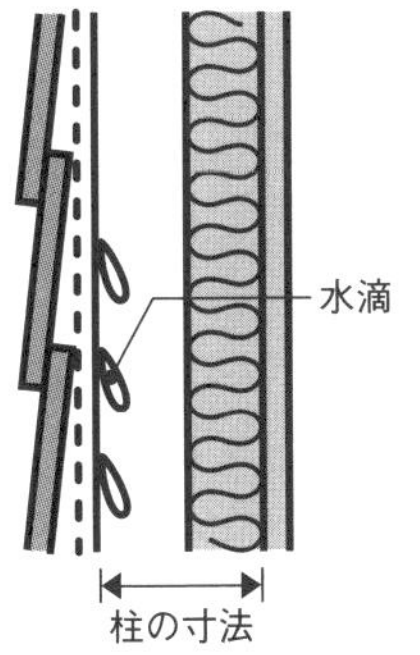

冬季に防水シート裏面で想定水蒸気圧が想定飽和水蒸気圧を上回り、内部結露する可能性が高い

②通気構法

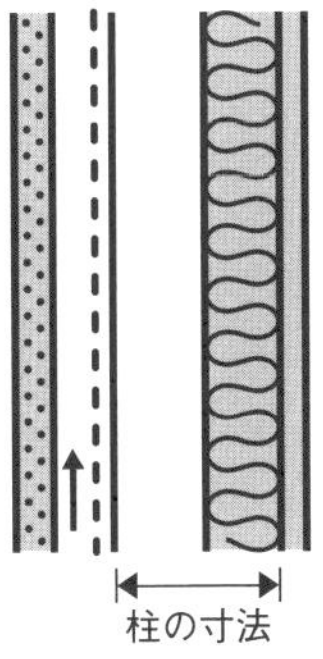

木造軸組の湿気排出を狙ったもので、透湿性のある防水シートが用いられる

③外張り断熱構法（＋通気構法）

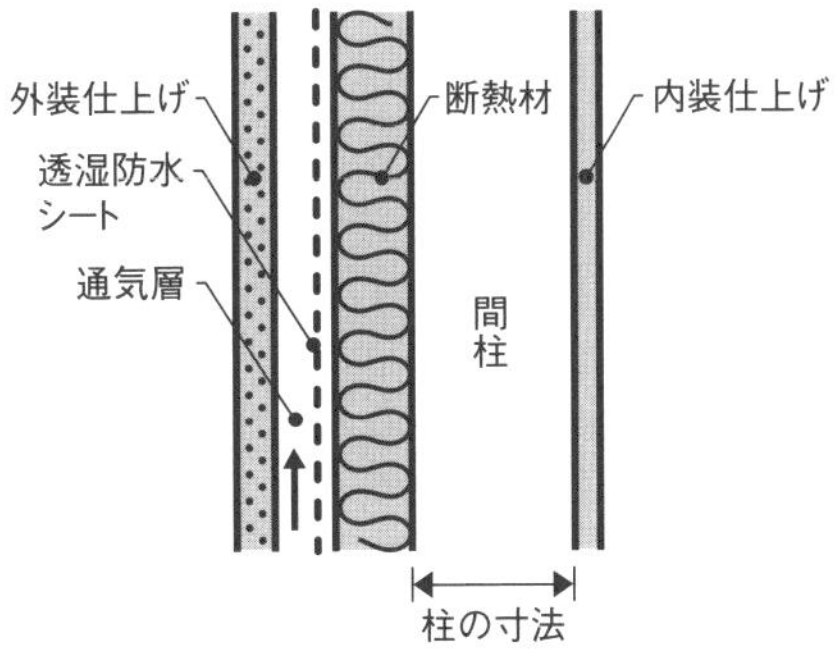

外張り断熱構法の層構成

ボード張り

ボードと下地の種類

Point

◆ボード張りの下地は胴縁式が原則であるが、湿式もある
◆問題となる化学物質は家具にも含まれている可能性があり、換気が義務付けられた

下地の種類

合板・石膏ボード・繊維補強セメント板などは、1枚で覆うことができる面積が大きく、取付けも容易なことから、近年多用されている（図1）。胴縁式の下地が必要で、ボード同士は誤差吸収を考慮して、目透し張りが多い。柱や枠材などと取り合う部分では小穴と呼ばれる溝を設け、ボードの端を差し込んで納める。

胴縁は、RC造などによる一体式の壁躯体《くたい》にボード張りする場合に用いる。胴縁を取り付けるには、木レンガと呼ばれる木の小片をあらかじめコンクリートに打ち込んでおくか、接着剤で張る。石膏ボードなどでは、だんご状の特殊モルタルを用いて、直接コンクリート面に張り付けるGL工法もある（図2）。GL工法は、内部結露によるカビの発生や太鼓状となることによる遮音性低下などの問題が指摘されているが、施工性が高いこともあって改良されつつ多用されている。しかし、内断熱外壁での内部結露防止は難しい。

パネル式の壁躯体の場合も一体式に準ずるが、層間変位が大きい場合には下地として、別途、胴縁組が必要となる（図3）。木毛《もくもう》セメント板や硬質木片セメント板など剛性の高いボードであれば、胴縁・間柱《まばしら》を格子状に組むことなく、どちらかがあれば下地として十分機能する。

ボード類は塗装を施したり、紙を裏打ちしたクロスやビニルクロス、壁紙などを貼ったりして仕上げとする。そのままで仕上げとなる化粧板もある。

シックハウス

内壁で近年注目されている性能に、化学物質発散に対する措置、すなわちシックハウスに関するものがある。材料を表のように格付けし、それにより使用を制限するものである（このほか換気設備の設置も義務づけている）。ホルムアルデヒドは、クロス張りに使用される接着剤や塗料などにも含まれていることがあり、注意が必要である。

ボード張り ― 図1

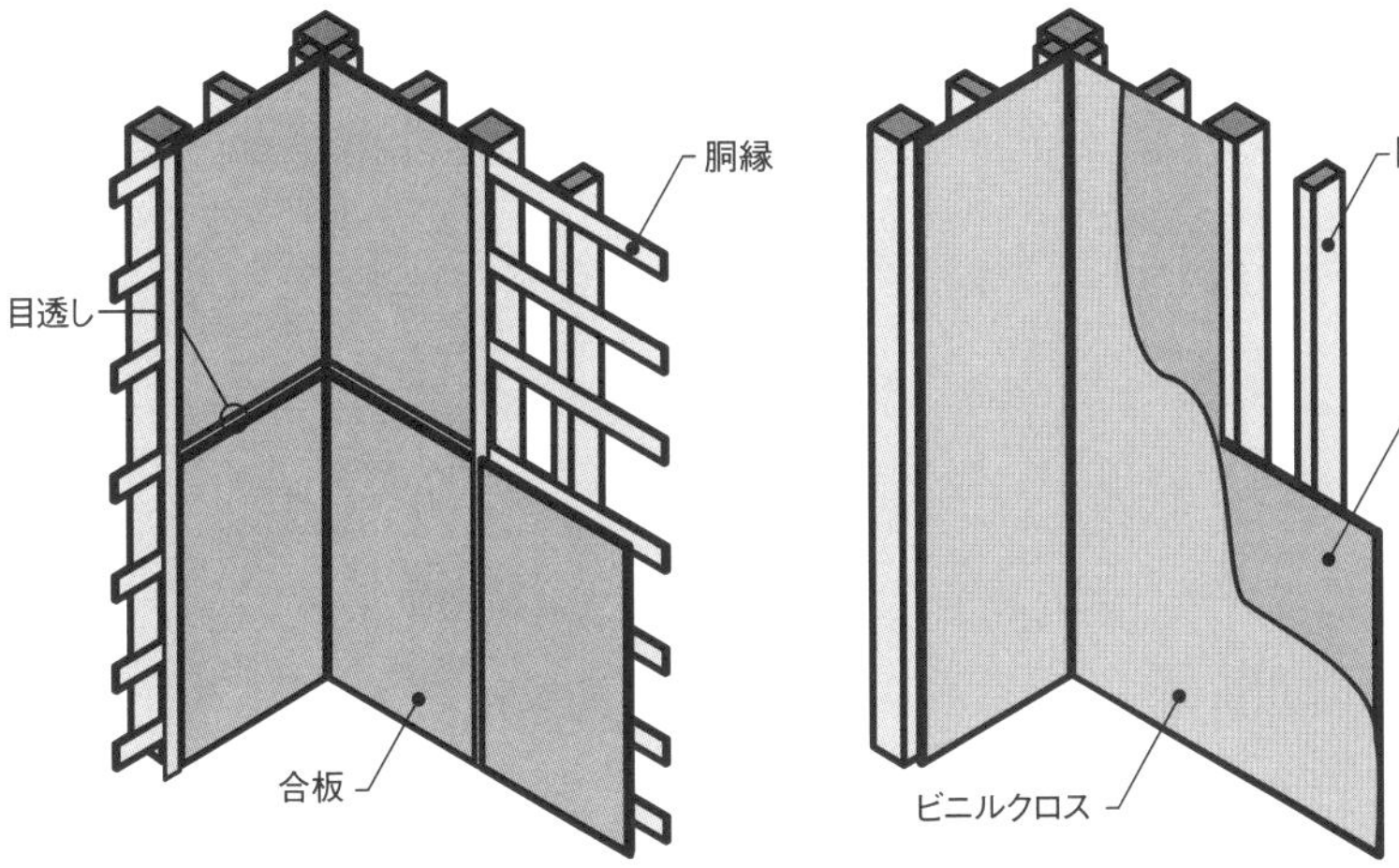

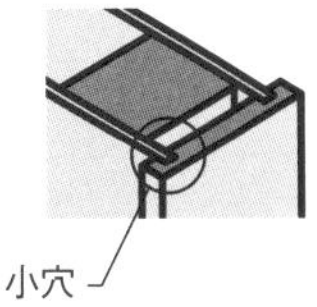

石膏ボードで、端部がテーパー加工されたものは、目地処理材を用いて接合部を平滑にした後、塗装やシートで仕上げる

壁下地構法（鉄筋コンクリート造） ― 図2

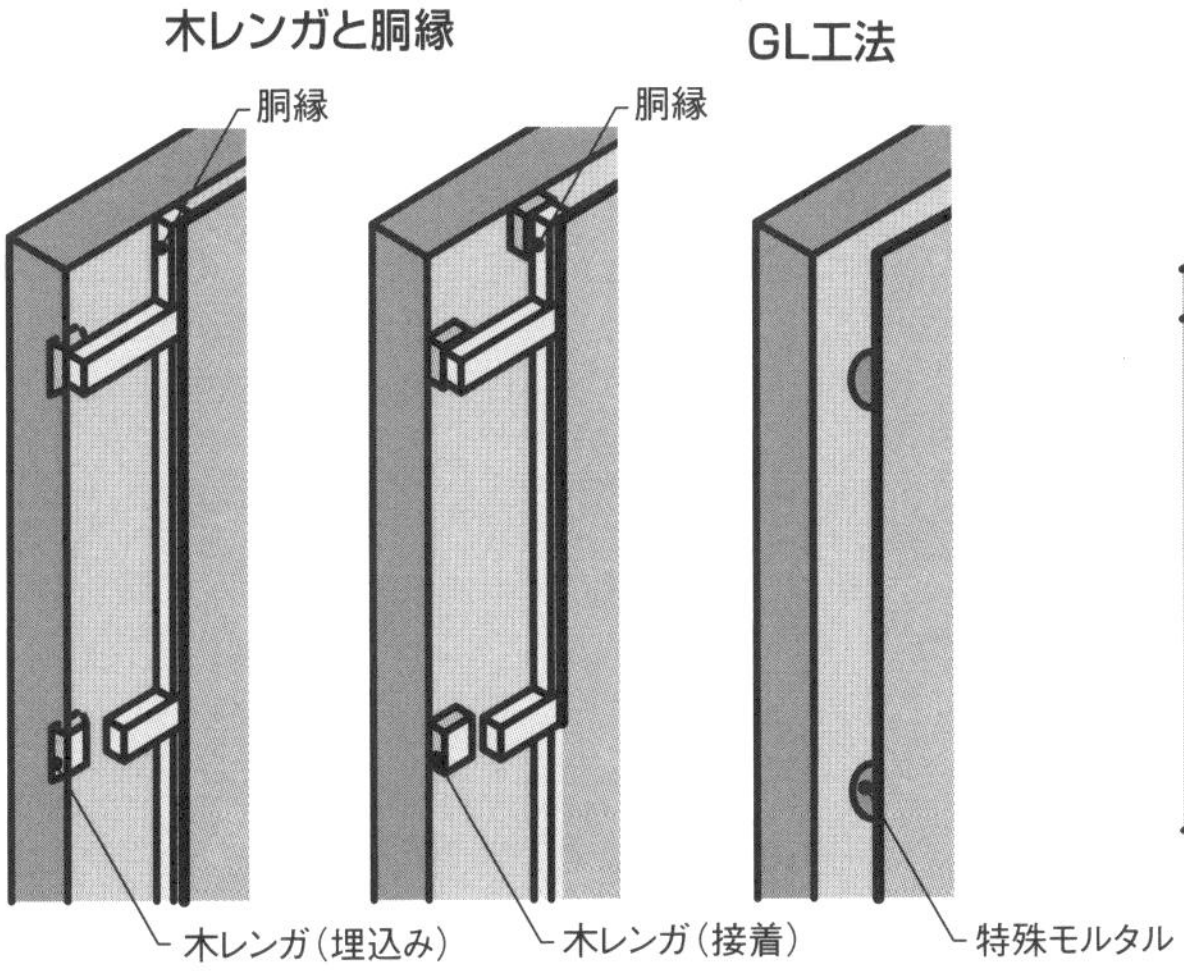

壁下地構法（パネル式） ― 図3

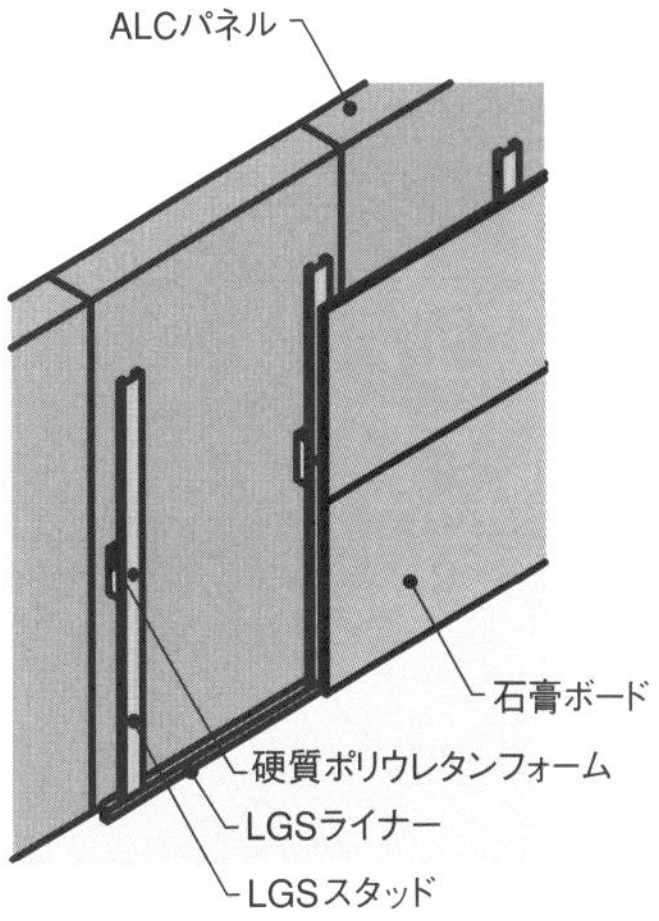

ホルムアルデヒドに関する建築材料の規制 ― 表

ホルムアルデヒド発散速度（単位mg／㎡h）	材料規格JIS、JAS	制限
0.005以下	F☆☆☆☆	なし
0.005超0.02以下	F☆☆☆	面積制限
0.02超0.12以下	F☆☆	
0.12超	旧E_2、Fc_2	使用禁止

ホルムアルデヒドを発散する建築材料には、発散等級の表示が義務付けられている。E0～2はJIS（日本工業規格）の、Fc_0～Fc_2はJAS（日本農林規格）の旧規格で、それぞれF☆に相当する

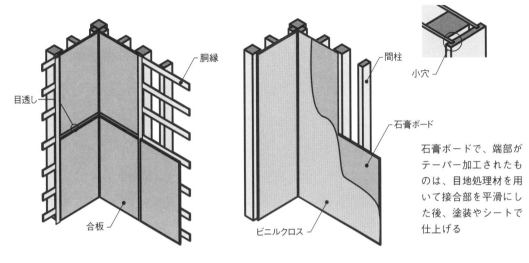

083 壁

タイル張り

施工時の注意点と対策

Point

◆タイルの剥落防止は半永久的な研究テーマである
◆先付けタイルによるPCa、専用下地ボードによる乾式工法と試みは続く

タイルの施工方法

日本の建築物では、タイルは内外ともに多用されている。吸水率の高い陶器タイルは内壁用で、外壁には磁器タイルが使われる。レンガと似た寸法のタイルもあり、類似の組積《そせき》パターンとする場合もある（表）。

RC造などによる一体式の壁躯体《くたい》には、タイルをモルタルやセメントペーストで直接張り付けることができる。パネル式の場合はパネル単位で挙動するので、目地を設けるなどの措置が必要となる。胴縁式の場合、外壁や浴室壁などでは、左官下地（防水シート＋ラスなど）に施したモルタル面が必要となる。内壁の場合はボード類に接着剤で貼る方法も可能である。

剥落防止が課題

RC造壁の保護という点でタイル張りは有効だが、経年劣化で剥落《はくらく》する例は少なくない。圧着張り工法などさまざまな改良がなされているが、決定版はまだない。欧米でタイル張り外壁を見ることが少ないのは、タイルの原型ともいえる組積壁そのものがあることのほか、剥落も関係しているという。

剥落防止を目的にタイルを型枠に組み込んで、コンクリートを打ち込む先付け工法もある（図①）。これは、コンクリートとタイルが直接取り合う裏足の高いタイルが使用可能で、コンクリートが十分付着するなど、接合メカニズムの点では優れているが、型枠工事やコンクリート打設が厄介、精度の確保や脱型後の修復が難しいなど、施工には注意がいる。

タイルを先付けしたパネルをCWとして取り付けることや（図②）、同様のパネルを床のハーフPCaのように壁や柱の型枠として用いる工法もある。

住宅などでは、タイルを引っ掛ける断面を有する金物や窯業系のボードをあらかじめ取り付け、それにタイルを付けるという乾式工法も採用されている（図③）。未熟練労働者問題、施工更新の容易性などを理由に、湿式から乾式への工法変化は顕著である。

タイルの一般的な呼称と寸法 ― 表

（単位：mm）

一般的呼称	寸法	備考
二丁掛	227×60	
小口平	108×60	
45二丁掛	95×45	
200角（平）	192×192	内装：198×198
150角（平）	142×142	内装：148×148
100角（平）	92×92	内装：98×98
50角	45×45	モザイク300×300単位

二丁掛や小口平タイルなどはレンガの寸法と近似している。200角以下は目地部分を入れてラウンドナンバーになるようになっている

各種のボード張り ― 図

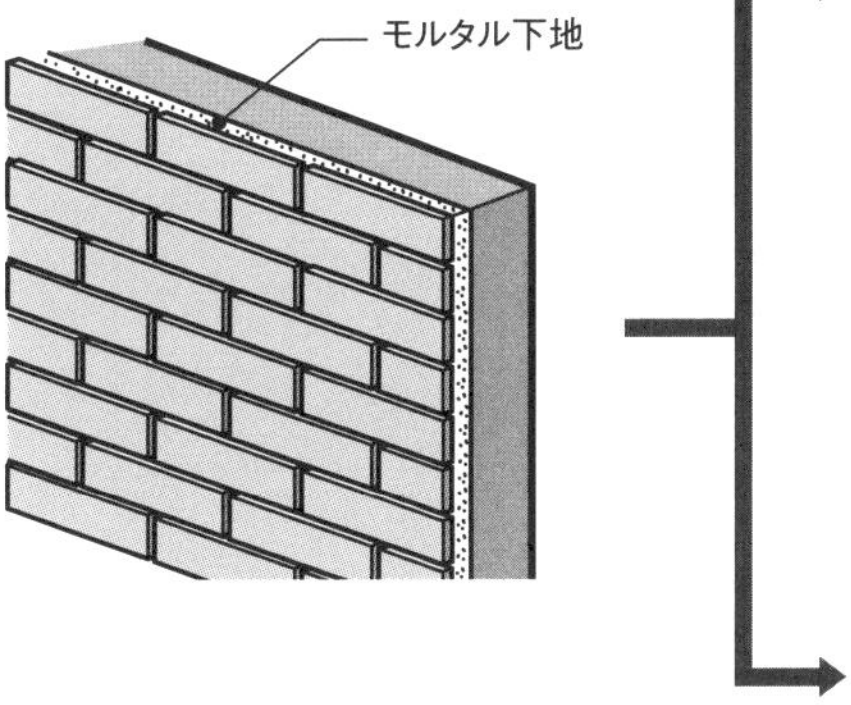

①打込みタイル

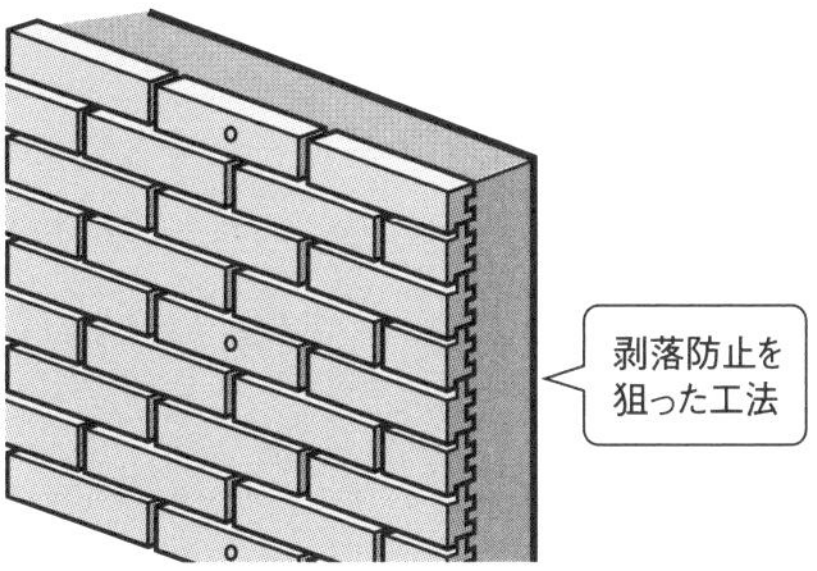

②タイル打込みPCa

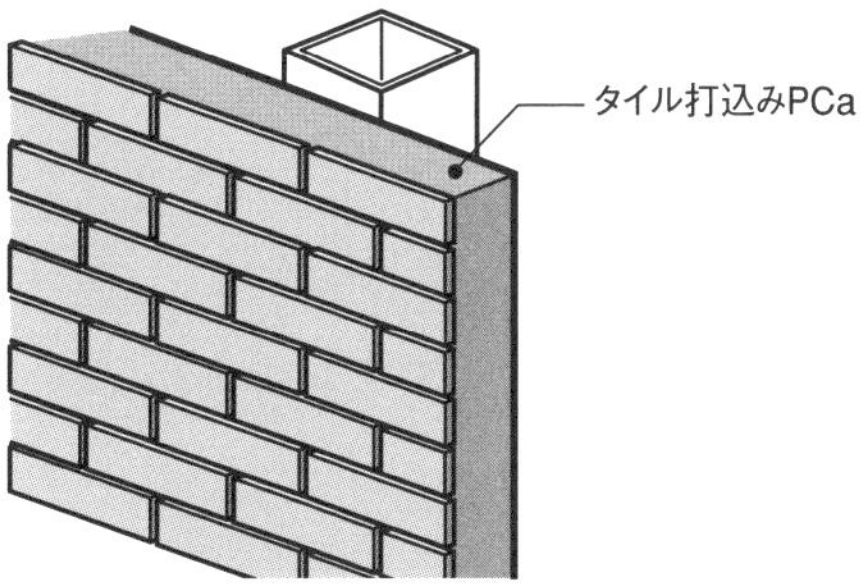

タイルを現場で張る工法はいろいろ工夫が重ねられてきているが、タイルと下地モルタル、下地モルタルとコンクリートなど、それぞれの熱伸縮の差などにより、剥落面はさまざまである

③乾式タイル張りの工法（鉄骨下地の場合）

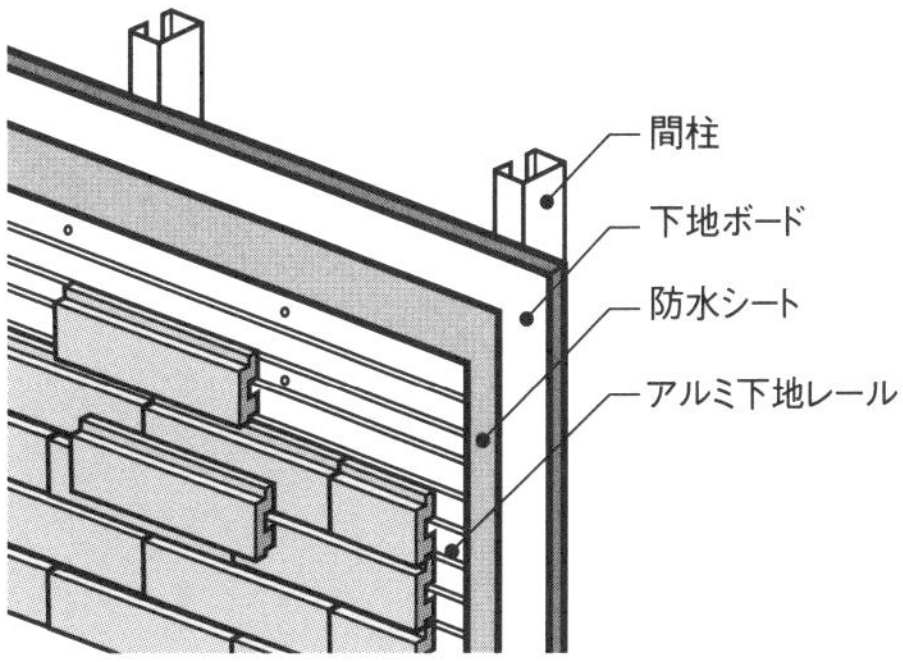

084 壁

石張り・打放し

コストにも注目

Point

◆乾式工法では石が薄くなり、天然資源の保護に貢献

◆コーン跡まで意匠の対象となり、打放し型枠工事は精度アップ

石張りの工法

花崗岩《かこうがん》・大理石などのひき石や割石を張るためには、重量があるため、モルタルやコンクリートのほかに、引き金物（控え金物）・ダボ・かすがいなどを用いる。壁の鉄筋と接合する湿式工法や、原理的にはCW（188頁参照）の取り付け方式に似た、簡便なファスナー金物を使ってモルタルを裏込めしない乾式工法もある（図1）。層間変位追従性は後者のほうが優れており、石も薄くでき材料費のダウンも可能である。

鉄骨造建物などより大きな層間変位追従性が要求される場合には、タイル同様、PCa板打込みパネルのCWとして取り付ける。石とコンクリートとの接合は付着に頼ることなく絶縁し、アンカーで機械的・物理的な方法により行う（図2）。

PCa板の代わりに、鉄骨やアルミのフレームに石を取り付ける工法も試みられている。メタルCWメーカーにとって、石張りの普及は即、シェアの減少につながりかねないことから考案されたものである。表はこれら各種の石張り工法の比較である。

打放し

RC造の仕上げは、かつてはモルタルを塗ることが多く、脱型時には表面に突出したセパレータの端部が見えた。近年はコンクリート面をそのまま仕上げとする打放しが多い。施工時は型枠として打放し用の堰板《せきいた》とサポートが必要で、セパレータのプラスチック・コーン跡が1つの意匠となる（図3写真）。

そのほかにも、型枠の材料を変えることで異なった意匠とすることや、表面を削る、はつり仕上げとすることもある。いずれにしろ、RC躯体《くたい》の保護のためにかぶり厚さを増やす（打増し）ことや、撥水剤を塗装するなどの配慮が必要である。

なお、外壁などに表れるひび割れのうち、耐久性上は0.3㎜以上（237頁表2参照）、防水上は0.06㎜以上が有害とされている。

石張り工法 — 図1

①湿式工法

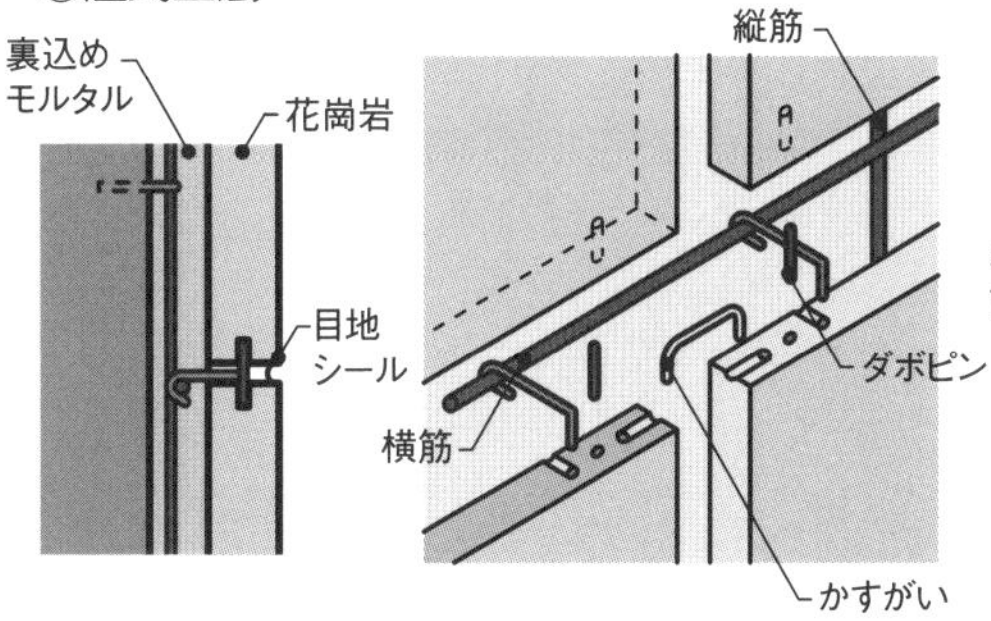

②乾式工法

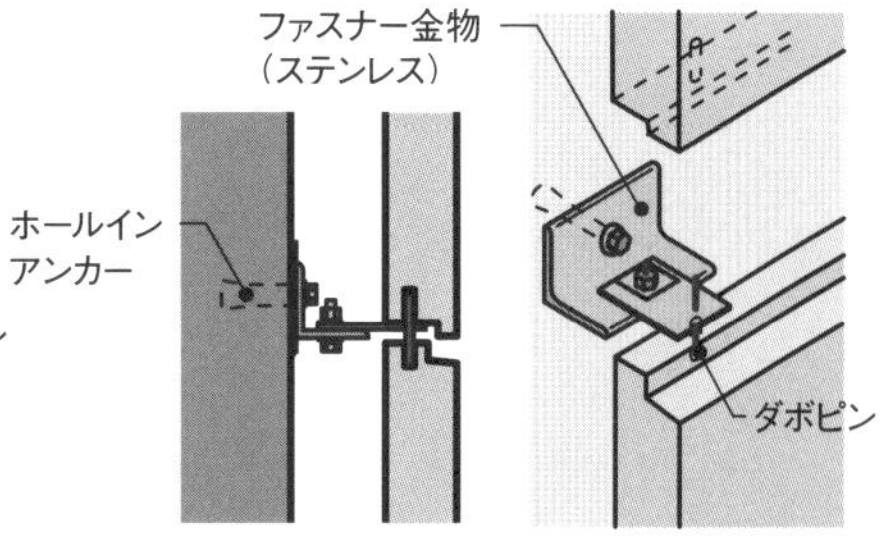

石の取付け（PCa板打込み工法） — 図2

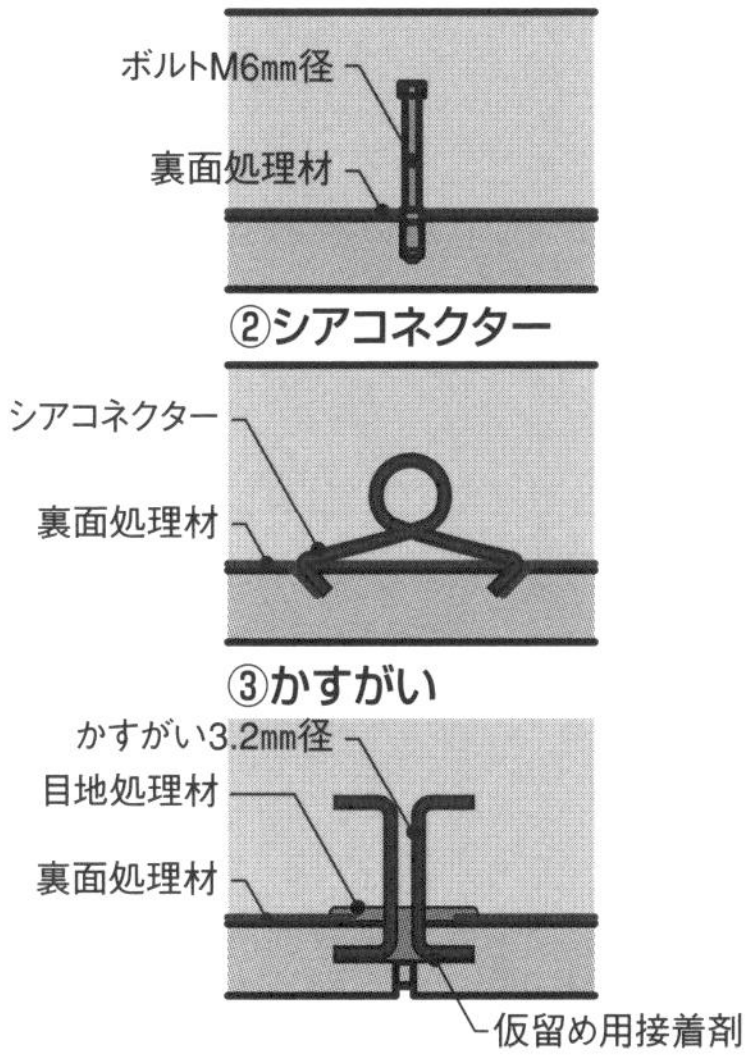

参考：『石と建築』（武井吉一・中山 実・鹿島出版会）ほか

石張り工法の比較 — 表

		湿式工法	乾式工法	PCa板打込工法
期待される性能	濡れ色、しみ防止、白華	△	◎	○
	反り	△	◎	○
	表面精度	○	○	○
	塩類析出、凍害による表面損傷	△	◎	○
	躯体挙動追従性	△	◎	◎
	目地	セメント系	シーリング	シーリング
	風荷重による損傷防止	○	△	◎
	衝突による損傷防止	◎	△	◎
設計・施工上の留意点	石材の種類・強度	○	△	○
	板石の大きさ、厚さ	○	△≧25	○
	構造体の種類	△	○	◎
	躯体精度	◎	△	○
	納まり、板石の処理	△	○	○
	伸縮目地の配置、寸法、充填材	△	○	◎
	取付部耐力	○	△	◎
	施工性	△	○	◎
	実績	◎	△	○

◎：容易に対応可能、○：良好、△：留意を要する

鉄筋コンクリート打放し — 図3

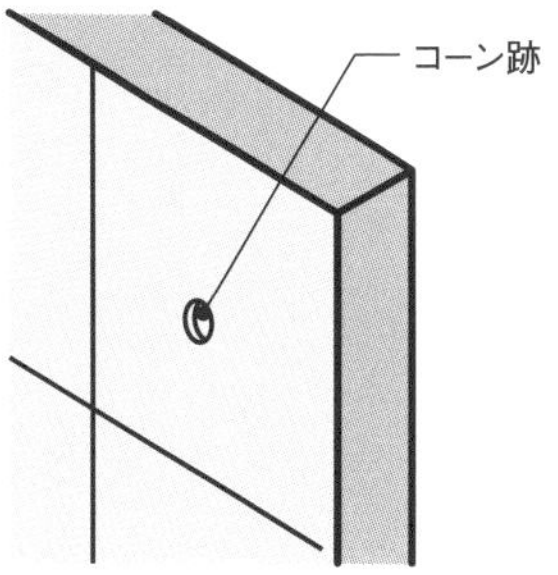

プラスチック・
コーンの例

085 壁

壁の取合い

取合い個所への配慮とルール

Point
- ◆ビルトインでは、更新で設備が小さくなることに注意
- ◆小穴はボード壁の張り仕舞、散り決《じゃく》りは左官壁の塗り仕舞

外壁の取合い個所

図1①は外壁同士および外壁とほかの部位との取合い個所を示すものである。これらは外壁設計に際して、問題の有無をあらかじめチェックするうえで、納まりを検討する可能性のある個所である。外壁材メーカーにとっては、どのくらい共通な部品・納まりで対応できるか、部品開発に際して検討が必要な個所でもある。

建物外周部の熱環境を考えると、ペリメータゾーン＊に空調などの措置は必須である。外壁と設備の取合いは一般的には配管・配線程度であるが、W.T.A.（Wall Through Air-conditioning unit、空調吹き出しの室内機のほかに、給排気口を設け、熱交換用の室外機まで組み込んだもの）は、小規模単位での調節が可能で、室内機と室外機を結ぶダクトや配管などが不要なため、普及した（図2）。設備を組み込む（ビルトイン）際は、給排気口の防水性に関する問題のほか、躯体と設備の耐用年数の違い、両者の改修・取替え間隔の違いなどに配慮が必要となる。

内壁の取合いにはルールが必須

床・壁・天井を含む内装間の取合いの種類は図1②に示すとおりである。これらは内装設計に際して、それぞれについて納まりを検討すると同時に、共通の納まりルールを考案しておくことが、設計・施工上は無論、維持管理上も望ましい。

左官壁の取合いには、いくつかルールがある。真壁の場合、左官壁は柱や枠材とは面一《つらいち》とせずに、壁面を柱などより少し凹ませて納める。これを散りというが、左官壁の塗り仕舞はボード張り同様、柱などに散り決《じゃく》り（小穴に相当、179頁図1参照）という溝を切っておき、仕上げる（図3）。これは、左官壁が乾燥収縮しても隙間ができないための配慮である。また、左官壁は欠けやすいので、大壁の場合、出隅部は施工時に角の精度を確保する役割も担うコーナービードなどを設ける（図4）。

＊ ペリメータゾーン＝窓際および外壁側の室内空間部分を示す

各所の取合い — 図1

①外壁の取合い

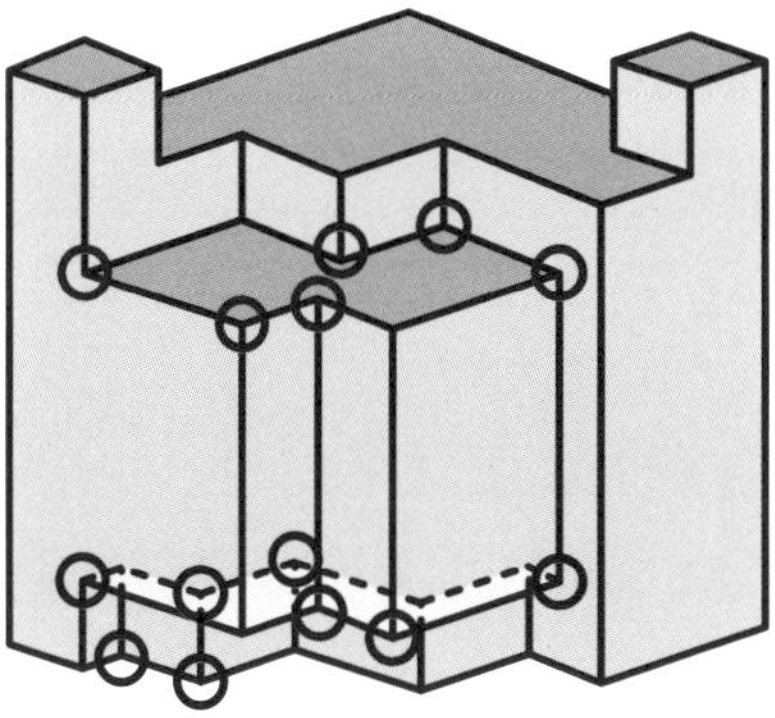

○取合い個所を示す

参考：『PCカーテンウォールの設計と施工』（安部一郎ほか・鹿島出版会）ほか

②床・壁・天井の取合い

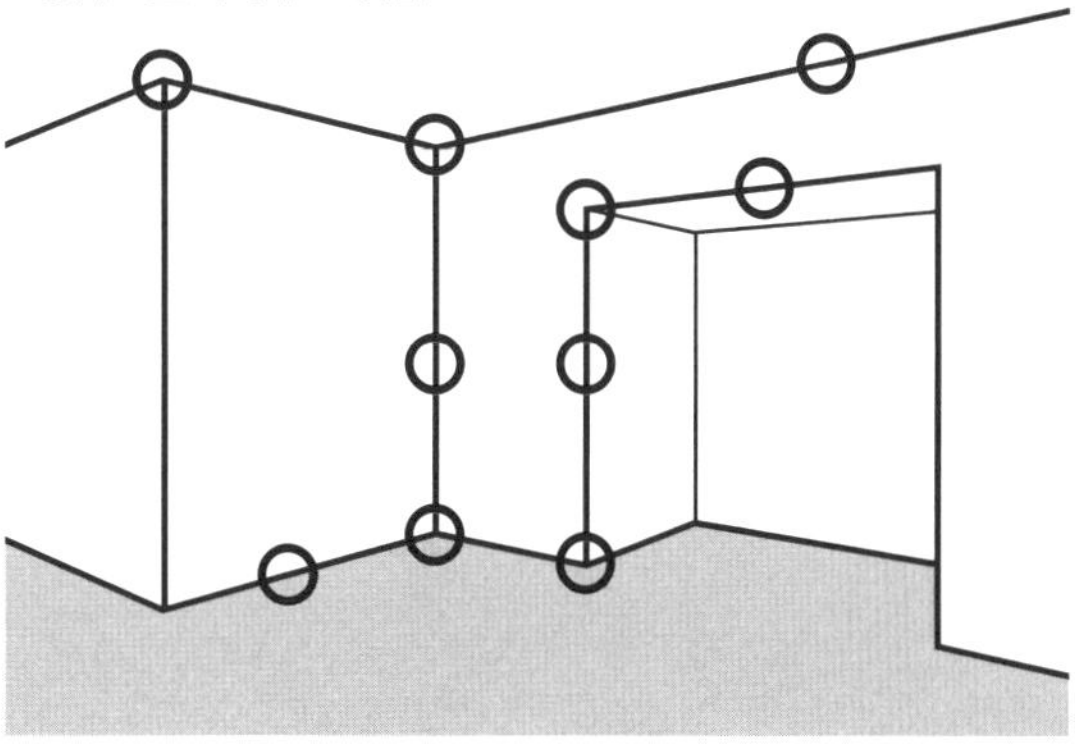

○取合い個所を示す

外壁と空調設備の取合い — 図2

①ファンコイルユニット方式

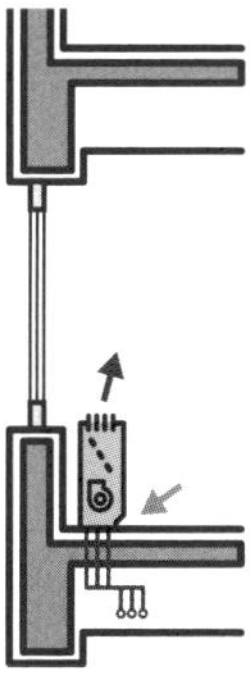

②外気導入型 ファンコイルユニット方式

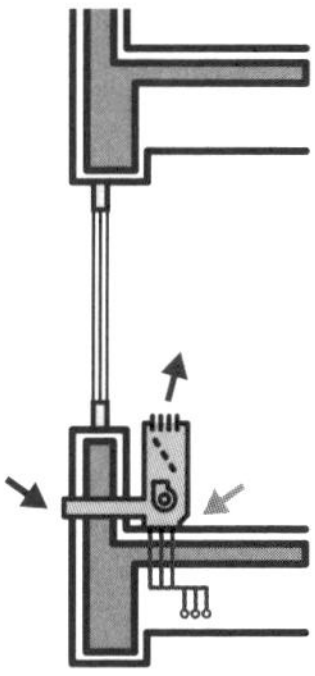

③外気導入型 ウォールスルーユニット方式

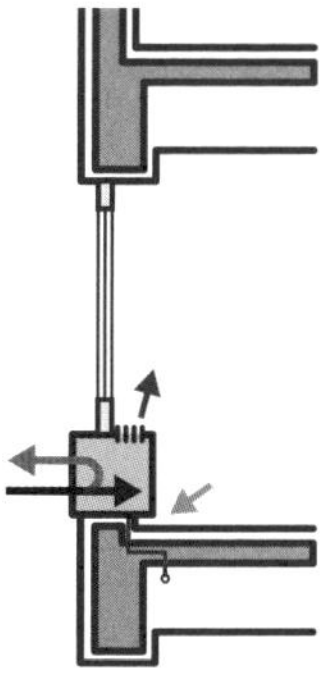

散り — 図3

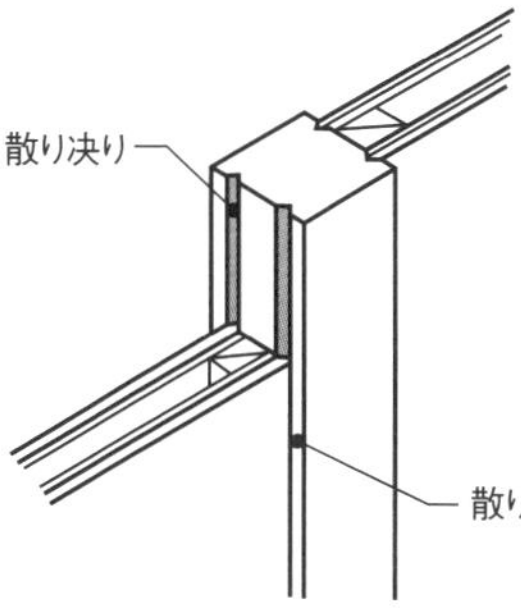

コーナービード — 図4

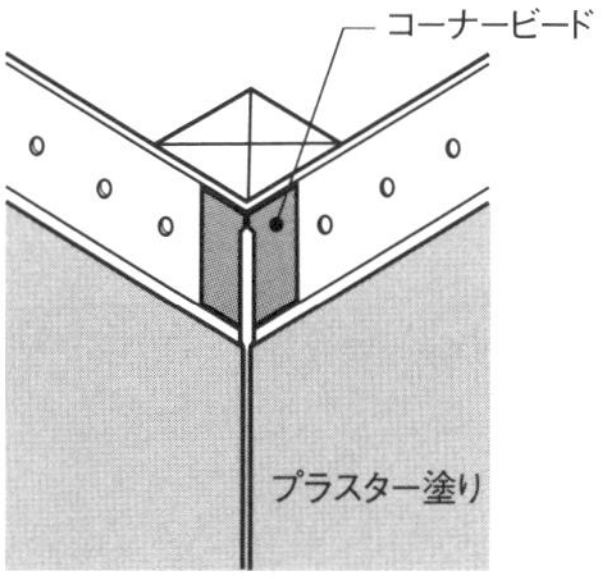

086 壁

汚れ・壊れ

建物の傷みの原因と対策

Point

◆汚れ防止が建物を面一・平滑な意匠に変えていく

◆建物による人間への危害防止と、人間による建物破損防止の両面作戦がカギ

汚れの原因

建物の傷み方は、汚れと壊れに大きく分けることができる。前者は清掃・除去することで回復可能であるが、後者は大幅な修復または取替えが必要となる。

外壁の汚れは、人為的なものを除くと次のことから生じると考えられる。

①塵埃《じんあい》が溜まりやすい水平に近い面の雨水が壁面を流下（図1①）

②凹凸がある壁面での不均一な雨水流下（壁面の洗浄作用の偏り、図1②、）

③平滑ではない壁面で塵埃が付着し、雨水による洗浄が困難（図1③）

④シリコーン系シーリング材の硅素分の遊離・流下や塵埃の付着によるカビの発生（図1④）

⑤タイルや石張りの裏側に浸入した水によるモルタル成分の白華現象（エフロレッセンス）（図1⑤）

これらに対してはそれぞれ図2のような対策が考えられる。

内壁や天井面の汚れの原因としては、人為的なものを除くと、表面結露あるいは熱貫流率の差などによる、塵埃の付着やカビなどが主たるものである。

人為的な破損への配慮

建物では人為的な破損も考慮しておく必要がある。表は人の出す力や衝撃力の強さを示す数字である。不特定多数の人間が利用する建物の各部、特に避難経路に当たる各部の設計に際しては、破損が安全性とかかわるだけに留意すべき事項である。

このほか、ドアノブ周囲やドア下部のカバープレートなどは汚れ防止を兼ねた典型例であるが、それ以外にも椅子の背もたれや隅角部《ぐうかくぶ》のガード、病院などでの移動ベッド対応ガード、駐車場の車止めなど、人為的な破損に対する配慮にはさまざまなものがある（図3）。

ほかに破損の原因として、さび、中性化、腐食、凍害などがあり、それぞれ、鋼材、コンクリート、木材、吸水性の高い材においては、特に対応に留意しなければならない。

外壁面の汚れ — 図1

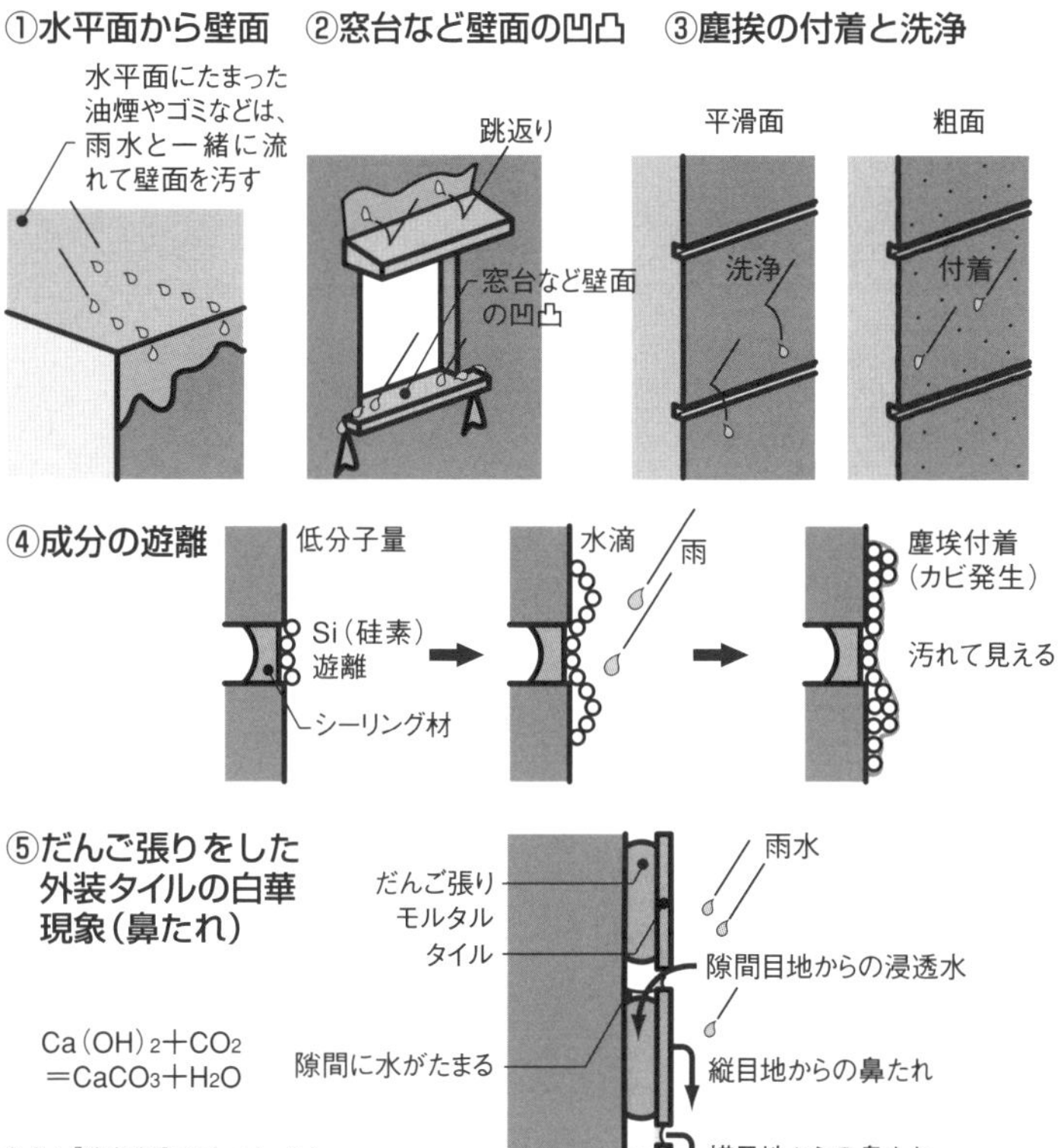

①水平面から壁面

②窓台など壁面の凹凸

③塵挨の付着と洗浄

④成分の遊離

⑤だんご張りをした外装タイルの白華現象（鼻たれ）

$Ca(OH)_2+CO_2=CaCO_3+H_2O$

参考：『清水建設のディテール』
（清水建設設計本部・彰国社）ほか

汚れ防止の工夫 — 図2

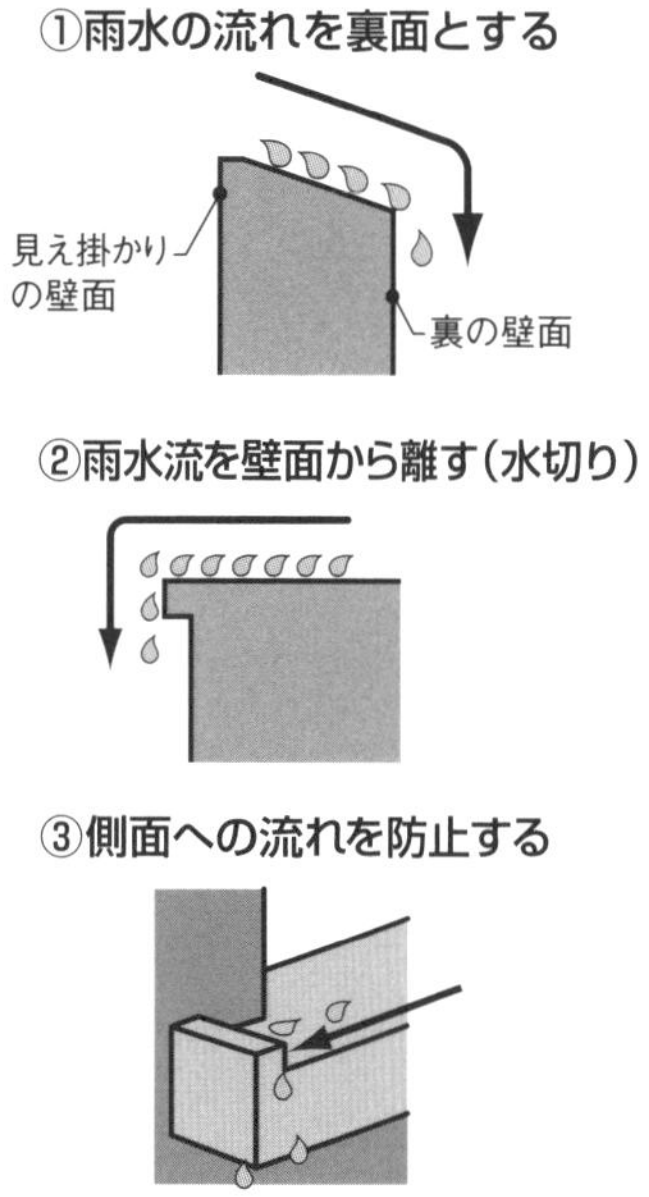

①雨水の流れを裏面とする

②雨水流を壁面から離す（水切り）
③側面への流れを防止する

④凹凸をなくし、面一とする
⑤壁面を平滑にする
⑥シーリング材を改良する（変成シリコーンなど）

人が押したり寄りかかったときの力 — 表

（単位：kg／1m幅）

	状態	実際	設計用
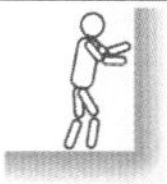	1人が寄り掛かる	25	50
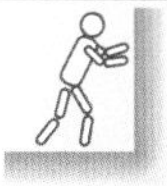	1人が全力で寄り掛かる（手摺など）	150	300
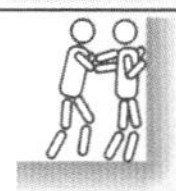	押しつけられた1人が苦しむ	190	600
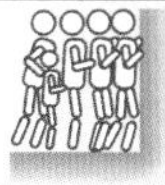	集団で押し、最前列の人が苦しくて悲鳴をあげる	600	適宜決定

出典：『建築・室内・人間工学』
（小原二郎・内田祥哉・宇野英隆・鹿島出版会）

病院の破損防止例 — 図3

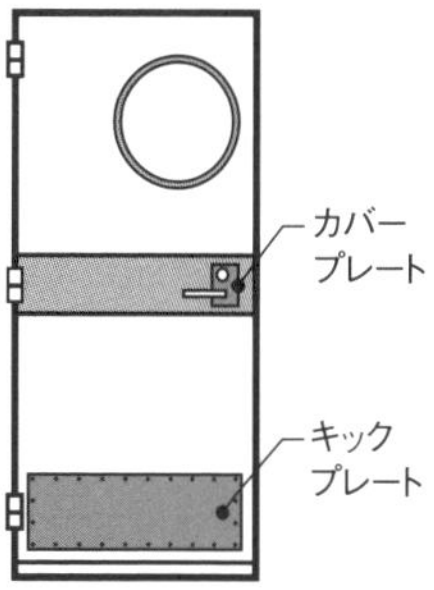

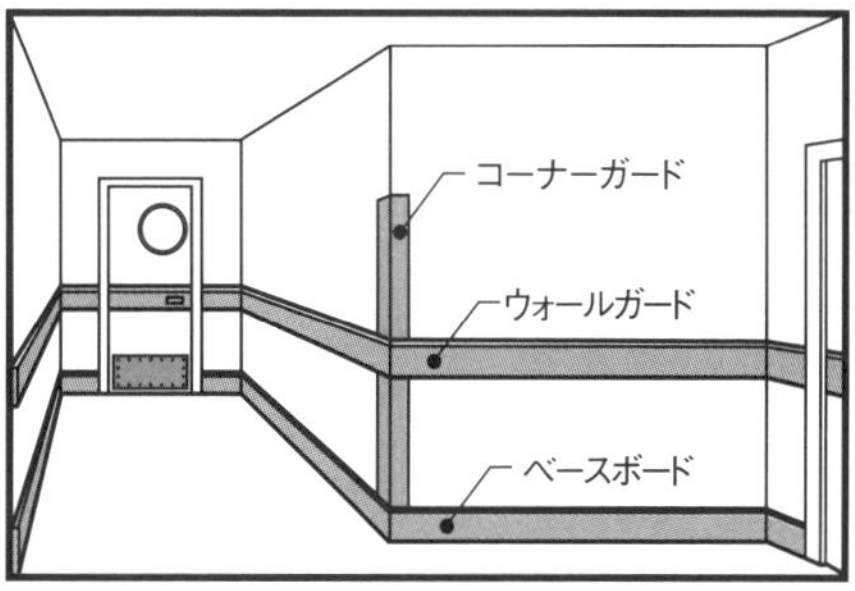

CW・性能発注

CWから生まれた生産方式

◆設計側が性能を決め、メーカーが仕様を決め、ゼネコンが管理する
◆建物の高層化がCWを必然的なものにした

ガラスブロックなどの組積《そせき》による壁も構造的には帳壁である。ただし、層間変位追従性はほとんど期待できず、ひび割れが生じやすいので、充填材などを利用することで建物躯体《くたい》とは構造的に縁を切るなどの工夫が必要である。

CWの特徴

一方、工業化された部材を外壁に使用する帳壁をカーテンウォール（CW、Curtain Wall）という。

CWの起源は19世紀末のシカゴの高層建物といわれ、そのメリットとしては、軽量化による建物躯体への負担軽減、プレファブ化による高所作業の減少や工期短縮、仮設足場の削減、品質安定などが挙げられる。日本の場合、高層建物では地震や強風により想定される層間変位が総じて大きく、CWは必須の外壁構法といえる。CWには注文生産によるものと既製品によるものがあるが、数量がまとまる大規模建物では個別性を重視する意味から注文生産によることが多い。

CWから性能発注と責任施工という2つの生産方式が始まった。CWでは耐風圧性、層間変位追従性、水密性が重要である。一般には設計者が性能から仕様まで決め、それに応じて工場生産されて現場で取り付けるが、CWでは設計者が決めた性能に従って、メーカーが仕様を決めて生産し、そのメーカーの手によって工事がなされる。責任という代償を払ってノウハウを蓄積した建材メーカーが、サブコントラクター（Sub-Contractor）として建築に参画するようになったのである。

CWの種類

CWは主材料によって、金属（メタル）、コンクリート、ガラス、複合の4つに大別できる（図1）。また、層間変位追従性を確保する方式には、上下をピン接合としたロッキング方式、上下どちらかを建物躯体に固定し、ほかをローラー接合とするスライド方式、構成材間の柔軟性に期待する面内変形方式の3つがある（図2）。

CWの構成方法による分類 — 図1

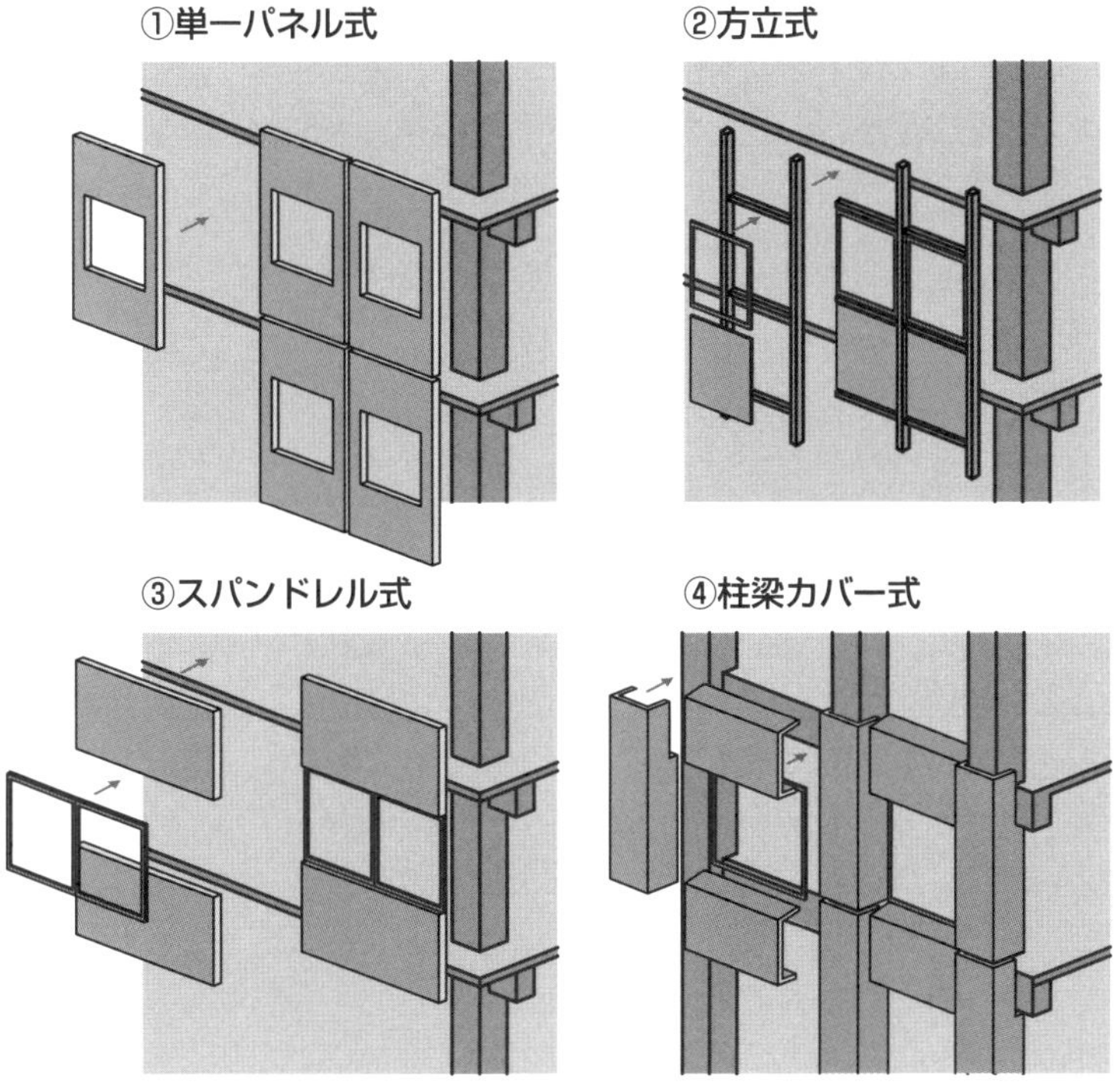

CWの構成方法には、パネル式、方立（マリオン）式、スパンドレル（トランザム、無目）式、柱梁カバー式などがあり、いずれも名称が主たる耐風圧要素を示す

CWと層間変位 — 図2

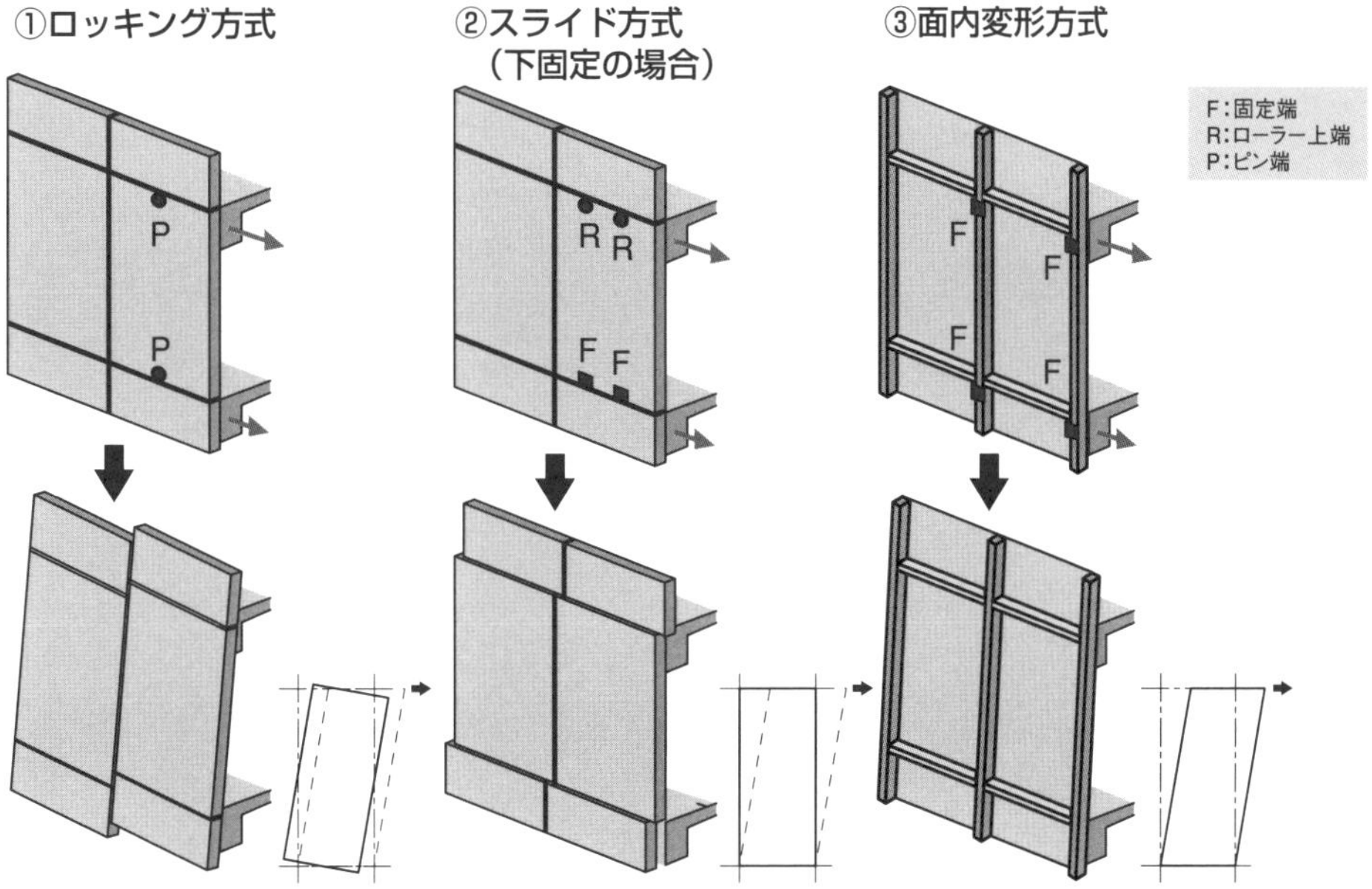

088　壁

CW・取付け

変位追従性と水密性

Point

◆構成により耐震性（層間変位追従性）への対応が異なる

◆水密性はダブルシールのクローズジョイントか、等圧のオープンジョイント

各種のCW

メタルCWの材料としては、アルミニウムのほか、ステンレスや鋼材などが用いられる。パネル式もあるが方立《ほうだて》式によるものが多い。方立式は上下の床・梁に、方立（マリオン）と呼ばれる細い柱状の材を架け渡し、その間にサッシ・ガラス・スパンドレルパネルをはめ込んで構成する。層間変位追従性はガラスやスパンドレルパネルとサッシの間の面内変形方式による。

コンクリートCWはパネル式で面内剛性が高く、層間変位追従性はスライド方式によるものが多い。耐火性など性能も優れ、日本では金属CWに近い価格で使用が可能なことから多用されている。パネル式は上下の床・梁にファスナーと呼ばれる金具で階高分のパネルを取り付けるものである（図1）。コンクリートCWはこのほか、横線強調には横連窓の設置が容易なスパンドレル方式が、彫りの深い外観には柱梁カバー方式が適している。

ALC（Autoclaved Lightweight Concrete）や押出成形セメント板は最も簡易なパネル式のCWである。軽微なファスナーで取り付けられ、安価で、鉄骨造低層建物の定番的構法として広く普及している。版幅が狭く縦張りのものは、ロッキング方式により層間変位に追従する（図2）。

ガラスCWは近年、多用されている。DPG（Dot Point Glazing）やSSG（Structural Sealant Glazing）と略称される方法で、ガラスをサッシレスで建物に緊結するものである（209頁参照）。

CWの水密性

水、隙間、水の移動の3つが漏水の原因であるが、CWの接合部はクローズドジョイントと、オープンジョイントのいずれかに大別される。前者はシーリング材の不完全性を室内側と室外側の2カ所でダブルシールすることで隙間をなくす、後者はCWの外部と内部の気圧差をなくし等圧とすることで水の移動の原因の1つをなくすものである（図4）。

コンクリートCWと下部自重支持のファスナー ― 図1

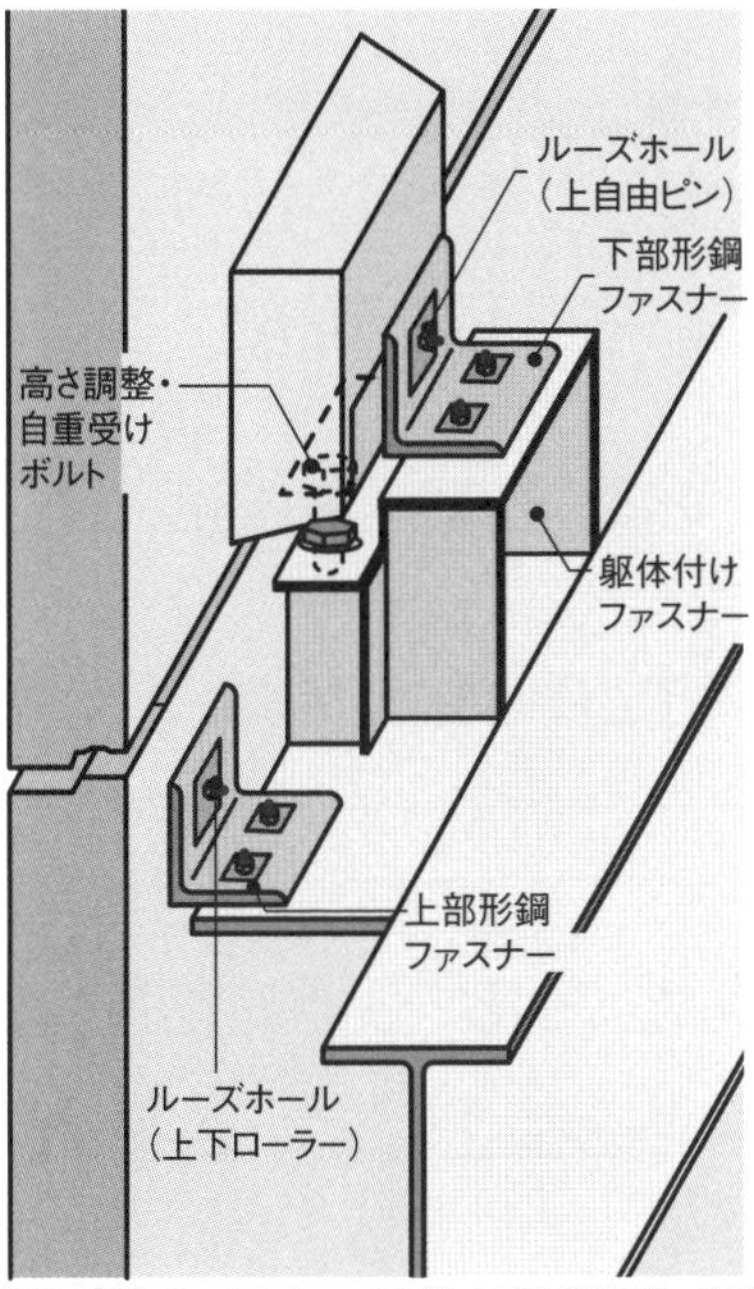

出典:『PCaカーテンウォール』(竹中工務店設計部・理工図書)

ALC版とファスナー ― 図2

ロッキング工法(中央支持)

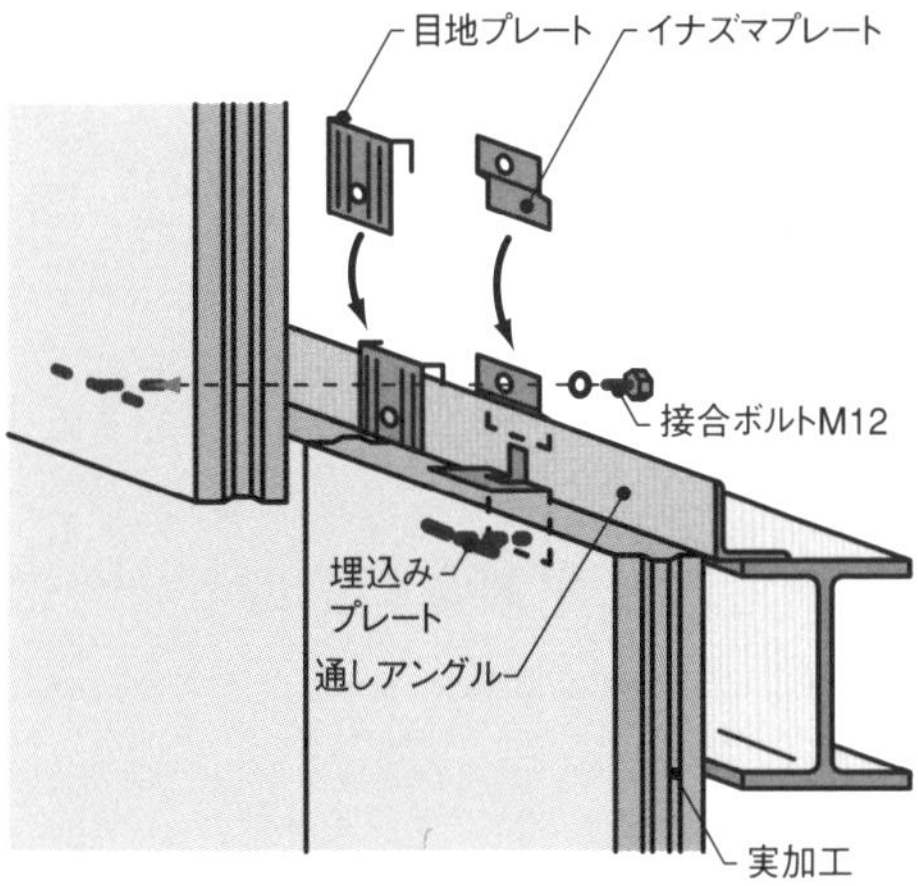

ガラスの吊り支持 ― 図3

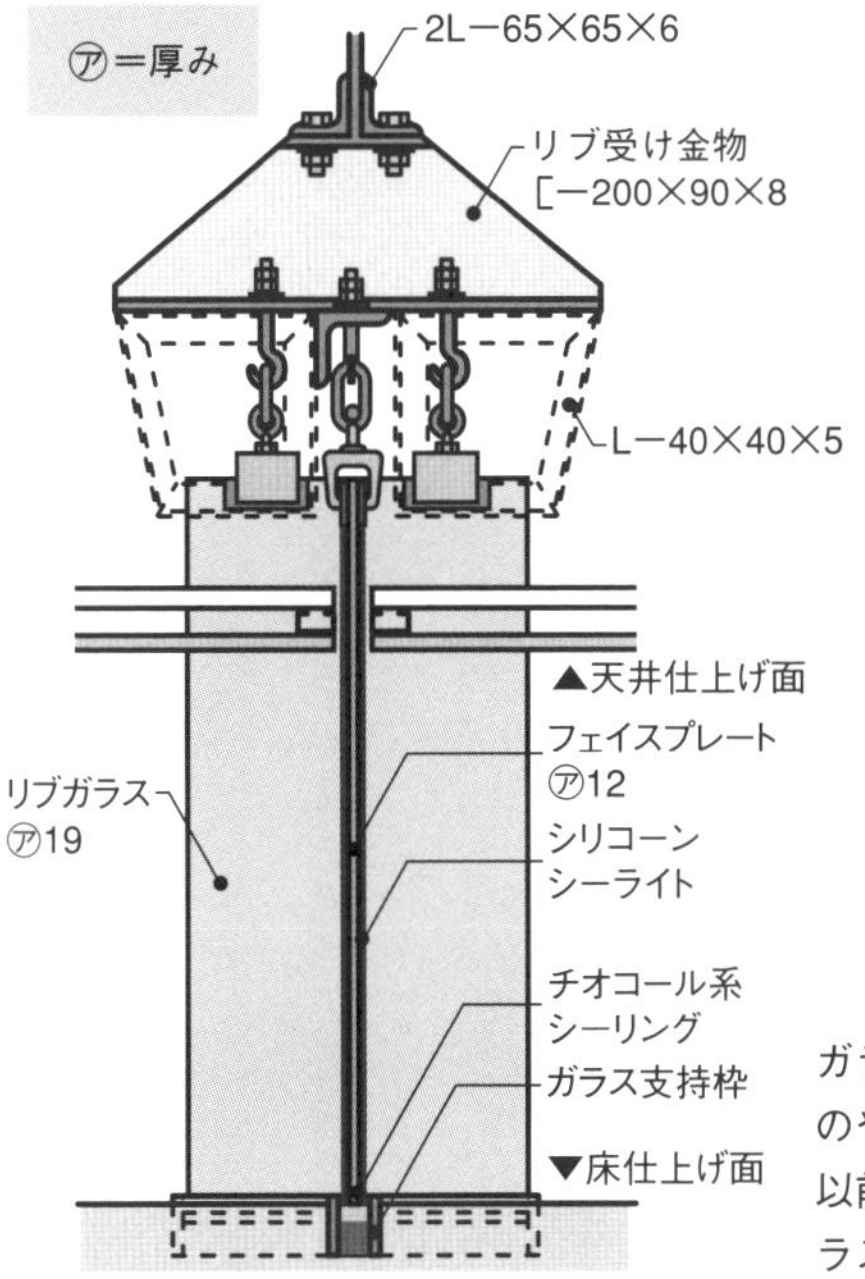

ガラスを方立リブとして扱うものや梁からガラスを吊るものは以前からあったが、それらもガラスCWの一種といえる

CWのジョイント ― 図4

①排水機構を有するダブルシールによるクローズドジョイント

②オープンジョイントの機構

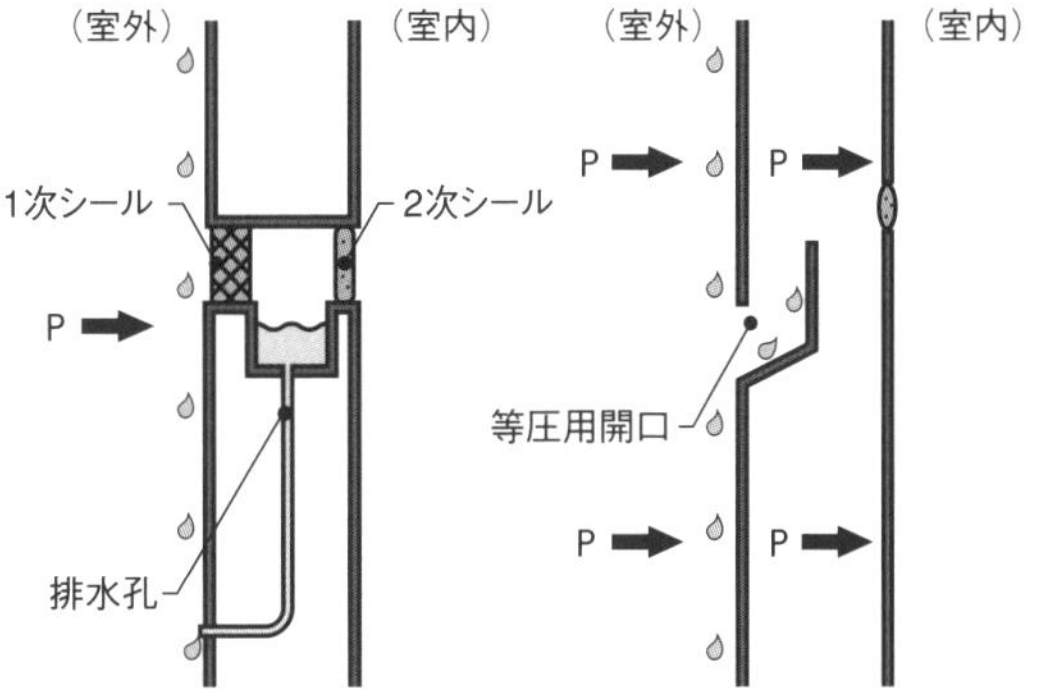

参考:『カーテンウォールって何だろう?』㈳日本カーテンウォール工業会*)ほか

* 現㈳カーテンウォール・防火開口部協会

089　壁

外周壁

季節や地域に対応した断熱・防湿

Point

◆冬季は低温乾燥、夏季は高温多湿。内部結露防止には工夫がいる

◆外壁の外断熱・外張り断熱がいまだ少ないのには訳がある

断熱と防湿の検討

　熱容量と断熱性の程度は温熱環境に大きく影響するが（図1）、熱容量の大小は建物躯体《くたい》の材料（RC・木・鋼など）による部分も大きく、外周部の構法を検討する際に、留意すべき点である。

　結露は当該個所の飽和水蒸気圧より存在する水蒸気圧のほうが高い場合に生じる。アジアモンスーン気候区に属する日本は、絶対湿度が夏冬で大きく異なり、冬季は低温乾燥、夏季は高温多湿である。表面結露は断熱性を高める（熱貫流率を小さくする）ことで一般に防ぐことができるが、内部結露対策を、冬季暖房時と夏季冷房時とで両立させるのは理論上難しい（図2）。寒冷地においては、冬季に重点をおいて室内側に防湿層を配置することで防露対策としているが、一般地でも夏季冷房時のほうが冬季暖房時より室内外の温度差は小さい。そのため、夏季の内部結露は実質的に問題はないとして、防湿層を設ける場合は室内側としている。

外断熱と外張り断熱

　RC造建物における外断熱構法は、内部結露防止や耐久性、室内気候の安定性などに寄与する。これは屋根と同様である。しかし、外壁の場合は陸屋根の防水押さえに相当する部材がないことから、その種の部材を必要とする外断熱は、内断熱構法に比べ相当のコストアップを招きがちである。

　また、前述の外断熱構法にならい木造においては、軸組外周に断熱材を配する外張り断熱構法がある。これは通気構法と併用する場合もある。木造で一般的な充填断熱（軸組間に断熱材を配する）に比べ、断熱材が連続する分、断熱性・気密性は確保しやすい。しかし、木はある程度断熱性があることと、熱容量がRCほどはないことから、室内気候の安定性などはRC造外断熱ほど顕著でない。また、仕上げの脱落などの懸念やコストの問題もあって、まだ事例は少ない。（図4）。

断熱・熱容量と室温変動 ― 図1

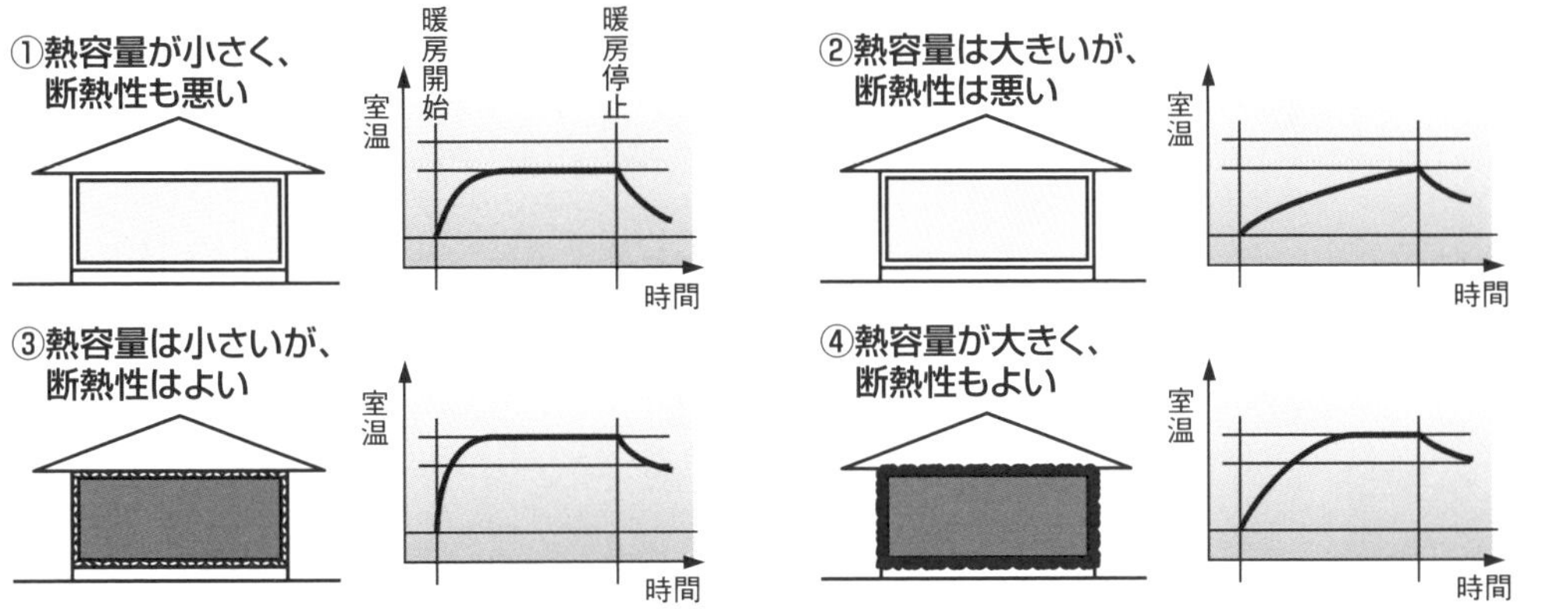

図は建物外周部位の熱容量と断熱性の異なる建物における暖房と室温の関係を模式的に示すものである。断熱性が悪いと所定の室温まで上がらないこと、熱容量が小さいと早く室温が上がるが下がり方も早いことなどが分かる

出典：『設計資料集成 1 環境』(社)日本建築学会編・丸善)

結露防止 ― 図2

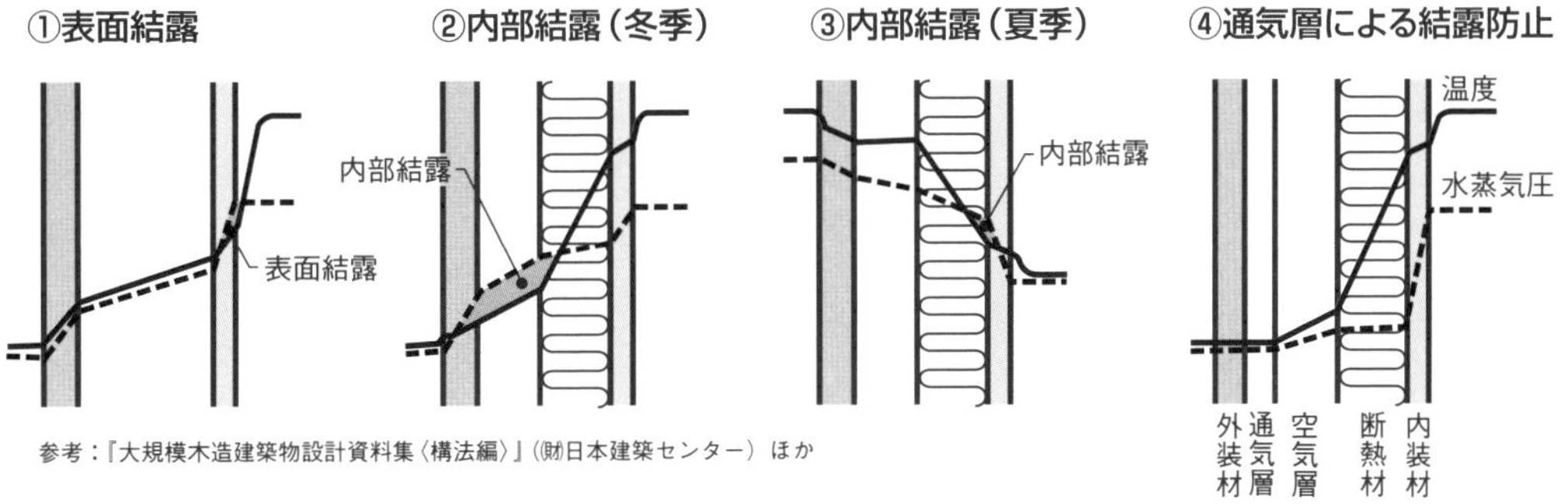

参考：『大規模木造建築物設計資料集〈構法編〉』(財)日本建築センター）ほか

RC造外断熱 ― 図3

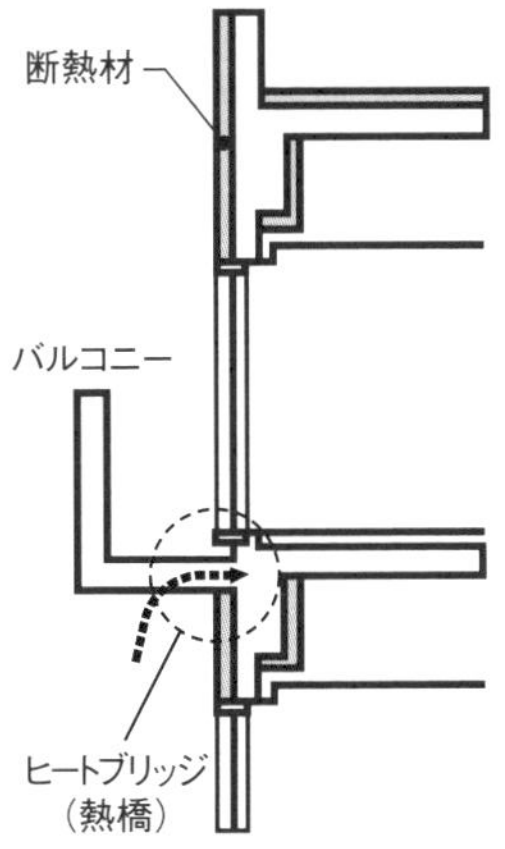

外断熱構法は、開口部廻りなどでの防水性の不安や、バルコニーなどで断熱層を連続させることの難しさもあり、屋根ほどの普及はみていない

木造外張り断熱 ― 図4

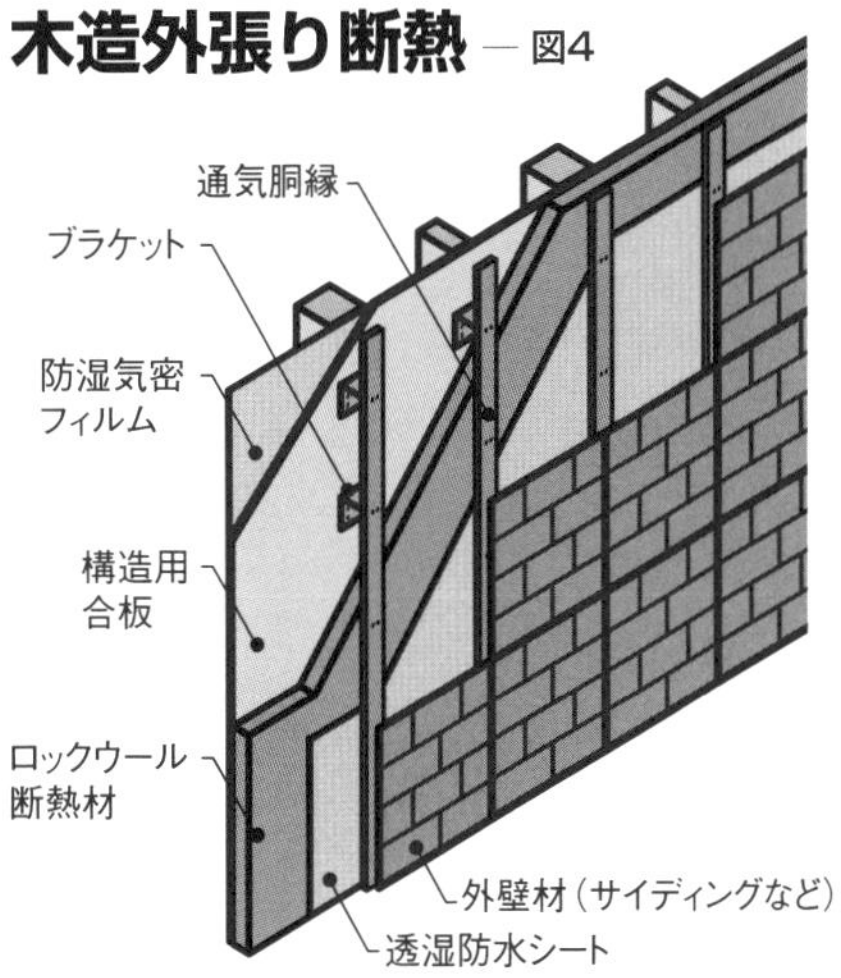

090 壁

間仕切壁

遮音性、耐火性、耐震性への配慮

Point

◆遮音壁は小さな隙間があると効果がなくなる

◆遮音性、耐火性、耐震性（層間変位追従性）のバランスは難しい

区画する間仕切壁

間仕切壁《まじきりかべ》は、耐火構造で防火区画等を形成する区画間仕切壁と、単純かつ簡便に空間を分ける一般間仕切壁に大別できる。長屋建てや共同住宅で住戸と住戸を仕切る戸境壁もしくは界壁は、区画間仕切壁の典型である。特に戸境壁については空気を遮断する遮音性も重要で、法規でD-40と透過損失が定められている。単一壁では「透過損失は面密度と周波数に対数比例する」という質量則があり、重量のあるコンクリート壁は遮音性が大きい。

遮音性についてはこのほか、以下のような点に留意する必要がある。

①隙間があると透過損失向上には限界がある（図1）

②ボードを付加することで透過損失が低下する場合がある

③表裏のボードの共振を減らすことで、透過損失を向上させ得る

区画間仕切壁は耐火性や遮音性のほか、耐震（層間変位追従）性に対応する必要がある。一般に求められる1／200程度の層間変位追従性にはフレキシブルな取付けがよいが、耐火性や遮音性、特に遮音性には前述のように隙間のない取付けが求められる。地震入力軽減の意味では軽いほうがよいが、遮音のためには重いほうがよく、3者のバランスは難しい。たとえば、LGS製スタッドに、ボードを張った各種の乾式耐火・遮音・軽量間仕切壁の認定構法はこれらの要求に対応するものである（図3）。

空間を仕切る間仕切壁

LGS製スタッドはボードを張って一般間仕切壁としても多用される。一般間仕切壁の最も軽微なタイプが移設可能な間仕切、可動間仕切である。パネルタイプとスタッドタイプに大別され、いずれも天井下に建て込む（図4）。

ALC版や押出成形セメント板のようなパネル、あるいはコンクリートブロックなどの組積壁《そせきかべ》も、エレベータホールや階段廻りの間仕切壁として多用されている。

壁の隙間と遮音性 ― 図1

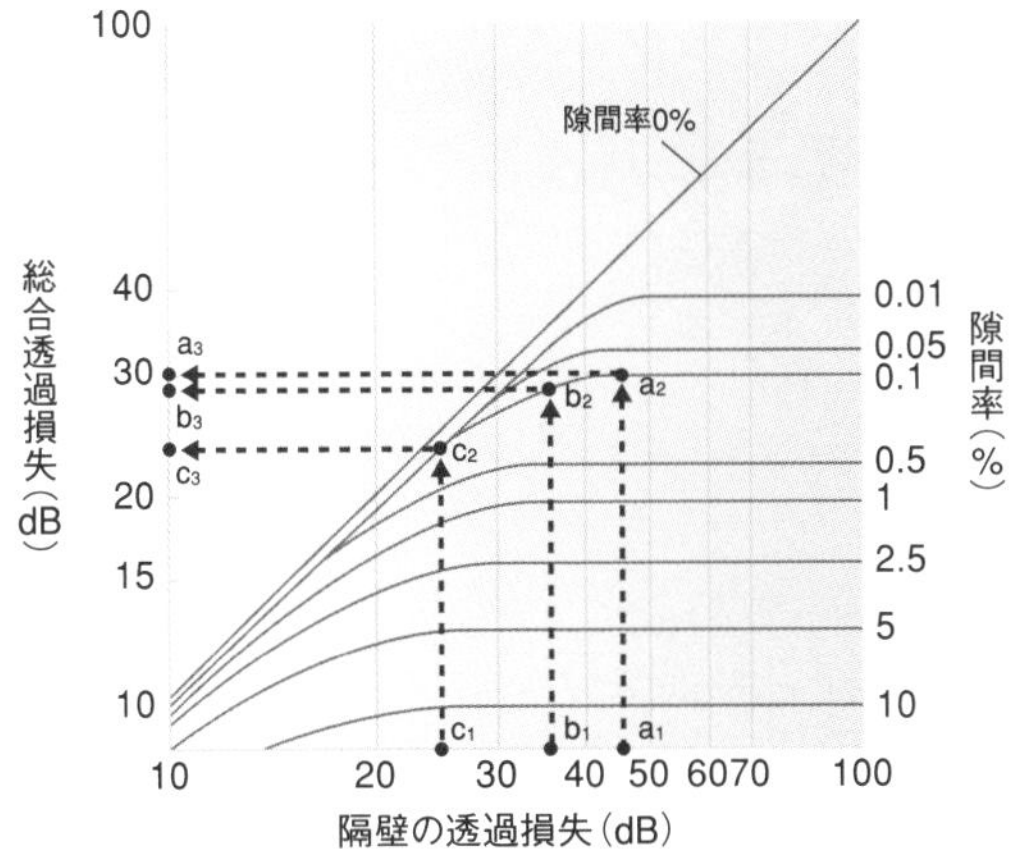

出典:『間仕切壁の選び方とデータシート』(二階 盛ほか・鹿島出版会)

遮音等級(D-40の場合) ― 図2

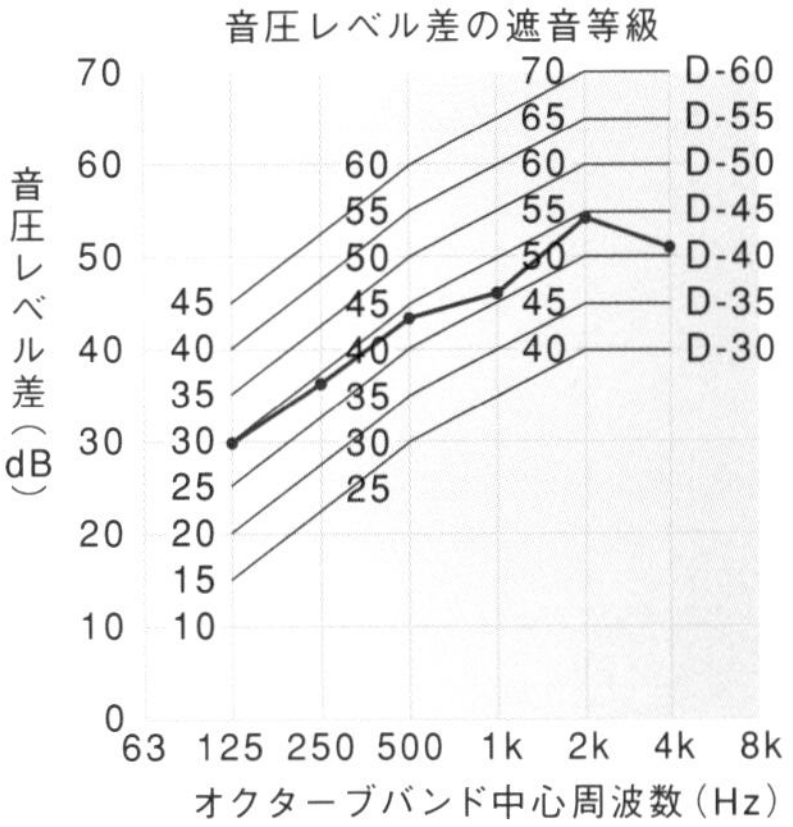

●D値の求め方

63〜4KHzの各周波数での透過音圧レベルをプロットし、すべての値が上回る直近下位の曲線からD-40とする

乾式耐火遮音軽量間仕切壁の例 ― 図3

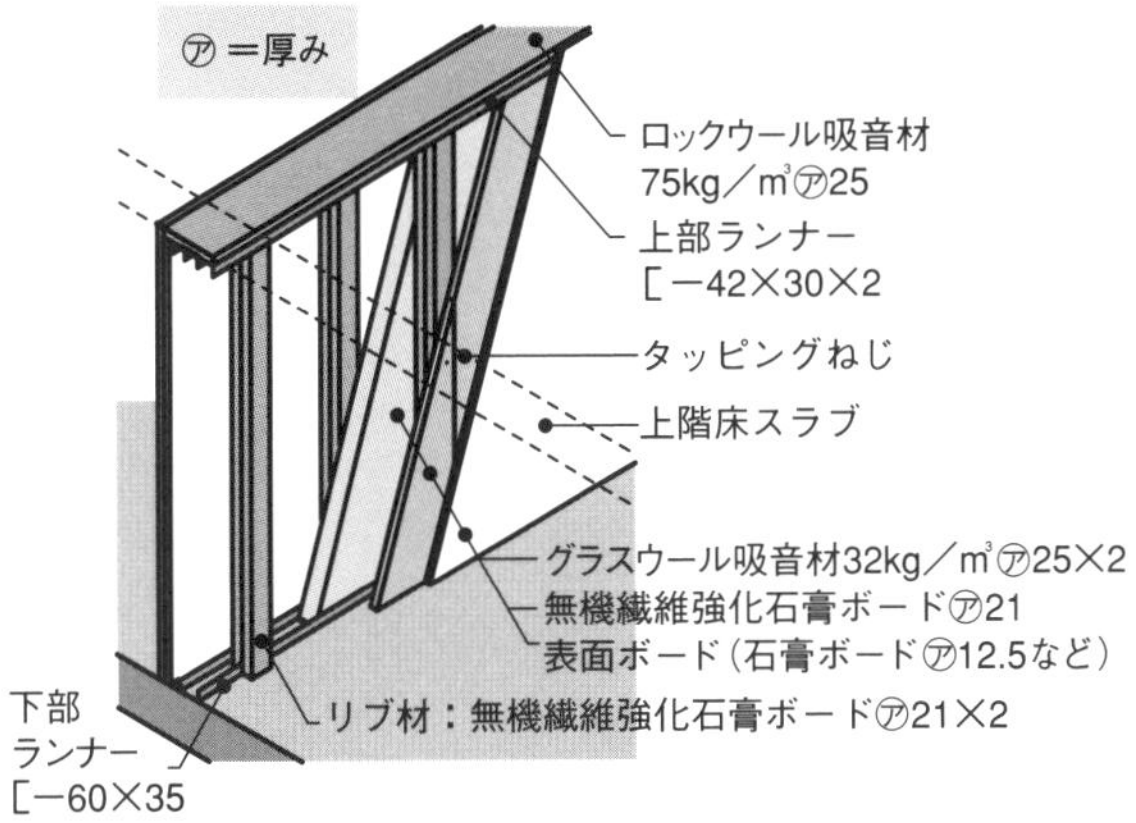

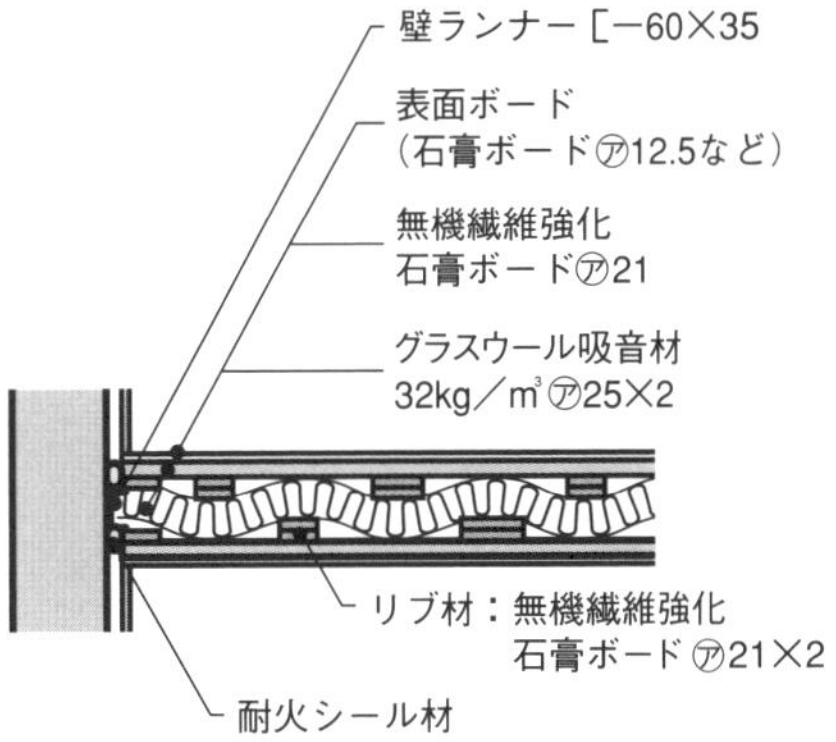

可動間仕切壁 ― 図4

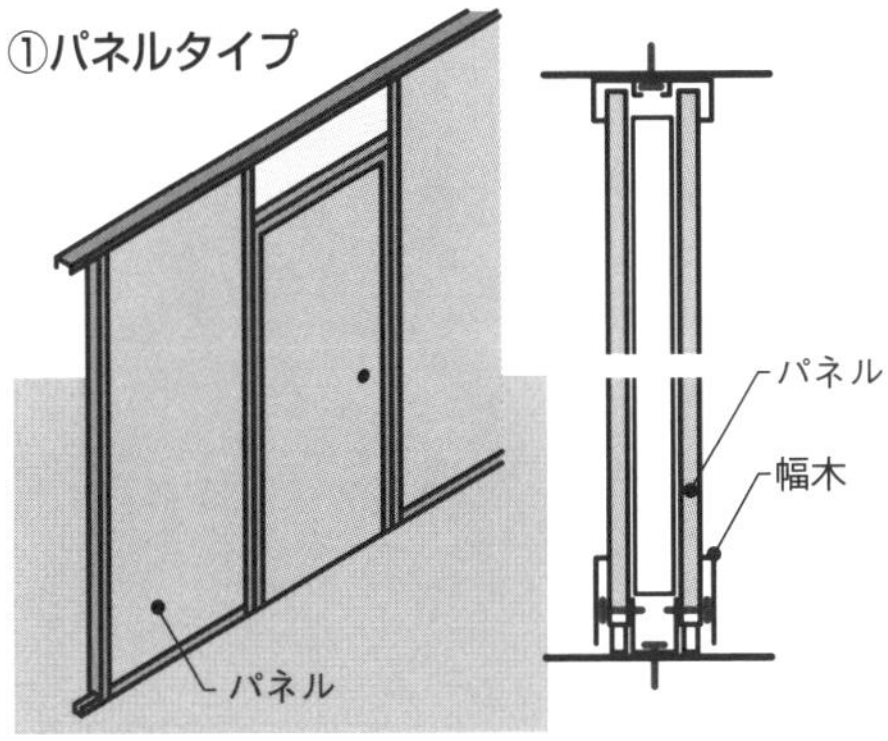

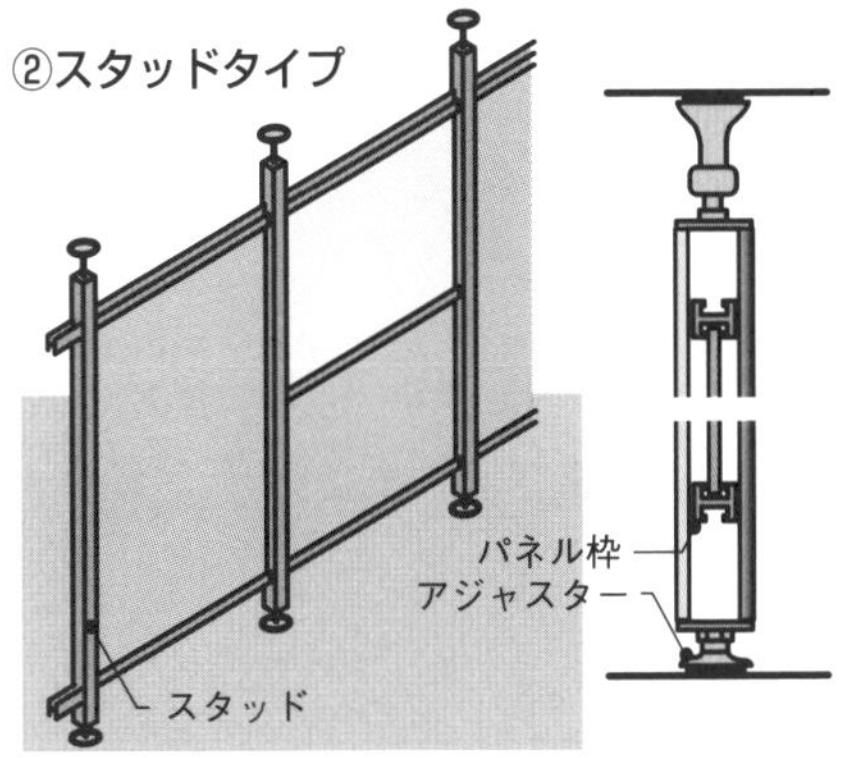

091 開口部

種類と構成

開放と閉鎖を伴うゆえの性能

Point

◆建具で壁に固定されているのが枠、可動部のフレームが框

◆連窓には方立、段窓には無目がつきもの

開口部各部の名称

屋根・壁などは遮断が主だが、特定なものの出入り・透過を認めるのが開口部である。一般の戸のように開閉するものと、はめ殺し（ＦＩＸ）窓のように開閉しないものがあり、後者は壁に準じて扱われることもある。

開閉するものの可動部分が引戸（障子）や開き戸（扉）で、それを保持する固定部分を枠と総称する。可動部分、障子や扉の端部にあって、フレームに相当する部分の総称が框《かまち》である。引違い戸の中央部分、障子と障子が接する部分の框は召合せ框と呼ばれる（図3）。

木造では、かつて枠はもっぱら大工がつくっており、建具職人がつくる可動部分だけを建具といっていたが、それ以外の大部分では枠を含めて建具という。

引戸の枠は木造真壁の場合、柱の上・下に鴨居・敷居を、柱をそのまま枠として使う大壁では左・右の柱に縦枠を取り付ける（図1）。

開き戸の枠の上・下は上枠・沓摺《くつずり》といい、窓の枠は上枠・下枠という。左右はいずれも縦枠である。この種の枠材の名称は、建物躯体《くたい》や開閉方式の種類にかかわらず共通である（図2）。

窓を構成する部材

窓が左右に連続するものを連窓《れんそう》、上下に重なるものを段窓《だんそう》という。また、連窓の窓と窓の間にある部材が方立《ほうだて》で、段窓の間にある部材が無目《むめ》である（図4）。いずれも窓の受ける風圧などの力を周囲の壁へ伝えるものであり、窓の大きさに応じた強度・剛性を有する部材が使われる。この種の名称はＣＷと共通である。

開口部は開放時と閉鎖時とで、期待される性能が大きく異なる。開放時は開口部の目的にあった開放性が要求されるが、閉鎖時は周囲の壁などと、できるだけ同程度の遮断性が期待されている。閉鎖時・開放時を問わずさまざまな要求に対応するために、雨戸やカーテン、ブラインドなどが付加・使用される（写真1・2）。

引戸各部の名称 — 図1

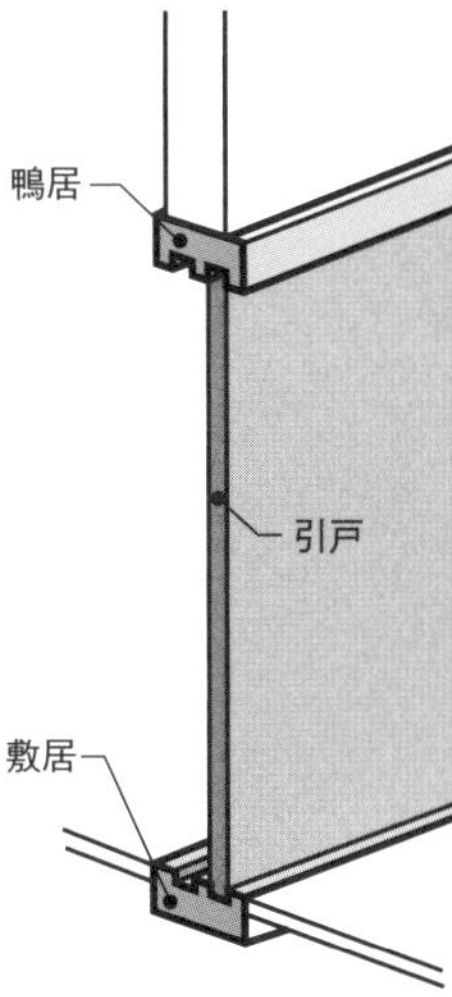

開き戸各部の名称 — 図2

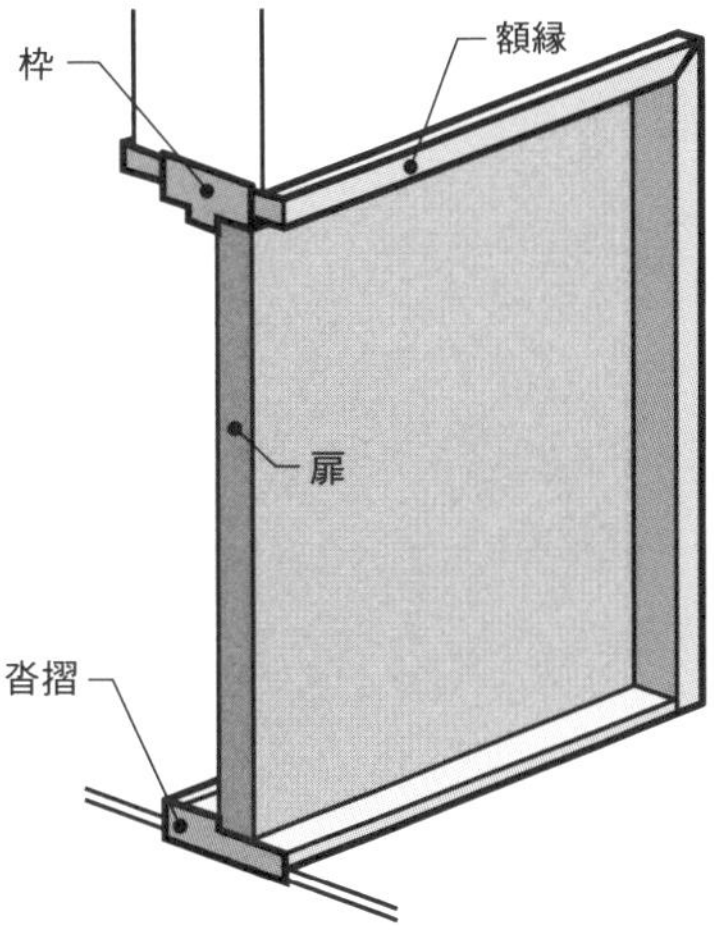

引違い戸の名称 — 図3

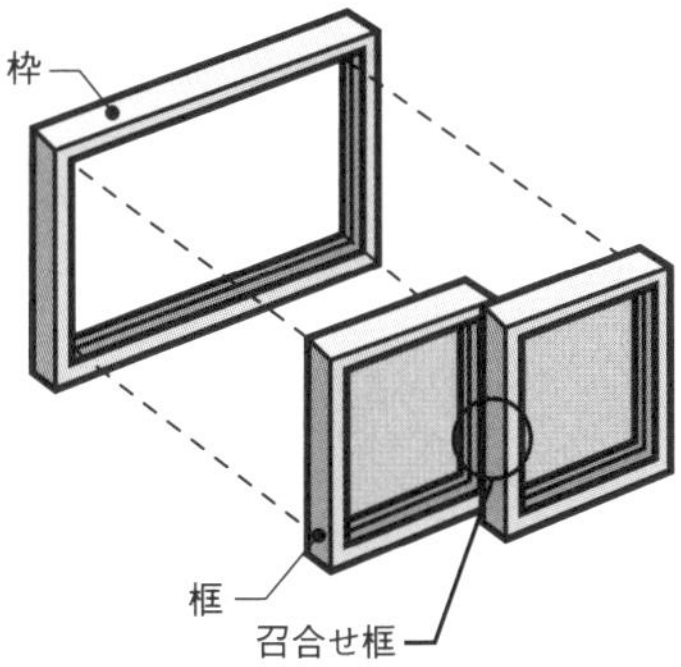

連窓・段窓 — 図4

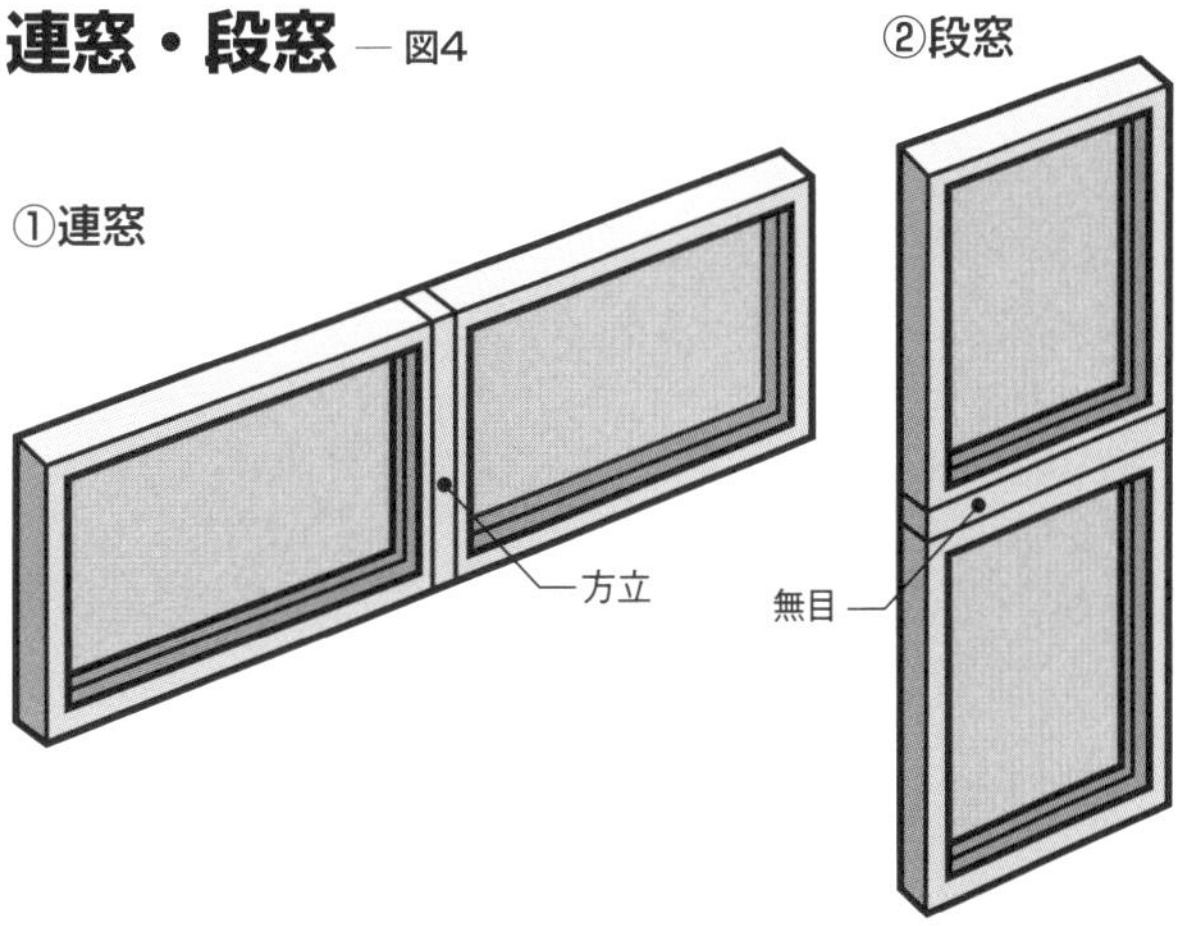

ブラインド内蔵窓 — 写真1

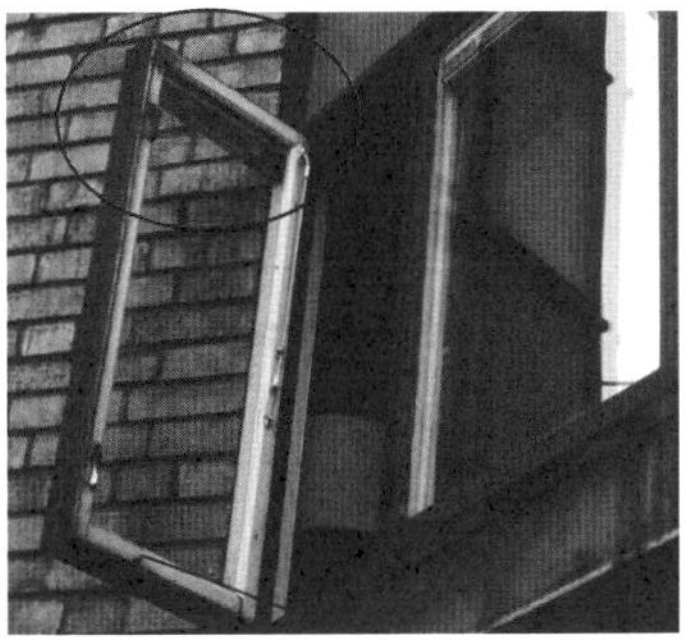

外付けブラインド — 写真2

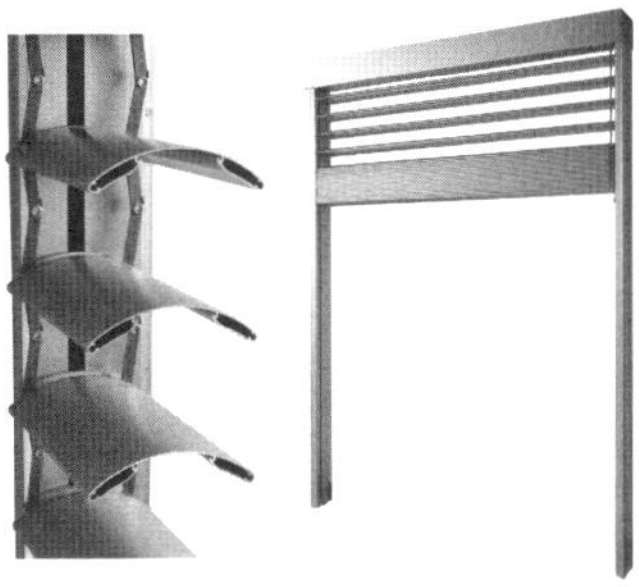

遮光のためにはブラインドは内付けでもよいが、遮熱のためには外付けが望ましい。外付けとなると剛性が要求される。東面、西面など太陽光度が低い側には竪型ブラインドが有効である

写真：「エコシェイド（電動外付けブラインド）」オイレスECO株式会社

開閉方式

用途に合わせた特性の考慮

Point
- ◆開閉方式で、ある程度性能は決まってくる
- ◆ホテルのドアは内開きで、住宅の玄関ドアが外開きの理由

開閉方式の種類

開口部の開閉方式には、引き・開き・回転・折畳み・巻取り・滑出しなどがある（図）。いずれも、引違いと上げ下げ、あるいは開きと倒しのように、水平・鉛直《えんちょく》、両方向のバリエーションがある。また、回転ドアのように主に戸だけにある方式や、ジャルージーのように窓特有の方式もある。

各開閉方式の特徴

日本の外周開口部に多い引き系の開口部は、障子の着脱や開閉操作の仕組み上、高い気密性を確保することは難しいが、開閉軌跡が開口部内にあることは大きな利点である。引き系では、開き系の丁番や回転系の軸材など、特別の金物類が不要なことも利点である。

欧米に多い開き系の開口部は、引き系に比べて閉鎖時に高い気密性を確保しやすいが、開閉軌跡が開口部の外にある。そのため、軌跡上に物が置かれて避難口が開かないなどの事故が起きやすい。一般的には開き勝手があるが、押しても引いても開く自由（自在）戸は、高い遮断性が困難である。

外周開口部においては、雨仕舞《あまじまい》上は外開きがよい。外倒しはもっぱら排煙のために設置される。ドアは避難の方向に開くのが原則であるが、通路幅や丁番の取付け位置とかかわる防犯性などを考慮して、欧米の玄関やホテルは内開きである。日本の玄関に外開きが多いのは、雨仕舞や靴脱ぎスペースなどを考慮した結果といわれる。

回転系の性質は開き系に近いが、網戸やブラインド類（2重ガラスの間に入れた製品は可能である）の設置が難しいという問題がある。回転ドアは一方の開放時に他方は閉鎖される仕組みで、室内環境維持などの目的で設置される。ジャルージーは換気・通風に重点を置いたもので、高い気密性は期待できない。

開閉方式は内部からの清掃性との関係も大きい。選択に当たってはこれらの条件を十分検討する必要がある。

開口部の開閉方式 — 図

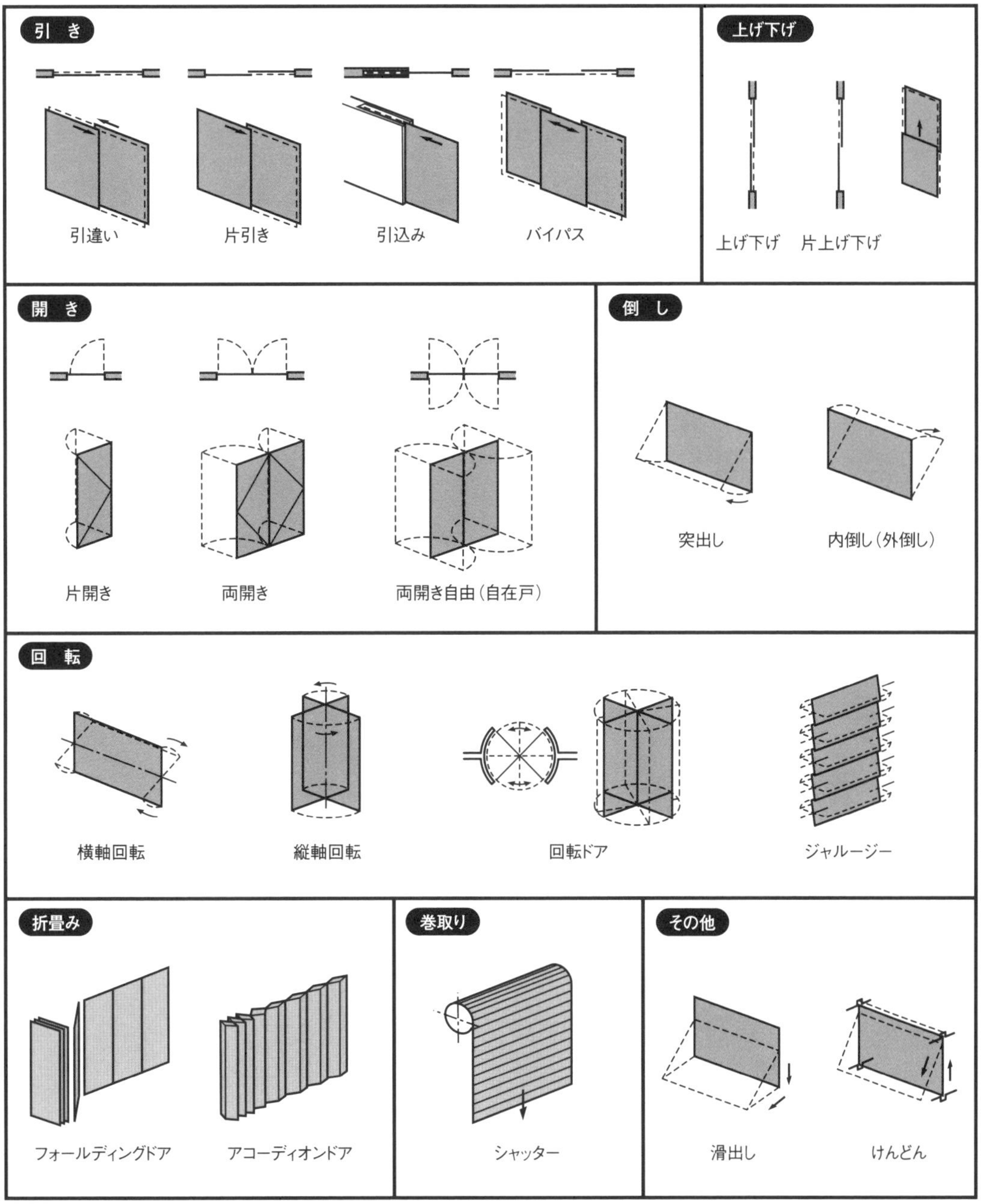

折畳み系や巻取り系の性質は引き系に近い。高い気密性は困難なため、簡単な目隠し、仕切りといったものに利用される

滑出しは開き系と引き系の組み合わせで、機構は複雑になるが両者の利点をほぼあわせ持っている。縦滑出しは開閉軌跡が小さく、近年、高齢者用の便所ドアなどに利用されている（211頁図1参照）

093 開口部

外周サッシ

製法と性能

Point

◆アルミサッシは微妙な断面が可能だが、断熱性が低い

◆遮音性・気密性はサッシの、断熱性はガラスの性能が支配的である

材料別の特徴

外周開口部の多くは、ガラスなどの面材や開閉方式に応じた枠・框からなる建具と、その室外側に配置される網戸・雨戸・シャッター類、室内側に配置される紙障子・カーテン・ブラインド類から構成される。基本的な性能のほとんどは建具が負っている。建具の枠と框を組み合わせサッシという。サッシには木、金属（アルミニウム合金、スチール）、合成樹脂などが用いられ、材質や加工性に配慮したサッシがつくられている。

木製サッシは断熱性が高く（熱伝導率が小さく）、欧米では合成樹脂製と同様、多用されている。近年、日本でも使用量が増えつつあるが、剛性が低く断面が大きくなりがち、微妙な断面加工が難しい、火熱に弱い、耐候性が懸念される、価格が高いなど、課題は多い。

アルミサッシは押出し成形により、微妙な断面が可能で、気密性や水密性に優れ、住宅を中心に大量に利用されている（図1）。断熱性は低く、冷橋（熱橋、ヒートブリッジと同、60頁参照）を防ぐためにプラスチックを介した断熱サッシや、木や合成樹脂との複合タイプも販売されている。

スチールサッシは軽量形鋼同様、プレス成形によるものが多かったが、微妙な断面加工が困難で、さびの問題などもあり激減している（図2）。スチールの剛性が高く小さな断面で大開口が可能という利点を生かしたロール成形によるスチールサッシも、一部で使われている（図3）。

耐風圧性能と遮音性能

耐風圧性能は耐風圧kgf／m²を等級化して表示される。開き系や回転系の框は強風時、閉鎖することで周辺の枠と一体となり、剛性上問題がないが、引違いの召合せ框は単独で耐える必要がある。断面算定において、たわみは1／100程度で抑えるのが一般的である。

遮音性能はJIS A 4706の遮音等級T-1～T-4で表示する。表1はサッシの開閉方式と透過損失の傾向である。

アルミサッシ（押出し） — 図1

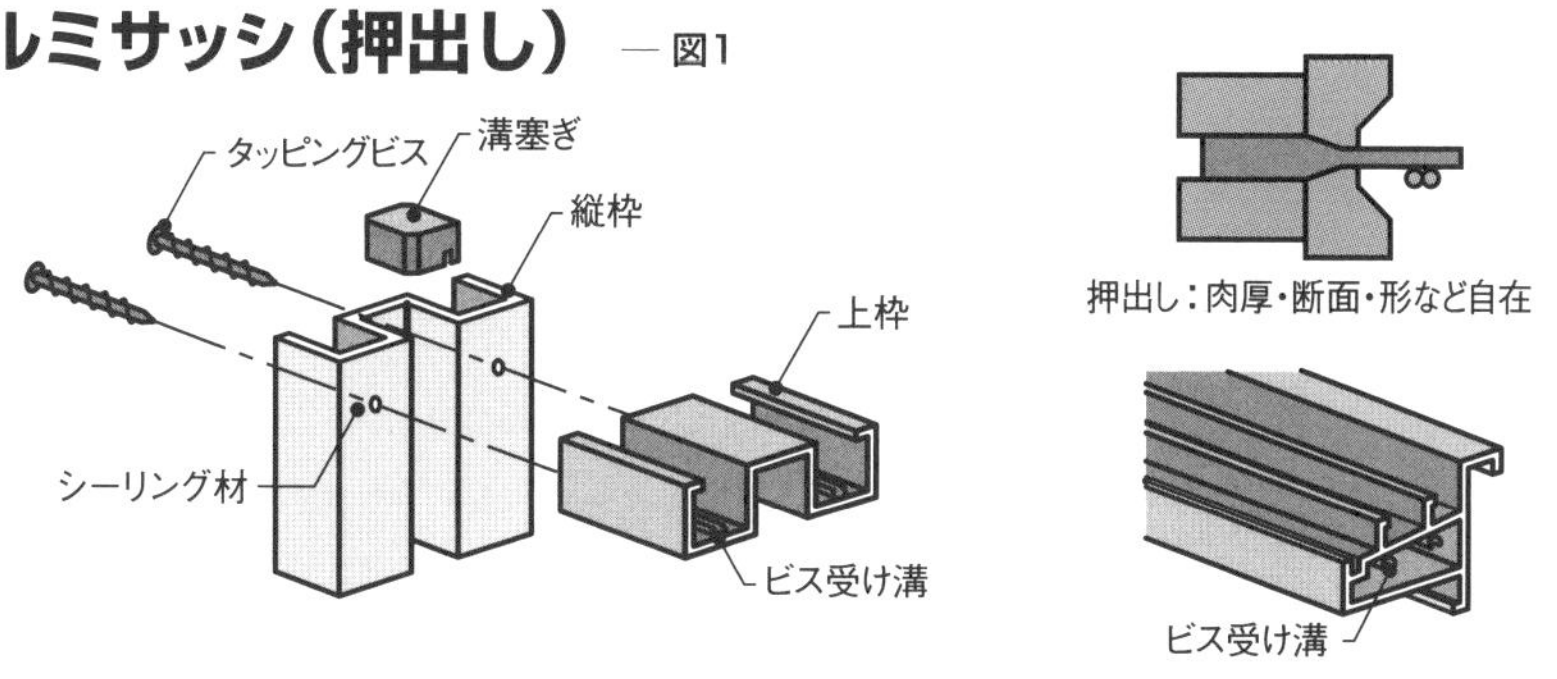

押出し：肉厚・断面・形など自在

スチールサッシ（プレス） — 図2

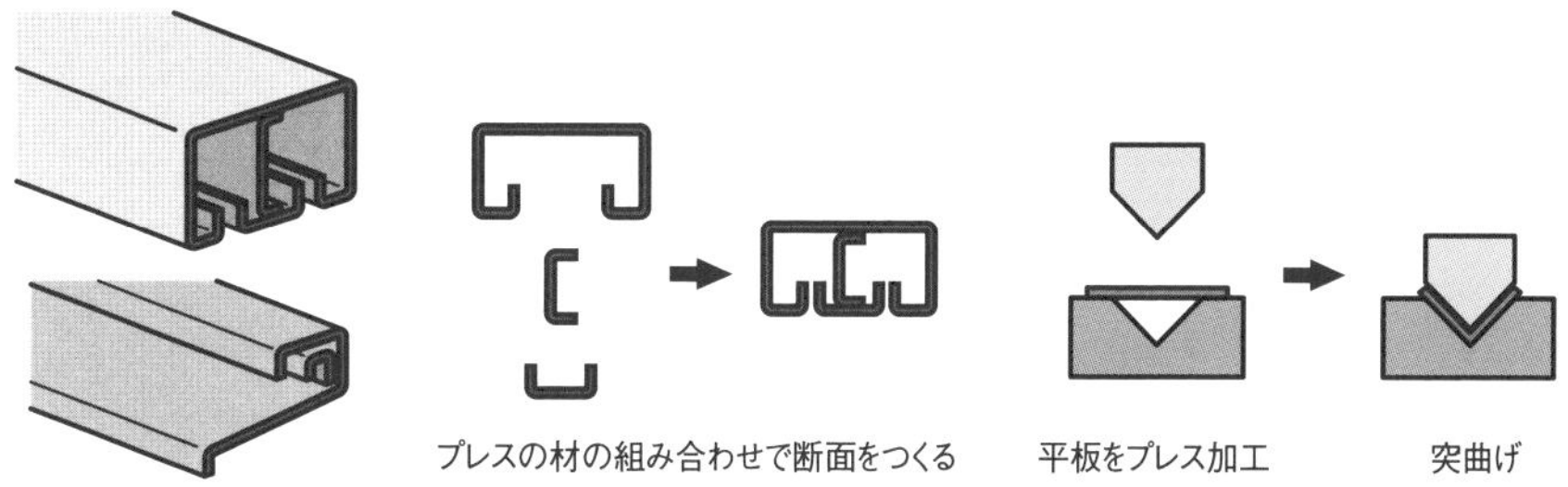

プレスの材の組み合わせで断面をつくる
平板をプレス加工
突曲げ

スチールサッシ（ロール） — 図3

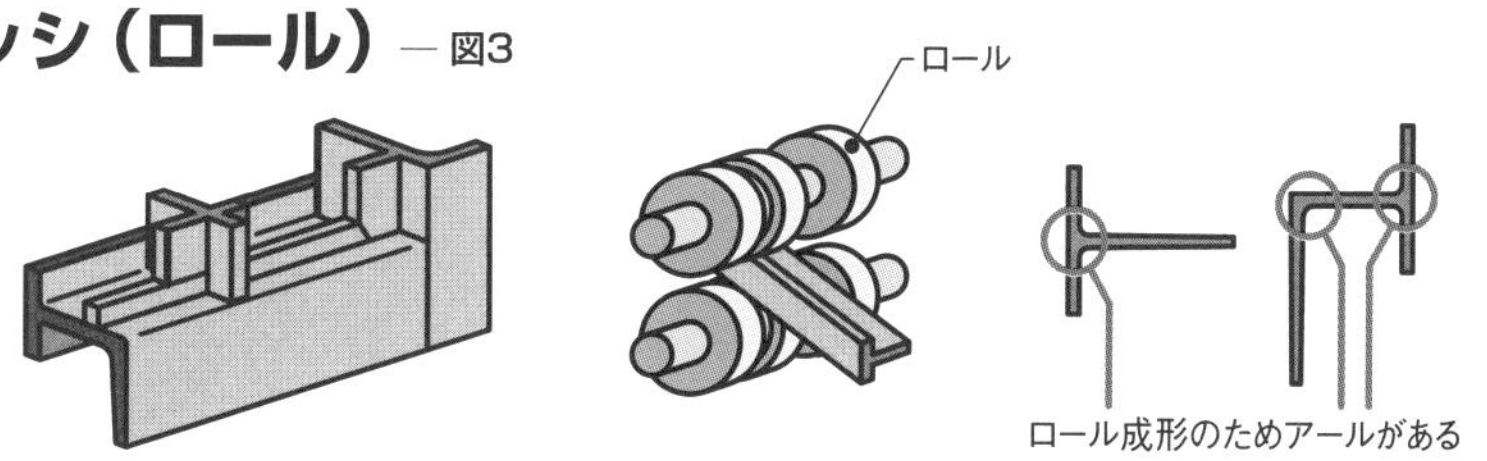

ロール成形のためアールがある

サッシの開閉方式と透過損失 — 表1

開閉方式	透過損失（dB）
引違い	18
縦軸回転	22
エアタイト片引き	26
はめ殺し（FIX）	30

T-4、T-3等級などの高グレードは、はめ殺しなどに限り実現可能で、その場合、ガラスの遮音等級がほぼ開口部の遮音性を示すことになる

サッシの開閉方式と通気量 — 表2

通気量(*)（m^3／m^2·h）	障子・窓枠の接触方法と気密材料の使用法	サッシの開閉方式
1.0以下	窓枠に障子をしっかり寄せつけ、接触部にある気密材料を完全に働かせる機構を有する	開きサッシ
4.0以下	窓枠に障子を寄せつける機構と気密材料を有するもの	開きサッシ 片引きサッシ
15.0以下	窓枠の接触部と障子に気密性を有するもの	片引きサッシ 引違いサッシ 上げ下げサッシ
60.0以下	気密材料がないもの	—

気密性能は可動部における圧力差ΔP（1、3、5、10）kgf／m^{3}に対する単位壁面積・単位時間当たりの通気量m^3／m^2·hで決まるが、通気量はサッシの開閉方式に左右される。上記はサッシの開閉方式と通気量との関係を示している。気密性は近年、圧力差に対する通気量の比である等級により表記される（JIS A 1516）

＊　圧力差10kgf／㎡の時

094 外周開口部

防火性・断熱性

省エネルギーへの対応

Point

◆開口部での防火と断熱の両立は難しい

◆省エネルギーへの対応が新たな開口部品を生む

防火と断熱

日本では市街地の外壁の多くは不燃材である必要があるが、さらに集積の進んだ市街地（準防火地域）では、〝延焼のおそれのある部分〟（図1）にある開口部は防火設備（かつての乙種防火戸）と呼ばれるものにする必要があり、網入りガラスを入れた所定の金属製サッシなどが採用される。

省エネルギーへの関心が高まるにつれ、開口部の断熱性の低さが問題となり、近年は寒冷地以外でも断熱性に優れた複層ガラスを採用するケースが増えている。ガラスの断熱性が改善されるとサッシの断熱性が問題となる。金属製サッシは総じて断熱性が低い。断熱サッシも十分とはいえないが、不燃・防火性との兼ね合いから使用される。欧米では、木製あるいは合成樹脂製のものが多用されている。

サッシの断熱性が低いと冬季に結露が生じる。特に加湿を伴う暖房時には問題となる。結露水は水抜き孔などを設けて処理するが、塵埃《じんあい》などで詰まり、はめ殺し（FIX）窓では溢水することがある。

付属物の効果

外付けのルーバー、ブラインド、すだれや、内付けのカーテン、ブラインド、紙障子などは、高緯度の欧米では夏季のまぶしさ防止といった視環境的な観点が重要であるが、低緯度にある日本では夏季には日照調整による遮熱、冬季には断熱の付加的要素といった両方の観点が必要である（表）。カーテンなどを閉めるとガラス面の結露は多くなるが、カーテンからの放射で暖かく感じるといった効果もある。

同様にガラスの表面温度を上げることで体感温度が高くなることから、2重にしたガラス・サッシの間に空調排気などの暖気を通す工夫がエアフロー（air-flow）である。これは、ペリメータゾーンの環境改善や空調負荷の軽減に有効である（図2）。近年はさらに窓と窓の間を拡大し、屋内外の中間領域としたプランニングの例もある。

延焼のおそれのある部分 — 図1

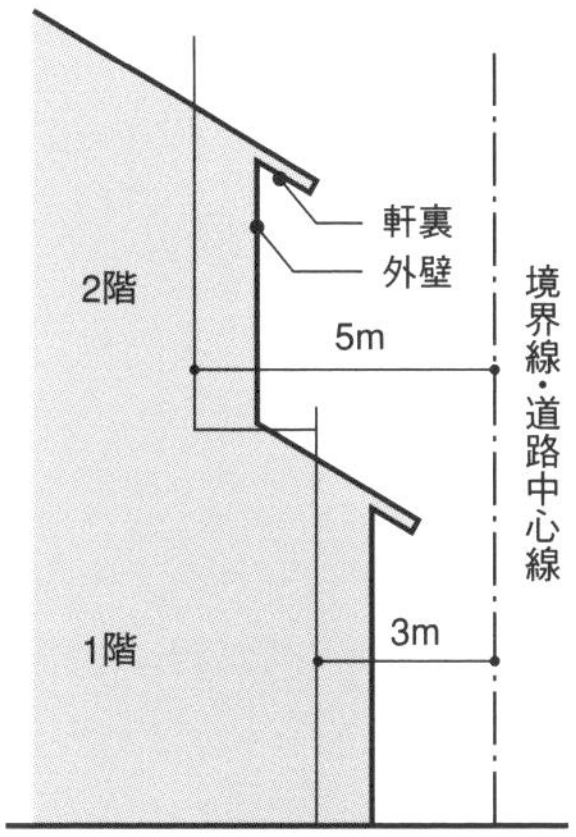

延焼のおそれのある部分
1階＝3m以内
2階＝5m以内

2重ガラス内通気（エアフロー） — 図2

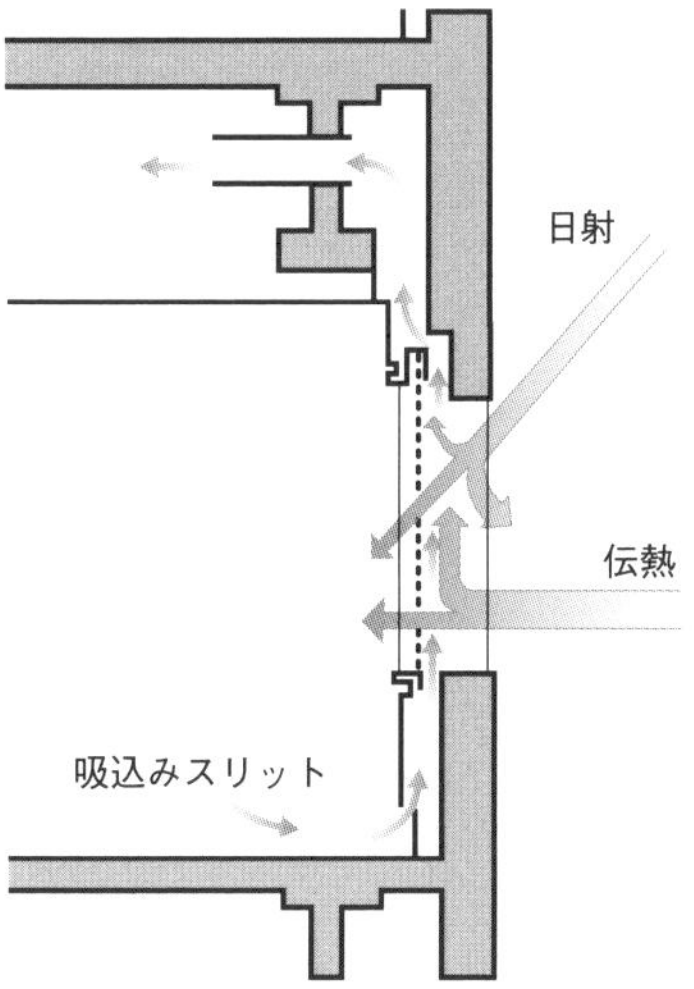

ガラスと遮蔽物の仕様による日射取得 — 表

（HASS 206-1982による）

ガラス仕様	構成（数値は厚さ）	可視光		日射			熱貫流率	ガラス面の日射熱取得率				
		反射率	透過率	反射率	透過率	吸収率	W／m²・K	なし	レースカーテン	内付けブラインド	紙障子	外付けブラインド
普通単板ガラス	3	8.2	90.3	7.7	85.6	6.7	6.0	0.88	0.56	0.46	0.38	0.19
熱線反射ガラス3種	6	22.3	21.5	19.8	17.3	62.9	5.0	0.35	0.31	0.28	0.26	0.10
遮熱複層ガラスB	L3+A6+3	13.4	69.9	35.7	36.0	28.3	2.5	0.42	0.32	0.29	0.26	0.11
普通複層ガラス	3+A12+3	14.9	82.1	13.4	73.7	12.9	2.9	0.79	0.53	0.45	0.38	0.17
低放射複層ガラスB	3+A12+L3	14.8	72.0	28.1	50.4	21.5	1.8	0.62	0.48	0.43	0.39	0.15
普通三層複層ガラス	3+A12+3+A12+3	20.5	75.0	17.6	63.8	18.6	1.9	0.71	0.50	0.44	0.38	0.16

A：空気層　L：低放射ガラス

参考：『住宅の次世代省エネルギー基準と指針』（財）建築環境・省エネルギー機構）ほか

東京における季節別晴天日の日射量 — 図3

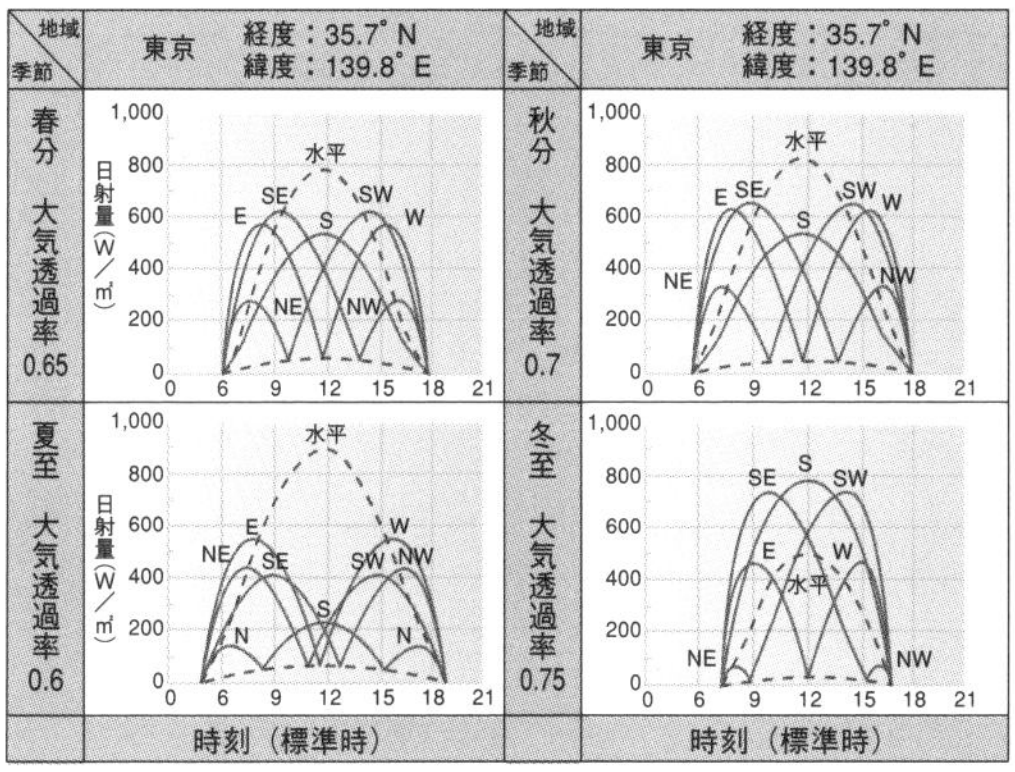

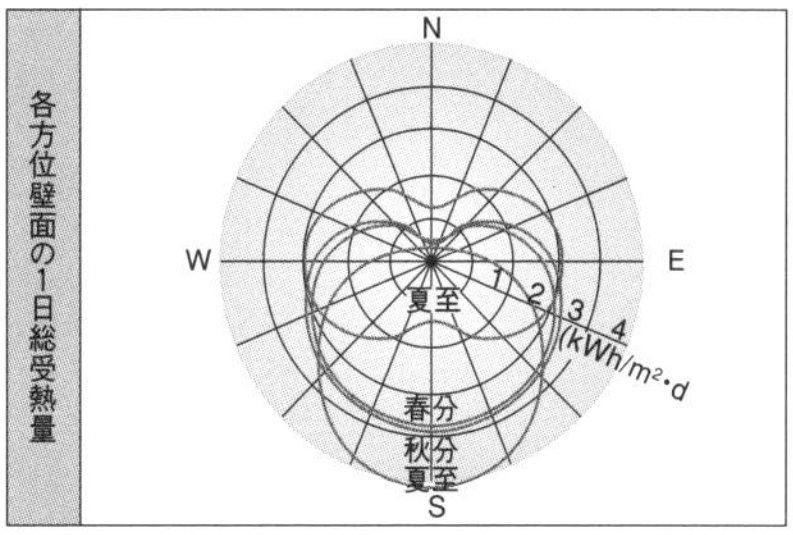

夏季は水平面が大きく、南面は東西面よりも少ない（冬季はその逆）、春秋は東西面と南面でほとんど差がないことなどは、外周開口部検討の際に留意すべきである

出典：『設計資料集成1環境』（社）日本建築学会編・丸善）

095　外周開口部

枠と壁の関係

枠の取付けの工夫

Point

◆開口部枠の取付けはＲＣ造では溶接、木造では釘・ビス

◆サッシ枠は意匠上、控えめが主流なのには理由がある

枠の取付け

ＲＣ造において一般的な、サッシ後付け工法は、サッシから2～3㎝の隙間を空けてコンクリートを打設する。隙間はサッシのアンカーを鉄筋に溶接・固定した後にモルタルなどで充填する。

打設前にサッシをセットし、コンクリートを打ち込むことによって一体化する先付け工法もある。先付け工法はタイルの場合と同様、確実に接合され、雨《あま》仕《じ》舞《まい》の点からも望ましいが、不具合の修正が困難であり、事例は少ない。

アルミサッシを留め付けるには、アンカー用ピースを介して溶接する。その際、イオン化傾向の相違により電食を起こすことがないよう、サッシとアンカーはテープまたは塗装で絶縁するなどの配慮が必要となる（図1）。

木造におけるサッシの取付けはビスと釘による。正しい取付位置にセットした後、サッシを周囲のまぐさ、窓台、柱にビスと釘で固定する（図2）。

外周開口部廻りは、雨仕舞のための工夫が必要となる。枠と壁などとの取合い部にはシーリング材などを充填するが、ＲＣ造ではフラッシングを、木造では防水テープを周囲の壁などに事前に施す例が増えている。また、上枠上部には壁面を流れる雨水が上枠裏面に浸入しないよう、下枠の下面には開口部を流れる雨水が壁面へ回らないよう、それぞれ水切を設ける。

枠の構造

上部の梁や壁がたわむと、その下にあるサッシの〝反り〟となって表れる。〝反り〟の大きさχと梁のたわみδ《デルタ》は、大雑把には図3のような関係になる。

近年は、枠を目立たせないのが意匠の主流で、柱との取合い部では増打ちして枠を細く見せる、方立てや無目の見付けを張弦梁の考え方を応用して細くする（16頁参照）、などの工夫がなされる。

框を省略、もしくは最小限とするために、丁番でなく、ピボットヒンジなど輪吊り金物を使うのも、同じ意図によるものといえる（図4）。

アルミサッシの取付け(RC造) — 図1

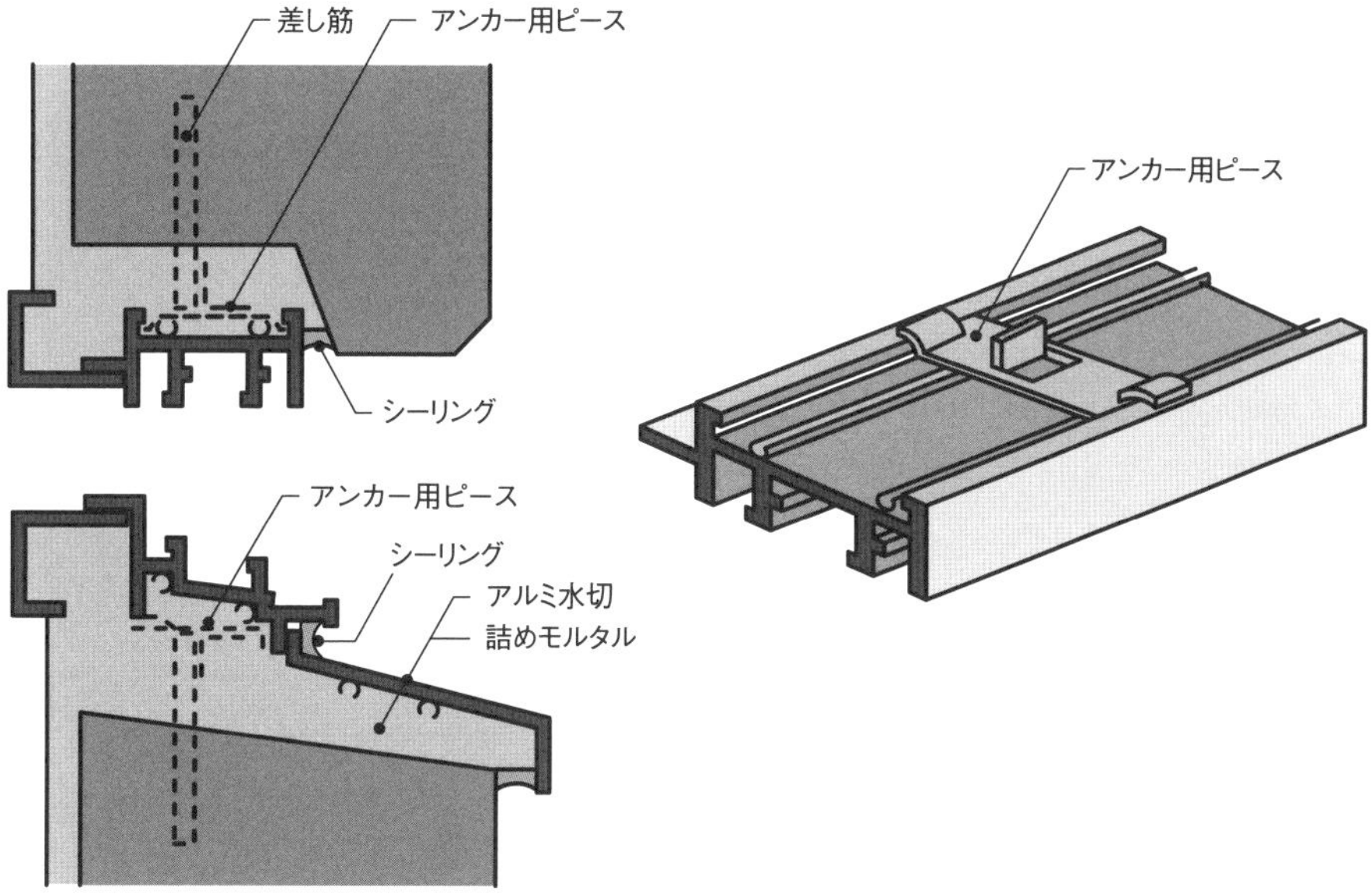

水切 — 図2

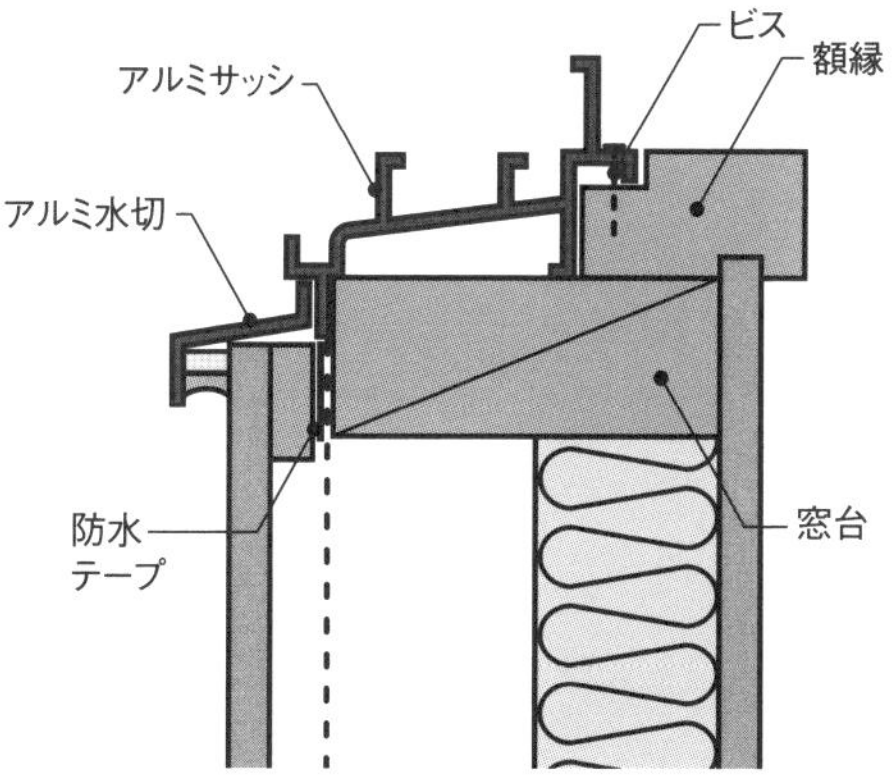

梁のたわみによるサッシの反り — 図3

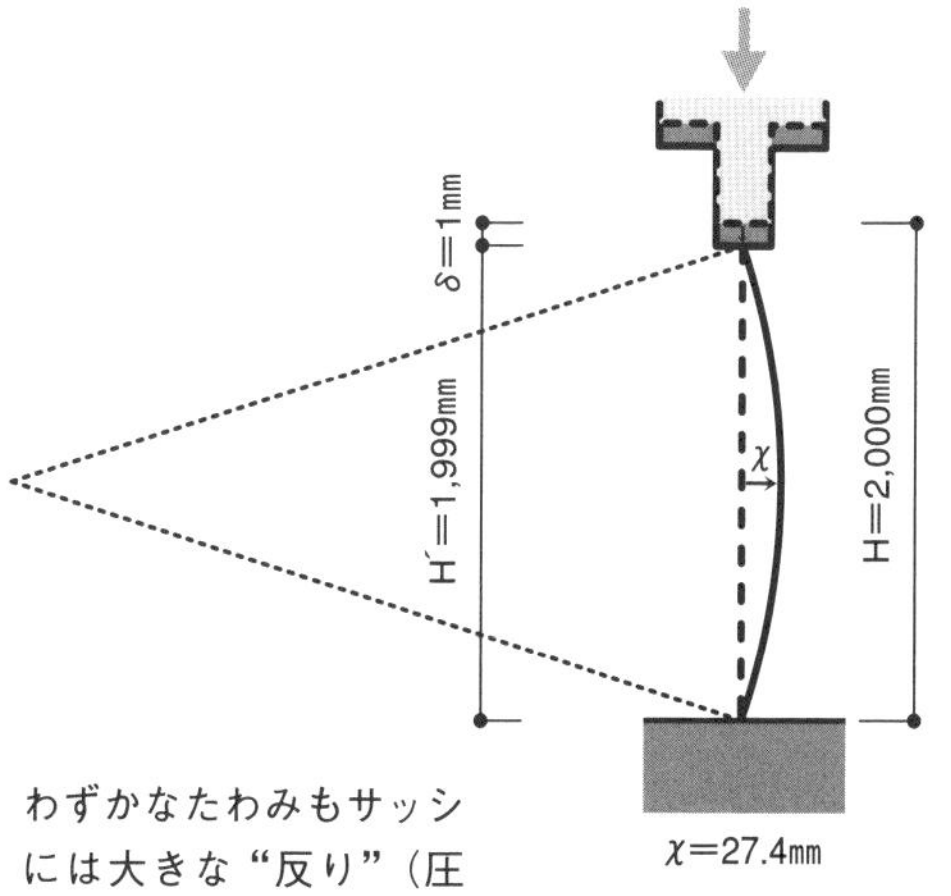

わずかなたわみもサッシには大きな"反り"(圧縮座屈)となる

反りとたわみの関係

$3H\delta = 8\chi^2$

H:サッシの高さ
δ:梁のたわみ
χ:サッシの反り

参考:『建築外装の構造設計法』(伊東次朗・理工図書)ほか

丁番と輪吊り金物 — 図4

①丁番

②ピボットヒンジ

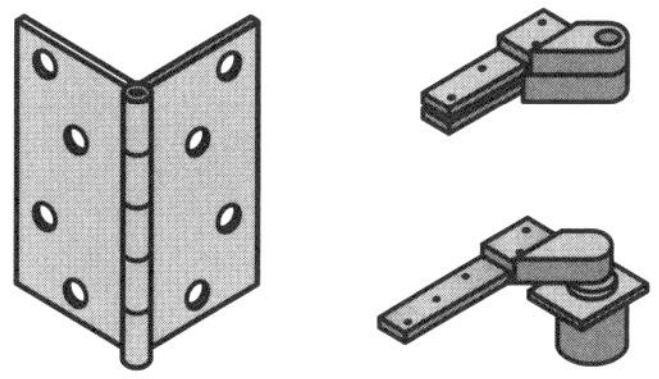

096 外周開口部

框と枠

気密性・水密性の要所

Point

◆水密性は枠と框が問題だが、雨仕舞は総合的な工夫が必要

◆特定防火設備、防火設備は甲種防火戸、乙種防火戸のこと

框と枠への細かな工夫

框と枠の取合いでは雨仕舞《あまじまい》・水密性が重要である。雨水は重力のほか、内外の圧力差、空気の流れ、運動エネルギー、毛細管現象などにより動く。

外開き窓の枠・框の水平接合部を例にとると、重力を考慮して内外に高低差をつける、運動エネルギーに配慮して〝水垂れ勾配〟をつける、内外圧力差対策として立上り、〝水返し〟を設ける、毛細管現象が起きないよう〝水返し決り《じゃくり》〟をとるといった細かな工夫がなされる。下枠には結露水を処理する工夫も必要である（図1）。

はめ殺し（FIX）は開閉機構のある開口部に比べて閉鎖時の遮断性は優れるが、層間変位追従性は劣る。一方、開閉機構のあるものでは、枠と可動部分を一体として製作する建具のほうが、閉鎖時の遮断性能に優れたものが多く（保温性や遮音性に影響する気密性などについて）、開閉操作性も優れている。はめ殺し（FIX）に比べ、層間変位追従性の点で有効であるのはいうまでもない。

引戸と開き戸の種類

アルミサッシの引戸は、主として下戸車を使用するが、スチールサッシは重量があるため、上吊り戸車とすることがある（図2）。また、開き系や回転系は開放時、障子の位置が安定せず、煽《あおり》止めなどの金物で框を枠に留め付ける必要がある。

開き戸にはさまざまな種類がある。集合住宅の玄関には鋼製の防火戸が多い。1.5㎜以上もしくは両面に0.5㎜以上の鉄板を用いたもの（特定防火設備という）や、0.8㎜以上の鉄板を用いたもの（防火設備という）などがあり、必要に応じて使われる（図3）。内部が耐火材で表面が木製の防火戸もある。

アルミ製ドアには、框に鏡板と呼ばれる面材やガラスを入れた框戸、ハニカムコアを芯材とするフラッシュ戸などがあり、玄関のほか、広く利用されている（図4）。

外開き窓の雨仕舞のメカニズム — 図1

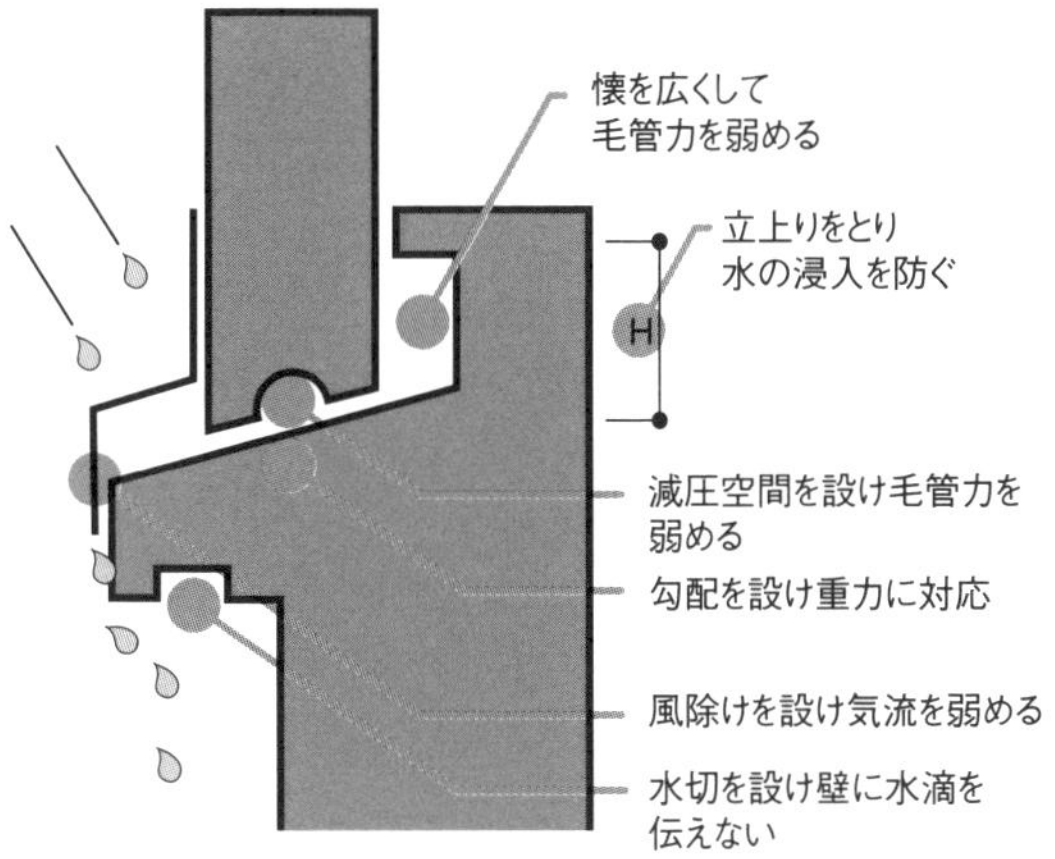

漏水の要素である隙間を小さくすると毛細管現象で水を引き込むことになるため、その対策が合わせて必要となる

金属製の建具 — 図2

①アルミサッシ（押出し）　②スチールサッシ（板曲げ、プレス）

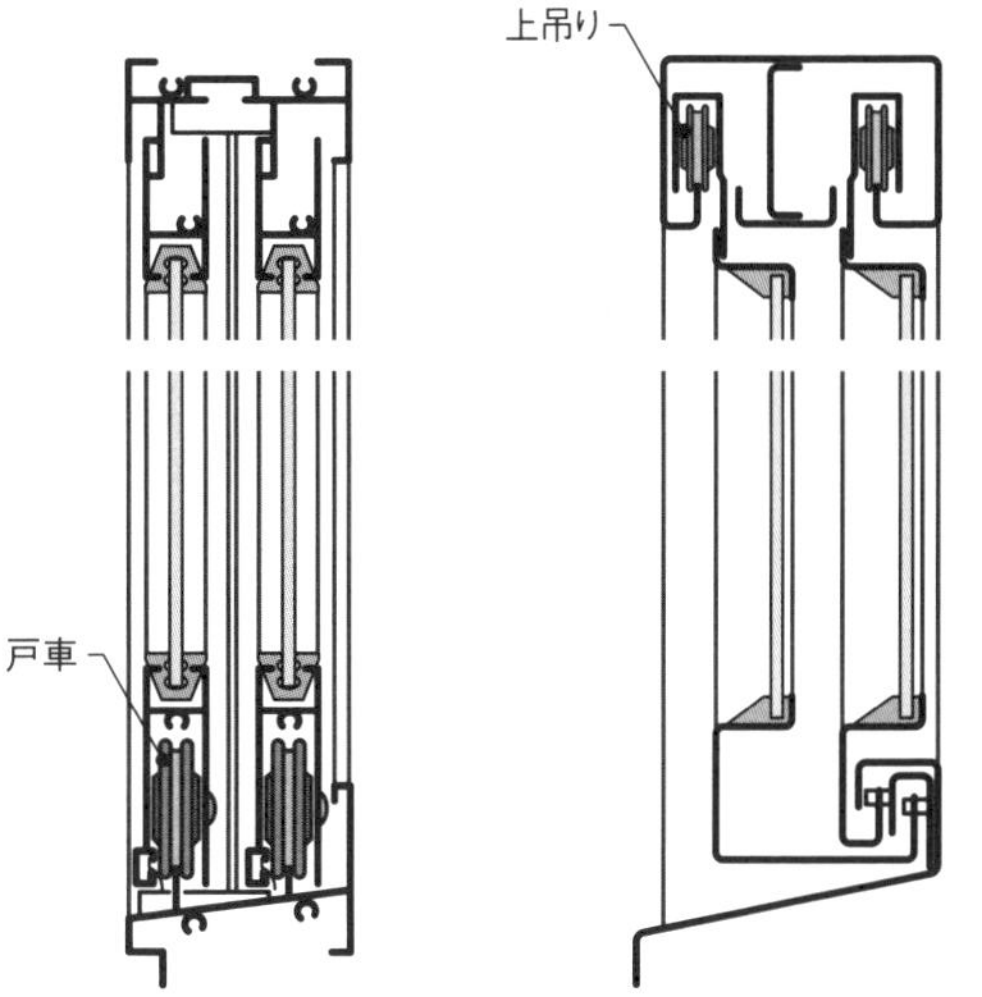

鋼製ドア — 図3

①鋼板ドア（KJドア）　②スチールアングルドア

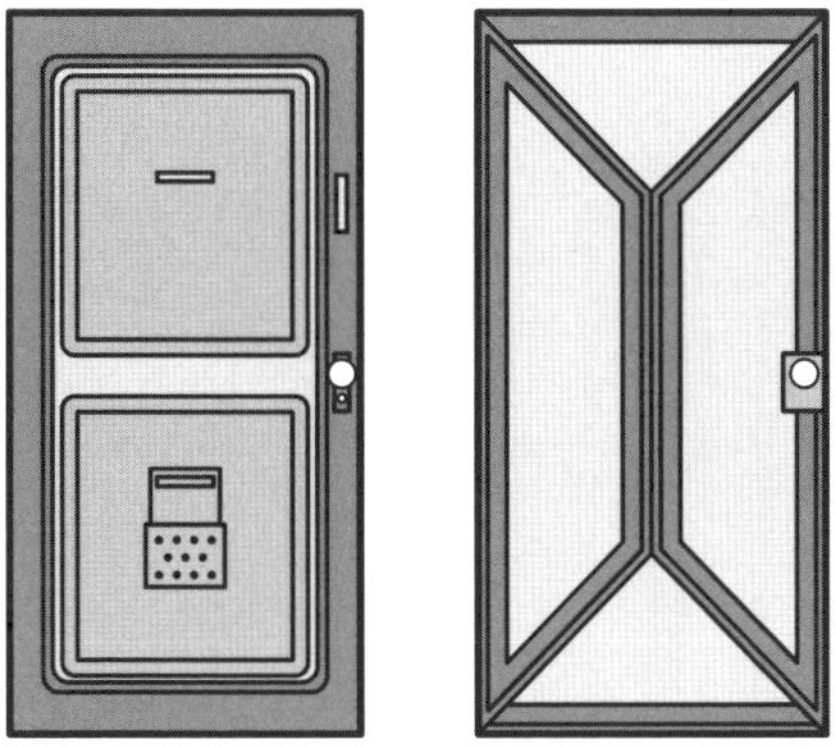

鋼製ドアは防火戸の必要性から主に共同住宅に使われる

アルミ製ドア — 図4

①アルミハニカムコアドア　②アルミ框ドア

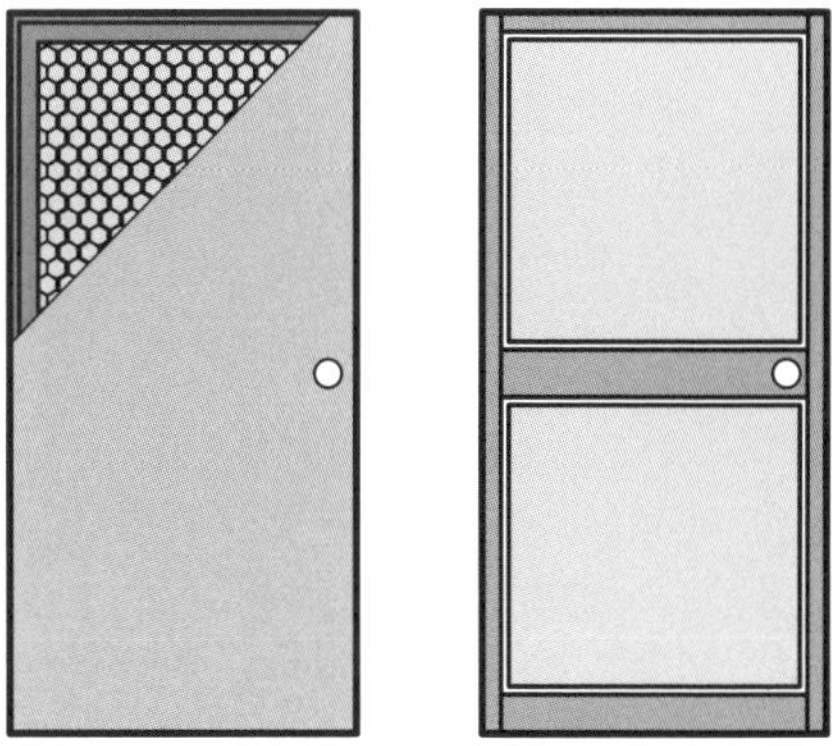

意匠の豊富なアルミドアは、主に戸建住宅に使われる

ガラスの使い方

保持に必要なクリアランス

Point

◆「遮音に複層ガラス」「防犯に網入りガラス・強化ガラス」はいずれも誤用

◆層間変位追従性はガラスと框とのクリアランスで決まる

間違えやすいガラスの用法

ガラスには表に示すように、さまざまな種類があり、性能もさまざまである。たとえば同じガラス2枚でも、保温性は複層ガラスがよい、遮音性は表裏一体でない2重窓がよい、強度は強化ガラスが高いが、防犯や安全のためには2枚のガラスの間にプラスチックシートを挟んで割れにくい合わせガラスがよい、網入りガラスは火熱で脱落しないが強度は期待できないなどだが、こうしたガラスの使い方を誤って認識している人は少なくない。

ガラスは一般に脆弱で、微細の傷からも全体の破損にいたる。網入りガラスも切断部分から鉄網部が発錆《はっせい》・ひび割れを繰り返して破損する。また、ガラス表面の温度差によりひび割れ（熱割れという）が生じ、破損することもある。

ガラスの保持

ガラスの固定方法として、かつてはスチールサッシにパテといった方法があったが、ガラスとサッシの間が緊結され、層間変位追従性が劣るなどの理由から、現在はほとんど見られない。

押縁で留める方法は原理的で、木製サッシでもアルミサッシでも利用される。アルミサッシでは一般的にグレージングガスケット（チャンネル・先付け、ビード・後付け）のほか、押縁とシーリングの併用が使われる（図1）。

いずれの場合も建物の変形に対応してサッシとの間にある程度のクリアランス（Clearance、隙間、Cと省略）が必要である。変形追従性の目安としては、J・G・ブーカムによる式が用いられる（図2）。

ガラスを全面に使う意匠では、ガラスの自重によるひずみを避けるため、かつては上吊りとする方法が用いられていた（191頁図3参照）。しかし、近年は強化ガラスを点支持するDPG（Dot Point Glazing）構法や、特殊なシーリング材を用いてガラスを固定するSSG（Structural Sealant Glazing）構法が採用されている（図3）。

ガラスの種類 — 表

製造方法		ガラスの種類	JIS R	主たる機能
基本製品		フロート板ガラス・磨き板ガラス	3202	透光・透視
		熱線吸収板ガラス	3208	省エネルギー
		型板ガラス	3203	透光・透視
		網入板ガラス・線入板ガラス	3204	防火
2次加工品	熱処理	倍強度ガラス	3222	耐風圧・耐衝撃
		強化ガラス	3206	耐風圧・耐衝撃
	合わせ	合わせガラス	3205	安全・防犯
	コーティング	熱線反射板ガラス	3221	省エネルギー
3次加工品	複合	複層ガラス	3209	省エネルギー
		すり板ガラス	—	透光・透視

ガラスの固定方法 — 図1

①パテ（スチールサッシ）　②押縁＋シーリング（木製サッシ）　③シーリング　④グレージングチャンネル（アルミサッシ）　⑤グレージングビート

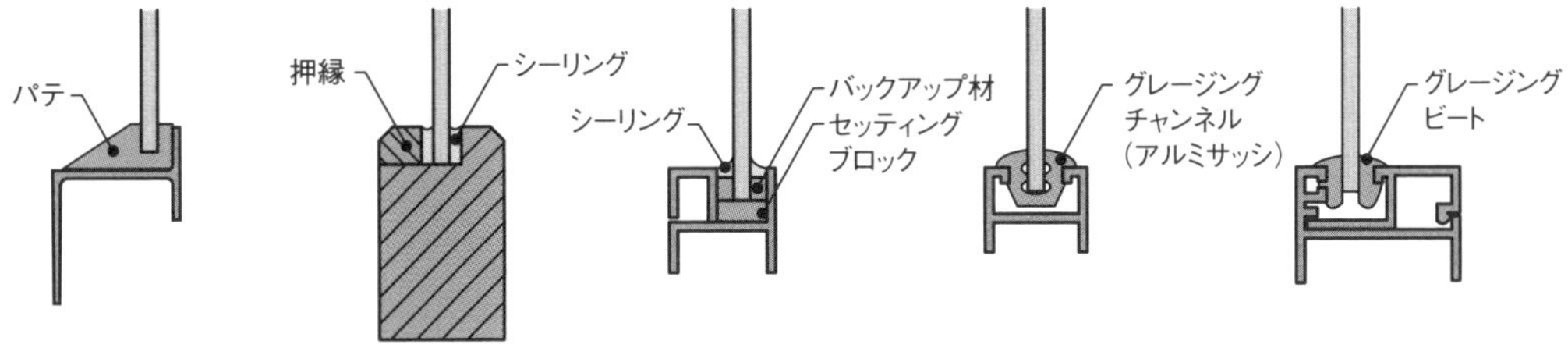

サッシとガラスのクリアランス — 図2

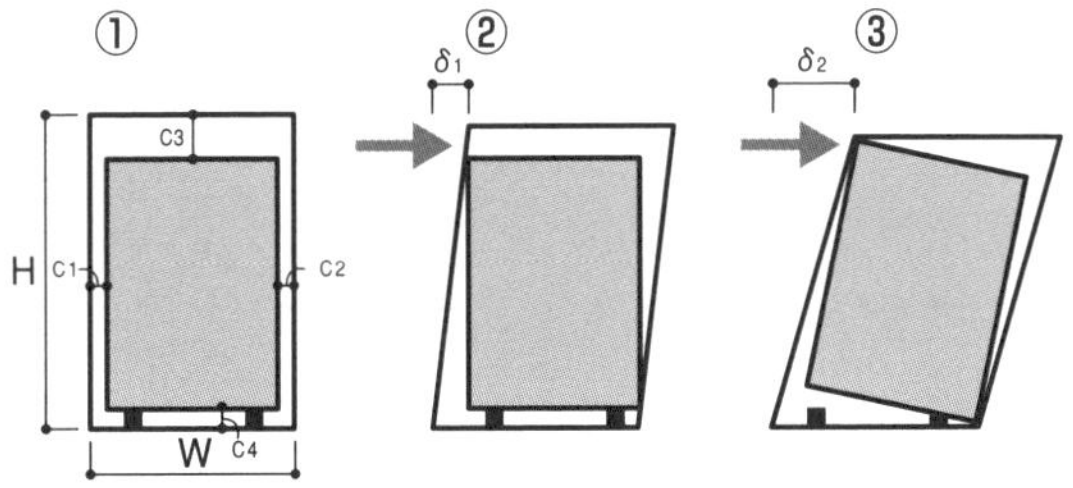

変形追従性の算定式

$\delta_1 = c_1 + c_2$

$\delta_2 = c_1 + c_2 + H / W (c_3 + c_4)$

c_1、c_2 ：左右のクリアランス
c_3、c_4 ：上下のクリアランス
H ：サッシの高さ
W ：サッシの幅
δ_1、δ_2：サッシの変形量

サッシレスのガラスの留付け — 図3

①DPG　②SSG

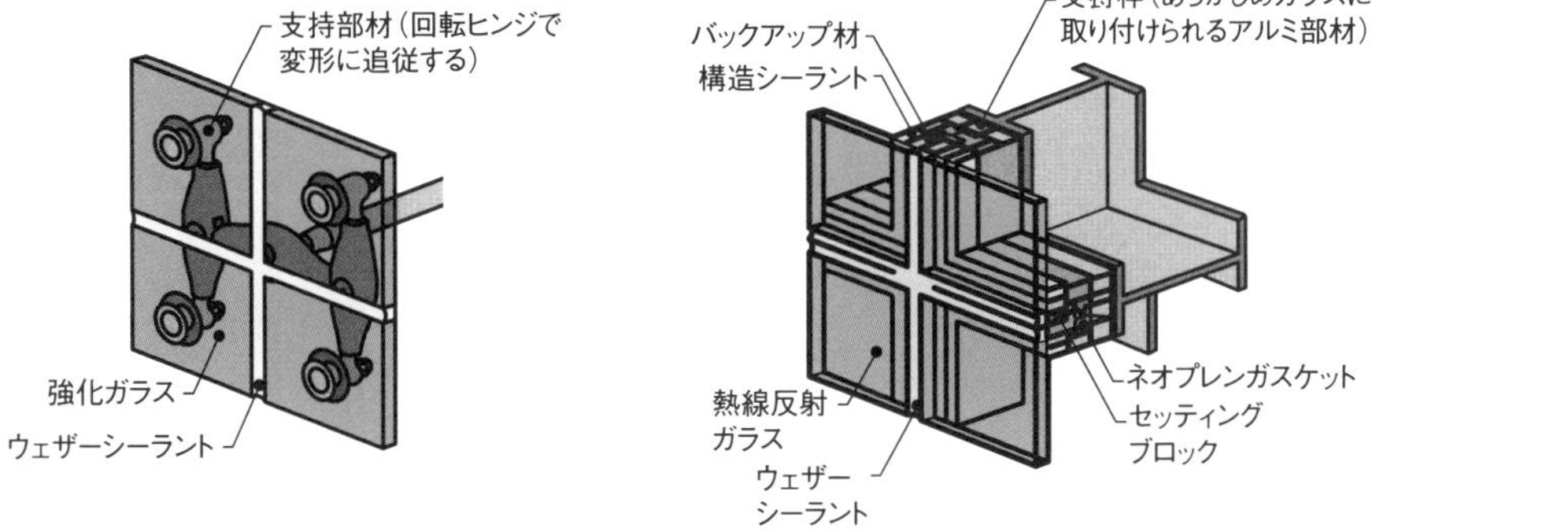

098 内部開口部

枠と壁の関係

引き系か開き系か

Point

◆引戸、開き戸の選択は、時代・要求によって変わる
◆内法寸法は心々間に6尺定尺物が使えることも1つの根拠

用途に応じた扉の採用

内部開口部のほとんどは引き系か開き系である。もともとは引き系が多かったが、和室の減少と、開放時に倍の幅が必要でプランニングの自由度を損なうことなどから、近年は開き戸の採用が増えた。

また、バリアフリーの観点から、引戸、あるいは開き戸と引戸の組み合わせである滑り出し系が、プランニングの自由度を損なうことがないこともあり採用される（図1）。

開き戸の開き勝手の選択は住宅などの狭い空間では重要で、廊下から個室への扉は内開きとする場合が多いが、便所などの場合は緊急時対応への観点から外開きも採用される。浴室の場合は湯水始末の関係上、内開きとなる。

木造真壁で開口部枠となる敷居・鴨居は直接柱に取り付け、特に部材はない。間柱《まばしら》・胴縁による大壁の場合は、開口部枠を取り付けるための骨組が必要となる。加工した枠は外周開口部に準じた方法により、上・下をまぐさ・窓台に、左・右を柱か間柱に、誤差調整の隙間をとって取り付け、納め材として額縁を用いる。枠に幅の広い部材を用いて額縁と一体化することは、大きな材が必要、枠の固定方法が難しい、壁厚さの調整が厄介などの問題があるため、一般には別材とすることが多い（図2）。

なお、木製枠をRC壁やLGS壁に取り付けるには、あらかじめ留め付けたアンカープレートを介し、ビスなどで固定する（図3）。

伝統的な内法寸法

敷居上端から鴨居下端までを〝内法《うちのり》〟といい、その間の寸法を内法高という。5尺8寸＝176㎝など、尺貫法の寸法をメートル法で読み替えた寸法（心々で6尺＝182㎝）とするのが一般的で、規格にあった障子・ふすまが広く流通している。内法は敷居、鴨居間にかかわらず、枠と枠の間など、部材の（心々でなく）実際の間を示す呼称として広く使われる。

バリアフリーの滑り出しドア例 — 図1

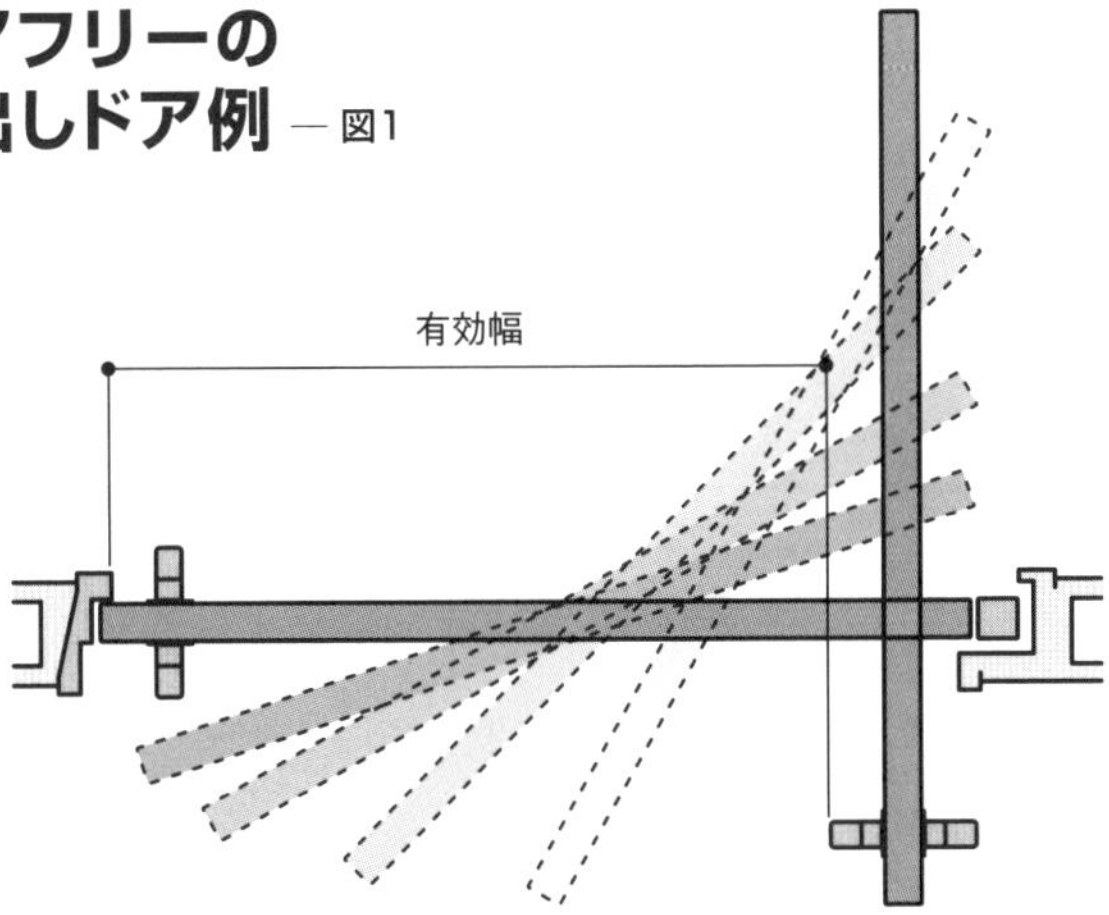

開き戸は手前に開く側での使用が不便なため、引戸がよい。ただし、引戸は引き代のスペースが必要なため、間取りに影響する

アジャスタブル建具枠 — 図2

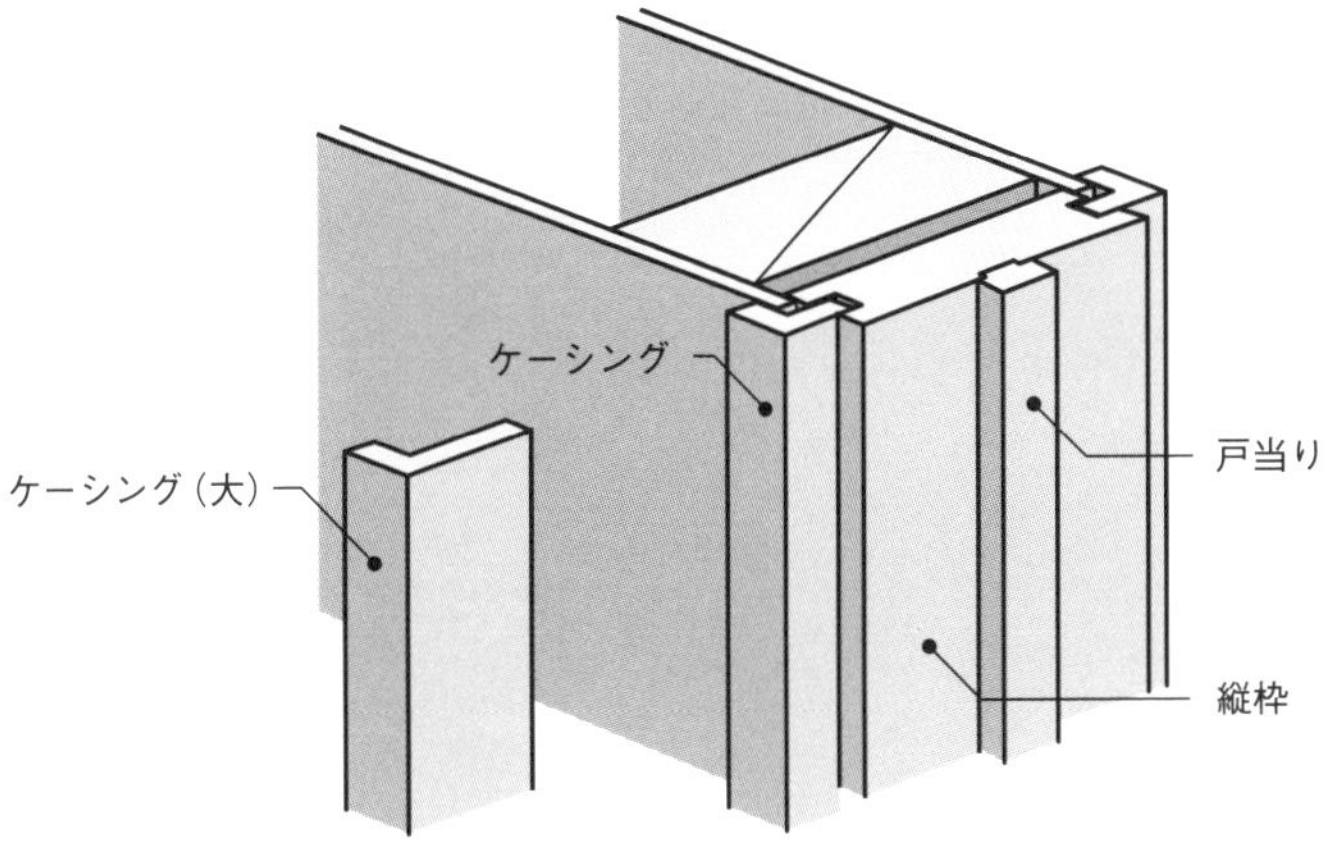

壁の厚みは仕上げによって一様ではないので、枠を分割し、ケーシングの大小で壁厚の変化に対応させる

木製枠の取付け例 — 図3

①RC壁

②LGS壁（木間柱壁）

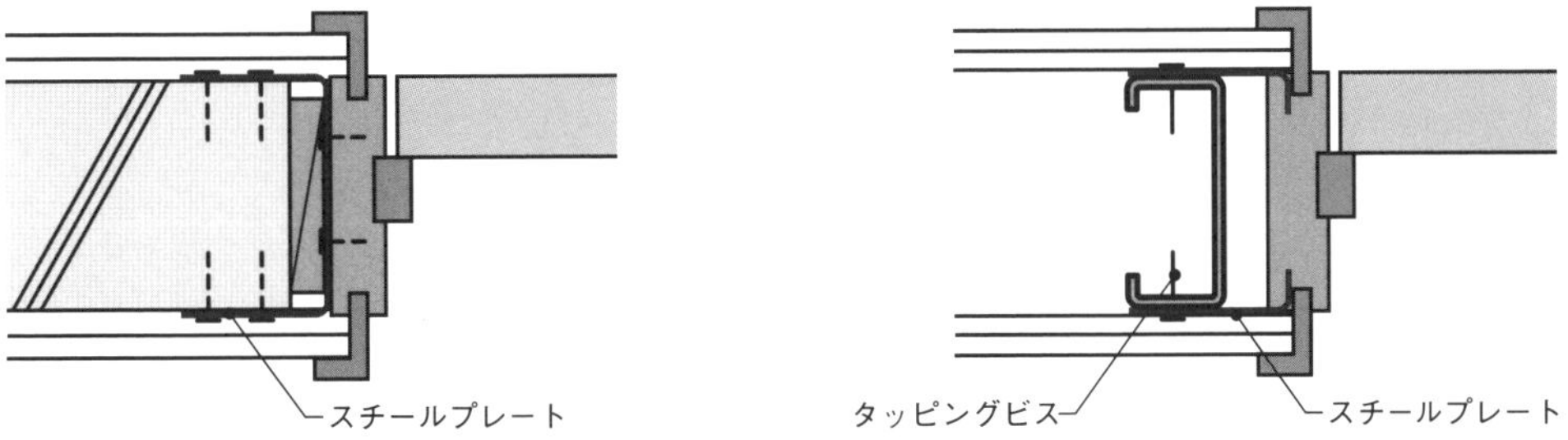

どちらも木製枠に取り付けたスチールプレートをRC壁・LGSスタッドにビス留めで固定する

099 内部開口部

建具と枠

木製建具の規格寸法

Point

◆一般的な開き戸は内法いっぱいには開かない

◆引戸は21㎜、開き戸は30㎜が、木製建具の標準寸法

枠の有無

木製の引戸は枠と別個の流通が多く、枠と框の取合いが問題となる。一方、開き戸は金属製同様、一体の部品としての流通が多い。こちらは現場施工の壁と工場生産品である建具枠との取合いが問題となり、外周壁同様、誤差調整などが必要となる。

ある性能に特化した建具を使う場合、框と枠の関係に注意が必要である。たとえば防音扉の場合、総合的な遮音性能は壁と同様、隙間の大小に左右される（195頁参照）。そこで気密確保という意味から枠付き建具とし、隙間を少なくするには、ネオプレンゴムなどの気密材を使用して、工場生産するなどの配慮が必要となる（図1）。

開き戸の場合は、扉幅に比べて開口幅が狭くなる。原因が吊り元や丁番のこともあるが、開口部に直角に近接して壁面がある場合などは、ドアノブなどとの関係で開口幅が狭くなる。住宅ではこうしたケースが多く、家具や部品の搬入に苦労することがある（図2）。

引戸・開き戸の寸法

建具の枠と可動部分が一体に製作される場合、メーカーが異なると可動部分同士に互換性がないが、別々の場合には互換性がある。ふすま・紙障子（図3）など引戸の多くは、規格化された寸法によっており、框幅は21㎜程度である（図4）。

引戸の特徴は丁番などの建具金物が不要なことであるが、開閉をより容易にする場合には下戸車、あるいは上吊り戸車などの方式も採用される。

開き戸は日本固有のもののほか、さまざまなものが使われているが、近年は組桟の両側に合板を張ったフラッシュ戸が多い。仕上げは化粧合板のほか、クロスを張るものなどさまざまであるが、厚さは30㎜程度が多い。

額縁・枠・框などの縦横の取合いは〝留め〟にするのが一般的であるが、突付けとする方法もあり、サッシなどでは縦框勝ちとなる（230頁参照）。

防音扉 — 図1

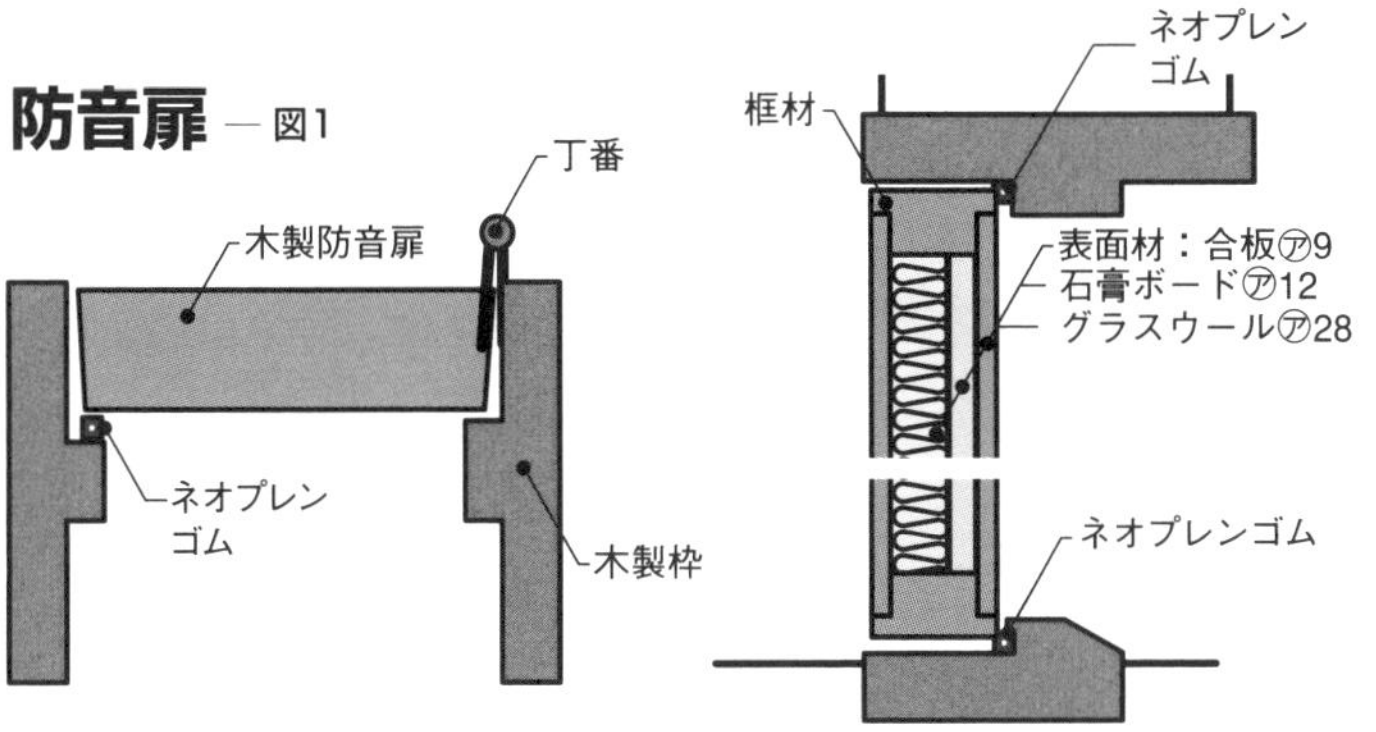

防音という点では枠付き、重量という点では鋼製がよいが、意匠上木製も選ばれる

開き戸のクリアランス — 図2

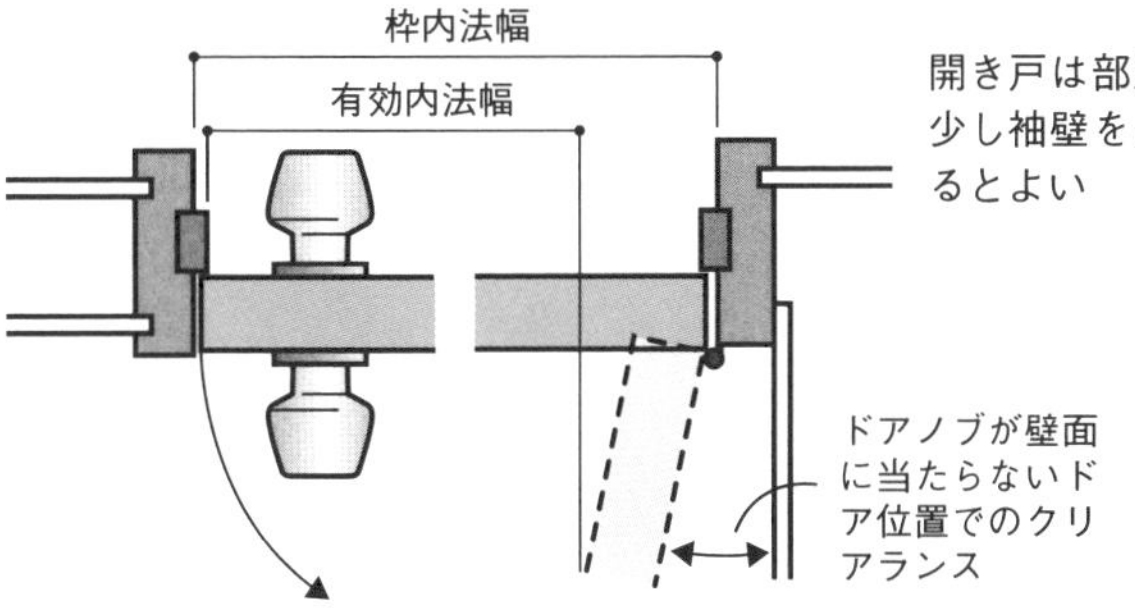

開き戸は部屋隅ではなく、少し袖壁をとって配置するとよい

各種の木製建具 — 図3

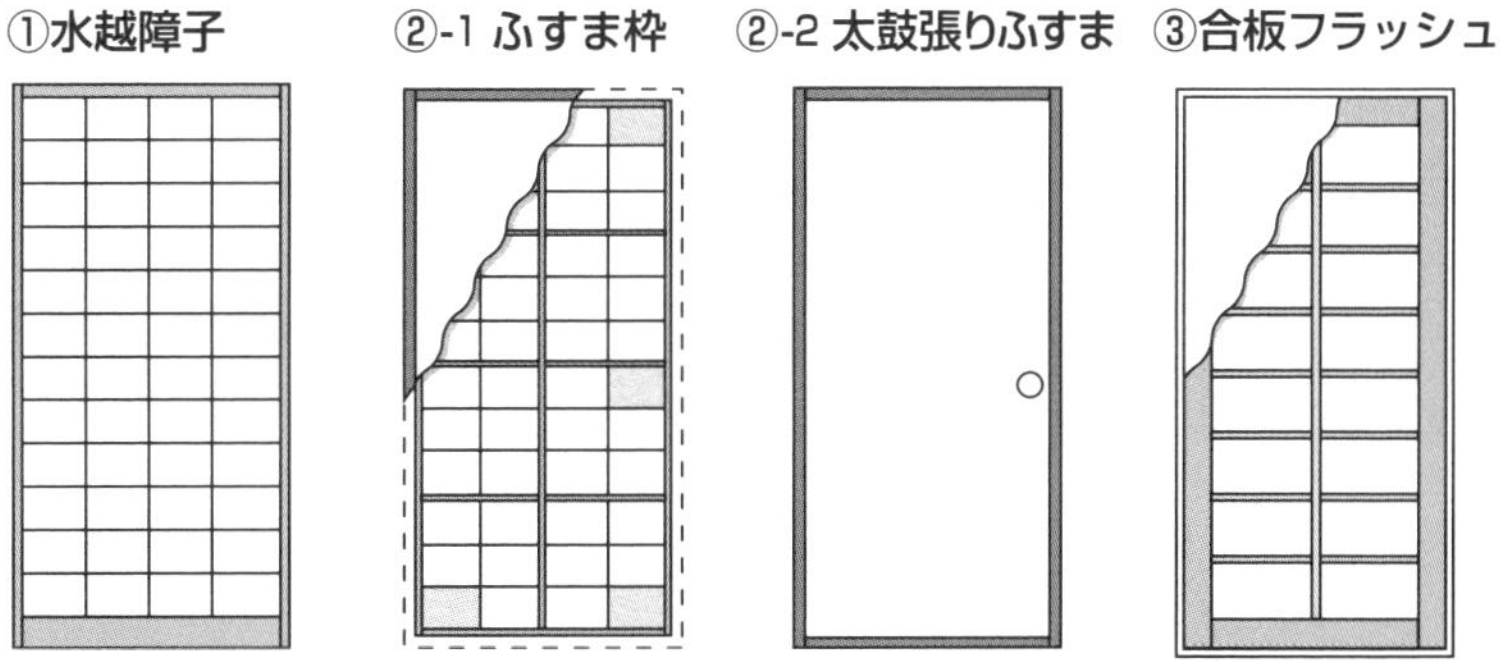

建具関連寸法 — 図4

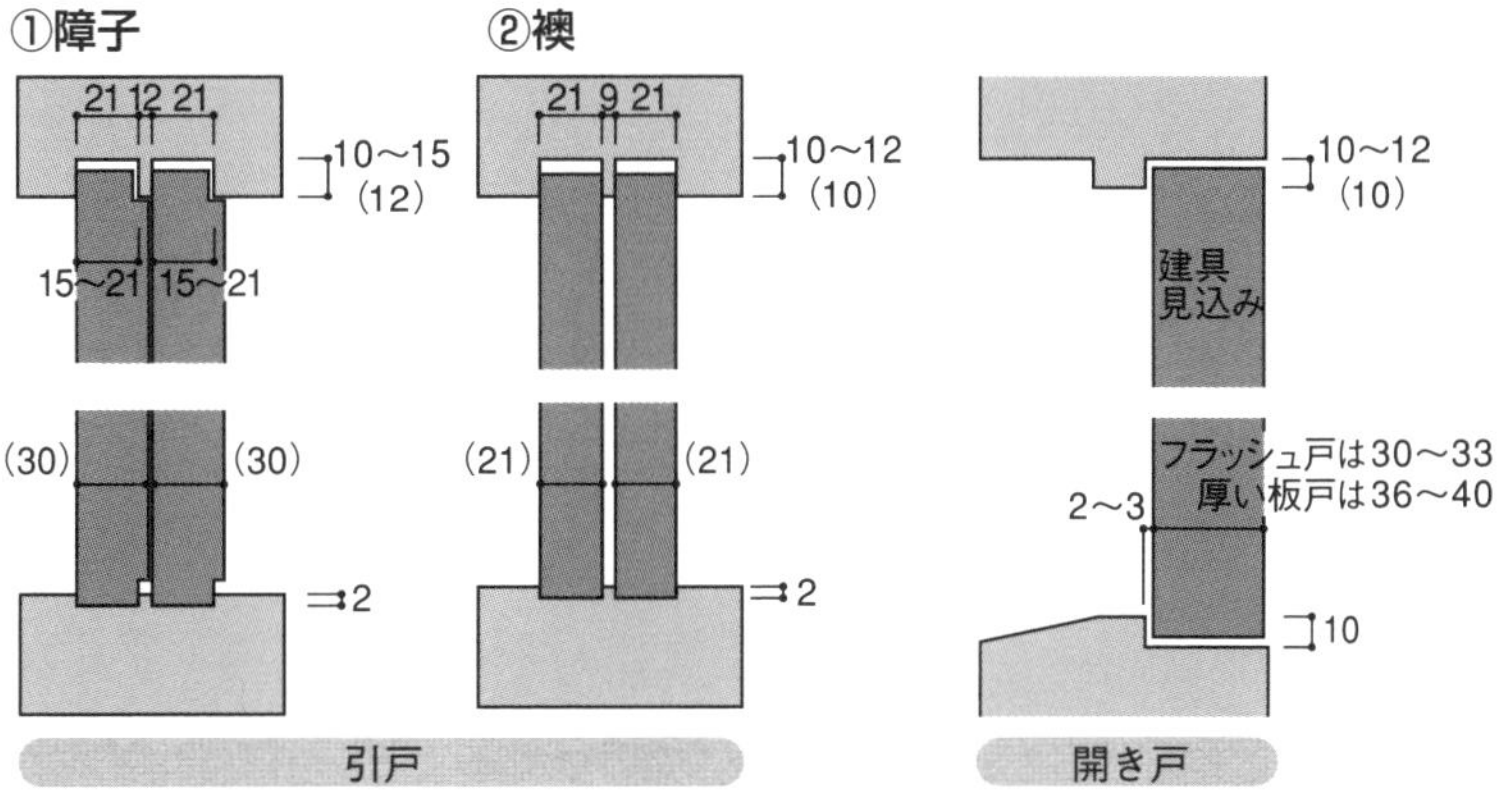

100 開口部

建具金物

開閉や戸締りなどを司る金物

Point

◆丁番は側面で“吊り”、軸吊りは上・下端を“吊る”

◆ピンタンブラー錠の特徴は鍵違いの多さと、マスターキーがつくれること

開き戸の吊り方

建具金物には、丁番など開閉にかかわるもの、ドアクローザーなど開閉制御にかかわるもの、錠や鍵など戸締りにかかわるもの、ドアノブなど扉の操作にかかわるものなどがある。

開き戸の吊り方には、丁番（蝶番）による方法と、軸吊りによる方法がある（205頁図4参照）。丁番は扉の側面に固定される平板部と回転心であるピン、両者をつなぐナックルよりなる。内開き戸はピンが室内側にあり、防犯上有利といわれる。扉の上端・下端に取り付く軸吊りは、機構上、丁番より重いものにも対応可能で、フロアヒンジはドアクローザーの機構を床に納めたものである。

ドアクローザーは閉鎖速度を調整するもので、取手側での事故防止に有効である。吊元でのはさみ対策に配慮した製品も普及しつつある（図1）。なお、ドアノブには、操作性や安全性の点でレバーハンドルが多く用いられている（図2）。

錠の種類

錠（lock）は扉に付け、枠のストライクとセットで戸締りし、鍵（key）やサムターンによって施錠・解錠を行う。錠には扉への取付け方から彫込み錠と面付け錠があり、彫込み錠は体裁がよいが、框と取り合うことから扉の強度を弱める可能性がある（図3）。デッドボルトによる錠を本締り錠、ラッチボルトだけの錠を空《そら》錠という。デッドボルトとラッチボルトとからなる箱錠や両方の機能を有するボルトによる円筒錠がよく使用される（図4）。

引戸の錠は機構上、鎌錠のようなタイプに限られるため（図5）、玄関は堅固な錠の多い開き戸が主流となった。

鍵は〝鍵違い〟の多いものが望まれ、現在、機械的なものではピンタンブラー錠が多い（図6）。シリンダーに直角に挿入されたピンに切れ目を入れ、切れ目の位置がシリンダーと一致すれば回転し解錠する。切れ目を複数入れればマスターキーをつくることができる。

指はさみに配慮したドアの例 — 図1

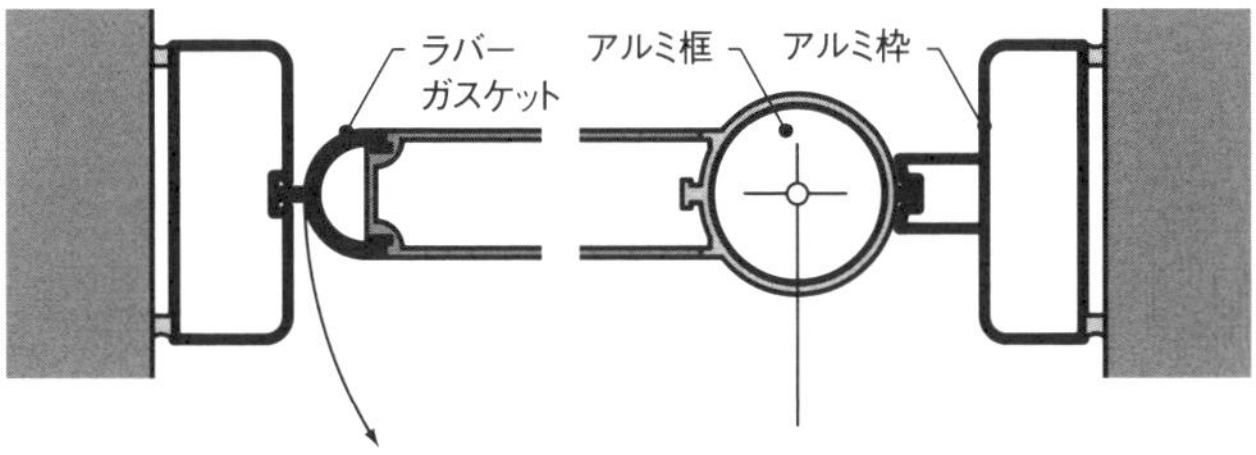

吊元、取手側ともに、指はさみ事故防止の配慮がなされている

バックセット寸法 — 図2

①ノブ

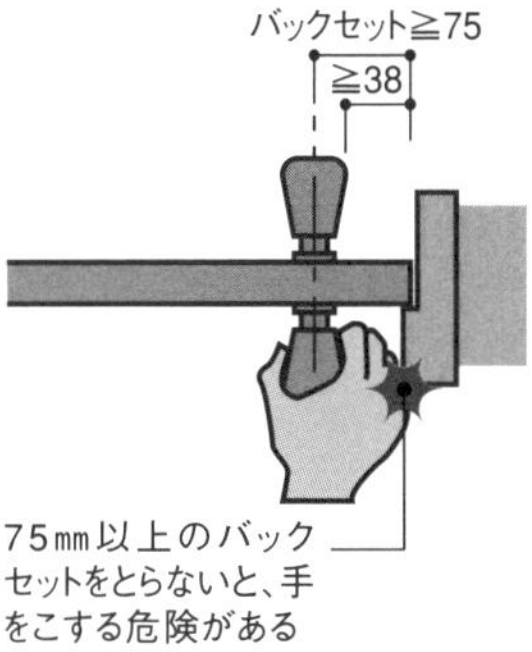

②レバーハンドル

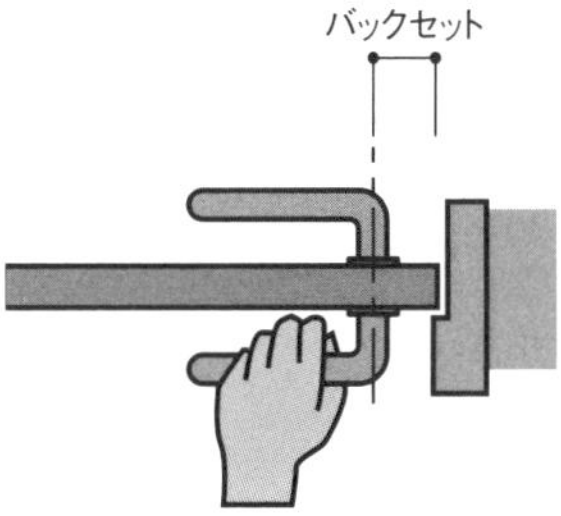

高齢者にレバーハンドルのほうが適しているのは操作が容易なこともあるが、バックセット（ドア側面からノブ中心までの寸法）が小さくても枠による擦れ事故の可能性が少ないことにもよる

面付け錠と彫込み錠 — 図3

①面付け錠

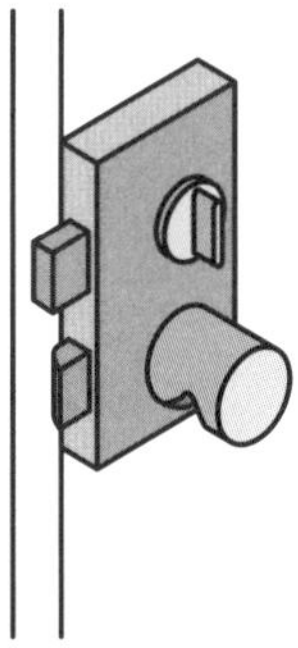

②彫込み錠

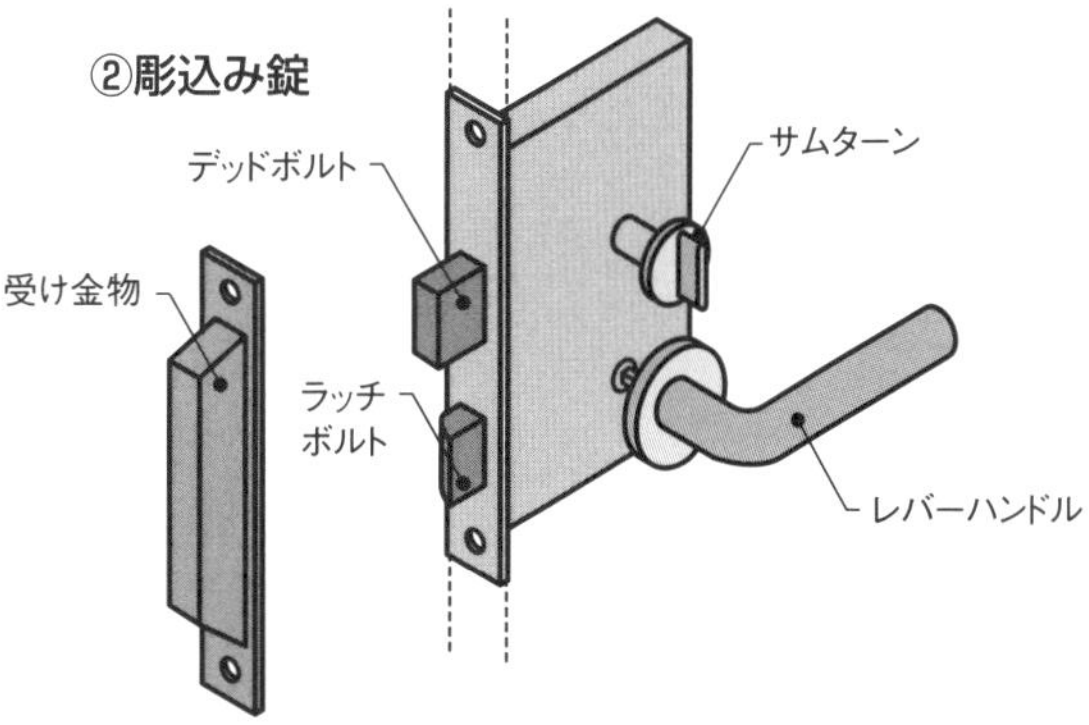

円筒錠 — 図4

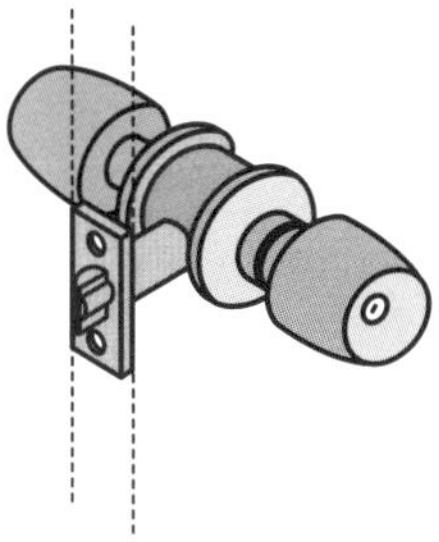

鎌錠 — 図5

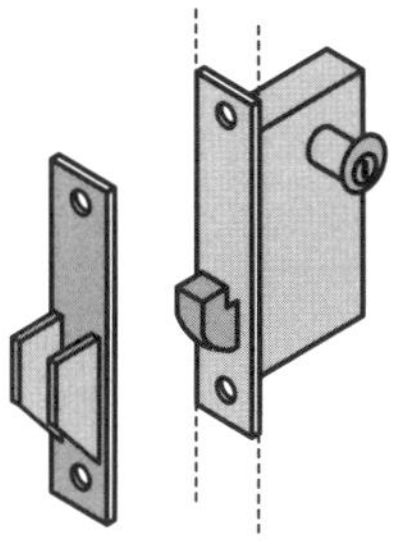

ピンタンブラー錠 — 図6

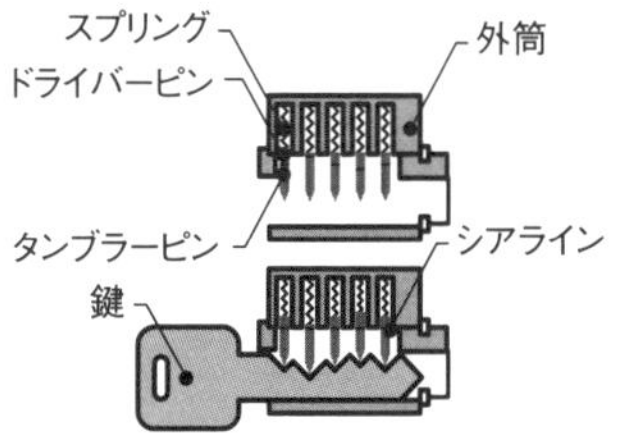

Column 5

エキスパンションジョイント

エキスパンションジョイントの例 — 図1

①屋根ー屋根

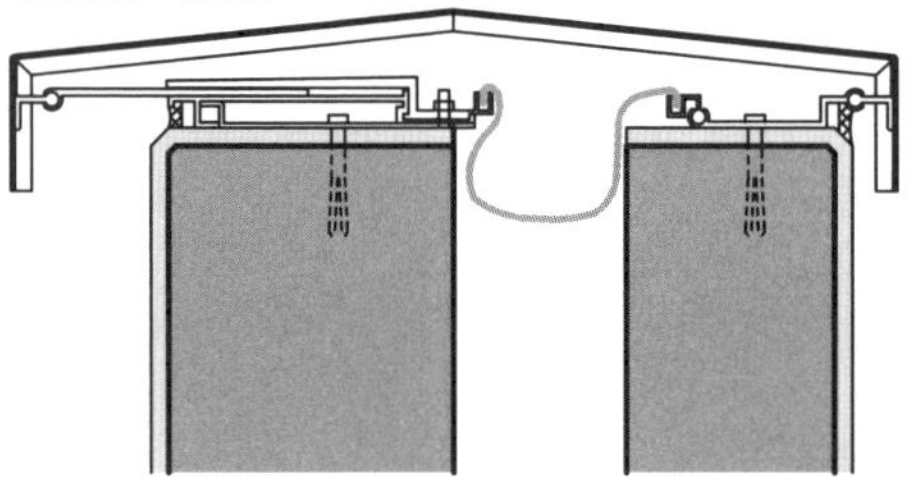

②床ー床

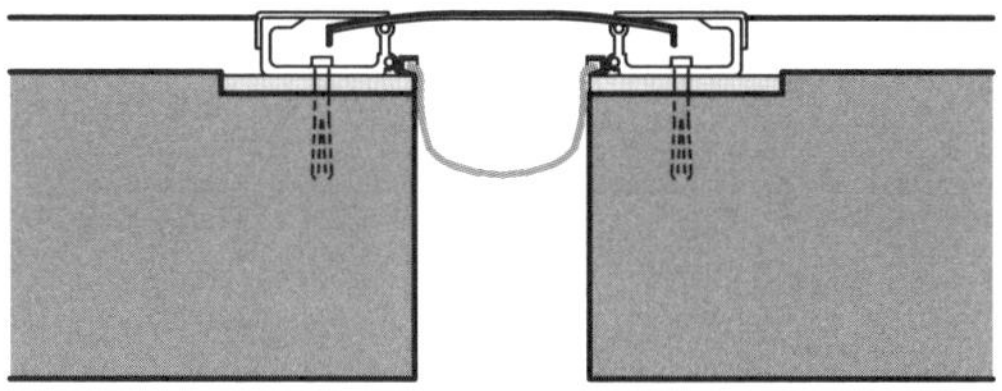

軽微なエキスパンションジョイント — 図2

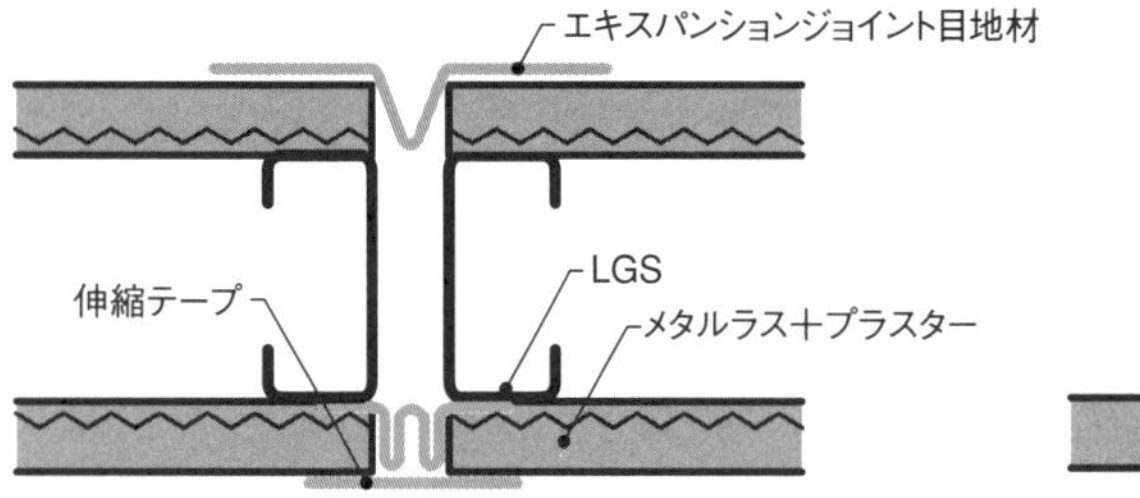

図は極めて小さな変形を前提にしたジョイント例。欧米ではこの種のものをエキスパンションジョイントと呼び、日本でエキスパンションジョイントと呼んでいるものは、セパレーションジョイントと呼んで区別しているようである

参考：『ARCHITECTURAL DETAILING』（Edward ALLEN・John Wiley&Sons,Inc.）ほか

エキスパンションジョイントが必要な建物

建物が次の①～⑦のような場合には、構造的に縁を切り、その取合い部分にエキスパンションジョイント（図1）を設けるのが一般的である。理由は、地震・台風時に変形の差が大きい、温度による伸縮の差が大きい、大きな不同沈下が予測されるなどである。

①建物が長大
②建物形状が複雑（T型、十型など）
③建物躯体《くたい》が複数の種類からなる（鉄骨とRC、軸組式《じくぐみしき》と壁式《かべしき》など）
④建物が渡り廊下により接続している
⑤建物に増築部分がある
⑥建物重量に偏りが大きい
⑦建物が異なる地盤にまたがる

ただし、近年の地震被害においては国の内外を問わず、エキスパンションジョイント部の損傷が著しく、被害を大きくするケースもある。採用に際してはより綿密な検討が必要といえる。

6

構法・工法を生み出すもの

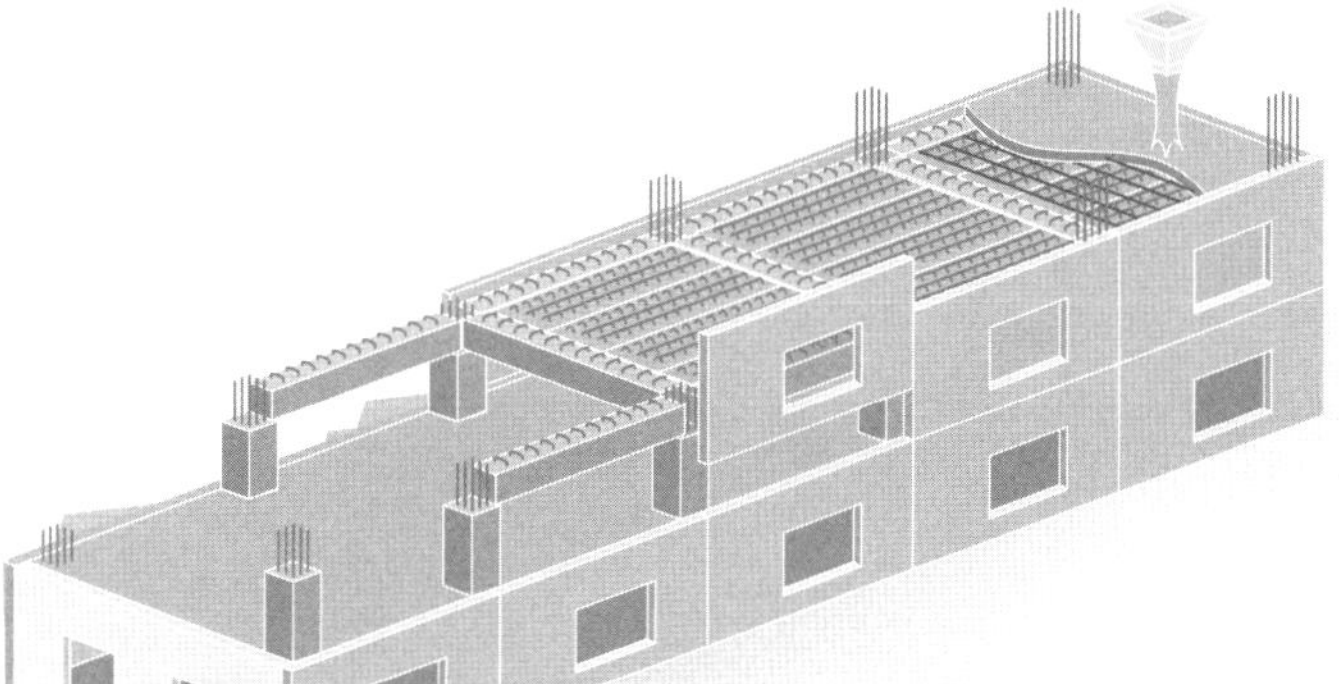

101

構法と設備

ビルトインと更新性

Point

◆設備ビルトインと更新への対応が、新構法や部品を生む
◆付帯工事といわれた設備工事が、今では総工事費の相当部分を占める

設備の設置

建物には、給排水・給湯・冷暖房・換気・電気・ガス・情報など、便利で快適な空間を実現するための設備が付帯する。設備工事は、当初は建築工事とは別でまさに付帯する程度のものであったが、近年は総工事費の相当部分を占めるようになっている。設備は機器と配管・配線に分けられる。配管・配線の適切な設置は構法のテーマの1つであるが、最近は機器についても建物に組み込まれ、一体に同化したもの（ビルトイン、built-in）が増えている（図1）。

設備は機器、配管・配線を問わず、建物躯体などに比べて耐久性が低い。また日進月歩することから陳腐化も早く、建物躯体《くたい》などとの取合いにおいては、補修・交換への配慮が必要となる。

近年、シックハウスの問題から換気設備が義務化された。機器と構法との取合いとしては、外壁に設置されることから、雨仕舞《あまじまい》や断熱性など外周壁《がいしゅうへき》遮断性とのかかわりに留意する必要がある。

また、浴室、便所など設備機器が集中して配置される個所は、さまざまな職種が交錯するなど施工が厄介で、ユニット化された部品が成立しがちな空間といえる（図2）。

更新への対応

逆に電気・情報設備や冷暖房設備のように建物全体に機器が分散配置されるものについては、機器への配管・配線と建築との取合いが問題となる。床上配管・配線方式や集合住宅におけるさや管ヘッダー方式（写真、機器ごとに1本ずつさや管を設け、将来における増減・改修を容易にする工夫）などはそれに対する解答例といえる。

エレベーター、エスカレーターなどの昇降設備は、可動部分があるため定期点検・整備が必要で、設備工事に含まれると考えがちであるが、慣習上は建築工事に含まれる。容量や速度などは日進月歩であり、設置数・必要面積は建築計画に大きく影響する。

天井と床に配線をビルトインした「ワイヤリングダクト」の例 ─ 図1

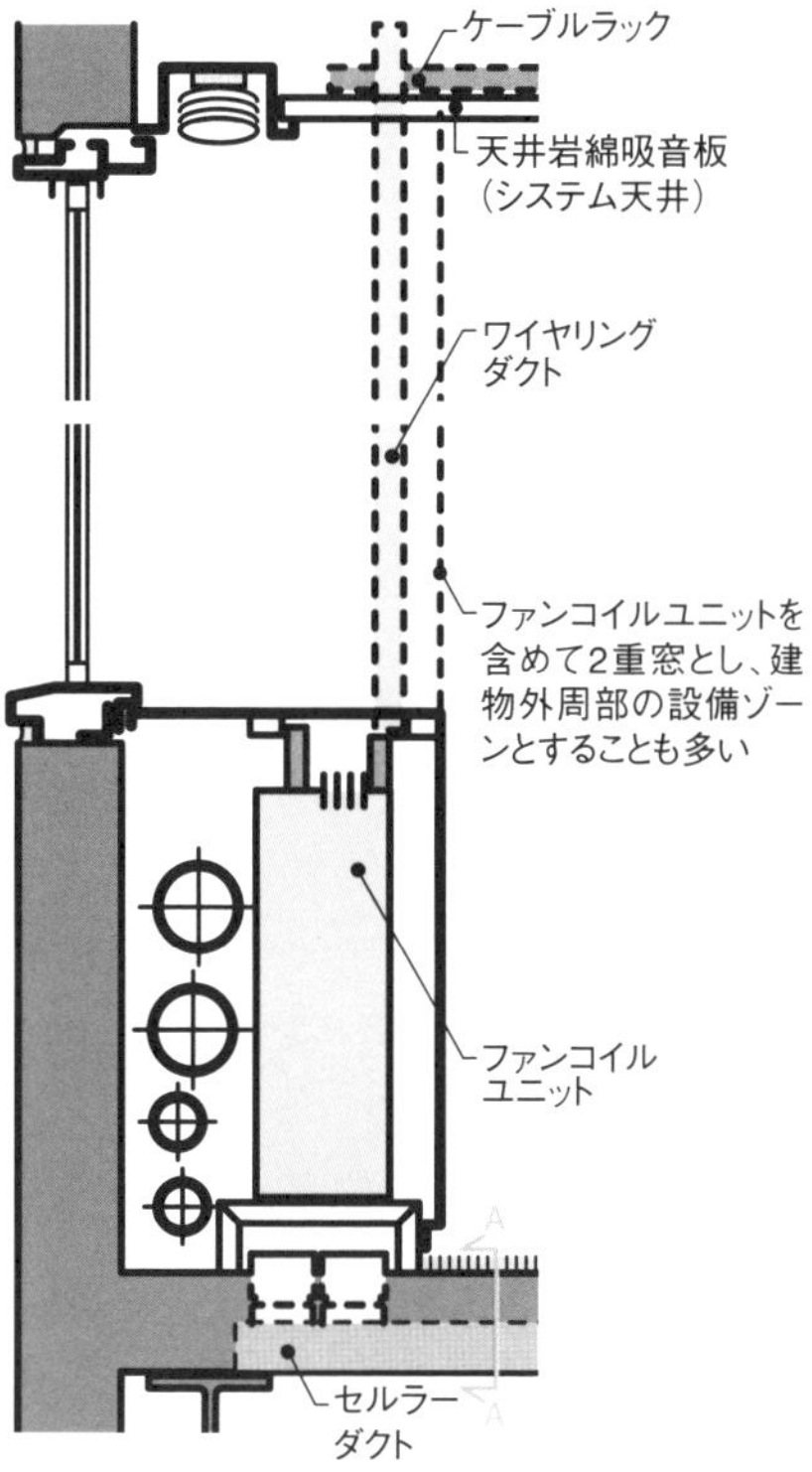

セルラーダクトA−A断面詳細

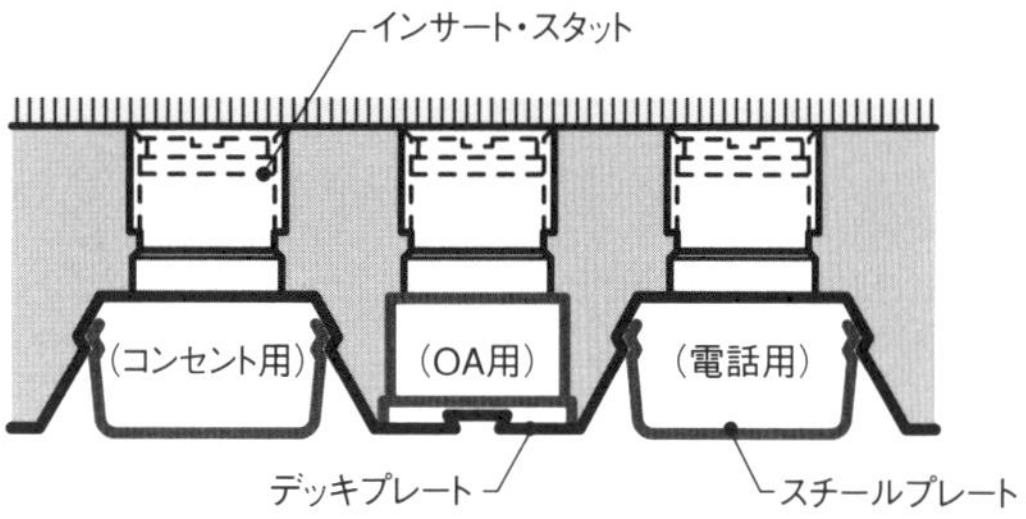

参考：『インテリジェントビルの計画とディテール』（彰国社）ほか

設備機器のユニット化 ─ 図2

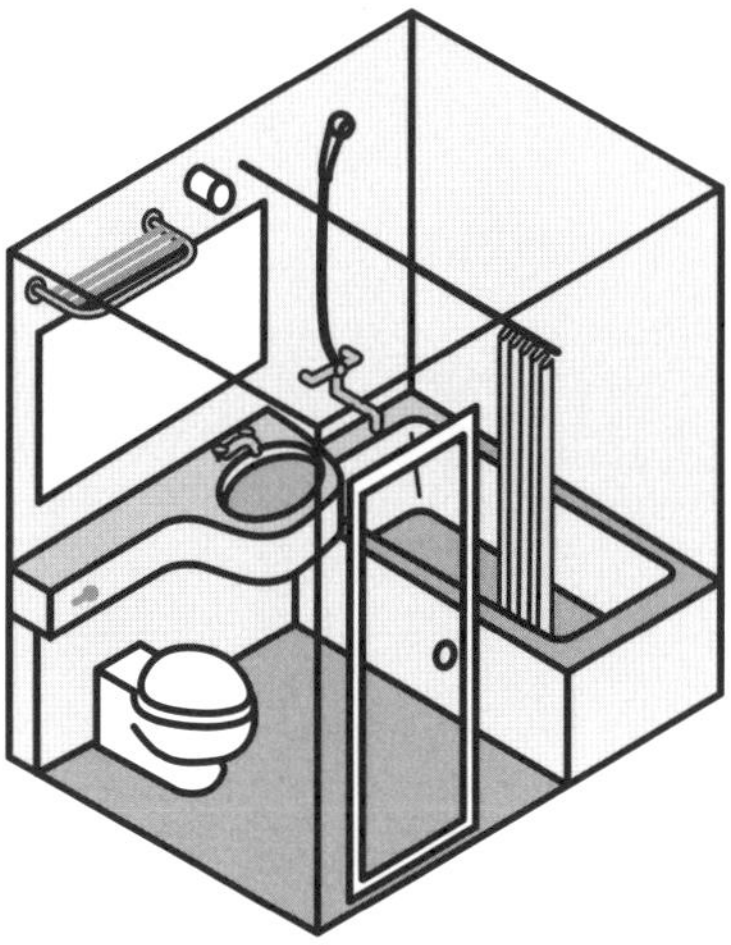

在来の浴室工事では、設備だけでも給排水・電気・空調の工事がある。大工、左官、タイルと建築工事も多種にわたるが、ユニット化によって省力化ができる

さや管ヘッダー方式 ─ 写真

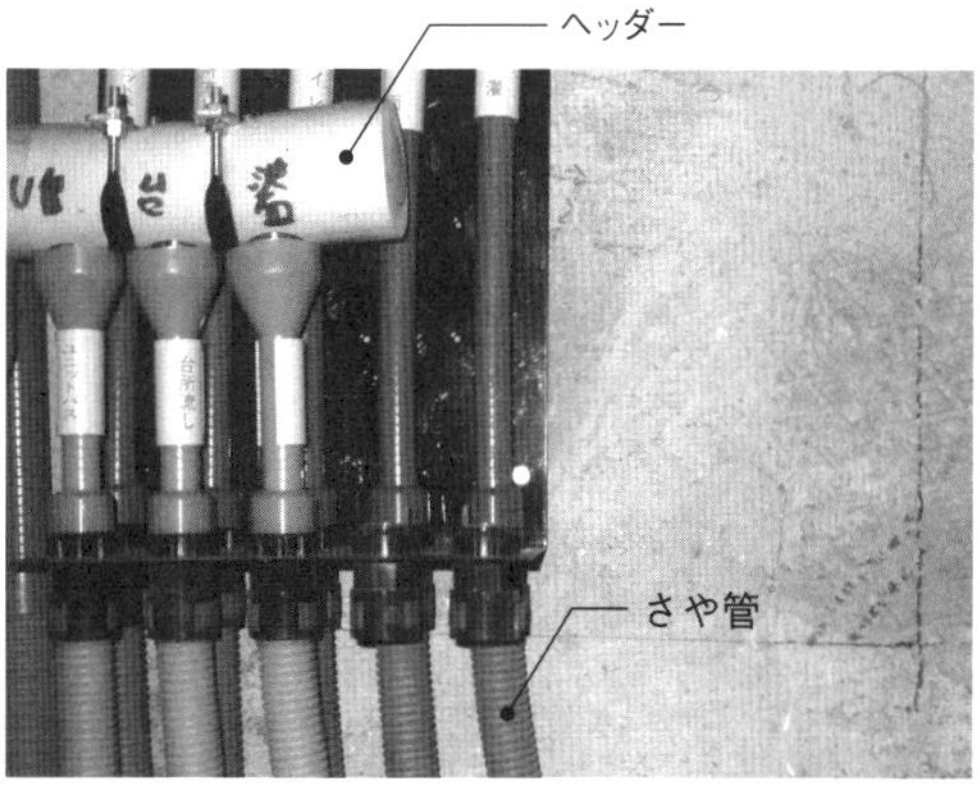

さや管はさやと刀の関係と同様、中身の配管のみを新設・取替え可能とするものである。ヘッダーはその大元で、機器ごとに分岐する

102

構法と法規

法規が決める仕様

Point
◆防耐火関連は、法規が仕様を決める例が多い
◆構造は耐火・準耐火・防火、材料は不燃・準不燃・難燃とグレード分け

性能の規定化

近年、法規は性能で規制し、仕様は自由とする（性能規定化という）方向にあるが、まだ多くの仕様規定が残っており、例示を希望する声も根強い。仕様の規制は防火・耐火関係に多い。

隣地境界線から1階で3ｍ以内、2階で5ｍ以内の部分は〝延焼のおそれのある部分〟（203頁参照）と呼ばれ、その範囲にある外壁は、市街地化された地域（いわゆる法22条地域、屋根不燃地域）では、（20分間の加熱に耐える）準防火性能を有する必要がある（表）。隣地境界線からの距離により、外壁の仕上げを変えることはまれであるため、結局外壁全体を規制することになる。以前、よく用いられたモルタル仕上げは、（30分間の加熱に耐える）防火性能を有する代表例で、仕様はこの規制と関係が深い。

性能グレード

地域や建物用途、規模などによっては、耐火建築物、あるいは準耐火建築物であることが要求され、それぞれ主要構造部を耐火構造、準耐火構造とするほか、各部についても所定の性能を有する構造（構法）や材料が要求される（表）。

火災に関する性能グレードは、構造（構法）に関しては耐火構造・準耐火構造・防火構造があり、材料に関しては不燃材料・準不燃材料・難燃材料がある。前者には防火設備（かつての防火戸）なども含まれる。また、耐火構造に関しては耐火1時間、耐火2時間…とさらにグレード表示されるが、これは避難時間と対応する。

図1は材料の不燃性や構造の防火・耐火性などにかかわる試験法における加熱曲線で、JIS規定のものである。

材料や構造（構法）のほか、意匠と大きく関係する規制もある（図2）。

例示仕様と同等の性能であることを示す方法として、耐火性能検証法、防火区画検証法、階避難安全検証法、全館避難安全検証法などが定められてはいるが、いまだ事例は少ないと聞く。

耐火・準耐火・防火構造と防火設備 ─ 表

対象				耐火構造					準耐火構造（注2）			防火構造（注3）	
				通常の火災				屋内の通常の火災	通常の火災		屋内の通常の火災	周囲において発生する通常の火災	
				構造支障ない（非損傷性）			燃焼温度未満（遮熱性）	火炎出さない	構造支障ない	燃焼温度未満	火炎出さない	構造支障ない	燃焼温度未満
				上から4以内の階	上から5～14階	上から15以上の階							
柱				1時間	2時間	3時間			45分				
梁				1時間	2時間	3時間			45分				
床				1時間	2時間	2時間	1時間		45分	45分			
壁	間仕切壁	耐力壁		1時間	2時間	2時間	1時間		45分	45分			
		非耐力壁					1時間			45分			
	外壁	耐力壁		1時間	2時間	2時間	1時間	1時間	45分	45分	45分	30分	30分
		非耐力壁	延焼のおそれ部分				1時間	1時間		45分	45分		30分
			上記以外の部分				30分	30分		30分	30分		30分
屋根					30分			30分	30分		30分		
階段					30分				30分				
軒裏（注1）	延焼のおそれのある部分									45分			30分
	上記以外の部分									30分			30分

注1　外壁により小屋・天井裏と防火上有効に遮られているものを除く
　2　木造3階建て共同住宅の場合は45分を1時間と読み替える
　3　準防火構造の場合は、外壁のみ30分を20分と読み替える（軒裏はなし）

標準加熱温度曲線 ─ 図1

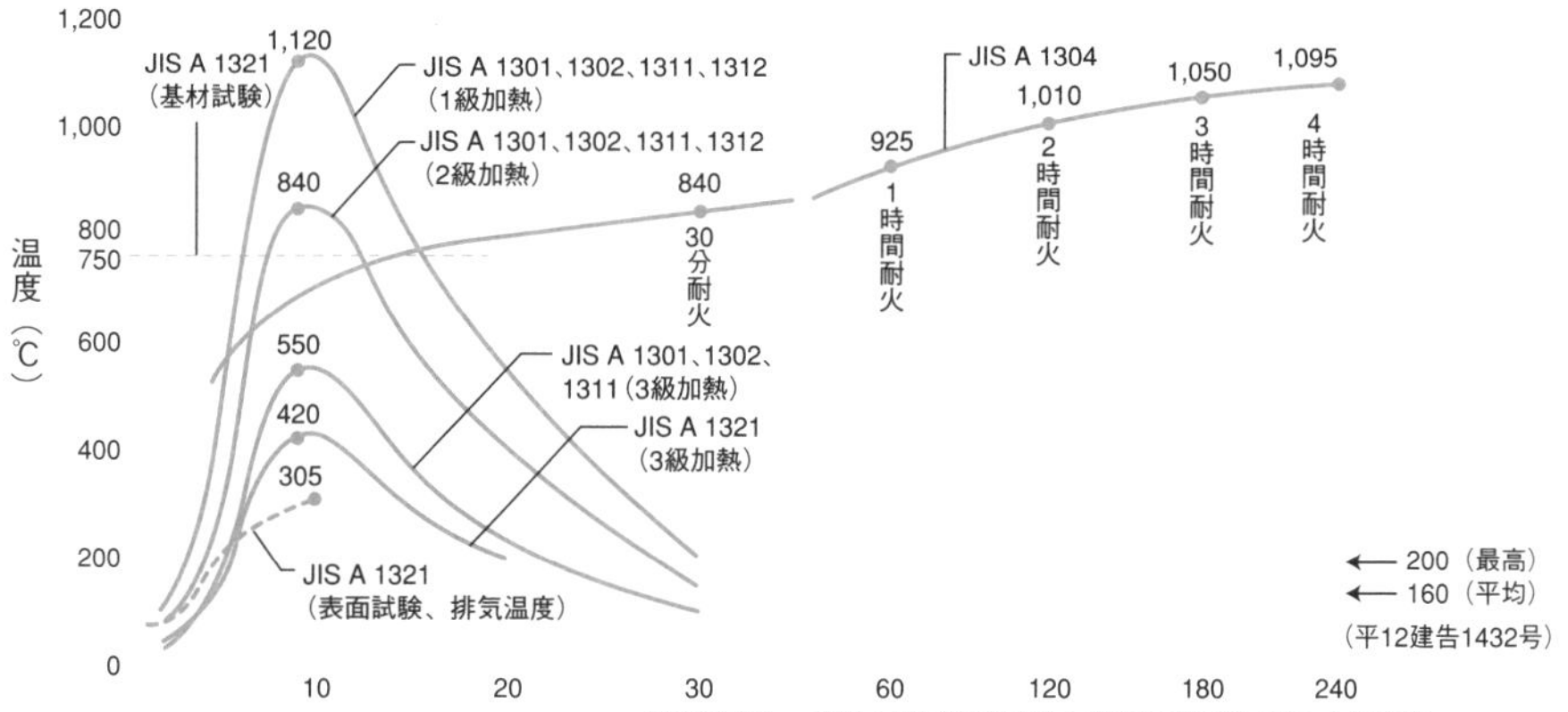

参考：『建築学便覧Ⅱ』（社）日本建築学会編・丸善）ほか

上下階の防火区間 ─ 図2

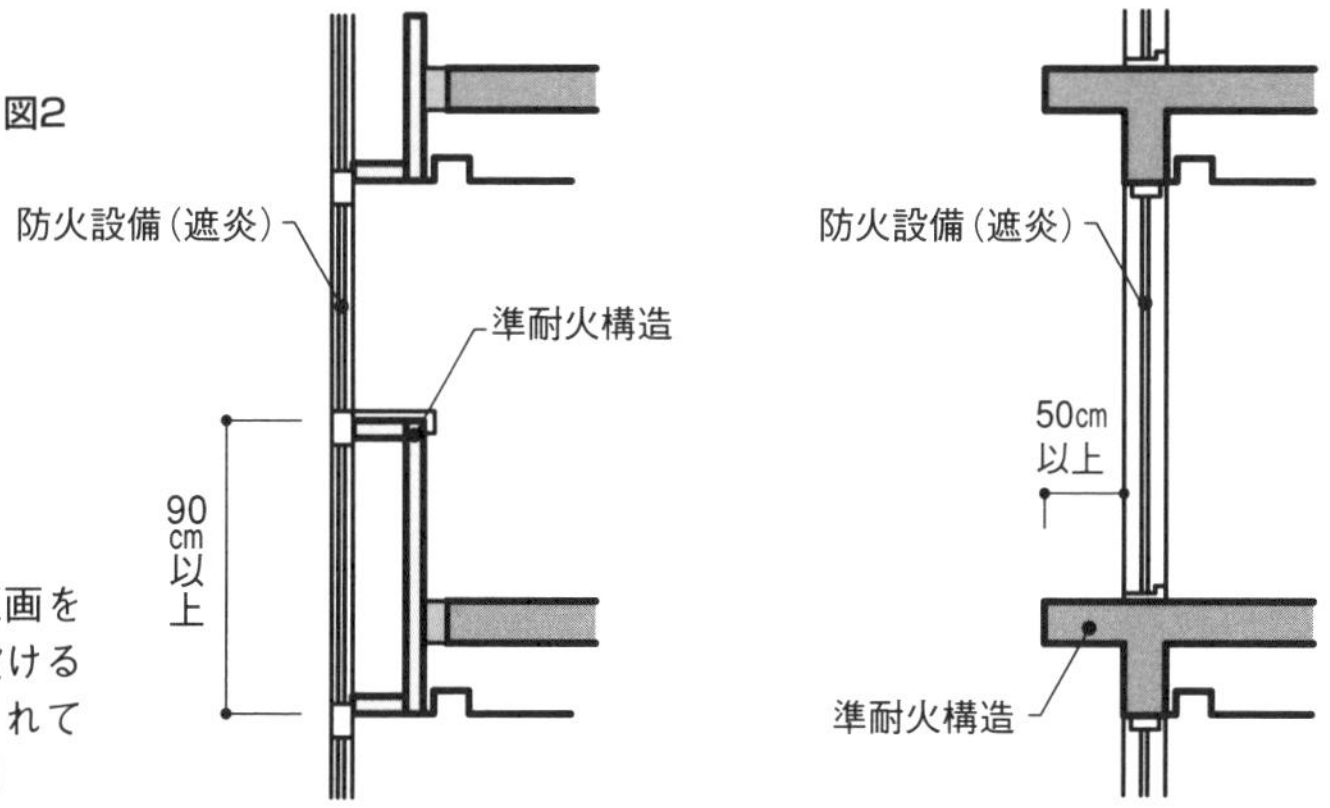

上下階での防火区画を確保するために設けることが義務付けられている腰壁と庇の例

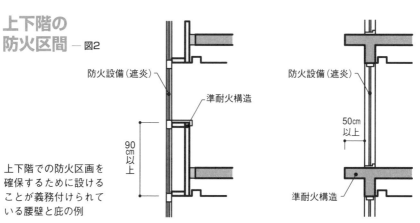

103

施工性・生産性

施工の合理化は工場から

Point
- ◆ムリ・ムラの検討が施工性・生産性向上の第一歩
- ◆施工の合理化は生産性の向上に、生産の合理化は施工性の向上につながる

ムリとムラ

施工性検討の第一は難易度以前の問題で、施工が可能か否かの検討である。一見、何でもないディテールにも施工困難な部分を含むことがある。図1は締めることができないボルトの例である。このほか、下地と仕上げ、異種材の取合いなどでは相性に留意する必要がある。

施工自体は可能でも、間違えやすい構法というのも問題である。図2は梁が1本だけ、断面寸法が異なる例である。構造計算上は施工が可能だとしても、ほかのものとそろえておくほうが無難である。柱間や階高などをラウンドナンバーとすることや、モデュールを使用することなども間違いをなくす工夫の1つといえる。

施工性と生産性

施工性本来の難易度は、以上のムリ・ムラを解消した後に検討される。

近年の輸送・揚重機械の発達は、現場へ持ち込まれる部材の大型化を可能とし、一層のプレファブ化を促すものとなっている。プレファブリケーション（18頁参照）は工場などに労働力を集約することで、効率的な生産を可能とする。さらに、量をまとめることができれば、工場設備などを利用して複雑・高度な部材を量産化することもできる。

こうして生産された部材を使って、現場では新しい工事区分による施工の合理化が検討され、職種の再編成などもなされる（図3）。

ある程度の大きさと機能のまとまりをもち、特定の部位を想定して製作されるものを部品という。浴室ユニットは、日本では浴槽の外で体を洗うことから高い防水性が要求され、多くの職種の細切れ工事が必要なことから生まれた典型的な部品の例である（219頁参照）。

部品を取り入れると、その性能・仕様は決定されるので、設計は部品同士や部品と周辺の取合い・納まりの検討が主となり、適切なモデュラーコオーディネーション（232頁参照）が重要になる。

施工困難なディテール ― 図1

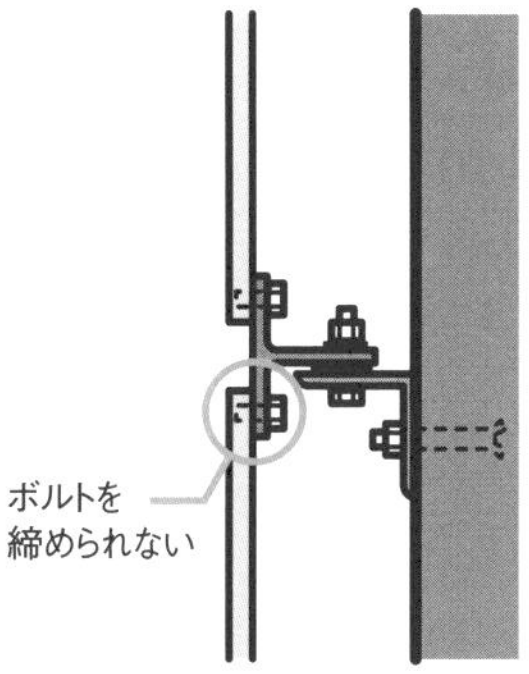

参考：『ARCHITECTURAL DETAILING』
（Edward ALLEN・John Wiley&Sons,Inc.）ほか

混乱を招く使い分け ― 図2

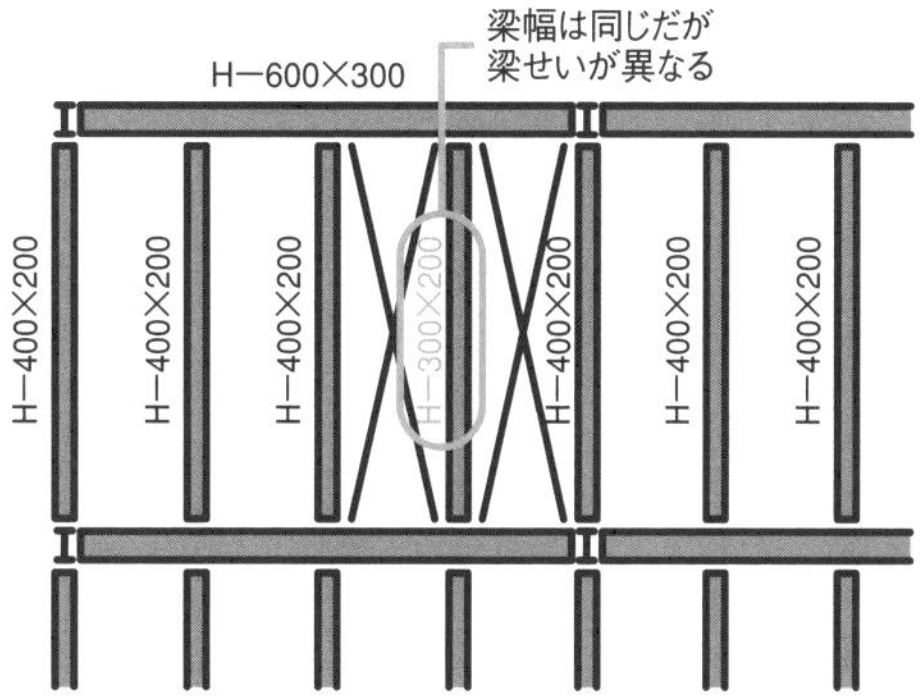

参考：『ARCHITECTURAL DETAILING』
（Edward ALLEN・John Wiley&Sons,Inc.）ほか

RC積層工法のサイクル（多工区同期化工法） ― 図3

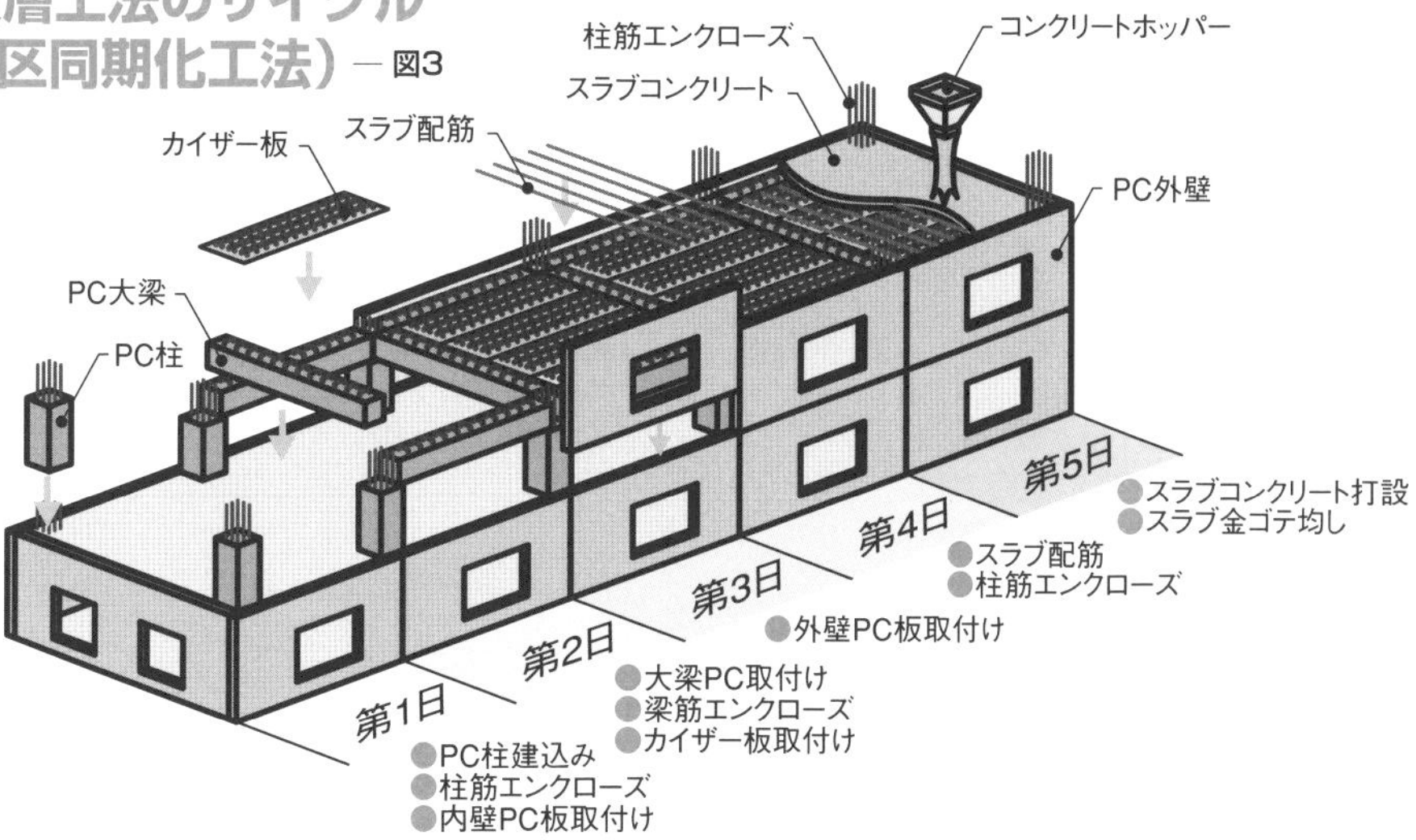

施工技術の変遷 ― 表

	1960	1965	1970	1975	1980	1985	1990	1995	2000	2005
躯体工事	場所打ち杭 デッキプレート 高力ボルト 高張力異形鉄筋	合板型枠 スパンクリート 人口軽量骨材 大型化・機械化型枠	大型H形鋼 コンクリート圧送 鉄筋プレファブ化 耐震スリット壁	地下連続壁 内装仕上打込型枠	高張力鋼 溶接部の超音波探傷 鉄筋加工の自動化 プラスチック型枠	拡底杭 高強度コンクリート 免震構造	大深度地下連続壁 高耐火鋼 制振構造	超高強度太径鉄筋 超高強度コンクリート		
仕上工事			PCaカーテンウォール タイル・サッシ打込み フリーアクセスフロア	タイル打込みPCa板 システム天井	乾式石張り ハーフPC板 セルフレベリング床工法	耐火遮音軽量間仕切壁		大型ユニットフロア（東京都庁舎）		
全般		リフトアップ工法	VH工法 超高層(霞ヶ関) HPC工法	超高層積層工法 壁式PCa工法	プッシュアップ工法 アンボンドPCスラブ 複合化工法	高層壁式ラーメン	ドーム（東京88、福岡93）	（スケルトン・インフィル）	超高層RC造住宅（ザ・シーン城北）	
その他		新潟地震	十勝沖地震		新耐震設計法 宮城県沖地震	RC塩害	コンクリートアルカリ骨材反応	阪神淡路大震災		

104

誤差と公差

建築に見る誤差

Point

◆建築での誤差には、製作誤差と施工誤差がある

◆製作公差は、多くの部材についてJISに定められているが、施工公差はほとんどない

建築における誤差

建築の場合、誤差の原因は工場と現場に分けてとらえることができる。工場における部材生産時の誤差を製作誤差といい、その許容誤差の範囲を寸法公差という。また、現場における部材施工時の誤差を施工誤差といい、その許容誤差の範囲を位置公差という。

寸法公差は、あるコストを前提にした部材の生産歩留まりと関係施工者が現場で始末できる限界との折合い点であり、位置公差は、あるコストを前提にした出来映えと、後工程の施工者が始末できる限界との折合い点であるといえる。

図1は古いデータであるが、鉄筋径の誤差を調査したものである。公差を超えるものもわずかにあるが、マイナス側のものは公差近傍が圧倒的に多く、プラス側はほとんどない。当然のことながら、生産管理は材料量を少なくする（コストを削減する）方向に重点があることの一例といえる。

位置公差

製作誤差の傾向から、多くの部材で寸法公差がＪＩＳなどで定められているが、位置公差の基準は少ない。ただし、部品の製作寸法はモデュールをベースに寸法公差と位置公差を勘案して決められるものであり、位置公差にも暗黙の基準があると考えられる。

表1は仕上げ下地の種類と、始末可能な躯体《くたい》凹凸差の程度を示している。一方、これも四半世紀前の古いデータであるが、図2はコンクリート直押さえ床の施工誤差の実測例である。

表2は日本建築学会の「鉄骨工事精度測定指針」にある位置公差の例である。表3はアメリカの基準例だが、日本に同種の基準はない。コンクリート造では壁の倒れが10’（３０４８㎜）で±１／４”（６㎜）とある。一方、木造では32”（８１２・８㎜）で１／４”（６㎜）と大きく、さらに内装の鉄骨スタッドは10’（３０４８㎜）で±１／２”（13㎜）で、躯体と内装では大きく異なる。

＊「’」＝フィート「”」＝インチ

鉄筋（丸棒）の径のばらつき ― 図1

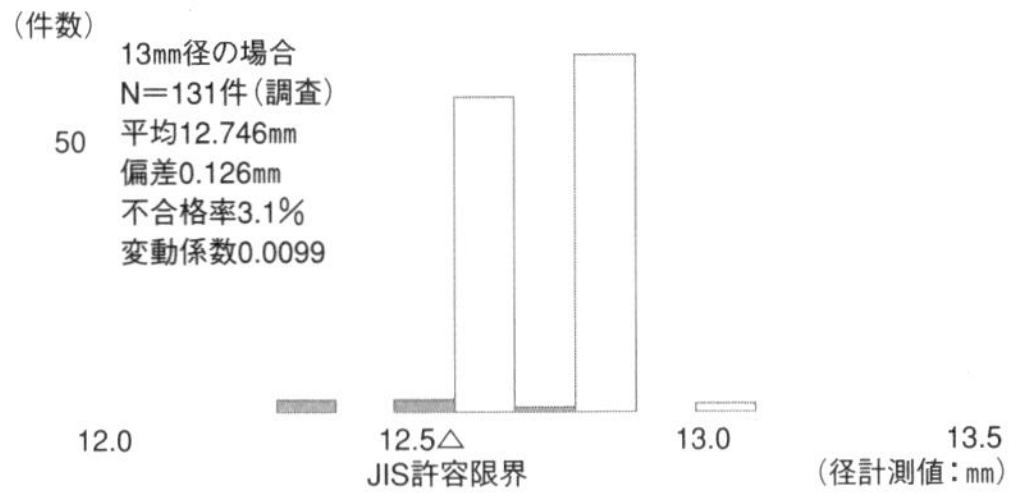

コンクリート直押さえ床の誤差のヒストグラム ― 図2

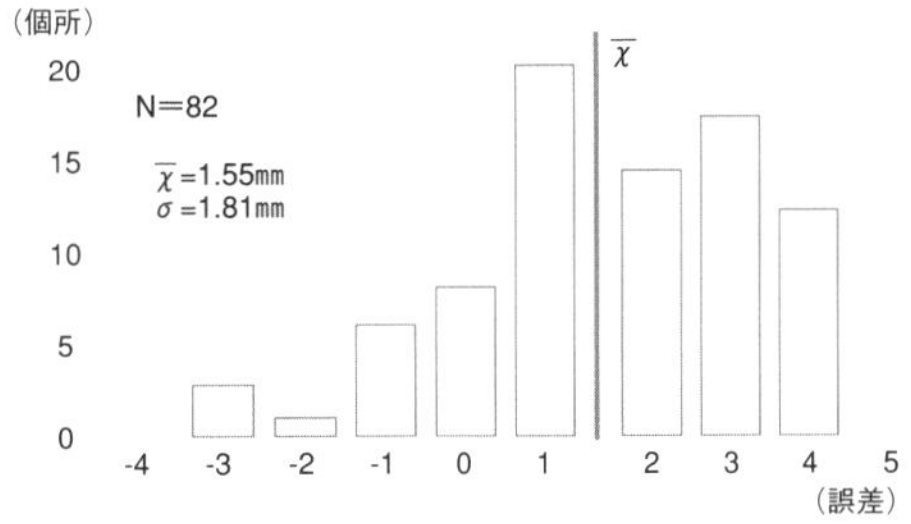

コンクリートの仕上り平坦さの標準値 ― 表1

コンクリートの内外装仕上げ	平坦さ（凹凸の差）	参考	
		柱・壁の場合	床の場合
仕上げ厚さが7㎜以上の場合、または下地の影響をあまり受けない場合	1mにつき10㎜以下	塗壁 胴縁下地	塗床 2重床
仕上げ厚さが7㎜未満の場合、その他かなり良好な平坦さが必要な場合	3mにつき10㎜以下	直吹付け タイル圧着	タイル直張り じゅうたん張り 直防水
コンクリートが見えがかりとなる場合、または仕上げ厚さがきわめて薄い場合、その他良好な表面状態が必要な場合	3mにつき7㎜以下	打放しコンクリート 直塗装 布直張り	樹脂塗床 耐摩耗床 金ごて仕上げ床

出典：『JASS5』（㈳日本建築学会）

鉄骨工事の精度（現場） ― 表2

名前	図	標準許容差
① 建物の倒れ e	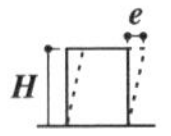	$\left(e \leqq H/2{,}500 + 10\text{mm} \text{ かつ } e \leqq 50\text{mm}\right)$
② 建物のわん曲 e	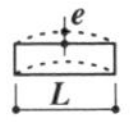	$\left(e \leqq L/2{,}500 \text{ かつ } e \leqq 25\text{mm}\right)$
③ 通り心とアンカーボルトの位置のずれ e	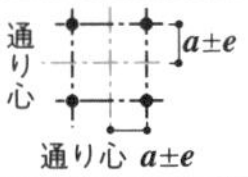	$-3\text{mm} \leqq e \leqq +3\text{mm}$
④ 通り心間隔 e	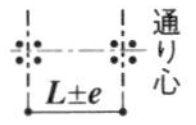	$-1\text{mm} \leqq e \leqq +1\text{mm}$
⑤ 柱据え付け面の高さ ⊿H	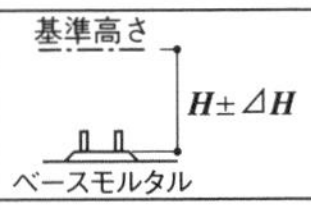	$-3\text{mm} \leqq \varDelta H \leqq +3\text{mm}$
⑥ 工事場継手の階高 ⊿H	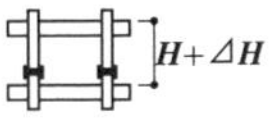	$-5\text{mm} \leqq \varDelta H \leqq +5\text{mm}$
⑦ 梁の水平度 e	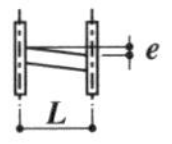	$e \leqq L/1{,}000 + 3\text{mm}$ かつ $e \leqq 10\text{mm}$
⑧ 柱の倒れ e	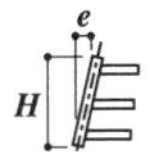	$e \leqq \dfrac{H}{1{,}000}$ かつ $e \leqq 10$

参考：『鉄骨精度測定指針』（㈳日本建築学会）ほか

アメリカの精度基準例 ― 表3

	精度基準
●コンクリート造 基礎の平面寸法 壁の倒れ 壁の建築線に対する凹凸 壁厚のばらつき 柱の倒れ 梁（床）の水平凹凸	−1／2in、＋2in10ftにつき±1／4in±1in −1／4in、＋1／2in 10ftにつき1／4in、ただし、最大1in 10ftにつき1／4in、ただし、最大±3／4in
●鉄骨造 柱の倒れ 梁の長さ	20階以下は建物線に対し、−1in、＋2in それ以上の高層建物では、−2in、＋3in 梁せい24in以下では±3／8in、 それを超えると±1／2in
●石造 石の矩形（製作） 誤差	±1／16in
●組積造 平面配置（施工） 誤差	20ftにつき±1／2in
●木造 床の水平 壁の倒れ	32inにつき±1／4in 32inにつき±1／4in
●内装 鋼鉄間柱の倒れ 吊天井の平滑度	10ftにつき±1／2in 10ftにつき±1／8in

参考：『ARCHITECTURAL DETAILING』
（Edward ALLEN・John Wiley&Sons,Inc.）ほか

変形

変化・変形する材料への配慮

Point

◆ものは熱膨張、乾燥収縮、その他により、常に形を変える
◆環境の変化などにより形を変えるものを納めるのも、構法の役割である

熱膨張への配慮

材料は環境条件により変化・変形する。表1は温度による伸縮の度合い、熱膨張率を示している。プラスチックや金属は熱膨張率が大きいので、外部など温度差が大きな場所での使用に際しては注意が必要である。たとえば硬質塩ビは熱膨張率が鉄の約7倍もある。屋外で日射がある夏季と冬季夜間では相当の温度差となることから、一般に雨樋は緊結・固定しない（図1）。

金属板の使用や目地の設置においても、外装の場合には熱膨張に対する十分な配慮が必要となる。金属屋根の吊り子はそうした配慮の一例である（112頁参照）。また、熱膨張率に差のある部材を緊結した場合は、それぞれに想定される伸縮と実際のそれとの差に相当する引張《ひっぱり》と圧縮の内部応力が生じることに留意する必要がある。

吸水・吸湿や乾燥による収縮

表2は吸水・吸湿や乾燥による伸縮の度合いを示している。木材の含水による伸縮率は樹種にもよるが、繊維方向、柾目《まさめ》方向、板目方向の順に大きくなる。また、木表《きおもて》は木裏《きうら》より当初の含水率が高いため、収縮量も大きい（図2）。鴨居、敷居などで木裏を隠すように配置するのは、凸面を隠れる内側とするためであり、裏面を溝を彫った形状とした額縁や幅木は、薄くすることで乾燥収縮による変形を抑える工夫をしたものである（図3）。襖やドアなどが反る現象も温度や湿気によることが多い。特に表裏が異なる環境に面する場合や、異なる仕上げとした場合に起こりやすい（図4）。

コンクリートの場合は日常的な吸放湿による変形以上に、打設後の乾燥収縮の影響が大きく、ひび割れが発生することがある。ひび割れについて「住宅紛争処理の参考となるべき技術的基準」（平成12年建設省告示1653号）では、0.3㎜未満と0.5㎜以上を、瑕疵《かし》（236頁参照）がある可能性のなし、ありの目安（閾値《しきいち》）としている。

熱(線)膨張率αの例 ― 表1

材　料	×10⁻⁶/℃
木材	5.0
石灰岩	3.0〜12.0
花こう岩	5.0〜11.0
大理石	5.0〜22.1
砂岩	7.0〜12.0
スレート	8.0〜10.0
珪石	9.0
タイル	4.5
レンガ	6.5
ALC	6.7〜8.0
コンクリート	6.8〜12.7
ガラス	9.5
鋳鉄	10.6
鋼鉄	12.1
ステンレス	16.5
銅	16.9
ブロンズ	18.4
真鍮	18.7
アルミ	23.8
鉛	28.6
亜鉛	32.4
FRP	20〜34
ポリエステル	35〜50
硬質塩化ビニル	50〜180
ポリカーボネート	68.4
アクリル	74.0

$\ell_1 - \ell_2 = \alpha(t_1 - t_2)$

雨樋の固定 ― 図1

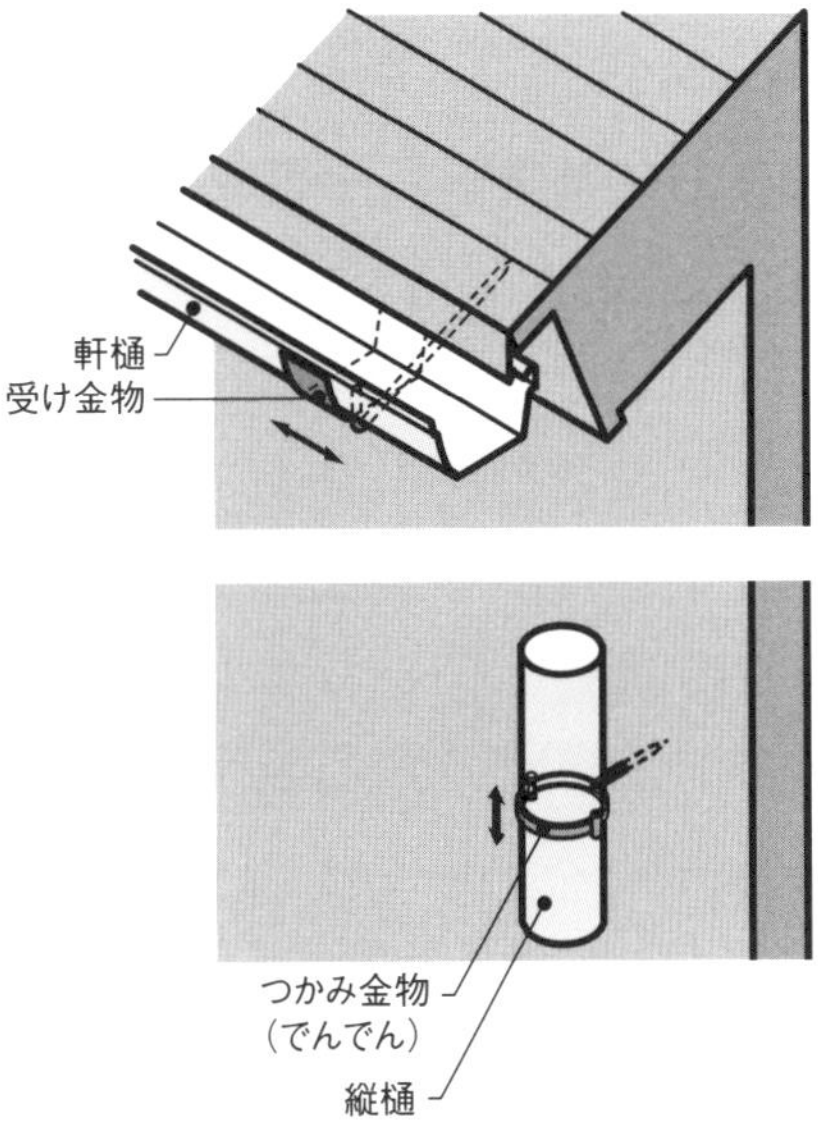

105

構法・工法を生み出すもの

吸収・吸湿による収縮・膨張 ― 表2

コンクリートの乾燥収縮	0.0005〜0.0007㎜/㎜
レンガの吸湿膨張	0.0002㎜/㎜
石膏ボードの吸湿膨張	0.0004㎜/㎜

5mのコンクリート板の乾燥収縮は、鉄筋の影響を無視すると以下のとおり　5,000㎜×0.0005〜0.0007㎜/㎜＝2.5〜3.5㎜

木表と木裏 ― 図2

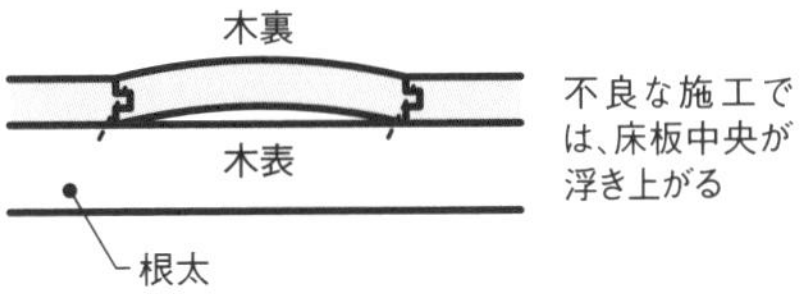

長尺板への配慮 ― 図3

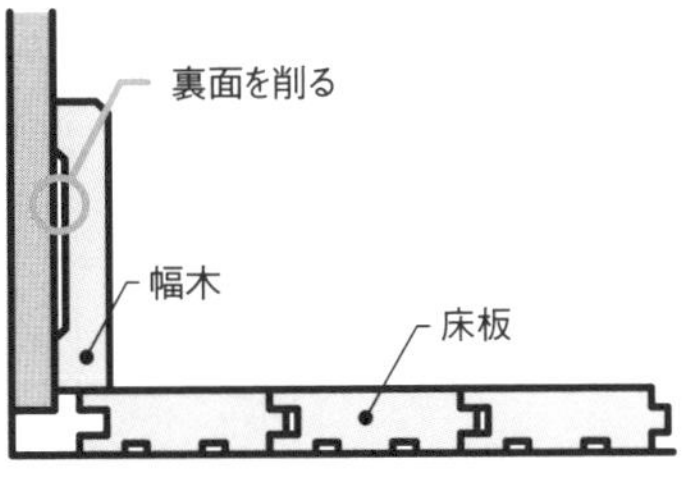

幅木、床板

参考:『ARCHITECTURAL DETAILING』
(Edward ALLEN・John Wiley&Sons,Inc.)ほか

木製建具の反り ― 図4

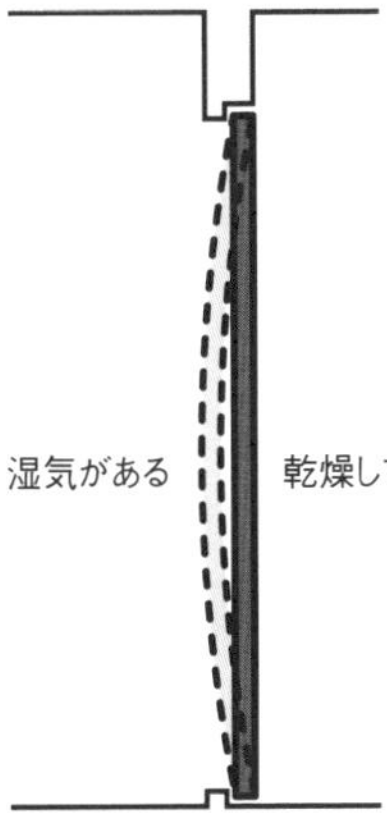

106

目地の機能

構造から意匠まで

Point
- ◆突付けより目透しや見切縁によるほうが目立たない
- ◆目立つ目立たないは意匠の問題だが、目地には構造を含むさまざまな役割がある

目地の原理

刺激Rが変化する時、差異を知覚できる限界（弁別閾《べんべついき》）⊿Rは、Rの大きさに比例するという（ウェーバーの法則）。2材の平面的な取合いである、目地において、突付けより目透しとしたり、見切縁を設けるほうが、目地幅Rが大きくなり、誤差⊿Rが目立たなくなる（図1）のはその一例。いわゆる納まりは、この原理を利用して、逃げや目地などにより各部を視覚的に納めている。

隅角部に面をとるのも、RC造の柱の場合は、型枠脱型の容易さや、けがの防止も大きな原因ではあるが、同じ原理によっている（図2、面幅がR）。

目地の種類と役割

タイルの目地は製作誤差や施工誤差を吸収するもの、CWの目地は層間変位追従性を確保するもの、押さえコンクリートの目地は熱伸縮を吸収するものである。

左官壁などで一体に仕上げる場合も、乾燥や温度変化によるひび割れをコントロールするという意味から、ある程度の間隔で目地を設ける。RC造でコンクリート打設の打継ぎ部に目地を設けるのもほぼ同様の目的である。

ラーメン式RC造では短柱によるせん断破壊を避けるため、柱と（かつては柱梁の剛性補強とプラス要素だった）壁の間にスリットを設けて構造的に縁を切り、目地が形成される（図3）。

以上のように、目地はさまざまな機能を担うが、建物外周では断熱性や防水性、耐火性など、性能上の弱点とならないように留意する必要がある。

目地はデザイン要素でもある。パターンにより、意匠上の特徴があるため（表）、デザイン要素として総合的に検討することになる。目地は開口部脇・中央などと明確な位置に設けるのがよいが、前述の構造スリットなどのように柱・梁などと関連させる場合は、上下階での断面変化を見付けでなく見込み方向とするなどの配慮が必要となる。

仕上げの見切り方 ―図1

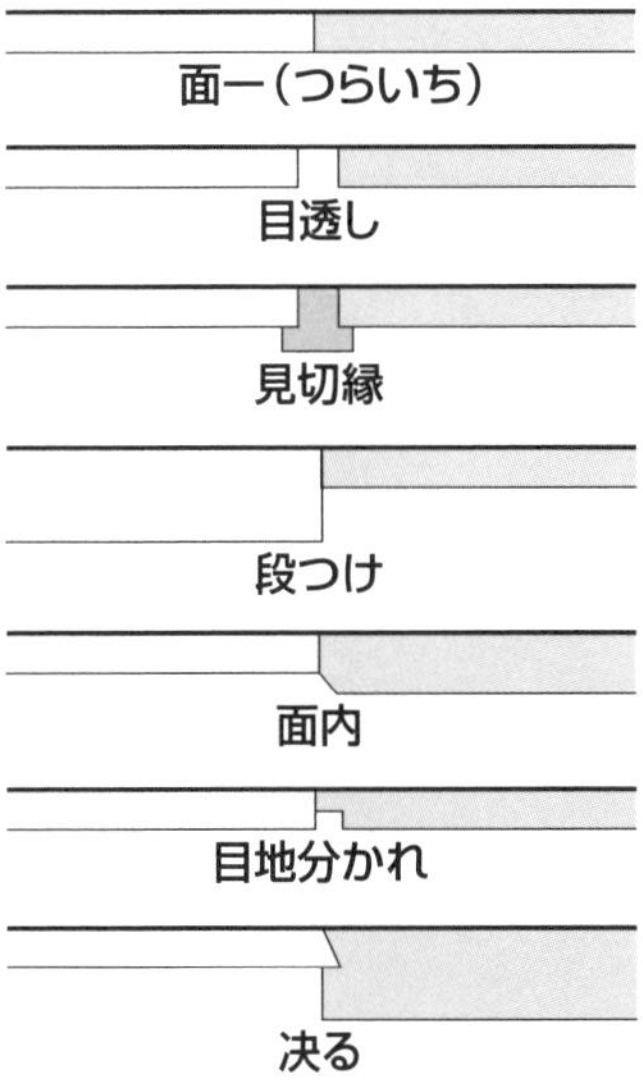

参考：『構法計画』（宍道恒信ほか・朝倉書店）ほか

柱面取り ―図2

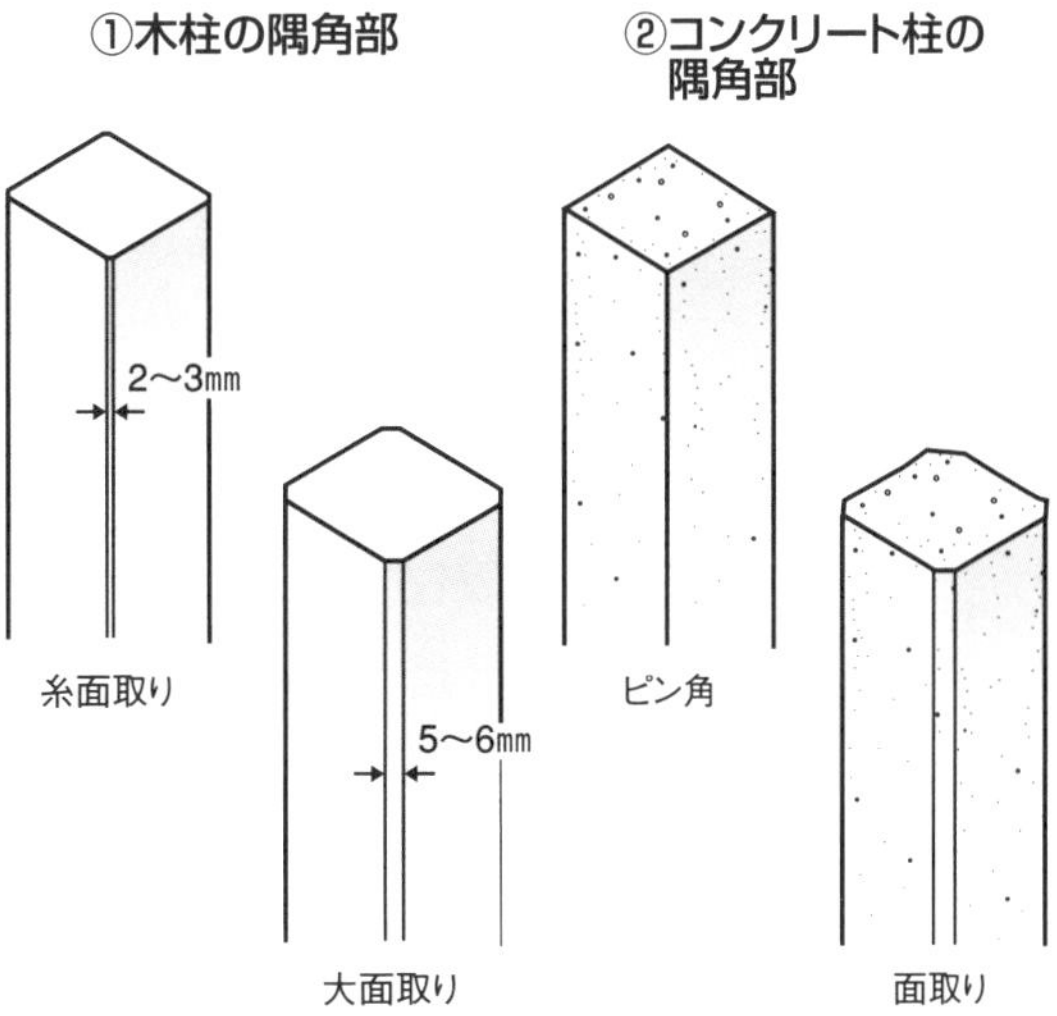

耐震スリットによる目地 ―図3

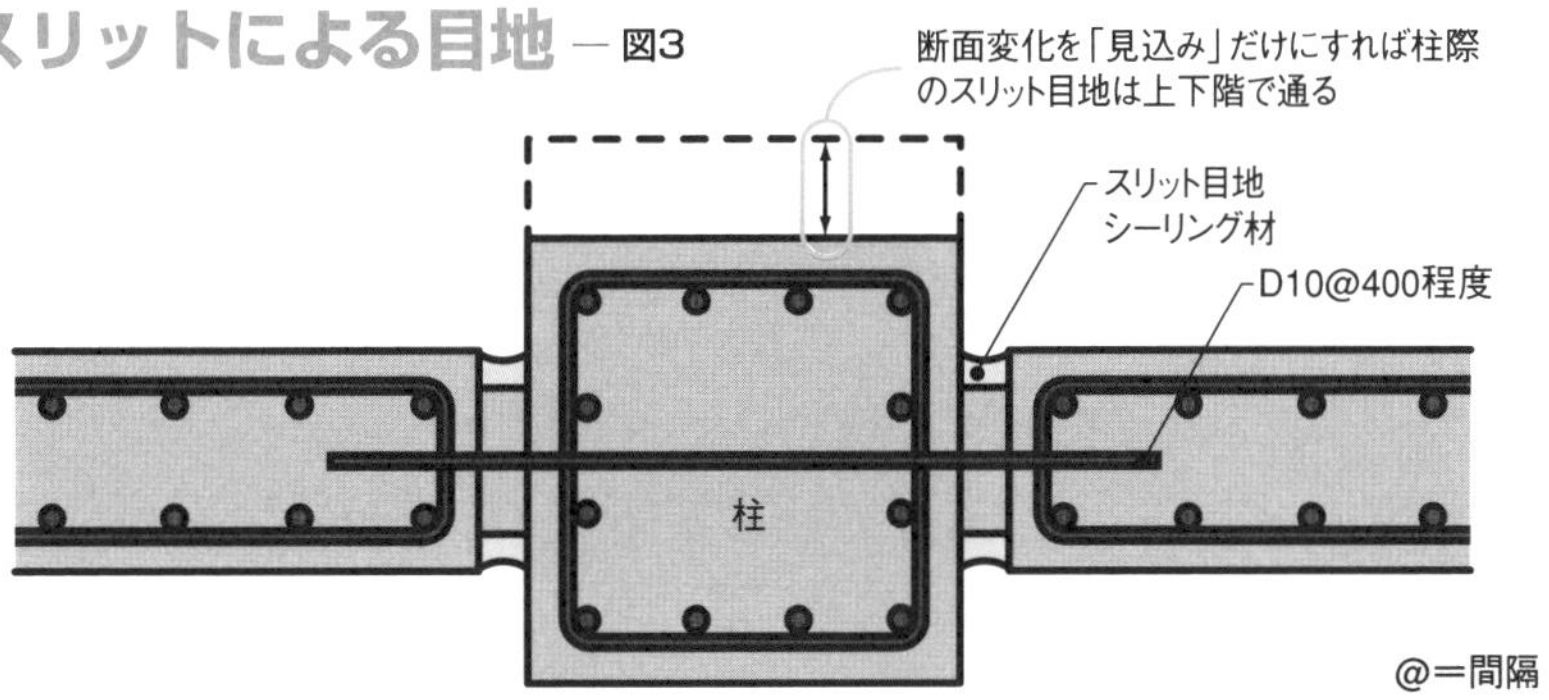

目地パターンの種類・特徴 ―表

パターン	名　称	特　　徴
	縦目地（縦張り）	建物が縦長に見えがちだが、階高サイズが可能な場合は、小口同士の接合がなく、防水施工もしやすい。鉛直コーナー（出隅・入隅など）納めが簡単
	横目地（横張り）	製造上の限界があり、小口接合が避けられない。目地の陰影で安定感を演出しやすい。鉛直コーナー（出隅・入隅など）納めが難しい
	芋目地	開口部の形状と連動した法則性のある外観が可能だが、開口寸法との調整が難しい。コーナーの見切が難しく、目地幅や目地通りの悪さも目立ちやすい
	破れ目地	薄い材料を使用すると、テクスチュアとパターンのバランスがとれない。目地幅や目地通りの悪さは目立ちにくいが、開口部などとの取合いが難しい

107

納まり

定石の積み重ね

Point
- ◆個々の取合いの納まりの積み重ねが定石となる
- ◆2つの部材の交差部の“勝ち”でも“負け”でもない納まりが“留め”

取合いの種類

建築物の各部を構成する部品や材料が接合、あるいは接触している状態を「取合い」という。部材の寸法には生産時に生じる製作誤差や、施工取付け時の施工誤差がある。熱や湿気により伸縮することも考えられる。取合いにおいて、こうした寸法の調整や意匠、性能などを考慮した総合的な出来映えを「納まり」といい、いくつかの定石がある。

取合いの種類は大きく3つに分けられる（図1）。

目地での取合いは、突付け・目透し・重ねのいずれかであり（図2）、見付け（w）と見込み（d）は同程度とする。いわゆる面取りは目透しの、見切縁は重ねの変形ともいえる。

隅は凹状の入隅《いりすみ》と凸状の出隅《ですみ》の2つに分けられ、廻り縁・幅木は断面方向の入隅を納めるものである。納め材を仕上げ前に取り付ける先付けと、仕上げ後に取り付ける後付けに分けると、出隅については後付けは難しく、先付け、あるいは同材で仕上げて特に納め材なしという例が多い。

頂点の取合いはさまざまで、勾配屋根の鬼瓦はその典型的な納め材といえる。

定石と勝ち負け

構造躯体《くたい》の完成後に行われる開口部枠・棚・階段・床の間などの木工事を造作あるいは雑作というが、その定石の1つに〝木口《こぐち》を見せない〟がある。長押《なげし》は鴨居の上に取り付けられる造作材であるが（元来は柱を両側から挟みつける構造材で、貫《ぬき》が構造材として用いられるようになって、意匠材となる）、長押が床柱と取り合う部分では図3のように定石に従う。

図4のように、2つの部材の交差部分を一方の部材が専有することを、その部材の名「○」をのせて、○勝ち（または他方の名「×」をのせて、×負け）という。また、勝ち負けなしを留めという。サッシの框が縦框勝ちであるのは、木口が上下の枠に隠れて納まるためである。

取合いの種類 — 図1

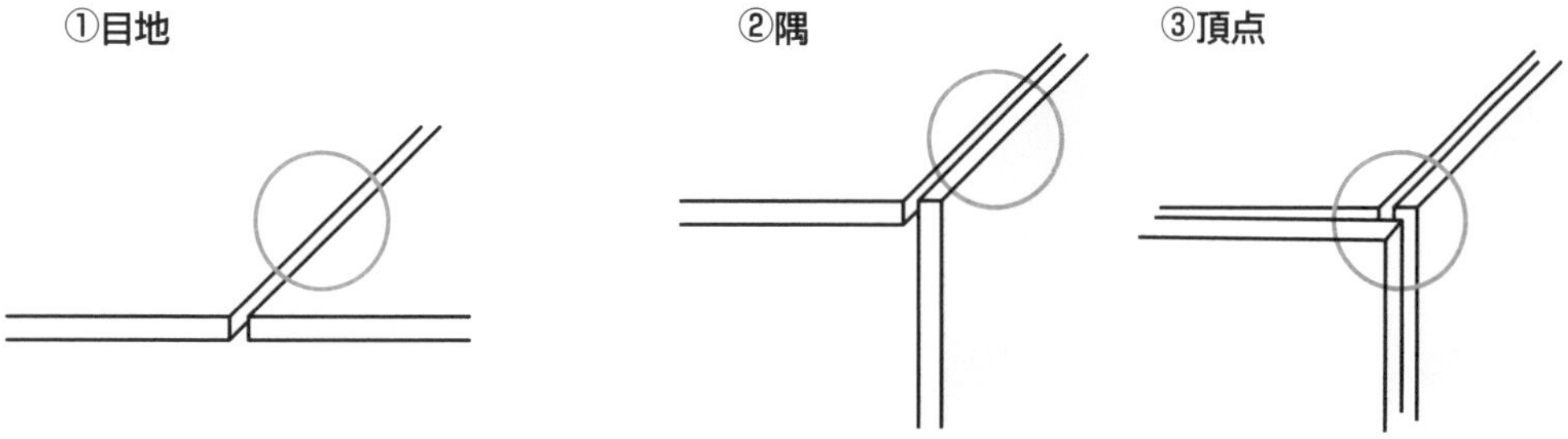

目地の納まり — 図2

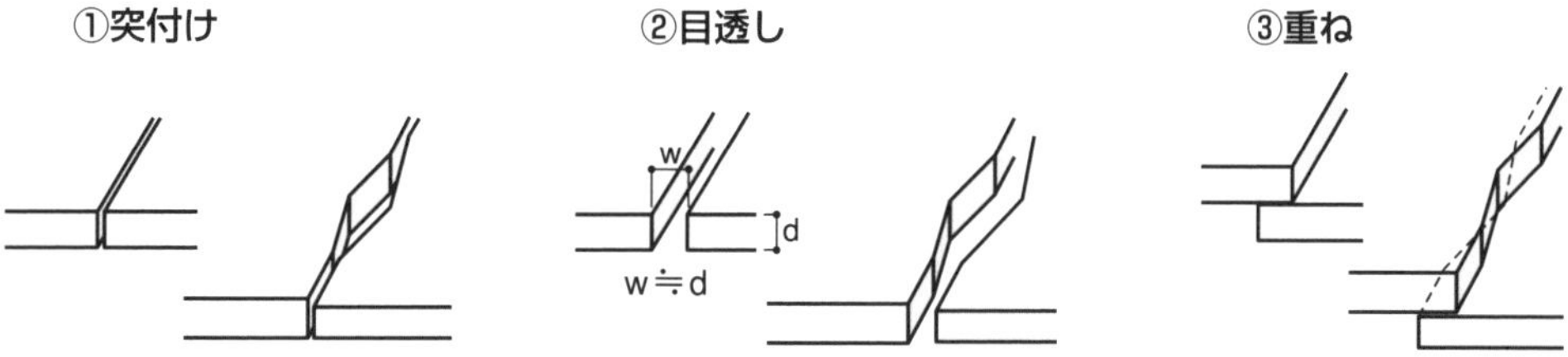

床柱と長押の納まり例 — 図3

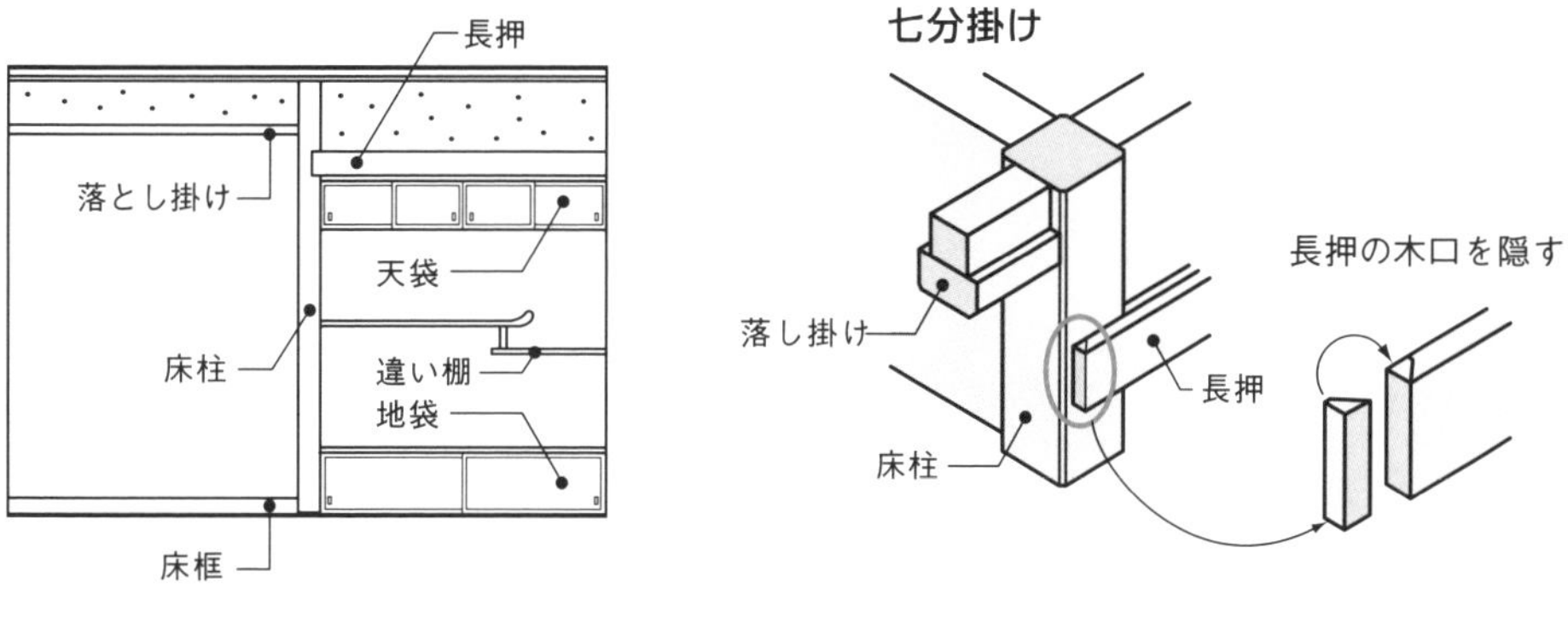

勝ちと負け — 図4

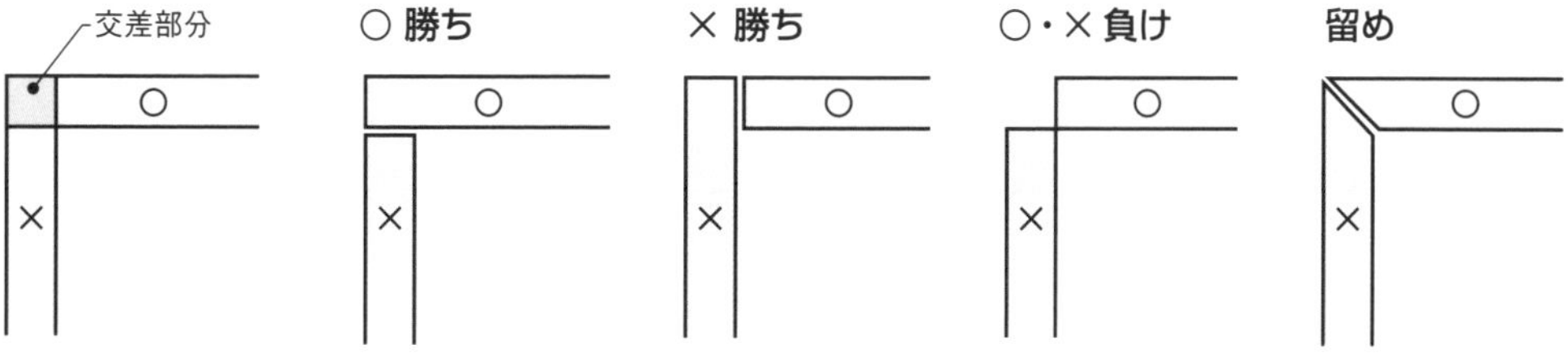

108

モデュラーコオーディネーション

グリッドによる設計・施工

Point

◆M.C.は設計・施工の能率化をはかるツールである
◆M.C.に一般解はなく、ケースバイケースで使い分けられる

構成材の種類

建築・部材（当該分野では構成材ということが多い）などの寸法関係を、基本となる寸法を用いて適切に調整することをモデュラーコオーディネーション（M.C.、Modular Co-ordination）という。

構成材は、大きく以下の4つのタイプに分けることができ、場合に応じた適切な寸法調整がなされる。

①フレーム（軸組）を形作る構成材群
②平らに並べて面をつくる構成材群（畳・天井パネルなど）
③箱状の構成材群（収納ユニットなど）
④空間を仕切るパネル状の構成材群（間仕切など）

M.C.の例

在来軸組構法には江戸間（関東間）と京間という、代表的な計画のベースがある（図1）。前者は3尺（1尺＝303㎜）のグリッドに従っており、後者は3尺1寸5分、かつ柱の内法《うちのり》にグリッドを設定している。江戸間のようなグリッドはシングルグリッド、京間のそれはダブルグリッドと呼ばれる。江戸間の柱心はグリッド心に合わせて置かれ、京間の柱はダブルグリッドに挟まれて置かれる。京間が広いのは、この単位寸法とグリッドによっている。

在来軸組構法以外の建物においてもグリッドによりコントロールすることが一般的である。これは、組立基準線とも呼ばれるグリッドを前提に、空間に設定された組立基準線と構成材に設定された組立基準線とを合わせる形で、設計・施工がなされると考えることができる。前述の①は心押さえが、②や③は面押さえが、それぞれ一般的である。ただし、③で洗面ユニットなどは一方は面押さえ、他方は心押さえとする場合もある（図2）。④は面押さえ、心押さえの両方が考えられ、いずれも標準パネルのほかに、パネルの厚さA・B分、あるいは厚さの半分長いC・短いD役物パネルが必要となる。後者の場合、長い役物パネルの代わりに納め材Eで対応する方法もある（図3）。

江戸間と京間 ─ 図1

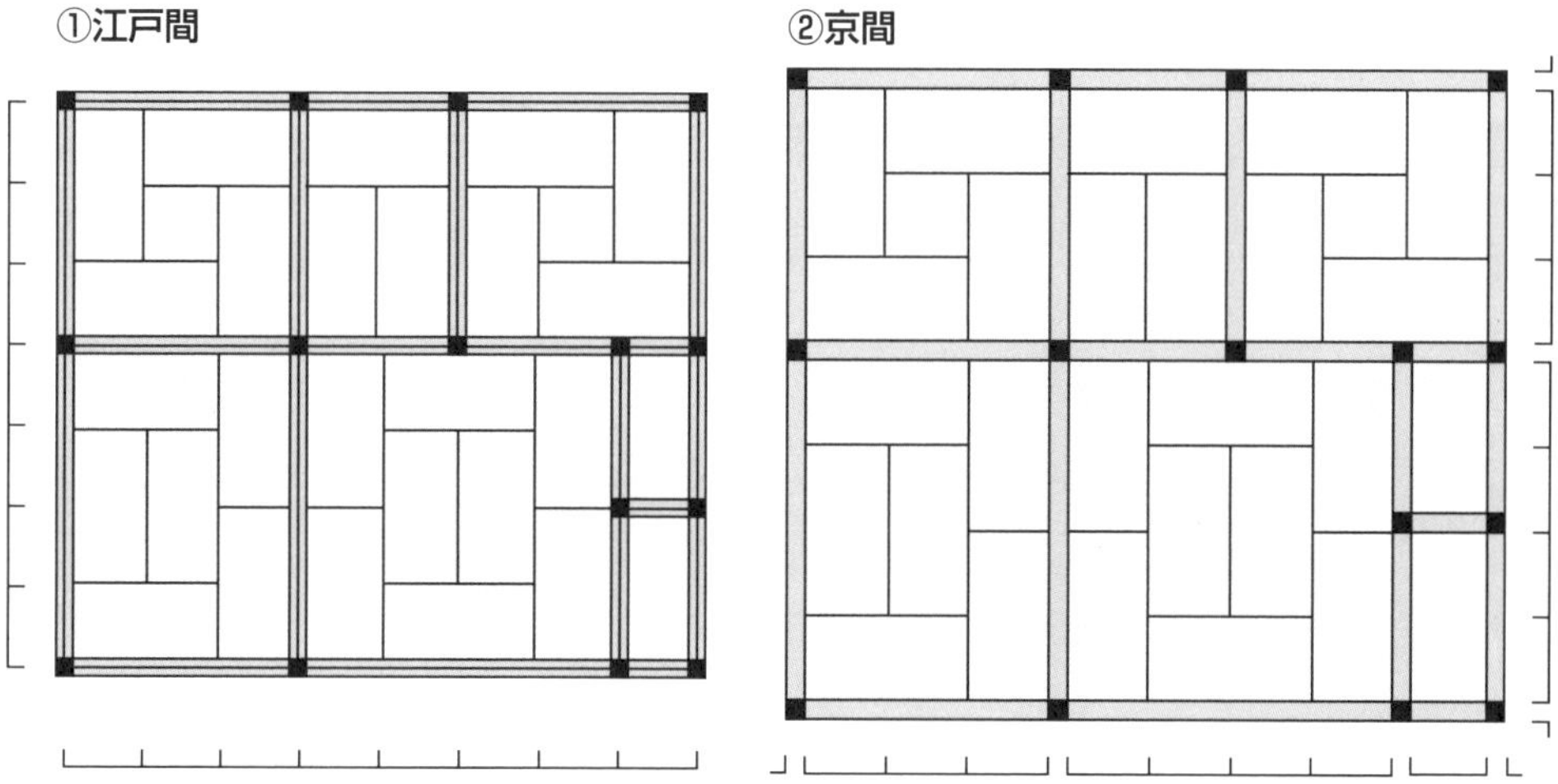

江戸間の柱のようなコントロールを心押さえ、京間の柱のそれを面押さえという。京間の場合は畳の配置も面押さえとなる

箱状の構成材群 ─ 図2

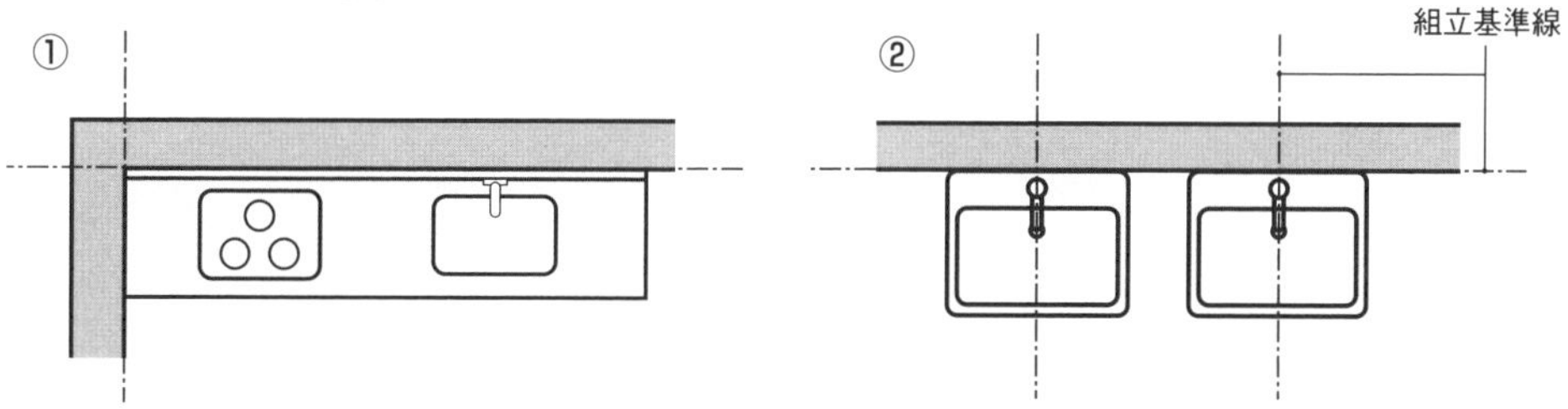

調理台は2方が面押さえ

洗面台は一方が面押さえ、他方は心押さえ

パネル状の構成材群 ─ 図3

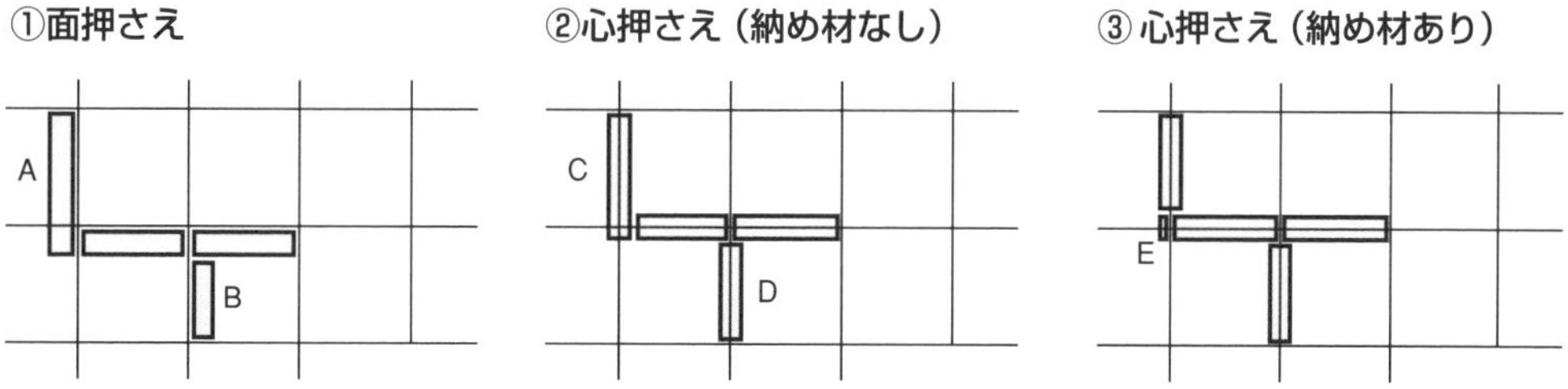

パネル厚さ分長いA・短いBパネルが必要

パネルの厚さの半分長いC・短いDパネルが必要

パネルの厚さの半分短いパネルのほかに納め材Eが必要

109

モデュール

検討のベースと数値の割出し

Point

◆モデュールとは、M.C.の基本となる単位寸法のこと

◆モデュールとは、無限にある数値群から有限の数値群を抽出するものである

尺とフット

モデュラーコオーディネーションの基本単位となる寸法をモデュール(Module)という。モデュールは、1つの単位寸法を指す場合と、一連の寸法群を指す場合がある。

木造建築のモデュールは、古来30cmに近い1尺が使われてきた。寸法の単位に30cmほどの長さを使っているのは日本だけではなく、1フット(foot)もその1つである。いずれも人体寸法に関連があるといわれている。

日本では住宅用のモデュールとして1尺よりは、3尺、1間(6尺)が広く使われてきた。ヨーロッパには共通したこの種のモデュールはなく、近年やっと10cmに加えて30cm、60cmが合意されつつあるという。

大きなモデュールは、部品の種類が少なくなり、量産化によるコストダウンにつながり、規格化は弱者淘汰につながりがちである。建築の構成材は広範囲にわたるだけに、グローバルスタンダードとしてのモデュール選定は難しい。前述の1尺なり1フットなりはモデュール検討に際してベースとなるものといえる。

寸法群の例

図1はモデュール数表(内田祥哉提案)である。小数点位置は自由で、どの数値も2倍すると右隣の数値になり、5倍すると左隣の数値になる、また、どの数値も3倍すると下段の数値になる。組立て・分解が容易で、設計・施工などに便利なため使われる(ただし、表の周辺の数値はラウンドナンバーではないため加減乗除の際に使いにくい)。

寸法群としてはこのほかにルナール数もある(表)。2^{10}=1024が1000に近いことに着目し、10の10乗根($\sqrt[10]{10}$)を使う。相互に掛け合わせている限り、十進法で10個以上の数値が出てこないのが特徴である。

図2はコルビジュエによる寸法群モデュロール(Modul'or)である。

モデュール数表 ― 図1

IV	III	II	I			I		II		III		IV
625	125	**25**	**5**	**1**	**2**	**4**	**8**	**16**	32	64	128	256
	375	75	**15**	**3**	**6**	**12**	**24**	48	96	192	384	
		225	45	**9**	**18**	**36**	72	144	288	576		
			135	27	54	108	216	432	864			
				81	162	324	648	1296				

かつてJISにもA0001のなかに、上表に準じた（7の倍数系列まで含む）基礎数値があったが、現在はISO（International Organization for Standardization）1006に沿ったかたちで、「ベーシックモジュールの数値は、1M＝100㎜とする」とだけ決めている

ルナール数表 ― 表

R10

$\sqrt[10]{10}^{0}$ ：1. ≒ 1
$\sqrt[10]{10}^{1}$ ：1.2589 ≒ 1.25
$\sqrt[10]{10}^{2}$ ：1.5849 ≒ 1.6
$\sqrt[10]{10}^{3}$ ：1.9953 ≒ 2
$\sqrt[10]{10}^{4}$ ：2.5119 ≒ 2.5
$\sqrt[10]{10}^{5}$ ：3.1623 ≒ 3.2
$\sqrt[10]{10}^{6}$ ：3.9812 ≒ 4
$\sqrt[10]{10}^{7}$ ：5.0119 ≒ 5
$\sqrt[10]{10}^{8}$ ：6.3096 ≒ 6.4
$\sqrt[10]{10}^{9}$ ：7.9433 ≒ 8
$\sqrt[10]{10}^{10}$ ：10. ≒ 10 or 1

最も身近な応用例としては、
カメラの絞りがある

モデュロール ― 図2

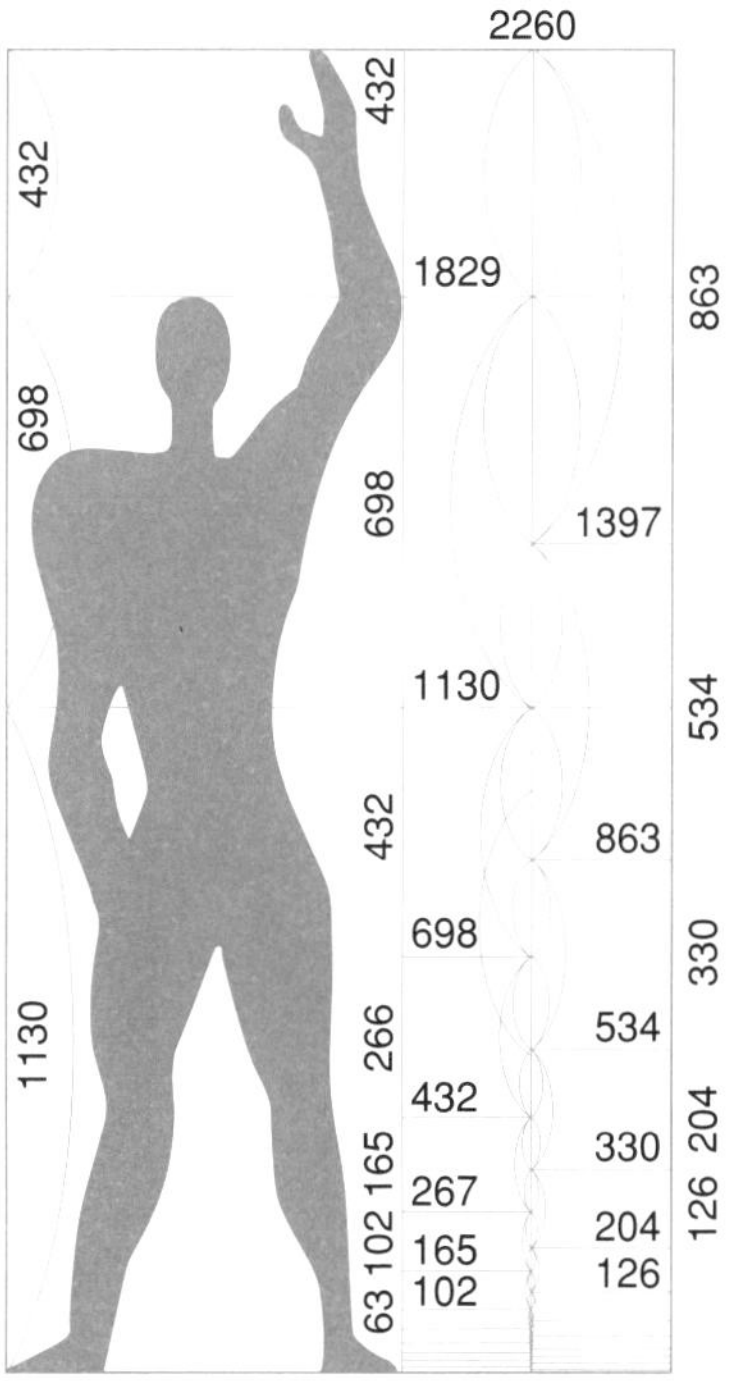

赤	青
12535	15494
7747	9576
4788	5918
2959	3658
1829	2260
1130	1397
698	863
432	534
267	330
165	204
102	126
63	78
39	48
24	30
15	18
9	11
6	

上図はコルビジュエによるモデュロール。コルビジュエも数値を限定する道具が必要だったこと、それに黄金比 $1:\frac{1+\sqrt{5}}{2}$（1：1.618）を使ったことなどは興味深い。ちなみに赤列はへその高さ1130を、青列はその倍2260を、それぞれベースにフィボナチ（ある項と次の項の和がその次の項になる）数列となっている

110

サスティナビリティ

建築学の再編

Point

◆不具合を未然に防ぐ工夫と、生じた不具合を修補し再生する工夫

◆ものとしてのサスティナビリティを担保する建築病理学

サスティナビリティの構成要素はいろいろあるが、既存建築物の長寿命化は最も重要なものの1つである。性能条件や用途変更などへの対応が容易なこと、不具合の防止や修補・再生はそのベースとなるものである。

既存建築物の活用

省資源や地球温暖化防止の観点からのCO_2削減など、エコロジーの高まりのなかで、既存建築物を維持・再生する動きが活発化してきている。既存建築物の活用は欧米では伝統的かつ日常的なものであり、さまざまな技術蓄積がある。建物用途を時代・地域にあったものとすることで再活用する〝コンバージョン〟もその1つである。スケルトン・インフィルは躯体《くたい》と内装・設備を分離し、再生を容易にする工夫である（表1）。

瑕疵担保責任の履行

見つかった不具合事象がすべて瑕疵《かし》というわけではない。品確法（住宅の品質確保の促進等に関する法律）では、瑕疵か否かの紛争処理の迅速化を目的に「住宅紛争処理の参考となるべき技術的基準」（平成12年建設省告示第1653号）を設けて、対応している（表2）。

また、瑕疵となった際に、当事者が倒産などで補修や建替えなどが実行できなくなるおそれもあり、その担保責任を確実に果たすことが可能なように、住宅瑕疵担保履行法（特定住宅瑕疵担保責任の履行の確保等に関する法律）が施行されている。

経年劣化が避けられないストックを有効活用するために、建築各部に発生するさまざまな劣化症状の原因、危険度、適切な処置法などを、正確に判断・実行できる知識の体系が必要である。医学分野における病理学にならった建築病理学という分野があり、欧米では多くの蓄積がある。

新築だけを対象にした時代から、既存建築物の再生まで対象を広げた時代へ、建築学の再編が始まっている。

サスティナビリティを考慮したデザイン・コンセプト ─ 表1

自然	熱の侵入と損失を減らす	
	光を導き入れる	
	風を取り入れる	
	緑と土を活用する	
	木材を大切に扱う	
	水を工夫して使う	
	自然の力を活かす	
資源・エネルギー	効率のよい仕組みをつくる	
	長持ちする材料を使う	
	地球環境を大切にする	
	建設副産物を見直す	
ライフサイクル	建築を永く活かす仕掛けを備える	性能・用途変更などに適用する技術／スケルトン・インフィル
	建築の生涯を管理する	不具合の防止・修補し再生する技術／建築病理学
人	人にやさしい材料を使う	
	ライフスタイルを提案する	
街・コミュニティ	歴史を受け継ぐ	
	住民とともにつくる	
	街・都市に自然を呼び戻す	

サスティナビリティ（Sustainability）とは持続可能性の意。この言葉が近年よく話題になるのは、温暖化や資源枯渇、廃棄物処理など、環境に関するさまざまな不安感が背景にある。「環境に配慮した建築」という視点を再認識し、技術・技能を見直す動きがさまざまな分野で大きなものとなっている

参考：『生き続ける建築のデザイン』㈳新日本建築家協会＊）ほか

住宅紛争処理の技術的基準 ─ 表2

	構造耐力上主要な部分に瑕疵が存する可能性	
	レベル2（一定程度存する）	レベル3（高い） 現地調査を行う必要性が特に高い
傾斜	3／1,000以上6／1,000未満の	6／1,000以上の
ひび割れ （基礎＝RC造系）	1.複数の仕上材にまたがった（RC造系：幅0.3mm以上の） 2.木・鉄骨造:乾式の下地材または構造材の表面まで貫通した 3.RC造系：仕上材と構造材にまたがった幅0.3mm以上0.5mm未満の	1.直下が乾式：複数の仕上材にまたがった 2.仕上材と乾式の下地材（木・鉄骨造：または構造材）にまたがった 3.RC造系：仕上材と構造材にまたがった幅0.5mm以上の 4.鉄骨造・RC造系：錆汁を伴う
欠損 （基礎＝RC造系）	1.複数の仕上材にまたがった 2.同上2 3.RC造系：構造材における深さ5mm以上20mm未満の	1.同上1 2.仕上材と乾式の下地材（木造：または構造材）にまたがった 3.RC造系：構造材における深さ20mm以上の 4.同上4 5.RC造系：鉄筋または鉄骨が露出する
破断・変形	1.RC造系：構造材における幅0.3mm以上0.5mm未満のひび割れと連続した 2.RC造系：構造材における深さ5mm以上20mm未満の欠損と連続した	1.乾式の下地材（木・鉄骨造：または構造材）のひび割れと連続した 2.構造材における幅0.5mm以上のひび割れと連続した 3.乾式の下地材（木造：または構造材）の欠損と連続した 4.構造材における深さ20mm以上の欠損と連続した 5.鉄筋または鉄骨が露出する欠損と連続した 6.同上4

表面に発生した不具合事象の状況から基本構造部分に瑕疵が発生する可能性が、どの程度あるかを把握する目安。瑕疵とは欠陥を意味する法律用語で、契約の目的物が契約に定められた内容や社会通念上必要とされる性能を欠いていることで、建物が建築基準法などの関係法規に違反しているもの、設計図書と違っているもの、契約内容に違反しているものなどをいう

紛争処理体制 ─ 図

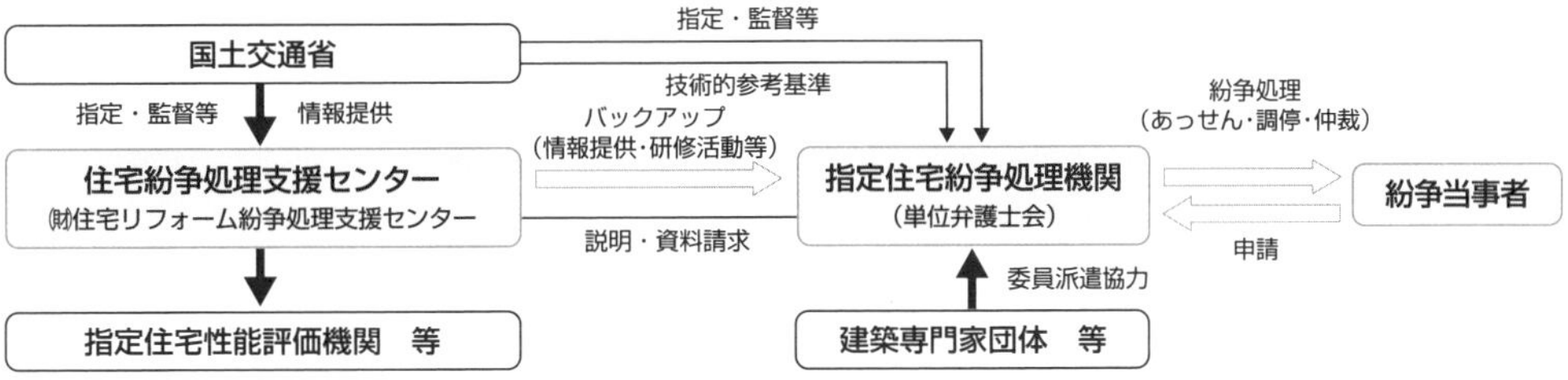

＊現 ㈳日本建築家協会

索　引

ア

カ

サ

タ

大野隆司（おおの・たかし）／著

1944年東京都生まれ。'68年東京大学工学部建築学科卒業。'75年同大学建築学専攻博士課程修了（工学博士）。'82年建築システム研究所創設。'86年東京工芸大学工学部教授に就任、現在に至る。主な著書に、『建築構法計画』（市ヶ谷出版社）、『よくわかる最新住宅建築の基本と仕組み』（秀和システム）、『世界で一番楽しい建物できるまで図鑑』（エクスナレッジ）など。2002年「建築構法計画・設計・開発に関する研究と関連データの再構成」で日本建築学会賞（論文）受賞。2013年逝去

瀬川康秀（せがわ・やすひで）／図版・最新改訂版監修

1953年青森県生まれ。'76年明治大学工学部建築学科卒業。'85年一級建築士事務所アーキショップ設立、現在に至る。一級建築士、福祉住環境コーディネーター（2級）、明治大学兼任講師、東京家政学院非常勤講師。主な著書に、『初学者の建築講座 建築製図』（市ヶ谷出版社）、『世界で一番楽しい建物できるまで図鑑』（エクスナレッジ）など

世界で一番やさしい　建築構法
最新改訂版

2020年9月16日　初版第1刷発行

著　者	大野隆司
監　修	瀬川康秀
発行者	澤井聖一
発行所	株式会社エクスナレッジ 〒106-0032 東京都港区六本木7-2-26 https://www.xknowledge.co.jp/

本書に関する問合せ先
●販売部　TEL：03-3403-1321（平日10：00～18：00　土日祝は電話受付なし）
FAX：03-3403-1829
●編集部　FAX：03-3403-1345　info@xknowledge.co.jp
・本書記事内容の不明な点に関する質問に限り、FAXにて問合せを受け付けております。